융합의 중국문학

장춘석 지음

신아사

장춘석

전남대 박물관장 역임
현 전남대 중어중문학과 교수
현 광주향교 교수
현 인문학공동체 '인문지행'의 이사

대표저서
《목련설화신론目連說話新論》
《중국 인문학 읽기의 즐거움》

융합의 중국문학

초판 1쇄 발행 _ 2025년 2월 28일

저 자 • 장 춘 석
발 행 인 • 정 현 걸
발 행 • 신 아 사
인 쇄 • 삼일문화
출판등록 • 1956년 1월 5일(제9-52호)
주 소 • 서울특별시 은평구 통일로 59길 4 (2F)
전 화 • (02) 382-6411 팩 스 · (02) 382-6401
홈페이지 • www.shinasa.co.kr
E-mail • shinasa@daum.net

ISBN 979-11-7342-079-5 (93820)

정가 28,000 원

목차

제1장 주대 문학

제2장 진한 시대 문학

제3장 위진남북조 문학

제4장 당대 문학

제5장 송대 문학

제6장 금대와 원대 문학

제7장 명대 문학

제8장 청대 문학

머리말

중국 고전문학은 현대 사람들이 흔히 문학이라고 부르는 특정한 학문 분야 외에 다른 외적 요소가 매우 많다. 즉 중국 고전문학은 음악·역사·사상·언어·예술 등과 매우 밀접한 관련을 갖고 있다. 숫자적으로 말하면, 하나가 여러 개와 통하고 있다. 문학을 이루는 요소들이 연접된 학문과의 소통을 통해서 이루어졌기 때문에 다양한 방면의 지적 탐구가 요구된다. 작품을 제대로 알려면 문학만 가지고는 부족하고, 풍부한 인문학 지식과 성찰이 전제되어야 하는 것이다. 예를 들어서 중국의 시·사·곡·민가·설창·희곡은 각각 그 자체가 음악이거나, 아니면 음악에서 기인한 것이다. 또한 춘추전국시대와 한대(漢代)를 거치면서 형성된, 음악에 대한 유가적 개념이 이후 중국문학의 성격을 결정짓는 요인이 되었다. 이러한 취지에서 본서는 기존의 중국문학 관련 서에는 없는 음악 편을 책의 맨 앞에 두고, 동서양 문학 차이를 발견해 내는 열쇠로도 사용했다. 음악에 문외한이었던 필자는 음악 편 집필에 가장 많은 시간과 노력을 들였다.

그런데 중국학 전공자 중에는 동양 음의 가장 기본 원리인 십이율과 오음의 차이조차 제대로 구별하지 못하는 경우가 허다하다. 고대음악에 있어서 "동양은 오음이고, 서양은 칠음이다"라고 하는, 보편적으로 알려진 정의도 전혀 잘못된 것이다. 중국문학 전공자들이 음악을 이해 못함으로써 심각한 오류에 빠지는 경우가 또 있다. 중국에서 흔히 궁조(宮調)라고 부르는 것은 우리나라 사람들이 궁조라고 하는 것과는 사뭇 다르다. 즉 중국에서 궁조라는 단어는 대개가 궁과 나머지 음들을 합쳐서 부른다. 즉 곡을 만들 때 오음(五音)의 궁상각치우 가운데 궁을 위주로 해서 만든 방식을 궁, 기타 음을 위주로 해서 만드는 방식을 조라고 하고, 합쳐서 궁조라 한다. 이런 사실을 모르면 중국문학의 설창이나 희곡에 나오는 "궁조를 사용한다"는 표현을 마치 한국어의 궁조 뜻으로 잘못 알게 된다. 그러면 중국 문학 사조의 변화에서 중요한 역할을 한 제궁조(諸宮調)의 개념을 오해한다.

이렇듯 문학을 이해하기 위해서 반드시 알아두어야 할 것들이 빠져 있는 경우가 음악뿐 아니라 다른 인문학 분야에서도 정도의 차이는 있지만 마찬가지로 종종 발견된다. 보기로 문언의 원리와 역사를 알아야 한유(韓愈)의 고문운동과 당송팔대가의 글쓰기를 이해할 수 있음에도 불구하고 이런 사전 지식에 대한 충분한 학습이 없이 바로 고문 문학으로 들어간다. 또 하나 예를 들면 소식(蘇軾)의 시에는 불교의 명상법인 선(禪)의 세계가 들어가 있는 것들이 있는데, 이런 시 작법을 이선입시(以禪入詩)라고 한다. 소식은 참선을 아주 많이 해서 오도(悟道)하게 되었고, 그 경지에서 생긴 '통찰'로 시를 썼으며, 또 선과 중국 시가 여하히 융합되어 이상적인 문학이 되는가를 설명한 이론도 남겼다. 이때의 통찰은 감정과 이성을 넘어서서 '사물을 비춰보는' 것이다. 선을 통한 통찰로 쓴 시는 서양 문학에서는 전혀 찾을 수 없는 독특한 것이기에 반드시 알아두어야 할 분야라고 여겨서 본서 내용에 집어넣었다.

이러한 취지에서 필자는 다양한 인문학 지식과 중국문학을 결합하여 『융합의 중국문학』이란 제명의 책을 쓰고자 한다. 융합이기 때문에 본서의 순서는 기본적으로는 왕조의 변천에 따르되 경우에 따라서는 통시적인 설명을 가하기도 했다. 때에 따라 서양문학도 소개했다. 기술 방법이야 어떻든 독자들은 이 책을 읽음으로써 중국문학을 좀 더 다채로운 층위에서 이해할 수 있게 될 것이다. 이상 이 책 집필의 대의를 설명했다. 다음은 좀 더 세부적인 본서의 특징을 말하고자 한다.

먼저 기존의 책에서는 소홀히 다루고 있는 작품들 중에서 일부 가치 있다고 여겨지는 것들을 골라서 상세하게 설명했다. 그 이유는 무엇보다도 중국 고전문학은 '현대'라는 시대 측면에서 접근할 필요가 있기 때문이다. 문학 수업에 있어서 어떤 형태일지라도(예를 들어 문학사 수업, 문학개론 수업, 문학비평 수업 등), 작품 원문의 인용과 해석은 매우 중요하다. 원문의 내용 없이 해설로만 배우면 살아있는 문학이 되지 못한다.

그런데 지금까지 필자가 경험한 바에 의하면, 옛사람들의 가치관이나 세계관에 준거해서 작품이나 작품에 나오는 문장의 중요도를 평가하고, 그러한 평가가 높은 것들을 인용문으로 제시하는 경우가 대부분이다. 예를 들어 당나라 왕발(王勃)이 지은 「송두소부지임촉주送杜少府之任蜀州」란 시에 나오는 "우리 헤어지는 갈림길에 서서 아녀자같이 눈물로 수건을 적시지 마세나.(無爲在岐路, 兒女共霑巾)"가 잘 지어진 시어로 소개된다. 그러나 지금 사람들, 특히 젊은 학생들에게는 전혀 공감이 가지 않는 건조한 표현에 불과하다. 오히려 시대 역행적이다.

중국 부 작품에 있어서는 사마상여(司馬相如)의 「자허부子虛賦」와 「상림부上林賦」, 좌사(左思)의 「삼도부三都賦」, 반고(班固)의 「양도부兩都賦」, 장형(張衡)의 「이경부二京賦」 등이 매우 유명하다. 그런데 이런 것들은 주로 고대 황실 정원이나 귀족들의 사냥, 혹은 수도의 모습 등을 상세하게 묘사하는 것이어서 현대인의 문학적 감성을 충분히 일으키지는 못한다. 이런 작품들보다는 여신과 사람 사이의 이룰 수 없는 사랑에 대한 연민을 노래한 조식(曹植)의 「낙신부洛神賦」가 독자의 상상력을 자극하는, 시대를 초월해서 명작이 될 수 있는 더 좋은 작품이다.

소식(蘇軾, 호는 소동파)의 산문 작품인 「기승천사야유記承天寺夜游」는 얼마나 시적인가. 한강 작가의 『흰』이 있기 천 년 전에 중국에는 이런 수준 높은 시적 산문이 있었다. 그렇지만 국내 중국문학사나 중국문학개론서에는 이 작품이 거의 소개되지 않고 있다. 소개되더라도 겨우 제목 정도가 언급될 뿐이다.

또 하나 예를 들자면, 중국 당나라 때 국력이 강해지고 영토를 많이 넓히자 국경 주변의 변방 지역을 소재로 해서 소위 변새시(邊塞詩)라는 시들이 많이 지어졌다. 변새시는 중국인들에게 낯선 변방의 풍물과 풍속을 소재로 했기 때문에 새로운 시형으로 각광받았으며, 훌륭한 표현들을 시사(詩史)에 남겨 주었다. 그런데 그 창작이 시인들의 애국심 발로인 경우가 적지 않고, 이런 시들은 종종 중국인들에게는 조국애의 감성을 자극하여 감명을 줄지 몰라도 현대의 한국인을 포함한 다른 나라 사람들에게는 별다른 의미가 없다. 이처럼 시대와 지역에 따른 문학 감상의 다름을 고려하면 문학도 역사처럼 시대와 지역에 따라 다르게 해석되어야 하는 의무를 느낀다. 즉 문학 해석과 평가는 고정되어 있지 않고 다르게 될 수 있다는 유연한 자세가 필요하다. 시대정신이 요구된다 하겠다.

지금까지 설명한 바와 같이 본서는 융합과 현대의 측면에서 중국문학을 조망하고자 한다. 그래서 글쓰기에 있어서도 딱딱한 논문체는 가급적 피하고 자주 자유로운 수필체를 구사할 것이다. 근자에 나오는 학문의 명저들은 많은 경우 엄격한 문체를 지양하고 자유롭고 개성 있게 쓴다. 심지어 과학서나 사상서도 유려한 문학의 필치로 쓴다. 때로 감성을 살리며 구어체도 마다하지 않는다. 그래서 책을 읽도록 만든다. 반면에 글체가 무미건조하면 기름 없는 톱니바퀴가 돌아가는 것 같아서 몇 장을 넘기기가 힘들다. 첨언하자면, 본서에서 시도하는 융합과 현대는 완성된 것이 아니다. 추후에도 문학사조의 배후에서 작용하는 '구조'를 발견하고, 옛글에서 작품의 현대성을 찾아내는 작업을 지속하여 이 책의 부족한 부분들을 채워나가고자 한다.

다음은 집필 방법 중 형식적인 면을 말하고자 한다. 먼저 인용문의 글자 포인트를 본문과 동일하게 적용하고자 한다. 인용문에만 쓰이는 조그마한 글자체는 난독의 원인이기 때문이다. 대신 인용 텍스트 전체를 본문보다 두 글자 더 들여쓰기로 해서 인용문임을 표시하고자 한다. 또한 작품(특히 시)을 인용한 다음에는 그것에 대한 필자의 해설을 덧붙여서 독자의 이해와 감상을 도왔다. 이 부분도 다른 중국문학 책들과는 다를 터이다. 작품 해설이 없이 문구 해석만으로 고도로 응축된 중국 시들을 안다는 것은 기대난망이다. 물론 필자의 해설은 단서에 불과하다. 독자 스스로의 감성과 지성에 의해서 작품은 재해석되어야 비로소 독자의 것이 된다. 필자의 언설은 독자가 판단하도록 이끄는 보조 역할을 할 뿐이다. 가장 중요한 일은 독자 스스로에 의해 수행되어야 한다.

책을 시작하기 전에 감사해야 할 분들이 있다. 먼저 본서의 원고를 수정하는 데 많은 도움을 준 광주향교의 유미정 교수님에게 진실로 사의(謝意)를 표한다. 평소 나의 저술이나 교학 활동에 조력해 주시는 황광우 작가님, 유용상 동고송 이사장님, 오수열 광주향교 학장님, 박만규 전 흥사단 이사장님, 박동기 남녘현대사 연구소장님, 한신원 도서관장님, 기홍석 안과 원장님들께도 깊은 고마움을 표시한다. 지난한 학문의 길을 함께 가면서 동고동락하는 전남대 중문과 동료 교수와 선배 교수님들 역시 나에게 많은 도움을 주었다. 목하 출판업계의 사정이 매우 어려운데, 본서의 출간을 허락해주신 신아사 정현걸 대표님, 한규갑 상무님, 그리고 이 책을 훌륭하게 편집한 김금란 실장님께도 심심한 감사를 드린다. 끝으로 필자의 천학비재로 인하여 생기는 오류에 대해서는 독자들의 가차없는 질정을 부탁드린다.

이 책을 학문의 길을 이야기할 때 오직 공부만 말하고 나머지 '단서'를 달지 않으셨던 고(故) 김재승 교수님 영전에 바친다. 공부만 하라는 그 말씀 속에 모든 것이 들어 있다는 것을 퇴임을 앞둔 지금에야 깨달았다.

2025년 2월

저자 장춘석

융합의 중국문학

제1장

주대 문학
(B.C.1046?-B.C. 256)

시대 배경[1)]

중국 문명의 발상지는 중국 북방의 황하 유역이다. 그래서 황하 문명이라 부른다. 이 문명이 발전해서 B.C. 16세기에 상 왕조가 나타났다. 본디 상 지역에 수도가 있었기 때문에 상나라라고 하고, 후에 은(殷) 지역으로 천도했기 때문에 은나라라고도 부른다. 은나라 19대 임금인 반경(盤庚)이 은으로 천도했던 것이다. 이 나라 영토는 황하강의 중하류 지역에 걸쳐서 있었으며, 현 중국 영토의 5분의 1정도이다. 그러므로 지금의 거대한 중국 땅은 상나라 이후 정복을 통해 주변국으로부터 끊임없이 빼앗은 것이다.

B.C. 11세기 상의 제후국이었던 주의 서백(西伯, 후에 문왕(文王)으로 추증됨)이란 사람이 상 왕조를 상대로 전쟁을 일으켰고, 그 아들인 무왕(武王)에 이르러 마침내 은을 무너뜨리고 주 왕조를 창립했다. 무왕은 죽으면서 8세 된 어린 아들을 동생에게 부탁했다. 동생이 주공(周公)이란 인물이었는데, 어린 조카인 성왕(成王)을 보필하여 훌륭한 왕으로 만들었다. 주공 때 주나라의 문물제도가 완성되었고, 이것은 큰 틀에서 변하지 않은 채 20세기 청나라 왕조가 망할 때까지 지속되었다. 공자는 주공 때 만들어진 사회를 동경했다. 주의 문화를 다시 부활시키려고 했던 게 바로 공자 사상이다.

상 왕조는 모든 일을 정할 때 점을 쳐서 신에게 물어보았다. 이와 대조적으로 주 왕조는 신이 아닌 인간의 의지에 중점을 두었다. 그래서 학문을 중시했고, 인문주의가 대두되었다. 그래서 『상서尙書』(최초 이름은 『서書』, 후에 『서경書經』으로 부르게 됨)를 비롯한, 후에 유가에서 말하는 소위 경전이라는 것들이 만들어졌으며 이에 학문이 본격적으로 발달하기 시작했다. 이렇게 이성주의가 대두되면서 정치에 있어서는 신탁이 아닌 덕치(德治)가, 수행에 있어서는 숙명론(혹은 운명론)을 극복한 '자

---

1) 이하 각 장에 나오는 '시대 배경'은 졸저, 『중국 인문학 읽기의 즐거움(개정증보판)』, 서울, 신아사, 2024의 제1장 〈역사〉 편(19-88쪽)을 참고해서, 그것을 압축하고 재정리한 후 문학사조와 연계하여 서술한 것이다.

기 의지'가 강조되었다. 그리고 덕치와 의지는 결과의 책임에 대해서 신이 아닌 스스로에게 귀속토록 했다. 잔혹하게 노예를 죽여 제사를 지내거나 순장시키는 야만 행위도 점차 감소하였다.

이러한 신 중심에서 인간 중심으로의 전환은 인문학이 발전하게 되는 원동력이 되었다. 신에서 인간으로, 원시에서 문화로, 숙명에서 이성주의로의 전환은 이삼백 년에 걸쳐 서서히 진행되었다.

이렇게 긴 시간에 거쳐서 착근하게 된 주나라 법과 제도, 그리고 문화는, 그러나 300년이 지나자 크게 흔들리기 시작해서 사회가 혼란해지고 하극상의 현상이 나타나기 시작했다. 초기 71개 제후국이었던 것이 170개로 늘면서 제후와 천자, 제후와 제후 사이의 혈연관계가 멀어져 더 이상 주나라를 유지하게 했던 가족 윤리가 잘 작동되지 않았던 것이다. 마침내 기원전 8세기 때 12대 천자인 유왕(幽王)이 피살된 후, 평왕(平王) 때 수도를 호경(鎬京)에서 동쪽에 있는 낙읍(洛邑)으로 옮기니, 천도 이전을 서주(西周)라 하고 천도 이후를 동주(東周)라고 한다. 그리고 동주는 다시 춘추시대와 전국시대로 양분된다. 합쳐서 춘추전국시대(기원전 770-221)라고 한다. 춘추시대부터 천자의 권위가 무너지고 제후 중심의 천하가 되었다.

춘추전국 때 각 제후국 왕은 부국강병을 위해 유능한 인재를 수시로 발탁했는데 사상에 있어서는, 주나라 신분 구조를 이루는 천자(天子)·제후(諸侯)·경대부(卿大夫)·사(士) 가운데서 사 계급 출신들이 두각을 나타내 난세 가운데서 지성의 등불을 환히 밝혔다. 즉 제자백가들은 대개가 사 계급에 속했으며, 그중에서도 공자·노자·묵자·맹자·순자·장자 등이 걸출했다.

춘추시대에 패권을 쥐었던 다섯 나라의 제후를 춘추오패(春秋五覇)라 하였는데, 제(齊)나라 환공(桓公), 진나라 문공(文公) 등을 가리켰다.[2] 전국시대에 있어서는 마지막까지 각축을 벌이던 일곱 개 나라를 전국칠웅(戰國七雄)이라고 한다. 그 일곱

2) 누가 오패인가는 설이 분분한데 일반적으로 당나라 사마정(司馬貞, 679-732)이 지은 《사기색은史記索隱》에 나오는 제(齊)의 환공(桓公), 송(宋)의 양공(襄公), 진(晉)의 문공(文公), 진(秦)의 목공(穆公), 초(楚)의 장왕(莊王)이라고 하는 것과 《순자荀子》·「왕패王霸」 편에 나오는 제(齊)의 환공(桓公), 진(晉)의 문공(文公), 초(楚)의 장왕(莊王), 오(吳)의 합려(闔閭), 월(越)의 구천(句踐)이라고 하는 두 가지가 대표적이다.

나라는 동방의 제(齊), 남방의 초(楚), 서방의 진(秦), 북방의 연(燕), 그리고 중앙의 위(魏)·한(韓)·조(趙) 등이다. 이중 서쪽 지역의 진나라에서는 기원전 4세기, 법가 사상을 깊이 연구한 상앙(商鞅)이 등용되어 변법(變法, 나라의 법을 크게 바꾸는 일)을 단행함으로써 법치주의 체제가 정비되었다. 이후 진나라는 국력이 급속히 신장되어 진시황제에 이르러 마침내 모든 제후국들을 평정해 기원전 221년 진 왕조를 세우게 되었다. 진시황제의 천하통일은 상앙의 변법으로부터 시작되었다고 할 수 있다.

주나라 문학은 장르별로 『시경詩經』을 대표로 하는 시, 『서경』를 대표로 하는 산문, 『이소離騷』를 대표로 하는 『초사楚辭』, 이렇게 세 방면으로 나눈다. 흔히 정식 중국문학의 시작은 운문에 있어서는 『시경』, 산문에 있어서는 『서경』에 있다고 한다. 그렇지만 문학은 무문자(無文字)의 원시시대로부터 시작되었고, 그 정확한 형태를 지금은 알 수 없다. 다만 갑골문과 주역, 그리고 신화를 통해 아주 일부를 엿볼 수 있을 뿐이다. 문학의 최초 형태는 음악이었으며, 문학과 음악은 분리되지 않았다.

한편 중국 최초의 산문 책인 『서경』은 신화 속 인물인 요·순·우 등을 모두 역사인물로 변환시켰다. 주나라 초기의 사관들이 왕조의 정통성을 확립하기 위해 신성을 지닌 신화의 영웅들을 죄다 실제의 인물로 만들었던 것이다. 이러한 '역사 늘이기'의 왜곡은 비단 근현대에만 있었던 것은 아니고 기원전 10세기 언저리에 이미 있었다. 그럼으로써 중국은 신화적 스토리텔링의 주요 원천을 문학이 아니라 역사의 영역에 주었다. 그 결과 서양이나 인도와는 대조적으로 신화가 다른 문학 장르보다 훨씬 뒤처지게 되었다. 대신 역사 서술이 매우 발전되고, 결과적으로 역사 서술이 문학 서사에도 큰 영양을 미쳤다. 한나라에 이르면 요순보다 더 오래된, 중국인의 민족신인 황제(黃帝)마저 역사 인물로 둔갑하였다. 신화 영역은 더욱더 좁아졌다.

제1절 음악의 원리와 작용

1. 음악의 원리

주지하듯이 중국의 가장 오래된 책은『서경』이다.『서경』의「순전舜典」편에는 순임금이 기(夔)라는 신하에게 '전악(典樂)'이라고 하는 벼슬을 내리면서 하는 다음과 같이 당부가 나온다.

> 기여! 그대에게 명하노니 귀족 자제들을 가르침에 있어서, 곧되 온화하고 관대하되 위엄이 있고 강하되 포악하지 않고 단순하되 오만하지 않게 하라. 시는 뜻을 말하고 노래는 말을 읊조리고 소리는 가락을 따르고 음률은 소리를 조화롭게 한다. 팔음이 모두 조화되어 서로의 질서를 빼앗지 않으면 신과 사람이 기뻐한다.
>
> 夔! 命汝典樂, 敎胄子, 直而溫, 寬而栗, 剛而無虐, 簡而無傲. 詩言志, 歌永言, 聲依永, 律和聲. 八音克諧, 無相脫倫, 神人以和.

전악이란 '음악을 맡는다'는 뜻이다. 순이 기에게 이 벼슬을 맡겨 음악 교육을 하도록 했다. 예로부터 위 인용문의 문장 의미에 대해 해석이 분분하나 뜻은 대략 다음과 같다: 첫째, 사람 성품의 일반적 경향은 곧으면 차갑고 강하면 포악하고 간소하면 오만하기 쉬운데 음악 교육을 통해서 적절하게 인성의 균형을 잡을 수 있다. 둘째, 시를 가지고 자신의 뜻을 나타내며, 말에 멜로디가 있게 하면 노래가 되고, 소리는 멜로디에 맞게 내며, 음률로써 소리를 조화롭게 한다. 셋째, 팔음(여덟 가지 악기로 내는 소리)이 조화로우면 신과 사람이 다 함께 기뻐한다.

오늘날의 관점으로 보면『서경』의「순전」편은 일종의 문예론이라고 할 수 있는데, 이 글을 통해 다음과 같은 사실을 알 수 있다:

1) 음악은 악기 연주와 춤, 노래와 시를 다 포함한다. 오늘날에는 음악이라고 하

지만 원래는 그냥 악, 한 글자로 불렸다.

2) "시언지(詩言志, 시는 뜻을 말한다)"의 '지(志)'는 본디 사람의 생각을 가리키는 것이었으나 후대에 감정도 함께 포함시켜 사용함으로써 그 의미를 확장시켰다. 시언지는 중국 시사(詩史)에서 시의 정의에 대한 가장 중요한 선언이다. 지식인들에게 감흥이나 생각을 시로써 나타낼 수 있는 능력이 정언명령처럼 요구되었기 때문이다. 이로써 중국 특유의 시교(詩教)와 악교(樂教)의 전통이 수립되었다.

3) 조상숭배와 제사의 가치가 음악을 통해 실현되었다.

여기서 음악과 시는 처음 어떻게 발생했는가를 알아본다. 인류의 진화과정에서 조상인 원인(猿人)이 두 발로 직립하게 되면서 생겨난 신체 현상 중 하나가 바로 다양한 소리를 낼 수 있었다는 것이다. 엎드린 상태에서는 성대가 막혀 발성에 제한이 있었으나 목이 수직이 되자 성대가 트이게 되어 무궁무진한 음성의 세계가 열렸다. 그리하여 음악이란 것이 탄생했다. 최초의 음악은 아! 어!와 같은 감탄사였다. 단순한 소리 표현에서 점차 발전되어 저음·중저음·중고음·고음 등의 높낮이 조절이 가능하고, 소리에 리듬을 넣어 멜로디를 만들고, 멜로디에 가사를 얹어 노래도 하게 되었다.

악에는 두 가지가 있으니 하나는 사람의 몸으로 내는 소리요, 다른 하나는 악기로 내는 소리이다. 음악이란 단어는 일본인들이 영어의 뮤직을 번역한 것이다. 본디 동양에서는 사람이 내는 음(音)과 악기로 내는 악(樂)을 구분하였는데, 일본인들이 서양어를 번역하면서 이 두 개를 합쳐서 조어(造語)했던 것이다. 또한 사람의 몸으로 내는 소리도 두 가지 요소로 이루어져 있으니, 바로 멜로디와 가사다. 이것을 흔히 노래(歌)라고 하는데 노랫말이 바로 가사이며, 가사가 최초의 시이다. 즉 노래와 시는 원래 하나였다. 또 노래에 악기를 사용하면 연주(演奏)나 주악(奏樂)이 되고 춤을 추면 무용이 되는 것이니, 시·노래·음악·무용은 본디 서로 한 덩어리라고 할 수 있다. 고대에는 이런 것들을 모두 합쳐서 악(樂)이란 한 글자로 압축했다. 그러니까 악은 협의로는 음과 대칭되는 의미로, 광의로는 시·노래·음악·무용를 모두 포함하는 의미로 사용되었다. 더 나아가 문화를 상징하는 표상으로도 쓰였다. 흔히 말하는 예악(禮樂)이라고 할 때 악이 그렇다.

한편 연주되거나 노래되는 음악의 소리는 고저·장단·강약에 의해서 결정되는데 고저, 즉 높낮이를 구분하는 방법이 바로 오음과 십이율이다. 알기 쉬운 이해를 위해 중국과 서양 음악을 비교한다. 먼저 음악을 이루는 기본 단위인 음(音)에 대해서 알아본다. 한중일, 삼국에서 공히 사용하는 음은 오음(五音, 이하 5음으로 표기)과 십이율(十二律, 이하 12율로 표기)로서 중국에서 만들어졌으며 처음 누가 만들었는지는 문헌에 나오지 않는다.[3] 다만 오음은 『장자莊子』·『관자管子』·『여씨춘추呂氏春秋』 등에 나오는 것으로 보아 전국시대에 어느 정도 일반화되었던 용어이고, 12율은 기원전 239년경에 지어진 『여씨춘추』에 처음 문헌에 등장한 것으로 보아 5음보다 늦게 형성된 것으로 보인다.

그러나 12율의 모태가 되는 육률(六律)이 여러 선진(先秦) 문헌에 두루 나오는 것으로 보아 역시 전국시대에 율의 개념 역시 전국시대에 일반화 되었음을 알 수 있다. 여기서 12율을 서양 악보로 옮겨 보면 서양의 평균율(平均律, 옥타브를 똑같은 비율로 나눈 음률)과 비슷하게 한 옥타브 안에 '반음' 간격으로 12음이 있음을 알 수 있다(도레미파솔라시도 8음이 한 개의 옥타브이다. 옥타브는 8을 의미하는 라틴어 octo에서 유래했다). 서양 음악과 비교해보자.

이제는 전 세계 대부분의 음악 체계가 일곱 음을 사용하지만(낮은 도와 높은 도는 음악적으로 성격이 비슷하기 때문에 옥타브에는 여덟 음이 있지만 서로 다른 음은 일곱 개다), 고대부터 현대에 이르기까지 인류가 사용해 온 거의 모든 음악 체계는 옥타브에서 다섯 음만 사용하는 음계를 바탕으로 했다. 이것을 펜타토닉(pentatonic, 펜타는 그리스어로 '다섯'이라는 뜻이고 토닉은 '음' 라는 뜻) 혹은 5음 음계라고 한다.[4] 그런데 서양에서는 5음을 더 세분화한 12음을 만들어 평균율이라고 부르고 18세기부터 널리 사용하기 시작했다. 그래서 평균율은 반음 관계로 만들어져 있기 때문에 우리의 기억

---

3) 아래 오음과 십이율에 관해서는 조정은, 「전국 시대 말엽에서 한나라 초기 오음(五音)과 십이율(十二律)의 음악 외적 용례에 관한 고찰 (1)」, 『철학사상』, 권53, 2014, 27-53쪽을 참고했다.

4) 존 파웰(J. Powell) 저, 장호연 역, 『과학으로 풀어보는 음악의 비밀(How Musik Works)』, 서울, 뮤진트리 출판사, 169-170쪽. 저자 존 파웰은 음악과 물리학을 전공했으며, 이 두 개의 서로 다른 학문을 융합해 과학으로 음악을 분석한 것으로 저명하다.

이 감당하기에는 다소 많아서 한번에 사용하면 혼란스럽다. 그래서 이 가운데 일곱 음을 선별해서 7음(즉 도레미파솔라시)을 만들었다. 이 일곱 음들은 서로 조화를 이루기 때문에 좋은 소리를 낸다. 7음을 가지고 만든 음악을 장음계라고 한다.

그런데 7음 가운데 두 음을 빼고 12음 중에서 관계성이 떨어지는 다른 두 음으로 바꾸면 왠지 신비하고 모호하게 들리며, 맺고 끊는 느낌도 장음계에 비해 훨씬 덜하다. 그래서 들으면 슬픈 느낌을 자아낸다. 이런 음악을 단음계라고 부른다. 예를 들어서 베토벤의 〈엘리제를 위하여〉는 처음에 단조로 시작하여 1분 30초 후 갑자기 장음으로 된 쾌활한 분위기로 바뀌었다가 15초 후 다시 앞의 단조로 돌아간다.[5)]

중국에 12율이 있다면, 서양은 평균율이 있다. 여기서 음과 율은 서로 무엇이 다른가를 알아본다. 우선 현대 서양의 음악론으로 설명해보자. 음악의 높낮이를 표시함에 있어서 음명(혹은 음이름)과 계명(혹은 계이름)이 있다. 음자리표(음자리표 중 가장 자주 쓰이는 것이 '𝄞') 다음에 붙이는 올림표(♯)나 내림표(♭)를 조표(調標)라고 하며 올림표는 샵, 내림표는 플랫이라고 부른다. 그런데 조표가 하나도 붙지 않은 C장조 곡에서는 음명과 계명이 같다. 그래서 음명 '도'는 계명 도이기도 하다. 그런데 ♯이 하나 붙은 사장조(G Major) 곡에서는 음명과 계명이 달라진다. 사장조에서는 으뜸음이 솔이므로 솔이 도가 된다. ♯이 두 개 붙은 라장조(D Major)에서는 레가 도가 된다. 솔이 도가 된다고 말할 때, 그리고 레가 도가 된다고 할 때, 솔과 레는 음명이며, 도는 계명이다.

음명은 변하지 않는 고정음을 지시하며, 계명은 조에 따라 바뀌는 상대음을 지시한다. 그 둘은 서로 다른데, '도레미파솔파시'가 음명과 계명으로 둘 다 쓰이면, 솔이 도가 된다는 식의 혼란스런 표현을 피할 수 없다. 그래서 요즘, 음명에는 C, D, E, F, G, A, B처럼 영어 명칭을 사용하고, 도레미파솔라시는 계명을 가리키도록 하여 그런 문제를 해결하고 있다. 음명과 계명의 명칭을 달리하면, G Major에서는 G가 도이며, D Major에서는 D가 도라고 표현할 수 있다.

5) 장음계와 단음계의 차이에 따른 음악의 분위기 변화에 대해서 존 파웰, 위 책, 193-197쪽 참고.

좀 더 자세히 설명하면 음악에서는 장음계로 이루어진 조(調)를 장조라 하고, 장음계의 곡을 장조의 곡이라고 하는데, 장조는 다시 음계의 제1음(즉 으뜸음) 높이에 따라 각각 다장조(C장조)·라장조(D장조)·마장조(E장조)·바장조(F장조)·사장조(G장조)·가장조(A장조)·나장조(B장조) 등으로 나눠진다. 우리의 눈에 익은 다장조를 보자. 아래 도표에 보이는 도레미파솔라시도는 음이고 다라마바사가나다는 장조 이름이고 CDEFGABC는 장조 이름을 악보에 표시하는 기호이다. 그러므로 도, C, 다는 동일한 것을 나타낸다고 할 수 있다.

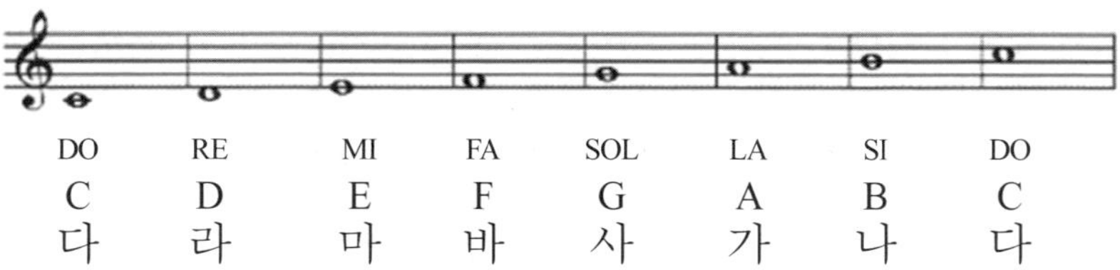

서양과 대조적으로 중국 음악에서는 처음부터 음명과 계명은 구별되어 있었다. 즉 12율은 음명이고 5음은 계명인데, 12율은 높낮이가 정해진 고정음이며 5음은 조에 따라 상대적으로 높낮이가 달라진다. 12율의 이름은 황종·대려·태주·협종·고선·중려·유빈·임종·이칙·남려·무역·응종이며, 이것들은 반음 간격으로 소리가 높아진다. 5음은 궁·상·각·치·우이며, 원래는 궁상각치우 외에 변치(變徵, '치' 보다 반음이 낮은 음. 칠음계의 넷째 음인 '파'에 해당)와 변궁(變宮, 칠음계의 마지막 제7음으로 우보다 반음 더 높은 소리, 즉 '시'에 해당)이 더 있어서 현대의 7음과 비슷하지만 고대의 단순한 사회에서는 단순하면서도 연주하기 편한 5음이 선호되었으며, 게다가 한나라 때 동중서가 음양오행과 유교를 융합시킨 후부터 오행사상이 거의 절대적 준거가 되었다. 그래서 음악의 음계도 다섯 개가 되어야 한다는 강박관념 때문에 변치와 변궁은 잘 쓰지 않고 5음으로만 곡조를 만들려고 하다 보니 마치 5음만 있는 것처럼 인식되게 되었다.

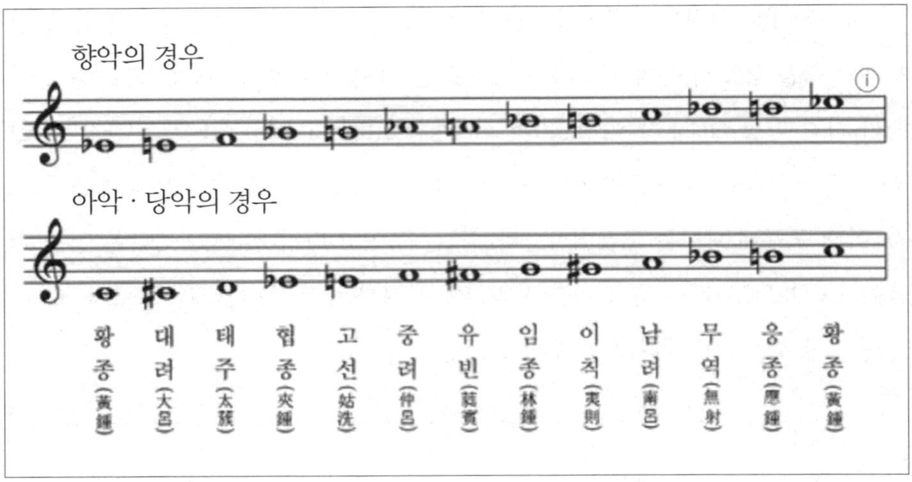

여기서 12율을 서양 악보로 옮겨 보면 서양의 평균율과 비슷하게 한 옥타브 안에 '반음' 간격으로 12음이 있음을 알 수 있다. 도표 위에 보이는 당악(唐樂)은 당나라 음악이란 뜻으로 중국 음악을 가리킨다. 신라가 당의 도움을 받아 삼국을 통일한 후, 즉 통일신라 때 당나라 음악을 받아들이면서 당악이라고 부르게 되었던 것이다. 당악과 대어(對語)로 쓰이는 향악(鄕樂)은 삼국시대부터 전해 내려오는 한국의 음악을 가리킨다. 그러나 한국과 일본의 음악은 중국 음악의 12율과 5음을 기본으로 하고 있다. 다시 말하면 중국 음악의 악곡 체계가 전래되어 두 나라 음악의 바탕이 되었다. 여기서 가장 흔하게 보이는, 즉 우리가 처음 서양 음악의 도레미파솔라시도를 배울 때 소리 내는 다장조 음계(C Major)를 기준으로 본다면, 당악의 황종은 '도'이고 향악의 황종은 '미'이다. 즉 당악에서는 미이지만 향악에서는 미가 도가 된다. 쉽게 말해서 '도 자리가 변한다'.

다음, 5음이 상대적 음이라고 한 것은 다음 이미지를 보면 이해가 된다. 궁상각치우는 서양의 도레미솔라에 해당하는 계이름이라고 할 수 있다. 즉 궁조 음악에서는 도가 으뜸음이고, 상조 음악은 레, 각조 음악은 미, 치조 음악은 솔, 우조 음악은 라가 으뜸음이다. 다시 말하면 상조에서는 레가 도가 되고, 각조에서는 미가 도가 되고, 치조에서는 솔이 도가 되고, 우조에서는 라가 도가 된다.

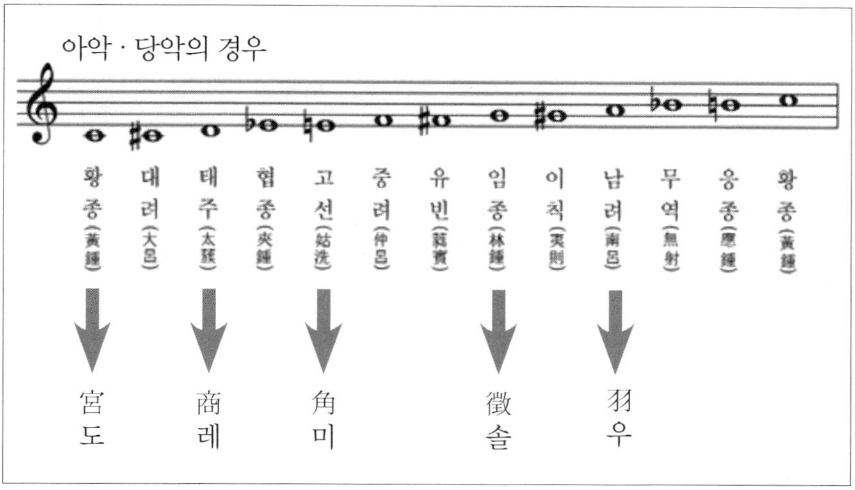

이렇게 하면 조에 따라서 소리의 높낮이가 달라져서 음폭이 매우 커지게 된다. 즉 조에 따라서 으뜸음이 달라지며, 으뜸음에 의하여 음악의 분위기가 좌우된다. 마치 드라마가 기승전결의 틀 속에서 주인공을 중심으로 온갖 배역이 짜여지듯이 으뜸음을 중심으로 조직적인 틀 속에서 가락이 만들어진다. 으뜸음은 음악의 전반적인 흐름과 분위기를 정하는 기준점 역할을 한다. 즉 흐름과 분위기를 지배한다. 구체적으로 설명하면 궁조와 치조는 밝고 장엄하여 아정한 분위기를 만들기에 적당하고, 상조와 우조는 어둡고 유화(柔和)하여 처량하고 슬픈, 즉 서정적인 분위기를 만들기에 적당하다. 그리고 전자 경우에는 궁조를, 후자의 경우에는 상조를 더 많이 사용한다. 아무래도 치조와 우조처럼 솔과 라의 높은 음부터 시작하는 음계보다 궁조와 상조처럼 도와 레의 낮은 음부터 시작하는 음계가 더 자연스럽기 때문이다.

5음 중에서 특히 궁조 음악은 심신을 건강하게 하기 때문에 신체와 정서를 기르는 데 적합하며, 정악(正樂)에 많이 사용된다. 궁조의 도 소리는 봉황이 우는 소리에 비유된다. 궁조와 대조적으로 슬픈 음악에 주로 사용되는 상조는 처량하고 원망하고 그리워하는 감정을 표현한다. 특히 남녀가 서로 그리워하고 원망하는 정서를 나타낼 때는 상조가 제격이어서 애정 관련 음악에 많이 쓰인다. 예를 들어 남조(南朝) 때는 악부시 계통의 음악인 청상악(淸商樂)이 유행했는데, 청상악은 청조(淸

調, 현악기와 죽관악기의 합주 형태)와 상조가 주가 되어 만들어진 음악으로 대다수가 남녀의 애정을 노래한다. 풍격과 음색이 부드럽고 섬세하며 미려하다.

송대의 고자사(鼓子詞) 작품이자, 장생(張生)과 최앵앵(崔鶯鶯)의 연애담인 『앵앵전鶯鶯傳』을 최초로 설창(說唱) 형식으로 각색한 조령치(趙令畤, 1064-1134)의 「원미지최앵앵상조접련화사元微之崔鶯鶯商調蝶戀花詞」는 상조 음악이다. (설창은 우리나라의 판소리처럼 말과 시나 노래를 섞어서 서술하는 문학 양식이다. 고자사는 본디 북을 연주하면서 입으로 설창하는 데서 붙여진 이름이지만 실제로는 설창하는 사람에 따라서 북 외에 여러 가지 악기를 사용할 수 있다.)

한편 중국문학에서는 설창과 희곡 작품을 설명할 때 종종 궁조(宮調)라는 말을 사용한다. 이 때의 궁조는 우리나라 사람들이 궁조라고 하는 것과는 사뭇 다르다. 즉 중국에서 궁조라는 단어는 대개가 궁과 나머지 음들을 합쳐서 부른다. 곡을 만들 때 5음의 궁상각치우 가운데 궁을 위주로 해서 만든 방식을 궁(宮), 기타 음을 위주로 해서 만드는 방식을 조(調)라고 하고, 합쳐서 궁조라 한다. 또한 이 궁과 조도 각자 곡의 양식에 따라 여러 종류로 세분된다. 즉 궁에도 여러 가지가 있고, 조에도 마찬가지다.

중국의 설창문학은 여러 종류가 있고, 그 가운데 하나가 제궁조(諸宮調)이다. 북송 말에 창시된 제궁조는 남송 때 크게 유행했는데, 여기서 제궁조는 한 작품 전체가 궁조로 구성되었다는 뜻이 아니라, 제는 '여럿'을, 궁은 '궁조(宮調)'를, 조는 '궁조를 제외한 다른 조들'을 가리킨다. 그러므로 제궁조는 궁조 및 다른 조들의 곡들을 바꿔가면서 연출하는 양식이다. 그리고 그런 노래 사이 사이에 산문이 삽입됨으로써 장편 고사(故事)가 설창 형식으로 서사된다. 이처럼 제궁조는 하나의 곡조만 고집하지 않고 곡조의 변화를 통해 다채롭게 노래함으로써 긴 서사를 할 때도 지루하지 않다. 그리하여 제궁조는 체제가 방대하고 곡조가 풍부한 설창이 되었던 것이며, 이러한 면모 때문에 제궁조가 원대 잡극(雜劇, 희곡의 일종) 발전에 큰 영향을 주었던 것이다.

여기서 궁조의 종류를 소개한다. 궁조 분류는 시대에 따라 달라져서, 남송 때는 칠궁십이조(七宮十二調), 금과 원 때는 육궁십일조(六宮十一調), 청 때는 오궁사조(五宮四調)가 있었다. 번쇄함을 피하기 위해 이중 가장 간단한 오궁사조만 소개하는데, 오궁사조는 구궁(九宮)으로 약칭하기도 한다. 오궁사조의 오궁은 정궁(正宮)·중려궁(中呂宮)·남려궁(南呂宮)·선려궁(仙呂宮)·황종궁(黃鍾宮)이고, 사조는 대면조(大面調)·쌍조(雙調)·상조(商調)·월조(越調)이다. 이 아홉 가지 중 하나의 양식에 의해서 수많은 곡과 노래가 지어질 수 있다.

중국의 설창과 희곡의 각본에서 악곡을 표기할 때는 궁조와 곡패(曲牌, 즉 곡명)를 함께 적기도 하고, 혹은 곡패만 적기도 한다. 보기로 어느 희곡 작품에【월조越調】【두암순鬥鵪鶉】이라고 적혀 있으면 궁조 중 '월조'에 속하며, 또한 월조에 속하는 '두암순'이란 곡이라는 뜻이다. 그러니까 두암순이 곡패이다. 만약【정궁正宮】【단정호端正好】라고 적혀 있으면, 궁조 중 '정궁'에 속하며 곡패가 '단정호'라는 의미이다. 이처럼 2개의 이름이 없이 곡패만 적기도 한다. 예를 들어【요지유繞池游】,【산파양山坡洋】,【오야제烏夜啼】,【보보교步步嬌】,【취부귀醉扶歸】같은 것들은 곡패이다. 곡패를 보면 궁조 중 어느 것에 속하는지 알기 때문에 궁조를 생략하는 것이다.

여기 궁조 가운데 정궁에 속한 단정호라는 곡이 있다고 가정하자. 이 곡에 의거해서 희곡 작가가 가사를 짓고, 배우가 그것을 무대 위에서 극정에 맞게 노래 부르고 연주자가 악기를 연주하는 것이 희곡이다. 보통은 있는 곡을 사용해서 작사를 하지만, 만약 희곡 시나리오를 쓰는 작가가 작곡을 할 줄 알면 다양한 궁조 중 극의 분위기에 어울리는 하나를 택해서 직접 곡도 짓고 작사도 할 수 있다.

2. 음악의 기원과 사유

동양의『주역周易』에 의하면 음악은 천둥소리로부터 비롯되었다.『주역』은 음과 양의 원리로 만물의 이치를 설명하는 것으로 음은 '- -'로, 양은 '—'로 표시하며, 이 표시를 가지고 팔괘를 만들어낸다. 팔괘(八卦)는 우주 구성의 기본 요소를 부호로 형상화 것이며, 그 여덟 개는 ☰〔건(乾)하늘〕·☱〔태(兌)연못〕·☲〔리(離)불〕·☳〔진(震우레)〕·☴〔손(巽)바람〕·☵〔감(坎)물〕·☶〔간(艮)산〕·☷〔곤(坤)땅〕이다.

음악은 이 중 우레를 상징하는 진괘(震卦, ☳)로부터 생겼다. 괘의 순서는 아래에서 위로 올라간다. 진괘는 맨 아래가 양이며 위에 두 개의 음이 올라가 있다. 양은 생명·밝음·가벼움 등을 상징한다. 그래서 진괘는 양이 어둡고 무거운 음 두 개를 뚫고 위로 올라가는 형상이다. 마치 씨앗이 땅의 압력을 이겨내 가고 있는 모습과 같다.

고대인들에 있어서 수많은 자연의 소리 중 가장 두드러지고 실감 있게 인지되던 대상은 바로 천둥이었다. 천지를 진동시키는 천둥소리는 세상의 모든 소리를 압도

한다. 뭇소리 중의 제왕이다. 게다가 벼락과 폭우가 수반되니 뇌성벽력에 대한 경외감이 대단히 컸을 것이다. 그 하늘의 소리는 마치 인간을 가르치고 경책하는 듯하다. 그래서 사람들은 하늘의 음악인 우레를 본받아 음악을 만들고, 음악으로써 성정(性情, 품성·성격·기질·감정 등)을 다스리는 데 사용했다. 이렇듯 동양에서는 사람의 음악은 자연의 소리를 본으로 삼는다고 주장한다. 주역은 중국인 사유의 가장 원형을 담고 있다. 그래서 고대 전적에 보이는 음악의 발생론은 주로 자연 현상을 중심으로 만들어졌다. 『예기禮記』의 『악기樂記』는 총 10장으로 구성되었는데, 10장 중 3번째인 「악례樂禮」가 그 가장 대표적인 예이다.

> 땅의 기운은 상승하고 하늘의 기운은 하강하여 음양이 서로 충돌하면 천지가 요동치는데, 우레와 번개로써 북을 치고, 바람과 비로써 춤을 추며, 사시로써 움직이고, 해와 달로써 온기를 주니 만물이 흥하게 된다. 이처럼 음악은 하늘과 땅의 조화에 의한 것이다.
>
> 地氣上齊, 天氣下降, 陰陽相摩, 天地相蕩, 鼓之以雷霆, 奮之以風雨, 動之以四時, 暖之以日月, 而百化興焉. 如此, 則樂者天地之和也.

이처럼 천지를 하나의 거대한 악기로 보았다. 천둥과 번개, 바람과 비는 천지가 연주하는 것이다. 자연의 날씨가 변화하면서 내는 파동 현상과 율동이 바로 음악이다. 이런 것이 바로 동양의 웅대한 자연관이자 음악론이다. 자연이 그러하듯이 음양이 가장 안정되고 조화를 이룰 때 진정한 음악이 형성될 수 있으며, 여기에서 12악률과 같은 이상적인 악률도 만들어진다. 특히 바람은 공기의 이동으로 생기는 것이며 골짜기나 동굴에 불면 공명 현상을 일으켜 거대한 소리를 만든다. 또 지나가며 갖가지 물체에 부딪치면서 각양각색의 소리를 창조하고 움직이게 한다. 그것은 자연이 연주하는 음악이자 자연이 노래하는 가요이다. 이 때문에 바람 풍(風)이 노래(노래 중에서도 특히 민요)를 의미하는 뜻으로 인신되었으며(주대 국가 정책인 관풍(觀風)이나 『시경』의 국풍(國風)이 대표적인 예), 여기서 더 나아가 노래로 풍자를 하므로 풍자〔諷〕, 움직여서 변화시키므로 가르침〔教〕, 흐르듯이 움직이기 때문에 풍속(風俗)·풍기(風氣) 등의 뜻이 생겨나게 되었다. 또 노래는 외워야 하기 때문에 암기(暗記)·암송(暗誦)의 의미로도 사용되었다. 이렇듯이 풍 자 한 글자가 민요·풍자·교화·풍속·암기 등을 다 가리킬 수 있으니, 텍스트에서 어떤 의미로 썼는지를 잘 살펴야 한다.

흔히 동양은 선의 음악이고 서양은 점의 음악이라고 한다. 즉 음과 음 사이 비어있는 공간을 활용함에 있어서 동양이 서양보다 발달되었다. 악기와 성악에서 같은 음의 소리를 변화시키는 방법을 농현(弄絃)이나 요성(搖聲)이라고 하는데 주로 세 가지 방법이 사용된다. 첫째 서양의 바이브레이션과 같이 수평적으로 떨림을 주는 방식이다. 둘째는 퇴성(退聲)으로 소리를 끌어내리고, 셋째는 추성(推聲)으로 소리를 밀어올린다.

농현과 요성은 음과 음 사이의 보이지 않는 소리를 연주자가 감칠맛 있게 조절하는 능력이 중요하다. 비움의 채움을 통해 연주자나 노래하는 사람이 제2의 작곡을 했다. 마치 동양의 문인화에 보이는 비움의 미학과 같다. 꽉 채우지 않고 비어있음으로써 수많은 가능성이 열려 있는 것이다. 그래서 동양의 음악은 곡선을 그리는 음악이라고 한다. 반면에 서양은 한 음이 한 가지 음만 내는 '점의 음악'에 비유하고 동양은 '선의 음악'에 비유하기도 한다. 물론 서양에도 참으로 다양한 기법이 활용되기 때문에 점이나 선으로 확연하게 동양과 서양을 구분할 수는 없다. 다만 경향에 있어서 농현과 요성을 매우 중시하는 동양을 그렇지 않은 서양과 대비시켜서 선의 음악이라고 개략적으로 정의할 수 있는 것이다. 한국인이 좋아하는 트로트의 창법에는 하나의 음을 이리저리 움직이는 소위 '꺾기'가 있다. 가수가 자신만의 개성 있는 꺾기를 통해 특별한 감정을 유발할 수 있다. 이 역시 국악과 마찬가지로 소리의 선적인 표현이다.

연주자가 음과 음 사이의 빈 곳을 잇고 채우는 공정은 자연의 소리에서 배워 온 것이라고 여겨진다. 바람이나 물소리는 간단없이 이어지며, 벌레와 새의 울음 역시 들어보면 대부분 음의 높낮이 사이가 선처럼 연속되지, 스타카토처럼 끊어지지 않는다. 이와 대조적으로 수학 원리에 의해서 체계화된 서양 음악은 숫자처럼 정확하게 음 사이가 서로 구별되고 나눠진다.

동양에서는 음악학의 시조가 누구인지 전하지 않으나, 서양에서는 음악의 체계를 본격적으로 세운 사람을 그리스의 피타고라스(B.C. 570-B.C. 495)로 특정한다. 사람들은 그를 '음악의 발견자'라고 까지 말한다. 전해지기를 그가 어느날 대장간 옆을 지나가는데 망치 소리가 들렸다. 그런데 소리가 각각 달랐다. 그는 멈춰 서서 소리를 연구하기 시작했다. 그리고 망치의 무게에 따라서 음정이 다르다는 것을 발견했다. 즉 높낮이가 다른 음들이 생기는 것은 쇠망치의 모양도 아니고 내려치는 힘의 강도도 아니며, 오직 쇠망치 자체의 무게에 따라서 달라진다. 예를 들어 500그람 나가는 망치로 때리면 '도' 소리가 난다고 가정할 경우 강약에 상관없이 동일한 도를 낸다. 700그람 망치로 때리면 '레' 소리가 날 경우 역시 마찬가지로 강약에 관계없다. 마치 피아노 도나 레 건반을 아무리 세게 눌러도 도와 레 소리를 내는 현상과 마찬가지다.

또한 망치 소리끼리 어떤 것은 서로 조화로운 소리를 내고 어떤 것은 서로 듣기 싫은 소리를 냈다. 피타고라스는 이러한 원리들을 연구해서 칠음계를 만들고, 그 위에 화음(和音, 협화음이라고 함)과 불협화음이라는 개념을 창시했다.

이와 같은 피타고라스 이야기는 전설일 뿐 확인된 바 아니나 어쨌든 그가 음악을 수학의 지류로 보고 음을 수의 비례 관계로 설명했으며, 협화음과 불협화음 개념을 창시한 것은 맞다. 지구를 가운데 두고 태양·달·행성 등이 궤도공전할 때 각기 다른 소리를 내며 그 소리들은 조화를 이룬다는 소위 무지카 문다나(Musica Mundan, 천체의 음악 혹은 우주의 음악)를 주장한 사람도 피타고라스이다.[6)]

피타고라스의 음악론은 중세 음악관까지 계속 영향을 주었다. 그래서 서양에서는 피타고라스가 음악학의 시조라 일컬어진다. 음악을 과학적으로 규명하고 철학적으로 사색하는 음악학적 사고가 그로부터 시작되어 이후 플라톤·아리스토텔레스·아리스토크세누스·유클리드를 거치면서 전개되었다. 철학자와 수학자가 음악을 연구하여 매우 정교하고 수학적 비례의 법칙으로 구성되었다. 그러나 가장 중

6) 피타고라스의 음악론에 대해서는, 박을미, 『서양음악사 100장면(1)』, 서울, 가람기획, 2001, 22-26쪽 참고.

요한 것은 연주자의 감정이다. 개인의 감성이 없이 악보에만 기계적으로 정확하게 맞추는 선율은 감동을 주지 못한다. 동양과 서양이 마찬가지다.

고대 서양에서도 중국과 마찬가지로 음악(그리스어로 musike)이란 음악 · 노래 · 시 · 춤을 다 포함했다. 학문이 분화되지 않고 통합되어 있었던 고대에는 어느 문화권에서나 그랬을 것이다. 그런데 서양철학의 대부인 플라톤과 아리스토텔레스의 음악관은 서로 달랐다. 플라톤에 의하면, 국가가 관장하는 교육에서의 음악은 조용하고, 성스럽고, 경건한 분위기를 가진 것이라야 한다. 그리고 전통에서 벗어나면 안 된다. 즉 이성적인 음악이 좋은 것이며, 이데아를 소리로 표현하는 수단이다. 그러나 아리스토텔레스는 스승인 플라톤의 그런 형이상학적 방향을 거부했다. 플라톤에게는 이데아가 진실이고 현실은 허구였다. 그러나 아리토텔레스는 현실을 진실로 받아들인다. 그래서 인간의 현실적인 감정을 긍정하고, 감정을 소리로 잘 표현하여 정화(그리스어로 Katharsis)할 수 있다고 믿었다. 플라톤은 분노 · 공포 · 증오 같은 나쁜 감정을 억누르려고 했으나, 아리스토텔레스는 음악이 이러한 병적 감정을 정화시키는 것이라고 보았다. 즉 선율과 노래로 그런 부정적 감정을 표현함으로써 병든 마음을 치유할 수 있다. 아리스토텔레스의 이러한 음악관은 본서 뒤에서 설명할 멜랑콜리 이론과 상통한다. 마치 맞불을 놓아 불길을 잡는 것과 같다고 여겨진다. 그는 또한 음악이 치료의 효과만이 아니고, 고귀한 여가를 가져다준다고 말함으로써, 음악 자체가 어느 지엽적인 분야에 봉사하지 않는 독립적인 것으로도 이해하는 길을 열었다.[7)]

한편, 먼 고대부터 대부분의 국가나 민족에서 노래로써 인간의 감정과 생각을 표현하고, 사람의 탄생과 죽음을 축하하거나 애도했다. 더 나아가 공동체적 제사 · 형벌 · 교육 · 연회 · 전쟁 · 수렵 · 정치 · 노동 등에 악무(樂舞)가 시연되었다. 이와 같이 매우 넓은 영역에 걸쳐 음악은 사용되었다. 그렇기 때문에 동서양 모두 고대에는 악이 예술을 대표하는 분야였다. 서양의 그리스 신화에서 예술을 담당하는 신을 뮤즈라고 한 데서도 알 수 있듯이 음악이 예술 중 가장 중요했다. 뮤즈가 뮤

7) 홍정수 · 오희숙, 『음악미학』, 서울, 음악세계, 1999, 315-316쪽.

직(music)의 어원이다. 그런데 중국의 경우 특별한 점은 음악이 후에 유가적 사회통합론에 매우 큰 역할을 했다는 데 있다. 유가적 음악론을 대표하는, 『예기』에 수록되어 전해지는 『악기樂記』를 보자. 이 『악기』는 비교적 완정된 체계를 갖춘 최초의 음악 이론서로서 서한시대에 창작되었으며, 선진 시기 유가의 음악 이론을 총결하였다. 누가 지었는가에 대한 의견이 분분하나 정설은 없다.

『악기』는 총 10편, 즉 「악본樂本」·「악론樂論」·「악례樂禮」·「악시樂施」·「악상樂象」·「악정樂情」·「위문후委文侯」·「빈모고문賓牟賈問」·「악화樂化」·「사을師乙」로 구성되었는데, 이것들을 『순자·악론荀子·樂論』과 비교하면, 몇 개 편의 일부 단락들은 『악론』과 완전 일치한다. 그래서 추측하건데 『악기』는 순자의 『악론』을 저본삼아 선진 이래의 유가 음악 이론에 관한 자료를 모으고, 또한 기타 학파의 이론들을 부분적으로 취합해서 『악론』에서 언급하지 내용을 증가한 것이다. 그러므로 『악기』는 어느 한때, 어느 한 학파, 어느 한 사람의 손에 의해서 지어진 것이 아니라 여러 사람들의 손을 거쳤을 것으로 여겨진다. 한편 사마천 『사기』에도 내용이 『악기』와 거의 동일한 『악서樂書』가 들어 있다. 그렇다면 사마천은 당시 이미 책으로 완성되어 있었던 『악기』를 이용했을 것이다. 『순자』, 『예기』, 『사기』 등은 사람들에게 널리 알려진 책들이었다. 음악이 이 책들 속에 들어감으로써 자연히 유가적 음악 사유가 대세를 이루게 되었다. 『악기』 중에서 「악본」과 「악론」을 통해 유가 음악론의 핵심을 파악할 수 있다. 아래 이 두 편에 나오는 몇 개의 문장을 인용한다. 먼저 「악본」에 나오는 글들을 발췌했다.

> 무릇 음은 사람의 마음으로부터 생긴다. 사람 마음이 움직이는 것은 사물이 그렇게 만든다. 사물에 느끼어져서 움직이기 때문에 소리로 나타난다. 소리가 서로 상응하면 변화가 생기고, 변화가 일정한 규칙을 갖게 되면 음이라고 이른다. 음을 배열하여 연주하고 여러 가지 악기에 맞추어 춤을 추는 것을 악이라고 부른다. 악이라는 것은 음으로부터 생기는 것이니 그 근본은 사람 마음이 사물에 느끼어지는 데 있다. 그러므로 슬픔을 느끼면 그 소리가 느린 듯, 애타는 듯하다. 즐거움을 느끼면 그 소리가 기쁘고 여유롭다. 기쁨을 느끼면

그 소리가 뛰고 흩어진다. 노함을 느끼면 그 소리가 거칠고 날카롭다. 공경함을 느끼면 그 소리가 곧고 반듯하다. 사랑을 느끼면 그 소리가 조화롭고 부드럽다. 이상 여섯 가지는 성품이 아니고 사물에 느껴져서 움직이게 된 것이다. 그래서 선왕은 느끼게 하는 것에 신중했다. 그러므로 예로써 사람의 뜻을 이끌고, 음악으로써 다양한 소리를 조화롭게 하며, 정치로써 그 행동을 하나로 통일하고, 형벌로써 간사함을 막았다. 예·악·형·정은 궁극은 하나이니, 그것들이 다 백성의 마음을 동화시켜 통치의 길로 나아가게 하기 때문이다.

凡音之起, 由人心生也. 人心之動, 物使之然也.感於物而動, 故形於聲. 聲相應, 故生變 ; 變成方, 謂之音 ; 比音而樂之, 及干戚羽旄, 謂之樂. 樂者, 音之所由生也 ; 其本在人心之感於物也. 是故其哀心感者, 其聲噍以殺. 其樂心感者, 其聲嘽以緩. 其喜心感者, 其聲發以散. 其怒心感者, 其聲粗以厲. 其敬心感者, 其聲直以廉. 其愛心感者, 其聲和以柔. 六者, 非性也, 感於物而後動. 是故先王愼所以感之者. 故禮以道其志, 樂以和其聲, 政以一其行, 刑以防其奸. 禮樂刑政, 其極一也 ; 所以同民心而出治道也.

궁은 임금이요, 상은 신하요, 각은 백성이요, 치는 일이요, 우는 물이다. 다섯 가지가 어지럽지 않아야 가락이 막힌다거나 음악이 조화를 잃는다거나 하는 것이 없다. 궁이 어지러우면 황막하여 임금이 교만하다. 상이 어지러우면 공평한 마음을 잃어서 관리가 나쁘다. 각이 어지러우면 근심스러워서 백성이 원망한다. 치가 어지러우면 슬퍼서 일이 힘들다. 우가 어지러우면 위험하여 재물이 없어진다. 다섯 가지는 모두 어지러운 것이며, 이것들은 번갈아서 서로를 능멸한다. 이런 현상을 태만하다고 이른다. 이와 같은 즉 나라가 망함은 얼마 남지 않았다.

宮爲君, 商爲臣, 角爲民, 徵爲事, 羽爲物. 五者不亂, 則無怗懘之音矣. 宮亂則荒, 其君驕. 商亂則陂, 其官壞. 角亂則憂, 其民怨. 徵亂則哀, 其事勤. 羽亂則危, 其財匱. 五者皆亂, 迭相陵, 謂之慢. 如此, 則國之滅亡無日矣.

무릇 음은 사람의 마음에서 생기고, 악은 윤리와 통한다. 그러므로 소리만 알고 음을 모르는 것은 금수이다. 음만 알고 악을 모르는 자는 뭇 백성들이다. 오직 군자만이 악을 알 수 있다. 그러므로 소리를 살펴서 음을 알 수 있고, 음을 살펴서 악을 알 수 있고 악을 살펴서 정치를 알 수 있으니, 이로써 통치의 도가 갖추어지게 되는 것이다. 그러므로 소리를 알지 못하는 자와는 더불어 음을 말할 수 없고, 음을 알지 못하는 자와는 더불어 악을 이야기할 수 없다. 악을 안 즉 예에 거의 가깝다.

凡音者, 生於人心者也. 樂者, 通倫理者也. 是故知聲而不知音者, 禽獸是也 ; 知音而不知樂者, 衆庶是也. 唯君子爲能知樂. 是故審聲以知音, 審音以知樂, 審樂以知政, 而治道備矣. 是故不知聲者不可與言音, 不知音者不可與言樂. 知樂則幾於禮矣.

예로써 백성의 마음을 절제하고, 악으로써 백성의 소리를 조화롭게 하고, 정치로써 실행하고, 형벌로써 (나쁜 짓을) 막으니 예악형정, 네 가지에 통달하여 어긋나지 않으면 왕도가 비로소 갖추어진다.

禮節民心, 樂和民聲, 政以行之, 刑以防之, 禮樂刑政, 四達而不悖, 則王道備矣.

다음은『악기』의「악론」에 나오는 글이다.

악은 같게 하고 예는 다르게 한다. 같은즉 서로 친하게 되고, 다른즉 서로를 공경하게 된다. 악이 이기면 지나치게 되고, 예가 이기면 서로를 떠난다. 정을 합하고 용모를 꾸미는 것은 예악의 일이다. 예의가 제대로 되면 귀천의 등급이 나눠지고, 음악의 곡조가 같으면(즉 같은 음악을 공유하면) 상하가 서로 조화롭게 된다. 좋아함과 싫어함이 드러나면 어진 사람과 불초한 사람이 구분된다. 형벌은 포악함을 금하고, 벼슬에 있어서 현명한 이를 등용하면 정치가 고르게 된다. 인으로써 사랑하고 의로써 바르게 하는데, 이와 같이 한다면 백성이 잘 다스려진다.

樂者爲同, 禮者爲異. 同則相親, 異則相敬, 樂勝則流, 禮勝則離. 合情飾貌者禮樂之事也. 禮義立, 則貴賤等矣 ; 樂文同, 則上下和矣 ; 好惡著, 則賢不肖別矣. 刑禁暴, 爵擧賢, 則政均矣. 仁以愛之, 義以正之, 如此, 則民治行矣.

악은 안(즉 내면이나 마음)에서 나오고, 예는 밖에서 만들어진다. 악은 안에서 나오기 때문에 고요하고 예는 밖에서 지어지기 때문에 꾸민다. 큰 악은 반드시 쉽고, 큰 예는 반드시 간소하다. 악이 지극하면 원망이 없고, 예가 지극하면 다투지 않게 된다. 서로 읍양하면서 천하를 다스리는 것은 바로 예악이다.

樂由中出, 禮自外作. 樂由中出故靜, 禮自外作故文. 大樂必易, 大禮必簡. 樂至則無怨, 禮至則不爭. 揖讓而治天下者, 禮樂之謂也.

『악기』의 이론은 음악이 만들어지는 원리를 상당히 정밀하게 설명하고 있어서 오늘날 보아도 충분히 공감이 간다. 그런데 동시에 그런 원리를 유가적 윤리와 가치에 인위적으로 끼어 맞춰서 정치적 도구로 활용한다. 특히 순자(荀子)가 예와 악을 결합시킨 예악론(禮樂論)을 십분 이용한다. 예·악·형·정을 하나로 묶어서 치도(治道)에 귀속시킨 것이다. "궁은 임금이요, 상은 신하요 각은 백성이요, 치는 일이요, 우는 물이다."라고 하면서 그것들이 상하 질서를 어기면 음악이 어지러워지고 그렇게 되면 나라가 곧 망할 조짐이라고 하는 등의 주장은 사실 억지스럽기까지 하다.

음악이 만들어지는 순수한 자연적 원리를 나라가 다스려지는 인위적이고 차별적인 규범과 융합시킨, 이와 같은 주장은 이후 중국의 문예 관념에 절대적으로 큰 영향을 주어서 결과적으로 중국문학이나 음악이 순수예술보다는 실용에 방점을 찍게 하였다. 다시 말하면 문학을 위한 문학, 혹은 음악을 위한 음악이 아닌 '무엇'을 위해서 만든 것이 되었다. 그 무엇은 다분히 유가적 신분 질서에 의한 사회적 통합과 화합이었다. 그리고 이런 생각은 시학관(詩學觀)에도 투영되었으니, 다음 절에서 다룰『시경』해석에 있어서,『모시』의「대서大序」가 바로 그것이다. 그렇게 해서 형성된 유가적 음악관과 시학관이 다른 장르의 문학에도 널리 영향을 미쳐서 중국 주류 문학의 향방을 결정했다. 이런 전통 문학관에 의하면, 문학은 아정(雅正, 우아하고 바르다)하고 품위 있고 교화의 작용이 있고 미풍양속을 해치지 않아야 한다.

중국의 음악 미학[8]은 크게 두 가지로 대별되는데 하나는 유가적 사상과 결합되어 발전된 것이고, 다른 하나는 노장 계열로서 자연과 결합되어 발전된 것이다. 노자(老子)는 『도덕경道德經』 41장에서 대음희성(大音希聲)이라고 했다. 가장 큰 음악은 소리가 없다는 것으로, 가장 아름다운 음악은 무위(無爲)의 자연 음악이란 뜻이다. 자연은 허정(虛靜, 비어 있고 고요하다)하고, 허정에서 모든 존재가 나왔다. 노자 사상은 어려운 듯하지만 실은 쉽다. 허공이 텅 비어있고 고요하기 때문에 모든 것이 생기고 존재할 수 있듯이, 소리 역시 마찬가지이다. 사람도 마찬가지. 마음이 허정 상태에 있을 때 진정 행복하고 기쁘다. 그런 마음의 상태가 바로 가장 아름다운 음악이다. 그것은 소리 없는 가장 멋진 소리이다. 이와 같이 노자의 음악은 평정되고 평화스러운 인간의 내면을 가리킨다. 왜냐하면 속내평이 화락하면 굳이 사람이 소리를 조작하지 않아도 즐겁기 때문이다. 악기 연주나 노래 부르는 것보다 앞서는 음악이 바로 무위의 음악이다.

노자를 이은 장자는 「제물론齊物論」에서 음악을 세분화하여 인뢰(人籟), (地籟), 천뢰(天籟)로 나눴다. 뢰는 '피리'라는 뜻인데 여기서는 음악을 표상한다. 그러므로 인뢰는 사람이 내는 음악이고, 지뢰는 바람이 땅 위를 지날 때 구멍에서 공명 현상에 의해 생기는 소리를 가리킨다. 그렇지만 마지막 천뢰에 있어서는 그 뜻이 무엇인지 당최 알기 어렵다. 장자 자신이 그 뜻을 써 놓지 않았기 때문이다. 그래서 혹자는 지뢰는 땅에서 나는 소리, 천뢰는 공중에서 나는 소리라고 해석하기도 하고, 혹자는 지뢰는 자연의 소리를, 천뢰는 자연의 소리가 나오게 되는 근원인 도를 가리키는 것이라고도 해석한다. 필자는 후자에 동의하며, 장자의 천뢰는 노자의 대성희음과 같은 취지의 개념이라고 여긴다. 즉 정신의 경지인 것이다. 천뢰는 귀로 듣는 것이 아니라 마음으로 듣는, 소리 없는 소리, 텅 빈 허공의 소리이며 침묵의 소

8) 중국 고대음악 관련 자료들을 모으고 미학적 관점에서 해석한 것은 蔡仲德, 『中國音樂美學史資料註譯』, 上下, 北京, 人民音樂出版社, 1990을 참고.

리이다. 실재 어떤 소리가 나는 것이 아니라, 귀로 아름다운 음악을 들으면 즐겁듯이 도의 지극하고 오묘한 경지에서 누리는 즐거움이 바로 천뢰인 것이다.[9)]

그러므로 도가 음악 미학의 특징은 소리 없는 상태에 있는 것인데, 이런 것을 상징적으로 가장 잘 보여준 예가 바로 도연명의 '무현금(無絃琴)'이다. 무현금 고사는 남조 양(梁) 나라의 소통(蕭統, 501-531)이 편찬한『도연명전陶淵明傳』에 나오는 것으로, 그 내용은 "도연명은 음률은 이해하지 못했으나 줄이 없는 거문고 한 개를 갖고 있으면서 매번 취기가 돌면 손으로 만지면서 거기에 마음을 부쳤다.(淵明不解音律, 而蓄無玄琴一張, 每酒適, 輒撫弄以寄其意.)"고 했다. 음악을 연주할 줄 모르는 도연명이 즐거워서 줄 없는 거문고를 뜯는 광경이다. 여기에 나오는 무현금은 노장사상의 음악 미학을 체현한 것이다. 정신이 조화로운 경지는 마치 음들이 서로 어울려서 아름다운 선율을 이루는 것과 같다. 그렇다면 정신 세계와 음악 세계는 동일하다. 이런 의미에서 노자에 나오는 소리 없는 소리가 설득력을 갖게 된다.

이러한 정신에 포커스를 맞추는 음악관은 소리를 표현함에 있어서는 고요함과 담백함을 강조한다. 송나라 구양수(歐陽修)는 그런 음악을 순고담박(純古淡泊, 순수하고 옛스럽고 담백함)하다고 표현했다(구양수「송양치서送楊置序」에 보임). 담백함은 희노애락이나 비분강개를 선율에 실어 나타내는 유가적 감정 표현과는 반대의 것으로, 마치 노자가 다듬지 않은 통나무 상태를 가리킨 '질박'함과 같다. 이럴 때는 감정의 느낌이 음악을 통해 선명해지는 것이 아니라 역으로 감정이 순화되어 평정한 상태가 된다. 그러므로 도가 음악 미학의 하나로서 담백을 들 수 있는 것이다.

또한 노장사상을 근간으로 해서 만들어진 도가에서는 천지간에서 생겨나는 모든 음향을 이상적인 음악으로 정의하기도 한다. 새, 바람, 물, 비, 벌레, 나무 등이 만들어내는 자연의 소리가 다 음악이자 노래이다. 그것은 인간이 만들어내는 인위적인 가락보다 훨씬 훌륭하다고 한다. 이러한 이론 역시 도가 음악 미학의 범주에

9) 장자 철학의 핵심을 이루는 성심(成心), 좌망(坐忘), 심재(心齋), 무기(無己), 오상아(吾喪我), 천뢰(天籟), 천일(天一), 묵(默) 등은 모두 유기적으로 연결된 개념들인데, 이경환,《장자의 인간 자유에 관한 탐구— 장자철학연구》, 부천, 부크크 출판사, 2018, 338-441쪽에 설명이 잘 되어 있다. 상세하게 배우려면 이 책을 참고 바란다.

든다. 그런데 자연에서 생기는 소리가 음악의 일종이라는 개념은 도가뿐 아니라 유가에서도 강조하는 바이니, 도가의 전유물은 아니다. 아니 공자나 노자가 있기 훨씬 전 주나라 초기에도 음악은 자연의 소리를 본뜬 것이라고 여겼다. 기실 서양이든 인도든 자연에서 들리는 조화로운 소리를 음악처럼 여기는 현상은 세계 보편적인 것이다. 기실 앞서 설명했던 순수와 담백도 유가에서 가끔씩 주장하는 이상적인 음악 형태의 하나이며, 서양에서도 종교 음악은 순수하거나 담백한 음색이어야 했다. 다만 보편성과 강도 면에서 도가 쪽 음악에서 그런 것들이 두각을 나타내므로 도가적 음악 미학으로 분류했다.

어떻든 한나라 때 유교가 정치의 헤게모니를 장악하면서 중국의 고대 음악론은 유가 쪽이 사회적으로나 문화적으로 대세를 이루었고, 이는 유가적인 문학관이 정통 자리를 확보하는 데 크게 영향을 미쳤다. 명대와 청대에는 유교의 봉건예교에 대한 저항 정신을 주제로 한 많은 소설과 희곡 작품들이 지어지고 공연되어서 사회적으로 적지 않은 영향을 주었지만 그렇다고 유가적 가치가 전복된 것은 아니었다. 시문을 중심으로 한 소위 정통문학은 본연의 모습을 변함없이 지켜갔다.

유가적 이상 구현을 목표로 하는 문학관과 대조적으로 서양 문학이나 예술에서는 '비정상적인 것'이 더 바람직했다. 서양문화의 뿌리이자 기둥과도 같은 고대 그리스인들은 세계에서 유일하게 순수예술의 개념을 만들었다. 그들은 문학이나 미술이 도덕이나 윤리와는 상관없는, '예술을 위한 예술'로서 존재할 수 있다고 생각했다. 대표적인 이론이 잘 알려진 바대로 아리스토텔레스의 비극론이다. 그리스 신화나 연극에 보이는, 주인공의 불행을 보고 슬픔을 느끼고 눈물을 흘림으로써 마음에 쌓여있던 부정적인 감정이 사라져서 카타르시스를 느낀다는 식의 이론은 동양에는 거의 없다고 해도 과언이 아니다. 중국 희곡에 늘 보이는 대단원의 결말은 서양의 비극 이론과 대척점에 있다.

그런데 비극론보다 더 포괄적인 것이 바로 멜랑콜리(melancholy)이다. 이 단어는 보통 '우울'이라고 번역하지만 여러 복합적인 감정을 포함하고 있다. 애수나 우수의 뜻도 있으며, 불안·고독·광기와도 연관되었다. 멜랑콜리는 우리나라에서는 연구가 많이 되어 있지 않고, 일반인들은 생소하기까지 한 단어이지만 서양에서는 절대적으로 중요한 이론의 위치에 있다. 멜랑콜리의 기원은 의학이다. 히포크라테스는 "근심과 슬픔이 멜랑콜리라는 검은 담즙의 질병을 만들어낸다"고 말했다. 이 이론은 잘못된 가설이었지만, 서구문화에는 대단히 큰 영향을 미쳤다. 멜랑콜리를 창작 이론에 적용한 사람은 히포크라테스와 플라톤의 사상을 계승한 아리스토텔레스였다.

아리스토텔레스의『문제 30-1(Problemata XXX-1)』[10]은 검은 담즙과 천재성을 연결시킨 최초의 글이다. 그는 멜랑콜리가 창작의 원동력임을 확신하고 "철학, 정치학, 시 혹은 예술 분야에서 탁월한 사람들은 왜 모두 멜랑콜리한가."라고 문제를 제시했다. 이 말은 탁월한 인물들이 멜랑콜리커였다는 사실을 전제로 하고 있다.[11] 멜랑콜리는 서양 예술을 관통하는 핵심 코드로서 서구의 철학가·소설가·시인·미술가 등에는 '우울한 사람'이 다수이며, 그들이 만든 지적 작품은 대개가 '우울한 작품'이었다.[12] 멜랑콜리커들은 목적에 집중하므로 큰 성과를 낼 수 있지만, 한순간 태도가 돌변하기 때문에 대하기가 어렵고 생의 마지막이 불행인 경우가 많다. 작품 속 풍경은 대개 참담하고 암울하기 때문에 감상 후 오랫동안 여운이 남는다. 이러한 여운은 동양의 '고상한 여운'과는 사뭇 감정의 결이 다르다. 가슴이 먹먹하다. 현대문학에 있어서는 괴테의『젊은 베르테르의 슬픔』을 본격적인 멜랑콜리 문학의 시작으로 친다.

서양 나라 중, 특히 프랑스의 문학과 예술에서 멜랑콜리의 색채가 강렬하다. 프랑스어로는 멜랑꼴리(mélancolie)라고 하고 그 형용사는 멜랑꼴리끄(mélancolique)이다. 멜랑꼴리에는 여러 양상이 있는데 가장 절정은 서로 다른 감정이 섞여서 만들어내는 우울감일 것이다. 우선 시각적인 예를 하나 들자면 우리나라에「맨 오브 마스크」라는 제목으로 소개된 프랑스 영화에서는 아버지를 무서워하는 주인공이 평생 소원이었던 아버지로부터의 사랑한다는 말을 듣자마자 환희에 참과 동시에 투신자살한다. 기쁨과 비극이 거의 동시에 보이기 때문에 관객은 큰 심리적인 충격을

10) 이 책의 제목은『Problemata physica』로서 통상『문제들』로 번역된다.

11) 김동규,「멜랑콜리—이미지 창작의 원동력」,『철학탐구』, 25집, 127쪽.

12) 박혜정,『멜랑콜리』, 연세대학교 대학출판문화원, 2015는 고대로부터 현대까지 멜랑콜리 개념의 변천과정, 그리고 멜랑콜리와 예술적 창조성과의 관계를 설명한 책이다.

받고, 영화가 끝난 후에도 오랫동안 쉽게 우울한 감정이 가라앉지 않는다.

> 문학에서는 『자기 앞의 생(La vie devant soi)』을 예로 들 수 있다. 이 작품은 프랑스의 소설가 로맹 가리(Romain Gary, 1914-1980)가 에밀 아자르(Émile Ajar)라는 필명으로 1975년 출판한 소설이다. 1970년 파리의 빈민가를 배경으로 하며, 이제는 늙어서 몸도 팔 수 없는 전직 창녀 출신의 로자 아줌마와 그녀가 맡아 키우고 있는 14살 소년 모모의 살아가는 이야기이다. 우울하고 비극적이면서 동시에 희극적이고, 비참하면서 아름답고, 고통스러우면서도 위로해주고, 불편함으로써 카타르시스를 주고, 불결하면서도 인간의 깨끗한 마음을 이야기하는 프랑스적 멜랑꼴리끄한 작품이다. 참고로 1978년에 나온 김만준의 노래 『모모』에 등장하는 모모가 이 소설의 주인공이다.

예전에 중학생 딸과 함께 서양 영화를 본적 있다. 오래되어 제목은 잊었다. 주요 내용은 아들이 아버지의 애인을 몰래 사랑한 것이다. 사실을 알게 된 아버지는 아들을 폭행하고, 아들은 실성한 듯 수돗물을 틀어 귀로 집어넣는다. 그리고 자동차를 타고 광란의 질주를 하면서 미친 듯이 노래를 부른다. 이때 맞은 편에서 달려오는 트럭 한 대. 자동차는 트럭과 부딪쳐 절벽으로 떨어지면서 영화가 끝난다. 영화를 보고서 딸이 나에게 질문했다. “아빠, 저런 걸 왜 봐?” “사람을 움직이는 힘이 크기 때문이란다.”

여기 프랑스 로댕(Rodin)의 「생각하는 사람」과 한국의 「미륵반가사유상」이 있다. 사유가 곧 생각하는 것이므로 두 작품 모두 같은 주제이다. 그런데 조각상의 분위기는 사뭇 다르다. 로댕의 것은 머리를 깊이 조아린 우울하고 슬픈 애조를 띈다. 만약 그 앞을 지나간다면 바스락 소리라도 내서는 안 될 터이다. 이와 달리 백제의 것은 일체의 고뇌가 사라진 평화롭고 고요한 미소를 담고 있다. 어떤 잘못도 포용할 만치 넉넉한 여유로운 표정이다. 이러한 대조가 반드시 맞는 것은 아니지만, 동양과 서양의 다름을 식별하는 하나의 지표가 될 수 있다.

최근 2024년 노벨상 작가 한강의 『채식주의자』가 화제인데, 이 작품은 멜랑콜리의 관점에서 보아야 그 내면이 제대로 보인다. 그렇지 않으면 비도덕적인 외설로 비춰질 뿐이다. 이런 문학 태도는 수준이 낮다. 한국문화에 있어서는 아직은 낯설은 이런 서사는 아마도 작가가 서양의 많은 소설들을 읽었기 때문에 가능했을 것이다. 형부가 나신의 여주인공에게 아름다운 문신을 새기는 모습, 그녀가 베란다에서 밖을 향해 벌거벗은 채 다리를 벌리는 장면, 이런 퇴폐미는 독자에게 깊은 충격을 주며, 이런 충격요법을 통해 작가는 이 세계의 부조리와 대결한다. 인간의 어두운 본성을 드러내고, 존재의 문제를 심도 있게 다룬다.

청소년 때 이런 류의 작품들을 많이 읽음으로써 때로 병적인 세계를 살아내야 하는 현실에서 예방주사를 맞는다. 동시에 근원적인 질문을 던질 수 있는 내면의 깊이가 생긴다. 문학은 세상에서 일어날 수 있는 모든 경우의 수를 다 보여주는 것이다. 그래서 문학은 위대하다. 그러므로 동양의 전통적인, 고상한 격조와 품위를 중시하는 문학관과 '삐딱함'을 중시하는 서양의 문학관 사이에서 우리는 오며 가며 다양한 작품을 읽을 수 있어야 한다. 물론 어디에나 이 두 종류의 문학이 있다. 서양에도 도덕적인 작품이 많다. 보기로 톨스토이는 도덕을 창작 취지의 전면에 내세웠다(특히 톨스토이 생애의 후기 작품이 그렇다). 다만 동서양을 비교했을 때 두드러지는 문학관을 기준 삼아 필자가 위와 같이 판단한 것이다.

단순한 우울감을 넘어서는 멜랑콜리는 서양 문화사에서 천재성을 중시한 전통의 근원에 있다. 동양에서는 개인의 천재적 탁월성보다는 개인과 사회의 조화와 유대감에 우위를 두는 경향이 있다. 서양에서 천재적 개인은 도덕성을 넘어서는 존재가 된다. 이러한 서구의 전통과 멜랑콜리 개념의 발전사는 밀접한 관계가 있는 것이다.[13] 그 반면 동양에서는 능력보다 도덕이 더 중요하다. 여기서의 동양은 중국과 한국을 중심으로 이야기한 것이다. 유교의 영향이 중국과 한국에 비해서 훨씬 적은 일본은 사고방식이 우리와 상당히 다르다.

어쨌든 서양에서는 비록 인간적으로는 정서적, 인격적 결함이 있는 사람이라 하더라도 창조력을 발휘함으로써 인류에 공헌한 바가 있다면 대단한 평가를 받아

13) 박혜정, 위 책, 7쪽.

왔다. 두드러진 예로 과학의 스티븐 호킹, 문학의 괴테, 예술의 피카소, 음악의 루치아노 파파로티, 의상의 코코 샤넬이 다 그렇다. 이런 전통과 대조적으로 유교의 영향을 아주 많이 받은 우리나라에서는 천재가 도덕을 이길 수 없다. 아무리 비범한 사람이라 할지라도 도덕에 흠집이 있어서 알려지면 회복 불가능의 치명상을 입는다. 천재성의 꽃을 피우지 못하고 세인들의 따가운 시선 아래 시들어 죽는다. 『즐거운 사라』를 쓴 마광수 교수가 보기가 될 터이다.

여기서 작가와 작품의 수준을 따지거나 인물을 품평함에 있어서 어떠해야 하는가를 잘 생각해 보아야 할 필요를 절실히 느낀다. 그러기 위해서는 동서양 시각의 차이를 분명하게 알고 있어야 한다. 판단은 각자의 몫이다.

제2절 『시경』과 『초사』

1. 『시경』

1) 『시경』의 성립과 체재

주나라는 국가 주도적으로 위로는 귀족 자제들에게 시와 음악을 가르치는 시교(詩教)와 악교(樂教)의 전통을 수립했다. 아래로는 백성들을 대상으로 한 '채시(采詩)' 제도를 두었다. 채시란 나라에서 채시 담당 관리인 채시관(采詩官)을 두고, 또한 독거노인에게 음식과 옷을 제공하면서 민간에서 불려지는 민요를 외우게 하며, 그것을 채시관을 통해 상급기관으로 올려서 최후에는 천자가 듣게 하는 것이다. 채시관은 봄이 되면 시를 모으기 위해 백성들이 사는 곳으로 들어갔다. 천자는 민요를 통해 정치의 득실(得失, 잘됨과 못됨)을 파악해서 치세(治世)에 활용할 수 있었으니, 민요의 리듬과 내용이 백성의 형편과 벼슬아치들의 행실을 반영하기 때문이었다. 민요를 한 글자로 나타내면 '요(謠)'이다. 요는 백성 사이에서 자연발생적으로 생겨서 입으로 전하는 노래를 말한다. 민요를 통해 세상 형편을 살피는 것을 관풍(觀風)이라 한다. 『예기』의 「악기樂記」 편에는 다음 글이 있다.

> 잘 다스려지는 세상의 음악은 편안하고 즐거우니 그 정치가 조화롭다. 어지러운 세상의 음악은 원망스럽고 노여우니 그 정치가 일그러져 있다. 망한 나라의 음악은 슬프고 비통하니 그 백성이 곤고하다. 그러므로 소리의 도가 정치와 통하는 것이다.
>
> 治世之音安以樂, 其政和. 亂世之音怨以怒, 其政乖. 亡國之音哀以思, 其民困. 聲音之道, 與政通矣.

음악의 개인적 효용은 성품을 조화롭게 함이요, 사회적 효용은 서로가 동화함이다. 즉 의사소통과 공감작용을 통해 서로 화합한다. 그래서 좋은 정치가 있는 곳에 좋은 음악이 있고, 반대로 나쁜 정치가 있는 곳에 나쁜 음악이 있다. 시는 이처럼 태생적으로 정치와 관련이 깊기 때문에 시가 '현실주의' 경향을 많이 띄게 되었다. 낭만을 노래하는 시는 상대적으로 적었다. 서양 아리스토텔레스의 음악론이나 멜랑콜리 이론에서는 원망·슬픔·비통·노여움 등 부정적 감정을 띤 음색이 카타르시스 효과가 있다고 한 것과는 대조적이다.

공자의 제자들에 대한 시 교육은 위에서 서술한 바와 같은 주나라의 '시언지', '채시', '관풍' 등의 정신을 이어받았다. 이 세 가지는 중국인의 시·음악에 대한 개념의 원형이라고 할 수 있는데 공자는 그 전통을 계승하고, 거기에 유가적 해석을 더했던 것이다. 전해지기를 그는 당시에 전해지는 시 3000여 수 가운데 311수를 골라서 중국 최초의 시집인『시경』을 만들었다고 한다. 시를 고르는 것을 산시(刪詩)라고 하는데 '시를 짓기보다 시를 해석하기 더 어렵고, 시 해석보다 시 고르기가 더 어렵다'는 말이 있다. 그만큼 시를 해석하고 선택하기란 쉽지 않은 것이다.

공자는『논어論語』「양화陽貨」편에서 제자들을 향해 시 비평의 원조라고 할 수 있는 다음과 같은 말을 했다.

> 너희들은 왜 시를 배우지 않는냐? 시는 감흥을 일게 하고, 세상을 살피고, 무리 짓게 하고, 원망하게 할 수 있다. 가까이는 부모를 섬기고 멀리는 임금을 섬기게 한다. 조수와 초목의 이름을 많이 알게 한다.
>
> 子曰:「小子!何莫學夫《詩》?《詩》可以興, 可以觀, 可以群, 可以怨;邇之事父, 遠之事君;多識於鳥獸草木之名.」

흥(興,) 관(觀), 군(群), 원(怨)은 시를 통해 개인의 정서를 함양하고, 나라가 잘 다스려지는가를 알 수 있고, 사회생활이나 집단행동을 잘 할 수 있으며 정치를 못하는 관리들을 비판할 수 있다는 뜻이다. 또한 시를 배우면 윤리를 실천하고 시에 나오는 무수한 동식물의 이름을 배울 수 있다. 그래서 시가 예악의 기초 그러므로 시를 배우는 데서 그치면 안 되고, 시를 현실의 삶에서 실제적으로 운용할 수 있어야 한다. 흥·관·군·원에 바탕을 둔 중국의 문학관은 고래로 수많은 사람들로 하여금 시를 지어서 일·사건·생각·감정·의지·철학 등을 시로써 표현하게 했다. 『서경』의 '시언지'를 실천하도록 추동했다. 전문 시인뿐만 아니라 황제·관료·장군, 심지어 기녀들 중에도 명시를 남긴 경우가 허다하다. 아니 그들은 동시에 시인이었다. 직업에 관계없이 시는 문화인의 필수였다.

『시경』 시 종류는 크게 풍(風)·아(雅)·송(頌) 세 부분으로 나뉜다.

1) 풍: 민요를 풍이라 하는데, 주 왕실 휘하의 15개 나라의 민요를 모았기 때문에 십오국풍(十五國風), 혹은 국풍(國風)이라 부르며 총 160편이다. 15개 나라는 지금의 섬서(陝西)·산서(山西)·하남(河南)·하북(河北)·산동(山東) 등지에 있는 나라들이었다. 그러므로 십오국풍은 대부분 황하 유역의 민간 악가이며, 그 노래의 대다수는 귀족들에 의한 윤색을 거친 것들이다. 그 15개국과 편수는 다음과 같다. 주남(周南) 11편, 소남(召南) 14편, 패풍(邶風) 19편, 용풍(鄘風) 10편, 위풍(衛風) 10편, 왕풍(王風) 10편, 정풍(鄭風) 21편, 제풍(齊風) 11편, 위풍(魏風) 7편, 당풍(唐風) 12, 진풍(秦風) 10편, 진풍(陳風) 10편, 회풍(檜風) 4편, 조풍(曹風) 4편, 빈풍(豳風) 7편.

2) 아: 주로 귀족(임금과 신하)들이 잔치나 조회 때 연주하던 음악이다. 국풍이 주나라 각국의 민요임에 비하여, 아는 왕실의 전통 음악을 이어받은 정악(正樂)이며 총 105편이다. 몇 편의 풍에 가까운 시들이 있으나, 이것들은 민간의 노래가 어떤 경로를 통해 왕실에서 쓰이던 노래에 그대로 끼어 넣어졌을 것이다. 아에는 소아(小雅)와 대아(大雅)가 있으며 소아에는 74편, 대아에는 31편이 실려 있다.

3) 송: 귀족들이 제사 지낼 때 부르던 노래를 송(頌)이라 한다. 선왕의 공덕을 찬양하거나, 제사 지내는 자손의 경건한 모습을 노래하기도 하며, 제사에 참여한 제후들을 찬양하기도 한다. 총 40편이다.

위에서 이미 말했듯이 시는 본디 노래 부르는 것이었다. 그리고 노래는 교육의 중요한 방법이었다. 노래를 통해 암송을 했기 때문이다. 고대, 서책이 없었던 시대에 수업은 스승의 강학과 학생의 암송, 그리고 문답으로 이루어졌다. 모두 입으로 가능한 행위였다. 선생이 입으로 가르치면, 제자는 그것을 외워서 기억하되 이해가 되지 않는 내용을 물었고 선생은 그에 대한 답을 해주었다. 학문(學問)이란 단어가 그래서 생긴 것이다. 그런데 암기는 적당한 운율에 맞춰 낭송하는 방법을 사용했다. 이런 방법을 풍(諷)이나 송(誦)이라고 하는데, 이 말의 어원은 풍(風)과 용(甬)이었다. 여기서 용의 고문자는 상나라 이후 주조되기 시작하던 청동 악기 용종(甬鐘)의 외형을 상형한 것이다(그림 1).

〈그림1〉 용종(甬鐘)

어원적으로 풍용(風甬)은 풍과 용을 합친 말로서 풍, 즉 바람은 기본적으로 자연이 만들어내는 소리의 원천이자 육성을 통해 노래 되는 가창과 가시의 음원(音源)을 의미하였다. 위에서 이미 언급했듯이 한자에서 풍은 바람·노래·풍자·풍유 등을 나타낼 수 있으며, 모두 바람 풍에서 비롯되었다. 『시경』 풍·아·송의 풍도 이런 콘텍스트에서 비로소 이해된다.

이러한 풍용은 당연히 고대의 악인(樂人, 즉 음악인)들이 음악을 가르치고 배울 때 사용하던 방법이었다. 지금 사람들도 노래를 배울 때 역시 음률에 맞춰 풍용한다. 문자가 없었던 무문자(無文字) 시대에는 지식의 기억과 전승을 담당하는 모든 직업이 모두 풍용의 암기를 통해 가능했다. 예를 들어 점을 치는 복(卜), 주술을 담당하는 축(祝), 기록을 담당하는 사(史) 등이 모두 그랬다. 더 나아가 고대 사인(士人)들의 수학 방법도 또한 풍용 중심이었다. 주경야독(晝耕夜讀)이라는 성어의 어원도 본래 주경야송(晝耕夜誦)이었다. 서책 구비가 어려웠던 시절에는 어두운 밤에 책을 눈으로 읽는 것이 아니라 입으로 암송하는 것이었다. 대나무나 나무조각으로 만들었던 소위 간책은 지금까지 발견된 것들이 기원전 4세기 전후의 전국시대 중반을 넘지 못하는 것으로 보아 간책은 매우 귀하고, 또 소지가 불편해서 차라리 입으로 외우는 편이 더 합리적이었음을 짐작할 수 있다.

무문자 시대의 풍용은 기실 인류 보편적인 현상이었다. 예를 들어 불교에 있어서 소위 대장경이 3차에 걸친 결집(結集, 석가의 언행을 제자들이 결합 집성한 일)으로써 만들어지는데 그 방법 역시 암송에 의한 것이었다. 특히 원시경전에 해당하는, 붓다의 생애를 적은 『불소행찬佛所行讚』과 불교의 가르침을 시로 적은 『법구경法句經』은 노래로 구성된 것이었으며, 그것들이 구전 대신 후에 문자로 기록되고, 그리하여 경전이라는 텍스트로 남게 되면서 구전되던 음률은 사라지고 글만 있게 되어 오늘날 남아 있으니 이런 원리는 중국의 『시경』과 완전히 동일한 것이다.

기독교에 있어서는 신화이자 역사이며 또한 그들 신과의 약속을 기록한 유대인들의 경전에는 150편의 음악과 노래를 담은 시가집인 『시편詩篇』(The Book of Psalms)이 수록되었는데, 그 노래들은 왕이자 성인인 다윗을 중심으로 한 그들의 송가이자 역사였다. 예수는 제자들에 대한 강학에서 곧잘 『시편』의 시구나 비유를 인용하여 설명하곤 했다. 공자가 『시경』 시를 인용하는 모습과 동일하다.[14]

음률이 있어서 입으로 노래 되고, 또 악기로도 연주될 수 있었던 중국의 시들은 『시경』이라는 텍스트가 생김으로써 음악으로부터 점차 분리되었다. 음악을 구성하고 있던 무용·시가·주악 가운데 시의 진화는 가장 두드러진 분화 과정이었다. 그것은 시가 문자와 결합하면서 생긴 결과였다. 그리고 문자를 독점할 수 있었던 지식인 계층은 시로써 더욱 학문과 문화의 권력을 지배하고 공고히 하는 수단을 얻게 되었다. 본디 신체에 있는 입 하나면 충분히 도달 가능했던 시 세계에 일반 백성은 더 이상 접근이 어려웠다.

경전이란 것이 만들어짐으로써 문자화된 시는 유가 예악의 기초가 될 뿐 아니라 다양한 지식과 정보를 담고 있는 학문의 보고로 간주되었다. 이것을 방증하는 가장 확실한 것은 바로 후한시대 허신(許信, 58-147)이 편찬한 중국 최초의 자전인 『설문해자說文解字』이다. 당대 최고의 경학자이자 고문학가인 허신은 이 책에서 약 40여 편의 경전과 제자서를 인용하고 있는데, 중국고전이 인용된 횟수를 헤아려 보면 『시경』이 440번으로 압도적 1위를 차지하고 있고 그 뒤를 이어서 『좌전左傳』 186번, 『서경書經』 165번, 『주례周禮』 103번, 『역경易經』 94번, 『논어論語』 36번, 『이아爾雅』 20번, 『국어國語』 20번 등이 계속된다. 이처럼 허신이 각 문자를 해설하기

---

14) 이상 시와 암송의 관계에 대해서는 이성원, 『음악은 어떻게 억압의 기제가 되었나』, 전남대학교출판문화원, 2014, 324쪽을 참고.

위해 가장 비중 있게 인용한 문헌이 단연 『시경』이었다는 것은 고대 지식인 문화에 차지하는 시교가 고스란히 반영된 것이다. 시구가 지닌 다양한 문자정보, 시의 콘텍스트로서의 역사성, 풍용에 적합한 간결함과 운율이 풍부한 음악성 등이 모두 그 중요한 원인이었을 것이다. 그런데 위진시대에 이르면 시편들 본래의 성조와 운율은 상당히 망실되거나 변형되어 음악과는 한참 멀어지게 되었다.[15] 『시경』 시는 더 이상 노래로 부르거나 악기로 연주되는 작품이 아니었다.

2) 『시경』 해석

『시경』은 총 311수인데 아의 시 중 6편이 제목만 남고 내용은 사라져서 실제로는 305수만 전한다. 그리고 본디 '시경'이라 하지 않고 시라 하였다. 즉 시는 문학 갈래이면서, 동시에 공자가 편찬한 책 이름이기도 했다. 그랬다가 한나라 때 유가의 책에 경을 붙임으로써 『시경』이란 명칭이 생겼다.

풍·아·송 중에 풍이 시 편수가 가장 많고 학술 가치도 가장 높다. 민중들의 생활과 애환이 잘 나타나 있기 때문이다. 원래 풍은 대다수가 남녀 사랑을 주제로 한 것인데, 한나라 때 유교가 국교로 숭상되면서부터 허다한 시들이 왜곡되어 해석되었다. 남녀의 서로에 대한 애정이나 그리움을, '통치자가 백성을 사랑하는 마음을 서술했다. 백성이 군자의 덕을 기렸다. 혹은 귀족 부인의 남편에 대한 고귀한 정서를 담았다' 하는 식으로 억지로 바꿔버렸다. 이후 『시경』 시들의 원의는 심하게 뒤틀려졌으니, 한 자 한 자를 마치 유가의 도덕을 선양하는 것인 양 변모시켰다. 고귀하고 고상한 공자께서 편찬한 책에 음란한 남녀상열지사가 있어서는 아니 되었던 것이다. 심지어 시에 나오는 풀 한 포기, 나무 하나도 군자 내지 권력자의 덕을 상징하는 것으로 해석하고, 이런 것을 배우는 데 수많은 시간을 할애했다. 이렇게 청 왕조까지 줄기차게 해서 이루어진 게 소위 고전 시경학이다.

작품의 진실과는 전혀 동떨어진 부조리함을 처음이자 본격적으로 알린 사람이 바로 프랑스의 마르셀 그라네(Marcel Granet, 1884-1940)이다. 그는 『고대중국의 축제

15) 이상 『설문해자』에 보이는 『시경』에 대해서 이성원, 위 책, 317-320쪽을 참고.

와 가요』[16]라는 저서에서 『시경』 시들을 남녀 사랑의 관점에서 풀이하여 시경학의 새로운 지평을 열었다.

고대에 존재했던 『시경』 텍스트로는 제시(齊詩)·노시(魯詩)·한시(韓詩)·모시(毛詩)라고 하는 사가시(四家詩)가 있었는데, 이중 조(趙)나라 사람인 모형(毛亨)과 모형의 조카인 모장(毛萇)이 전한 것만이 오늘날까지 전해진다(모형과 모장은 각각 전국시대 말기, 한대 초기 사람이다). 일실된 세 텍스트를 삼가시라고 하는데, 금문시(今文詩)이다. 글자 모양이 한나라 때 통용되었던 예서(隸書)이기 때문이다. 반면에 모시는 글자 모양이 육국(六國) 시대의 과두문(蝌蚪文)으로 되어 있어서 고문시(古文詩)라고 부른다.

먼저 금문과 고문의 차이에 대해 알아본 후 『모시』로 들어간다. 진시황제가 분서를 행할 때 유학자 중에는 목숨을 무릅쓰고 몰래 책들을 벽에 숨겨놓은 사람들이 있었다. 한 왕조에 들어서 노(魯)나라의 제후인 공왕(恭王, ?—B.C. 128)이 궁중을 넓히려고 공자 저택을 허물었는데 벽에서 다량의 경서가 발견되었다. 그러나 이것들은 통용되지 못하고 황실의 도서관에 보관만 되었으며 세인의 주목도 받지 못했다. 그때는 분서 이후 학자들이 외우고 있던 내용을 책으로 만든 경서들을 공부했고, 이 금문 경서로 공부를 한 사람들이 국가의 학자를 대표하는 오경박사(五經博士), 혹은 육경박사(六經博士)를 독차지했다(오경은 『시경詩經』, 『서경書經』, 『예기禮記』, 『주역周易』, 『춘추春秋』의 합칭이며, 육경은 『악경樂經』을 더한 것이다).

그런 중에 한나라 유흠(劉歆, B.C. 약 50-기원 23)이란 학자가 처음으로 고문경학을 주장했다. 시작은 책에 사용된 글자의 다름으로 인한 것이었으나 학문 방법도 서로 달랐다. 금문파는 미언대의(微言大義, 작은 몇 개의 말로 큰 뜻을 나타냄)를 알아내는 데 치중했다. 즉 문장 뒤에 숨어있는 의미를 연구했다. 이와 대조적으로 고문파는 문장에 사용되는 글자(字), 단어(詞), 구절(句) 등을 해석하는 훈고(訓詁)에 치중했다. 비록 유흠은 기득권의 맹렬한 반대에 부딪쳐서 실패했으나, 훗날 고문경학이 꽃을 피게 되는 불씨가 되었다. 이후 금문과 고문은 학문 영역을 넘어서 권력을 쟁취하

16) 원서 제목은 『Fêtes et Chansons anciennes de la Chine』임. 최근 신하령·김태완에 의해 『중국의 고대 축제와 가요』라는 제명으로 출판되었음. 서울, 살림출판사, 2005.

는 헤게모니의 수단이 되었다. 허신(許愼, 58?-147?)과 정현(鄭玄, 127-200)은 대학자들로서 고문을 강조하였고, 마침내 동한시대에는 고문파가 금문파를 압도하고 학문의 대세가 되었다.

『모시』는 매 시마다 시를 해설하는 서(序)를 두었는데, 첫 번째 시인 「관저關雎」편의 서가 『시경』 전체를 해설하는 몫까지 함께 하기 때문에 「관저」의 서를 대서(大序)라고도 부른다. 『모시』의 「대서」는 모든 시들이 윤리적인 대의를 지닌 것이라는 입장에서 서술하기 때문에 다분히 유가적인 시론(詩論)이 되었다. 특히 풍에 실려 있는 시들은 민중 사이에서 자연발생적으로 생겨난, 인간의 꾸밈없는 성정을 담은 것임에도 불구하고 그런 것들은 터부시하고 오히려 귀족의 시야에서 바라보는 문학 관념을 전개한다. 아래 『모시』 「대서」를 번역한다.

> 관저는 후비(임금의 부인)의 덕을 노래한 것으로 풍의 시작이며 천하를 교화시키고 부부를 바르게 하는 바이다. 그러므로 시골 사람들에게 사용되고 나라에도 사용된다. 풍은 풍자하고 가르치는 것이다. 풍자로써 감동시키고 가르침으로써 교화한다. 시라는 것은 뜻(생각)이 가는 바이다. 마음에 있으면 뜻이 되고 말로 표현하면 시가 된다.
>
> 감정이 내면에서 감동되어 말로 표현되는데, 말로는 부족하기 때문에 감탄한다. 감탄해도 부족하기 때문에 노래한다. 노래해도 부족하기 때문에 자기도 모르게 손으로 춤추고 발로 뛴다. 감정은 소리로 표현되며, 소리가 아름다움을 이룬 것을 음악이라고 부른다. 잘 다스려지는 세상의 음악은 편안하고 즐거우니 그 정치가 조화롭다. 어지러운 세상의 음악은 원망스럽고 노여우니 그 정치가 일그러져 있다. 망한 나라의 음악은 슬프고 비통하니 그 백성이 곤고하다. 그러므로 득실을 바르게 하고 천지와 귀신을 감동시키는 데에는 시만 한 것이 없다. 선왕이 이것으로써 부부를 다스리고, 효경(부모께 효도하고 공경함)을 이루고, 인륜을 두텁게 하고, 교화를 아름답게 하고, 풍속을 바꾸었다. 그러므로 시에는 육의가 있으니 첫째 풍, 둘째 부, 셋째 비, 넷째 흥, 다섯째 아, 여섯째 송이다.

윗사람은 풍으로써 아랫사람을 교화하고, 아랫사람은 풍으로써 윗사람을 풍자하는데 직설적으로 하지 않고 비유나 흥을 사용하여 휼간해야 한다. 그러면 말하는 자 죄가 없고 듣는 자 경계로 삼기에 충분하다. 그러므로 풍이라고 한다. 도가 쇠하고 예의가 폐하고 정치와 가르침을 잃고 나라마다 정치를 달리하고 집안이 풍속을 달리하자 변풍과 변아가 지어졌다. (시로써) 국사(國史, 나라의 기록관)가 득실의 흔적을 파악하고, (시로써) 인륜의 폐함을 슬퍼하고, (시로써) 형벌과 정치의 가혹함을 슬퍼한다. (시로써) 성정을 노래함으로써 윗사람을 풍자하고 일의 변화를 통달하며 옛 풍속을 그리워한다. 그러므로 변풍은 감정을 표현하되 예의와 옳음에서 그쳐야 한다. 감정을 표현함은 백성의 본성이고, 예의와 옳음에서 그침은 선왕의 은택 때문이다.

그러므로 한 나라의 일은 사람마다의 근본에 달려 있기 때문에 풍이라고 한다. 천하의 일을 말함으로써 사방의 풍속을 형용하기 때문에 아라고 이른다. 아라는 것은 '바르다'는 뜻으로, 왕의 정치가 잘못되거나 흥하게 되는 원인을 말한다. 정치에는 작고 큼이 있기 때문에 소아가 있고 대아가 있다. 송이라는 것은 성대한 덕을 형용함으로써 그 성공을 신명께 고한다. 이것들을 일러서 사시(풍·소아·대아·송)라고 하니, 사시는 시 가운데 가장 좋은 것이다.

關雎, 后妃之德也, 風之始也, 所以風天下而正夫婦也. 故用之鄕人焉, 用之邦國焉. 風, 風也, 敎也. 風以動之, 敎以化之. 詩者, 志之所之也. 在心爲志, 發言爲詩.

情動於中而形於言, 言之不足, 故嗟嘆之；嗟嘆之不足, 故永歌之；永歌之不足, 不知手之舞之足之蹈之也. 情發於聲, 聲成文謂之音. 治世之音安以樂, 其政和；亂世之音怨以怒, 其政乖；亡國之音哀以思, 其民困. 故正得失, 動天地, 感鬼神, 莫近於詩. 先王以是經夫婦, 成孝敬, 厚人倫, 美敎化, 移風俗. 故詩有六義焉：一曰風, 二曰賦, 三曰比, 四曰興, 五曰雅, 六曰頌.

上以風化下, 下以風刺上, 主文而譎諫, 言之者無罪, 聞之者足以戒, 故曰風. 至于王道衰, 禮義廢, 政敎失, 國異政, 家殊俗, 而變風變雅作矣. 國史明乎得失之跡, 傷人倫之廢, 哀刑政之苛, 吟詠情性, 以風其上, 達於事變, 而懷其舊俗者也. 故變風發乎情, 止乎禮義. 發乎情, 民之性也；止乎禮義, 先王之澤也. 是以一國之事, 繫一人之本, 謂之風；言天下之事, 形四方之風, 謂之雅. 雅者, 正也, 言王政之所由廢興也. 政有小大, 故有小雅焉, 有大雅焉.頌者, 美盛德之形容, 以其成功告於神明者也. 是謂四始, 詩之志也.

이 글에 나오는 "시라는 것은 뜻이 가는 바이다"가 시의 개념을 규정한 것인데, 시는 어떤 대상을 특별히 생각하거나 느끼는 것을 언어로 표현한다는 의미이다(원문의 지지소지(志之所之)에서 앞의 之는 조사이고, 뒤의 之는 도달하다. 지향하다를 나타낸다).

『모시』가 정의한 시의 여러 가지 본질 중 무엇보다도 '풍자(風刺)'에 눈이 간다. 시의 기능 중 풍자가 매우 중요하며, 풍자를 풍유(諷諭)라도도 한다. 그럼 옛사람이 말했던 풍자는 무엇일까. 시로써 윗사람은 교화, 아랫사람은 풍자를 하는데, 풍자를 하되 휼간(譎諫)해야 한다. 휼간이란 직접적으로 풍자하지 않고 간접적으로, 즉 '에둘러서 풍자한다' 함이다. 그래야 윗사람은 기분 상하지 않고 시의 내용을 받아들여 자신의 행동을 고치고, 아랫사람은 무사하게 풍자하는 소기의 목적을 달성할 수 있기 때문이란다. 『시경』의 위풍(魏風, 즉 위나라 민요)에 실려 전하는 「벌단伐檀」이란 작품을 통해 풍자의 실상을 살핀다. 「벌단」은 3수, 27구로 되어 있으며, 다음은 제1수이다.

콱콱! 박달나무 찍는 소리, 그것을 강가에 놓으니,
강물은 맑고 또한 잔물결 일렁이네.
씨도 뿌리지 않고 수확도 하지 않는데,
어찌 저리 많은 곡물을 갖는가.
사냥하지도 않는데,[17]

17) 겨울 사냥을 '수(狩)'라고 하고 밤 사냥을 '렵(獵)'이라고 하는데, 시에서는 모두 사냥하는 것을 나타낸다.

어찌 정원에는 매단 오소리가 보이나.

저 군자여, 공밥 먹는 게 아닙니까.

坎坎伐檀兮, 寘之河之干兮, 河水淸且漣猗. (감감벌단혜, 치지하지간혜, 하수청차련의)

不稼不穡, 胡取禾三百廛兮. (불가부장, 호취화삼백전혜)

不狩不獵, 胡瞻爾庭有縣貆兮. (부수불렵, 호첨이정유현훤혜)

彼君子兮, 不素餐兮. (피군자혜, 불소찬혜)

이 시는 벌목하는 인부들이 부른 노래로서 위정자들을 신랄하게 비난하고 있다. 즉 우리는 이렇게 힘들게 일하여 먹고 사는데, 통치자들은 일하지 않고도 곡식과 고기를 많이 갖고 있다는 것이다. 시에 노동자들의 통치자에 대한 풍자와 사회 불공정에 대한 질타가 충만해 있다. 전혀 휼간이 아니다. 그럼에도『모시』는 이와 같은 시들이 전부 휼간의 원칙을 지키고 있다고 견강부회한다.『모시』의 "예와 옳음에서 그친다(止乎禮義)"는 동일 맥락에서 '풍자나 풍유는 하되 선을 넘어서는 안 된다'는 것을 가리킨다. 즉 신분사회의 질서를 위협할 수 있는 수위의 비판은 바람직하지 않다.

한편『모시』에는 변풍(變風)·변아(變雅)가 언급되어 있는데, 이 두 개가 무엇을 의미하는지 설명하고 있지 않다. 나라가 잘 다스려지다가 어지럽게 변할 때는 시가(詩歌) 또한 그에 수반하여 변하므로 이럴 때 지어진 풍을 변풍(變風), 아를 변아(變雅)라고 했을 것이다 정도만 추측할 수 있을 뿐이다. 그래서 고래로 수많은 사람들이 그에 대해 의견을 피력했음에도 불구하고 현재까지 딱히 정해진 것은 없다. 또한 변풍 변아로부터 소위 정변설(正變說)이란 게 생겨서 무엇이 정(正)이고 변(變)이지에 대한 논쟁도 활발했고, 지금도 계속되고 있지만 이 역시 정답은 없다.

결론적으로『모시』에 설명된, 시의 존재론적 의미·시의 종류·시의 사회적 기능 등은 매우 짜임새가 있고 깊이도 있지만 이와 같은 한계 역시 존재한다. 어쨌든『모시』에 보이는 시 정신은 이후 전개되는 중국 고전시 전개에 매우 큰 영향을 미쳤다.

한편,『모시』가 정의하고 있는 육의(六義)는 풍·아·송·부·비·흥인데, 풍·아·송은『모시』에 그 개념이 써져 있으나 부·비·흥에 대해서는 침묵하고 있다. 그래서 후대의 학자들이 그 뜻을 연구했다. 부·비·흥은 일종의 시 표현 기법(혹은 표현 수법)이며, 기실 부(賦)·비(比)는 간단하다. 즉 부는 직서법에 해당하며 객관적으로 있는 그대로를 묘사한다. 비는 오늘날의 비유에 해당한다. 부와 비는 서구 문학에서도 흔하게 나오는 보편적인 문학 수법이기 때문에 그다지 어렵지 않다. 그러나 흥(興)은 간단치 않다.

흥을 일반적으로 '기흥(起興)'이라고 정의한다. 즉 감흥을 일으키는 것이 흥이다. 무엇으로써 감흥이 생기게 하냐면 사물로써 한다. 이것을 '사물로써 흥을 일으킨다(以物起興)'라고 한다. 흥은 서구의 문학 기법에서는 찾아보기 힘든 중국 특유의 묘사법인데, 굳이 말한다면 은유나 암유(暗喩)[18]에 해당한다고 할 수 있다. 그래서 흥이 비유로 사용되는 시도 있다. 즉 하나의 시어가 비와 흥을 겸한다. 실제 비와 흥이 확연하게 나누어지지 않는 경우가 적지 않은데, 이럴 때는 두 글자로 분리하지 않고 '비흥(比興)'이란 한 단어를 사용한다.

그러나 남북조시대 나온, 탁월한 문학비평서인 유협의『문심조룡』에서는 흥과 비를 확실하게 분개한다. 유협은 "비는 드러나고 흥은 숨는다. 그러므로 비라는 것은 비슷한 것으로 비유하며, 흥이란 것은 정을 일으킨다. (比顯而興隱哉 ! 故比者, 附也 ; 興者, 起也.)"라고 하면서 비는 직접적이어서 쉽고 흥은 미묘하기 때문에 어렵다고 했다. 다시 말하면 흥은 설명하기도 어렵고 사용하기도 어렵다. 유협이 든『시경』중의 흥과 비의 예문을 든다면 다음과 같다. 먼저 흥이다.「주남·관저周南·關雎」에 있는 "관관하고 우는 징경이새, 강섬에 있네(關關雎鳩, 在河之洲.)";「소남·작소召南·鵲巢」에 있는 "까치가 둥지를 둠에 비둘기가 살도다(維鵲有巢, 維鳩方之)". 이 두 표현은 흥의 수법에 해당한다.

다음은『시경』의 비이다.「위풍·기오衛風·淇奧」에 나오는 "(미덕이) 금과 주석 같네(如金如錫)";「대아·권아大雅·卷阿」에 나오는 "(현인이) 규옥과 장옥과 같네(如

18) 암유: 사물의 상태나 움직임을 암시적으로 나타내는 수사법으로, 은유와 비슷한 말이다.

珪如璋)"; 「소아 · 소완小雅 · 小宛」에 나오는 "뽕나무 벌레 새끼들을 나나니 벌이 가르친다(螟蛉有子, 蜾蠃負之)"; 「대아 · 탕大雅 · 蕩」에 나오는 "(시끄러움이) 매미와 같네(如蜩如螗)"; 「패풍 · 백주邶風 · 柏측백잣舟」에 나오는 "마음의 근심이 아직 빨지 않은 옷과 같다(心之憂矣, 如匪澣衣)"; 「패풍 · 백주邶風 · 柏舟」에 나오는 "내 마음은 자리가 아니어서 말 수 없다오(我心匪席, 不可卷也)"; 「조풍 · 부유曹風 · 蜉蝣」 에 나오는 "마로 만든 옷이 눈과 같네(麻衣如雪)". 이것들은 모두 비에 해당한다.

『시경』의 비는 주로 여(如) 자를 많이 사용한다. 여 자와 같이 무엇과 같다는 표현이 없더라도 비는 비유하는 바가 드러나기 때문에 사용하기도 쉽고 이해하기도 쉽다. 유협은 이런 관점으로 『초사』의 「이소」도 해석하길 「이소」는 흥을 매우 잘 활용하기 때문에 그 은미한 뜻이 풍부하여 문학 가치가 높다. 그 반면 한나라 부 작품에는 흥이 매우 드물고 대부분 비로만 되어 있어서 문학 수준이 낮다고 했다(여기서 부는 주로 편폭이 긴 대부(大賦)를 가리킴).

참고로 한 부에서는 여(如, 같다), 약(若, 같다), 사(似, 비슷하다) 등의 글자로 비임을 나타낸다. 또 이들 글자가 없더라도 비유하는 바가 쉽게 드러나기 때문에 비에 해당한다. 비는 비유하는 대상에 바로 대응하기 때문에 한 가지 의미만 갖지만, 흥은 한 개의 표현이 많은 사물과 이치에 대응할 수 있기 때문에 의미가 풍부하고 여운이 남는다. 그래서 흥은 심미적 체험의 즐거움이 크다.

흥은 시의 내용과 분위기가 잘 어울리는 사물을 들어서 감흥을 일으킨다. 그 대표적인 예로서 『시경』의 첫 번째 시 「관저關雎」를 본다.

관관하고 우는 징경이 새, 강섬에 있네.
요조숙녀는 군자의 좋은 짝이네.

들쑥날쑥 마름풀을, 물길 좌우 따라 거두네.
요조숙녀를 자나 깨나 구하네.

구해도 얻지 못해 자나 깨나 그립네.
아득하고 아득해 이리저리 뒤척이네.

들쑥날쑥 마름풀을 좌우로 따네.
요조숙녀는 종과 거문고를 친구 삼네.

들쑥날쑥 마름풀을 좌우로 따네.
요조숙녀는 종과 북을 치며 즐거워하네.

關關雎鳩, 在河之洲. (관관저구, 재하지주)
窈窕淑女, 君子好逑. (요조숙녀, 군자호구)

參差荇菜, 左右流之. (참치행채, 좌우류지)
窈窕淑女, 寤寐求之. (요조숙녀, 오매구지)

求之不得, 寤寐思服. (구지부득, 오매사복)
悠哉悠哉, 輾轉反側. (유재유재, 전전반측)

參差荇菜, 左右采之. (참치행채, 좌우채지)
窈窕淑女, 琴瑟友之. (요조숙녀, 금슬우지)

參差荇菜, 左右芼之. (참치행채, 좌우모지)
窈窕淑女, 鐘鼓樂之. (요주숙녀, 종고락지)

이 시는 모두 5수로 되었고 각 수는 2행인데 매 수의 제1행은 흥이며 매 수의 제2행이 실제 말하고자 하는 내용이다. 시에 나오는 5개의 흥은 구체적인 일을 가리키지 않고 분위기를 돋우는 역할을 한다. 징경이·마름풀과 군자·요조숙녀 사이에는 전혀 논리적 인과 관계가 없으며 두 문장 사이에 시간의 계기(繼起)나 전후 인과 관계가 보이지 않는다. 단지 새의 아름다운 소리나 풀을 따는 여인의 아름다운 모습을 노래함으로써 사람의 감정을 북돋는다.

시의 내용을 보자면, 제1수는 남자가 참한 여자를 알게 되어 제2수에서 남자가 참한 여자를 얻고자 하고 제3수에서 남자가 참한 여자를 얻지 못해 그리워하고 제4수에서 참한 여자가 거문고로 남자에 대한 그리움을 표현하고 제5수에서 참한 여자가 종과 북을 치며 즐거워한다. 기실 필자가 이렇게 해석해 보았지만 정확한 하나의 해석은 존재하지 않는다. 다만 남녀가 서로를 알게 되어 서로 사귀고자 하나 잘 안되자 그리워하여서 잠 못 들고, 마지막에 사랑에 성공하여 즐거워하는 내용임은 확실하니 시대를 불문하고 남녀 관계를 노래하는 가장 보편적인 사랑 이야기라고 할 수 있다.

다음에는 「주남·도요周南·桃夭」, 즉 『시경』의 15국풍 중 주남 편에 나오는 「도요」를 감상하자.

복숭아나무 무성하고, 그 꽃은 아름답게 빛나네.
이 처녀 시집가서 시가에서 잘 지내리.

복숭아나무 무성하고 큰 열매 맺었네.
이 처녀 시집가서 시가에 잘 순응하리(즉 아들을 낳으리라).

복숭아나무 무성하고, 그 잎은 무성하네.
이 처녀 시집가서 시가 댁에 잘 어울리리(즉 자손이 번창하게 되리라).

桃之夭夭, 灼灼其華, 之子于歸, 宜其室家. (도지요요, 작작기화, 지자우귀, 의기실가.)

桃之夭夭, 有蕡其實, 之子于歸, 宜其家室. (도지요요, 유분기실, 지자우귀, 의기가실.)

桃之夭夭, 其葉蓁蓁, 之子于歸, 宜其家人. (도지요요, 기엽진진, 지자우귀, 의기가인.)

무성하고 아름다우며 밝게 빛나는 복숭아의 형상을 빌어 시집가는 여인네를 축복하는 시이다. 복숭아를 대할 때 생기는 감성을 빌어 옛사람들의 결혼 관념을 서정적으로 잘 묘사하고 있는 수작이다.

여기서 흥에 대한 정의를 다음과 같이 내려 본다: 흥은 '대상'으로 인해 자신도 깨닫지 못하는 사이에 자연스럽게 감흥이나 생각이 생기는 현상이다. 예를 들어 새·파도·바람 소리를 듣거나 꽃·산·들을 보다가 저절로 흥이 일어나 시를 짓는

다. 대상이란 주로 '자연'을 가리킨다.

지금까지 『모시』에 언급된 흥을 논하였다. 한편 한나라 때는 『모시』와 더불어 정현(鄭玄, 127-200)이 지은 『모시전전毛詩傳箋』이 『시경』 방면에 있어서 큰 권위를 갖는 해설서였다. 『모시전전』의 별칭이 『모시정전毛詩鄭箋』이며, 『정전鄭箋』이라고 약칭한다(『모시』의 별칭이 『모전毛箋』이며, 『모시전전』의 약칭이 『정전』이어서, 두 책을 『모전』 『정전』이라고도 표현한다). 『모시』가 『시경』을 위해 주해한 것이라면, 『정전』은 시를 주해할 때 『모시』를 으뜸으로 삼되, 만약 『모시』로 부족하면 금문 삼가시를 참고해서 『모시』의 잘못을 바로 잡았다.

정현은 동한 말기의 유가 경학의 대가로서, 먼저 금문경학을 배우고 후에 고문경학을 배워서 두 학문을 융합했다. 그런 의미에서 그는 한나라 경학의 집대성자라고 할 수 있다. 『시경』에 있어서도 『모시』와 더불어 나머지 삼가시도 함께 연구함으로써 만약 『모시』의 설명이 『시경』의 본의와 합치하지 않으면 삼가시를 활용해서 그것을 수정했다. 그런 곳이 수백에 이른다. 그러나 『모시』를 지은 모형과 마찬가지로 시를 성현의 가르침으로 보는 관점을 가졌다. 그리하여 유교의 '예'를 중심으로 시를 해석했다. 정현의 『정전』으로 인하여 이후 『시경』이 더욱 중요한 경전이 되었으며, 『모시』도 이에 동반하여 크게 성행하게 되었다. 반면에 삼가시는 『모시』의 그늘에 묻혀서 결국 역사 속으로 사라졌다. 그런 즉 『모시』가 『시경』 학습과 연구에 있어서 절대적 권위를 갖게 되었다. 그러나 『모시』와 『정전』의 왜곡된 시관은 『시경』의 본래면목과는 매우 먼 것이어서 결과적으로 이후 중국 시 전체에 안 좋은 영향을 미치게 되었다.

2. 『초사』

『시경』이 황하 중하류 지역, 즉 북부에서 행해지던 문학이라면, 『초사』는 회수(淮水)와 양자강(揚子江) 유역에서 생겨난 문학이다. 회수와 양자강 유역을 고대에는 남방이라 해서, 북부의 북방과 대조를 이루었다. 그러나 지금의 기준으로 보면 회

수·양자강은 중부지역에 해당하므로 그 차이를 알고 있어야겠다. 고대 북부에서 형성된 문화를 북방문화라 하고, 고대 남방에서 형성된 문화를 남방문화라 한다. 그래서 문학도 북방문학, 남방문학의 차이가 있다. 일반적으로 북방문화는 남성적, 유가 중심적, 현실주의적이라고 하고, 남방문화는 여성적, 도가 중심적, 낭만주의적이라고 구분한다.

그러나 무작정 남북으로 문화를 나눠서는 안 되는 것이니, 경계가 모호한 지역이 있기 때문이다. 예를 하나 든다. 초나라 사람인 노자는 남방문화의 대표 인물로 꼽히는데, 초나라는 오늘날 호북성(湖北省)으로 양자강 이북에 있으며 노자의 출생지인 고현(苦縣)이란 곳은 북방문화의 중심지였던 제·노 나라와 대단히 가까웠다. 그러므로 노자는 마음만 먹으면 남방지역에 가듯이 쉽게 북방에 가서 그쪽 학문과 사상을 접할 수 있었다. 이런 점을 미루어서 남북의 문화를 구분할 때 중간지역도 고려해야 한다. 그런 중간지역을 통해서 남북의 문화는 서로 단절되지 않고 교류가 가능했다.

『초사』는 전국 시기 초나라의 굴원(屈原, B.C. 343?-278?)에 의해 창시된 새로운 시가 체재로서, 전국과 서한시대 때 창작되었다. 굴원은 전국시대 초나라 사람이며 회왕(懷王)의 신하였는데, 왕이 어리석어 굴원의 말을 듣지 않고 진(秦) 나라의 초대에 응한 결과 진에 들어갔다가 죽임을 당했다. 그다음 왕 경양왕(頃襄王)도 어리석어 직간하는 굴원을 추방하니, 굴원은 9년 동안 방랑 생활을 하면서 「이소離騷」를 비롯해 「구장九章」·「구가九歌」·「천문天問」 등의 작품을 짓고 멱라수(汨羅水)라는 강에 투신자살했다. 후에 굴원 글을 본떠서 지은 작품들을 초사(楚辭)라고 불렀다. 전국시대와 진한시대, 초나라 지역(오늘날의 호남성·호북성 일대)에서 불려지던 노래를 초성(楚聲)이니 남음(南音)이니 초가(楚歌)니 하였다. 이것들은 다 초나라 백성들이 부르던 민간가요이다. 그러므로 초사 역시 초나라 민요를 바탕으로 발전되어 나온 것임을 알 수 있다. 즉 굴원이 초 지역의 민가 형식을 빌어서 새롭게 창조해 낸 시 형식을 초사라고 한다. 초사는 동시에 책 이름이기도 하다.

최초 초사 작품집은 서한 때 유향(劉向, B.C.77-6)이 편찬한 『초사』이다. 이 책에는 굴원과 굴원의 영향을 받은 전국시대 초나라의 송옥(宋玉)·경차(景差)·당륵(唐勒),

그리고 서한의 회남소산(淮南小山) 등의 작품들이 수록되었다. 여기에 동한 때 왕일(王逸, 89?-158?)이 자신의 작품 「구사九思」를 더하고, 동시에 초사 작품을 해석한 주를 달은 『초사장구楚辭章句』를 지었다. 유향의 책은 일실되었기 때문에 현재 전해지는 초사 관련 책 중에서 가장 오래된 것이 바로 이 『초사장구』이다.

다음은 굴원의 대표작인 「이소」를 감상하겠는데, 「이소」의 이(離)는 흔히 '떠날 리'이나 '만날 리'의 뜻도 갖고 있다. 일반적으로 '만나다'로 해석된다. 그렇다면 「이소」는 '근심을 만나다'는 뜻이며, 굴원이 근심을 만나는 과정을 서술한 것이다. 이 작품의 주요 내용은 다음과 같다.[19] 훌륭한 덕과 재주를 갖춘 굴원이 임금에게 충성하고 나라에 애국하나 소인들에 의해 배척받고 임금에게 배신당하여 추방당한다. 그러자 중화(重華, 순임금)를 찾아가 하소연한 다음, 흰 규룡(虯龍)을 몰고 봉황을 타고서 하늘로 올라간다. 여기서부터 천제(天帝)에게 호소하기 위해 하늘로 올라가는 환상이 시작된다.

첫째날은 천제가 계실만한 곳을 두루 돌아다녔으나 찾지 못한다. 이튿날에는 태양 신 희화(羲和)에게 수레를 몰게 하고 동쪽의 해뜨는 곳인 함지(咸池)와 부상(扶桑)에서 출발하여 저녁 무렵에 서쪽의 해지는 곳인 약목(若木)에 이르렀으나 이날도 여전히 소득이 없었다. 그러자 쉬지 않고 굴원은 달의 신 망서(望舒에)게 길을 인도하게 하고, 풍신(風神)인 비렴(飛廉)을 뒷세워 따라오게 하며 난새와 봉황을 앞에서 경계하게 했다. 이렇게 어렵사리 천궁에 도착했으나 이번에는 천문을 지키는 문지기가 문을 열어 주지 않는다.

천상이나 속세나 다 혼탁하다고 탄식하고, 이번에는 구름 신인 풍륭(豊隆)을 시켜 구름을 타고 미녀를 찾아 길을 떠난다. 첫 번째는 복비(宓妃)를 찾아갔으나 구름과 무지개가 방해한다. 거기에 복비는 자기의 아름다움을 믿고 교만할 뿐만 아니라 또 날마다 편안히 즐기고 지나치게 놀아나는 여자이다. 비록 외모는 참으로 아름다울지라도 그의 품행은 예절이 없다. 이에 굴원은 복비를 포기하고 새로운 여자를 찾아 떠난다.

---

19) 「이소」 작품은 범선균, 『이소의 이해』, 서울, 신아사, 1997을 참고.

두 번째 찾아간 미녀는 간적(簡狄)이다. 굴원은 짐(鴆, 새 이름으로 독이 있음)과 숫비둘기를 보내어 중매인 역할을 하게 했으나 둘 다 품성이 좋지 않아 결국 일이 성사되지 않았다.

세 번째 미녀는 유우국(有虞國) 임금의 두 딸인 이요(二姚)였으나, 중매인이 좋지 않을까 사전에 염려되어 시작 전에 포기하고 말았다.

천제를 만나지 못하고 미녀도 구하지 못하자, 굴원은 무당의 신인 영분(靈氛)과 무함(巫咸)을 차례로 찾아가 점을 치니, 두 신이 모두 굴원더러 초나라를 떠나라고 한다.

굴원은 곤륜산으로 길을 돌려서 떠났다. 아침에 은하수를 출발하여 저녁에 서쪽 끝에 도착하고, 다시 유사(流沙, 신화 중의 사막지대로 모래가 끊임없이 움직인다고 함)를 지나서 적수(赤水, 신화 중의 강 이름)에서 노닌 다음 구가(九歌)[20]를 연주하고 구소(九韶)[21]를 춤춘 후 휘황찬란한 하늘에 올라 영원히 초나라를 떠난다. 작품 마지막은 '난(亂)'으로 끝을 맺는다. 난은 작품 마지막의 결어나 결론으로, 악가(樂歌)의 마지막 문장을 가리키는 명칭이다.

> 난에 이르기를: 모든 것 끝났구나.
> 나라에 사람 없어 날 알아주는 이 없는데, 어찌 고향을 그리워하랴.
> 이미 함께 아름다운 정치할 이 없으니, 내 장차 팽함(彭咸)[22] 계신 곳 찾아가리.
>
> 亂曰: 已矣哉.
> 國無人莫我知兮, 又何懷乎故鄉.
> 旣莫足與爲美政兮, 吾將從彭咸之所居.

「이소」는 굴원의 일인칭 서술을 위주로 서사하는데, 극히 상징적이고 완곡하게

---

20) 구가: 천제, 즉 하느님의 악곡인데, 하나라의 계(啓) 임금이 하늘에 올라가 거기에서 훔쳐 온 것이라고 한다.

21) 구소: 순임금의 음악이다.

22) 팽함: 은나라의 어진 신하인데 임금에게 직간했으나 들어주지 않으니 마침내 물에 빠져 죽었다고 전해진다.

'시름을 만난 심정'을 노래했다. 형식상 「이소」의 특징은 음조가 아름다움이다. 『시경』의 4자구 위주에서 탈피, 5·6·7·8자를 변화 있게 사용하여 음악성이 뛰어나다. 이런 점이 육조시대 산문에 영향을 주어 유미주의적인 변려문이 탄생하게 되었다. 또한 「이소」의 대표적인 구식은 □□□○□□兮, □□□○□□이다. 여기의 혜(兮)는 뜻이 없는 어조사이고, ○표는 之·而·其 같은 조사이다. 「이소」에 보이는, 구의 끝에 혜를 놓는 방식은 한나라 부 작품에 많이 사용된다. 한 문장을 이루는 두 개의 구에서 첫 구의 마지막 글자를 혜로 반복하는데, 이로써 글에 규칙적인 리듬감을 주고 작가의 감정을 더 잘 나타낼 수 있다.

그런데 「이소」의 가장 큰 문학사적 의의는 무엇보다도 사물의 인격화와 신화적 상상력이라 하겠다. 「이소」는 비유와 상징이 매우 뛰어나다. 즉 다양한 종류의 향초들로서 굴원의 덕과 재주, 혹은 인격을 나타내고, 역시 다양한 잡초들로서 소인이나 간신배들을 나타낸다. 또한 하늘의 천제는 초나라 임금을, 미녀는 현인(賢人)을, 무지개·구름·짐새·숫비둘기 등은 조정의 간신이나 모리배를 상징한다. 이런 설정은 '사물의 인격화'이며, 표현수법으로 분류하자면 흥에 속한다. 「이소」는 이처럼 다채로운 초자연적 인물·새·짐승·신 등을 이야기 소재로 동원하고, 신화의 나라들을 순례하는 공상 세계가 화려하게 펼쳐진다. 지극히 낭만적인 시편이면서 동시에 초나라 현실정치에 대한 한없는 울분이 서려 있다. 그리하여 예전 작품들에서는 찾아보기 힘든 농후한 낭만주의적 색채를 지니게 되었다. 『시경』이 현실주의 문학이라면, 「이소」는 낭만주의 문학의 표상이다. 「이소」를 비롯한 『초사』는 한나라 때 부(賦)라는 문학 양식으로 발전되었다.

제3절 산문

모든 문화권에서 문자가 만들어진 후 기록으로써 기억을 대신했는데, 최초 기록은 대부분 운이 있는 글로 이루어졌다. 암송해서 기억하기 쉽기 때문이다. 그러나 훗날 사회가 복잡해져 운문으로써 사실을 기록하는 데 많은 제약이 따르자, 이에 부응해서 산문이 생겨났다. 여기서 산문이란 시 이외의 문학형식을 널리 지칭하는데 허구를 위주로 삼는 소설과 희곡을 제외한 것이다. 그러고 나서도 중국문학에는 운문과 산문의 경계가 애매한 양식이 많기 때문에 산문이란 무엇인가를 정의하기가 매우 어렵다. 본서에서는 산문으로 널리 알려진 것들을 중심으로 설명해 보고자 한다.

중국 최초의 산문은 은나라 갑골문이다. 점친 날자, 점친 사람, 점의 내용을 갑골에 새긴 것인데, 어떤 것은 점의 결과까지 적어 놓았다. 짧은 것은 몇 자, 긴 것은 백여 자로 되어 있다. 갑골문은 중국 산문의 맹아이다.

갑골문보다 좀 더 발달된 것이 은대와 주대 때 청동기에 새겨진 소위 동기명문(銅器銘文)이다. 군왕, 공후, 신하 등이 모두 동기명문을 지을 수 있었다. 상 대 청동기의 명문은 대부분 매우 간단해서 글자 수가 일반적으로 한 자부터 다섯·여섯 자까지 있다. 그리고 그릇 만든 사람의 이름을 적었는데, 왕왕 족명(族名)을 적고 자신의 이름은 적지 않았다. 그릇 만든 사람의 이름과 함께 죽은 부친의 묘호(廟號)를 함께 적었으며, 죽은 부친의 묘호만 적은 것도 자주 보인다. 상 대 말기에 이르면 비교적 긴 명문이 출현했는데, 편폭은 50자를 넘지 않는다. 그 내용은 대다수가 왕, 혹은 지위가 비교적 높은 이가 하사품을 내리면 하사품을 받은 사람이 죽은 부친을 위한 제기(祭器)를 만들어서 그 일을 기념하는 것을 말한다. 일종의 기념문 성격이다.

갑골문의 복사와 청동기의 명문은 정식 서사문학이 아니고, 단지 아주 간단한 '기록' 정도에 그친다. 서사의 본격적인 시작은 바로 『서경』이다.

1. 『서경』과 『춘추』

1) 『서경』

중국에서는 상고사(上古史, 가장 오래된 역사)를 이야기할 때 항상 『서경』을 먼저 인용한다. 이 책은 주나라 초기의 사관들이 그때까지 전해오던 자료들을 가지고 만든 것으로서 중국에서 가장 오래된 고자료를 모아놓은 것이다. 즉 상고시대 중요한 역사 사실, 왕들이 내린 포고문(布告文), 신하들의 상소, 왕의 연설문 등 각종 문헌을 모아둔 것으로, 대다수가 정치 관련 글이다. 특히 주나라의 정치철학이 잘 나타나 있다. 옛 중국인들은 한 글자로 표현하길 좋아해서 『시경』이 '지'(志, 마음으로 하는 생각)를 적은 것이라면, 『서경』은 '사'(事, 객관적인 일)를 적은 것이라고 개괄했다.

전국시대가 되면 학자들이 책의 내용에 수정을 가하고 새로운 것들을 첨가해서 오늘날 보는 바와 같은 것이 되었다. 그래서 『서경』은 주나라 때 써졌다고 하지만 실제로는 전국시대에 완성되었다. 현재 알려진 중국 상고사, 즉 주나라 초기까지의 역사는 주로 이 『서경』(원 명칭은 상서(尙書))에 의한 것이다.

이 책은 『상서』에 이해가 깊었던 복생(伏生)에 의해 구전된 28편에 후에 「태서泰誓」 편이 첨가되어 29편으로 구성되었다. 기원전 215년 진시황제가 분서(焚書)의 조칙을 내리자, 복생이 몰래 『상서』를 자택의 벽에 숨겨놓았다. 진 말기 병난이 발발하자 그는 타지로 피난 갔다. 한나라 유방(劉邦)에 의해 천하가 평정된 후 귀향하여 숨겨놓았던 상서를 꺼내 보니 태반이 손실되고 28편만 남아 있었다. 후에 한 문제(文帝)가 천하에 『상서』를 아는 사람을 찾았는데, 그는 그 소식을 알고서도 나이가 90이 넘어 쇠약한지라 상경할 수 없었다. 이에 조정에서 조착(晁錯)이란 신하가 그를 찾아왔다. 그런데 복생은 발음이 명확하지 않아서 그의 딸인 희아(羲娥)가 대언(代言)해 주고 조착이 글로 써서 마침내 『상서』가 재탄생하게 되었던 것이다. 이 책은 한나라 때 통용되었던 예서(隸書)로 써졌기 때문에 『금문상서』라고 부르며, 현재 『상서』라고 하면 일반적으로 바로 이 『금문상서』를 가리킨다.

『서경』은 「우서虞書」, 「하서夏書」, 「상서商書」, 「주서周書」, 총 4편으로 구성되었다. 우는 순(舜)임금이, 하는 우(禹)임금이, 상은 탕(湯)임금이, 주는 문왕(文王)·무왕(武王)이 건립했다는 왕조명이다. 즉 이들 4편은 중국 상고시대(上古時代) 역사를 기록하고 있다. 하지만 신화를 역사로 만든 것이 적지 않다. 대표적인 것이 요·순 이야기다. 요와 순은 중국역사에서 태평성대의 대명사가 된 완전한 성인이나, 기실 신화서인 『산해경山海經』에 나오는 신비한 인물이다.

『산해경』에 의하면 순은 제준(帝俊)이라고도 불리며 요임금의 사위이고 눈동자가 두 개였다. 순은 부인이 세 명으로, 요의 두 딸인 아황(娥皇)과 여영(女英), 그리고 등비씨(登比氏)라는 여자였다. 이중 등비씨는 소명(宵明)과 촉광(燭光)이라는 두 딸을 낳았고, 두 딸은 신통력으로 사방 100리를 비출 수 있었다.[23] 그리고 아황은 몸뚱이가 셋인 사람(삼신三身)을 낳았고, 그 후손들이 네 종류의 짐승을 부렸다.[24] 『산해경』의 이야기 중에는 순 부인의 이름은 태양신인 희화이며 희화는 10개의 해를 낳았다고 적은 것도 있다.[25]

한편 요임금에게는 곤(鯀)이라는 신하가 있었다. 요가 그에게 치수를 명했으나 곤은 치수에 실패했기 때문에 사형당했다. 요의 뒤를 이은 순임금이 곤의 아들 우에게 다시 치수를 맡기니 마침내 우가 치수에 성공하였고, 그 공에 의해 임금이 되었으며 우는 죽을 때 아들 계에게 임금 자리를 물려주었다. 이상 곤과 우의 이야기는 모두 본디 치수에 얽힌 신화이다. 주나라 초기 사관들이 이것들을 모두 신화성을 희석시켜서 『서경』에 넣음으로써 중국의 상고사는 일반적인 다른 나라 역사와는 다르게 신화가 역사의 일부로 정착되어 실제 사실로 인식되게 되었으며 그러한 오류가 현재까지 그대로 전승되어 오고 있다.

흔히 중국에서 신화가 쇠퇴하여 발전되지 못했던 원인을 추구(推究)할 때 『논어』의 「술이述而」 편에 있는 "자불어괴력난신(子不語怪力亂神: 공자는 괴이한 것, 힘에 관한 것, 어지러운 것, 신비스러운 것에 관해서는 말하지 않았다.)"을 인용한다. 그러나 더 거

23) 『산해경』의 「海內北經」 편 22번째 이야기를 볼 것. 정재서 역주, 『산해경』, 서울, 민음사, 2002, 276쪽.

24) 『산해경』의 「大荒南經」 편 5번째 이야기. 정재서 앞 주, 297쪽.

25) 『산해경』의 「大荒南經」 편 27번째 이야기. 정재서 앞 주, 302쪽.

슬러 올라가면 『서경』에 보이는 신화의 역사화에서 더 근원적인 것을 찾을 수 있다. 주나라 초기의 사관들이 주나라의 정통성을 만들어내기 위해 요순시대라는 신화의 유토피아를 실재의 세계로 끌어내었으며, 이럼으로써 요순 이후의 모든 이야기 내지 신화들은 그 풍부한 신화성에도 불구하고 발전할 동력을 잃어버리게 되었던 것이니, 이는 서구의 그리스 경우와는 정반대의 현상이다.

문체에 있어서는, 『서경』은 후세 산문의 규범이 되었다. 후대에 나온 『좌전』·『국어』·『전국책』·『사기』·『한서』 등 이른바 사서(史書), 즉 역사서들은 모두 『상서』를 계승한 것이다. 이들 사서의 발전은 바로 중국산문 발전의 근간을 이룬다. 『서경』에 많이 쓰이고 있는 직접화법 또는 문답체의 문장은 후세의 사서는 말할 것도 없고 산문 전체에 널리 영향을 끼쳤다. 『좌전』에서도 이 수법을 발전시키어 문답체의 활용으로 생동하는 인상을 독자들에게 심어주고 있고, 이후 여러 가지 산문에 이 방법은 널리 응용된다. 따라서 중국 문장의 특성으로 함축성·암시성·수사성 등 여러 가지를 들 수 있겠지만 그러한 모든 특징의 바탕은 이미 『서경』에 고루 갖추어져 있는 것이다.

또한 『서경』의 글은 해석하기 어려운 곳이 많기는 하지만, 문체가 화사하지 않고 쓰고자 하는 일이나 생각을 솔직하게 꾸밈없이 표현한다. 그래서 당나라 때 지나친 수사로 인하여 화려하되 내용은 박약한 변려문(騈儷文)을 반대하는 고문운동이 펼쳐졌을 때 고문을 주장하던 사람들이 흔히 『서경』을 고문의 본보기로 내세웠던 것이다.[26]

2) 『춘추』

공자가 『춘추』를 집필했다고 전해지나 사실 여부는 확인할 길 없다. 기실 공자가 『춘추』를 직접 저술했을 가능성은 매우 낮다. 본서에서 이미 지적했듯이 공자가 유교의 경전들을 지었거나 편수했다는 직접적인 증거는 전혀 없다. 설령 편수를 했다 할지라도 어디까지가 기존의 자료이고 어느 것이 공자가 손을 대어 첨삭을 했는지

---

26) 이상 『상서』의 문체에 대해서는 김학주, 『중국문학사』, 서울, 신아사, 103-104쪽 참고.

도무지 알 방도가 없다.

『춘추』는 노나라 은공(隱功) 1년(기원전 722)부터 애공(哀公) 14(기원전 481)까지 242년 사적을 노나라 사관들이 기록해 놓은 것을 중심으로 하고, 그 외 다른 제후국들의 역사 기록들을 참조해서 만든 책이다. 그리고 역사 사건에 윤리적 입장에서 정사(正邪, 옳음과 삿됨)와 선악(善惡)의 가치판단을 내렸다. 또한 역사적으로 중요한 사건들을 연대순으로 적었기 때문에 편년체의 효시가 된다.

기실 공자 당시 주나라에는 『노춘추魯春秋』, 『제춘추齊春秋』처럼 각 제후국은 나름의 자기 나라에 관한 기록이 있었고, 지금의 『춘추』는 그중 공자가 편찬했다고 전해지는 『노춘추』만 전해진 것이다. 춘추라는 이름의 뜻이 정확히 무엇인지는 알 수 없지만, 봄과 가을은 기후와 주야의 길이가 평형을 이루어서 사람들이 살기에 가장 좋은 계절이니, 그 이름에 공평하고 아름다우며 정의로운 역사가 실현되기를 희망하는 염원이 담겨 있다고 해석할 수 있다.

한편 『춘추』는 무엇을 기준으로 정사선악을 정했는가 하면 바로 명분(名分)에 의했다. 명은 바로 정명(正名)과 관련된다. 정명은 '이름을 바르게 한다'는 뜻이며, 바르게 한다 함은 이름과 실제가 같음이다. 그러면 무엇이 이름인가. 군신(君臣), 부자(父子), 부부(夫婦)이다. 분(分)은 차이를 말하는 것으로, 소위 분수(分殊)와 관련된다. 임금과 신하, 부모와 자식, 남편과 아내는 서로 다름이 있고, 다름에 따른 행위규범이 있다. 그러므로 임금이 임금답고 신하가 신하다울 때 명분이 서는 것이다. 임금이나 신하가 자신의 신분에 맞는 말이나 행위를 하면 명분이 있음이요, 그 반대면 명분에 어긋난다. 나머지 부모와 자식, 남편과 아내 사이 역시 마찬가지다. 유교의 명분론에서는 이 세 가지 질서가 가장 중요하다고 여기어서 '삼강(三綱)'이라고 한다. 『춘추』 이후 중국의 역대 역사가들에 있어서 가치판단의 제일 중요한 척도는 바로 이 명분이었다.

명분이 『춘추』의 윤리라면, 일자포폄(一字褒貶)은 『춘추』의 글쓰기다. 일자포폄은 한 글자로 인물이나 사건을 칭찬하거나 꾸짖는다는 뜻이다. 중언부언하거나 세세하게 따지지 않고 정곡을 찌르는 한두 마디를 사용한다. 일자포폄은 곧 미언대의(微言大義)와 관계된다.

미언대의는 '작은 몇 개의 단어로 큰 의미를 나타낸다'는 뜻이다. 예를 들어 누가 죽었다고 했을 때, 그 죽음을 어떤 글자로 표현하는가를 보고 공자의 숨겨진 뜻을 알 수 있다는 것이다. 무너질 붕(崩), 쓰러질 훙(薨), 마칠 종(終), 죽을 망(亡), 죽을 사(死) 등이 죽음에 해당하는 글자인데 붕이 제일 높이는 말이요, 사가 제일 낮추는 말이다. 다른 보기를 들면, 『춘추』에서 사람을 지칭할 때 대단히 훌륭한 사람에게만 그 사람의 자(字)를 나머지는 이름, 즉 명(名)을 쓴다. 자와 명에 인물에 대한 평가가 담겨 있는 것이다. 또 다른 보기로 죄 있는 사람을 죽이는 것은 주(誅), 죄 없는 사람을 죽이는 것은 살(殺), 아랫사람이 윗사람을 죽이는 것은 시(弑)로 표현한다. 여기서 '살'이나 '시'에는 부정적 판단이 들어가 있다. 안 좋은 짓을 했다는 것이다. 이처럼 글자 한두 자에 따라 의미가 달라지므로 예로부터 『춘추』 읽기가 어렵다고 했다. 미언대의는 후대에 그 뜻이 넓어졌는데, 특히 짧고 미묘한 말 속에 담겨 있는 큰 뜻이나 의미를 찾아내는 것을 가리킨다. 중국문학 비평이나 이론에서 중요한 개념이다.[27)]

이렇게 『춘추』에 보이는, 역사책이 강렬한 감정 색채를 띠는 것은 후대의 사전문학(史傳文學)에 계승된다. 사전문학이란 역사와 관련 있는 문학을 가리키는 것으로, 그 범위가 꽤 넓다. 우선 『서경』·『좌전』·『국어』·『전국책』 등을 선진(先秦) 사전문학이라 한다. 사마천의 『사기』와 반고의 『한서』는 대표적인 한대 사전문학이다. 선진과 한대에 걸쳐서 간행된 이상 몇 개의 역사책들은 중국 산문의 원형이 된다든가, 산문 발달에 크게 영향을 끼쳤다든가, 혹은 그 자체로 문학성이 풍부하다 라든가 하는 이유에서 문학의 하나로 인정된다. 즉 중요한 문학적 의의를 갖고 있기 때문에 역사이면서 문학인 것이다. 정식 문학책으로서의 사전문학에는 명·청대에 지어진, 『삼국지연의』를 필두로 한 많은 역사소설들이 해당된다. 이 역사소설들은 소설이면서 역사를 제재로 삼기 때문에 사전문학이다. 즉 문학이면서 역사이다. 위진남북조, 당, 송대에 걸쳐 나온 수많은 전기(傳記) 류의 글들도 사전문학의 범주에 든다. 중국에서는 문사동원(文史同源)이라고 하여 문학과 역사의 원류가 같다고 여

27) 춘추의 글쓰기는 졸저, 위 책, 134-137쪽을 참고했다.

긴다. 같은 데서 나와 분리되었다는 것이다. 그래서 문론(文論)과 사론(史論)에는 공통점이 많다.

다시 『춘추』로 돌아가자. 정사와 선악·명분·일자포폄·미언대의 등 『춘추』에 있는 글쓰기 정신을 따르는 것을 '춘추필법(春秋筆法)'이라고 부른다. 춘추필법의 뜻은 광범위하지만, 일반적으로 한 글자 뺄 것도 더할 것도 없이 간략하면서도 명확하게 핵심을 나타내는 글을 가리킨다. 춘추필법은 중국인의 전통적 글쓰기에 있어서 반드시 숙지해야 할 필수 사항이다. 중국인은 사서·사상서·문학서를 가리지 않고 아주 간단한 몇 글자나, 한두 줄을 가지고 중요한 것을 표현하기 좋아하는데, 이런 표현 문화는 『춘추』의 영향을 많이 받았다. 읽기를 잠시 멈추고 깊이 생각해야 하는, 그래서 때로 당혹스럽게 하는 춘추필법의 글은 서구의 글쓰기와는 판이한 매우 동아시아적인 것이다.

그런데 『춘추』의 문장은 너무 간고하여 정확한 사실 관계를 알기가 어렵다는 단점도 갖고 있다. 기실 『춘추』는 정식 역사서라기보다는 단순하게 하나의 사건에 대하여 '언제 누가 어디서 무엇을 했다' 정도만 써놓은 아주 간단한 '메모' 성격의 글이다. 일반적인 의미의 역사서 서술과 판이하다. 예를 들어 최순실 국정농단사건이 있었다고 치자. 『춘추』에는 "2016년 최순실이 국정을 농단해서 박근혜 대통령이 탄핵되었다."는 정도만 써져 있기 때문에 전후문맥이 거의 없다. 그래서 만약 공자와 동시대에 살았던 좌구명(左丘明)이 『춘추』를 해석한 『춘추좌전春秋左傳』이 없었다면 『춘추』의 기록은 무엇을 의미하는지 당최 알기 어렵다.

2. 춘추전국시대의 3대 역사서

『서경』과 『춘추』는 정식 역사책이 아니다. 춘추전국시대에 출간된 정식 역사책은 『춘추좌전』·『국어國語』·『전국책戰國策』이며, 이 세 책은 춘추시대를 연구하는 데 빼놓아서는 안 될 중요한 1차 사료이다. 본론에 들어가기 앞서 이들 책이 출현하게 된 역사적 맥락을 짚어본다.

주나라는 봉건이란 글자에서 알 수 있듯이 농업을 근간으로 해서 세워진 나라이다. 그래서 상업은 농업의 보조로, 간단한 생활 필수품을 생산하고 매매하는 정도였다. 그리고 망한 상나라 사람들이 전국을 돌아다니는 행상을 많이 했다. 상인(商人)이란 단어는 여기서 생긴 것이다. 기본적으로 사람들은 스스로 생산한 곡식·베·가축·물건 등을 물물교환했고, 물물교환이 이루어지는 곳이 바로 시장이었다. 즉 자급자족과 물물교환이 잘 되면 충분했다.

그런데 춘추시대 철기가 발명되면서 이러한 원시 형태의 경제에 변화가 생겼다. 춘추 말엔 칼이나 창 같은 병기(兵器)는 청동기로 만들고, 농기구는 철로 만들었다. 전국시대가 되면 병기와 농기구를 모두 철로 만들게 되었으며, 또한 우경(牛耕)도 널리 확산되었다. 게다가 식량 생산 기술이 진보되고 관개와 수리 시설도 잘되었다. 그 결과 농산물이 증대되었고, 그에 따라 잉여 생산물을 유통시키는 상인이 많이 생겨나 농산물은 물론 수공업 제품들도 지역 간을 오가게 되었다. 그러면서 여기저기 길들이 만들어지고, 길을 따라 사람들이 쉽게 왕래하면서 공간 개념이 넓어졌다.

춘추시대에 들어서 이제 권력자들은 좁은 자기 관할의 땅에 만족하지 않고 더 넓은 곳을 차지하고자 하는 욕망에 사로잡혔다. 대권을 쥐고자 부국강병을 추구했다. 그 목표를 이루기 위해 한편으로 강한 국방력, 높은 농업 생산에 매진하면서 한편으로는 치국에 필요한 이념을 도입하기 위해 사상가들을 초치했다. 사상가들은 상업의 흥성과 도시의 발전에 따라 생겨난, 지역과 지역 혹은 나라와 나라를 이어주는 길을 따라 이동하면서 유세를 통해 자신을 받아줄 제후를 찾았다. 그들이 오가면서 학술과 사상이 교류되고 발달됨으로써 제자백가 시대가 도래하였다. 그 이전에는 중원을 제외한 나머지 지역들은 이동하기가 매우 어려운 원시 상태의 지형이었었다. 이러한 원리는 마치 서양의 고대 그리스에서 상인들이 여기저기 다니면서 물건을 팔기 위해 길을 개척했으며, 그 길을 따라 여러 도시 국가들의 학자들이 왕래함으로써 그리스 학문이 발전했던 것과 정확히 일치한다.

길목에는 사람들이 모여 사는 도시가 발달했다. 종전의 도시는 왕족과 제후들이 외부의 침략을 방어하기 위한 보루에 불과했던 것이 춘추전국에 이르러서는 공상업의 집중지와 문화교통의 중심점으로 변화했다. 하남(河南)의 대량(大梁)·섬서(陜西)의 함양(咸陽)·하북(河北)의 감단(邯鄲)·산동(山東)의 임치(臨淄)가 모두 당시 유명한 도시였다. 전국시대 소진(蘇秦, ?-?)이 제나라 선왕(宣王)에게 말한 것을 들어보자.

> 임치에는 7만 호가 사는데 제가 가만히 헤아려보니 각 호당 장정이 3명이면 총 21만 명이 됩니다. 멀리 정역 간 사람을 포함하지 않고도 병졸의 대상이 21만 명이나 됩니다. 임치는 매우 부유하고 번성했습니다. 그 백성들이 피리를 불고 비파 타고 거문고 연주하고 축을 치고 하지 않음이 없었습니다. 임치의 길에는 수레 바퀴가 서로 부딪치고 사람들이 어깨를 맞닥드리고 옷깃이 연이어 휘장을 이루고 소매를 함께 들어올리면 장막이 되고 땀을 뿌리면 비가 될 정도였습니다. 집은 풍족하고 사람은 만족했습니다.
>
> 臨淄之中七萬戶, 臣竊度之下, 戶三男子三七二十一萬. 不待發於遠縣, 而臨淄之卒, 固以二十一萬矣. 臨淄甚富而實. 其民無不吹竽鼓瑟擊筑彈琴鬥雞走犬六六蹹踘者. 臨淄之途, 車轂擊, 人肩摩, 連衽成帷, 擧袂成幕, 揮汗成雨. 家敦而富, 志高而揚.[28)]

소진은 합종설(合從說)의 대가인데, 강대국인 제나라를 합종(合從)에 끌어들여 진나라에 대항하려는 의도하에 열정적으로 선왕을 설복하고 있다. 여기에 나오는 임치 같은 이런 규모의 도시는 주대에는 생겨날 수 없는 것이었다.

한편 농업 생산력의 진전은 토지 이윤을 증가시켰으므로 세력가는 이 방면에 주목하게 되었다. 그리하여 무력으로 토지를 약탈하거나 수매하는 현상이 형성되었으니, 바야흐로 전국시대가 열렸던 것이다. 주 왕조는 본디 제후국이 71개국이었는데 왕실과 제후들의 후손이 증가함에 따라 170개로 늘어났다. 그랬는데 전국시대에는 결국 7개국만 남게 되었다. 제후국 수의 급감은 권력을 차지하기 위한 전쟁의 결과였으며, 토지가 그 권력을 지탱하는 핵심 기둥이었다.

---

28) 『전국책』, 권8.

국가로부터 고르게 땅을 배분받는, 정전제에 기초한 공전(公田)의 파괴와 그에 따른 토지 사유 개념의 등장은 결과적으로 귀족계급의 가장 아래인 사(士)는 물론, 서민·상인·공인들이 치부(致富)를 통해 권력의 핵심에 다가설 수 있는 기회를 제공했다. 그래서 구사회에 없던 신흥 계급을 탄생시켰고, 상업경제의 흥기는 상인이 정치 무대에 서도록 했다. 장사를 통해 대상인이 되어 재상 자리에 오른 여불위(呂不韋, ?-B.C. 235)가 그 보기가 된다. 진시황제는 아버지 여불위를 통해 상인의 경제력과 인적 네트워크를 이용해 천하통일의 기반을 다질 수 있었다. 이렇게 격렬한 사회 변화를 품은, 다단하고 풍부한 사건들로 점철된 시대는 역사의 개념을 바꾸었다. 역사가들은 국가 흥망성쇠와 관련된 사적에 대해 더욱 상세하게 기록하기 시작했던 것이다. 이런 복잡한 작업은 사람의 감정을 위주로 서술하는 시로는 감당하기 역부족이었다. 그래서 산문이 시를 본격적으로 대체했고, 역사책은 산문체로 각 국가별로 사건들을 기록하기 시작했다.

그런데 주나라 초기의 책인『서경』에 사용된 단순하고 딱딱한 산문 문체로는 새 시대를 감당하기에 버거웠다. 그래서 좀더 세밀하고 융통성 있게 묘사하는 글쓰기가 요구되었다. 그래서 이런 시대적 요구에 부응하는『좌전』·『국어』·『전국책』이 차례로 지어졌던 것이고, 후일 역사가들은 반드시 이 세 책의 문장을 배우고 익혀야 했다.[29] 그런 역사가 중 한나라 때 사마천이 가장 크게 두각을 드러냈다. 그는 세밀한 묘사는 물론 변화무쌍하고 자유롭고 게다가 문학적 감수성까지 표현해냈다. 중국 산문은 이처럼 사서들을 통해 수준 높은 문장으로 도약할 수 있었으며, 후대의 중국 산문은 역사 산문의 영향을 크게 받았다. 그리하여 중국의 서사는 서구의 서사와 다르게 '역사 서술'의 요소를 많이 함유하게 되었던 것이다.

이런 측면에서 문학의 이해에도 구조주의의 접근이 필요하다. 구조주의란 간단히 말해서 '대상을 알려면 그 주변을 알아야 한다'는 것이다. 여기서 주변이란 대상이 속한 문화나 관습을 가리킨다. 대상은 다른 것들과의 관계를 통해서만이 존재할 수 있기 때문이다. 구조주의는 사물의 참된 의미가 사물 자체의 속성과 기능에서가

29) 이상 주나라 사회경제의 변화와 문학의 관계에 대해서 劉大杰,『中國文學發展史』, 臺北, 華正書局, 1987, 61-65쪽을 참고했다.

아니라, 사물들 간의 관계에 따라 결정된다는 인식을 전제로 한다. 세계 안에서 사물은 언제나 다른 사물들과 유기적인 관계를 맺으며 존재하는데, 그 관계망 안에서 사물이 어디에 위치하느냐에 따라 사물의 의미는 규정되며 변화한다. 문학 역시 다른 분야의 학문과 관계를 맺으며 존재하고 변한다. 그래서 다른 것들이 없으면 문학도 없고, 다른 것들이 변할 때 문학도 변한다.[30)]

다음은 본 주제인 춘추전국의 3대 역사서를 설명한다.

1) 『춘추좌전』: 이 책은 『춘추』에 나오는 사건 기사를 근본 줄거리로 삼고, 각 사건마다 대량의 역사 사실과 전해오는 관련 이야기들을 붙여서 다채롭고 풍부한 역사 사건을 서술하면서 형형색색의 인물들을 묘사했다. 『춘추』의 간단한 기사를 수미 완정한 이야기 체 서사 산문으로 발전시켰다. 『춘추좌전春秋左傳』을 『좌전左傳』이라고 약칭하는데, 이 해설서에 의해 『춘추』가 생명력을 얻었다고 할 수 있다.[31)]

2) 『국어』: 『국어』는 21권으로 구성되었으며, 다루고 있는 나라는 주(周), 노(魯), 제(齊), 진(晉), 정(鄭), 초(楚), 오(吳), 월(越) 등 모두 8개국이다. 유사한 체제로 꾸며진 전국시대 사서로는 전한(前漢) 말기 유향(劉向)이 편집한 『전국책』을 들 수 있다. 전국시대라는 말도 이 책에 유래한다.

3) 『전국책』: 서주(西周), 동주(東周), 진(秦)나라, 제(齊)나라, 초(楚)나라, 조(趙)나라, 위(魏)나라, 한(韓)나라, 연(燕)나라, 송(宋)나라, 위(衛)나라, 중산국(中山國) 등의 12개의 국가로 나누어 서술하였다. 『국어』가 주로 춘추시대를 주도한 군왕들과 이들을 뒷받침한 군신(君臣)들의 활약을 기술하고 있는데 반해, 『전국책』은 주로 전국시대를 풍미한 세객(說客)들의 활약을 다루고 있다는 점에서 약간 차이가 있다. 그러나 두 책 모두 이야기체 형식을 빌어 사건을 기술하고 있다는 점

30) 문학과 구조주의의 관계에 대해서 폴 프라이(Paul H. Fry) 저, 정영목 역, 『문학이론(Theory of Literature)』, 서울, 문학동네, 2019, 178-201쪽(〈8장 기호학과 구조주의〉)을 참고.

31) 『춘추』와 『춘추좌전』의 관계에 대해 左丘明 저, 신동준 역, 『춘추좌전』 권1, 파주, 한길사, 2006, 권1, 13-34쪽을 참고.

에서 하등 차이가 없다. 『국어』와 『전국책』을 동시에 읽어야만 춘추전국시대에 활약한 인물들의 활약을 총체적으로 파악할 수 있는 이유가 여기에 있다.

3. 제자산문

지금까지의 설명을 통해 춘추전국시대의 농업, 전쟁, 역사, 사상, 문학 5가지는 서로 맞물려 있다는 것을 알 수 있다. 이것들은 혼재된 하나의 덩어리로서 존재하기 때문에 상호 관계를 분리할 수 없다. 그러므로 산문의 발흥은 그런 콘텍스트 내에서 이해될 수 있다. 제자산문 역시 마찬가지다. 흔히 춘추전국시대의 산문을 둘로 분류하여 역사산문과 제자산문이라 한다. 제자산문이란 선진시대 사상가들의 책을 지칭한다. 사상이 주를 이루므로 설리산문(說理散文)이라고도 부르는데, 설리란 '이치를 말한다'는 뜻이다. 철학적이기 때문에 현대적인 표현으로는 '철학산문'이 더 잘 어울린다. 그 시작은 『논어』와 『노자』이다. 아래 시대순으로 제자들의 책 중에서 문학상 가장 중요한 몇 가지를 간략하게 소개한다.

1) 『논어論語』와 『노자老子』: 이 두 책은 공자와 노자가 직접 쓴 것이 아니라 그들의 제자들이 기록한 일종의 어록체이다. 두 저작은 구절은 간략하지만 뜻은 풍부하다.

2) 『묵자墨子』: 묵자는 전국시대 초기 사람으로 공자와 맹자 사이에 살았다. 초년에 유가의 학문을 배웠다가 나중에 유가와 대립되는 학파를 건립해서 많은 제자를 두었으며, 유가와 대조적으로 사회적 약자를 돕는 것에 가장 큰 가치를 두었다. 『묵자』는 묵자가 사람들을 가르친 내용을 제자들이 기록해서 편집한 것이다. 이 책에서는 의론이 복잡하게 전개되어 처음으로 의론문(議論文)의 형식을 갖추었다. 의론문은 어떤 사안에 대해 분석·논술하고, 거기에 자신의 의견을 서술하면서 자신의 관점을 주장하는 문체를 가리킨다. 따라서 논거가 충분하고 언어는 정밀하고 논증은 합리적이고 논리가 엄밀하고 관점이 명확할 것이 요구된

다. 따라서 논변(論辯)의 산문은 묵자로부터 시작했다. 현대의 논설문이 바로 고대의 의론문에 해당한다.

3)『맹자孟子』: 『논어』와 마찬가지로 어록체로 된 서적이지만 『논어』가 평담하고 질박하면서도 철리(哲理)가 담긴 어구를 풍부하게 담고 있는 반면, 『맹자』는 기세가 힘차고 충만하며 거칠 것이 없으면서도 논리가 엄밀하고 명확한 데다가 문장이 유창하다. 문장의 기세가 힘차다는 것은 글에 힘이 있다는 뜻이다. 맹자의 엄밀한 논쟁적인 논리와 드높은 문장의 기세, 그리고 고도의 언어 구사 능력은 후대 중국의 수많은 문장가들의 전범이 되었다.

4)『장자莊子』: 이 책에 나오는 이야기들 대부분은 장자가 길거리에서 사람들과 나눈 한담이거나 오두막에 기거하며 들려주었던 우화들이다. 그래서 전서가 마치 한 권의 우언고사집에 방불한다. 『전국책』이나 『맹자』에도 우언이 나오지만, 이 두 책에서는 어쩌다 하나씩 나오는 정도여서 그 수가 적다. 게다가 『장자』의 우언은 일반적인 상상을 뛰어넘는, 웅대하고 기발한 이야기들이어서 아주 특이한 문학적 형상 세계를 구축해 내었다. 그러므로 장자는 산문의 새로운 장을 열었다고 할 수 있다. 또한 「이소」의 작가 굴원처럼 낭만주의의 표상이 되어 중국문학에 큰 영향을 끼쳤다. 표현이 자유분방하고 상상력이 풍부한 글쓰기의 본보기가 되었던 것이다. 장자 철학은 왕왕 시간·공간의 제한을 뛰어넘고 사물과 나의 분별을 초월하는, 심오하고 현묘하며 추측하기 힘든 높은 경지이기에, 개념과 논리로 직접 표현하는 것이 우언이라는 허구의 세계를 통해 상징하고 암시함만 못하다. 이런 철학적 배경에서 장자는 우언을 문장의 전면에 내세웠다. 여기서 철학과 문학의 구분이 완전히 무너졌다. 즉 『장자』는 철학 작품임과 동시에 문학 작품이다. 사마천의 『사기』가 역사이면서 문학이라면, 『장자』는 철학이면서 문학이다.

5)『순자荀子』: 『논어』와 『맹자』는 서로 묻고 대답하거나 누군가가 말하는 것을 기록한 어록체이다. 그러다 보니 간혹 구체적 상황을 모르거나 간과할 때 전체 맥락을 놓치는 경우가 있다. 그러나 『순자』는 현대의 논설문 형식을 띠고 있어서 그럴 가능성이 매우 적다. 책이 32개의 주제로 구성되었고, 각 주제에 대해서

순자 자신의 견해를 설명하는 형식으로 되어 있기 때문이다. 순자는 내용과 실용성을 중시하고 화려하고 부실한 문장을 반대했다. 그래서 문채가 부족하다는 평을 듣지만 글이 질박·간약하고 근엄하고 면밀하며 사리를 분석함이 매우 뛰어나다.

6)『한비韓非』: 한비는 전국시대 최후의 대사상가로서 법가를 집대성했다. 그의 저서『한비자』에는 300여 개의 우언 고사가 있어서 선진 산문 가운데 그 수가 가장 많다. 장자와 더불어 우언을 잘 활용한 설리문의 대가로 유명한데, 그러나 그가 인용한 우언은 장자와 풍격이 매우 다르다. 즉 과장되거나 신화적인 우언이 아니라, 현실적인 소재로 된 이야기를 끌어와서 자신의 주장의 타당성을 증명했다. 우언을 사용한 그의 글은 구성이 매우 치밀하고 묘사는 대담하고 표현은 유머러스하다. 그래서 현실적이고 실제적인 이야기 중에 기묘함이 드러난다.「오두五蠹」 편의 수주대토(守株待兎),「난일難一」 편의 모여순(矛與盾),「내저설상內儲說上」의 람우충수(濫竽充數),「외저설상外儲說上」의 정인매리(鄭人買履)·화귀최이(畵鬼最易)·매두환주(買櫝還珠) 등 지금까지 회자되는 성어들이 모두 한비자가 출처이다.

7)『여씨춘추呂氏春秋』: 이 책은 진나라 여불위(呂不韋)가 지은 것이기에 상기한 선진 제자들을 이어서 부록 삼아 소개한다.『여씨춘추』의 성서 과정에 대해 전해지기를 진시황제의 아버지인 여불위가 진의 재상이 된 후 천하의 문객들 삼 천 명을 초치해 그들로 하여금 각자의 견식을 적어내게 하고, 그것들을 모아서 편집했다고 한다. 그래서 20여 만자의 이 방대한 서적은 잡가(雜家) 계열에 드는데, 제 사상 중에서 도가·유가·음양가 사상이 더욱 많다. 그렇기 때문에 비록 문체와 글의 풍격이 통일되어 있지 않지만, 작품에는 정련되고 생동감 있는 부분들이 있고, 또한 중국 고대의 신화·전설·고사를 이용한 우언들이 200여 개 들어있으며, 제 학설들을 이리저리 취했음에도 불구하고 작자의 편집을 통해 나름 통일성을 갖추게 된 책이어서 우수한 문학 산문이라고 칭해진다.

제2장

진한 시대 문학
(B.C. 221-A.D. 220)

시대 배경

중국역사 시기 구분 중 하나로 '진한(秦漢) 시기'가 있다. 이 때의 진한은 진 왕조와 한 왕조, 두 개의 합칭이다. 진한 때 오늘날 말하는 중국이라는 정체성이 확립되었다. 한족·한어·한자·의복 등을 포함한 중국문화의 기본 틀이 형성되었다. 진한 시기는 중국문학에서도 자주 쓰는 말이다. 특히 진시황제는 제후에게 통치를 맡긴 것이 주 왕실 쇠퇴와 멸망의 요인이라고 보았기 때문에 봉건제를 폐하고 군현제(郡縣制)를 실시함으로써 중국역사에서 황제 중심의 강력한 중앙집권 체제를 마련했다. 즉 천하를 36군으로 분할, 군 아래에 현을 두었으며 군과 현의 모든 관직은 황제가 직접 임명하였다. 관리뿐 아니라 국가의 모든 법도 황제 관할이었다. 또한 문자·화폐·도량형을 통일함으로써 이후 중국이 하나의 국가라는 단일체 문화를 형성하는 데 절대적 역할을 했다.

진이 붕괴된 후에는 항우와 유방이 싸워서 유방이 승리한다. 유방이 한나라를 세워 한 고조(재위, B.C. 206-B.C.195)가 되었다. 그의 사후 부인인 여태후(呂太后, B.C. 180년 사망)와 그녀 일족들의 전횡으로 국기가 문란해졌다가 그들이 모두 제거된 후, 제5대 문제(文帝, B.C. 203-B.C. 157)와 제6대 경제(景帝, B.C. 188-B.C.141)에 이르러 정치를 잘하고 선정을 베풀어서 태평성대를 이루었다. 이 시기를 문경지치(文景之治)라고 한다. 7대 무제(武帝)에 이르러 드디어 정치적으로 완전한 중앙집권이 이루어지고, 사상적으로 유교가 국교로 정해졌다. 대외적으로 실크로드를 개척했으며, 동서남북으로 영토를 확장해서 거대한 한 제국을 완성시켰다.

한나라는 중간에 왕망(王莽)이라는 신하가 황제의 권력을 찬탈하고 신(新, 8-24)이라는 나라를 세웠기 때문에 신을 기준으로 해서 앞을 전한(前漢), 뒤를 후한(後漢)으로 분리한다. 수도가 정해진 위치를 가지고 전한을 서한(西漢), 후한을 동한(東漢)이라고 부르기도 한다.

그런데 후한의 황제 5대, 6대가 지나면서 차츰 정부의 가렴주구가 심해지고, 호족(豪族, 재산이 많고 세력이 강한 집안)들은 거대한 장원(莊園)을 만들어 부를 축적했다. (장원은 한나라 이후 근대까지 존속한 궁정·귀족·관료의 사유지를 가리킨다. 논밭·정원·주택·별장 등을 모두 포함한다.) 반면에 장원에 소속된 민중들의 삶은 피폐해지고 사회는 혼란하게 되었다. 생활이 불안정해진 민중들이 찾게 된 것이 장각(張角, ?-184)이 만든 태평도(太平道)라는 종교 결사단체였다. 장각은 각 지역에 방(方)을 두어 36방을 만들고 각 방에는 1만 명의 신도를 두었다. 그리고 36만 명이 일시에 난을 일으키니 정부가 제대로 진압할 수가 없었다.

그리하여 각지의 호족들이 스스로를 지키기 위해 사병을 많이 길러서 태평도에 맞섰다. 이로 인해 장각의 퇴패 후에 호족들의 세력이 커졌고, 후한 말기 삼국으로 분열되는 중요한 원인이 되었다. 이런 와중에 궁중에서는 외척과 환관의 대립이 심했다. 본래 외척이란 황후의 일족을 말하며, 환관이란 후궁을 돌보는 자로 모두 원칙적으로는 정치와는 무관한 존재이다. 그러나 양자 모두 황제의 사생활과 깊은 관계를 갖고 있는 것만으로 권력을 잡을 기회도 많았다. 그들이 권력을 잡으면 정치는 매우 혼란과 부패를 만들어내는데, 두 세력의 알력이 가장 심했던 때가 바로 한나라 후기이다.

먼저 후한 4대 황제인 화제(和帝)는 10세로 즉위했기 때문에 자연 어머니인 두태후(竇太后)의 일족, 그러니까 외척이 득세하여 요직을 독점하고 횡포를 일삼았다. 이에 화제는 환관 정중(鄭衆) 등과 모의하여 그들을 살해했다. 그러자 이번에는 환관의 세력이 신장하게 되었다. 이후 상제(殤帝), 안제(安帝)·순제(順帝)·질제(質帝)·환제(桓帝)를 거치면서 판도의 양상이 새로 즉위한 황제의 황후에 힘입어 외척이 득세하고, 후에 환관이 외척을 제거하는 양상이 반복되었다. 영제(靈帝, 재위 168-189) 때는 장양(張讓)을 필두로 하는 10명의 환관이 정권을 장악하게 되었으니, 이들을 십상시(十常侍)라 부른다.

한 말 환제·영제 때 환관에 맞서서 일군의 지식인 계층이 격렬한 저항을 했기 때문에 당고(黨錮) 사건이 발생했다. 사족(士族, 과거를 통해 벼슬에 오른 사람) 출신의 관원과 이들을 따르는 태학생(太學生)들은 환관 타도를 외쳤다. 이들은 자신들을 청류(淸流)라 하고 환관들을 탁류(濁流)라 규정했다. 그러자 환관들이 이들을 무고하여 평생 관리 임용을 못하도록 하는 소위 당고를 창안했던 것이다. 여기서 고는 금고(禁錮)의 뜻으로 당을 짓는 무리들, 즉 당인(黨人)이 벼슬에 오르지 못하도록 한다는 뜻이다. 2차에 걸쳐 당고가 실행되었는데, 당인으로 지목된 자들이 1차 때 200명, 2차 때 6,700명이었다. 공부를 하는 학생들이 관리를 못한다는 것은 지금으로 치면 졸업 후 취직을 못하게 하는 것과 같음이니 그 충격은 말할 나위가 없다. 그럼에도 한 말 많은 지식인들이 절개를 지키며 환관에 저항했다.

당고의 정쟁은 166년에 시작되어 184년까지 지속되었다. 게다가 외척과 환관은 심하게 반목했다. 국세가 크게 기울어져 동한 제12대 황제인 영제(靈帝, 재위 168-189)와 제13대 황제인 헌제(獻帝, 재위 189-220) 때에 이르면 황제는 유명무실한 존재가 되었다. 이때 무주공산이나 다름없는 한 왕조를 차지하기 위해 각지의 세력가들이 서로 전쟁을 일삼아, 삼국시대와 위진남북조라는 400년 분열의 시대로 돌입했다.

대략 400년 정도 지속된 한나라 역사에 있어서 중국의 사상과 문학에 가장 큰 영향을 미친 일은 무제(武帝)가 동중서(董仲舒, B.C. 179-104)의 '유교 이념으로 정치를 해야 한다'는 의견을 받아들였던 것이다. 이를 계기로 차츰 유교 계통의 대신·관료가 많아졌기 때문에 자연히 유교가 관학의 지위를 획득하게 되었다. 마침내 전한 말에 이르면 명실공히 유교가 국교의 자격을 얻었다. 이후 유교는 중국을 지배하는 이데올로기로 자리매김했으며, 학문에 있어서도 주도적인 위치를 점하게 되었다. 본디 한 초기에는 유학·노장사상·법가의 학문이 혼연일체로 뒤섞여 있었고, 유학보다 노장이 더 큰 세력과 영향력을 갖고 있었다. 무제를 기점으로 그 판도가 바꾸어졌던 것이다. 흔히 문학을 아문학(雅文學)과 속문학(俗文學)으로 나누는데, 이때 유교는 아문학의 사상적 배경이 되고, 정치의 중심에서 밀려난 노장사상과 도교는 속문학의 사상적 배경이 된다. 아문학을 귀족문학, 혹은 정통문학이라고도 표현한다.

세부적으로 들어가면 한대 문학을 대표하는 장르는 부(賦)이다. 한 부는 주로 편폭이 큰 대부(大賦)를 가리킨다. 그런데 대부는 어용문학의 성격을 많이 띠고 있다. 즉 무제 때부터 본격적으로 역대 황제들이 자신과 나라의 위용을 글쓰기로 나타내서 사람들에게 보여주고, 또 그것을 후세에 남기고 싶어했다. 그러한 욕망에 가장 잘 부합하는 글쓰기가 바로 부(賦)였던 것이다. 태생적으로 권력과 밀착된 부 문학은 소수를 제외하고는 대부분 문학성이 낮은 편이다.

오히려 부와 정반대로 백성들이 부르던 민간 가요인 악부시(樂府詩) 가운데 수준 높은 작품들이 많다. 또한 악부시로부터 발전되어서 오언시라는 정형시가 만들어지게 되었으니 문학사적으로도 대단히 의미가 크다. 『시경』 시는 4언 중심이었다. 그런데 단순한 시대에는 4언으로도 충분했지만 시대가 흘러서 사회가 더 복잡해진 후에는 4글자로 감정과 생각을 나타내기는 역부족이었다. 이때 민가에서는 자연발생적으로 5언을 많이 사용하는 노래들이 많이 불려지게 되었다. 한대의 이 노래들을 악부시라고 한다. 이러한 악부시들의 영향으로 동한 때에 이르면 5언의 문인시가 등장하게 되었다.

산문에 있어서는 정치에 관련된 글인 정론문(政論文)과 역사를 적는 역사산문이 발전되었다. 특히 역사산문에 있어서 『사기』와 『한서』라는 두 대저가 나와 역사는 물론 중국문학 발전에도 큰 영향을 미쳤다.

제1절 한 부

1. 소체부

한나라 초기가 되면 부라고 하는 문학 양식이 생겨났는데, 기실 한 초의 부는 초사와 거의 같은 것이어서 초사와 부는 차이점이 없었다. 이런 부를 굴원 「이소」의 문체를 본받았다고 해서 소체부(騷體賦)라고 한다. 또한 소체부는 초사처럼 서정성이 풍부하기 때문에 서정부라고도 부르며 편폭, 즉 작품의 길이가 짧다. 가의(賈誼, B.C. 200-168)의 「조굴원부弔屈原賦」와 「복조부鵩鳥賦」, 사마상여(司馬相如, B.C. 179?-118)의 「장문부長門賦」, 사마천(司馬遷, B.C. 145?-?)의 「비사불우부悲士不遇賦」 등이다. 이외 서한 말에 양웅(揚雄, B.C. 53-18)이 지은 「축빈부逐貧賦」도 우수한 서정부이다.

1) 「조굴원부」: 가의가 좌천되어서 임지로 가는 도중 굴원의 무덤 앞에서 울분을 토로한다

2) 「복조부」: 좌천된 가의가 복조[32]에게 장차 자신의 길흉이 어떠할지 묻자, 복조가 그런 것에 연연하지 말고 대자연과 대도의 섭리와 조화에 맡기고 초연하고 담대하게 살 것을 당부한다.

3) 「장문부」: 임금에게서 버림받은 궁중 여인의 우울한 심회를 서술한다.

4) 「비사불우부」: 때를 만나지 못해 이름 없이 죽는 선비의 불운과 이름 없이 죽는 것에 대한 애석함을 서술하지만, 마지막에는 바람직한 삶이란 성공과 실패, 화와 복은 자연의 순환에 맡기고 도와 하나되는 것이라고 강조한다. 본론 부분은 유가적이지만 마지막은 노장 사상으로 끝을 맺는다. 사마천은 역사가나 산문가로 알려져 있지만 부도 잘 지었다. 전해지는 것은 「비사불우부」 한 편이며, 한 부 중의 우수한 작품이다. 사마천이 화를 당하고 난 후의 만년 작품으로, 때

---

32) 복조: 부엉이 류의 새로 상서롭지 않은 새로 전해져옴.

를 만나지 못해 비극적 삶을 사는 선비의 격노한 마음을 담았다. 「태사공자서太史公自序」, 「보임안서報任安書」, 그리고 이 한 편의 부 작품이 사마천 사상을 연구하는 중요한 사료이다.

5) 「축빈부」: '가난(貧)'이 자신을 쫓아내려고 하는 양웅에게 가난의 장점에 대해서 설명한다.

이 작품들 중 문학사나 사회사적으로 특별히 의의가 큰 세 가지를 해석한다. 먼저 가의의 「조굴원부」를 최초의 서정부라고 한다. 이 작품이 지어진 사연은 한나라 때의 문인이었던 가의(賈誼)는 약관의 나이 때에 황제의 측근에 있으면서 최연소 박사가 되었으나 대신들의 시기·모함으로 인해 좌천되었다. 그는 원래 문재가 매우 뛰어나 18세에 최연소 박사로 임명되어 짧은 시간에 문제(文帝)의 총애를 받았다. 그런데 예전 고조 유방의 최측근으로서 오랫동안 권력의 중심에 있었던 주발(周勃)과 관영(灌嬰)의 배척을 받아 장사왕(長沙王)의 태부(太傅)로 좌천되었다. 장사로 가는 도중 초나라 굴원의 무덤을 지나게 되매, 「조굴원부」라는 글을 지어서 자신의 울분을 다음과 같이 읊었던 것이다.

> 호소하며 말한다. "다 되었도다! 나라가 나를 알아주지 않으니 홀로 그 누구에게 근심을 말하겠는가. 봉황은 표표히 멀리 가나니, 본디 스스로 멀리 떠남이다. 깊은 연못의 용을 본받아 깊은 물속에 잠겨서 스스로를 귀하게 한다. 도롱뇽과 수달에게 갈지언정 어찌 새우와 풍뎅이를 좇겠는가. 성인의 신령스러운 덕을 귀하게 여기나니, 탁세를 멀리하여 혼자서 숨었다. 기린에게 굴레를 맨다면 어찌 개와 양과 다르다고 할 수 있겠는가. 실처럼 어지럽게 이 근심을 만났으니, 이는 그대(굴원)의 잘못이라. 천하를 지나면서 어찌 하필이면 이 지역을 그리워하게 되었는가. 봉황은 천 길 위를 날다가 덕의 밝은 빛을 보고 내려앉는다. 자잘한 덕의 험한 징조를 보면 멀리 떠나버린다. 저 속된 더러운 물이 어찌 배를 삼키는 큰 물고기를 받아들일 수 있었겠는가. 강호를 가로지르는 고래가 진실로 땅강아지와 개미의 제재를 받았구나.

> 訊曰, 已矣! 國其莫我知兮, 獨壹鬱其誰語. 鳳漂漂其高逝兮, 固自引而遠去. 襲九淵之神龍兮, 沕深潛以自珍. 偭蟂獺以隱處兮, 夫豈從蝦與蛭螾. 所貴聖人之神德兮, 遠濁世而自藏. 使騏驥可得系而羈兮, 豈云異夫犬羊. 般紛紛其離此尤兮, 亦夫子之故也. 曆九州而其君兮, 何必懷此都也. 鳳凰翔於千仞兮, 覽德輝而下之. 見細德之險徵兮, 遙曾擊而去之. 彼尋常之汙瀆兮, 豈能容夫呑舟之巨魚. 橫江湖之鱣鯨兮, 固將制於螻蟻.

이 작품은 자신의 불운한 삶을 굴원에 비유하고 있다. 한번 좌천됨에 이처럼 격앙된 것은 가의가 너무 감성적인 사람이었기 때문이었을까. 3년 후 문제의 막내아들인 양혜왕(梁懷王)의 태부가 되었다가, 양혜왕이 말에서 떨어져 죽자 그 슬픔과 우울함을 이기지 못해 자신도 병들어 죽게 되었다.

다음 「장문부」에 있어서는, 전하기를 한 무제(武帝)의 첫 번째 황후인 진황후(陳皇后, 본명 진아교陳阿嬌)가 무제의 총애를 잃게 되어 본궁에서 나와 따로 장문궁에 거주하게 되었다 한다. 진황후는 사마상여에게 천금을 주고 자신의 처지와 심정을 부로 써 주기를 부탁했다. 작품으로써 황제 마음을 돌리려고 했던 것이다. 결국 진황후의 의도는 성공하지 못했지만, 이 작품이 천고에 전해져 한대 이래 '장문원(長門怨)'을 제재로 총애를 잃은 궁비의 애원(哀怨)의 정을 표현하게 되었다. 고유명사에서 일반명사가 된 것이다. 대표적으로 「장문부」란 작품이 악부시, 당대 이백(李白)의 시, 송대 육유(陸遊)의 시에 있다.

이 작품은 황제로부터 냉대를 받은 왕비가 자신의 외로움과 왕에 대한 그리움, 그리고 왕이 찾아줄 것을 고대하는 마음을 독백하는 형식으로 이루어져 있다. 거처하는 리궁(離宮) 내외의 경물들을 사람의 감정과 동일시하여 경물로써 정을 서술하는 정경융합(情景融合)의 수법이 두드러지는, 부에 있어서 독창적인 경지를 보여준다.

그런데 「장문부」는 사마상여 작품으로서 남조(南朝) 양(梁)나라의 소명태자인 소통[33]이 편찬한 『문선』[34]에 실려서 전하지만 작품 풍격이 후술할 사마상여의 「자허

33) 소통(蕭統, 501-531)은 사후 소명이란 시호를 받았다.

34) 소통의 『소명문선昭明文選』(약칭 『문선』)은 주대부터 육조 양나라까지 7-8백년에 걸친 130여명

상림부」와 너무 다르기 때문에 위작되었을 가능성이 있다. 한나라 때 문인의 지위는 그다지 높지 않아서 유명인의 이름에 가탁해서 작품을 알리는 일은 드물지 않았다는 사실도 위작의 개연성을 높힌다.

한편 중국에는 궁원(宮怨)이란 표현이 있다. 황제의 궁중에 사는 여성의 근심·괴로움·슬픔·원망 등을 나타내는데, 『시경』에도 궁원의 정감을 나타낸 소량의 시들이 있지만 정식 궁원문학의 시작은 바로 이 「장문부」이다. 시에 있어서는 서한시대의 반첩서(班婕妤, B.C. 48-A.C. 2)가 지은 「단선가團扇歌」(일명 「원가행怨歌行」)이다. 참고로 규원문학(閨怨文學)이라는 것이 있다. 규원은 일반적으로 규중(閨中)에서 소녀가 느끼는 청춘의 적막감이나 부녀자의 임에 대한 그리움을 노래한다. 그러한 감정을 규정(閨情)이라고 한다. 아래 「장문부」 일부를 인용한다.

> 난대에 올라서 멀리 바라봄이여, 정신은 아득히 밖으로 노니네[35]. 뜬구름 우울하게 사방을 막음이여, 하늘은 어둑어둑 낮임에도 음산하네. 우레소리 울림이여, 그 소리 임금의 마차 소리 같네. 바람은 날아돌아 규방에 이름이여, 휘장은 들어 올려져 요동치네. 계수나무 어지럽게 얽힘이여, 짙은 향기 전해오네. 공작새 모여서 함께함이여, 원숭이 긴 울음소리. 물총새 서로 날개 나란히 내려와 모임이여, 봉황은 북에서 날아올라 남으로 들어오네. (……) 홀연히 잠들어 꿈에서 생각함이여, 혼백이 낭군 곁에 있는 듯. 근심스레 일어나 보니 아무도 없음이여, 혼은 아득해 마치 없는 듯. 뭇 닭이 울어 나를 걱정하게 함이여, 일어나 오묘한 달빛을 보네. 뭇별의 행렬을 봄이여, 필성과 앙성이 동쪽에서 떠오르네. 희미한 달빛 정원을 바라봄이여, 마치 늦가을 서리가 내린 듯. 밤은 느려서 일 년 같음이여, 지난날을 재현할 수 없음에 가슴 우울하네. 서성거리며 새벽을 기다림이여, 멀리서 희미하게 날이 밝아오네. 나 혼자 몰래 슬퍼함이

작가의 700여 편의 시문을 모은 것으로, 중국 최초의 문학총집에 해당한다. 소통은 그때까지 불분명했던 문사철(文史哲)의 구분을 확실하게 했다. 즉 경서에 해당하는 글과 역사서에 해당하는 글은 제외시키고, 문학 범주에 드는 것들을 위주로 해서 부(賦)·시(詩)·소(疏)·논(論)·서(序)·조(詔)·서(書)·제문(祭文) 등 38종으로 분류했다(역사서의 論贊은 예외적으로 실었다).

35) 노니네: 음(淫)은 유(游)의 뜻이다.

여, 세월이 다하도록 잊지를 못하네.

> 登蘭臺而遙望兮, 神怳怳而外淫. 浮雲鬱而四塞兮, 天窈窈而晝陰. 雷殷殷而響起兮, 聲象君之車音. 飄風迴而赴閨兮, 擧帷幄之襜襜. 桂樹交而相紛兮, 芳酷烈之誾誾. 孔雀集而相存兮, 玄猿嘯而長吟. 翡翠脅翼而來萃兮, 鸞鳳翔而北南.(.....) 忽寢寐而夢想兮, 魄若君之在旁. 惕寤覺而無見兮, 魂迋迋若有亡. 衆雞鳴而愁予兮, 起視月之精光. 觀衆星之行列兮, 畢昴出於東方. 望中庭之藹藹兮, 若季秋之降霜. 夜曼曼其若歲兮, 懷鬱鬱其不可再更. 澹偃蹇而待曙兮, 荒亭亭而復明. 妾人竊自悲兮, 究年歲而不敢忘.

이와 같이 경물(특히 자연)에 정서와 감정을 투영하는 방법은 멀리『시경』과『초사』에서 널리 사용되었던 것이다. 정경융합을 통해 작품 인물의 내면세계를 구체적으로 형상화하는 수법은 서양문학과 다른 동양문학의 특징이다.

「조굴원부」·「장문부」와 대조적으로 양웅의「축빈부」는 상당히 해학적인 우언체(寓言體) 작품이다.「축빈부」의 내용은 주인공인 '내'가 '가난'을 불러내어 내 인생을 이렇듯 고달프게 만드는 연유를 따져 묻고, 이어 잠시도 나를 가만두지 않고 따라다니는 이유가 무엇이냐고 물은 뒤, 지체치 말고 썩 물러가라고 호통을 친다. 자못 등등한 기세다. 그러자 '가난'이란 녀석이 나타나 물러가는 것은 좋으나 나도 할 말이 있다며 다음과 같이 반발한다는 것이다.

> 가난이 말했다: 예, 주인에게서 쫓겨나니 말이 많으면 더욱 비웃음을 받을 겁니다. 제가 마음에 품은 바를 바라건대 다 말할 수 있길 원합니다. 옛날 나의 조상은 밝은 덕을 으뜸으로 삼았습니다. 요임금을 보좌할 수 있었으며, 다스림의 법칙이 되자고 맹세했습니다. 흙 계단을 사용하고 띠 집에서 살면서 꾸미지 않았습니다. 그런데 후세에 이르러 어둡고 미혹된, 탐하는 무리들이 부를 구차하게 욕심내었습니다. 나의 조상을 비루하게 여기더니 곧 교만 방자해졌습니다. 아름다운 누대를 짓고 좋은 집을 숭상했습니다. 술이 흘러 못이 되

고 고기를 쌓아두고 안주로 삼았습니다. (……) 나를 세 번 반성한 후 나에게는 허물이 없다고 여겼습니다. 그대의 집에 내가 머무니, 복록이 산과 같았습니다. 그런데도 나의 큰 덕을 잊고 나의 조그만 잘못을 생각했습니다. 나는 추위를 견디고 더위를 참아내는 법을 어려서부터 가르쳐 주었고, 걸(桀)이나 유하척(柳下跖)[36] 같은 탐학의 무리를 거들떠보지 않는 기상을 길러 주었으며, 사람들은 모두 겹겹이 둘러싸인 곳에서 지내나 그대는 홀로 툭 터진 곳에서 살게 하였고, 사람들은 근심에 싸여 지내나 그대는 홀로 근심이 없게 하였습니다. 이것이 모두 나의 공로입니다.

貧曰 : 唯唯. 主人見逐, 多言益嗤. 心有所懷, 願得盡辭. 昔我乃祖, 宗其明德. 克佐帝堯, 誓爲典則. 土階茅茨, 匪彫匪飾. 爰及季世, 縱其昏惑.饕餮之羣, 貪富苟得. 鄙我先人, 乃傲乃驕. 瑤臺瓊榭, 室屋崇高. 流酒爲池, 積肉爲崤. 是用鵠逝, 不踐其朝. 三省吾身, 謂予無諐. 處君之家, 福祿如山. 忘我大德, 思我小怨. 堪寒能暑, 少而習焉. 寒暑不忒, 等壽神仙. 桀跖不顧, 貪類不干. 人皆重蔽, 予獨露居. 人皆怵惕, 予獨無虞.

이렇게 말을 마친 가난은 눈을 부릅뜨고 벌떡 일어나 계단을 내려가며 "내 맹세코 너를 떠나, 저 수양산에 가서 백이(伯夷) 숙제(叔齊)와 더불어 함께 지내리라(誓將去汝, 適彼首陽, 孤竹二子, 與我連行)."라고 했다. 이에 다급해진 양웅이 자리를 피해 잘못을 정중히 사과하며, 다시는 원망치 않을 터이니 내 곁을 떠나지 말아 달라고 만류하는 것으로 「축빈부」는 끝난다. 글에 동양적인 안빈낙도·청빈의 정신과 의미가 잘 나타나 있다.

이제까지 살펴본 서정 소부(小賦)를 통해 내용과 서술 기법이 각 작품마다 개성이 있고 다채롭다는 것을 규지해 낼 수 있다. 이런 작품의 창작 목적은 애초에 자신의 감성을 표출함으로써 스스로를 정화하는 것이지, 써서 남에게 보여주기 위함

---

36) 걸은 하나라의 마지막 임금이자 폭군이며, 유하척은 중국 민간전설에 나오는 춘추시대 도적의 우두머리로 흔히 도척(盜跖)이라 불린다. 두 사람 다 흉폭한 사람의 대명사로 쓰인다.

이 아니기 때문에 자연히 일정한 격식에 얽매이지 않는다.

2. 대부

매승(枚乘, B.C. 210?-138)이 처음으로 편폭이 길며 사물을 상세하게 묘사하는 「칠발七發」이란 부를 지었다. 내용은 초나라 태자가 병들자, 오객(吳客, 오나라 객)이 병문안을 가서 날마다 한없는 안락과 향락에 빠진 것이 병의 원인임을 밝힌다. 오객은 먼저 태자가 궁전에서 향유하는 극단적 환락에 속하는 음악·음식·기마·술·미녀 등을 묘사한다. 그다음에는 이것들과 대비되는 비교적 건전한 귀족생활, 즉 궁밖에서 하는 사냥과 곡강관도(曲江觀濤, 굽이진 강에서 파도를 감상하다)를 묘사한다. 마지막에는 오객이 요언묘도(要言妙道, 핵심적인 말과 오묘한 도)를 가르쳐 줄 수 있는 지략 있는 선비를 소개하겠다고 하니, 이 말을 듣고 태자는 병이 말끔히 나았다는 것이다.

이 작품은 대부분이 주(태자)와 객(오객) 사이에 반복되는 문답으로 채워졌으며, 오객이 태자를 설복하는 말은 칠 단계로 되어 있다. 이후 이 방법은 한 부의 새로운 체재로 자리 잡아서 소위 '칠체(七體) 문학'이란 것이 생겨서 각 조대에 모방하는 작가들이 있게 되었다. 대표적으로 부의(傅毅)의 「칠격七激」, 장형(張衡)의 「칠변七辯」, 최인(崔駰)의 「칠의七依」, 조식(曹植)의 「칠계七啓」, 이우(李尤)의 「칠관七款」, 마융(馬融)의 「칠려七厲」, 유세광(劉世廣)의 「칠흥七興」 등이 있다.

원래 편폭이 짧고 운율을 중시하는 사부는 산문과 운문의 중간이라고 보아서 반시반문의 장르로 정의한다. 그런데 매승의 칠발을 거치면서 부가 산문화되었으며, 이후 이러한 형태를 본받는 작품들이 많이 지어지고 유행하게 되었다. 그래서 한부(漢賦), 즉 한나라 부의 주류로 자리잡으니, 이전 초사류의 부와는 판이한 양식이 되었고, 이러한 부가 마침내 부의 정격처럼 인식됨에 이르렀다. 후대에 짧은 서정부, 즉 소부와 대조시켜 대부(大賦)라고 칭했다.

대부는 작가의 재주를 다하고 능력을 최대한 발휘하여 사물들을 극도로 상세하게 직서(直敍)했다. 수도, 궁전, 정원, 사냥, 경치 등에 보이는 온갖 사물들을 평행적으로 나열하고 있기 때문에 읽을 때 사람의 정서나 감정을 움직이는 문학성은 높지 않다. 갖가지 사물의 외형적 모습을 아름답거나 과장되게 묘사한다. 이런 새로운 형태의 부를 일반화시킨 작가가 사마상여(司馬相如, B.C. 179?-118)이며, 사마상여는 무제라는 황제의 보살핌을 받으며 창작 활동을 했다.

무제는 문학을 좋아하였는데 특히 부에 관심이 많았다. 감흥이 생기면 바로 시종들로 하여금 감흥의 대상을 주제로 부를 짓게 했다. 시종 중에서 의 아들인 매고(枚皐, B.C.153-？)가 가장 뛰어났는데, 매고는 상기한 매승의 서자로서 죄를 지어 장안(長安)으로 도망온 자였다. 무제가 그를 만나서 부 짓는 실력을 시험한 후 자기 시종으로 삼았던 것이니, 황제의 부 사랑이 어느 정도인지를 알 수 있다. 매고 외 무제의 문학 시종으로서 유명한 자로는 동방삭(東方朔, B.C. 약161-B.C.93？)이 있었는데 매고와 마찬가지로 중용되지 못했으며, 실의한 자신의 근심을 「답객난答客難」이란 부 작품을 지어서 표현했다.

사마상여의 작품으로는 무제의 상림원에 대해 쓴 「자허부子虛賦」와 「상림부上林賦」(합쳐서 「자허상림부」라고도 한다), 진나라 패망의 원인이 가혹한 정치에 있다는 것을 쓴 「애이세부哀二世賦」, 신선을 숭상하는 무제를 경계하고자 쓴 「대인부大人賦」 등이 있는데, 모두 황제의 문제점을 풍유하고 있다. 이 가운데 「자허상림부」는 한 부의 상징과도 같다. 「자허부」는 양효왕(梁孝王, ?-B.C. 144)의 빈객으로 있을 때 지은 것이고, 「상림부」는 한 무제의 부름을 받았을 때 지은 것이니, 두 작품은 전후 10년의 차이가 있다.(양은 서한의 제후국이기 때문에 효왕은 제후이며, 무제는 서한의 천자이다.) 여기서 작품 이해를 위해 상림원(上林園)에 대한 별도의 설명이 필요하다. B.C. 212년 진나라 진시황제는 수도 함양(咸陽, 지금의 서안과 그 주변)의 상림원이라는 황실 정원에 아방궁(阿房宮)을 지었다. 후에 초나라 항우에 의해 아방궁은 불타고, 진 멸망 후 상림원은 폐허화해서 한나라 초기에는 백성들이 그 안에서 농사를 지었다. 이런 상림원을 무제는 둘레 300리로 확장시키고 사냥터를 만들었다. 우리나라의 서울보다 더 큰 규모로서 8개의 강줄기가 지나고 안에는 3개의 산이 있었다. 이런 자연환경에다 70개의 아름다운 별궁을 지었다.

무제는 정복왕으로서, 이렇게 확장한 영토에서 갖가지 희귀한 물건과 동물, 그리고 초목을 상림원으로 가져와 정복한 땅의 방향에 맞추어 안치해서 중국 최초로 정원이 동·식물원의 기능까지 완전히 갖추도록 하였다. 또한 무제는 이곳에서 조상에게 제사 지내기도 하고 연회를 베풀기도 하고 휴식을 취하기도 했으니 상림원은 오락과 종교의 기능까지 겸했다. 그리고 무제는 정원·궁전·사냥·제사·의례·연회 등의 장대한 모습을 사마상여로 하여금 부로 짓게 했다.

이렇게 해서 만들어진 「자허부」와 「상림부」의 내용은 서로 연결되어 있는 것으로, 줄거리의 큰 얼개는 다음과 같다. 초나라 신하인 자허가 제나라에 사신으로 가니, 제왕이 그를 데리고 사냥을 갔다. 사냥 후 자허가 제 왕과 함께 제나라 신하인 오유(烏有)를 찾아갔다. 때마침 한나라의 망시공(亡是公)이 자리에 있었다. 그 자리에서 자허가 초나라 사냥터의 모습을 과장되게 묘사하면서 자랑하자 제나라의 오유가 제나라의 사냥터가 그보다 훨씬 뛰어나다며 자허와 같은 방법으로 허풍을 떨었다. 이에 옆에서 듣고 있던 한나라의 망시공이 강과 산, 그리고 별궁들이 내재된 상림원의 진기함, 웅대함, 천자의 성대한 사냥 행사 등을 거창하게 늘어놓는다. 즉 상림원의 수세(水勢), 산형(山形), 충어(蟲魚), 조수(鳥獸), 초목(草木), 주보옥석(珠寶玉石, 진주·보석·옥·돌), 궁관(宮館) 등의 경물과 정원에서 펼쳐지는 사냥·연회·음악 등의 정황을 세밀하고 과장되게 묘사했다.

여기서 「상림부」 가운데 빼어난 곳을 읽어본다.

천 석의 종을 두드리고, 만 석의 기둥을 세우네.
천자의 깃발을 올리고, 악어가죽의 북을 올리네.
도당씨 시대의 춤을 연주하고, 갈천씨 시대의 노래을 듣노라.[37)]
천명이 노래하니 만명이 화답하네.
뭇과 육지가 그로 인해 진동하고,
냇물과 골짜기가 그로 인해 뒤흔들리도다.

37) 도당씨와 갈천씨는 도교에서 태평성대를 상징하는 임금이다.

撞千石之鍾, 立萬石之虡. (당천석지종, 입만석지거)

建翠華之旗, 樹靈鼉之鼓. (건취화지기, 수령타지고)

奏陶唐氏之舞, 聽葛天氏之歌. (주도당씨지무, 청갈천씨지가)

千人唱, 萬人和. (천인창, 만인화)

山陵爲之震動, 川谷爲之蕩波. (산릉위지진동, 천곡위지탕파)

「자허상림부」는 규모가 웅장하고 기백이 웅대하며 언어가 풍부하고 묘사가 아름답다. 생동감 넘치는 필치의 기세가 온 산하에 가득 차오르는 듯하다. 또한 문장에서 대구(對句)와 배비(排比)[38]를 연속적으로 사용하기 때문에 음악성과 어세의 강렬함을 동시에 느낄 수 있다. 「상림부」 뒷부분에서 망시공은 한나라 황제가 다음과 같이 말한다고 상상하여 서술한다.

아! 이런 것들은 너무 사치스럽다. 짐은 정치하고 여가의 시간에 헛되이 시간을 보냈다. 사냥은 천도를 따라서 짐승을 죽이고 잡는 것이며, 때로 상림원에서 휴식을 취하는데 그러나 후대가 아름답게 여겨서 마침내 (상림원의 일을) 그대로 따라 하면서 원래대로 돌아오지 않을까 두렵나니, 나라를 세운 정신을 계속 잇는 전통이 되지 못한다.

嗟乎！此大奢侈. 朕以覽聽餘閑, 無事棄日, 順天道以殺伐, 時休息於此. 恐後葉靡麗, 遂往而不返, 非所以爲繼嗣創業垂統也.

황제는 상림원의 넓은 땅을 개간하여 농지로 만들고 빈한한 농민을 구제하고

---

38) 배비는 짜임새가 서로 같고, 뜻이 서로 밀접하게 관계되고 어기(語氣: 말하는 기세, 어세와 같은 말)가 서로 일치하는 단어나 구를 연속적으로 늘어놓는 문학 수법으로 어세를 강조하는 효과를 낸다. 이 수법을 쓰면 읽는 사람으로 하여금 서로 긴밀하게 모여 있고 밀집되어 있는 느낌을 갖게 한다. 대구(혹은 대우)와 다른 점은 대구는 두 구로 되었으며 반드시 구의 짜임새가 서로 대칭이 되고 글자 수가 같아야 한다. 짜임새가 대칭이 된다 함은 품사·어조·뜻이 서로 짝이 맞아 어울린다는 것이다. 하지만 배비는 세 구 이상이며 구의 짜임새가 대체적으로 대칭이 되면 되고 글자 수도 반드시 같지 않아도 된다.

홀로 사는 홀아비·과부·고아를 돌보고 형벌을 줄이고 제도를 고치는 등의 선정을 반포한다. 이후 황제는 학문과 정치에 힘쓰며, 사냥의 폐해를 지적하고, 제나라와 초나라가 황제 정원에만 힘쓴 대신 백성은 돌보지 않고 제후의 사치에만 일삼음을 비판한다. 이런 것들은 모두 망시공 입으로 하는 서술이다. 다시 말하면 저자인 사마상여가 생각하는, 나라와 백성을 위하는 황제의 이상형을 쓴 것이다. 작품 마지막에서 망시공의 설명을 모두 들은 자허와 오유는 마침내 할 말을 잃은 채 자리를 피한다.

「자허부」와 「상림부」는 세 나라 정원 묘사에 대부분 지면을 할애하고, 반성과 권계 부분은 「상림부」의 1/4 정도를 차지한다. 이러한 이유로 이 작품이 사치와 향락을 조장함은 아주 많고 풍자하는 것은 아주 적다는 비판을 받기도 한다. 대표적으로 양웅은 「자허부」와 「상림부」를 가리켜 "사치를 조장함은 100이고, 권계함은 1에 지나지 않는다.(권풍백일勸百諷一)"라고 비평했다. 이 표현은 사마천의 『사기』·「사마상여열전史記·司馬相如列傳」에 나온다.

> 양웅은 '화려한 부가 백 가지를 권하고 한 가지를 풍자한 것이 마치 정나라와 위나라의 음악이 내달리듯 연주되는 것과 같으니, 곡이 마칠 때에야 바른 것을 연주하면 그런 방법은 잘못된 것이 아니겠는가!'라고 여겼다.
>
> 楊雄以爲靡麗之賦, 勸百而諷一, 猶馳騁鄭衛之聲, 曲終而奏雅, 不已虧乎!

후에 권풍백일은 의도는 권계하고자 하였으나 결과는 반대가 되는 것을 나타내는 성어로 쓰이게 되었다. 그러니까 사마상여가 무제의 사치스러운 생활을 경계하고자 부를 지은 것이 반대로 그런 생활을 부추기는 데로 귀결되었다고 양웅은 보았던 것이다. 즉 바른길을 권려한 말이 사치를 조장하는 말에 훨씬 미치지 못했다는 것이다. 기실 「자허부」와 「상림부」에서 풍유의 글은 전체 문장의 1/8 정도를 차지한다. 그러므로 양웅의 말은 양적으로 1/100이 아니라 사마상여의 부를 읽으면 좋은 것보다도 나쁜 것을 훨씬 더 많이 본뜨게 된다는 의미이다.

한편 무제의 부에 대한 지대한 관심은 순수한 문학에 대한 취향이라기 보다는 다분히 정치적인, 명예와 명성을 위한 것이었다. 즉 작품을 통해 자신의 업적과 위대함을 알리고, 더 나아가 자신이 다스리는 나라를 만방에 자랑하기 위함이었다. 그러나 사마상여 또한 그런 무제의 성향에 경도되지 않고 작품을 통해 작가의 사회적 책무를 다하고자 했다. 그는 문학의 사회적 효능을 잘 알고 있었다. 어쨌든 한나라 역대 황제들은 무제를 본받아 거대한 정원을 조성하고 문인으로 하여금 부를 짓게 하는 전통이 이어졌다. 이러한 국가 주도의 글쓰기 정책에 힘입어 부 문학이 크게 발전하게 되었던 것이다.

여기서 황제와 작가라는 측면에서 이야기해 보자. 사마상여는 임금에게 고용되어 경제적 지원을 받는 최초의 전업 작가였다. 사마상여 이전에는 직업인으로서의 작가가 존재하지 않았다. 쉽게 표현해서 월급받고 작품을 쓰는 사람이 없었다. 그런데 사마상여의 독자는 정확히 말하자면 황제 1인이다. 물론 황제의 마음에 들면 널리 알려져 유포되었지만, 어쨌든 사마상여는 황제에게 보여주기 위해 글을 썼다. 이럴 경우 작가와 독자가 1:1의 관계이며, 황제는 순수한 문학의 예술성 때문이 아니라 자기의 권위를 과시하기 위해 부 짓기를 장려했다. 황제를 위해 글을 쓰는 소위 어용문학이 내용에 있어서 크게 창조적이거나 독창적일 수 없다는 데에 한나라 부 문학의 한계가 있었다.

한편 상림원은 240년 동안 존재했다가 한나라 말 전쟁으로 인해 완전히 파괴되어 역사의 뒤안길로 사라졌다. 위진(魏晉)시대가 되면 일반 귀족들이 황제 소유의 거대한 정원을 모방하여 거대하고 아름다운 개인 정원을 갖는 풍조가 형성되었으며, 정원 안에서 시와 부를 짓는 문학 활동이 활발해졌다. 이런 문학을 원림문학(園林文學)이라고 부른다. 문학뿐 아니라 그림과 음악 활동도 정원에서 활발히 이루어졌고, 건축도 정원에 맞게 지어졌다. 이런 것들을 총괄해서 '원림문화'라고 한다.

사마상여의 「자허상림부」가 황제 정원을 노래해서 크게 각광받자, 후대의 작가들은 범위를 더욱 넓혀 수도 자체를 주제로 했다. 그 대표작이 양웅(揚雄, B.C. 53-AD 18)이 성도(成都, 촉 지역)의 우수함을 서술한 「촉도부蜀都賦」이다. 양웅이 벼슬을 하게 된 사연은 사마상여와 비슷하다. 성제(成帝)가 그의 부를 보고 작품 수준이 뛰어나다고 인정했다. 이에 「감천부甘泉賦」를 지어 성제에게 바치니, 성제가 그를 랑(郞)[39]에 임명했던 것이다. 양웅의 대표 부 작품으로는 「감천부」「우렵부羽獵賦」「장양부長楊賦」「하동부河東賦」 등 사부(四賦)가 있다.

먼저 「감천부」는 성제가 신하들과 함께 감천궁(甘泉宮)에서 교사(郊祀, 하늘과 땅에 지내는 제사)를 지내는 모습을 서술하는데, 마치 선경에서 노니는 듯 황홀하고 성대하다. 그러한 화려하고 사치스러움을 경계하는 뜻도 글에 약간 담았으나 글의 주조를 이루는 미사여구에 묻혀 잘 보이지 않는다. 참고로 감천궁은 한대 장안에 있는 정궁(正宮)인 미앙궁(未央宮) 다음으로 중요한 궁으로서 황제가 피서를 하면서 정무를 보던 곳이었다.

다음 「우렵부」는 성제가 사냥하는 광경을 묘사하고 있다. 우렵은 한나라 때 병졸들이 깃털 달린 화살인 우전을 사용한 데서 생긴 단어이다. 끝 문단에서 성제가 호화롭고 번화한 사냥의 폐단을 깨닫고 백성을 위한 진정한 정치를 생각하면서 미앙궁으로 돌아가는 것을 씀으로써 풍유의 뜻을 나타냈다.

「장양부」 역시 성제가 장양궁(長楊宮)에서 진행하는 번화한 수렵 행사를 비판하는 내용인데, 주인인 한림(翰林)과 객경(客卿, 외국인으로서 벼슬하는 사람)인 자묵(子墨)의 대화체로 서술된 것이 문체의 특징이다.

「하동부」는 성제가 분음(汾陰)이란 곳에 가서 후토신에게 제사 지내는 모습, 그리고 제사 후 제신들과 함께 하동의 명산대천과 요·순·우 등 명왕(明王)들이 거주했던 지역들을 두루 돌아보는 여정을 서술했으며, 성제에게 현명한 임금이 될 것을 권하는 뜻이 은연중 담겨 있다.

이상 양웅의 부는 사마상여의 영향을 크게 받았다. 특히 「감천부」·「우렵부」의 주제와 문체는 사마상여의 「자허상림부」와 매우 비슷하다. 그는 사마상여를 매우 존경하고 사마상여의 글을 이상으로 여겨서 본보기로 삼았다. 다른 분야의 글 역시 장르마다 하나씩의 전범이 있어서 모방하려고 했다. 『한서』에 의하면 다음과 같다.

---

39) 랑(郞): 왕이나 황후를 따라다니며 모시는 시종관(侍從官)을 통칭.

참으로 옛것을 좋아하고 도를 즐겼으며, 그 마음은 글을 지어서 후세에 이름을 남기고 싶어 했다. 그는 경은『역』보다 큰 것이 없다고 여겨서『태현太玄』을 짓고, 전은『논어』보다 큰 것이 없다고 여겨서『법언法言』을 짓고, 역사서는『창힐蒼頡』보다 더 좋은 것이 없다고 여겨서『훈찬訓纂』을 짓고, 잠은『우잠虞箴』보다 더 좋은 것이 없다고 여겨서『주잠州箴』을 짓고, 부는『이소』보다 더 심오한 것이 없다고 여겨서『반이소反離騷』(굴원을 찬양하되 자살한 행위에는 반대하는 측면에서 지음)를 짓고, 사는 사마상여보다 더 아름다운 것이 없다고 여겨서『사부四賦』를 지었다. 모두 그 원본을 헤아리고, 거기에 의지해 내달렸다.

實好古而樂道, 其意欲求文章成名於後世, 以爲經莫大於易, 故作太玄. 傳莫大於論語, 作法言. 史莫善於倉頡, 作訓纂. 箴莫善於虞箴, 作州箴. 賦莫深於離騷, 反而廣之. 辭莫麗於相如, 作四賦. 皆斟酌其本, 相與放依而馳騁云.[40)]

이와 같이 양웅은 원본에 보이는 글짓는 방법과 스타일을 모방해서 지었다. 그렇지만 거기에 자기가 주장하고자 하는 가치를 담아냈으니, 남의 것을 베끼는 데서 그치는 일반적인 모방과는 다르다. 그래서 한대의 많은 모방작가들과는 구별된다. 굳이 표현하자면 '모방을 통한 창조에 가깝다', 혹은 '옛것을 가지고 독창성을 발휘했다'라고 할 수 있다. 이러한 성취는 그가 학문이 매우 높아서 재학을 잘 운용해 자신의 관점을 표현해낼 수 있는 능력을 소지하고 있었기 때문이다. 특히 그의『태현경』과『법언』은 철학사상에 있어서 매우 높은 위치를 차지한다. 또한 그는 명리나 이욕을 가까이 하지 않고 내면의 가치를 지키려고 한 사람이었다.『한서』「양웅전」의 표현에 의하면, "내면에 마음을 쓰고, 외적인 것을 추구하지 않았다.(用心於內, 不求於外.)"

한편 양웅이 살았던, 한나라 시대 중간 즈음에 왕망(王莽, B.C. 45-AD23)이 왕위를 찬탈하여 신(新)이라는 나라를 세웠으며, 광무제(光武帝)가 다시 신을 전복시키고 한 왕실을 회복함과 동시에 수도를 서쪽의 서안에서 동쪽의 낙양으로 옮겼

40)『한서漢書』권87,「양웅전하揚雄傳下」

다. 이로써 동한시대가 열리니, 이에 많은 문인들이 새 도읍지인 낙양을 찬미하게 되었다. 그 대표작이 바로 반고(班固, 32年-92)의 「양도부兩都賦」와 장형(張衡, 78-139)의 「이경부二京賦」이다(「양도부」는 「서도부」와 「동도부」 두 작품을 가리키며 「이경부」는 「서경부西京賦」와 「동경부東京賦」 두 작품을 가리킨다. 서도나 서경은 장안, 즉 오늘날의 서안을 말하고 동도나 동경은 낙양을 일컫는다. 「양도부」와 「이경부」 모두 구 도읍지인 서안보다 새 도읍지인 장안이 훨씬 더 훌륭하다는 취지로 서술되어 있다). 흔히 사마상여, 양웅, 반고, 장형을 한부(漢賦) 4대 작가라고 칭하는데 양웅·반고·장형의 부는 당시 수도의 사람 사는 모습을 상세하게 묘사해 놓았기 때문에 고대사회 연구에도 귀중한 자료이다.

이제까지 열거한 편폭이 긴 부 작품들은 모두 사물 묘사 위주였다. 남이 읽을 것을 의식하며 썼으며, 그러다 보니 작품에 내면의 감정이나 감성이 보이지 않게 되어서 순수 문학성 측면에서는 수준이 그다지 높지 않다. 갖가지 사물을 무미건조하게 열거하는 것이 대부분이다. 다만 사마상여 정도가 나름 문학성이 뛰어나다고 할 수 있을 뿐이다. 이렇기 때문에 전체상에서 평가할 때 한 부는 문학성 자체는 그다지 높지 않지만, 한 부가 변해서 후술할 육조시대 변려문이 탄생되므로 문학사에 있어서는 매우 중요한 지점을 차지한다.

위에서 언급한 부 작가 외에 서한(西漢)의 왕포(王褒, B.C. 90-B.C.51) 등이 있는데, 이들의 작품 중 왕포의 「통소부洞簫賦」가 "영물부(詠物賦)"로서 크게 주목을 받았다. 영물부(詠物賦)란 어떤 물건의 유래와 그 성질을 섬세하게 묘사하는 부(賦)의 한 종류이다.

이전에도 구름(雲)이라든가 비(雨)라든가 복조(鵩鳥)라든가 학(鶴)이라든가 버드나무(柳)라든가 술(酒)이라든가 달(月)이라든가 하는 것들을 단편적으로 묘사하는 작품들이 있었으나 진실로 작은 물건 한 개를 가지고 장편의 문자를 사용해서 그것의 소리·모습·본질·공용(功用) 등을 두루 읊어서 하나의 신체재를 완성한 사람은 왕포라고 말해야 한다. 그 이후로 영물부 작가가 점차 많아져서 양웅·반고·장형·왕일·채옹 등이 모두 영물 종류의 작품을 남겼으며, 위진·육조(魏晉·六朝)에 이르러서는 영물이 더욱 주목을 받았다. 후대의 영물시(詠物詩) 또한 왕포의 영향

을 적지 않게 받았다.[41)]

「통소부」는 먼저 통소의 재료인 대나무의 군자다운 품성과 통소 제작 및 연주자에 대해 쓰고, 이어서 통소 소리의 오묘한 변화와 예술성·감화력·여운의 미 등을 차례대로 서술한다. 음조(音調)가 아름답고 대상을 선명하게 묘사했고 글에 생동감이 있고 또한 한나라 대부에 일반적으로 보이는, 언어나 용어 사용에 있어서 미사여구나 군더더기 말을 늘어놓아 편폭을 길게하는 폐단이 없다. 특히 언어로써 마치 음악을 듣는 듯한 표현을 한 것은 중국문학에 있어서 새로운 경지를 개척했다고 할 수 있다.

그러므로 빨아들여 음을 냄에 5음의 정확한 소리가 생겨,
그것이 조화하여 사방으로 분산되어 울려 퍼지며,
연주자의 몸도 가락에 어울려 부드럽게 흔들리고,
가슴속 분노를 목에 채운 듯하네.
기운이 종횡으로 뻗치면서,
소리가 분산하여 흩어졌다가 사그라지고,
가락은 조용히 미끄러지듯 진행하다가
중복되어 기묘한 소리를 만들어낸다.
때로는 혼연일체로 합쳐져서 흐르고,
때로는 나뭇가지 부러지는 소리를 내며,
때로는 냇물이 사방으로 흘러서 길게 연속하다가
장대하게 경쟁하듯 넘친다.
차갑고 두려움이 조용히 변하여
그대로 소멸되어 버리다가
많은 음이 비오듯 성대하고 힘차게 튀어나와
다시금 연이어 간다.

41) 劉大杰,『中國文學發展史』, 위 책, 147쪽.

故吻吮値夫宮商兮, 龢紛離其匹溢. (고문연치부궁상혜, 화분리기필일)

形旖旎以順吹兮, 瞋啯啁以紆鬱. (형의니이순취혜, 진함호이우울)

氣旁迕以飛射兮, 馳散渙以䡾律. (기방오이비사혜, 치산환이철률)

趣從容其勿述兮, 鶩合遝以詭譎. (취종용기물술혜, 무합답이궤휼)

或渾沌而潺湲兮. 獵若枚折. (혹혼돈이잔원혜. 엽약매절)

或漫衍而駱驛兮, 沛焉競溢. (혹만연이락역혜, 패언경일)

惏慄密率, 掩以絶滅. (림률밀솔, 엄이절멸)

嚐霵曄踕, 跳然復出. (읍즙엽첩, 도연부출)

또한 「퉁소부」는 이 인용문에서 규지할 수 있듯이 4자·6자로 된 변우(騈偶)의 구를 연용하면서 묘사를 정교하고 세밀하게 한다(7자의 구도 어조사 혜(兮)를 빼면 6자가 됨). 따라서 위진남북조시대 변려문학의 실마리를 제공했다. 왕포 이후로 이러한 변우의 글들이 점차 많아지다가 위진 때 들어서 본격적으로 변려체가 흥성하게 되었던 것이다.

3. 서정부의 흥기

한 부의 주관성이 배제된 객관적 글쓰기 현상이 오랫동안 지속되다가 동한 후기, 즉 최초 서정부를 지은 가의(賈誼, B.C. 200-168) 사후 300년이 흐른 뒤에야 비로소 남을 의식하지 않고 스스로를 위해 작품 활동을 하는 서정부가 많이 지어지게 되었다. 이것들은 사마상여를 위시로 한 이전의 부 작가들이 추구했던 황제를 정점으로 하는 상층지향적 취향에서 탈피해서 본격적으로 자신의 감정을 읊었다. 이런 측면에서 중국에서 진정한 의미에서의 귀족문학은 후한말부터 시작되었다고 할 수 있다. 이때는 저술과 창작에 대한 참여가 크게 확대되어 재야적 성향의 학자와 문인들도 활발하게 활동하기 시작했다.

한나라 말에 이르러 종이와 서사용구가 널리 확대되었던 물질적 조건도 이러한 창작 붐에 영향을 주었다. 동한 말에는 사인(士人)들이 외척과 환관 사이에 전개되는 싸움의 틈바구니에서 자기의 뜻과 재능을 펼치지 못했기 때문에 울분을 부 작품에 나타냈다. 그래서 일부 작품들은 개인적인 감정을 읊을 뿐만 아니라 사회의 모순에 대해서도 눈을 떴다. 편폭에 있어서는 경물 묘사와 수사에 힘을 쏟던 서한 때의 장편 부와 달리 길이가 짧다.

한 말 서정부의 대표작으로는 장형(張衡, 78-139)의 「귀전부歸田賦」, 조일(趙壹, 122~196)의 「자세질사부刺世疾邪賦」, 채옹(蔡邕, 133-192)의 「술행부述行賦」, 이형(禰衡, 173-198)의 「앵무부鸚鵡賦」, 왕찬(王粲, 177-217)의 「등루부登樓賦」, 조식(曹植, 192-232)의 「낙신부洛神賦」 등이 꼽힌다. 이중 장형의 「귀전부」는 동한 서정부 시작의 신호탄과 같다. 동한 때 오랜 문학성의 침체 속에서 홀연히 독특한 경지를 개척해서 문학의 새 길을 열어젖혔으니, 단지 200여 자만을 가지고 대부의 폐단을 과감하게 타파했다. 문체에 있어서만 그런 것이 아니라 내용에서도 중국문학사상 처음으로 시골에서 은거하는 즐거움을 주제로 한 귀전(歸田, 농촌으로 돌아간다는 뜻)을 선보임으로써 향후 수많은 전원문학을 가능케 했다. 그 가장 대표적인 사람으로는 「귀원전거歸園田居」와 「귀거래사歸去來辭」를 지은 도연명을 들 수 있다. 유명한 도연명의 「귀거래사」는 주제 의식, 구성, 서술 수법 면에서 「귀전부」의 영향을 받았다. 장형 이전에는 농촌생활이 단편적으로 작품에 서술될 뿐 독립된 하나의 주제가 되지 못했다. 그런 의미에서 「귀전부」를 읽어 보자.

> 참으로 오래동안 도읍에서 살면서 밝은 책략으로 남을 보좌한 일이 없었다. 헛되이 강에 가서 물고기를 부러워하면서 기약 없이 좋은 때가 오길 기다렸다. 채자의 강개함을 나도 느꼈으며, 채자가 당생을 좇아서 의심을 끊어버리듯이 나도 그랬다.[42] 진실로 천도는 미묘하고 어두우니, 어부를 좇아서 그와 함께 기뻐한다. 세속의 티끌을 멀리 벗어나서 세상의 일과는 길게 작별하도다.

42) 전국시대 연(燕)나라 사람 채택(蔡澤)이 뜻을 못 얻고 열국(列國)을 주유하고 다닐 때 당거(唐擧)가 관상을 잘 보아주었다. 채택은 관상의 결과대로 일이 잘 풀려서 뒤에 진(秦)나라로 들어가 재상이 되었다.

이때는 중춘(仲春) 영월(令月)[43]인지라 날씨의 기운이 화청했다. 들판의 습지는 무성하고 온갖 풀이 자라서 우거졌다. 징경이새는 날개를 힘차게 젓고 꾀꼬리는 슬피 울면서, 서로 목을 대듯이 하고 위아래로 날아다니며 소리를 한다. 이에 소요하면서 애오라지 즐거워하노라. 이내 큰 연못에서 용울음 소리를 내고 산에서는 호랑이의 포효를 한다. 우러러 주살을 날려 새를 쏘고, 머리 숙여 긴 강에서 낚시한다. 화살을 맞아 죽고, 미끼를 탐내 낚시바늘을 삼킨다.

구름 사이에서 날고 있는 새를 떨어뜨리고, 깊은 물에 잠겨 있는 상어를 들어 올린다. 이때 해가 지고, 이어서 달이 떴다. 마음껏 즐기면서 노닐고 있노라니 저녁이 되어도 피로한 줄 모르겠다.

지나친 즐거움을 경계한 노자의 가르침[44]을 생각하고 초가집으로 말을 돌린다. 오묘한 손가락으로 오현금을 타며, 주공과 공자의 책을 읊조린다. 붓을 휘둘러 글을 크게 써서 삼황의 법도를 진술한다.

참으로 사물 밖에 마음을 놓아버리니, 어찌 영욕이 가는 바를 알겠는가?[45]

遊都邑以永久, 無明略以佐時. 徒臨川以羨魚, 俟河淸乎未期. 感蔡子之慷慨, 從唐生以決疑. 諒天道之微昧, 追漁父以同嬉. 超埃塵以遐逝, 與世事乎長辭. 於是仲春令月, 時和氣淸. 原隰鬱茂, 百草滋榮. 王雎鼓翼, 倉庚哀鳴. 交頸頡頏, 關關嚶嚶. 於焉逍遙, 聊以娛情. 爾乃龍吟方澤, 虎嘯山丘. 仰飛纖繳, 俯釣長流. 觸矢而斃, 貪餌呑鉤. 落雲間之逸禽, 懸淵沉之魦鰡. 于時曜靈俄景, 係以望舒. 極般遊之至樂, 雖日夕而忘劬. 感老氏之遺誡, 將迴駕乎蓬廬. 彈五絃之妙指, 詠周孔之圖書. 揮翰墨以奮藻, 陳三皇之軌模. 苟縱心於物外, 安知榮辱之所如.

---

43) 영월: 상서롭고 좋은 달이라는 뜻. 음력 2월, 즉 중춘을 달리 이르는 말이기도 하다.

44) 노자의 『도덕경道德經』 제11장에 “사냥하며 내달리면 사람의 마음을 발광하게 만든다.(馳騁田獵, 令人心發狂)”가 있다.

45) 소여(所如)의 여는 ‘가다’의 뜻이다. 즉 영예로움이나 욕됨이 향후 어떻게 전개될지에 대해 관심을 두지 않는다.

네 개 단락으로 이루어진 「귀전부」 처음은 농촌으로 돌아가게 된 사연을 싣고, 2·3단락은 자연과 함께하는 귀전의 즐거운 일을 쓰며, 4단락은 저녁에 귀가하여 음악을 연주하고 책을 읽고 붓글씨를 쓰면서 세속을 초월해 영예로움과 욕됨이란 이분법적 분별심을 버린 모습을 서술한다. 이런 식의 얼개는 「귀거래사」를 비롯해서 중국과 한국의 귀전을 주제로 한 제 작품에 가장 흔하게 보이는 형태이다.

한편 이형의 「앵무부」는 앵무새가 주인공이자 화자로 나온다.

> 곤경에 빠져서 천명에 맡기니, 함께하는 무리와 헤어졌네. 새장에 갇히고 날개를 잘렸네. 만 리 먼 곳으로 떠나오니 험한 산들 겹겹이 쌓여 있네. 민산[46]과 장산[47]을 넘으면서 추위와 더위가 바뀌지는 긴 시간이 지났네. 여자가 시집가서 남자에게 맞추어 살고, 신하가 벼슬을 하며 임금을 모시지. 저 현명한 사람도 환난을 만나서 오랫동안 타향에 억류되었는데, 하물며 미물인 새가 어찌 순종함으로써 편안하게 한곳에 머물지 못하겠는가!
> 서역 길 생각하며 오랫동안 그리워하고 고향을 바라보며 오랫동안 서 있네. 비린내 나는 누추한 이 몸 어찌 음식용 솥에 들어가겠는가. 아! 박명한 나의 삶, 어찌 이리 험한 때를 만났는가. 말을 잘못해서 난을 만났는가! 아니면 행위를 잘못해서 위험에 이르렀는가! 모자의 영원한 헤어짐을 아파하고, 부부의 생이별을 슬퍼하네. 내 여생을 아까워함이 아니라, 아무것도 모르는 어린 내 아이들이 불쌍하네.
> 오랑캐 나라를 등지고, 빛나는 거동의 군자를 모시게 되었네. 명실이 서로 부합하지 않을까 두려워하고, 재능이 뛰어나지 않음을 부끄러워하네. 장안의 비옥한 땅을 부러워하면서, 살기에 적합한 곳은 서로 다름을 알겠네. 고향 정이 면면히 이어져, 말할 때면 항상 고향을 이야기하지. 황제(黃帝)의 아들 소호(少昊)가 때를 관장하고 가을의 신 욕수(蓐收)가 고삐를 점검하네. 그리하여 차디

46) 민산(岷山): 사천성에 있는 산 이름.

47) 장산(障山): 감숙성에 있는 산 이름.

찬 서리가 처음 내리자 찬 바람 불어오기 시작하네. 길게 읊조리며 먼 곳을 사모하고 슬피 울면서 내 동족들을 그리워하네.
소리는 처참하게 허공을 때리며 드날리고 용모는 참담하고 초췌하네. 듣는 자 슬프고 보는 자 눈물을 떨어뜨리네. 쫓겨난 신하는 거듭 한탄하고 버려진 여인은 한숨을 내쉬네. 한평생 살았던 곳을 생각하니 (친구와 형제끼리는) 마치 나팔과 피리가 서로 필요함과 같네.[48] 어찌 지금은 두 곳이 떨어져 마치 호나라와 월나라처럼 서로 다른가. 새장 안에서 순종하면서 살고, 창문을 살피며 주저하네. 곤륜산의 높은 산을 생각하고 울창한 등림을 그리워하네.[49]
하지만 날개 여섯 개가 못쓰게 되었으니 비록 떨치고 날아가다 한들 어디로 가겠는가. 마음은 돌아가고프나 그럴 수 없어, 헛되이 외딴곳에서 원망하고 한스러워하노라. 그런데 만약 지금 하는 일에 마음을 다한다면 감히 은혜를 저버리고 초심을 잊겠는가. 가볍고 비루한 작은 목숨과 천박한 몸을 맡긴다. 목숨을 다해 덕을 갚은 것을 기약하고 기꺼이 힘을 다해 글을 쓰겠노라. 이전에 융성한 은혜를 입었는데 오래도록 변하지 않기를 희망한다.

爾乃歸窮委命, 離群喪侶. 閉以雕籠, 剪其翅羽. 流飄萬里, 崎嶇重阻. 踰岷越障, 載罹寒暑. 女辭家而適人, 臣出身而事主. 彼賢哲之逢患, 猶棲遲以羈旅. 矧禽鳥之微物, 能馴擾以安處! 眷西路而長懷, 望故鄉而延. 忖陋體之腥臊, 亦何勞於鼎俎. 嗟! 祿命之衰薄, 奚遭時之險巇! 豈言語以階亂! 將不密以致危! 痛母子之永隔, 哀伉儷之生離. 匪餘年之足惜, 憫衆雛之無知. 背蠻夷之下國, 侍君子之光儀. 懼名實之不副, 恥才能之無奇. 羨西都之沃壤, 識苦樂之異宜. 懷代越之悠思, 故每言而稱斯. 若乃少昊司辰, 蓐收整轡. 嚴霜初降, 涼風蕭瑟. 長吟遠慕, 哀鳴感類. 音聲淒以激揚, 容貌慘以憔悴. 聞之者悲傷, 見之者隕淚. 放臣爲之屢歎, 棄妻爲之歔欷. 感平生之遊處, 若塤篪之相須.

48) 훈지상수(塤篪相須) : 형제가 화목하게 함께 하는 것을 비유한다.
49) 곤륜산과 등림은 각각 신화에 나오는 산과 숲을 이루는데 여기서는 앵무새가 새장을 벗어나 산과 숲에서 살고 싶은 마음을 표현한 것이다.

何今日之兩絶, 若胡越之異區. 順籠檻以俯仰, 窺戶牖以踟躕. 想昆山之高嶽, 思鄧林之扶疏. 顧六翮之殘毁, 雖奮迅其焉如. 心懷歸而弗果, 徒怨毒於一隅. 苟竭心於所事, 敢背惠而忘初. 託輕鄙之微命, 委陋賤之薄軀. 期守死以報德, 甘盡辭以效愚. 恃隆恩於旣往, 庶彌久而不渝.

먼저 작가인 이형에 대해 간단히 소개한다.『삼국지』에 나오는 유명한 이야기 중 하나인데 이형은 성격이 강하고 오만하여 권력자를 업신여기기를 좋아했다. 한번은 조조의 부름을 거절했다가, 그 분노를 샀다. 그러나 신중한 조조는 명사(名士)를 죽였다는 오명을 쓰지 않기 위해 그를 바로 죽이지 않고 형주(荊州)의 유표(劉表)에게 보내고, 유표는 다시 강하(江夏)의 태수인 황조(黃祖)에게 보내니 황조가 이형을 죽인다.「앵무부」에는 이 이형의 고독과 기구한 운명이 잘 반영되어 있다.

「앵무부」에는 제일 먼저 작가가 작품을 지은 사연을 적은 서문이 있다. 서문을 제외한 본 작품에 있어서는 먼저 서역에 사는 앵무새의 내면적인 덕과 외면적인 아름다움을 서술하며, 그다음은 그런 훌륭한 새를 탐낸 임금이 우인(虞人, 산·연못·동산 등을 관리하는 관직명)에게 명하여 잡아오게 하는 과정이다. 위 인용문은 그 뒤를 이어 잡혀온 앵무새의 비참한 심정을 노래한 것이다. 서술 가운데는 신화에 나오는 곤륜산과 등림에 가서 평화스럽게 살고 싶은 바람이 나오고, 그와는 반대로 현실의 모진 환경 속에서도 새로운 환경에 적응하려고 애쓰는 모습도 있다. 앵무새를 빌어 이형 자신을 묘사하고 있다. 비유와 은유로 이루어진 이 작품은 전적으로 새를 주제로 있다는 점에서 영물부의 하나로 취급되기도 한다.

이상 소개한 몇 개 작품은 한 말을 대표하는 것들이다. 이외에도 한 말에는 많은 문인들이 서정부를 지었는데 그 서정의 종류를 종합적으로 분류해 보자면 (1) 궁중 여인의 애환을 그린 '궁원규정(宮怨閨情)', (2) 사람의 사망을 애도하는 '애조도망(哀弔悼亡)', (3) 불우함에 대한 불평과 감개를 서술한 '인생실의(人生失意)', (4) 사회의 부조리와 타락을 비판하는 '평격시속(抨擊時俗)', (5) 이상세계를 그리는 '이상경계(理想境界)', (6) 사물에 감정을 의탁하는 '영물기회(詠物寄懷)', (7) 타향살이나 부역의 외로움을 주제로 한 '원정기행(遠征紀行)' 등이다.[50] 한나라 서정부의 서정성은 다음 시대인 육조에 이르면 변려문에 의해 다른 형태의 문학으로 드러나게 된다.

부는 한나라를 대표하는 문학이다. 그렇지만 이후에도 부는 계속 생명을 이어가면서 다양하게 발전되었다. 아래에 한대부터 당대까지 출현한 부의 종류와 형식을 간단하게 소개함으로써 그 전체적인 유형을 파악하는 데 도움이 되고자 한다.

1) 한 부: 글자 수에 있어서 일반적으로 4언과 6언 위주이되, 그 외 3언·5언·7언이나 혹은 더 긴 장구(長句)도 있으며, 문장 중에 산문체가 혼용되기도 한다. 또한 연결어를 많이 사용하는 것도 한 부의 산문적 특징이다. 故(그러므로)·是故(이런 까닭에, 그러므로)·是以(이 때문에, 그래서)·雖(비록) 등이 자주 나오는 연결어이다. 한 부 전의 시와 초사에서는 글 의미의 내재적 연계를 중시했기 때문에 이러한 상하 구를 서로 연결시키는 연결사는 매우 적었다. 한편 한 부 작품은 글자 사용에 있어서 일반인은 이해하기 어려운 벽자(僻字, 흔히 쓰지 않는 까다로운 글자)가 자주 나오는데, 이러한 난독성은 제한된 글자 수를 가지고 다양하고 복잡한 사물들을 일일이 정밀하고 예리하게 묘사해야 하는 데서 기인했다. 수사에 있어서는 비슷한 구들을 늘어놓는 배비(排比)를 다용하고, 두 구가 대가 되는 쌍구대우(雙句對偶)는 매우 적다(우리가 흔히 말하는 대구(對句) 내지 대우(對偶)가 바로 쌍구대우를 지칭한다).

2) 육조시대의 부: 육조시대에는 본서에서 상론할 '변려문'이라는 양식이 발달해서 부도 그 영향을 많이 받았다. 변려문은 한 구가 주로 4자 아니면 6자로 되고, 대구가 많다. 그래서 육조시대에는 이런 변려체를 많이 닮은 배부(俳賦, 변부(騈賦)라고도 함)가 출현하게 된다. 또한 한 부는 전고(典故, 역사나 고전에 나오는 고사를 인용하는 것) 사용이 매우 적지만 배부는 시처럼 전고를 많이 사용한다. 부에서는 오언시나 칠언시가 산문과 뒤섞이기도 하는데, 육조 후기에는 이러한 '부의 시가화'가 두드러지며, 당대 초기에 이르면 더욱 성행하게 되었다. 이외 육조 부는 같은 글자

---

50) 서정부의 분류는 胡大雷,『中古詩人抒情方式的演進』, 北京, 2003을 참고.

를 사용해서 대구를 만드는 것도 힘써 피하려고 했다. 즉 서로 다른 글자를 가지고 짝을 짓기 때문에 작문에 매우 큰 공력을 들여야 했다(반면에 한 부는 왕왕 구와 구 사이에 같은 글자를 사용한다).

3) 당대의 부: 당대에는 부에 율시(律詩: 10구 이상인 긴 시)의 형식을 반영한 율부(律賦)가 출현했다. 율부가 한때 유행하더니 급기야 과거시험에서 율부를 짓게까지 되었다. 율부는 시를 짓는 것처럼 음률에 많은 공력을 들여야 했다. 즉 반드시 평측과 압운을 해야 했기 때문에 짓기가 여간 까다롭지 않았다. 평측과 압운을 어떻게 하는지는 다음 위진남북조 편에서 '성률론'을 다룰 때 설명하겠다.

제2절 산문

1. 정론문

고대 중국의 산문 변화에 있어서 전국시대 말에서 진나라에 이르는 시기에는 특히 임금에게 올리는 상소문이 발달하게 되었다. 대표적으로 이사(李斯, B.C. 284?-B.C. 208?)의 「간축객서諫逐客書」가 있다. 이사가 진나라의 재상으로 있을 당시 B.C. 237년, 진나라의 치수(治水) 사업을 책임지고 있던 정국(鄭國)이 한(韓)나라에서 파견한 첩자임이 밝혀졌다. 이에 대로한 진시황제는 종실과 대신의 의견을 받아들여 진에 재직하고 있는 모든 외국 국적의 관리들을 추방하도록 명을 내렸다. 이사도 초나라 사람으로서 추방되는 입장에 처하게 되자, 「간축객서」를 써서 진시황제에게 올렸다. 이 작품은 외국 사람을 등용해서 성공한 나라들의 사례를 들면서 비록 외국인일지라도 재주가 있으면 정무에 써야 하며, 만약 외국인이라고 해서 인재를 경시한다면 그것은 세상을 다스리는 방법이 아님을 논리적으로 설파하고 있다. 진시황제는 이 글을 읽고 객경(客卿, 외국인으로서 벼슬하는 사람)을 쫓아내지 않고 진나라에 머물도록 했다.

한대로 들어와서는 산문이 크게 두 종류로 발전한다. 하나는 정론문(政論文)이다. 정론문은 정치에 관련된 것으로, 국가·사회·경제에 관한 것들을 포괄한다. 중요한 사안이나 사건에 대해 평론·의견·분석·대책 등을 적는다. 정론문 중에는 상소문이 많다. 일반적으로 정론문의 목적은 임금이 읽어서 정책에 반영되도록 하는 것이었다. 한대 산문의 다른 하나는 역사책이다. 역사책의 산문을 사전문(史傳文)이라 부른다. 그 외 정론문과 역사서에는 들지 않지만 문학 이론과 비평에 있어서도 매우 중요한 책들이 출현했다.

먼저 정론문을 본다. 한나라 때 가의(賈誼, B.C. 200-B.C. 168)의 「진정사소陳政事疏」·「논적저소論積貯疏」·「치안책治安策」·「과진론過秦論」, 조착(晁錯, B.C.200?-154)의 「언병사소言兵事疏」·「논귀속소論貴粟疏」, 환관(桓寬, B.C. 1세기)의 「염철론鹽鐵

論」, 왕부(王符, 85?-163?)의 「잠부론潛夫論」, 중장통(仲長統, 179-220)의 「창언昌言」 등등이 정론문으로서 뛰어나다. 이중 「과진론」은 진나라 멸망의 원인을 분석하여 지금의 거울로 삼으려는 뜻을 적은 글인데, 날카로운 필치와 정연한 논리가 있다.

> 이에 선왕들의 도를 폐기하고 제자백가의 서적을 불태워 백성들을 어리석게 하였다. 유명한 성곽을 허물고 호걸과 준재들을 죽이고 천하의 무기를 거두어 함양에 모아 놓고 칼날과 화살촉을 녹여 열두 개의 금인(金人)[51]을 주조하여 천하의 백성들을 약하게 만들었다. (……) 한 사나이가 난을 일으키자 일곱 개의 종묘가 무너지고 황제의 몸은 남의 손에 죽어 천하의 웃음거리가 되었던 것은 무엇 때문인가? 인의를 시행하지 아니하여 공격하고 수비하는 형세가 달라졌기 때문이었다.
>
> 於是廢先王之道, 燔百家之言, 以愚黔首；隳名城, 殺豪俊, 收天下之兵, 聚之咸陽, 銷鋒鑄鐻, 以爲金人十二, 以弱天下之民. (.....) 一夫作難, 而七廟隳, 身死人手, 爲天下笑者, 何也? 仁義不施, 而攻守之勢異也.

진나라가 상앙(商鞅) 때부터 각고의 노력을 기울여 부국강병에 성공하고 마침내 그것이 진시황제에 이르러 결실을 맺었으나, 진시황제와 그 아들 2세 황제(즉 호해胡亥)는 폭정을 일삼고 인의를 시행하지 않았기 때문에 결국 도탄에 빠진 백성들 중에 한 사나이(즉 진섭陳涉)가 농민반란을 일으키자 허무하게 무너진다. 이 과정을 「과진론」은 순차적으로 질서 있게 서술하고 있다. 다음, 조착의 「논귀속소」는 곡식을 귀하게 여겨야 한다는 상소문이다.

> 훌륭한 임금이 계실 때는 백성이 추위에 떨거나 굶주리지 않습니다. 이것은 임금께서 손수 농사를 지어 백성을 먹여주고 옷감을 짜서 그들을 입혀주어서

51) 진시황제는 민간에 있는 병기를 없앨 요량으로 온 나라의 무기들을 모아 녹여서 사람 모양을 만들어 가지고 궁중에 두었다. 금인의 금은 '쇠'라는 뜻이다.

가 아니라 백성에게 재물을 생산하는 길을 열어주었기 때문이었습니다. 요임금과 우임금 때 9년간의 홍수가 있었고 탕임금 때 7년간의 가뭄이 있었습니다. 그러나 나라에 버려지거나 야윈 사람이 없었던 것은 많은 식량을 축적하고 대비를 먼저 갖추었기 때문이었습니다. 그런데 지금 천하가 통일되고 백성과 토지의 많음이 탕임금과 우임금 때보다 많으며 천재나 수년간의 수해와 가뭄도 없었는데 축적해 놓은 식량이 그때만 못한 것은 무슨 까닭입니까? 이것은 땅에 있는 자원을 충분히 개발하지 않고 백성의 힘을 충분히 이용하지 않으며 곡식을 생산할 수 있는 땅이 아직 개간되지 않고 산천의 자원을 모두 다 사용하지 못하며 놀고먹는 유민들이 농촌으로 돌아가지 않기 때문입니다. 백성이 가난하면 간사한 마음이 생깁니다. 가난은 부족한 데서 나오고 부족함은 농사를 짓지 않는 데서 생기며 농사를 짓지 않는 것은 한곳에 머물러 지내지 않는 데서 생깁니다. 한곳에 머물지 않게 되면 고향을 떠나고 가정을 경시하게 되니 백성이 마치 새와 짐승처럼 되고 맙니다. 비록 높은 성과 깊은 못을 만들고 엄한 법과 중형으로 다스려도 그들을 막을 수 없습니다.

聖王在上而民不凍飢者, 非能耕而食之, 織而衣之也, 爲開其資財之道也. 故堯禹有九年之水, 湯有七年之旱, 而國亡捐瘠者, 以畜積多而備先具也. 今海內爲一, 土地人民之衆不避湯禹, 加以亡天災數年之水旱, 而畜積未及者, 何也? 地有遺利, 民有餘力, 生穀之土未盡墾, 山澤之利未盡出也, 游食之民未盡歸農也. 民貧, 則姦邪生. 貧生於不足, 不足生於不農, 不農則不地著, 不地著則離鄕輕家, 民如鳥獸, 雖有高城深池, 嚴法重刑, 猶不能禁也.

「논귀속소」는 한 문제에게 올리는 상소문으로 양식의 중요성을 논술하고 있다. 농업의 안정이 바로 사회의 안정과 직결되고 있음을 밝힌다. 이 글은 『한서』의 「식화지食貨志」 편에 나오는데 식화는 축자적으로는 음식과 재화의 뜻이며, 합쳐서 재정경제를 가리킨다. 식화의 개념은 사기『史記』의 「평준서平準書」 편으로부터 비롯되었다. 그런 의미에서 이 작품은 식화류에 해당한다고 할 수 있다.

「염철론」은 한나라 부 작품에 많이 보이는 대화체를 개량하여 소제(昭帝) 때(B.C. 81년) 조정에서 소집한 염철회의(鹽鐵會議)에 있어서의 대변론을 생생하게 묘사하고 있다. 소제 앞의 황제인 무제는 상인 출신으로서 경제 관료가 된 상홍양(桑弘羊, B.C.152-B.C.80)이 입안한, 철·소금·술을 국가에서 독점하는 전매 정책을 펼쳤는데 이 정책을 계속할 것인지가 논쟁의 주제였다.[52]

> 시원 6년(B.C. 81) 임금이 조서를 내려 승상과 어사가 현량·문학과 토론을 하여서 백성들의 질고가 어떤 것인지 묻게 했다.
> 문학이 대하여 말했다. 듣건대 사람을 다스리는 도, 음난함과 방일함을 막는 근원, 도덕을 넓히는 단서 등은 하찮은 이익을 억제하고 인의를 펼치는 것이니 이익을 보게 하지 않은 연후에 교화가 흥성할 수 있고 풍속이 좋게 바뀔 수 있다. 지금 나라에는 소금·철·주정·균수 등의 법이 있어서 백성과 이익을 다툰다. 돈후한 질박함이 흩어지게 하고 탐하고 비루함을 이루게 한다. 그래서 백성은 근본(本)에 나아가는 자 적고 지엽적인 것(末)으로 나아가는 자 많은 것이다. 무릇 꾸밈이 많으면 본바탕이 쇠하고 지엽적인 것이 성하면 바탕이 훼손된다. 지엽적인 것에 힘쓰면 백성들이 음란해지고 근본에 힘쓰면 백성들이 절제를 한다. 백성들이 절제를 하면 재산이 쓰기에 충분하고 백성들이 사치하면 주림과 추움이 생기게 된다. 소금·철·주정·균수를 폐하는 것은 근본에 나아가고 지엽적인 것을 물리치며 널리 농업을 이롭게 하는 데 편리하다.
> 대부가 말했다. 흉노가 배반하고 신하가 되지 않으며, 수차례 변방을 어지럽히니 그것에 대비한즉 중국의 군인들을 수고롭게 하고, 대비하지 않은즉 침범하는 도적들이 그치지 않는다. 선제께서 변방 백성들의 오랜 환난을 슬퍼하고 오랑캐의 포로가 되는 것을 고통스럽게 여기셔서 방책을 쌓았다. 봉화를 정비

---

52) 「염철론」은 중국 전한 소제 시원(始元) 6년(B.C. 81)에 조정에서 개최된 회의의 토론 내용을, 이후 선제(宣帝)의 치세인 B.C. 50년 무렵에 환관이 글로 재현하여 구성한 책이다. 모두 10권이다. 상홍양의 의도는 대상인을 압박해 빈부격차를 줄이고, 무제 때 흉노와의 전쟁으로 부족해진 국가재정을 충당하기 위한 것이었다.

하고 군대를 주둔시켜 대비했다. 변방에서는 쓸 것이 부족하기 때문에 소금과 철을 만들고 주류 전매제도를 시행하며 균수법을 만듦으로써 재화를 늘리고 변방의 비용을 돕게 했다. 지금 의론하는 사람들은 그것들을 파하고자 하는데 그렇게 되면 안으로 창고가 비고 밖으로는 대비하는 데 드는 비용이 없어져서 변방을 막고 성을 지키는 군인들이 주리고 춥게 될 것이니 무엇으로 그들을 도울 것인가? 파하는 것은 가하지 않다.

문학이 말했다. 공자께서 말하길 나라와 가문을 둔 자는 가난을 근심하지 않고 공평하지 않음을 근심하며 부족함을 근심하지 않고 편안하지 않음을 근심한다고 했다. 그러므로 천자는 많고 적음을 말하지 않고 제후는 이익과 손해를 말하지 않으며 대부는 얻고 잃음을 말하지 않는 것이다. 인의를 쌓아서 백성을 가르치고 덕행을 크게 하여 백성를 사랑한다. 그래서 가까운 자는 가까이 와서 살고 먼 자는 기뻐하며 복종한다. 그래서 제대로 이기는 자는 전쟁하지 않고 제대로 전쟁하는 자는 군대를 사용하지 않으며 제대로 군대를 사용하는 자는 군영을 치지 않는다. 조정에서 정치를 잘하고 적과 담판을 지어서 군대를 돌아오게 한다. 왕노릇하는 자는 인자한 정치를 실천하여서 천하에 적이 없으니 어찌 비용이 들 데가 있겠는가?

흉노는 흉악하고 교활하며 마음대로 변방에 들어와 중국을 유린하고 군·현·북방의 도위를 죽이고 정벌하니 심히 패역무도하므로 마땅히 죽여야 한지 오래되었다. 폐하께서 큰 은혜를 내려서 평민들이 풍족하지 않음을 애석해하고 차마 광야에서 사대부가 해침을 당하는 것을 보지 못하셨다. 설령 튼튼한 갑옷을 입고 예리한 무기를 들지 못한다 할지라도 북쪽으로 흉노의 땅을 회복하고자 하는 뜻이 있어야 하거늘 소금·철·균수 제도를 파하여 변방을 흔들고 국방의 책략을 훼손시키며 변방을 걱정하는 마음이 없으니 그러한 의론은 틀린 것이다.

惟始元六年, 有詔書使丞相, 御史與所擧賢良, 文學語, 問民間所疾苦.

文學對曰 :「竊聞治人之道, 防淫佚之原, 廣道德之端, 抑末利而開仁義, 毋示以利, 然後教化可興, 而風俗可移也. 今郡國有鹽鐵酒榷, 均輸, 與民爭利. 散敦厚之樸, 成貪鄙之化. 是以百姓就本者寡, 趨末者衆. 夫文繁則質衰, 末盛則質虧.末修則民淫, 本修則民慤. 民慤則財用足, 民侈則饑寒生.願罷鹽鐵酒榷均輸, 所以進本退末, 廣利農業, 便也.」

大夫曰 :「匈奴背叛不臣, 數爲寇暴於邊鄙, 備之則勞中國之士, 不備則侵盜不止.先帝哀邊人之久患, 苦爲虜所系獲也, 故修障塞. 飭烽燧, 屯戍以備之.邊用度不足, 故興鹽鐵, 設酒榷, 置均輸, 蕃貨長財, 以佐助邊費. 今議者欲罷之, 內空府庫之藏, 外乏執備之用, 使備塞乘城之士饑寒於邊, 將何以贍之? 罷之, 不便也.」

文學曰 :「孔子曰 :『有國有家者, 不患貧而患不均, 不患寡而患不安.』故天子不言多少, 諸侯不言利害, 大夫不言得喪.畜仁義以風之, 廣德行以懷之. 是以近者親附而遠者悅服. 故善克者不戰, 善戰者不師, 善師者不陣. 修之於廟堂, 而折沖還師.王者行仁政, 無敵於天下, 惡用費哉.」

大夫曰 :「匈奴桀黠, 擅恣入塞, 犯厲中國, 殺伐郡縣朔方都尉, 甚悖逆不軌, 宜誅討之日久矣. 陛下垂大惠, 哀元元之未贍, 不忍暴士大夫於原野 ; 縱難被堅執銳, 有北面復匈奴之志, 又欲罷鹽鐵均輸, 擾邊用, 損武略, 無憂邊之心, 於其義未便也.

위 인용문에 나오는 현량과 문학은 한대에 만든 관직 이름으로 현량은 품덕이 단정하고 도덕이 고상한 사람에게 맡겼으며, 문학은 유가 경전에 정통한 사람이 맡겼다. 「염철론」은 주로 유가를 대표하는 문학과 법가 쪽을 대변하는 대부 사이에 오가는 문답으로 구성되었다(중간에 현량과 승상이 나오기도 한다). 이렇게 양자 간에 오고가는 문답 양식은 한 부에서 배워온 것이다.

용어에 있어서, 주각(酒榷)은 주류(酒類) 전매제도(專賣制度)로서 한 무제 때 시행되었으며, 관에서 주류의 생산유통을 독점하여 사적으로는 주정하지 못하도록 했다. 균수(均輸)는 한 무제 때 시행한 세금 징수와 화물의 매매유통을 통일한 정책이다. 결론적으로 염철법은 국가 주도의 경제정책 전반에 관한 내용이다.

그런데 소제 때는 이 제도를 존속시킬지가 논란이 되었다. 유학자들의 주장은 진정 나라의 부강을 위해서는 실물인 농산물 생산을 통해 정부가 아닌 백성들이 스스로의 삶을 꾸릴 수 있어야 한다는 거였다. 그리고 이에 따라 상공업은 백성들이 자기들 '필요'에 따라 만들고 거래하도록 두면 된다고 주장했다. 법가 쪽에서는 이런 제도가 국가 재정의 안정에 기여하고, 안정된 국가 재정을 바탕으로 여러 정책을 시행하여 백성의 생활이 오히려 안정될 수 있다고 하여 존속을 주장하는 입장이었다. 논쟁의 결론은 법가의 승리로 끝났다. 엄청난 논쟁이 벌어진 끝에 염철회의는 술의 전매만 중단되는 것으로 마무리됐던 것이다.

염철제도로 인해 결국 상인은 몰락하고, 또한 유교의 보급에 수반하여 향촌에서 자급자족하는 평온한 농촌경제가 찬미되고 중농주의가 일층 강조되어 갔다. 이런 측면에서 「염철론」은 사회경제사적 측면에서 매우 중요한 텍스트다. 사회경제사란 인간사회는 경제를 기반으로 하여 복잡한 제도·조직·문화 등으로 이루어지며, 경제와 사회가 상호 긴밀한 관련을 가지고 있기 때문에 경제와 사회의 역사를 보기 위해서는 이 두 가지를 종합적으로 볼 필요가 있다는 사고방식이다.

한편 농업의 중시는 중국문학에도 영향을 주어서 한 부와 같은 어용성 문학 외에는, 도시를 배경으로 하는 작품들이 적고 시골이나 자연을 주제로 한 것들이 대세를 이루게 되는 중요한 원인 중 하나가 되었다. 이러한 현상은 도시문학이 발전되었던 서구의 로마 문학과 대조된다.

「염철론」을 통해 기원전 1세기 때 중국 조정의 회의실에서 신하들이 한 주제를 가지고 열띤 논쟁을 벌이는 모습을 상상하면 가슴이 벅찰 정도로 흥분된다. 오늘날의 장차관 급에 해당하는 사람들이 나라의 중요 정책을 두고 갑론을박하는 광경은 시대를 뛰어넘어 흥미롭다. 영상을 보는 것보다 글로 된 텍스트를 읽는 것이 훨씬 더 상상력을 자극한다. 글은 비주얼보다 더 효과적이다. 뇌를 거쳐서 사유하게 만들기 때문이다. 그런 면에서 글은 적극적인 상상력을 키워준다고 할 수 있다. 영상은 과거의 실제를 축소시키거나 왜곡시키기 쉽지만, 글은 반대로 상상과 사유를 통해 실제를 확장시키고 그 내용을 풍부하게 하며 다양화 시킨다. 상상과 사유가 텍스트 내용을 자기화시킨다. 예를 들어 영화로 보는 유관순 열사의 형상보다 글로 읽는 유관순 열사의 형상, 즉 나의 뇌 작용을 통해서 만들어진 형상이 인문학적으로 훨씬 가치가 있다. 배우에 의해 만들어진 유관순 열사의 이미지는 실제 그분의 모습을 축소시키거나 왜곡한다.

2. 『사기』와 『한서』

이상 정론문도 물론 중요하지만, 그보다도 한나라의 산문을 진정 대표하는 것은 역사서의 바이블인 사마천의 『사기』이다. 『사기』는 중국 역사 산문에서 최고 수준을 자랑한다. 『사기』는 신화 인물인 황제(黃帝)부터 한나라 무제까지 3,000년의 역사를 52만 6,500자로 압축했다. 그 체재와 구성은 본기(本紀) 12편, 표(表) 10편, 서(書) 8편, 세가(世家) 30편, 열전(列傳) 70편 등 모두 130편으로 되어 있다. 그리고 열전 마지막 제70편을 「태사공자서太史公自序」라고 이름붙였다. 즉 130편으로 이루어진 『사기』 마지막에 책을 지은 취지에 대해 설명했는데, 『사기』는 공자의 『춘추』 정신을 이으며 춘추필법을 따른다고 했다. 한편 각 편 중에서 중요하다고 생각되는 것에는 그 끝에 '태사공왈(太史公曰)'로 시작하는 비평을 적고 있다. 이렇게 역사에 역사가의 평가와 의견을 적는 것은 후대 사가들의 역사 편찬에 큰 영향을 주었다.

『사기』의 체제 중 먼저 '본기'는 천자의 전기(傳記)를 적은 것으로, 각 왕조의 연대기 역할을 한다. 본기를 읽으면 천자가 다스리는 나라에서 일어났던 국가대사를 시대순으로 알 수 있다. '표'는 인물과 사건을 시대별로 표로 정리한 것이다. '서'는 예·음악·법률·역법·천문 등 사회에 필요한 분야를 기록한 것이다(서는 『사기』 후에 지어진 사서, 즉 반고(班固)의 『(전)한서』부터는 '지(志)'라고 고쳐 불렀다). '세가'는 제후의 전기이며, 이를 통해 제후가 다스리는 열국에서 일어난 일을 알 수 있다. '열전'은 본기·세가에 나오는 인물 외의 사람들의 전기를 기록한 것이다. 이 중 열전은 『사기』에서 처음 등장한 분야인데, 후에 『사기』 내용 중 본기와 열전이 가장 중요하다가 여겨서 『사기』와 같은 역사서의 체재를 기전체(紀傳體)라고 부르게 되었다. 그러나 본기는 예전부터 있었던 양식이기 때문에, 이 책에서 가장 중요하고 특별한 것은 바로 열전이라고 하겠으며 문학에 있어서도 그 기여도가 각별히 크다. 열전은 역사도 되지만 일종의 전기문학에도 속하기 때문이다. 열전은 다시 한 인물을 단위로 그 행적을 서술하는 것과 동류의 인물들을 묶어서 그 행적을 서술하는 것으로 양분된다. 후자의 것에는 이하 9종이 있다.

1) 자객열전(刺客列傳): 자객들에 관한 기록
2) 유림열전(儒林列傳): 유생들에 관한 기록
3) 순리열전(循吏列傳): 법을 잘 지키며 열심히 일하는 관리들에 관한 기록
4) 혹리열전(酷吏列傳): 무자비하고 혹독한 관리들에 관한 기록
5) 영행영열전(佞幸列傳): 임금에게 아첨하여 총애를 입은 신하들에 관한 기록
6) 유협열전(游俠列傳): 협객들에 관한 기록
7) 골계열전(滑稽列傳): 익살꾼들에 관한 기록
8) 일자열전(日者列傳): 고대에 점치는 사람들에 관한 기록, 점을 통해 때와 날을 맞추기 때문에 일자라 한다.
9) 화식열전(貨殖列傳): 이재(理財) 방면에 걸출한 인물들에 관한 기록

이상 9종의 열전 가운데 후대의 사서에서도 그대로 사용되는 것은 유림, 순리, 혹리, 영행 4종이다. 또한『사기』의 열전에는「대완열전大宛列傳」이 있는데, 대완은 실크로드에 있는 중앙아시아 국가로 흔히 대완국이라 부른다.「대완열전」은 중국 최초의 외국의 지리와 역사에 관한 글로서 대완국과 그 주변의 국가들까지 언급하고 있다. 대완국 외에,「흉노전」과「조선열전」이 있어서 흉노와 우리나라 역사 연구에 귀중한 자료를 제공한다.

『사기』 열전에 나오는 인물은 왕공, 충신, 관리, 간신, 외척, 사상가, 자객, 협객, 상인, 익살꾼, 점치는 사람 등 온갖 부류의 사람들이 망라되어 있다. 또한『사기』이후 그 기전체 양식을 본떠 사서를 쓰는 전통이 수립되었다. 한나라부터 명나라까지 24왕조에 대한 역사서가 만들어지게 되었으니, 그것들을 총칭하여 '이십사사

(二十四史)'라 부른다.

『사기』는 '역사철학서'의 성격도 갖고 있다. 역사를 넘어 인간과 세계의 존재론적 의미를 밝히고자 했기 때문이다. 그것은 사마천이『사기』를 쓴 목적에 잘 나타나 있다. "하늘과 사람의 관계를 궁구하고 고금의 변화에 통하여 일가의 말을 이룬다.(究天人之際, 通古今之變, 成一家之言.)" 이 말은『사기』 내에서 서론에 해당하는 「태사공자서太史公自序」에 나오는데, 운명적인 것과 사람의 행위가 상호 작용하면서 전개되는 인간의 삶을 궁구하고 고금 시대변화의 원리를 밝혀내어 스스로 하나의 학설을 이루어내겠다는 뜻이다.

『사기』는 또한 훌륭한 문학서이기도 하다. 보기로 「자객열전刺客列傳」 중에 나오는 형가(荊軻) 이야기는 형가가 연(燕)나라 태자 단(丹)의 지시 아래 진시황제를 암살하려다가 실패해서 죽임을 당한다는 것인데 읽고 있자면 마치 한 편의 무협소설을 대하는 듯 흥미진진하다. 본기 편의 「항우본기項羽本紀」에 보이는, 항우가 동성(東城)이란 곳에서 생애 마지막 전투를 치르는데, 유방의 병사들과 단기필마로 싸우는 그 장면 묘사는 가히 일품이다. 동서양 어느 문학 작품의 전투 묘사에서도 이처럼 장쾌무비하며 동시에 처절하고 처연한 싸움은 찾아보기가 쉽지 않다.[53] 마치 잘 써진 무협소설을 읽고 읽는 착각이 드는데, 그래서 후대의 소설『삼국지연의』의 글쓰기가『사기』의 영향을 크게 받았다고 하는 것이다.

흔히『사기』 문체의 특징을 기(奇), 대(大), 원(遠), 소(疏)라고 한다. 기는 변화무쌍하다는 것이다. 대는 문세(文勢)가 크고 호방하다는 것이며, 원은 여운이 남는다는 것이고, 소는 소통의 의미로 글에 생기가 있다는 것이다. 특히 열전 부분이 그러하다.

일반적으로 역사서의 서술은 사실 그대로 만을 보여주지 않는 경우가 많다. 책에서는 스토리를 정황에 맞도록 전개시켜야 하는데, 역사로 전해지는 내용은 픽션과 달라서 전체 맥락을 완벽하게 보여주기 어렵다. 만약 팩트 그대로만 적으면 문장이 무미건조하고 어색하게 느껴질 터이다. 그래서 역사가는 독자에게 공감이 가는 서술을 만들기 위해 부분적으로 창작을 한다. 팩트를 해치지 않는 범위 내에서

53)『사기』, 위 책, 권1, 334쪽을 볼 것,

사건 전개를 드라마틱하게 꾸밀 수 있다. 이러한 '꾸밈'은 서양 역사가들에게서도 마찬가지로 발견되는데, 사마천은 이 방면에 대단히 뛰어나다. 문학가 못지않은 상상을 발휘함으로써 소설처럼 완벽한 문맥을 갖춘 역사 서술을 만들어 냈기 때문이다.

『사기』의 뛰어난 서사기법은 후대 중국소설 발전에 큰 영향을 주었다. 중국의 많은 문학비평가들은 『사기』와 『삼국지연의』·『수호전』·『금병매』와 같은 작품들을 비교 검토한 결과 중국 고전소설이 『사기』의 영향을 크게 받았음을 발견하였다. 그래서 『사기』는 역사뿐 아니라 중국문학에서도 우뚝 솟은 거봉이다. 결론적으로 『사기』는 역사책이면서 동시에 문학서 자체이고 또한 철학적 요소도 풍부하다. 문사철(文史哲)의 인문학이 융합되어 있다.

사마천의 『사기』 다음 위대한 역사 산문은 반고의 『한서』이다. 사마천은 서한의 역사가이고, 반고(班固, 32-92)는 동한의 역사가이다. 반고는 그의 아버지 반표(班彪)가 쓰다가 완성치 못한 유업을 이어 『한서』를 저술하였는데, 후에 누이동생 반소(班昭)와 마속(馬續)이 이를 더 보충 정리하였다 한다. 『한서』는 사마천의 기전체 양식을 따르되 세가 편을 없애고, 서(書)는 지(志)로 바꾸었다. 특히 지 중에서도 「예문지藝文志」는 책들을 십가(十家: 유가, 도가, 음양가, 법가, 명가, 묵가, 종횡가, 잡가, 농가, 소설가)로 분류했는데, 지금 전해지지 않는 책들도 이 「예문지」를 통해 제목을 알 수 있기 때문에 고대학술사의 연구자료로서 매우 중요하다.

글을 서술하는 문체도 사마천과 매우 달랐다. 사마천의 글이 문학적이어서 감성적이고 어떤 사건의 서술에 자신의 생각과 평가가 깃들인 주관적인 기록이 되기 일쑤인 반면, 반고는 기록이 매우 객관적이고 짜임새가 있으며, 깊이 있고 중후하다. 표현이 모두 정련되었고, 사건이 매우 정확하고 빈틈없다. 이런 점들을 종합해 볼 때 『사기』는 문학과 역사관 면에서 뛰어나고, 『한서』는 역사에 대한 객관적 서술 면에서 뛰어나다고 할 수 있다.

제3절 악부시

1. 악부와 악부민가

악부는 원래 고대 중국의 정부 부서였이며, 진나라에서 처음 설치하였다. 악부는 음악을 관장했다. 진나라 때는 소부(小府)[54] 관할의 기구, 즉 하부 조직이었으나, 서한 무제 때 정식으로 독립된 기관으로 성립되었다. 악부의 기원이 어느 왕조 때 시작되었는가에 대해서 논쟁이 있었으나, 1976년 진시황릉(秦始皇陵)의 식관(食官)[55] 건축 유적에서 발견된 일련의 진나라 악기들은 진의 악무(樂舞) 실상을 충분히 짐작하게 하는 확실한 유물들이었으며, 특히 '악부' 두 글자의 명문이 뚜렷하게 새겨져 주조된 소위 악부편종(樂府編鐘, 그림 2)의 출토는 진나라의 악부 설치를 둘러싼 오랜 논쟁에 음악을 관리하고 활용했음을 증명하는 것이었다. 게다가 당시 진나라 행정 문서를 봉인(封印)할 때 사용한 봉니(封泥)[56]에서 악부(樂府), 악부승인(樂府丞印), 악부종관(樂府鐘官) 등의 인장이 발견되면서 진나라의 악부 설치는 더 이상의 이론이 제기될 수 없게 되었다. 진나라 봉니에는 그 밖에도 좌악승인(左樂丞印), 외악(外樂), 옹좌악종(雝左樂鍾) 등의 인장이 발견되어 진나라의 구체적인 악관(樂官)의 명칭을 확인시켜 주었다. 법가 사상을 통치 이념으로 삼았던 나라에서 음악을 중요시한 데 대해 이상하다고 생각할 수 있으나, 음악의 사회적 통합성과 동화의 작용을 인지한다면 진의 음악 중시는 하등 이상할 것이 없다.

〈그림 2〉 악부편종(樂府編鐘)

54) 소부: 전국시대 한(韓) 나라가 처음 설치한 관청으로, 황실의 재산과 생활에 관한 업무를 맡았다. 진(秦)과 한(漢)이 이를 이어 설치하였다.

55) 식관: 음식을 관장하는 관청.

56) 고대 중국에서 간책(簡冊) 등으로 된 문서 같은 것을 끈으로 묶고 봉할 때에 사용하던 아교질의 진흙 덩어리. 지금의 봉랍(封蠟) 같은 것.

진나라는 음악을 통해 일사불란한 통일성을 이루었다.[57]

한나라는 진의 제도를 계승했으며, 특히 악부를 세운 것은 한나라가 제국 통치에 예악을 보다 정교하게 활용했음을 의미한다. 즉 한 고조 이래 역대 한 나라의 황제들은 국가의 대소 의식에 음악을 중요한 수단으로 활용했으며, 특히 음악을 전담하는 악부를 설치하여 망실된 고대의 음악을 회복하고 새로운 음악을 제정하여 보급했던 것이다. 무제 시기에 건립된 악부는 선진시대부터 진한 교체기의 동란기를 통해 일실되고 변질된 고대 중국의 시악을 정리, 복원하고 전통적인 서주의 아악뿐만 아니라 전국시대 이후 새롭게 출현한 신악(新樂)이나 속악(俗樂) 등을 융합하고 발전시켰으며, 무엇보다 국가의 예제(禮制)에 음악을 체계적으로 운용했다는 점에서 고대 중국의 음악사에 중요한 전환점이었다.[58] 그래서 춘추전국시대부터 본격적으로 생겨나기 시작한 악기들도 한나라 때 그 체제가 완성되었다.

중국문학의 시에 있어서 한 장르를 이루며, 오언시 탄생·발전의 요람인 악부시(樂府詩)는 이러한 음악 양상을 통해야만 제대로 이해될 수 있다. 악부 관청은 민간가요, 내지는 문인의 시를 채집해서 곡과 악기에 맞추어 조정 제사와 연회에서 연주했다. 악부에서 채록한 시가들을 후세에 악부시라고 부르거나, 혹은 악부라고 약칭하였다. 그것은 『시경』과 『초사』를 이어서 생겨난 일종의 새로운 시체였다. 악부시는 주나라 때 민요를 통해 정치의 득실을 살폈던 '관풍(觀風)'의 전통을 잇는 역할도 수행했다.

한편 한나라 후에도 죽 전통 악부체를 모방하여 시를 지었는데, 이런 시들도 왕조의 변화와는 무관하게 모두 악부시라고 부른다. 악부시는 다른 문학 종류들이 그러하듯이 시대에 따라 그 체재와 내용에 변화가 있었다. 여러 왕조에 걸쳐 지어진 다양한 악부시들을 종합하여 수록한 책으로 가장 유명한 것은 송나라 곽무천(郭茂倩, 1041-1099)이 편찬한 『악부시집樂府詩集』이다. 주로 한대부터 당, 오대까지의 악부시와 문인이 모의(模擬)한 작품을 용도와 음악적 특징 등에 따라 12류, 총

57) 진나라의 악부에 대해서는 이성원, 위 책, 401쪽을 참고했다.

58) 앞 책, 404-405.

5290편의 악부시가 수록되어 있다. 또 당시에 전해지던 다양한 문헌 자료를 토대로 각 작품에 대해 해제를 붙였다. 악부 문학사에서 가장 권위 있는 시가 총집인데, 그 12류는 다음과 같다.

1) 교묘가사(郊廟歌辭): 조정의 각종 제사에 사용되던 종묘제례악의 가사이다.

2) 연사가사(燕射歌辭): 황제가 국가적 연회나 대사(大射, 활쏘기 등과 관련된 일종의 의식) 등을 열 때 사용되는 악장가사이다.

3) 고취곡사(鼓吹曲辭): 타악기와 취주(吹奏) 악기 위주로 구성된 연주 형식 혹은 연주 악곡의 가사이다.

4) 횡취곡사(橫吹曲辭): 북방 이민족 음악이 한대에 전해져 군악(軍樂)으로 사용된 곡조의 가사이다.

5) 상화가사(相和歌辭): 앞 사람의 선창에 노래 혹은 악기 연주로 화답한다는 뜻에서 생긴 명칭이다. 상화가는 선진시대의 진성(秦聲), 조성(趙聲), 제성(齊聲), 정성(鄭聲), 초성(楚聲)(즉 진·조·제·정·초 나라들의 전통 음색)을 바탕으로 한대에 형성되었다. 주로 관리들과 거상(巨商)들의 연회나 오락 등의 행사에서 연주되며, 설날 조회와 연회, 신에게 바치는 제사, 전통 민속 활동에도 사용되었다.

6) 청상가사(清商歌辭): 중국의 전통 고전 음악은 크게 세 단계로 발전했다.

① 아악(雅樂): 삼국시대 이전의 고대 음악으로 공자가 말한 소위 아악이다.

② 청상곡(清商曲, 일명 청악(清樂)): 진(晉) 왕조가 남천한 후 구래의 상화가와 남방 지역의 민가가 발달하여 만들어진 오성(吳聲)과 서곡(西曲, 장강 중류와 한수(漢水) 양안 지역에서 발생하여 강릉(江陵)을 중심으로 발전한 음악)이 서로 결합한 산물이다. 진대와 남북조시대를 대표하는 음악이다. 청상가사는 이 청상곡의 가사를 가리킨다.

③ 연악(燕樂)(일명 연악(宴樂)): 당나라 초기 청상악에 서역의 음악이 흡수되어 만들어졌다. 민속 음악에 가장 큰 영향을 미쳤던 음악이다.

7) 무곡가사(舞曲歌辭): 고대에는 연회를 개최할 때 반드시 춤이 있었고, 그 춤에는 반드시 맞추어서 부르는 노래 가사가 있었다. 이런 노래 가사를 무곡가사라 한다.

8) 금곡가사(琴曲歌辭): 금(琴), 즉 거문고로 연주되는 악곡의 가사이다.

9) 잡곡가사(雜曲歌辭): 진한(秦漢) 이후 문인들의 다양한 악부 작품이 수록되어 있다. '잡곡'이라는 명칭은 내용상 문인들의 언지(言志), 그리움이나 이별의 슬픔, 전쟁이나 행역(行役)의 고통, 인생의 각종 우수 등이 다양하게 포함되어 있어서 붙은 듯하다.

10) 근대곡사(近代曲辭): 성격상 잡곡가사와 유사하나 수·당 시기에 중국으로 새로 유입된 곡조의 가사들이며, 송의 곽무천이 『악부시집』을 편찬할 때는 수·당대가 비교적 근대에 해당해서 붙여진 듯하다.

11) 잡가요사(雜歌謠辭): 음악 연주 없이 부르던 노래의 가사이다.

12) 신악부(新樂府): 처음부터 음악으로 연주되지 않는 순수한 문인 시가로 창작된 작품들이다. 신악부는 일반적으로 즉사명편(卽事名篇), 즉 악곡이 필요없이 내용에 따라 제목을 짓는 신제악부(新題樂府)다. 초당부터 지어지기 시작해서 성당과 중당 때 이백(李白)과 두보(杜甫)에 의해 발전되다가 백거이(白居易)와 원진(元稹)에 의해 크게 창도되어 새로운 형태의 문학으로서 자리잡을 수 있었다. 백거이의 「신악부新樂府」 50수 가운데 「도주민道州民」, 「두릉수杜陵叟」, 「매탄옹賣炭翁」, 「채시관采詩官」 등이 대표적이다.

이상 12류의 개념을 알고 있으면 중국 음악과 문학을 이해하는 데 적잖은 도움이 될 터이다. 참고로 12류에 악(樂)을 붙이면 음악의 뜻이 되고, 가사를 붙이면 악부시의 뜻이 된다. 그래서 청상악, 청상가사 이렇게 두 가지로 부를 수 있다. 다른 음악 작품들도 마찬가지다. 또한 음악이나 노래는 지역색이 강한 것은 중국이나 한국이 마찬가지다. 우리도 동편제·서편제를 나누고, 같은 서편제여도 보성소리니 장흥소리니 나누는 것은 지역 사람들의 음색이 다르기 때문이다. 위의 분류에서 파악할 수 있듯이, 양한(兩漢, 서한과 동한)의 악부시 작가는 제왕부터 평민을 아우르고, 어떤 작품은 묘당에서 지어지고 어떤 작품은 민간에서 비롯되었다. 그래서 사마상여 같은 저명한 문인도 일찍이 악부시 창작에 참여하기도 했다. 이런 다양한 층위의 악부시 중, 아무래도 그 진수는 악부민가라 하겠는데, 방금 소개한『악부시집』에 실려 있는 양한의 악부민가(樂府民歌)는 총 32편이다. 하지만『한서』「예문지」에 작품명 138개가 나오는 것으로 보아, 38개를 제외한 나머지는 일실되었음을 알 수 있다. 이 38개는『악부시집樂府詩集』에서 거의 모두 상화가사(相和歌辭)·청상가사(淸商歌辭)·잡곡가사(雜曲歌辭)에 들어 있는데 그중 서한의 것으로는「상야上邪」·「해로薤露」·「호리蒿里」정도 뿐이고, 나머지는 죄다 동한 작품이다. 먼저「상야」를 읽어 보자.

하느님! 저와 임이 인연 맺었으니, 오래도록 마음 변치 않기를.
산이 언덕 없어지고, 강물이 다 마를 때까지.
겨울에 천둥 치고, 여름에 눈 올 때까지.
하늘과 땅이 붙는다 하여도 어찌 임과 헤어지리오!

上邪, 我欲與君相知, 長命無絶衰. (상야, 아욕여군상지, 장명무절쇠)
山無陵, 江水爲竭. (산무릉, 강수위갈)
冬雷震震, 夏雨雪. (동뢰진진, 하우설)
天地合, 乃敢與君絶. (천지합, 내감여군절)

상(上)이라는 글자는 위, 윗사람, 임금, 하느님 등을 나타내는데, 여기서는 상제(上帝), 즉 하느님을 의미한다. 이 작품은 여성이 임과의 변치 않는 사랑을 하느님에게 맹세하는 노래이다. 전혀 꾸밈이 없는 질박한 민요의 특징을 잘 보여주고 있다.

「해로薤露」·「호리蒿里」, 두 작품은 옛날의 장사 지낼 때 부르던 노래이기 때문에 일종의 만가(挽歌)인데, 형식이 자유롭고 간단하다.「해로」를 보기로 든다.

부추 잎 위 이슬,
얼마나 마르기 쉬운가!
이슬이 마르면 내일 아침 다시 떨어지지만,
사람은 한 번 죽으면 언제 다시 돌아올까!

薤上露, 何易晞！(해상로, 하이희)
露晞明朝更復落, 人死一去何時歸！(노희명조경부락, 인사일거하시귀)

부추 잎의 이슬이 햇볕에 쉬이 마르는 자연 현상으로써 인생무상을 비유하는 것이니, 표현수법상 '흥(興)'에 속한다. 3자와 7자를 교체하여 가사에 변화를 주면서 이슬보다 못한 삶의 허무함을 노래한다. 매우 단순한 것 같으나 이것을 장례 때 노래로 부르면 무한한 슬픔을 줄 터이다.

서한의 악부민가는 지면상 원문을 다 옮기지는 못하고 그 가운데 중요한 몇 개 작품의 내용을 소개하고자 한다. 먼저 「동문행東門行」과 「상산채미무上山採蘼蕪」를 감상하자.

동문행(東門行)

동문 밖 나설 땐 돌아올 생각 없었건만,
집 문을 들어서니 슬픔은 북받치네.
독안엔 쌀 한 되 남아 있질 않고,
둘러봐도 횃대엔 옷 한 벌 걸려 있지 않네.
칼 뽑아 들고 동문을 나서려니,
집안 애엄마 옷자락 붙잡고 울부짖네.
"남들은 단지 부귀를 바라지만
난 당신과 함께라면 죽이라도 괜찮소
위로는 하늘을 보시고
아래로는 이 어린 새끼들 보세요
지금은 못 떠나요!"
"닥쳐요! 가야 하오. 지금도 이미 늦었소.
흰머리 수시로 떨어지니 이대로 있을 순 없소."

出東門, 不顧歸. (출동문, 불고귀)

來入門, 悵欲悲. (내입문, 창욕비)

盎中無斗米儲, 還視架上無懸衣. (앙중무두미저, 환시가상무현의)

拔劍東門去, 舍中兒母牽衣啼. (발검동문거, 사중아모견의제)

他家但願富貴, 賤妾與君共餔糜. (타가단원부귀, 천첩여군공포미)

上用倉浪天故, 下當用此黃口兒. (상용창랑천고, 하당용차황구아)

咄 ! 行 ! 吾去爲遲, (돌 ! 행 ! 오거위지)

白髮時下難久居. (백발시하난구거)

극도의 생활고에 시달리는 남정네는 집을 떠나려고 하고 여인은 남자가 떠나지 못하게 붙잡는다. 두 사람의 대조되는 심정과 모습이 눈앞에 그려진다. 남자가 가족을 먹여 살리기 위해 불법적인 일을 하려고 자신이 거주하고 있는 동문을 벗어났으나 망설이다 다시 돌아왔다. 그러나 다시 한번 집을 보고 절대적으로 절망한 그는 칼을 들고 나가려고 하고, 부인은 죽기 살기로 붙잡는다. 이 작품에서 불법적인 일이 어떤 것인지 독자는 알 수 없다. 알 수 없기 때문에 모든 사람에게 더 공감을 불러 일으킬 수 있다.

상산채미무(上山採蘼蕪)

산에 올라 약초를 따고는

하산하며 전 남편을 만났지요.

무릎꿇고 남편에게 묻기를

새 여자는 어때요.

(대답하길) 새사람 좋다고 하지만

옛사람만큼 곱지 않다오.

얼굴이야 엇비슷하나

손재주가 못하다오.

새사람은 문으로 들어오고
옛사람은 쪽문으로 나갔지요.
새 사람 누런 비단 잘 짜고
옛사람 흰 비단 잘 짰는데,
누런 비단 하루에 1필밖에 못 짜지만
흰 비단 5장이나 짰었지.
누런 비단 흰 비단 비교하면
새사람이 옛사람보다 못하지요.

上山采蘼蕪, 下山逢故夫. (상산채미무, 하산봉고부)
長跪問故夫, 新人復何如. (장궤문고부, 신인부하여)
新人雖言好, 未若故人姝. (신인수언호, 미약고인주)
顏色類相似, 手爪不相如. (안색류상사, 수조불상여)
新人從門入, 故人從閤去. (신인종문입, 고인종합거)
織縑日一匹, 織素五丈餘. (직겸일일필, 직소오장여)
將縑來比素, 新人不如故. (장겸래비소, 신인불여고)

이 작품은 간접적 표현으로 헤어진 부부의 심리 상태와 각자 처한 상황을 묘사한다. 남자는 새 여자를 좋아하여 본처를 버렸지만 살아보니 마찬가지, 전 부인에 대한 아쉬움과 그리움을 갖게 되었다. 조강지처를 버린 것에 대한 후회가 행간에 묻어난다. 이하 악부민가의 몇 개 작품은 내용만 간략히 소개하고자 한다.

1) 「맥상상陌上桑」: 한 태수가 뽕을 따고 있는 여인을 희롱하자 여인이 엄정한 언사로 그를 거절한다는 이야기를 서술하고 있다.
2) 「전성남戰城南」: 전쟁의 참상을 노래한 것으로, 병사들의 유골이 들판에 흩어져 있고 늙은 말이 슬피 우짖는 참상을 묘사한다.
3) 「십오종군정十五從軍征」: 한 노병이 열다섯에 군대에 가서 여든에야 고향에

돌아왔는데, 부서진 집과 망자(亡者)의 무덤만이 덩그러니 놓여 있어, 그저 하늘만 쳐다보며 눈물을 흘릴 수 밖에 없는 비참한 상황을 그리고 있다.

4) 「소맥요小麥謠」: 소맥(즉 보리)이 자랐는데 남정네들은 전장에 나가 있어서 농사일은 완전히 부녀자들에게 떠맡겨졌다. 그런데 관리들은 그저 말과 수레를 사들이는 일에만 골몰할 뿐, 백성들은 안중에도 없다.

5) 「비가행悲歌行」: 고향에 돌아가지 못하는 나그네의 향수를 노래한다. 작품 말미에 "속마음 말할 수 없어, 뱃속에는 수레바퀴 돌아가네.(心思不能言, 腸中車輪轉.)"라고 했다. 온몸에 꽉 차 있는 고통을 돌아가는 수레바퀴에 비유한 것은 민가의 절창이라 하겠다. 자신의 경험을 일상에서 흔히 보는 사물에 빗대어 아무 꾸밈없이 그대로 표현하여 사실감을 더해준다. 즉 사물에 대한 정서나 의미를 시화하기보다는, 물질적인 감각을 드러내어 이미지화했다. 이런 서민적인 즉물성은 문인작품에서는 찾아보기 힘들다. 지식인은 예나 지금이나 논리적으로 사고하기 때문에 사물 그대로를 마음에 받아들여 솔직하게 표현하는 데 서툴기 때문이다.

2. 「고시십구수」와 「공작동남비」

동한 말을 대표하는 악부민가에는 「고시십구수古詩十九首」와 「공작동남비孔雀東南飛」, 두 작품이 있다. 먼저 「고시십구수」를 본다. 고시십구수란 남북조시대 남조(南朝)의 소통(蕭統)이 선록(選錄)한 『문선文選』에 수록되어 전하는 「행행중행행行行重行」, 「청청하반초靑靑河畔草」, 「청청맥상백靑靑陵上柏」 등 총19개의 작품을 총칭하는 말이다. 악부민가의 문인화를 현저하게 보여주며, 내용은 대부분이 동한 말의 사회를 배경으로 한다. 즉 사회는 요동치고 정치는 혼란하여 하층의 문인들이 벼슬하지 못하고 떠돌면서 불안정한 삶을 영위하기 때문에 주로 부부나 친구 간의 이별, 사인(士人, 벼슬하지 않는 선비)들의 방황과 실의, 내지는 인생무상을 다룬다. 이중 「행행중행행」을 읽어 보자.

가고 가고 또 가고 가니,
임과 생이별하였네.
서로 만여 리나 떨어져,
각각 하늘 양쪽 가에 있게 되었네.
길은 험하고 머니,
만날 날 어찌 알 수 있으랴?
북쪽 오랑캐 말은 북풍에 의지하려 들고,
남쪽 월(越)나라 새는 남쪽 가지에 둥우리를 친다 하였네.
떠나간 날 멀어질수록,
옷 띠 날로 느슨해지네.
뜬 구름 밝은 해 가리어,
나간 임은 돌아오려 들지 않네.
임 그리움에 사람은 늙는데,
세월만이 어느덧 저물어 가네.
다 버려두고 다시 말하지 않을 터이니,
식사 많이 하여 건강하도록 애쓰시기를!

行行重行行, 與君生別離. (행행중행행, 여군생별리)
相去萬餘里, 各在天一涯. (상거만여리, 각재천일애)
道路阻且長, 會面安可知. (도로조차장, 회면안가지)
胡馬依北風, 越鳥巢南枝. (호마의북풍, 월조소남지)
相去日已遠, 衣帶日已緩. (상거일이원, 의대일이완)
浮雲蔽白日, 遊子不顧反. (부운폐백일, 유자불고반)
思君令人老, 歲月忽已晚. (사군령인노, 세월홀이만)
棄捐勿復道, 努力加餐飯. (기연불부도, 노력가찬반)

'옷 띠 날로 느슨해지네', '식사 많이 하여 건강하도록 애쓰시기를!' 이런 표현에 보이는 정서는 매우 서민적이고 진솔하며 구체적이다. 동한 말엽은 정치의 혼란에 내란과 흉년 등이 겹쳐 백성들 사이에는 갑자기 뜻밖의 이산을 당하는 가족이 많았으니, 그런 배경 하에서 지어진 「고시십구수」는 그 주제가 이별로 말미암은 여인의 사무친 그리움이나 애절한 규원(閨怨), 집 떠난 남자의 객고(客苦)와 집 생각, 인생의 허무함 등 난세를 반영하는 작품들이 대부분이다.

한 악부시를 대표하는 한 개의 작품을 들라고 하면 바로 「공작동남비」이다. 이 작품은 중국 서사시에 있어서 매우 중요한 위치를 점하고 있다. 한대 악부민가는 서사시를 새로운 단계로 진입시켜 놓았기 때문에 중국 서사시 발전에 있어서도 대단히 큰 의미를 갖는다. 즉 한대 이전의 중국 시가는 『시경』에서 보듯이 대부분 서정시였기 때문에 서사시가 매우 드물었다. 반면에 악부민가인 「동문행東門行」, 「부병행婦病行」, 「고아행孤兒行」, 「맥상상」, 「전성남」, 「상산채미무上山採蘼蕪」, 「십오종군행十五從軍行」 등은 전형적인 서사시이며, 「고시십구수」에도 세련된 서사의 기법이 보인다. 4언 위주의 『시경』 시로는 아무래도 구체적인 일을 서사하기에 벅차다.

반면에 오언이 되면 비록 한 글자 차이지만 묘사의 폭이 훨씬 넓어진다. 또한 동한과 같은 난세에서 사회 부조리를 노래하는 시는 서사적인 경향을 띠게 마련이다. 그런 한대 서사시 중에서도 한나라 말기에 나온, 300여 구, 1,700자에 이르는 「공작동남비孔雀東南飛」는 중국 고대 시가 전체에서 가장 긴 서사시임과 동시에 작품성 또한 대단히 뛰어나다. 그 내용은 그 서문에 요약되어 잘 나타나 있다.

> 서에 이른다: 한나라 말기 건안 연간에 여강부의 하급관리 초중경의 처 유 씨가 초중경의 어머니에 의해 쫓겨나매, 스스로 재가하지 않겠다고 맹세하였으나, 친정 식구들이 억지로 시집보내려 하자, 강에 빠져 죽었다 초중경이 이 소식을 듣고는 역시 정원에 있는 나무에 목을 매우 죽었다. 당시 사람들이 이 일을 안타깝게 여겨 이 시를 지었다고 한다.
>
> 序曰, 漢末建安中, 廬江府小吏焦仲卿妻劉氏, 爲仲卿母所遣, 自誓不嫁, 其家逼之, 乃沒水而死. 仲卿聞之, 亦自縊于庭樹. 時人傷之, 爲詩云爾.

초중경(焦仲卿)과 유란지(劉蘭芝)의 비극을 그린 이 작품은 중국판 『로미오와 줄리엣』이라고 불린다. 두 남녀는 봉건 예교의 박해로 인해 사랑을 이루지 못하고 죽고 말았으나, 그들 무덤 옆에 심어져 있는 송백과 오동나무는 서로 가지가 연결되어 마치 부부간의 사랑을 나누는 듯하다. 또한 그 속에서 원앙새가 짝을 이루어 머리를 위로 향하고 밤낮으로 소리낸다. 그러니 행인들은 발걸음을 멈추어 듣고, 과부는 침상에서 일어나 방황한다. 작품 맨 마지막에는 무명의 작가가 사람들에게 다음과 같은 당부를 한다. "후세 사람들에게 거듭 말하노니, 이 이야기를 감계로 삼아 절대 잊지 마시오.(多謝後世人, 戒之愼勿忘.)"

「공작동남비」는 민간문학이면서도 시작부터 끝까지가 수미상관하며, 마치 훌륭한 작가가 쓴 듯이 매우 구성이 정치하게 잘 짜여져 있다. 그러기에 아마도 처음에는 어느 한 작가에 의해 지어졌지만, 민간에 전해져 많은 사람들에 의해 손질되면서 아예 작가의 이름이 없어졌을 가능성이 높다.

3. 문인의 오언시

한대의 문인들은 악부민가의 형식과 요소를 배워서 작품을 짓기 시작했다. 즉 시에 5언을 많이 사용했다. 한나라 초기의 예로는 B.C. 2세기 때 악부 관청에서 협률도위(協律都尉)라는 벼슬을 지낸 이연년(李延年)이 지었다고 하는 「가인가佳人歌」를 대표적으로 들 수 있다. 「가인가」는 아래와 같다.

북방에 미인 있는데,
세상에 다시없이 빼어났네.
한 번 돌아보면 성을 기울어지게 하고,
두 번 돌아보면 나라를 기울어지게 하네.
어찌 성이 기울고 나라가 기우는 것을 모르겠냐만,
미인은 다시 얻기 어려워.

北方有佳人, 絶世而獨立. (북방유가인, 절세이독립)
一顧傾人城, 再顧傾人國. (이고경인성, 재고경인국)
寧不知傾城與傾國, 佳人難再得. (영부지경성여경국, 가인난재득)

이 작품은 아직 정식 오언 정형시는 아니지만 그것에 근접한다. 『한서漢書』「외척전外戚傳」 상 편에 실려 전하는데, 그 기록에 의하면 이연년이 궁중의 연회에서 이 시를 부르니, 무제가 듣고 감탄하며 "세상에 이런 미인이 있는가?"라고 물었다. 이에 무제의 손위 누이인 평양공주(平陽公主)가 이연년의 누이동생을 천거했다. 무제가 그녀를 한 번 보고 마음에 들어 총희(寵姬)로 들였다. 이리하여 누이는 이부인(李夫人)이 되고 이연년은 무제의 총신(寵臣)이 되었다 한다.

본시 악부민가는 「상야」와 같이 형식이 자유로운 장단구(長短句, 매 구 글자 수가 불규칙한 시)였으나, 동한에 들어와서는 점차 오언(五言)의 제언시(齊言詩, 매 구의 글자 수가 같은 시)로 변하였다. 그리고 동한 중엽부터는 문인들이 본격적으로 오언시를 짓기 시작했으니, 그 대표적인 사람들이 반고(32-92)·장형(張衡, 78-139)·채옹(蔡邕, 133-192) 등이다. 그러나 이들의 작품은 오언시로서의 리듬도 부족하고 구성도 어색하여 수작으로 칠 만한 것은 거의 없다. 그러나 오언시가 이들에 의해 정착됨으로써 향후 발전의 길을 모색할 수 있었다는 문학사적 관점에서는 중요하다.

한편 동한 때는 문인의 오언시가 정착됨과 동시에 칠언시도 이루어졌다. 오언시의 5언은 다시 2.3자로 나뉘면서 경쾌한 리듬을 갖고 있지만, 칠언시의 7언은 여기에 2자가 더 보태어져 2.2.3자로 구성되어 있으므로 리듬이 장중하다. 따라서 그 문장도 5언은 청신한 데 비하여 7언은 수식적인 경향을 띠게 마련이다. 칠언시의 연원은 대개 초사(楚辭) 또는 초가(楚歌)에 있는 듯한데, 그 구(句)들에서 조사인 혜자를 빼버리거나 그것을 뜻을 가진 다른 글자로 바꾸기만 하면 곧 칠언이 되는 것들이 많기 때문이다. 그러나 한나라 칠언시는 아주 일부 시를 제외하고는 대부분 아직 습작의 수준을 크게 벗어나지 못했다.

제3장

위진남북조의 문학

(220년–589년)

시대 배경

한 말에 조조(曹操)·손권(孫權)·유비(劉備)에 의해 각각 세워진 위(魏)·오(吳)·촉(蜀) 간에 치열한 전쟁이 전개되는데, 이때를 삼국시대(220-280)라 한다. 그중 위에는 사마의(司馬懿)라고 하는 유능한 장군이 있었으며, 그는 제갈공명과 치른 오장원(伍丈原) 전투로 유명하다. 그 손자인 사마염(司馬炎)에 이르러서 쿠데타를 일으켜 위나라 황제 조환(曹奐)을 폐위시키고 스스로 황제가 되어 266년에 진(晉)이라는 신왕조를 건국하고 이어서 오를 멸하니, 이로써 삼국이 통일되었다. 촉은 그전에 위나라에 의해 이미 멸망했기 때문에 진 때는 오만 남았던 것이다. 이 사마염이 바로 진 무제(武帝)이다.

진 왕조의 큰 특징은 북방 유목민족들의 이주를 받아들여 함께 했다는 것이다. 한나라 때 중국의 북변에서 강대한 세력을 떨치던 유목민족 집단인 흉노는 후한 때, 정확히 말하면 1세기 중반 무렵 자체 내에서 서로 분열되고(유목 국가는 크고 작은 다양한 권력 조직의 연합체로서, 국가로서 뭉치기도 쉽고 분열하기도 쉽다), 그 일부는 후에 한나라에 흡수되었다. 그들은 유목민으로서의 생활과 부족 체제를 상실하면서 화북(華北, 중국 북부지역)[59)]의 농경지대 속으로 분산 이주하였다. 또한 동북쪽의 선비족이 옮겨와 화북 농민과 함께 살았으며, 서부의 강(羌)족과 저(氐)족의 경우는 한족에게 정벌당해 생활의 기반을 잃었기 때문에 강제적으로 화북의 여러 지역으로 분산·이주되었다.[60)]

마침내 화북지역 이민족들의 수가 인구의 절반을 차지하기에 이름에 언제라도 한족 정권의 위협이 될 소지가 있었다. 거기에 제2대 황제 혜제(惠帝, 재위 290-307)에

---

59) 화북: 진령(秦嶺) 산맥과 회수(淮수) 이북, 만리장성 남쪽 사이의 지역이다. 고대에 북방이라고 하는 것은 화북을 가리킨다.

60) 진 왕조의 이민족에 대하여는 마쯔마루 미찌오(松丸道雄) 등 저, 조성을 역, 《중국사개설》, 서울, 한울 아카데미, 1989, 158쪽과 미야자키 이치사다(宮崎市定) 저, 조병한 역, 《중국사》, 서울, 역민사, 1983, 173-174쪽 참고.

이르러 8왕의 난[61]이라는 대규모 난리가 나자 진의 세력은 급속히 약화되었다. 이를 틈타 이민족들 중 오호(五胡), 즉 흉노·선비·저·갈·강 등이 발호[62]하면서 16개 나라가 명멸하니 이를 일러 '오호십육국'이라고 부른다. 오호십육국은 서진(西晉) 말기부터 북위에 의한 통일까지 중국 북방에 있던 5개 민족 및 그들이 세웠던 16개 정권을 가리킨다. 연대로는 304년부터 439년까지이다. 화북 지역의 최후 승자는 선비족이 건립한 북위(北魏, 386-534)라는 나라였다. 서기 439년 북위가 통일함으로써 중국 최초로 이민족 정권이 중원지역 전체를 다스리게 되었던 것이다. 원래 이름은 위(魏)이나 후대에 삼국시대의 위와 구분하기 위해 북(北)을 덧붙였다.

북방의 정권은 이민족이 세운 것이었으므로 태생적으로 친이민족주의였다. 그리하여 수백만 명의 북방 이민족이 화북(華北)으로 이주했고, 4세기에서 5세기에 걸쳐 이른바 중국인화를 지향하는 한화 정책으로 중국인과의 혼혈이 늘면서 화북의 중국인은 이전의 중국인과는 다른 새로운 혼혈 인종이 되었다. 흔히 한족이 순수한 중국인이라고 간주하는 경향이 있지만 기실 이 시대에 이미 중국인은 북방 이민족과 상당한 규모로 혼혈이 진행되었다. 현재 중국에서는 인구의 92%를 한족으로 보지만, 이는 혼혈화된 한족으로 보아야 한다.

한편 중원의 한족 정권은 쫓겨나 남하하여 장강 유역의 강남에 자리를 잡으니, 이로써 진은 남하 이전의 서진(西晉) 시대와 남하 이후의 동진(東晉) 시대로 나누어지게 되었다. 한족의 자리 이동 덕분에 이전에는 황하의 중원에 비해서 크게 후진적이었던 강남의 문화가 본격적으로 발달하기 시작했다. 그리고 강남에서는 동진이 망한 후 송(宋)·제(齊)·양(梁)·진(陳) 왕조가 차례로 건립과 멸망을 했다. 이처럼 북쪽의 이민족 정권(화북 정권)과 남쪽의 한족 정권(강남 정권)이 병립했기 때문에 이 시대를 남북조라고 부른다. 기원 6세기에 이르러 북조의 마지막 왕조인 북주(北周)의 절도사였던 양견(楊堅)이 쿠데타를 통해 왕이 되고, 이어서 천하를 통일함으로

---

61) 진 무제는 사마 씨의 천하를 보전해 내려가기 위해 전국 각지를 자신의 자식이나 형제, 조카들에게 분봉해 주고 왕으로 삼았는데, 그가 죽자 오히려 그들 중 8명이 황권을 차지하기 위해 서로 죽이고 죽는 참극이 일어나게 되었다.

62) 발호(跋扈): 권세나 세력을 부리며 함부로 날뛰는 곳을 일컫는 말.

써 오랜 분열의 시대에 종지부를 찍었다.

기원 3세기부터 6세기까지 총 400년 동안을 합쳐서 '위진남북조'라고 부르는데 위진, 남북조로 세분하기도 한다. 화북의 이민족 정권을 제외하고 한족이 세운 위·진·송·제·양·진만을 합쳐서 부를 때는 육조시대(六朝時代)라고 호칭한다. 한나라 말기와 삼국시대, 삼국시대와 위진시대, 위진시대와 남북조시대는 상호 겹치는 기간이 있음을 알아두면 시대를 이해하는 데 도움이 된다.

위진남북조 때는 '사족(士族)'이란 새로운 개념의 호족 세력이 형성되었다. 원래 호족이란 지방에서 토지를 많이 갖고 세력이 있는 집안을 가리킨다. 어느 시대에나 호족은 있게 마련이지만 특히 한나라 말기에 태평도(太平道)의 봉기를 기화로 호족 세력이 크게 성장했다. 난리 통에 중앙정부의 통제가 약해지고 귀족들은 안위를 위해 사병을 크게 키웠기 때문이다. 이때는 난세인지라 소농민이 분해되고 호족들은 대토지를 겸병하고 노동력을 장악하여 지방에서 무단(武斷)하였다.[63] 《삼국지三國志》에 나오는 원소(袁紹)·조조(曹操)·손권(孫權)·하후돈(夏侯惇)·제갈량(諸葛亮)·사마의(司馬懿) 등이 모두 원씨·조씨·손씨·하우씨·제갈씨 등 집안의 세력을 배경으로 성장한 인물들이다.

그런데 위나라 문제(文帝), 즉 조조의 아들 조비(曹丕, 187-226)는 구품중정제(九品中正制)라고 하는, 지역의 인재를 지방장관으로부터 추천을 받아 중앙정부의 요직을 주는 새로운 인재 발굴의 방법을 창안했다. 기실 구품중정제는 한나라 때 시행되던 응시자의 덕행을 중심으로 해서 선발하는 찰거(察擧) 제도를 개량한 것으로, 지역의 명사들이 추천하는 인재를 상상, 상중, 상하, 중상, 중중, 중하, 하상, 하중, 하하 구품으로 세별하였다.[64] 명사들의 추천에 들기 위해선 사람들의 평가, 즉 '품평(品評)'이 중요했는데, 이러한 품평을 좌지우지하는 사람이 바로 호족이기에 자연 호족들이 중앙의 권력 세계에 합법적으로 들어갈 수 있었던 것이다.

품평이 정해진 응시자는 다시 유교의 지식을 묻는 구두시험을 통과해야 했다.

---

63) 이계명,《위진북조의 문벌사족연구》, 전남대학교출판부, 2016, 11쪽.

64) 찰거와 구품중정제에 대하여 金諍 저, 김효민 역,《중국 과거 문화사》, 서울, 동아시아, 2003, 59-65쪽 참고.

이런 과정을 거쳐 벼슬에 오른 이들은 유교의 학문에 지방의 재력과 권력마저 겸비했다. 이들 지배계층을 사족(士族)이라고 부르는 것이다. 한 마디로 사족이란 '유교적 호족'이다. 국가가 유교화된 호족을 관리로 채용했기 때문이다. 관료체계와 결합한 유가 호족들은 위진남북조시대에 사족이란 이름의 새로운 통치집단으로 재탄생하였다. 위진남북조시대에 이른바 사족으로 지칭되던 종족이 조씨(趙氏)·한씨(韓氏)·위씨(魏氏)·지씨(智氏)·범씨(范氏)·중행씨(中行氏)·왕씨(王氏)·사씨(謝氏)·원씨(袁氏)·소씨(蕭氏) 등 27성이나 되며, 그들은 400년 역사의 많은 사건들과 관련을 가지고 있다.[65]

위진남북조시대에 형성된 '품평 문화'는 관계(官界)와 가계(家系)를 넘어 문학에도 커다란 영향을 미쳤으니, 바로 문학비평의 본격적인 출현이다. 문학 작품이나 작가의 수준을 따지다 보니, 자연히 문학은 어떠해야 하는가 하는 이론도 발전하게 되었다. 사람의 가치에 물건처럼 등급을 매기듯이, 문학에 있어서도 가치의 우열을 가리게 되었던 것이다.

다음, 문학 장르의 발전을 살피자면, 동한 때부터 문인들이 민간의 악부시 영향을 받아 오언시를 짓기 시작했는데, 위진시대에는 이 '오언시'가 완성의 단계에 이르게 되어 이후 중국의 정통 문인시의 한 종류로 자리매김한다. 오언시가 위진남북조에서 가장 중요한 문학 장르이다. 그러나 남북조 때는 '칠언시'도 문인들 사이에서 확고히 자리를 잡아서 미래의 주역이 될 수 있는 기반을 갖추었다. 실제 당나라에 이르러서는 칠언시는 오언시와 함께 시체(詩體)의 쌍벽을 이루게 된다(칠언시는 동한시대에 이미 민간과 문인들 사이에서 지어졌지만 대체적으로 낮은 수준이었다). 산문에 있어서는 장식적인 아름다움을 추구하는 변려문(騈儷文)이 출현하여 이 시대를 대표하게 되었다. 소설의 추형이랄 수 있는 지괴소설(志怪小說)도 출현하였다. 그러나 추형일 뿐 아직 정식소설의 수준은 아니었다.

사상에 있어서는, 위진남북조시대는 분열과 혼란의 시대였기 때문에 한나라 때 오랜 세월을 거쳐 공고해졌던 유교의 권위가 많이 약화되고, 대신 도교와 불교가

65) 이계명, 윗책 41쪽.

성행했다. 이 때문에 노장사상의 영향을 받은 지식인들이 현실을 외면하고 청담으로 세월을 보내면서 현학(玄學)이라는 새로운 형태의 학문을 진작시켰다. 이 현학의 영향을 받아 현언시(玄言詩)가 출현하였다. 한편 불교의 윤회와 인과응보 사상이 사람들의 사고에 깊숙이 침투하여 본디 중국인들에게 있어서 약했던 사후세계, 즉 내세 관념이 강화되었다. 그리하여 혼백이나 명계 정도의 단순했던 죽음의 세계가 산 자들의 세계 못지않게 다채로워졌다. 또한 불경에 나오는 흥미로운 고사들이 민간에 유포되어 다양한 이야깃거리가 되면서 향후 소설의 좋은 주제가 되고, 더 나아가 중국인들과 상당히 다른 인도인들의 글쓰기가 시나브로 스며들어서 중국의 서사 수법에도 영향을 미쳤다. 즉 인도인들은 사고방식에 있어서 서구인들과 상당히 비슷한 면이 있다. 그래서 글쓰기가 사변적이고 논리적이고, 상세한 서술을 선호한다(인도인들이 수학과 컴퓨터에 뛰어난 이유이다). 이러한 필법이 중국소설에 많은 영향을 미쳐서 사건과 심리를 디테일하게 묘사하는 수준이 향상되었던 것이다. 그 효과는 당나라 때 전기소설과 변문에 이르러서 확연하게 드러난다.

제1절 위진남북조의 시

1. 건안문학과 죽림칠현

1) 조조와 건안문학

한 말의 문학은 위나라의 건안문학에 의해 크게 발전한다. 건안(建安)이란 한나라 마지막 임금인 헌제의 연호로서 196-220년 사이를 말하는데, 이때 문학을 주도한 인물들이 조조(155-220)와 그의 두 아들 조비(187-226)와 조식(192-232) 3인이다. 조조는 중국 역사상 위대한 영웅이자 시인으로 손꼽히는데, 개인으로서의 시인일 뿐만 아니라 건안문학이라는 새로운 문학사조를 탄생시키고 이끈 문단의 영수이기도 했다. 당시의 산문은 한부의 영향을 깊이 받아 지나친 수식을 일삼았다. 조조는 그런 것을 싫어하고 간략하고 명료한 글을 요구했다. 화려하고 사치스러운 문풍을 극력 반대했다. 이러한 문학 정신은 시에 있어서도 큰 변화를 가져왔으며, 그렇기 때문에 조조를 가리켜 '문장개혁의 비조'라 칭한다.

조조를 중심으로 일군의 문인들이 모여서 이전의 화려하고 유미하며 나약한 시풍을 반대하고 '굳세고 질박하며 내용 있는' 시들을 지었는데 그들의 이러한 시풍을 건안풍골(建安風骨)이라 하고, 이때 두각을 나타냈던 일곱 사람을 건안칠자(建安七子)라 한다[66]. 물론 건안풍골은 시뿐 아니라 부와 산문에서도 드러났다. 건안칠자는 부에 있어서도 이전의 긴 부가 아닌 짧은 소부(小賦)를 많이 지었다. 그들의 부는 제재 범위를 확대해서 일상적인 것을 소재로 삼았고, 사회현실과 정치사건을 다루었으며, 작가의 감정을 읊었다.

조조는 중국 화북지역의 패권을 두고 원소(袁紹)와 전쟁을 벌이는데, 결과는 조조의 승리였다. 원소는 전쟁에서 죽고, 원소의 두 아들은 오환(烏桓, 지금의 요녕 서

66) 조조(曹操)와 그의 두 아들인 조비(曹丕)·조식(曹植), 그리고 공융(孔融)·진림(陳琳)·왕찬(王粲)·서간(徐干)·완우(阮瑀)·응양(應玚)·유정(劉楨) 등이 건안시대를 대표하는 문인들이다. 조씨삼부자(曹氏三父子)를 제하고 나머지 일곱 사람을 건안칠자라 한다.

부의 소수 민족)이란 지역으로 도망했다. 서기 205년 조조는 친히 출정하여 그들을 제거하고 귀환한다. 도중 바닷가에 있는 갈석산을 지날 때 조조는 그 정상에 올라 「보출하문행·관창해步出夏門行·觀滄海」란 시를 지어 노래한다. 이 작품은 『서경』의 '시로 뜻을 말한다'의 정신을 매우 잘 표현하고 있다.

동으로 갈석산에 이르러,
창해를 바라본다.
어찌 이리 물은 잔잔하고
섬은 높이 솟았는고.
수목은 울창하고,
온갖 풀 무성하네.
가을바람 소슬하고,
큰 파도 솟구치네.
해와 달이 움직여,
그 안에서 나오는 듯.
은하수 찬란하게,
그 속에서 나오는 듯.
참으로 다행이로다,
노래로 뜻을 펼칠 수 있음이.

東臨碣石, 以觀滄海. (동림갈석, 이관창해)
水何淡淡, 山島竦峙. (수하담담, 산도송치)
樹木叢生, 百草豊茂. (수목총생, 백초풍무)
秋風蕭瑟, 洪波涌起. (추풍소슬, 홍파용기)
日月之行, 若出其中. (일월지행, 약출기중)
星漢燦爛, 若出其裏. (성한찬란, 약출기리)
幸甚至哉, 歌以咏志. (행심지재, 가이영지)

「보출하문행」은 원래 악부시의 곡(曲) 이름이다. 곡조 이름을 곡패(曲牌)라고 하는데 패자(牌子)라고도 한다. 당나라 때는 악부시와 비슷한, 즉 노래하기 위해 짓는 사(詞)가 생겼는데 사의 곡조 이름을 사패라고 한다. 후에 곡패와 사패를 혼용해서 쓰기도 했다. 좋은 노래를 누가 불렀다고 치자. 일회용으로 끝나서 곡이 사라지면 매우 아깝기 때문에 노래의 멜로디인 곡을 남기고 그 곡에 이름, 즉 곡패를 붙인다. 그러면 뒷사람이 새 노랫말을 지어서 곡에 맞추어 부를 수 있다. 쉽게 말해서 유행가 한 곡에 가사를 새로 지어서 붙이면 수많은 작품이 나올 수 있는 것과 같다. 그러면 곡은 같되 가사는 다를 수 있어 하나의 곡패에 많은 노래나 시 작품이 생기게 된다. 하나의 곡패는 특정한 하나의 곡조로 이루어졌기 때문에 곡패는 악보의 역할을 한다. 조조는 시를 지어서 기존의 한나라 악부시 중 하나인 「보출하문행」이란 악곡에 맞추어 갈석산 위에서 노래했던 것이다. 조조의 「보출하문행」은 4장으로 이루어져 있는데 그 1장의 제명이 바로 관창해이다. 그러니까 보출하문행은 악곡명이고 관창해는 노래가사 제목이다.

그 내용에는 대단히 웅장하고 기백 넘치는 남아다운 기상이 보인다. 조조가 이 시를 지을 때는 대략 음력 9월 말이나 10월 초이니 늦가을이다. 늦가을의 정취는 쓸쓸하고 외롭다. 그래서 늦가을이 배경인 작품은 일반적으로 쓸쓸하고 외로운 정서를 갖는다. 그러나 조조의 이 시는 반대로 웅장하고 장엄하다. 해와 달, 그리고 은하수가 바다에서 나오듯이 천하가 내 품에서 나온다는 기개가 서려 있는 시이다. 하지만 그것만으로 진정한 영웅 되기엔 부족하다. 시를 지어 뜻을 나타낼 수 있어야 한다. 그래서 마지막에 자신이 시작 소질을 갖고 있음이 참으로 행운이라고 하였다.

한편 한나라 때는 등고부시(登高賦詩)의 전통이 생겨 후대로 전해졌다. 등고부시는 '높은 곳에 올라 시를 읊다'는 뜻으로, 확 터진 높은 장소에서 하늘·우주·자연·세상을 바라보면서 크게 소리내어 시를 낭송하거나 시를 노래로 부르는 것이다. 이러한 문학 행위는 영웅의 호쾌한 기개에 가장 잘 어울린다 하겠는데, 조조의 「보출하문행」은 그 전형이라고 할 수 있다. 여기서 잠깐 멈추고 쉬어 가자. 중국 역사에서 영웅이자 시인이란 점에 있어서 조조와 가장 닮은꼴은 누구일까.

일반적으로 현대 중화인민공화국을 건립한 마오쩌둥(毛澤東)을 꼽는다. 마오는 호남사범학교 재학시절 중국 고전을 배웠으며 첫째 부인인 양카이후이(楊開慧)의 아버지인 장인에게서 문학에 대해 많이 배웠다. 탄탄한 문학 실력을 갖춘 마오는 전쟁 중 감흥이 일면 그것을 시로 적었다. 후궈치앙(胡國强)이 편찬한 『모택동시사소증毛澤東詩詞疏證』에는 그의 시와 사 129편, 대련(對聯) 56개, 시론(詩論) 16편이 수록되어 있는데[67], 그 가운데 등고부시한 시가 있다. 즉 1934년 70만 대군을 거느린 장제스가 탱크과 비행기로 중무장한 채 징강산(井岡山)을 향해 총공격을 했다. 이에 마오쩌둥은 8만의 공산당 군인들과 탈출해 이후 1년 동안 추적하는 적으로부터 필사의 탈주를 계속한다. 1934년 10월부터 1935년 10월까지 9,600km의 오지를 도보로 돌파하는 데 성공하고 산시성(陕섬西省)의 옌안(延安)에 새 본거지를 마련하니 이 과정을 역사에서는 대장정(大長征)이라 부른다. 마오쩌둥은 1935년 10월, 닝샤(寧夏) 지역의 회족(回族) 자치구 소재의 육반산(六盤山)이란 산 정상에서 승리의 의지를 시로 불태웠다.

청평악 · 육반산(淸平樂 · 六盤山)

하늘 높고 구름 담담한데,
남쪽으로 나는 기러기 끝까지 바라보노라.
만리장성에 도달 못하면 호걸 아닌데,
헤아리니 지나온 길 2만 리.
육반산 높은 봉우리에 오르니,
홍기가 서풍에 나부껴.
오늘 손에 쥔 긴 새끼줄로,
언제 창룡을 결박 지을까.

---

67) 胡國强,『毛澤東詩詞疏證』, 西南師範大學出版社, 2009.

天高雲淡, 望斷南飛雁. (천고운담, 망단남비안)

不到長成非好漢, 屈指行程二萬. (부도장성비호한, 굴지행정이만)

六盤山上高峰, 紅旗漫捲西風. (육반산상고봉, 홍기만권서풍)

今日長纓在手, 何時縛住蒼龍. (금일장영재수, 하시박주창룡)[68]

2만 리를 도망해 살아남아서 육반산에 공산당의 홍기를 꽂아 놓았다. 손에 새끼줄을 들었는데 언제 세상을 어지럽히는 창룡을 묶을 것인가, 라고 이 시는 묻는다. 그 뜻은 용에는 검은 흑룡과 파란 창룡이 있는데, 마오쩌둥이 장제스를 나쁜 창룡에 비유하여 반드시 잡겠다는 의지를 밝힌 '청평악'은 악곡 이름이며, 마오쩌둥이 사(詞)를 지어서 이렇게 노래했다. 그 내용처럼 마오쩌둥은 천신만고 끝에 장제스를 이기고 승리했다.

다음 글로 넘어가기 전에 조조의 아들 조식에 얽힌 에피소드 하나를 소개하고자 한다. 형인 조비와 아우 조식에 있어서, 형보다 아우의 성품이 아버지와 닮아 호방했으며 시재도 더 뛰어났다. 그래서 처음엔 조식이 후계자로 정해졌으나 조식은 자신의 재주를 지나치게 믿은 나머지 방자함이 도를 지나치게 되었다. 심지어 황제만이 열 수 있었던 황궁의 외문(外門)인 사마문(司馬門)을 열고 나갔다[69]. 결국 형인 조비에게 후계자의 자리를 빼앗기고, 왕이 된 조비는 조식을 불러 일곱 걸음 걷는 동안 시를 짓게 하고, 만약 시를 짓지 못하면 죽이겠다고 했다. 이에 조식이 걸으면서 시를 지었다.

---

68) 앞 책, 82쪽에서 인용.

69) 『삼국지』의 위서(魏書) 편, 「진사왕조식陳思王曹植」에 "조식은 일찍이 수레를 타고 치도에서 말을 몰아 사마문을 열고 궁밖으로 나갔다. 태조 조조가 대로하였고, 공거령(관명)은 이 일로 사형에 처해졌다. 이때부터 태조는 제후들의 금령을 더욱 엄격히 하였으며, 조식에 대한 총애는 나날이 줄었다.(植嘗乘車行馳道中, 開司馬門出, 太祖大怒, 公車令坐死, 由是重諸侯科禁, 而植寵日衰.)라고 써져 있다.

칠보시(七步詩)

콩을 삶는데 콩 껍질을 태우니,
콩은 솥 안에서 운다.
본디 같은 뿌리에서 생겼건만,
상대를 태움이 어찌 이리 급한가.

煮豆燃豆萁, 豆在釜中泣 (자두연두기, 두재부중읍)
本是同根生, 相煎何太急 (본시동근생, 상전하태급)

조식은 1구는 1·2보, 2구는 5보, 3구는 6보, 4구는 7보에 지음으로써 시를 완성하고 목숨을 건진다. 콩을 싸고 있는 콩 껍질을 벗겨서 모아 말리면 불에 잘 탄다. 그걸 가지고 콩을 삶는다. 여기서 콩 껍질은 형인 조비를, 콩은 조식 자신을 가리킨다. 기실 이 「칠보시」는 정사인 『삼국지』엔 보이지 않고 세상의 흥미 있는 이야기를 모은 유의경(劉義慶, 403-444)의 『세설신어世說新語』란 책의 「문학文學」 편에 처음 보인다. 그리고 사람들에게 회자되다가 명나라 때 소설 『삼국지』에 실리게 되었다.

여기서 조비와 조식의 시를 비교해 보자. 조조 시의 특징은 질박한 표현 속에 거침없는 정렬과 기백이 담겨 있다면, 큰아들 조비의 시는 아버지와 달리 여성적이어서, 풍조가 맑고 고우며 부드럽고 우아하다. 악부시를 모방하여 남녀의 사랑과 이별의 정을 많이 읊었다. 「연가행燕歌行」이 그 대표 명작이다.

조식은 조비가 병으로 죽고 조비 아들 조예(曹睿, 204-239)가 명제(明帝)라는 임금으로 등극한 후에도 박해를 받았으니, 조식은 총 6번이나 봉지를 옮겨 다녀야 했다. 한곳에 오래 머무르면 주위로 사람들이 모여들어 세력을 만들 수 있기 때문이다. 이렇게 조식은 불우하게 살다가 41세에 타계했다. 조식의 삶은 불행했으나, 문학사에 있어서는 큰 의의를 갖고 있으니, 그가 오언시를 완성시켰다고 평가받기 때문이다.

이전의 오언시는 대체로 질박하고 단순했으나, 조식의 오언시는 복잡한 상황

변화에 대한 서술과 심리적 우여곡절에 대한 표현이 뛰어나 오언시의 묘사 대상과 예술적 기교를 심화 확대시켰다. 그에 이르러 마침내 민중에서 나온 문학이 완전히 문인문학으로서 체재를 완비하게 되었다. 조식의 대표작으로는 「칠애시七哀詩」, 「백마왕白馬王」, 「증백마왕표贈白馬王彪」, 「문유만리객門有萬里客」, 「야전황작행野田黃雀行」 등이 있다. 그는 또한 부에도 뛰어나 낙수의 여신을 묘사한 「낙신부洛神賦」라는 명작을 지었다. 이중 「야전황작행」을 감상한다.

> 높은 나무엔 처량한 바람 많고,
> 바다는 파도를 날리네.
> 날카로운 칼이 손에 없으니,
> 친구가 어찌 많을 필요 있겠는가.
> 울타리 사이 참새를 보지 못하는가,
> 매를 보고 스스로 그물로 투신했네.
> 사냥꾼은 기뻐하지만,
> 소년은 참새 보고 슬퍼하네.
> 검을 뽑아 그물망을 자르니,
> 황작은 멀리멀리 날아갈 수 있네.
> 날고 날면서 푸른 하늘 만지더니,
> 내려와 소년에게 감사하네.

> 高樹多悲風, 海水揚其波. (고수다비풍, 해수양기파)
> 利劍不在掌, 結友何須多. (리검주재장, 결우하수다)
> 不見籬間雀, 見鷂自投羅. (불견리간작, 견관자투라)
> 羅家得雀喜, 少年見雀悲. (라가득작희, 소년견작비)
> 拔劍捎羅網, 黃雀得飛飛. (발검소라망, 황작득비비)
> 飛飛摩蒼天, 來下謝少年. (비비마창천, 래하사소년)

이 시는 바람과 바다를 묘사하는 흥의 수법으로 시를 시작한다. 검은 권력을 상징하는 것으로, 권력이 없으면 친구도 소용없음을 말한다. 그다음 황작은 참새의 뜻이다. 참새가 매를 보고 무서워 그물로 뛰어들었다. 소년이 가여워 해방시켜 주니 참새는 자유를 찾는다. 여기서 참새는 조비 자신을, 매와 사냥꾼은 형 조비를 비롯한 정적들을 가리키며, 소년은 자신을 구해줄 누군가를 의미한다. 조비가 처한 상황과 마음속의 염원을 잘 표현하고 있다. 특히 시 뒤쪽에 날 비(飛) 자를 4번이나 연속해 적었으니, 새처럼 날아 자유롭고 싶은 마음을 표현한 것이다. 참고로 비 자는 중국어 발음이 [fēi]이며, 사성 중 1성이다. '페이'를 높고 길게 4번 반복해 낭송하면 하늘을 훨훨 나는 느낌이 든다.

한 말 때는 조조와 비슷한 시대를 살았던 여성작가 채염(蔡琰, 생졸미상으로 174-178년 사이에 태어났다고 전해짐)이 있었다. 그녀는 조정의 대신이자 유명한 문학가인 채옹(蔡邕)의 딸이다. 자가 문희(文姬)여서 채문희로도 많이 불린다. 결혼했으나 남편이 일찍 죽었으며, 동탁의 난 와중에서 부친은 죽고 자신은 피난길을 올랐다가 흉노 병사에게 사로잡혀 강제로 남흉노 좌현왕(左賢王)[70]의 아내가 되었다. 흉노 땅에서 두 아이를 낳게 되었고, 만 12년이 지난 다음에야 다시 중국 땅으로 돌아올 수 있었다. 그런 고난과 역경의 과정을 아래와 같은 「비분시悲憤詩」를 통해 108구 504자로 서사했다. 서사시로 분류되는 이 작품은 동탁의 권력 찬탈, 충신들과 백성들에 대한 살육, 흉노 땅에서의 비참한 생활 등에 대한 묘사가 탁월하다. 특히 두 자식과 헤어지는 곳이 독자의 마음을 아프게 한다.

천륜은 사람의 마음을 매어 두나,
이별하면 만날 기약 없도다.
생사의 영원한 이별이라,
차마 아이들과 헤어질 수 없구나.
아이가 앞으로 나와 내 목을 안고,

---

70) 흉노의 관제(官制)에 있어서 벼슬 중 가장 높은 자리.

묻기를 "사람들이 엄마가 떠난다고 말하니
어찌 다시 돌아오겠어요?
엄마는 언제나 나를 사랑했는데,
지금 왜 다시는 사랑하지 않죠?
나는 아직 다 자라지 않았는데,
어째서 돌볼 생각 안 해요?"
이를 보니 오장이 무너지고,
정신은 까마득히 미친다.
울부짖으며 손을 만지며 출발할 때,
다시 돌아보며 어찌할 바 모르네.

天屬綴人心, 念別無會期. (천속철인심, 염별무회기)
存亡永乖隔, 不忍與之辭. (존망영괴격, 불인여지사)
兒前抱我頸, 問母欲何之. (아전포아경, 문모욕하지)
「人言母當去, 豈復有還時. (인언모당거, 기부유환시)
阿母常仁惻, 今何更不慈. (아모상인측, 금하갱부자)
我尙未成人, 奈何不顧思」(아상미성인, 내하불고사)
見此崩五內, 恍惚生狂痴. (견차붕오내, 황홀생광치)
號泣手撫摩, 當發復回疑. (호읍수무마, 당발부회의)

이 외에 채염의 대표작으로 「호가십팔박胡笳十八拍」이 있다. 이것은 악부의 금곡(琴曲)[71]에 맞춰 부르는 악부가사(樂府歌辭)이며 18박으로 구성되었다. 여기서 1박은 1장(章, 악곡의 절)에 해당한다. 이 작품에서 작가는 자신의 불운을 하늘과 신의 탓으로 여기며 강렬한 원한과 분노를 나타낸다. 그 제8박을 읽는다.

71) 금곡은 고금(古琴)으로 연주하는 악곡을 가리키기도 하고, 또는 이러한 악곡에 맞추어 노래 부르는 악부가사(樂府歌辭)를 가리키기도 한다. 참고로 고금은 상주(商周) 시대부터 있었으니 그 역사가 3000년 이상이며 현존하는 금곡은 3,360여 수, 금곡을 악보로 적은 금보(琴譜)는 130여 부, 금곡에 맞춰 부르는 노래 가사는 300수가 있다.

하늘에 눈이 있다고 하거늘
왜 내가 홀로 떠돌아다님을 보지 못하는가?
신은 영험함이 있다고 하거늘
왜 나를 땅끝·하늘 끝에 있게 했는가?
나는 하늘을 저버리지 않았는데,
하늘은 왜 나를 오랑캐와 짝지었는가?
나는 신을 저버리지 않았거늘
신은 왜 나를 황량한 변방으로 귀양보냈는가.
여기 십팔박을 지어서
근심을 쫓고자 한다.
(그런데) 어찌 알았겠나? 노래를 완성했으나
마음은 더욱 근심스러울 줄.

爲天有眼兮, 何不見我獨漂流. (위천유안혜, 하불견아독표류)
爲神有靈兮, 何事處我天南海北頭. (위신유령혜, 하사처아천남해북두)
我不負天兮, 天何使我殊配儔. (아불부천혜, 천하사아수배주)
我不負神兮, 神何殛我越荒洲. (아불부신혜, 신하극아월황주)
制玆八拍兮, 御擬排憂. (제자팔박혜, 어의배우)
何知曲成兮, 心轉愁. (하지곡성혜, 심전수)

채염의 시가는 자신의 경험담을 꾸밈없이 적었기 때문에 사람의 마음을 크게 움직인다. 일반 문인들이 여가나 예술 활동으로 창작한 것들과는 층위를 달리한다. 비극은 공감 전달력에 있어서 매우 효과가 크고 강렬하다는 것은 서양문학에서도 자주 확인되는 바이다. 중국문학사에 있어서 여성의 수가 매우 적고, 게다가 극단적인 불행을 겪은 여성이 온몸으로 창작한 것이기에 한층 더 의미가 있다.

2) 현학과 죽림칠현

한나라 때, 무제가 유교를 국교로 정하면서 유가독존(儒家獨存)의 시대가 열렸다. 한대의 유교는 사상 면에서는 동중서가 주창한 음양오행설에 기초한 천인감응(天人感應, 혹은 천인교감·천인상응)이 주를 이루었고, 경학 면에서는 경전에 나오는 글자나 문구를 극도로 장황하게 설명하는 훈고학(訓詁學)이 대세였다. 그런데 한말 조조를 뒤이어 그의 아들 조비가 아버지의 자리를 잇자 바로 한나라 헌제가 황제 자리를 물려주어 위나라 문제(文帝)가 되었고, 다시 그 뒤를 조비의 아들 명제(明帝)가 이었다. 그런데 조조가 다스리던 위나라에는 사마의라고 하는 유능한 장군이 있었다. 그는 제갈공명과 치른 오장원의 전투로 유명하다. 사마의와 그의 아들들인 사마소와 사마사, 그리고 손자 사마염 등은 위의 라이벌들을 모두 도살하고 숙청하여 사마 씨 집안 천하를 만들었다. 마침내 사마염이 위나라에 이르러 위의 천자 명제를 폐위시키고 진 왕조를 개창하고, 스스로 무제로 불리는 천자로 등극하였다. 그 과정에서 수많은 명사들이 목숨을 잃어 명사들이 반으로 줄어들었다는 탄식이 있게 되었다. 이러한 극도의 혼란기 공포정치 하에서 지식인들은 세상으로부터 숨어 살면서 목숨이나 보존하려고 했다. 유가적 가치가 더 이상 작동할 수 없었다.

그래서 위진에 들어서 유가 일변도에서 이탈하여 노장의 학문을 본으로 삼고 거기에 유가 세계를 더해 보고자 하는 새로운 한 줄기의 사조가 출현했으니, 이것을 청담(淸談)이라고 불렀다. 청담을 현학이라고도 한다. 청담은 유가나 도가 중 하나로만 정의할 수 없다. 유가와 도가에 대한 변증법적 사고를 청담이라고 한다. 청담은 『노자』·『장자』·『주역』, 세 가지 책이 중심을 이루었으므로 후세의 사람들은 삼현지학(三玄之學, 세 가지 깊은 학문)으로 지칭하였고, 현과 학 자를 떼와 두 자로 줄여서 현학(玄學)이라고 하였다. 여기서 현은 도를 형용한 것으로, 도는 깊고 넓어서 개념화할 수 없다는 의미이다. 현학은 세 단계에 걸쳐 변화를 한다.

먼저 현학은 동한 말엽과 위나라 초기에 싹이 돋았으니, 정시(正始) 연간(240-249)에 하안(何晏)과 왕필(王弼)을 중심으로 현학의 귀무(貴無) 사상이 본격적으로 발생했다. 그들은 노자의 무를 근본으로 삼고 유를 말단으로 삼아서 만물은 모두 무에서 나와서 존재한다고 했다. 즉 '무(無)에서 유(有)가 나왔다', '무가 어미라면 유는 자식이다', '유가의 인의는 노자의 자연에서 생겼다'라고 하는 등이다. 무를 세계의 근본이며 본체라고 여겼기 때문에 이런 학설을 '귀무론(貴無論)'이라고 부른다. 세계의 만물이 무(혹은 도라고 칭함)에 의존해서 존재하는 것이며, 만물 자체는 결코 독자적으로 존재할 수 없다고 보고 유를 온전히 하고 싶으면 반드시 무로 돌아가야 한다고 했다.

이렇게 무가 강조되던 시기 혜강(嵇康)과 완적(阮籍)을 대표로 하는 죽림현학(竹林玄學)이 출현했다. 즉 위나라 왕조 말년에 혜강(嵇康)과 완적(阮籍)을 필두로 산도(山濤)·상수(向秀)·유영(劉伶)·완함(阮咸)·왕융(王戎) 일곱 사람이 죽림에 모여 은둔생활하면서 사상을 논하고 시문을 지었던 것이다.

그들은 정시 연간 때 주로 활동했으므로 건안시대 인물들보다 20-30년 정도 늦다. 건안문학이 조씨 삼부자에 의해 주도 되었다면 정시문학은 죽림칠현이 주도하였다. 죽림칠현, 그들은 모두 노자와 장자의 학문을 숭상하여 도가의 자연주의 사상을 고양시키면서 유가의 가르침은 허위뿐이라고 비난하였다. 일곱 명 중에서도 특히 혜강과 완적의 문학적 성취가 남다르다.

먼저 혜강(224-263)은 월명임심(越名任心)을 주장했다. 유가의 가르침을 명교(名教)라고 한다. 월명임심의 뜻은 유가의 명교가 사람의 마음을 자유롭지 못하게 구속하기 때문에 그것을 초월하여 사람의 마음이 지닌 자연성에 순응해야 한다고 하는 것이다. 그는 시문에 모두 능하고, 음악에도 조예가 깊어 「금부琴賦」와 「성무애악론聲無哀樂論」을 지었다. 시로는 4언 장시(長詩)인 「유분시幽憤詩」가 명작이다.

완적(210-263)은 사람이 마음에 안 들면 눈의 흰자위가 크게 확대되고, 반대로 마음에 들면 눈을 곱게 떠서 보았다. 여기서 백안시(白眼視)와 청안시(青眼視)란 말이 유래되었다. 완적의 작품 중에 「영회시詠懷詩」 82수가 매우 유명하다. 이 시들은 위 말 처참한 정치와 사회에서 겪는 괴로움과 고민을 표현한 것으로, 슬프고 처량한 분위기가 흐른다. 후세 문인들에게 많은 영향을 주어 이후 영회(마음속에 품은 생각과 느낌)를 주제로 한 작품들이 많이 지어지게 되었다.

그런데 무가 중요시되다 보니 지나쳐서 방달(放達)하는 사람들이 생겨 죽림칠현의 자유정신을 오해하고 오만방자한 짓을 했다. 그러자 배위(裴頠, 267-300)가 나와 유가 중요하다는 소위 숭유론(崇有論)을 폈다. 즉 일단 유가 되면 무는 어떤 작용도 하지 못한다. 이후 곽상(郭象, 252?-312)이 만물은 무와 관계없이 스스로 변화하기 때문에 유가 중요하지만, 무에서 생겨났기 때문에 서로 유기적 관계를 맺는다고 하는 독화론(獨化論)을 폈다. 즉 일단 유가 되면 무는 어떤 작용도 하지 못한다. 그렇지만 모든 존재(유)는 무에서 생겨났기 때문에 근원이 같으므로 서로 유기적 관계 속에 있다. 마치 턱이 없으면 입술도 영향을 받는 것과 마찬가지이다. 이처럼 현학은 무→유→독화의 세 번 변화를 통해 발전하는데, 죽림칠현은 그 첫 번째 단계인 무를 대표하는 현학의 사상가이자 시인이다.[72)]

여기서 위나라라고 하는 동시대에 살면서도 극명하게 다른 길을 걸었던 건안칠자와 죽림칠현을 비교해 보자. 우선 건안칠자가 조조를 중심으로 모였다는 점에서 자칫 관변문학이나 어용문학으로 오해할 수 있으나, 기실 그들의 만남은 상당히 순수한 편이었으며, 오늘날의 관점에서 보면 일종의 문학 동아리에 속했다고 할 수 있다. 건안칠자는 문학을 가지고 적극적으로 세상에 동참했다.

이와 대조적으로 죽림칠현은 다분히 냉소적이고 자학적 분위기를 띠고 있다. 즉 도피적이고 기괴한 생활로 정치적 탄압에 대한 소극적 저항을 했으며, 극단적이고 개인주의적인 취향을 드러냈다. 또한 노장의 무위를 지고지선으로 여기고, 유학의 형식적 예교를 조소하며 파격적 생활 모습으로 유학의 위선을 폭로하려 했다. 그러나 일곱 사람 모두 결국은 권력의 외압을 견디지 못하고 타협하거나 비참한 최후를 맞았다.

여기서 아놀드 토인비 박사의 역사의 연구 내용이 떠오른다. 이 책에서 토인비는 새는 두 날개로 날고 물은 겉과 속이 함께 흐른다. 문학사와 사상사에 있어서 건안칠자와 죽림칠현은 서로 극명하게 다른 길을 걸었기에 한 시대를 풍요롭게 해주었던 사람들이었다.

---

72) 현학에 관해서는 주로 許抗生 저, 김백희 역, 《위진현학사》, 2권, 서울, 세창출판사, 2013을 참고했다.

2. 좌사와 서진의 시인

한편 서진시대에 이르면 진이라는 새로운 정권이 들어서고 안정이 되면서 귀족들을 중심으로 작품활동이 많이 이루어졌다. 그들은 유미주의적인 경향을 보여서, 수사로써 묘함을 추구하기도 하고, 혹은 화사함을 추구하여 아름다운 글을 지으려 했다. 이 시대의 대표적인 작가를 이륙(二陸)·삼장(三張)·양반(兩潘)·일좌(一左)라 약칭한다. 그들은 육기(陸機)·육운(陸雲) 형제, 장재(張載)·장협(張協)·장항(張亢) 삼 형제, 반악(潘岳)과 그의 조카 반니(潘尼), 좌사(左思) 등이다.

이들 중에서 반악·육기·좌사가 뛰어났다. 반악의 시는 대구의 활용과 수사에 뛰어났고 문장이 아름다웠다. 육기(陸機, 261-303)의 시 역시 내용보다는 수사와 대구 등 형식에 치중했다. 종합하면 반악과 육기의 시는 대부분 화려하지만 골력(骨力)이 부족하여 더 이상 한대의 시 수준에 못미쳤다. 내용이 부족하고 형식에 치우쳐서 가슴에서 나오는 감동을 주지 못하였다. 대신 육기는 문학비평서인 『문부文賦』를 지어서 중국문학에 큰 공헌을 했다.

이와 대조적으로 좌사의 문학은 출중해서, 당시에 문명을 크게 떨쳤다. 그가 쓴 「삼도부三都賦」는 매우 유명해서 부 작가로 널리 알려졌지만, 그는 시도 잘 지었다. 좌사의 시 중에는 「영사시詠史詩」 8수가 있다. 역사를 제재로 쓴 시 종류를 영사시라고 하는데, 여기서 오늘날 우리들에게도 공감이 가는 그 제2수를 감상한다.

무성한 골짜기 아래 소나무,
더부룩한 산꼭대기 풀싹.
저 짤막한 잎사귀로,
백척 거목을 가리고 있네.
귀족 자제들은 높은 지위에 있고,
영재는 낮은 자리로 내려앉았네.
지세가 그렇게 만들었으니,

그 유래는 오래되었도다.
김일제(金日磾)와 장탕(張湯)의 자제들은 조상 음덕을 입어,
7대에 걸쳐 한나라 고관이 되었네.
풍당(馮唐)이 어찌 위대하지 않으리오만은,
백발이 되도록 부르심을 받지 못했구나.

鬱鬱澗底松, 離離山上苗. (욱욱간저송, 리리산상묘)
以彼徑寸莖, 蔭此百尺條. (이피경촌경, 음차백척조)
世胄躡高位, 英俊沈下僚. (세주섭고위, 영준침하료)
地勢使之然, 由來非一朝. (지세사지연, 유래비일조)
金張藉舊業, 七葉珥漢貂. (김장자구업, 칠엽이한초)
馮公豈不偉, 白首不見招. (풍공기불위, 백수불견초)

산 위에 자라는 풀은 비록 작고 보잘것없지만 높은 곳에서 생겨났기 때문에 저절로 골짜기 아래에 있는 거목 위에 처한다. 재주와 덕이 적은 사람들이 노력도 하지 않고 조상 덕에 뛰어난 사람들 위에 군림하는 것은 이와 마찬가지 원리이다. 지금으로 치면 풀은 금수저, 소나무는 흙수저를 비유할 수 있겠다. 한편 좌사는 10,000자가 되지 않는 「삼도부」를 10년 세월에 걸쳐 이룩했듯이, 시도 며칠 동안 갈고 다듬은 후에야 겨우 한 수를 지을 수 있었다 하니 전형적인 노력형 작가임을 알 수 있다. 그의 작품에는 항상 고심의 흔적이 있다. 그래서 독자를 감동시키는 강한 힘이 내재되어 있다.

3. 도연명과 동진의 시인

1) 현언시와 유선시

동진 시기에 이르면 현언시(玄言詩)들이 대량으로 지어졌다. 현언시는 노장과 불

교 사상을 주요 내용으로 한다. 동진 때 현언시가 유행한 원인은 첫째, 서진의 현학과 청담의 영향을 받았다. 둘째, 북쪽 이민족에게 밀려나 세워진 정권이 다스리는 정치와 사회가 불안정했다. 셋째, 노장사상과 불교가 성행했다 등이다. 이 중에서 특별한 점은 현언시가 불교의 영향을 크게 받았다는 것이다. 그 원인은 우선 불교 자체가 출세간적이어서 현학과 잘 통하기 때문이다. 그다음은 불교의 운문인 게나 송은 사람의 감정이나 감성을 읊는 서정성이 거의 없고 교리를 이치적으로 표현하기 때문에 불교의 성행은 자연 시작(詩作)에도 작용했기 때문이다. 동진의 현언시는 종영(鍾嶸, 468?-518?)이 「시품詩品」[73]의 서(序)에서 지적한 대로 "이치가 문체를 앞서고 담담하여 맛이 부족한(理過其辭, 淡乎寡味)" 폐단을 드러냈고, 예술 형상이나 진지한 감정이 결여되어 문학적 가치가 낮아 대부분의 작품이 없어지는 과정을 거쳤다. 대표적인 작가로는 손작(孫綽, 314-371)과 허순(許詢, ?~?)이 있다.

또 위진시대에는 유선시(游仙詩)도 많이 지어졌다. 유선시는 중국 고전시의 한 유형으로서 '선경에서의 노닒'을 주제로 하는 것으로, 『장자莊子』나 『열자列子』 같은 책에 보이는 신선의 모습에 의거해서 서술한다. 대표 작가로는 곽박(郭璞, 276-324)이 있다.

유선시(游仙詩)

경사에는 유협이 활동하고,
산림에는 은둔자가 깃드네.
귀족 집이 어찌 영예스러우리오,
봉래산에 의탁함만 못하리.
푸른 물결 한 웅큼 뜨고,
산에 올라 영지를 따네.[74]

---

73) 『시품』은 오언시를 위주로 해서 한나라부터 양(梁)나라에 이르기까지의 작가 122인을 상중하 삼품으로 분류하여 평론하고 있다. 그래서 서명이 시품인 것이다.

74) 이 두 구는 봉래산에서 목마르면 물 마시고 배고프면 영지를 먹는다는 뜻이다.

영계에 은둔하면 되지,
어찌 하늘로 오를 필요 있겠는가.[75]
장자는 관리에게 오만했고,[76]
노래자에게는 뛰어난 아내 있었지.[77]
세상에 나가서는 용이 모습을 드러내는 듯하지만,
물러나면 진퇴유곡이지.
세속 밖에서 멀리 다니며,
백이·숙제에게 마저도 영원한 이별을 고하리라.[78]

京華游俠窟, 山林隱遁棲. (경화유협굴, 산림은둔서)
朱門何足榮, 未若托蓬萊. (주문하족영, 미약탁봉래)
臨源挹清波, 陵岡掇丹荑. (림원읍청파, 릉강철단이)
靈溪可潛盤, 安事登雲梯. (영계가잠반, 안사등운제)
漆園有傲吏, 萊氏有逸妻. (칠원유오리, 래씨유일처)
進則保龍見, 退爲触藩羝. (진즉보룡견, 퇴위촉번저)
高蹈風塵外, 長揖謝夷齊. (고도풍진외, 장읍사이제)

이 시는 동진 때 은둔을 이상으로 삼는 문인들의 심회를 상당히 낭만적으로 서술하고 있는 것으로 역대 유선시 중 가작으로 꼽힌다. 시대가 흘러 만당 때가 되면 조당(曹唐)이 좋은 유선시들을 창작해서 문명을 높혔다. 중국문학에서 곽박과 조당을 유선시의 대표 시인으로 친다.

---

75) 영계는 영계수라는 강 이름이다. 작자에게 있어서 은둔처가 바로 신선 세상이니 굳이 하늘로 오를 필요가 없다는 의미이다.

76) 장자가 칠원리라는 벼슬을 하고 있을 때 초나라 위왕(威王)이 그의 어짊을 듣고 사신을 보내 벼슬을 제안했다. 이에 장자가 사신을 쫓아버렸다는 에피소드를 가리킨다.

77) 노래자가 몽산(蒙山)에서 농사짓고 있는데, 초왕이 와서 그에게 벼슬을 제안했다. 이에 노래자가 아내의 '벼슬을 받으면 다른 사람에게 구속된다'는 말을 인용하여 사양했다 한다.

78) 주나라 곡식이 먹기 싫다고 산에 들어간 백이와 숙제보다도 더 멀리 세상을 피하겠다는 뜻이다.

2) 도연명

위진남북조를 통틀어 가장 위대한 시인은 도연명(陶淵明, 365-427)이다. 그는 중국 시의 발전을 한 단계 크게 끌어올려 놓았다. 하지만 도연명은 그가 살았던 동진 시대에는 알아주는 사람이 적었다. 대신 시대가 흐를수록 높이 평가되었다. 즉 유협(劉勰, 465?—532)의 『문심조룡文心雕龍』에는 아예 언급이 없고, 종영(鍾嶸, ?-522)의 『시품詩品』에서는 도연명의 시 수준을 중품(中品)에 놓았으나, 소통(蕭統, 501-531)이 『도연명집』을 편찬하면서 마침내 높게 평가했다. 이후 당대로 들어오면서 도연명의 진가가 진정 인정되었으며, 송대에 이르러 극에 달했다.

먼저 도연명이 벼슬을 그만두고 고향으로 돌아가게 된 사연을 알아본다. 그는 29세부터 벼슬을 시작해 몇 차례 낮은 벼슬을 지냈는데, 나이 41세 때는 팽택(彭澤)의 현령으로 부임했다. 마침 연말이라 상급 기관에서 독우(督郵, 현령을 감찰하고 상부 명령을 전달하는 관리)가 왔다. 주위 사람이 의관을 정제하고 공손하게 그를 맞이해야 한다고 가르쳐주자, "다섯 말 쌀 때문에 허리를 굽히지 않는다.(不爲五斗米折腰)"고 말했다. 당시 현령의 월급이 쌀 다섯 말이었다. 이 일을 기화로 도연명은 영원히 관직을 떠나 전원에서 농부의 생활을 하면서 많은 시와 산문을 지었다. 불위오두미절요(不爲五斗米折腰)는 후에 사람됨이 범속하지 않고 골기가 있으며 이익 때문에 마음이 움직이지 않는 것을 비유하는 유명한 전고가 되었다. 『오류선생집五柳先生傳』에서 도연명을 이렇게 피력했다.

> (오류선생은) 한가하고 고요(閑靜)하면서 말이 적었으며 영리를 좋아하지 않았다. 독서를 좋아하되 깊게 이해하려고 하지 않았고, 매번 뜻에 맞으면 기뻐하면서 먹을 것을 잊었다. 성품이 술을 좋아하였으나 가난하여 항상 얻을 수 있지는 않았다. 친구들이 이와 같음을 알고 혹 술자리를 마련하여 부르면 가서 금새 다 마셨으며 반드시 취하는 것에 기약했다. 취하면 물러나 떠나고 머무름에 연연하지 않았다. 집은 쓸쓸하고 바람과 해를 가리지 않았으며 짧은 거친 옷은 꿰매 입었고 쌀독과 표주박은 자주 비었으나 편안했다. 항상 문장을

> 지어 혼자 재미있어하면서 자못 자신의 뜻을 나타냈다. 득실을 마음에 품지 않았으며, 이렇게 살다 죽었다.
>
> 閑靜少言, 不慕榮利.好讀書, 不求甚解, 每有會意, 便欣然忘食.性嗜酒, 家貧不能常得, 親舊知其如此, 或置酒而招之.造飮輒盡, 期在必醉, 旣醉而退, 曾不吝情去留.環堵蕭然, 不蔽風日, 短褐穿結, 簞瓢屢空晏如也.常著文章自娛, 頗示己志.忘懷得失, 以此自終.

작자의 자전(自傳)이라고 할 수 있는 이 작품을 통해 도연명은 자신의 성품과 풍격을 오류선생에게 투영했다. 오류선생처럼 살다가 죽었다. 도연명은 시 125수, 산문 12개를 남겼는데, 시에 있어서는 음주시(飮酒詩), 영회시(詠懷詩), 전원시(田園詩) 등에 빼어났고, 이중 문학사에 있어서 전원시가 가장 의의가 크다. 전형적인 시골생활과 목가적(牧歌的)인 풍경을 담은 전원시는 도연명에 의해서 완성되었다.

서양에서는 예로부터 시골문학을 목가문학이라고 칭하는 것이 일반적이다. 목동이 부르는 노래라는 뜻인 목가는 고대 로마에서 도시를 배경으로 하는 도시문학과 대칭으로 쓰였다. 서구 목가문학의 대표작으로는 프랑스 작가인 알퐁스 도데(Alphonse Daudet, 1840-1897)의 『별』을 들 수 있다. 그 내용은 양치기 소년이 우연한 일로 인해서 주인집 딸과 함께 산에서 밤을 보내는 것이다. 『별』은 소년과 소녀의 순수한 사랑을 들려주며 소나기가 주요 모티브가 된다는 점에서 우리나라 황순원 작가의 『소나기』를 연상시키기도 한다. 『별』에 나오는 명구 하나. "밤하늘의 가장 밝은 별 하나가 길을 잃고 내려와 내 어깨에 기대어 잠들었노라고."

한편 고대부터 전원은 시의 소재 중 하나였으나 도연명에 이르러 그 격식과 체재를 완비하여 하나의 장르로서 확실하게 자리매김하였고, 후세 사람들이 전원시라는 개념을 갖게 되었다. 『시경』에는 농사를 지으면서 부르는 '농사시'가 있는데 그것은 농부들이 노동하면서 부른 노래였고, 사대부가 몸소 농경에 참여하면서 시로 농경 체험을 써낸 것은 도연명이 처음이다. 또한 도연명 후의 전원시에서는 진정으로 작가 자신의 노동생활을 묘사한 것은 많지 않다. 도연명 전원시 중 5수로 이루어진 「귀원전거歸園田居」의 제3수를 감상해 보자.

> 남산 아래 콩을 심었더니,
> 풀은 무성하고 콩싹은 드무네.
> 새벽에 일어나 잡초를 매고,
> 달을 데리고 괭이 맨 채 돌아온다네.
> 길은 좁고 초목은 길어,
> 저녁 이슬이 옷을 적신다.
> 옷 젖는 것 아깝지 않으나,
> 바람이 어긋나지 않기를.

> 種豆南山下, 草盛豆苗稀. (종두남산하, 초성두묘희)
> 晨興理荒穢, 帶月荷鋤歸. (신흥리황예, 대월하서귀)
> 道狹草木長, 夕露沾我衣. (도협초목장, 석로점아의)
> 衣沾不足惜, 但使願無違. (의점부족석, 단사원무위)

고향으로 돌아가 남산 아래에 있는 황무지를 개간하여 콩을 심었더니, 풀이 너무 많아 농사가 신통치 않다. 그래서 풀 매다가 저녁이 되어서야 달빛 맞으며 돌아오는데, 길은 좁고 초목은 길어서 옷이 이슬에 젖는다. 옷은 아깝지 않으나 다만 벼슬 그만두면서 했던 결심, 즉 다시는 세속에 영합해야만 하는 관리 생활을 하지 않고, 대신 시골에서 뜻 가는 대로 살고자 다짐했던 마음만 변하지 않았으면 좋겠다.

「귀원전거」에서 살필 수 있듯이, 도연명의 시는 거짓과 꾸밈이 없고, 담담하며 순수하다. 불필요한 가식이나 수식이 전혀 없다. 그의 「음주飮酒」라는 시에 나오는 "동쪽 울타리 아래에서 국화를 따다가, 그윽이 남산을 보네.(채국동리하采菊東籬下, 유연견남산悠然見南山.)"라는 시어는 중국인이면 대부분 암송하는 은자의 생활을 상징하는 전고가 되었는데, 이 역시 전혀 조탁의 흔적이 없는 천연 자체이다. 도연명의 시는 정(情, 서정)·경(景, 서경)·사(事, 서사)·리(理, 이치)가 혼융되어 있다. 그 진수를 보여주는 한 수를 읽는다.

의고(擬古) (3)

삼월 중춘에 때맞춰 내리는 비,
우레가 동쪽에서 시작하네.
겨울잠 자던 동물들 숨어 있다 놀라고,
초목은 마음대로 펼친다.
펄펄 처음 날아온 제비는,
쌍쌍이 내 오두막집으로 들어온다.
전에 보금자리 아직 있어,
함께 옛 거처로 돌아온다.
우리 헤어진 이래,
집은 날이 갈수록 황폐해진다.
내 마음은 본디 돌이 아닌데,
그대의 정은 어떻게 정해졌나?

仲春遘時雨, 始雷發東隅. (중춘구시우, 시뢰발동우)
衆蟄各潛駭, 草木縱橫舒. (중칩각잠해, 초목종횡서)
翩翩新來燕, 雙雙入我廬. (편편신래연, 쌍쌍입아려)
先巢故尙在, 相將還舊居. (선소고상재, 상장환구거)
自從分別來, 門庭日荒蕪. (자종분별래, 문정일황무)
我心固匪石, 君情定何如. (아심고비석, 군정정하여)

주역에서 우레는 생명을 상징한다. 그래서 우레가 치면 식물·동물 할 것 없이 뭇 생명들은 움직이기 시작한다. 또한 동쪽은 봄을 나타낸다. 그리하여 제비들이 다시 돌아왔는데 가난한 '내 집'은 황량하기 그지없다. 그렇지만 제비는 이전에 여기서 살았던 정이 있기 때문에 다른 곳으로 가지 않는다. 결코 마음이 변하지 않는다. 그래서 제비가 집주인에게 묻는다. '나는 이곳에 정이 있어서 옮겨가지 않으려는데 그대 마음은 어떤가요?'

이렇게 해석되어지는 이 작품에는 주역의 이치, 봄의 정경, 집에 얽힌 사연과 제비의 마음이 혼연히 시 한 수에 담겨 있다. 도연명은 동진시대 현언시에 보이는 아름답고 화려함에서 벗어나 평범한 문자를 사용하여 가장 순박하고 천진난만하며 진실무구한 작품을 지었다. 묘사의 대상이 평범한 사물이지만 자주 사람을 깨우치는 경책성이 있고, 질박하고 단순하지만 곱고 아름답다. 그래서 송나라 소식(蘇軾, 호는 소동파)은 도연명 시를 가리켜 "질박하지만 실제로는 곱고, 비쩍 말랐지만 실제로는 살쪄 있다(質而實綺, 癯而實腴)[79]"라고 평했다. 원나라 문학가 원호문(元好問)은 "한 마디 천연스러운 말이 만고에 새롭고, 화려함이 다 떨어지니 진실된 순수함이 드러난다(一語天然萬古新, 豪華落盡見眞淳)[80]"라고 극찬했다.

그러므로 문학사에서 도연명은 조식 이후 이백·두보 이전 400년간 시단 중에서 가장 위대한 시인으로 평가된다. 보통 문학을 신분에 의해 귀족문학과 평민문학으로 크게 구분하는데, 도연명은 그 두 가지와는 다른 한 부류를 세웠다고 할 수 있으니, 그것이 바로 전원시이다.

도연명의 삶과 작품에는 안빈락도와 자연숭배 사상이 짙게 투영되어 있다. 그는 출사(出仕)를 부정하지는 않았지만 함께 오염되려고 하지 않았으며 소박함을 갖고 진(眞, 진실됨, 즉 생긴 천연 그대로의 모습)을 품고 살았다. 가난하지만 편안한 삶을 추구했으며, 자연으로 돌아가 자기 본래적이고 세속적 변화를 겪지 않는 천진한 성정을 보존하기 희망했다.

지금까지 소개한 도연명의 삶, 문학, 사상을 다시 한마디로 응축한다면 바로 평담(平淡)이다. 평범하고 담박한 아름다움이 진정한 미라는 것이다. 초연한 평정심이 평담의 상태다. 그러므로 이때의 평범은 우리가 흔히 말하는, 아무런 특징도 없는 그저 그런 평범이 아니다. 평담은 겉으로는 평범하고 싱겁고 무미건조한 것처럼

---

79) 蘇軾, 『與蘇轍書』.

80) 元好問, 『論詩三十首·其四』

보이지만 안으로는 조화로운 풍부함을 함축하고 있다. 무미건조한 듯하지만 사실은 아름답다. 질박하되 멋이 있고 수척한 듯하나 살쪄 있으며, 간결하고 고아함에 섬세함이 깃들어 있다. 담박함에 지극한 맛을 기탁한다. 마치 백미로 만든 밥맛 같다고나 할까. 천천히 음미하면 맛있고, 질리지 않는다.

욕망과 육체적인 것을 제거하고 마음을 가라앉혀서 차분한 경지에서 바라보는 사물 그대로의 모습을 시에 담아내는 것이 바로 평담의 예술이다. 평담은 고대부터 있었던 말로 인품을 가리키기도 하고 예술풍격론으로도 사용되었다. 자연스럽고 조탁하지 않아야 좋은 사람, 좋은 작품이라는 것이다. 시문(詩文)과 서화(書畫)에 모두 적용되며, 특히 시의 풍격을 나타낼 때 자주 사용되었다. 시작(詩作)에 있어서 평담하기가 제일 어렵다고 했다. 대표적으로 도연명의 시를 든다. 중국에서 평담에 가장 어울리는 시인을 들라고 하면 누구보다도 도연명일 것이다.

시와 마찬가지로 그림에 있어서도 평담함을 드러내야 한다. 문인화에서는 평담의 미가 수묵·담묵(淡墨, 진하지 않는 먹물의 색)·여백으로 이어진다. 강렬한 색채와 명확한 필선으로 화면을 꽉 채우기보다 꾸미지 않는 졸박함으로 넌지시 암시할 뿐이지만 무한한 내적 풍부함을 담지하고 있다. 그런 그림은 간단하고 깊기 때문에 측량할 수 없는 크기를 느낀다. 세상에는 모양으로는 나타낼 수 없는 크기가 있다. 예를 들어 삼사 개의 감, 육칠 개의 대나무, 수평선도 없는 수면, 그 간단한 그림 속에 한없는 깊이가 있고 사의(思議)를 넘는 크기가 있다.[81] 이렇게 보면 문학과 그림의 원리가 본디 하나임을 알 수 있다. 즉 시와 회화는 서로 다른 영역 같지만 실은 하나로써 통하고 있다. 도연명의 시가 단순하여 처음 읽을 때는 덤덤하지만 시간이 갈수록 매력을 느끼는 것은 바로 이러한 동양적인 평담의 맛이 담겨 있기 때문이다. 그의 문학이 자기 시대에는 전혀 인정을 받지 못했지만 시간이 지날수록 빛을 발하게 되었던 것은 이 때문이다.

평담의 뉘앙스는 느낌과 맛이다. 여기에 더해 필자는 평담을 속도로 표현하여 '느림'이라고 말하고 싶다. 밤에 '달을 데리고' 시골 논밭길을 이슬에 옷 젖으며 걷

---

81) 평담에 대하여는 졸저, 위 책, 597-599를 참고.

는 모습, 동쪽 울타리 아래서 국화를 따다가 물끄러미 남산을 바라보는 모습을 마음속에 그려보자. 또 도연명의 「귀원전거歸園田居」 제2수에 묘사된 사람끼리 천천히 만나서 천천히 이야기 나누는 이미지를 떠올려 보자.

야외에는 사람 일 드물고,
궁벽한 마을엔 거마의 왕래 적지.
때로 언덕에서,
풀 헤치고 서로 오가며.
만나서 잡된 말 없이,
다만 농작물이 잘 자라는지 묻지.

野外罕人事, 窮巷寡輪鞅.(야외한인사, 궁항과륜앙)
白日掩荊扉, 虛室絶塵想.(백일엄형비, 허실절진상)
時復墟曲中, 披草共來往.(시부허곡중, 피초공래왕)
相見無雜言, 但道桑麻長.(상견무잡언, 단도상마장)

프랑스의 피에르 쌍소(Pierre Sanso, 1928-2005) 교수가 지은 『느리게 사는 것의 의미』[82]는 느림이 갖는 미학적 의미와, 안정감·행복감 등을 설명한다. 느림이라는 '기호'를 철학은 물론 심리, 사회, 정치, 역사, 문학, 예술, 교육, 힐링, 건축, 도시공학 등 많은 분야의 학문을 융합해서 총체적으로 풀어낸다. 필자는 특히 "내가 존재함으로써 발생하는 시간에 시달리고 싶지 않다."라는 문장이 마음에 울림을 주었다. 욕망과 경쟁심이 투영된 '빠름' 속에서 인간은 결코 행복할 수 없고, 높고 깊은 학문이나 예술도 기대하기 힘들다. 생활 속의 예를 들면, 아침에 고요한 마음으로 명상하듯이 마시는 차 한 잔 속에 진정한 행복과 만족감이 있다. 느림을 잠시도 참아내지 못하는 조급한 마음에는 결코 '파랑새'가 깃들지 않는다. 그런 의미에서 이문재 시인의 시 한 편을 소개한다.

---

82) 서울, 공명 출판사, 2014.

푸른곰팡이

아름다운 산책은 우체국에 있었습니다
나에게서 그대에게로 편지는
사나흘을 혼자서 걸어가곤 했지요
그건 발효의 시간이었댔습니다
가는 편지와 받아올 편지는
우리들 사이에 푸른 강을 흐르게 했고요
그대가 가고 난 뒤
나는, 우리가 잃어버린 소중한 것 가운데
하나가 우체국이었음을 알았습니다
우체통을 굳이 빨간색으로 칠한 까닭도
그때 알았습니다 사람들에게
경고를 하기 위한 것이겠지요

천천히 오가는 편지와 편지 사이에 견우와 직녀가 만나는 은하수가 형성된다. 카톡을 통해 빛의 속도로 오가는 소식, 그래서 전혀 발효의 시간이 없는 날선 내용에는 깊게 우러나는 인간의 맛이 적다. 소식을 전할 때 안부를 묻는 기본 예절이라든가 문장의 기승전결이라든가 하는 것들을 완전히 무시해 버리기 때문에 때로 파시스트적이다. 수많은 메시지를 읽고 나면 오히려 마음이 짜증나는 것은 이 때문이다. 그래서 시인은 우체통이 빨간 것은 빠름의 부작용을 경고하기 위한 것이라고 경책한다. 과학이 발달해 더욱 빠른 세상이 될수록 고전적인 느림이 더욱 소중하다.

4. 사령운·포조와 남조의 시인

남조(즉 남북조의 송·제·양·진 네 나라) 때 시인으로는 송(宋)의 안연지(顔延之), 사령운, 포조 등이 유명하다. 그중에서도 사령운과 포조가 남북조시대를 대표한다. 이 세 시인의 공통점은 산천경물을 묘사하는 데 힘을 기울리고, 사조(詞藻)의 화려함을 추구하며, 대구를 많이 사용했다. 그래서 세 사람의 시풍을 개괄해서 원가체(元嘉體)라고 한다. 원가체란 말은 원래 있었던 말이 아니고, 송나라 엄우(嚴尤)가 『창랑시화滄浪詩話』라는 시 비평이론서에서 처음 명명한 것이다.

1) 사령운

시대상 도연명보다 약간 늦은 사령운(謝靈運, 385-433)은 자연을 노래하되 도연명과는 표현이 상당히 다르다. 본시 자연은 감상의 대상이 아닌 숭배의 대상으로서 신적인 존재였다. 바람·나무·바위·강·바다·하늘 등은 사람보다 강하고 사람에게 영향을 줄 수 있기 때문에 다분히 두려웠다. 그러나 문화의 발달에 따라 인문주의 중심으로 사고가 전환됨으로써 그러한 두려움에서 차츰 벗어나게 되었다. 두려움의 극복은 이후 자연에 대한 감상으로 이어졌다.

중국의 경우는 위진시대 때 비로소 자연을 본격적으로 감상의 대상으로 여기기 시작했다. 자연을 보는 시각이 위진시기에 크게 달라졌던 것이다. 그리하여 기원 3, 4세기에 자연을 묘사하는 산수시가 태동되었고, 그와 동시에 자연을 화폭에 옮기는 산수화도 태동되었다. 산과 물이 자연을 대표하기 때문에 산수는 자연과 거의 같은 말이다. 즉 자연을 주제로 한 시나 그림을 산수시니 산수화니 한다. 또한 동진 때는 노장사상과 불교의 성행으로 산수는 속세로부터 떨어진 청정한 세계로 인식되었다. 그래서 자연은 시인들의 도피처가 되었으나, 남조에 이르러서는 귀족적인 세련된 감각과 언어로 아름다운 산수를 재현시키며, 거기에 자신의 감정도 기탁하면서 호사스러운 취미도 이루어보려는 풍조가 생겼다. 그러한 시를 가장 대표하는 사람이 사령운이다.

사령운은 진나라 귀족 사현(謝玄)의 손자였다. 사현은 북위가 북쪽 지역을 통일한 후 그 여세를 몰아 남쪽으로 쫓겨간 한족 정권을 공격할 때 비수(淝水)라는 곳에서 이를 막아낸 당시 총지휘관이었기 때문에 그의 집안은 최고 명문 귀족이 되었으며, 사령운은 음서에 의해 18세에 강락공(康樂公)이라는 제후가 되었다. 그러나 유유(劉裕)가 황제(즉 남조 송의 개국군주인 무제武帝)가 되면서 사씨 집안을 경계하기 시작했기 때문에 사령운은 좌천당하였다. 이후 사령운은 관직의 소임에는 전혀 소홀히 하고 대신 명산대천을 다니면서 호사스러운 생활을 하면서 시재를 마음껏 발휘하였다. 그러나 안하무인의 태도는 주변에 적을 만들었고, 49세에 탄핵당하여 사형되었다. 그의 산수시 「석문암상숙石門巖上宿」을 읽어 보자.

아침에 정원에서 난꽃을 따며,
서리 아래 시들까 두려워하네.
저녁에 구름 끝에 있는 숙소로 돌아와,
이 돌산 위의 달을 즐기네.
새 우니 보금자리에 깃듦을 알겠고,
낙엽 떨어지니 바람 부는 줄 알겠다.
서로 다른 소리들 동시에 들리니,
모든 음향이 참으로 맑구나.
오묘한 사물 함께 즐길 이 없으니,
향기로운 술을 누구와 함께 마실까.
임은 끝내 오지 않으니,
양아산에서 헛되이 햇살로 머리를 말리네.

朝搴苑中蘭, 畏彼霜下歇. (조건원중란, 외피상하헐)
暝還雲際宿, 弄此石上月. (명환운제숙, 롱차석상월)
鳥鳴識夜棲, 木落知風發. (조명식야서, 목락지풍발)
異音同致聽, 殊響俱淸越. (이음동치청, 수향구청월)

妙物莫爲賞, 芳醑誰與伐. (묘물막위상, 방서수여벌)

美人竟不來, 陽阿徒晞髮. (미인경불래, 양하도희발)

이 시는 서술에 있어서 서경·서사·서정이 모두 갖춰져 있다. 대구에 있어서는 일반적으로 대구는 앞 구와 뒤 구에서 이루어지는데, 이 시의 경우에는 한 구를 뛰어넘어 1구와 3구, 2구와 4구가 한 자 한 자 모두 대를 이루고 있어 절묘하다. 즉 조(朝, 아침)와 명(暝, 저녁), 건(搴, 따다)과 환(還, 돌아오다), 원중난(苑中蘭, 정원 가운데의 난)과 운제숙(雲際宿, 구름 끝의 숙소), 외(畏, 두렵다)와 농(弄, 즐기다), 피(彼, 저)와 차(此, 이), 상하헐(霜下歇, 서리 아래서 시듦)과 석상월(石上月, 바위 위의 달)이 모두 각각 짝이 된다.

시간에 있어서 이 시는 아침부터 익일 아침까지에 걸쳐 있다. 첫째 구 "조건원중란(朝搴苑中蘭)"은 굴원 「이소」의 "조건비지목란혜(朝搴阰之木蘭兮, 아침에 산의 목란을 따네)"를 습용하였다. 난은 고결한 덕을 상징한다. 시의 주인공은 저녁 무렵에 집으로 돌아와서 바위 위에 떠있는 달을 감상한다. 그리고 방에 들어와, 새소리를 듣고 밖의 낙엽 떨어지는 것을 보면서 '새들은 잠들 곳 찾아오고 찬 바람이 숲에 불고 있구나'하고 헤아린다. 또한 적막한 산중에는 각양각색의 소리가 섞여서 들리는데, 다 맑고 조화롭다. 하지만 이 아름다운 정경을 함께 즐기면서 술을 마실 친구가 없다. 그래 혼자서 다음 날 아침까지 마셔보지만 친구는 끝내 오지 않는다. 그러니 굴원이 지은 「구가九歌」의 「소사명少司命」에 나오는 '양아산에서 끝내 오지 않는 임을 머리 감고 기다리는 것'[83]과 같은 처지다.

이 시를 통해 작가가 굴원과 자신을 동일시하고 있음을 알 수 있다. 즉 사령운 자기를 뛰어난 재주와 덕을 갖추고 있었으나 간신들의 시기와 모략으로 임금에게서 버려진 전국시대 초나라의 굴원에 빗대고 있다. 스스로의 인품이나 재주를 직접 드러내는 것은 좋지 않지만 이처럼 시적인 비유나 은유로 나타내면 전혀 허물이 되

83) 「소사명」에 "그대와 함지에서 목욕하고 양아산에서 머리 말리고 싶네. 임을 기다려도 오지 않으니, 상심하여 바람 맞으며 크게 노래하네.(與女沐兮咸池, 晞女髮兮陽之阿.)"가 있다. 양아는 본디 산의 햇볕 나는 곳을 가리킨다.

지 않는다. 이러한 시의 효능은 중국문화의 한 특징이다. 우리가 『서경』에서 배웠듯이 시언지(詩言志)이기 때문이다. 언지(言志)는 서사나 구두로는 전하기 어려운 일도 가능하다.

「석문암상숙」에서 보는 바와 같이 사령운이 만든 시어는 경탄할 만한 것들이 많다. 그러나 그러다 보니 한편으로는 천연의 자연을 노래하면서 꾸밈이 많아져서 천진함을 잃어버렸다. 이것이 바로 높은 수준의 문학적 성취에도 불구하고 도연명의 시보다 못하다는 평가를 받는 이유이다. 즉 사령운은 자연을 정교하고 아름답게 묘사하였으나 도연명과 같은 생활의 본질을 추구하는 진실성이 부족하다. 이런 측면에서 사령운의 시 세계가 귀족적이라면, 도연명의 시 세계는 서민적이라고 할 수 있다.

한편 삼사(三謝)라는 표현은 남조 송(宋)의 사령운(謝靈運), 사령운의 동생인 사혜련(謝惠連, 407-433), 그리고 남조 제(齊)의 사조(謝朓, 464-499)를 합칭하는데, 이 경우 세 사람이 함께 부자지간이나 형제지간이 되는 것은 아니고 다만 비슷한 시대에 살았던 작가들이 같은 성씨이므로 그렇게 부르는 것이다.

2) 포조

사령운 이후 뛰어난 시인으로 포조(鮑照, 414-466)가 있다. 그의 시는 모두 200여 수가 전하고 있는데, 그중 80여수가 악부시이다. 그는 악부시에 뛰어났으며, 그중 「의행로난擬行路難」이 유명하다. 이 작품은 한대 악부 작품인 「행로난」을 본떠서 만든 것이다. 한대 「행로난」 원본은 전해지지 않고, 포조의 이 18수가 현전하는 모방 작품의 최초 형태이다(여기서 모방은 베낀다는 뜻이 아니라 형식을 본떠서 시를 짓는 것이다). 18수로 이루어진 이 작품의 제4수를 감상하자.

의행로난(擬行路難)

평지에 물 쏟아지면,
각자 동서남북으로 흐르지.

인생도 운명이 있는데,
어찌 살면서 탄식하고 앉아 근심만 하는가.
술마시며 스스로를 위로하고,
술잔 들어 끊어 버리고 행로난을 부르리라.
마음은 목석이 아닌데 어찌 느낌이 없겠는가,
소리 삼키며 주저주저 감히 말을 못하네.

瀉水置平地, 各自東西南北流. (사수치평지, 각자동서남북류)
人生亦有命, 安能行嘆復坐愁. (인생역유명, 안능행탄부좌수)
酌酒以自寬, 擧杯斷絶歌路難. (작주이자관, 거배단절가로난)
心非木石豈無感, 呑聲躑躅不敢言. (심비목석기무감, 탄성척촉불감언)

땅에 물이 쏟아지면 각자 다른 방향으로 흘러간다(예로 비를 상상해 보자). 제각각 수많은 다른 모습으로, 다른 방향으로 흐른다. 다만 운명에 따를 뿐, 애초에 정해진 건 없다. 어떤 것은 돌과 나무에 부딪치고, 어떤 것은 웅덩이에 빠지고, 어떤 것은 막힘없이 편안하게 흐른다. 흐르다가 또 날씨와 지세가 변하면 천차만별로 다르게 된다. 물은 그런 것들을 다 수용한다. 인생도 마찬가지 아닌가. 그렇게 생각하며 술잔 들어 탄식과 근심을 끊어 버리고, 세상살이의 어려움을 길의 험난함에 비유한 「행로난」이라는 시를 노래하자. 그러나 슬픔이 복받쳐 소리가 잘 나오지 않는구다.

「의행로난擬行路難」은 대충 이런 식으로 해석될 수 있다. 실제 포조는 빈한한 집 출신으로 회재불우했다. 되는 일이 거의 없었다. 만년에야 임해왕(臨海王) 유자욱(劉子頊) 밑에서 참군(參軍)이란 벼슬을 지냈으나, 유자욱이 전쟁에서 패배하고 그 와중에서 살해당했다. 「의행로난」은 시인 삶의 질곡을 잘 보여준다. 이 시는 살면서 괴로운 일이 있을 때, 혹은 삶이 힘들고 마음대로 안 되어 지칠 때 적잖이 위로를 준다. 문학 속의 큰 슬픔을 보면서 나의 슬픔은 작아지는 것이다.

5. 영명체 시와 성률론

위와 같이 도연명, 사령운, 포조 같은 큰 시인이 나왔으나, 이 세 사람을 이어서는 더 이상 위대한 시인이 나오지 않았다. 남북조시대에 있어서 진과 송 때 이 세 시인이 문학사에 뚜렷한 족적을 남겼으나, 이어서 제와 양 때는 문학이 유미주의적인 경향으로 흘러 형식의 아름다움을 추구하였고, 이러한 문학을 대표하는 것이 바로 제나라 무제의 영명(永明) 연간(483-493)에 가장 성행한 영명체(永明體)라는 시풍이다. 영명체를 대표하는 소연(蕭衍)·심약(沈約)·사조(謝朓)·왕융(王融)·소탐(蕭琛)·범운(范雲)·임방(任昉)·육수(陸倕) 여덟 사람을 경릉팔우(景陵八友)라고 부른다. 제나라 무제의 둘째 아들 경릉왕(景陵王) 밑에서 문학 활동을 했기 때문이다.

경릉팔우 중에서 후대 문학에 가장 큰 영향을 끼친 이는 '사성팔병(四聲八病)'을 주장한 심약(441-513)이다. 사성팔병은 일종의 '성률론'인데, 성률(聲律)이란 작시할 때 음률, 즉 음악성을 요구하는 것을 말한다. 시의 음악성은 압운(押韻)과 평측(平仄)에 의해서 결정되는바, 사성팔병설은 압운과 평측을 둘 때 피해야 할 여덟 가지 규칙을 정한 것이다.

여기서 압운과 평측이 무엇인가를 간략하게 설명하고자 한다. 중국어는 글자마다 발음과 성조를 갖고 있고, 성조에는 4가지가 있어서 사성이라 부른다. 압운과 평측은 발음과 성조를 활용해서 음악적 효과를 내는 규칙이다. 먼저 압운이란 시에 있어서 매 구의 마지막 글자의 발음이 같거나 비슷한 것이다. 예를 들자면 매 구의 마지막 글자가 모두 'ㅇ' 발음으로 끝난다거나, 'ㄴ' 발음으로 끝난다거나, '우' 발음으로 끝난다거나, 혹은 '이' 발음으로 끝난다거나 하여 시에 규칙적인 리듬감을 준다. 한 글자를 초성·중성·종성으로 나눈다면, 일단 종성이 같으면 압운이 될 수 있다. 압운하는 곳은 일반적으로 짝수 구의 끝 글자이며, 이런 것을 한 구씩 사이를 두면서 압운한다 하여 격구(隔句) 압운이라 한다. 시에 따라 격구를 사용하되, 첫째 구에도 압운하기도 한다. 드물지만 모든 구마다 압운하는 것도 있다. 압운 방법에 따라 시의 분위기가 다르게 되니, 격구 압운은 표현된 감정이 비교적 완만하고 침착한 반면, 매구 압운은 운위(韻位, 운의 위치)가 너무 조밀해서 표현된 감정도 긴박하고 불안할 수 있다.

다음으로 평측을 설명하자면, 고대 중국어 발음에는 평(平)·상(上)·거(去)·입(入) 4성이 있었는데 이 가운데 평이 평성이며, 측성은 상·거·입 3성을 가리킨다. 후에 한국어 받침 'ㄱ·ㄷ·ㅂ·ㅅ'에 해당하는 입성이 사라져서 현대 중국어에서는 평·상·거만 남았다. 평성이 1성과 2성, 측성이 3성과 4성에 해당한다. 1성은 높은 소리고 2성은 올라가는 소리고 3성은 약간 내렸다가 죽 올라가는 소리며 4성은 툭 떨어지는 소리다. 문장에서 평측을 엇섞어서 소리내어 읽으면 낭송의 효과를 크게 할 수 있다. 평측의 운용으로써 성조를 조화롭게 하는 것이다.

한편 시작(詩作)에 있어서는 감정에 맞는 소리나 성조를 사용해야 하니, 예를 들어서 n, u, i 계통의 소리는 부드러운 느낌이고, 우리말의 받침에 해당하는 ㄱ·ㄷ·ㅂ·ㅅ의 입성은 촉박한 느낌을 준다. 글자 세 개가 계속 평성이면 둥둥 떠다니는 기분이 든다.

위에 적은 사항들을 잘 헤아려서 시에 사용되는 글자를 골라야 한다고 하는 것이 바로 성률론이다. 이런 성률론을 본격적으로 제기한 심약의 사성팔병론은 시의 성률 발달을 촉진하여, 당나라 때 한자가 갖고 있는 소리를 최대한으로 활용하여 음악성을 높이는 근체시(近體詩)라는 시체가 형성되는 데 크게 기여했다. 다시 말하면 심약이 영명체의 영수였기 때문에 심약의 성률론 영향을 받은 영명체는 고전 시가가 비교적 자유로운 '고체(古體)'로부터 격률(格律, 규범이나 원칙)이 엄격한 '근체(近體)'로 점차 변화 발전해 가는 중요한 과도기적 형태이다. 심약이 이론상 시의 성률론을 크게 발전시켰다면, 시 창작에 있어서는 사조가 그런 성률론을 작품에 가장 잘 반영시킨 작가였다.

다음 단계의 설명에 들어가기 전에 방금 앞에서 언급한 입성의 소멸에 대해 알아보자. 입성의 소실은 송말원초(宋末元初), 즉 송나라 말기와 원나라 초기부터 시작되었는데, 그 주원인은 몽고의 중국 점령에 있었다. 자세히 설명하면 원나라가 대도(大都, 지금의 북경) 말을 표준으로 해서 『중원음운中原音韻』이란 운서(韻書, 글자의 정확한 발음을 분별하고 규정하기 위해 지은 책)를 만들어 유포시켰다. 이 운서가 이

전에 통용되던『광운廣韻』을 대신하게 되었다. 그러면서 몽고어의 특징들이 중국어에 많이 섞여 들어갔다.

특히 입성에 해당하는 말들이 기타 세 개의 나머지 성조에 나뉘어 들어가면서부터 입성이 사라지게 되어서 원래의 중국어 발음과는 다르게 되었던 것이다. 그 결과 현대 중국어에는 입성이 존재하지 않게 되었다. 이러한 이유로 현재 중국어 표준어인 푸퉁화(普通話)발음으로는 당시나 송사의 격률을 잘 이해할 수 없다. 예를 하나 든다. 자주 사용되는 백(白, bai)은 발음이 [bái] 여서 2성에 해당하지만 당송(唐宋) 때는 입성이었다. 그러므로 현재의 발음으로 백이 들어 있는 당송 때 지어진 시나 사를 낭송하면 지어질 당시의 성조와 다르게 된다. 즉 평측의 규율이 맞지 않게 되는 한계가 있다. 국(國)도 마찬가지다. 원래는 입성 [kuk] 발음이었으나 지금은 2성인 [guó]가 되었다. 그러므로 현재의 중국어 발음으로 고대 시를 낭송하면 그 시가 지어졌을 때 있었던 본래의 음악적 효과를 제대로 내기가 어렵다.

이상 입성이 왜 사라졌는가를 설명했다. 이어서 계속 영명체를 보자. 내용에 있어서 영명체에는 남녀의 정을 노래한 궁체시(宮體詩)가 많다. 궁중을 중심으로 해서 지어진 시를 궁체시라 하는데, 그 내용은 궁중 생활이나 남녀의 사정(私情, 개인적인 사사로운 감정)을 주로 했다. 형식은 화려하고 아름다웠다. 궁체시를 궁체라고 부르기도 하며, 후에 남녀 간의 정을 읊은 염정시(艶情詩)를 궁체시라고 부르게 되었다. 일반 책에는 염정시는 '음란한 시'라고 설명하는데, 그 음란은 요즘 말하는 음란함과는 상당히 다르다. 예를 들어 여성의 얼굴이나 몸매에서 드러나는 육감적인 모습이라든가 남녀의 사랑을 직정적(直情的)으로 솔직하게 표현하는 정도가 음란시에 해당된다.

지금까지 인용한 시인들은 모두 남조 사람이다. 북조의 나라들은 한족이 아닌 이민족에 의해 건립되고 계승되었기 때문에 독자적인 문학을 발전시키기가 어려웠다. 다만 유신(庾信, 513-581)이란 한족 사람이 남쪽에서 북쪽으로 들어와서 좋은 시들을 지었다. 유신은 남조의 양(梁)나라 사람이었는데 왕명을 받들고 북쪽의 장안에 갔다가, 마침 서위(西魏, 535-556)의 군대가 장안을 점령함으로써 강제로 북조의 관리가 될 수 밖에 없었던 것이다.

6. 남북조의 민가

어느 시대에나 민간에서 자연발생적으로 만들어져 불린 민가(혹은 민요)가 있다. 즉 주나라 때의 민가를 수록한 책이 『시경』이고, 한나라 때의 민가를 악부라고 했다. 『시경』은 사언시의 원류가 되고, 악부는 오언시의 원류가 되었다. 그럼 남북조 시대의 민가는 어떠했을까. 먼저 남조 민가 두 수를 감상한다.

자야가(子夜歌)

처음 임을 알 때는,
두 마음이 하나 되길 바랬지.
실 다듬어 짜던 베틀에 넣었지만,
한 필도 못 만들 줄 어찌 알았으랴.

始欲識郎時, 兩心望如一. (시욕식랑시, 양심망여일)
理絲入殘機, 何悟不成匹. (리사입잔기, 하오불성필)

「자야가」는 총 42수로 구성되었으며, 남녀의 사랑을 주제로 하고 있다. 위 인용문은 그중 제7수이다. 시어 중 필(匹)은 옷감의 단위를 나타내는 단위지만 동시에 '배필'이라는 뜻도 있다. 이렇게 두 가지 의미를 중첩시키는 말을 쌍관어(雙關語)라고 부른다.

막수락(莫愁樂)

사랑하는 임이 양주로 간다 하니,
초산 머리에서 전송하네.
손 벌려 허리를 안고 보니,

강물이 끊어져 흐르지 않네.

聞歡下揚州, 相送楚山頭. (문환하양주, 상송초산두)

探手抱腰看, 江水斷不流. (탐수포요간, 강수단불류)

이 시에서 가장 눈에 띄는 것은 제4구이다. 임을 꽉 안으면서, "이제 강물이 흐르지 않아, 당신은 갈 수 없어."라고 상상한다. 실제가 아니라 마음속에서 그런다. 이별에 대한 강렬한 거부의 심정이 이처럼 자연마저도 바꿔놓는다. 대담한 상상력이다.

다음은 북조의 민가를 본다. 본서에서 이미 설명했듯이 중국의 북과 남은 지리적·사회적·경제적 조건이 아주 달랐다. 특히 남북조 때 북조는 여러 이민족들이 쳐들어와서 서로 전쟁을 일삼았기 때문에, 이들의 지배를 받는 한족 백성들의 삶은 매우 힘들었다. 그래서 민가에도 전쟁의 참상, 유랑생활의 고통, 사회생활의 고난이나 모순 등을 노래한 것들이 많다. 또 동일한 것을 읊더라도 남조보다 호쾌하고 강인하며 격정적이다. 아래 두 예를 든다.

낭야왕가(琅琊王歌)

새로 오 척 검을 사서,

들보 기둥에 매달아두었네.

하루 세 번 어루만지며,

열다섯 소녀보다 더 아끼네.

新買五尺刀, 懸着中梁柱. (신매오척도, 현착중양주)

一日三摩挲, 劇于十五女. (일일삼라사, 극우십오여)

칼에 대한 집착과 편애를 묘사하는 「낭야왕가」는 북방민족의 강한 상무(尙武) 정신을 나타내고 있다. 칼과 가장 꽃다운 나이의 소녀를 비교하면서 소녀보다 보검을 더 소중하게 여기는 마음을 돌출시켰다. 표현에 있어서 날카로운 칼과 부드러운 소녀를 대비시켜서 그로테스크한 생동감이 있게 하였다. 북방 남자들의 독특한 정감 세계를 보여준다.

절양류가(折楊柳歌)

(一)

말에 올라 채찍 잡지 않고,
버드나무 가지 꺾어,
앉아서 (버드나무 잎으로) 길게 피리 부네.
길 떠나는 나그네는 깊은 수심.

上馬不捉鞭, 反折楊柳枝. (상마불착편, 반절양류지)
蹀座吹長笛, 愁殺行客儿. (첩좌취장적, 수살행객아)

(二)

뱃속은 근심뿐 즐겁지 않아,
원컨대 임의 말채찍 되었으면.
드나들 때 그대 팔에 걸려 있고,
앉을 때 그대 무릎에 있으니까.

腹中愁不樂, 願作郎馬鞭. (복중수불락, 원작랑마편)
出入擐郎臂, 蹀座郎膝邊. (출입환랑벽, 첩좌랑슬변)

「절양류가」는 총 5수로 구성되었는데, 본서에서는 제1수와 제2수를 인용했다. 버드나무 가지를 꺾는 것은 고대에 송별하는 풍속이었으니, 이런 행위를 통해 보내는 사람과 가는 사람이 서로의 그리움을 나타내었던 것이다. 발음에 있어서 양류의 류(柳, liu)는 발음이 머무를 류(留, liu)와 동일하다. 쌍관어로 쓰인 것이다. 즉 버드나무로써 상대에 대한 생각을 잊지 않고 머물게 하겠다는 심정을 나타낸다. 시에서는 버드나무를 꺾어서 말 위에 앉아 그 잎을 가지고 피리를 분다고 하여 생동감 있게 표현했다.

제1수는 떠나는 남자의 모습을 묘사했다면 제2수는 보내는 여자의 심정을 노래한다. 낭군이 사용하는 말채찍이 된다면 낭군 곁을 떠나지 않을 수 있다고 상상한다. 비유에 있어서 애틋한 사랑을 거친 채찍에 의탁했다. 「낭야왕가」가 북쪽 남자의 독특한 정감 세계를 나타낸다면, 「절양류가」의 제2수는 북쪽 여자의 독특한 정감 세계를 드러낸다. 담대한 직정이 느껴진다.

이 「절양류가」는 고대의 이별 풍속을 절묘하게 노래로 표현했기 때문에 많은 사람들이 부르게 되었고, 이로 인해 그 풍속이 계속 이어져 당나라 때 '절양류'의 풍속이 성행하게 되었으며, 또한 절양류를 제목으로 하는 시가가 청대까지 간단없이 지어지게 되었다.

제2절 위진남북조의 부와 변려문

1. 위진남북조의 부

부는 한나라 때 대단히 성행하였으나 위진 때부터는 시와 산문에 압도되어 그다지 발전하지 못한다. 그래서 한 부(漢賦)라고 한다. 위나라 때 훌륭한 부 작가에는 조비, 조식, 왕찬 등이 있는데, 조식의 「낙신부洛神賦」, 왕찬의 「등루부」가 작품성이 뛰어나다. 그중에서도 「낙신부」는 현존하는 중국 시 가운데 여인의 아름다움을 가장 잘 묘사한 글 중 하나로 꼽힌다.

이 작품은 조식이 서기 222년 낙수(洛水)라는 강을 지나면서 낙수의 여신 복비(宓妃)를 묘사한 것이다. 복비는 신화에서 황하의 신인 하백(河伯)의 부인인데, 조식에 의해 새로운 여신상으로 재탄생하게 되었다. 작가와 낙수의 여신이 만나 서로 사랑하게 되지만 사람과 신은 서로 달라 가까이할 수 없는 안타까운 심정을 표현했으며, 인신(人神) 연애의 표상이 되었다. '낙신(洛神)'은 조식에 의해 이상적인 여신상으로 확립되게 되었던 것이다. 그리하여 후대 사람과 신 간의 사랑을 주제로 한 작품들에 큰 영향을 주었다.

(낙수의 여신이) 흰 고개를 돌려,
맑은 눈으로 (나를) 바라보네,
붉은 입술을 열어 시나브로 말하면서,
만남의 일을 설명하네.
사람과 신의 길이 다르매,
나이 한창일 때 함께하지 못함을 원망하네.
비단 소매 들어 눈물을 가리나,
눈물이 떨어져 옷깃에 방울방울 떨어지네.
좋은 만남이 영원히 끊어질 것을 한스러워하며,

한 번 떠나면 다른 곳에 있어야 함을 서글퍼하네.
정만으로는 사랑을 다 표현하지 못하여,
강남의 빛나는 구슬을 바치네.
비록 깊은 곳에 거할지라도,
길이 이 마음 군왕께 의탁하겠다 하네.
문득 그녀가 보이지 않고,
뭇 신들도 사라지매 빛도 사라지네.

紆素領, 廻清陽. (우소령, 회청양)
動朱脣以徐言, 陳交接之大綱. (동주순이서언, 진교접지대강)
恨人神之道殊, 怨盛年之莫當. (한인신지도수, 원성년지막당)
抗羅袂以掩涕兮, 淚流襟之浪浪. (항라메이엄체혜, 루류금지랑랑)
悼良會之永絶兮, 哀一逝而異鄕. (도량회지영절혜, 애일서이이향)
無微情以效愛兮, 獻江南之明璫. (무미정이효애혜, 헌강남지명당)
雖潛處於太陰, 長寄心於君王. (수잠처어태음, 장기심어군왕)
忽不悟其所舍, 悵神宵而蔽光. (홀불오기소사, 한신소이폐광)

위나라 다음 진(晉)에 들어와서는 좌사(左思, 250-305)와 육기(陸機, 261-303)가 좋은 부들을 지었다. 대표작으로 본서 위에서 언급한 적이 있는 좌사의 「삼도부」와 육기의 「문부文賦」가 있다. 먼저, 좌사가 위·오·촉 나라의 수도에 대해 쓴 「삼도부三都賦」는 사람들이 서로 베껴 쓰려고 종이를 산 결과 낙양의 종이 값이 천정부지로 뛰어 올랐고, '낙양의 종이 값이 오르다(낙양지귀洛陽紙貴)'라는 전고가 생겼다. 이 글은 촉나라의 귀족이 오나라 왕손에게 촉의 수도(지금의 사천성 성도(成都))에 있는 산수 풍광과 초목 산수의 번성함에 대해 자랑하는 것으로 시작된다. 그러나 오나라 왕손은 오나라 수도(지금의 강소성 남경(南京))가 촉의 수도에 비해 훨씬 낫다고 하면서, 수많은 명인과 진귀한 동식물을 열거하기 시작했다. 이어 위나라 선생은 위의 수도(지금의 하남성 안양(安陽))의 지리 형세와 생산물 등을 묘사하면서 촉과

오의 두 도읍보다 훨씬 나음을 증명함에 따라, 촉나라 귀족과 오나라 왕손은 모두 논쟁에서 진 것을 인정하게 된다.

이 작품은 세 도시의 풍물만을 소개하고 있지 않고 세 나라의 자세한 개황까지 설명하고 있어, 지리와 역사에 대한 풍부한 지식과 해박한 견문을 보여준다. 실제 좌사는 글을 쓰기 위해 많은 자료를 수집하고 촉나라와 오나라 상황을 잘 알고 있는 사람들을 찾아가 물었다. 10년 걸려 「삼도부」를 완성했는데, 집안·정원, 심지어 화장실에까지 곳곳에 지필을 놓아두고, 좋은 글귀가 떠오르면 잊어버리지 않기 위해 즉시 써두었다고 한다. 이렇게 완성했기 때문에 삼도부는 이전 부들의 허장성세와 과장에서 탈피하여 사실에 입각한 과학적이고 객관적인 작품이 되었다.[84)]

이와 대조적으로 육기의 부는 형식을 중요시했다. 그의 작품은 음률이 조화롭고 아름다웠으며 대구와 전고를 많이 사용했다. 이런 식으로 지은 부를 변부(騈賦)라고 한다. 변부는 위진남북조를 대표하는 부의 형식인데, 육기는 변부의 창도자가 되었다. 남북조시대에는 변부가 더욱 성행하였고, 사령운·포조·안연지(顔延之, 384-456)·심약 등이 그 대표 작가이다.

2. 위진남북조의 산문과 변려문

1) 위진남북조의 산문

위진시대의 대표적인 산문으로는 조비의 『전론典論』 「논문論文」, 제갈량의 출사표出師表」, 완적의 「대인선생전大人先生傳」, 이밀(李密)의 「진정표陳情表」, 왕희지의 「난정집서蘭亭集序」, 도연명의 「도화원기桃花源記」와 「오류선생전五柳先生傳」 등이 있다. 중국 산문은 동한 이래로 수사를 중시하는 경향이 점차 더해졌기 때문에 이들 산문 작품들에도 그러한 경향이 보인다. 그 내용들을 보자면 조비의 「논문」은 다음에 설명하겠지만 문학에 대한 전문적인 비평론이다. 출사표란 장

84) 좌사의 삼도부에 대해서 김해명, 『중국문학산책』, 서울, 백산서당, 1996, 84-86쪽 참고.

수가 전쟁에 나가기 전 임금에게 올리는 글을 지칭하는데, 역대 많은 출사표 중에 제갈량의 것이 가장 유명하여 충신과 충성을 표상하게 되었다. 「대인선생전」은 사마씨(司馬氏) 정권의 폭정 아래 살던 작가가 대인선생이란 가상의 인물을 빌어 간접적으로 유교의 봉건 예법을 무시하고 노장의 자유 사상을 선양한 글이다. 「진정표」는 진 무제(晉武帝)가 이밀에게 벼슬을 주려 했으나, 조모(祖母)의 노병(老病) 때문에 길을 멀리 떠날 수 없다는 이유를 밝힌 것이다. 「오류선생전」은 위에서 이미 언급했기 때문에 생략하고, 나머지 「난정집서」와 「도화원기」는 그 문화적 영향력이 상당히 크기 때문에 좀더 상론하고자 한다.

먼저, 서예가로 알려진 왕희지(王羲之, 303-361)는 문학사에 있어서도 「난정집서」라는 불후의 명작을 남겼다. 「난정집서」가 써지게 된 사연을 설명하는 앞부분을 읽어 본다.

> 영화 9년, 계축년, 늦봄의 초에 회계산 남쪽의 난정에 모여 수계(修禊: 3월 3일 물가에서 몸을 씻어 사악한 기운을 제거하던 일) 행사를 치렀다. 뭇 현자들이 다 오고, 젊은이·늙은이가 모두 모였다. 이 땅에는 높은 산과 험한 고개가 있고, 울창한 숲과 긴 대나무가 있다. 또한 맑은 물이 흐르는 급류가 있어서 좌우를 흐르면서 비춘다. 그 물을 끌어다가 차례대로 둘러앉아 술잔을 띄어 돌리면서 마셨다. 비록 현악기·관악기 연주 같은 성대함은 없었지만 술 한잔에 시 한 수 읊으니 또한 각자 깊은 정을 펼쳐내기에 족했다.
>
> 永和九年, 歲在癸丑, 暮春之初, 會于會稽山陰之蘭亭, 脩稧事也. 羣賢畢至, 少長咸集. 此地有崇山峻領, 茂林脩竹 ; 又有淸流激湍, 暎帶左右. 引以爲流觴曲水, 列坐其次. 雖無絲竹管弦之盛, 一觴一詠, 亦足以暢敘幽情.

서기 353년 우장군회계내사(右將軍會稽內史)라는 직책을 맡고 있었던 왕희지가 사안(謝安)·손작(孫綽)·손통(孫統) 등 당시 명망 높았던 문학 동호인 41명을 난정(지금의 절강성浙江省 소흥紹興 소재)이라는 정자에 초대해서 연회를 개최했다. 참석

자들은 술을 마시면서 각자 시를 지었으며, 다 짓고 술기운이 만연할 즈음 한 사람이 그 시들을 모아 책을 만들자고 건의하여, 이에 시 37수를 모았다. 그리고 일동이 왕희지에게 서문을 써 줄 것을 부탁하니 일필휘지의 행서체로 써주었다. 이렇게 해서 『난정집』과 「난정집서」가 탄생되었다. 「난정집서」는 문장은 물론이고 천하제일 행서(天下第一行書)로 칭해지는, 서예에 있어서도 천하명작으로 꼽힌다.

그러나 「난정집서」는 문학과 서예에 있어서 보다도 동아시아 누정문학(樓亭文學)의 표상이 되었다는 점에서 더 가치 있다. 기실 문인들이 정자나 누대에 모여 술을 마시면서 서로 돌아가며 시를 짓는 것은 주나라 때부터 있었던 습속이다. 이것이 왕희지의 「난정집서」를 통해서 일반적인 문인문학의 하나로 널리 확산되었다. 그러한 모습이 귀족 문인들의 우아하고 세련된 사교·문학·예술·음주를 나타내는 상징으로 자리매김하였다. 이러한 누정문학은 우리나라에서도 성행했으니, 고려와 조선 시대에는 문인들의 가장 중요한 활동 중의 하나였다. 모임에서 지은 작품들을 판각해서 누정에 걸어놓아 정자가 지어진 사연이라든가, 정자를 거쳐간 사람들의 심회를 후대인들이 읽을 수 있게 했다. 이것들은 한국 시가문학의 중요한 부분을 차지하고 있으며, 문학을 넘어 하나의 문화로서 누정문화를 이루고 있다. 누정문화에는 역사성과 장소성이 담겨 있다.[85)]

다음은 도연명의 「도화원기桃花源記」를 본다. 그 내용은 무릉(武陵)의 한 어부가 강에서 길을 잃어 헤매다가 복숭아 숲(도화림桃花林)을 발견하고 내려서 수백 보를 갔더니 동굴 하나가 보여서 들어갔고, 거기는 다음과 같은 세상이 있다는 것이다.

> 토지는 넓고 집들은 정연했다. 좋은 논밭, 아름다운 못, 뽕나무와 대나무 등이 있었다. 논길은 이웃 간에 서로 통해 있고, 닭과 개 소리를 서로 들을 수 있었다. 그 가운데 왕래하는 사람들이 농사를 짓는데 남녀의 의복이 모두 바깥사람과 같았다. 늙은이와 젊은이가 함께 기쁜 모습이며 스스로 즐거워했다.

85) 한국의 누정문학과 문화에 대해서는 김신중, 『시가문학의 역사성과 장소성』, 파주, 보고사, 2023을 참고.

土地平曠, 屋舍儼然. 有良田美池桑竹之屬. 阡陌交通, 鷄犬相聞. 其中往來種作, 男女衣著, 悉如外人. 黃髮垂髫, 並怡然自樂.

거기는 평화롭고 관리에게 아부할 필요가 없는, 외부와 단절된 유토피아였다. 「도화원기」에서 생겨난 무릉도원(武陵桃源)이란 말은 이상향(理想鄕)을 나타내는 상징으로 사용되었다. 동양적인 유토피아 개념을 본격적으로 문학작품화한 이가 바로 도연명이다. 도교에는 '동천(洞天)'이란 것이 있었다. 동천은 '동굴 속 하늘세계'라는 뜻으로 땅속에 있는 선계(仙界)를 지칭한다. 신선은 동천에 거주하면서 바깥세상을 드나든다. 도연명은 이 동천을 모티브로 삼아 「도화원기」를 지은 것으로 보인다.

참고로 유토피아(utopia)는 영국의 사상가 토머스 모어(T. More)가 1516년에 만들어낸 말로, 처음에 라틴어로 쓰인 그의 저작 『유토피아』에서 유래되었다. 그리스어의 ou(없다), topos(장소)를 조합한 말로서 "어디에도 없는 장소"라는 뜻이다. 즉, 유토피아는 '현실에는 결코 존재하지 않는 이상적인 사회'를 일컫는 말이다. 다른 해석으로는 '좋은'이라는 뜻의 'eu'와 'topos'가 결합한 말로 '좋은 나라'란 뜻이라는 주장도 있다. 정확한 어원을 확인하긴 어렵지만, '이 세상에 존재하지 않는 좋은 나라', 즉 '이상향'이라는 취지의 단어로 받아들일 수 있다. 반대말로는 디스토피아가 있다. 흔히 쓰는 무릉도원과 유토피아라는 말이 생겨난 유래를 알고, 동서양의 이상향이 어떻게 다르고 같은지를 비교하는 일은 흥미롭다.

2) 위진남북조의 변려문

진나라 때에는 산문이 변려문을 이루게 된다. 변려문은 변은 '병'으로도 소리가 나기 때문에 병려문이라고 부르기도 하며, 줄여서 변문(騈文) 혹은 병문이라 한다. 변려문은 산문이면서도 극도로 수사를 중시하는 산문체다. 그 주요 특징은 운율·대구·전고·수사, 4가지를 추구한다. 그래서 산문이면서도 매우 시적인 글이며,

서사와 더불어 서정도 중요하다. 넉 자와 여섯 자를 주로 사용하기 때문에 사륙변려문(四六騈儷文)이라고도 한다. 변려문은 어느 시기에 갑자기 만들어진 것이 아니라 동한 이래 문장을 수식하는 풍조가 지속되다가 진대에 이르러서 변려문이라는 하나의 문체로 고정되었던 것이다. 본디 중국어는 표의문자이며 어형변화를 하지 않는 고립어이고, 또한 성조가 있어서 운율·대구·전고·수사 등을 사용하면 멋진 글이 된다. 특히 낭송의 효과가 두드러진다. 그래서 어느 시대에나 운문뿐 아니라 산문에 있어서도 글을 쓸 때 이런 요소들을 활용하는 경우들이 있었는데, 진대 때 하나의 산문 문체로 정립하게 되었던 것이다.

남북조시대에 들어서자 변려문이 매우 성행했으며, 대표 작가들로는 공치규(孔稚圭, 447-501)·임방(任昉, 460-508)·구지(丘遲, 464-508)·서릉(徐陵, 507-583)·유신(庾信, 513-581) 등이 있다. 심지어 문학비평서인 유협(劉勰)의 『문심조룡文心雕龍』과 종영(鍾嶸)의 『시품詩品』도 모두 변려체로 써졌다. 특히 제·양(齊·梁) 때는 전고(典故)의 사용이 절정기를 맞이했으며, 전고의 기법이 매우 높은 수준에 이르렀다. 제·양 때 글자의 음악성을 추구하는 성률론이 정립되었고, 또한 전고 기법도 크게 향상되었다. 여기서 의미에서 전고에 대해 상세히 알아본다. 전고를 인용하는 것을 용전(用典)이라고 부른다. 용전은 인용전고(引用典故)의 축약이다.

전고는 그 인용의 대상에 따라 소위 거인사(擧人事, 관련된 사람과 일을 인용한다)와 인성사(引成辭, 앞 사람이 했던 말을 인용한다)로 대별된다. 용전의 기교로는 직용(直用), 암용(暗用), 비유(譬喩), 차용(借用) 등이 있다.

전고의 유래는 선진시기부터 문인들이 시를 짓거나, 산문을 쓰거나, 혹은 사부를 지을 때 기존의 인물, 이야기, 표현 등을 인용한 것이었다. 이런 방법은 동서고금 어디서나 있을 수 있는 보편적인 것이다. 그런데 중국은 위진남북조시대, 즉 육조시대에 이런 소박한 인용 방법을 크게 발전시켜서 다른 민족들의 문학과는 구별되는 문학 창작 방법을 만들었다. 즉 전고가 풍부한 문학성을 갖게 되고 중요해지게 된 때는 건안시기였다. 이후 전고는 읽었을 때 뚜렷하게 의미가 파악되는 단순한 것에서부터 속뜻을 감추어서 깊이 생각해야 본뜻을 알 수 있는 은회(隱晦, 모습을 감춤)한 것으로 발전되어갔다. 그리하여 진과 송을 거쳐 제·양 때가 되면 용전이 완성의 단계에 이르게 되었던 것이다. 제·양 때 왕검(王儉, 452-489)·심약·임방·사조 등 용전에 정통한 시문의 대가들이 배출되었는데, 그들이 완성한 용전의 세계를 두 가지로 정리하면 다음과 같다.

첫째, 전고 범위를 확대했다. 즉 경·사·자·집은 물론이고 심지어 잡저(雜著)나 설화에서도 전고를 찾았다. 더 구체적으로 말한다면 『논어』·『서경』·『예기』 등의 유가 경서, 『좌전』·『사기』·『한서』 등의 역사서, 『순자』·『장자』·『한비자』 등의 제자서, 『초사』·『고시십구수』 등의 시문집, 『회남자』·『산해경』 등의 신화나 설화에서 전고를 취했다. 박문강기(博聞强記)를 숭상하던 시대에 시문을 창작할 때 이런 전고의 기풍이 생기는 것은 당연하다 하겠다.

두 번째, 의식적으로 새로운 전고의 사용법을 추구하여 이전의 문학과 달라지려고 했다. 즉 전대 문학을 계승한 기초 위에 새로운 변화를 추구했다. 그래서 문학 내용뿐 아니라 창작 기교 방면에도 힘을 기울였다. 어떻게 하면 전고로써 글 내용을 잘 전달하고, 수식을 아름답게 할 수 있는지를 연구했던 것이다.

한편 제·양 때 문인들은 용전을 보는 눈에 있어서 두 개 파로 나눠진다. 먼저, 옛것을 본뜨는 '의고(擬古)'를 지지하는 파로, 이들은 다양한 책들을 널리 읽어서 전고를 많이 사용하는 것이 바람직하다고 여기었다. 이들은 화려한 문구와 문장을 중요시했다. 심약이 왕융·사조와 함께 창립한 영명체가 이 파의 대표라고 할 수 있다.

이와는 반대로 지나친 전고 인용을 반대하고 자연스러움을 주장한 파가 있다. 이것은 제·양 당시 전고를 과도하게 사용함으로써 글의 사상과 내용이 빈약해지는 현상에 대한 반작용이었다. 이들은 극단적 전고 사용이 작품성을 해친다고 보았다. 즉 전고에 주력하다 보면 형식을 중시하고 내용은 소홀해진다는 것이다.

다시 변려문으로 돌아온다. 남북조 시기의 변려문을 대표하는 것으로는 제(齊)나라의 공치규(孔稚圭, 447-501)가 쓴 「북산이문北山移文」을 들 수 있다. 이 작품은 종산(鍾山)에서 자기와 함께 은자 생활을 하다가 나라에서 벼슬을 준다고 하자 산을 떠나버린 주옹(周顒)의 변절을 통절하게 비난하고 있다. 시작 부분부터 초자연 현상이 나온다.

종산의 정령,
초당의 신령이,
안개처럼 역로[86]로 내달려가,
산림의 정원에 이문[87]을 새긴다.

鍾山之英, 草堂之靈, 馳煙驛路, 勒移山庭.

이 글 다음은 진정한 은자란 무엇인가를 설명한다. 그다음은 주옹이 참다운 은자 생활을 했던 것을 회상하고, 이어서 나라가 벼슬을 주자마자 변절한 주옹의 행태를 묘사한다.

수초와 연꽃으로 만든 은자 옷을 불사르고,
먼지 낀 얼굴을 뻣뻣이 들고 속된 모습으로 달려갔다.
바람과 구름은 슬퍼하고 노기를 띠었고,
돌 사이로 흐르는 물은 오열하며 슬피 내려갔다.
숲과 멧부리를 바라보니 실망한 듯,
초목을 돌아보니 상을 당한 듯했다.

焚芰製而製荷衣, 抗塵容而走俗狀.
風雲悽其帶憤, 石泉咽而下愴.
望林巒而有失, 顧草木而如喪.

주옹이 없는 종산의 모습은 다음과 같다.

86) 고대에 정부문서 등을 전달할 때 사용하는 도로로서 도중에 말을 바꾸거나 쉴 수 있는 역참을 두었다.

87) 이문은 관청 사이에 오가는 글을 말한다. 여기서 이문은 「북산이문」을 가리킨다.

높이 뜬 저녁노을 외롭게 비치고,
밝은 달은 홀로 떠 있다.
푸른 소나무는 그늘을 짓고,
하얀 구름은 누구와 짝할건가.
산골짜기 집은 부서져서 더불어 돌아갈 이 없고,
돌 깔린 오솔길은 황량한데 헛되이 사람 오기 기다린다.
회오리바람 장막 안으로 들어오고,
기둥 사이에서 안개가 뿜어져 나온다.
아름다운 장막 텅 비어 있으니 밤이면 학이 울고,
산사람 떠나니 새벽 원숭이 놀란다.
전에 듣기를 어떤 사람은 벼슬 버리고 바닷가에 숨어 살았다고 했는데,
지금 보니 주옹은 난 띠 풀어 헤치고 먼지 묻은 갓끈을 맺구나.
이에
남쪽 산은 조롱을 보내고,
북쪽 언덕은 비웃음 소리 높인다.
줄지은 골짜기들은 다투어 비난하고,
모여 있는 산봉우리들은 소리 높여 힐난한다.
주옹이 나를 속인 것을 개탄하고,
위로해 줄 사람 없음을 슬퍼한다.
그러니 그 숲은 한없이 부끄러워하고,
시냇물은 창피함이 다함 없다.
가을 계수나무는 바람만 날려 보내고,
봄의 여라는 달을 밀쳐 버린다.

使其高霞孤映, 明月獨擧.
青松落陰, 白雲誰侶.
磵戶摧絶無與歸, 石逕荒凉徒延竚.

至於還飇入幕, 寫霧出楹.

蕙帳空兮夜鶴怨, 山人去兮曉猿驚.

昔聞投簪逸海岸, 今見解蘭縛塵纓.

於是

南嶽獻嘲, 北隴騰笑.

列壑爭譏, 攢峰竦誚.

慨遊子之我欺, 悲無人以赴弔.

故其林慙無盡, 澗愧不歇.

秋桂遣風, 春蘿罷月.

이렇듯 슬퍼하고 분노한 자연이기에 만약 향후 주옹이 종산을 들른다면 종산은 다음과 같이 할 것이다.

이에

모인 나뭇가지들은 눈을 부릅뜨고,

겹친 풀 이삭들의 혼백은 노한다.

혹 나뭇가지들은 날아올라 수레바퀴를 부러뜨릴 것이고,

갑자기 가지를 내려서 (주옹의) 발자국을 쓸어버릴 것이다.

청하건대 속된 선비는 수레를 돌리라,

(산의) 임금이 도망간 객을 사절하노라.

於是

叢條瞋膽, 疊穎怒魄.

或飛柯以折輪, 乍低枝而掃迹.

請廻俗士駕, 爲君謝逋客.

이렇게 바람·구름·물·산·계곡·나무, 심지어 저녁노을과 달빛까지도 스스로 감정을 가지고 있다. 「북산이문」은 비유·은유·환유·의인·과장 등으로 꽉 차있는

작품이다. 또한 공간적 영상미도 매우 뛰어나게 묘사되었다.[88]

한편, 작가가 자신의 정감을 독자에게 전달하는 방법 중에는 문자를 통한 방법과 낭송을 통한 방법이 있다. 시나 부 같은 운율성의 문학은 눈으로만 읽는다면 작품의 정감이 충분히 전달되지 않을 것이다. 눈으로 읽을 때와 낭송할 때 그 느낌이 매우 다르기 때문이다. 산문이면서도 운율성이 강한 변려문은 그래서 시나 부처럼 입으로 소리내어 읽어야 비로소 문장의 멋스러움을 더욱 고조시킬 수가 있다.[89]

이와 같이 변려문은 사람의 시청각에 호소함이 강렬한 문학이다. 그렇다면 변려문은 산문이면서도 동시에 서술 내용이 정서적이고, 운율을 의식한 언어로 써지며, 언어의 전개 양상이 감각적이기 때문에 서정의 정의에 매우 부합되는 글쓰기라고 결론지을 수 있다. 변려문의 문체는 당나라 때 대중들의 입말과 융합하여 변문이라고 하는 중국문학사에 있어서 매우 독특한 글쓰기로 거듭난다.

88) 위의 「북산이문」에 관한 글은 졸저, 위 책, 432-434쪽을 참고.

89) 변려문의 낭송 효과에 대하여 강윤형·원효봉, 「孔稚珪 「北山移文」의 수사적 특징고찰」, 『중국인문과학』, 45, 2010, 188-190쪽을 참고.

제3절 위진남북조의 소설

소설을 서구에서는 로망(roman) 혹은 노벨(novel)이라 부른다. 로망은 건축양식인 로마네스크(romanesque), 낭만을 의미하는 로맨틱(romantic)과 마찬가지로 라틴어인 Roma에서 나온 말이다. 노벨은 어원이 라틴어 'novus'이고 그 의미는 'new', 즉 '새로운'을 뜻한다. 서양에서 노벨은 본래 '비교적 긴 이야기'로서 '짧은 작품'에는 별도로 'short story'라는 단어를 사용한다. 따라서 novel의 번역어인 '소설(小說)'은 본래의 의미를 완전히 담아내지 못하는 단어이다.

동양에서 사용하고 있는 '소설'이라는 용어의 의미는 태생적으로 서구와 매우 다르다. 소설은 축자적으로 '자질구레한 이야기'란 뜻으로, 저잣거리나 항간에 떠돌아다니는 이야기를 가리켰다. 문헌상『장자莊子』라는 책에 처음 나온다. 원래 폄하의 의미가 담긴 말이다.『장자』「외물外物」편에 "소설을 꾸며서 현령에게 벼슬자리를 구했는데, 그것은 큰 도에서 먼 것이다.(飾小說以干縣令, 其於大道亦遠矣.)"라고 하였으니 소설은 큰 도는 아니되, 그걸 가지고 벼슬을 구했다는 것을 알 수 있다. 전국시대 때 소설을 모아서 기록하고 정리하며, 때로 스스로 이야기를 지어내기도 했던 사람들이 소설가들이었다. 당나라 때는 소설을 지어 고관대작에게 보여서 벼슬을 구했으니, 이런 전통이 매우 오래 되었음을 알 수 있다. 민간의 이야기들을 채록한다는 의미에서 보면 주나라 때 민요를 수집하러 다녔던 채시관과 비슷하다고 하겠다.

중국소설의 장르로서의 시작은 제자백가와 관련이 있다. 잘 알려져 있듯이 주나라 때 신분은 천자·제후·경·대부·사·평민·노예로 이루어졌으며, 제자백가들의 출신은 대부분 공부를 많이 한 사(士) 계급이었다.『한서漢書』의「예문지藝文志」에 의하면 제자백가의 종류에는 총 189가가 있었으며, 그들이 남긴 책은 총 4,324편이 있었다. 그중에서 세력이 컸던 10개 학파를 십가(十家)라고 하는데, 유가·도가·음양가·법가·명가·묵가·종횡가·잡가·농가·소설가들이다. 유가는 공자의 가르침을, 도가는 노자의 가르침을 배우는 무리며, 음양가는 음양오행을 배운다. 법가는

법으로 나라를 다스려야 한다는 주의며, 명가의 관심사는 언어이다. 묵가는 묵자를 스승으로 삼고, 종횡가는 외교가 중요하다는 주장이며, 잡가는 하나의 학설만 옳다고 여기지 않고 여러 학설을 종합하려고 했다. 농가는 농업을 강조했다.

제자십가라는 표현이 생긴 시기는 춘추전국이 아니라 몇백 년이 지난 서기 1세기경 유교가 국교로서 확실하게 자리잡은 한나라 때였다. 결코 원래부터 유가가 최고였던 것은 아니며 나머지 아홉 개도 무슨 객관성이 있어서 선택된 것은 아니다. 한나라의 유교적 관점에서 보았을 때 중요하다고 여긴 학설들을 열 개로 정했을 뿐이다.

어쨌든 한나라 사람들이 어떻게 제자백가를 보았든 간에, 제자백가의 주장과 생각은 제마다 다르지만 세상을 다스린다는 목적은 일치한다. 즉 치세에 유익한 분야를 나름대로 정해서 그것에 대해서 깊이 있게 사색하고 실천했다. 소설가들 역시 민간의 이야기들을 수집·정리하고 각색하여 세상에 남겨서 인멸되지 않게 하는 것이 세상을 다스리는 데 도움이 된다고 여겼으니, 타 학파의 비판이 어쨌든 간에 나름 숭고한 목적을 갖고 있었다. 어찌 시를 모으거나 도를 설명하는 것만이 대도가 될 수 있겠는가. 또한 소설가들이 이야기를 꾸며서 벼슬을 구했다고 폄하했으나, 기실 학문이 관직 등용의 수단이 되었던 것은 소설가에 있어서만 아니라 다른 학파들도 역시 마찬가지였다.

한편『한서』「예문지」에는 총 15종의 소설책이 수록되어 있으나, 현재는 모두 사라져 버려서 본연의 소설 모습이 어떠했는지는 알 수 없다.『한서』「예문지」는 소설가의 정체에 대해 다음과 같이 적고 있다: "소설가는 패관에서 나왔다. 길거리와 마을에서 사람들이 하는 이야기를 듣고 말하는 자들이 지은 것이다.(小說家者流, 蓋出於稗官. 街談巷語, 道聽途說者之所造也.)"

패관(稗官)은 소관(小官, 낮은 벼슬아치)으로, 임금이 민간의 풍속이나 정사를 살피기 위해 항간에 떠도는 이야기를 모아 기록시키던 벼슬아치를 일컫는다. 패관의 패는 우리말로 '피'라고 하는 것으로, 볏과의 한해살이풀로 열매가 작다. 패관이란 단어는 이러한 패의 글자됨에서 만들어졌다. 후에 야사(野史)를 패관이라고 했으며, 패관이 패관소설을 의미하게도 되었다. 또 패관과 비슷한 말에는 필기(筆記)가 있어서 역시 야사를 가리키는데 다만 '문언(文言)으로 된 야사'를 가리킨다는 점이 패관과 좀 다르다. 즉 필기소설은 문언으로 써진 야사인 것이다. 그러니까 야사·패관·필기 이런 용어들은 서로 명확히 구분되지 않고 비슷비슷한 뜻이다. 이것들은 소설적 요소가 풍부하기 때문에 문학 장르 측면에서 지칭하길 야사소설, 패관소설, 필기소설이라고 한다.

중국문학사에서 규정하는 현존 최고(最古)의 정식 소설집은 반고로부터 한참이 지난 4세기가 지난 후에야 나타났다. 동진(東晋)시대에 간보(干寶, 282?-351)가 전해오는 500여 개의 이야기들을 수집해서 편찬한 『수신기搜神記』를 낸 것이 최초 소설집이다. 간보는 아버지의 주검과 함께 무덤에 들어갔다가 십수 년 후 소생한 노비를 목도하고, 또한 병들어 기절한 형이 며칠 동안 경험한 귀신 세계를 이야기해준 것을 듣고서 마침내 고금의 괴이한 일을 모으게 되었다고 한다. 실제 『수신기』 권5-1부터 권5-14까지 14개는 모두 이와 같이 죽었다가 살아난 사람들의 이야기다. 『수신기』에 나오는 이야기 소재는 점복·꿈·마술·환각·정령·전생·귀신·명계·환생·예언·보은·효행·사랑·역사 등 대단히 다채롭다.

간보 개인의 신비한 체험은 『수신기』 서문에서 밝히고 있듯이 "귀신의 일이 거짓이 아니다.(神道之不誣)"라는 확신을 심어주어 저자로 하여금 "고금의 괴이하고 이상한 일들을 수집하여 기록하고 산실된 것들을 모아서 일관되게 한(撰記古今怪異之事, 會聚散逸, 使同一貫)" 『수신기』를 편찬하도록 만들었다. '괴이하고 이상한 일'에 대한 간보의 믿음은 "만물유령(萬物有靈)"이라는 무속적 관념에 기초를 두고 있다. 즉 사물에 내재되어 있는 정령과 죽은 자의 영혼이 초자연적 현상을 일으키거나, 혹은 인간과 교류할 수 있다는 생각이 전제되어 있는 것이다.

『수신기』 내용은 시기상으로 복희·신농(伏羲·神農)의 삼황오제로부터 하·은·주(夏·殷·周) 삼대를 거쳐 한나라와 저자가 살았던 육조까지 포함한다. 그러므로 체계적 종교가 생기기 이전의 소위 원시신앙은 물론 후대 유교와 신선·도가 사상, 그리고 외래의 불교까지 반영되어 있다. 그리하여 소설의 추형이랄 수 있는 방대한 제 자료들을 수록하고 있기 때문에 '원시소설'의 집합체 성격을 띠고 있다.

후에 『수신기』를 모방한 소설들을 '괴이한 일을 기록했다'의 뜻인 지괴소설(志怪

小說)로 명명하게 되었다. 지괴소설은 주로 신선·귀신·환상 공간·불교의 인과응보나 윤회 등 현실에서 일어날 수 없는 초자연적인 괴이한 이야기를 기록한 것으로 위진남북조 소설의 주류를 이루었다. 남북조시대 조충지(祖冲之, 429-500)의 『술이기述異記』, 송대 홍매(洪邁, 1123-1202)의 『이견지夷堅志』, 명대 구우(瞿佑, 1347-433)의 『전등신화剪燈新話』 등 다수의 지괴소설 작품을 거쳐 청대 포송령(蒲松齡, 1640-1715)에 이르러서 드디어 『요재지이聊齋志異』라는 거작이 창작되었다. 또 청대에는 기윤(紀昀, 1724-1805)의 『열미초당필기閱微草堂筆記』가 나와 지괴소설의 맥을 계속 이었다. 이들 지괴소설들은 모두 문인이 지은 문언 단편소설에 속하며 작품성이 뛰어나다. 그중에서도 『전등신화』와 『요재지이』가 더 유명하며, 후대 문학에도 매우 큰 영향을 미쳤다.

『수신기』와 대조적으로 유의경의 『세설신어世說新語』는 후한(後漢) 후기에서 동진(東晉)까지 약 200년간 실존했던 제왕과 고관 귀족을 비롯하여 문인·학자·현자·스님·부녀자 등 700여 명에 달하는 인물들의 독특한 언행과 일화 1,130조를, 「덕행(德行)」 편부터 「구극(仇隙)」 편까지 36편에 주제별로 수록해 놓은 이야기 모음집이다. 『세설신어』는 후에 소품(小品, 중국 고대의 수필에 해당하는 문학 양식)의 전범이 되어 수필류의 글쓰기에 큰 영향을 주었다.

그 내용은 상당히 방대하여 당시의 문학·예술·정치·학술·사상·역사·사회상·인생관 등 인간 생활의 전반적인 면모를 담고 있다. 본서의 위에서 소개했던 「칠보시」를 비롯해서 난형난제(難兄難弟), 점입가경(漸入佳境), 계군일학(鷄群一鶴)[90] 등 유명한 고사성어의 출처가 되기도 했다. 후에 『세설신어』를 모방해서 사람의 일을 모아 놓은 소설을 '지인소설(志人小說)'이라고 명명하게 되었는데, 전체적으로는 지인소설보다 지괴소설이 문학사에 있어서 더 중요한 위치를 점하고 있다. 『세설신어』에서 세 개의 고사를 소개한다.

1) 난형난제(「덕행」 편): "진원방의 아들인 장문은 뛰어난 재주가 있었는데 계방의

90) 후에는 군계일학이라고도 했다.

아들인 효선과 각각 자기 아버지의 공덕을 논했으나 논쟁만 하고 결론이 나지 않았다. 그래서 태구에게 가서 물어보니, 태구가 말하기를 "원방은 형이 되기 부족하고 계방은 아우가 되기 어렵다."라고 말했다.(陳元方子長文, 有英才, 與季方子孝先, 各論其文德, 爭之不能決, 咨子太丘, 太丘曰, 元方難爲兄, 季方難爲弟.)"

2) 점입가경(「배조排調」 편): "고장경이 사탕수수 먹기를 밑부분부터 시작했다. 어떤 사람이 그 이유를 물으니, "점점 미묘한 경지에 들어가기 때문입니다."라고 답했다.(愷之每食甘蔗, 恒自尾至本, 人或怪之, 云, 漸入佳境.)"

3) 계군일학 (「용지容止」 편): "어떤 사람이 왕융에게 말했다. "혜연조(嵇延祖(嵇紹, 253-304))는 들의 학이 뭇 닭들 가운데 있는 듯 뛰어나다." 그 사람이 답했다. "그대는 아직 그의 아버지를 보지 못했다.(有人語王戎曰, 嵇延祖(嵇紹, 253年-304年) 卓卓如野鶴之在雞群. 答曰, 君未見其父耳.)"

한편 소설의 발생과 발전에 있어서 간과해서는 안 될 것이 야사(野史)이다. 기실 『세설신어』도 문학사에서 정식 소설로 인정하지만, 거기 실린 이야기들은 대부분 야사에 속한다. 일반적으로 야사에 비해서 작가가 이야기를 더 꾸민 것이 소설이다. 그렇지만 책에 실려있는 야사 역시 편집 과정에서 편자의 수정을 거쳤을 가능성이 있는 것이니 지나치게 야사와 소설을 구분해야 할 의무는 없다. 실제 중국소설·야사소설·패관소설·필기소설 등을 논할 때, 이 모든 것들의 원조로서 흔히 드는 것이 간보의 『수신기』와 유의경의 『세설신어』이다.

한 예로 한나라 유흠(劉歆, B.C. 50-23)이 『한서漢書』에 빠진 고사들을 모아서 편찬한 『서경잡기西京雜記』에 씌어 있는 「왕소군(王昭君)」 전을 보자. 역사서인 『한서』의 「원제기元帝紀」에는 왕소군이 한나라 원제 때 흉노의 선우(單于, 흉노의 왕을 이르는 일반 명사)에게 화친의 조건으로 시집갔다고 되어 있다. 그런데 필기소설집인 『서경잡기』에는 왕소군이 화공에게 뇌물을 바치지 않았기 때문에 화공이 얼굴을 추하게 그려서 임금에게 보여주었다. 그래서 선우에게 가게 되었다고 기록되었다. 이러한 이야기는 야사에 속한다. 『서경잡기』의 이야기가 민간에 널리 유포되어 마치 야사가 진짜 이야기처럼 되었다. 또한 당나라가 되면, 본서 뒤에서 소개할 돈황(敦煌) 변문(變文)에서는 왕소군이 나라를 구하기 위해 자진해서 선우에게 갔다고 하고, 그녀의 황량한 이국땅에서의 외롭고 고독한 삶과 고향을 그리는 향수를 강조했다. 이렇게 되다 보니 왕소군은 나라를 사랑하는 전형적인 애국자로 화하였다. 처음의 역사 사실과는 매우 다르게 되었다. 야사의 힘이다.

참고로 우리나라 최초의 야사집이랄 수 있는『삼국유사』는『삼국사기』에서 빠진 이야기들을 모아 놓은 것으로, 한국의 건국신화인 단군신화를 최초로 싣고 있다. 중국은 신화·전설·무속 등을 수록한, 지괴소설인『수신기』와 사람들의 일화를 수록한, 지인소설인『세설신어』로 양분되었지만, 한국의『삼국유사』는 지괴적인 것과 지인적인 것을 구분하지 않고 함께 싣고 있다. 특히 불교적인 내용이 많은 것이 그 특징이다.

제4절 위진남북조의 문학비평

위진남북조시대는 문학에 있어서 소위 문학비평이란 분야가 정식으로 자리를 잡은 시대였다. 본론에 들어가기 앞서 문학비평이란 무엇인가 하는 당연한 질문을 해본다. 문학비평은 문학이론과 거의 같은 뜻으로 쓰이는데, 일반적으로 문학이론은 문학을 정의하고 분석한다. 비평도 마찬가지이나, 비평은 작가나 작품에 대한 평가가 중요하다. 반면 문학이론은 평가에는 관심이 없다. 문학이론은 평가 또는 감상을 독자에게 맡기는 것을 당연하게 여긴다. 그러므로 작품의 수준과 가치의 우열을 가리는 것은 비평 영역에 속한다. 그렇지만 절대적인 기준과 척도는 아니며 이론도 가끔 가치를 내포하기는 한다. 어쨌든 비평이란 용어가 이론보다 더 자주 쓰이는 것은 이런 평가·수준·가치의 요소 때문이다.

그런데 한나라 때에도 이런 이론이나 비평이 전혀 없었던 것은 아니다. 대표적으로 왕충(王充, 27-97?)의 『논형論衡』을 들 수 있다. 이 책은 글쓰기 전반을 논한 것이서 문학 전문서는 아니지만 문학에 있어서도 중요한 이론을 제공하고 있다. 동한 시대의 왕충은 고대 중국의 무신론(無神論), 내지는 유물론(唯物論)을 대표하는 사상가로서, 현존하는 그의 책은 『논형』이 유일하다. 『논형』의 내용을 한마디로 개괄하면 '허망하고 실재하지 않는 황당한 것들을 부정한다'이다. 한대에는 유학에 참위설(讖緯說)이 더해져 신비주의적인 색채가 농후했다. 참고로 참위는 참서(讖書)와 위서(緯書)를 합친 말로서 음양오행을 가지고 미래를 예언하는 것이며 다분히 정치적 색채가 짙다. 예를 들어 일식·월식·지진·별의 변화 등 기이한 현상이 생겼을 때, 그걸 두고 현재 왕이 물러나고 다른 왕이 출현할 것이라든가, 현 왕조가 망하고 새 왕조가 들어선다든가 하는 것들을 예언한다.

『논형』은 이런 모든 초현실적인 것들을 부정하고 현실적이고 실재적인 것에 관심을 가질 것을 요구한다. 85편으로 이루어진 이 책에는 제39편 「초기超奇」가 있으며, 이 편 역시 동일한 맥락에서 문학의 가치를 논한다. 「초기」는 작가들의 작품을 비평하면서 좋은 글이란 어떤 것인가를 피력하는 것으로 중국 최초의 '작가론'

이라고 할 수 있다. 「초기」 중에서 가장 유명한 문장은 아마 다음 글일 것이다.

> 천 편 이상, 만 권 이하를 읽고 우아함을 널리 펼치고 장구의 뜻을 살펴서 해석하며 가르쳐서 사람들의 스승이 되는 것은 통인이다. 책들을 읽고 거기에 나오는 문구를 활용하여 상급자에게 주기를 올리거나, 아니면 자신의 입론을 세워서 작품을 이루거나 하면 문인, 혹은 홍유이다. 배움을 좋아하여 힘쓰고 박문강기하는 사람은 세간에 많으나 책을 짓고 문장을 써서 고금에 대해 논설하는 것은 만 명 중 하나도 있기 힘들다. (……)
> 그러므로 무릇 한 경을 설명할 수 있는 사람은 유생이다. 고금의 책들을 널리 보았으면 통인이며, 전해지는 책들을 채집하여 상소문 같은 것을 쓰면 문인이다. 정밀하게 생각하여 문장을 짓고 작품을 이룰 수 있는 사람은 홍유이다. 그러므로 유생은 속인보다 낫고, 통인은 유생보다 뛰어나고, 문인은 통인을 넘으며 홍유는 문인을 초월한다.
>
> 通書千篇以上, 萬卷以下, 弘暢雅閑, 審定文讀, 而以教授爲人師者, 通人也.杼其義旨, 損益其文句, 而以上書奏記, 或興論立說, 結連篇章者, 文人鴻儒也.好學勤力, 博聞强識, 世間多有 ; 著書表文, 論說古今, 萬不耐一. (……)
> 故夫能說一經者爲儒生, 博覽古今者爲通人, 采掇傳書以上書奏記者爲文人, 能精思著文連結篇章者爲鴻儒.故儒生過俗人, 通人勝儒生, 文人踰通人, 鴻儒超文人.

한대에는 천하의 도리가 모두 오경(五經) 상에 있다고 여겨서 성인의 말을 아주 자세히 분석해서 설명하는 것을 제일로 알았다. 그래서 무제 때 오경박사(五經博士) 제도를 두고 오경 가운데 하나에 정통하면 박사로 호칭하며 최고의 지식인으로 추앙했다. 즉 시·서·예·역·춘추 중 한 경에 박사 한 명을 두었으며, 박사는 가법으로 자식에게 전수했다. 이러다 보니 경문의 한 구절에 대해서 몇천, 몇만자의 해석이 있게 되었다. 이런 학문 태도는 세밀하게 경물을 묘사하는 한 부의 서술과 비슷하다. 부 작품을 쓰듯이 경문을 풀이했으니, 이로써 당시의 문풍이 어떠했는지를 알 수 있다. 서한시대 금문경학의 미언대의와 대부(大賦)의 상세한 묘사는 공존하면서 한 시대의 문풍을 형성했던 것이다.

서한 경학에 보이는 글은 왕충의 표현에 의하면, '진정한 아름다움(眞美)'이 아닌 '허망한 아름다움(虛美)'이다. 왕충은 이런 글쓰기를 반대하고 '실재적이고 진실한(實誠)' 글을 쓸 것을 요구했다. 그래서 사회 현실에 도움이 되는 실용적인 글을 써야 한다고 했다. 그렇다고 문식(文飾), 즉 글의 아름다움을 부정하지 않았다. 용은 보기에도 훌륭한 모습을 갖추고 있고, 봉황은 몸을 꾸미고 있는 오색이 찬란하듯이 좋은 작품은 용(用, 쓰임)과 문(文, 꾸밈)을 구비한다고 주장했다.

왕충은 하나의 경에만 정통한 사람들을 유생(儒生)이라 정의하여 가장 수준 낮은 지식인으로 간주하며, 반대로 자신의 입론(立論)을 세워서 체계적으로 글을 쓰고 작품을 이루는 사람을 홍유(鴻儒)라 정의하여 가장 높은 수준의 지식인으로 쳤다.

입론이라 함은 전인의 것을 모방하지 않고 자기의 견해를 내놓은 것이다. 즉 독창적인 의론을 제시함이니, 창의적인 생각이 있어야 한다. 그런데 한대 경학과 문학에 만연된 모방의 글에는 작가 자신의 진실된 사상과 감정, 예술적인 창조성이 없었다. 이런 측면에서 왕충이 제시한 홍유론은 시대의 병폐를 제거할 수 있는 매우 적절한 처방전이었다. 그러나 당시에 『논형』의 논지는 학자들과 문학인 사이에서 크게 받아들여지지 않았고, 후대 문학 발전에도 유의미한 영향력을 미치지 못하였다. 그러나 그런 효과와 기능을 떠나서 시대를 보는 왕충의 안목은 훌륭하였으며, 그 자체로 괄목할 만한 가치가 있음은 부정할 수 없다.

중국 역사에서 위진남북조시대에 이르러서야 비로소 '진정한 의미에서의 문학'에 대한 자각이 일어나서 글쓰기에 광범한 영향을 미쳤다. 그 이전에는 문학이란 일반적으로 학문적인 글을 가리키는 용어였다. 즉 학문과 문학 사이에 뚜렷한 구분이 없었다. 위진 때 문학에 대한 관념이 본격적으로 생김으로써 문학의 정의와 개념, 문체의 분류, 문학 창작론 등과 같은 이론에 몰두하는 문인들이 나오게 되었다. 이러한 변화는 무엇보다도 혼란한 시대에 마침내 전통적 유가적 전통 사유에서 벗어날 수 있었기 때문이다. 『예기』에 보이는 '예에서 머물러야 한다(止乎禮義)'고

하는 예악론과 「모시서」에 보이는 문학의 교화론 같은 도그마를 탈피했던 것이다. 그래서 개인의 사유와 감정, 그리고 개성을 인정하여 글에서 사적(私的) 세계를 추구하였다. 이런 것들이 문학의 방향을 크게 틀게 했다. 또한 이런 조류에 맞추어 문학 작품을 장르 별로 모은 선집(選集)이 만들어져 독서에 도움을 주었다. 아래에 이 시대 가장 중요한 문학 비평서들을 소개한다.

1) 조비의 『전론』

문학 이론의 조종을 알린 사람은 위나라의 조비라고 말할 수 있다. 그는 『전론典論』을 지었고, 그 가운데 「논문論文」 편이 있는데 이 글은 중국 최초의 문학 전문 비평서이다. 이 편에서 조비는 "대개 문장은 나라를 다스리는 큰일이다.(蓋文章經國之大業)"라고 했다. 여기서 문장은 아름답게 쓴 글을 가리키니, 오늘날의 문학과 상당히 유사한 개념이다. 본시 한나라 때까지만 해도 글에 수사를 더해 아름답게 하는 일은 그다지 중요하게 여겨지지 않았다. 『논어』·『맹자』 같은 제자서의 글에 보이는 바와 같이 의사의 정확한 전달이 글의 주 목적이었다. 그러나 조비는 문장이란 한 국가의 대업이라 하였으니, 이는 중국 역사상 가장 크게 문장의 중요성을 역설한 일대선언이라 할 만하다.

조비는 문인상경(文人相輕)을 경계했다. 문인들은 다양한 글의 종류 중에 자기가 뛰어난 것을 가지고 상대방을 경시한다는 것이다. 예로 부(賦)를 잘 짓는 사람이 반드시 대책이나 상소문 같은 의론문을 반드시 잘 짓는 것은 아니며, 명(銘)이나 뢰(誄) 같은 제문을 잘 쓰는 사람이 반드시 서간문이라든지 시라든지 하는 것을 잘 쓰는 것이 아님에도 불구하고 자기가 잘하는 분야를 가지고 남의 못하는 분야를 들어서 폄하한다. 조비는 본동말이(本同末異, 근본은 같고 끝은 다르다), 즉 '각 장르의 문학은 공통된 원리를 갖고 있지만 서로 다른 문체는 또한 각각 그것만의 특수성을 갖고 있어서 특수한 원리를 갖는다'고 주장했다. 그러므로 모든 장르의 글에 뛰어난 것은 통재(通才)만이 가능하며, 그 밖에 일반 문인들은 특정한 분야에만 뛰어난 것이니 이런 사실을 받아들여서 상대를 인정할 줄 알아야 진정한 문인이라고 했다.

또한 조비는 작가란 창작에 있어서 기를 위주로 해야 한다는 "문이기위주(文以氣爲主)"설을 내놓아 후대 문학에 큰 영향을 미쳤다. 기란 무엇이고, 어떻게 기른다는 것인지 전혀 설명이 없어서 조비가 말하고자 하는 바를 정확히 알 수는 없되, 기란 작가의 재주와 기운을 가리키며 좋은 글을 짓기 위해서는 평소에 재주와 기운을 기르고 연마해야 한다는 정도는 추측 가능하다. 본디 기란 우주에 가득 차 있는 넓고 큰 기운을 말했다. 맹자가 말한 호연지기(浩然之氣)가 여기에 해당한다. 후에는 만물 생성의 근원이 되는 힘, 즉 물질을 이루는 가장 최초의 요소를 이르게 되었다. 물리학적으로 말하면 '에너지' 정도가 되겠다. 기의 이합집산에 의해서 하나의 물건이 생겼다 사라졌다 한다. 그런데 조비는 기를 문장을 짓는 가장 중요한 요소로 지목했다. 이로써 중국문학에 양기설(養氣說)이 본격적으로 등장했다.

2) 육기의『문부』

육기(陸機, 261-303)의『문부』는 처음으로 작품을 어떻게 창작할 것인지를 종합적으로 다룬 문학 창작론이다. 본서에서 이미 두어 차례 언급한 바대로 그는 스스로가 시인으로서 자신의 창작 경험을 바탕으로 이 글을 지었다. 저자는 창작의 어려움을 이렇게 토로했다.

> 매번 내가 글을 지을 때 어려움을 느꼈으니, 항상 뜻이 사물과 맞지 않고, 글이 뜻에 이르지 못할까 봐 걱정했다. 이는 대개 아는 것이 어려운 것이 아니라 능한 것이 어려운 것이다.
>
> 每自屬文, 尤見其情, 恒患意不稱物, 文不逮意, 蓋非知之難, 能之難也.

이 말은『서경』에 나오는 '시언지'를 부연 설명하는 것으로, 사물과 뜻과 글이 서로서로 맞아야 함을 강조한다. 즉 나의 깊이 있는 사유와 감상을 통해서 대상의 형상을 제대로 포착하고, 다시 그것을 훌륭한 글로 표현해 내야 한다는 것이다. 이런 취지에서 『문부』는 창작 기법과 방법을 종합적으로 설명하고 있다. 그 설명 중에 가장 중요한 것으로는 "시는 정을 따르면서도 아름다워야 한다(詩緣情而綺靡)" 일 것이다. 여기서 연정(緣情)은 정을 잘 묘사함, 즉 서정이다. 기미(綺靡)의 뜻은 미려(美麗)함이다. 연정은 내용이고, 기미는 형식이다. 내용과 형식을 구비해야 좋은 작품이라는 것이다. 조비가 『전론·논문』에서 "시와 부는 아름다워야 한다(詩賦欲麗)"라고 하면서 문학의 미감을 강조했었는데, 육기의 이러한 문학관은 한층 더 진일보한 것이다. 그러나 『문부』는 대부분 대구 형식으로 되어 있고, 은유적이거나 비유적인 표현들이 많아서 제대로 이해하기가 매우 어렵다. 비평이나 이론 관련 글은 객관적으로 잘 설명이 되어 있어야 하는데 어렵고 애매한 점이 이 작품의 큰 단점이다.

3) 유협의 『문심조룡』

유협(劉勰, 465?—532)의 『문심조룡文心雕龍』은 중국 최초의 완정한 문학비평서이다. 이 책은 총 50편이며, 총론 5편, 문체론 20편, 창작론 19편, 비평론 5편, 최후 1편인 자서(自序)로 구성되었다. 50편 중 제1편 「원도原道」는 문장의 도를 캐는 것으로, 이 편에서 설명하기를 일월이 하늘의 모습을 아름답게 하고 산천이 땅의 형태를 가꾸듯이 천지의 아름다움에 인간이 동참하는 것을 인문(人文, 여기서는 문화와 비슷한 말)이라고 했다. 또 인문은 언어로 표현되며, 언어를 아름답게 사용함은 바로 천지의 아름다움을 본받는 행위라고 하면서 "언어의 아름다움은 천지의 마음이로다!(言之文也, 天地之心哉)"라고 선언했으니, 이런 것들은 문학의 존재론적 의미를 참으로 멋있게 표현한 문장이다. 유협의 선언은 조비가 『전론』에서 밝혔던 "문장은 나라를 다스는 큰일이다"보다 더 스케일이 크다. 글의 아름다움을 우주의 마음과 등치시켰다.

『문심조룡文心雕龍』은 내용이 방대하여 짧은 지면에 다 소개할 수는 없으나 가장 중요한 공헌으로 두 가지를 꼽는다. 첫째, 문학 발전을 외부 원인과 내부 원인으로 설명했다. 외부 원인은 「시서時序」 편에 나오며, 문학이 사회와 정치 등의 영향을 받는다는 것이다. 즉 문학은 시대의 영향을 받는다. 내부 원인은 「통변通變」편에 나오며, 작가가 이전의 문학을 계승함과 작가가 창신(創新)함 두 가지를 가리킨다. 계승을 통(通), 창신을 변(變)이라고 하여 통변설을 주장했다.

둘째, 종합적인 문학창작론을 전개했다. 신사(神思)·체성(體性)·풍골(風骨)·정세(定勢)·정채(情采)·은수(隱秀) 등의 개념을 가지고 문학의 사유·상상력·풍격·구상 등 매우 중요한 문제들을 두루 다루었다. 이 가운데 풍골이 매우 중요하며 후대에도 매우 큰 영향을 미쳤다. 본서의 위진 편에서 '굳세고 질박하며 내용 있는' 시들을 건안풍골(建安風骨)이라 한다고 했다. 그러나 '굳세고 질박하며 내용 있는'것만으로 풍골의 의미를 다 설명할 수 없다. 그래서 문학비평상 풍골 논의는 아주 많았으며,『문심조룡』의 풍골 편이 가장 상세하고 중요하다.

풍골은 풍과 골 두 글자가 합쳐져서 이루어진 개념이기 때문에 분리하기가 힘들다. 하지만 두 글자 사이에는 약간의 차이가 있다. 그 내용을 간단하게 요약하면 풍은 생명력, 생동감, 생기와 활력, 품위 등을 내함한다. 골은 문장의 표현력을 지적한다. 때로는 '골력(骨力)', 간단히 줄여서 '역(力)'으로도 쓴다. 문장의 표현은 마땅히 강건하여 힘이 있어야 한다는 것이다. 결론적으로 정신과 뜻이 바르고 우아하며 고결한 것은 풍에 해당하고, 기운이 굳세고 세찬 것은 골에 해당한다.

한편 사용된 언어가 정확하고 간결하며 명징하면 그 문장에는 골이 있는 것이고, 그러면 표현은 힘을 얻게 된다. 이는 서화 이론과도 상통한다. 서예에서는 묵(墨, 먹·필치)은 무겁지만 힘이 결여되어 있으면 골이 없다고 말한다. 회화에서는 선이 간결하고 맑지 못하면 이 역시 골이 없는 것으로 간주하였다. 특히 문인화에서 골법(骨法)을 강조했으니, 선이 힘차고 살아있는 듯해야 좋은 그림으로 쳤다. 문장에서는, 뜻은 빈약한데 말만 풍성하다면 역시 골이 없다고 할 수 있다. 이와 같이 골은 서예, 그림, 문학에서 다 같이 중요했다. 힘차고 간결하며 살아있는 듯해야 한다. 그러하되 거칠면 안 되고 정밀해야 한다.

그래서 유협은 "골이 적절하게 다져진 작품은 그 언어를 분석하면 반드시 정밀하고, 풍이 깊게 깃들어 있는 작품은 기술된 정서가 반드시 드러난다.(練于骨者, 析辭必精, 深乎風者, 述情必顯.)"고 설명했다. 인체가 제대로 작동하려면 골격을 이루는 여러 가지 요소의 배치와 크기가 정확해야 하고 살은 건강하고 활력이 넘쳐야 하듯이, 언어 구사는 정밀하고 감정과 감성은 잘 표현되어야 한다는 뜻일 터이다. 이와 같이 풍과 골은 상이한 측면도 있지만 석연하게 나눌 수도 없는, 특이한 용어인 것이다. 중국의 많은 용어들이 그렇듯이 애매하고 애매하기 때문에 더 깊이가 있으며 해석의 지평이 열려 있다.

또, 유협은 시문의 풍골은 문장의 수사와 조화하면서 일치되어 있음을 지적한다. 그는 문장의 수사는 훌륭하지만 풍골이 없는 작품은 마치 야생 꿩과 같아서 깃털은 화려해도 힘차게 비상할 수 없다고, 즉 품격이 높지 못하다고 했다. 또한 풍골은 있지만 문장의 수사가 뒷받침되지 않으면 이는 매가 높이 날고 힘차게 비상할 수 있어도 미려(美麗)하지 못한 것과 같다고 비유했다. 그러므로 아름다운 글(수사)이 풍골과 함께 할 때, 즉 두 가지가 혼연일치할 때 진정 봉황과 같은 완미한 작품이 될 수 있는 것이다. 어느 하나가 부족하면 다른 쪽도 빛을 잃어 버린다.

4) 종영의 『시품』

종영(鍾嶸, 468?-518)의 『시품詩品』은 중국 최초의 시가 전문 평론이다. 시 평론집을 시화(詩話)라고 하는데, 『시품』은 그 비조이다. 이 책은 오언시를 가지고 한나라부터 남조의 양(梁)나라에 이르기까지의 작가 122인을 상중하 삼품(三品)으로 분류하여 평론하고 있다. 중품까지의 시인에 대해서는 대부분 시의 원류와 시평을 함께 실었다. 이와 대조적으로 하품에는 원류가 없고 시평만 있다. 보기로 상품에 속한 한나라 이릉에 대한 것은 다음과 같이 적었다.

한 도위 이릉

그 원류가 초사에서 나왔다. 처창한 글이 많아 원망하는 시의 종류에 속한다. 이릉은 이름이 가자(家子)이며 빼어난 재주를 지니었으나 삶이 불행하여 명성은 무너지고 생명을 잃었다. (그러나) 그가 만약 고통을 만나지 않았다면 글이 어찌 이런 경지에 이를 수 있었겠는가!

漢都尉李陵

其源出於《楚辭》. 文多悽愴, 怨者之流. 陵, 名家子, 有殊才, 生命不諧, 聲頹身喪. 使陵不遭辛苦, 其文亦何能至此!

그런데 위대한 영웅이자 시인인 조조는 하품에 넣고 평도 매우 간단하다.

위 무제 조조와 위 명제 조예

조조의 시는 고졸하고 질박하며, 매우 슬프고 처량한 시구가 많다. 조예는 조비만 못하나 또한 삼조라고 칭한다.

魏武帝魏明帝

曹公古直, 甚有悲涼之句. 叡不如丕, 亦稱三祖.

이와 같이 이릉보다 뛰어난, 중국문학에서 가장 위대한 시인 중 하나로 꼽히는 조조를 조예와 같은 낮은 수준의 작가와 함께 하품으로 분류했다. 위에서 이미 언급했듯이 도연명은 중품으로 분류했다. 이와 같이 『시품』의 평은 객관성을 잃은 경우도 많다. 이런 점을 감안해서 읽어야겠다.

『시품』의 첫머리에는 서(序)가 있어서 오언시 이론을 펼친다. 이를 통해 오언시가 사언시를 대체하고 시의 주류가 된 이유를 상술한다. 그리고 시 창작에 있어서 지나친 전고와 성률의 사용은 사람의 자연스러운 성정을 방해하므로 해서는 안 된다고 했다. 동일한 맥락에서 동진 시대 이래로 발달했던 현언시도 반대했다. 시가의 형식을 빌려서 오묘한 이치, 즉 현리(玄理)를 설하는 현언시는 '이치가 말을 넘어서서(理過其辭)' 시미(詩味)가 사라지기 때문이다. 이런 것들은 객관성과 보편성을 갖춘 학술적 주장이다. 지금까지 위진남북조시대에 출현한 중요한 문학 비평서들을 살펴보았다.

한편 남조시대에는 각종 시문선집(詩文選集)들이 나와서 독서계를 풍성하게 했다. 대표적으로 양나라 소명태자인 소통의 『문선』과 서릉(徐陵, 507-583)의 『옥대신영玉臺新詠』이 있다. 소통의 『소명문선昭明文選』(약칭 『문선』)은 주대부터 육조 양까지 7-8백년에 걸친 130여 명 작가의 700여 편의 시문을 모은 것으로, 중국 최초의 문학총집에 해당한다. 이 책에서 소통은 그때까지 불분명했던 문사철(文史哲)의 구분을 확실하게 했다. 즉 경서에 해당하는 글과 역사서에 해당하는 글은 제외시키고, 문학 범주에 드는 것들을 위주로 해서 부(賦)·시(詩)·소(疏)·논(論)·서(序)·조(詔)·서(書)·제문(祭文) 등 38종으로 분류했다.

『옥대신영』은 중국 최초의 시선집으로, 한대에서 양대에 이르는 동안의 오언시·악부·가행 등을 모았다. 서릉이 유미주의의 대표적인 작가였으므로 이 책에는 남녀의 연정을 노래한 화려한 시들이 많이 실려 있다.

제4장

당대 문학

(618년-907년)

시대 배경

기원 6세기에 이르러 북조의 마지막 왕조인 북주(北周)의 절도사였던 양견(楊堅)이 쿠데타를 통해 왕이 되고, 이어서 천하를 통일했다. 그가 바로 수(隋, 581-618) 왕조를 세운 문제(文帝)이며 정치를 잘하여 명군이 되었다. 그가 만든 제도들이 대부분 그대로 당나라에 전승되어 후대 역사에 큰 영향을 미쳤다. 대표적으로 과거제도의 창시이다. 이는 유사 이래 처음으로 관리선발에 있어서, 추천 방식을 버리고 학문 실력에 의한 것이므로 세계사적으로도 대단히 의미 있는 일이다. 흔히 통치의 방식을 문관정치·무관정치·종교정치로 나누는데, 중국은 문관정치 위주였으며 그 본격적인 시작이 바로 과거제도에 있다.

당 왕조를 건립한 태종 이세민(李世民, 599-649)은 아버지 이연(李淵)을 따라 형제들과 함께 수 왕조를 상대로 전쟁을 치러서 큰 공을 세웠다. 그러나 아버지의 논공행상에 불만을 품은 나머지 형과 동생을 죽이고 아버지로부터 정권을 탈취했다. 그러나 정치를 매우 잘하여 그의 치세는 '정관지치(貞觀之治)'라 칭송받았고, 그는 후세 제왕의 모범이 되었다.

태종의 아들 고종(高宗, 628-683)은 즉위 후, 태종의 첩으로 있다가 태종 사후 비구니가 되어 있었던 무후(武后)를 데리고 와 총애했다. 무후는 계략과 권모술수에 뛰어나 차례로 궁중에서의 적들인 황후, 비, 그리고 대신들을 차례로 죽이고 조정의 전권을 손에 넣었다. 고종의 사후 아들 중종(中宗)을 내세웠지만 곧 폐위하고 스스로 천자로 즉위하여 국호를 '주(周)'로 고쳤다. 그녀가 바로 측천무후(則天武后, 624-705)로서 중국 역사상 유일한 여성 천자이다.

측천무후는 반대파에게는 잔인했지만 백성에게는 훌륭한 임금이었다. 그녀는 백성을 위한 과감한 개혁을 했고, 과거시험을 통해 공정하게 관리를 등용했으며, 유능한 서민들을 대거 관직에 임용했다. 대신 탐욕스럽거나 무능한 관리들은 가차없이 내침으로써 태평시대를 지속시켰다.

측천무후가 재위한 지 16년, 나이가 82세 되었을 때 재상 장간지(張柬之) 등이 거병하여 무후를 죽이고 중종을 복위시켰다. 그런데 이번에는 중종의 황후 위씨(韋氏)가 측천무후처럼 행세하여 장간지와 중종을 죽였다. 흔히 위황후라 불리는 것이 그녀이다. 중종의 아우인 예종(睿宗, 662-716)의 아들 이융기(李隆基)가 거병하여 위씨와 그 측근·잔당들을 모조리 살육하고 부친 예종을 복위시켰다. 예종은 즉위한 지 3년 만에 아들 이융기에게 양위하니 그가 바로 현종(玄宗, 685-762)이다.

6대 황제 현종 때 개원지치(開元之治, 개원은 연호)라고 하는 전대미문의 발전을 이룩했다. 그러나 현종은 통치 후기에는 사치와 안락에 빠져 실정한 나머지 재임 기간에 안록산(安祿山)과 그 부하인 사사명(史思明)에 의해 일어난 안사(安史)의 난(755-863)을 겪게 되었다. 안사의 난은 사망자가 당시 인구의 반이 훨씬 넘는 3,600만 명에 이를 정도로 그 피해가 막대했다. 이후 당나라는 쇠락하게 되었다.

무너져가는 당나라를 개혁을 통해 재흥시키고자 순종(順宗) 때 재상 왕숙문(王叔文, 753-806)을 중심으로 영정혁신(永貞革新)을 강력하게 추진했으나 기득권의 저항과 개혁을 반대하는 헌종(憲宗)이 등극함으로써 실행 6개월 만에 막을 내렸다. 더구나 이 헌종 때 조정이 우승유(牛僧孺) 일파와 이덕유(李德裕) 일파로 나누어지고, 이후 격한 당판 싸움을 내리 40년 동안 지속했다. 역사에서는 이를 우이당쟁(牛李黨爭)이라 부른다. 이런 와중에 제어할 상대가 없어진 환관들은 세력이 급부상하게 되었고, 이것이 망국으로 가는 길이 되었다.

그리하여 환관을 제거하려고 했던 황제는 모두 비운을 맞게 되었다. 헌종(憲宗)은 환관 세력을 억압하려다 환관에게 죽음을 맞았고, 다음 목종(穆宗)은 재위 기간이 4년밖에 되지 않고 죽었다. 목종 아들 경종(敬宗)이 재위 2년 만에 환관에게 시해되었고, 그 후 무종(武宗)이 환관에게 옹립되어 즉위했다. 다음의 선종(宣宗)·의종(懿宗)·희종(僖宗)·소종(昭宗)이 모두 환관에게 옹립된 천자여서 천자는 환관의 제자에 불과하다고 여겨졌다.

마침내 애제(哀帝)가 주전충(朱全忠, 본명 주온朱溫)에게 제위를 선양하고 바로 살해되어 당 왕조는 끝을 보았다. 환관 세력을 제압하라는 명을 받은 주전충이 칼을 돌려 당을 멸했던 것이다. 주전충은 오대의 첫 번째 왕조인 후량(後粱)의 태조가 되었다. 중국의 역사 특징 중에 하나가 바로 환관의 전횡인데 특히 한나라 말기와 당나라 말기가 가장 심했다. 한 말에는 십상시(十常侍)라고 불리는 열 명의 환관들이 국정을 좌지우지했고 그 패악이 극에 달했으며 재산은 황제보다도 더 많았다. 그러나 당의 경우는 더욱 더 심해서 당 후기의 역사는 환관들이 주도적 역할을 했다고 해도 과언이 아니다.

한편 오대(五代, 907-960) 시대는 양(梁)-진(晉)-당(唐)-한(漢)-주(周) 순으로 바뀌었다. 후세에 전대의 왕조들과 구분하기 위해 후량, 후진, 후당, 후한, 후주로 불렀으니, 이때의 후는 계승한다는 의미를 갖고 있다. 우리나라의 후고구려, 후백제가 고구려나 백제를 계승한다는 의미로 사용된 것도 마찬가지다. 50여 년 동안 5개 왕조가 바뀌었으니 대단한 혼란기였음을 알 수 있다. 오대와는 별도로 중원 바깥 지역에는 10개 정권이 수립되어 서로 싸웠다. 이것을 십국(十國, 902-979)이라고 하고, 오대와 십국을 합하여 오대십국이라고 부른다. 십국은 오대의 왕조들처럼 차례차례 건국되지 않고, 각지에서 동시다발적으로 세워졌으며 그 세력 규모도 천차만별이었다. 그것들은 오월(吳越), 민(閩), 형남(荊南), 초(楚), 오(吳), 남당(南唐), 남한(南漢), 북한(北漢), 전촉(前蜀), 후촉(後蜀)을 포함한다. 당나라 말기와 오대를 합쳐서 흔히 '당말오대'라고 지칭한다.

종교와 사상에 있어서 당 왕조는 도교·불교·유교가 상호 경쟁하면서 나란히 발전했던 시대였다. 특히 도교와 불교의 발전이 중국 역사에서 최고 정점을 찍었던 시대로서, 그 종교들의 사회적 영향과 지성적인 권위가 최고의 위치에 도달하였다. 당 시대 안에서도 시기에 따라 각자의 위상이 조금씩 달라지기는 하지만 전체적으로는 삼교 병행이었다. 이 공존이 문학에서도 그대로 체현되어 시에 있어서 불교의 왕유, 도교의 이백, 유교의 두보처럼 세 종류의 사상을 가진 대시인 세 사람이 거의 같은 시기에 살면서 각자의 문학적 개성을 또렷히 드러냈다.

당나라 문학을 대표하는 것은 무엇보다도 시이다. 우선 군주들이 앞장서서 시를 창도했으며, 관리를 뽑는 과거시험에서는 시가 가장 중요 과목이었다. 씨족이라는 가문을 배경으로 형성된 찬란한 귀족문화 역시 시라는 고급 문학과 잘 어울려서 시는 바야흐로 시대 문학이 되었다. 이와 대조적으로 백성들 사이에서 불리던 사라는 장르도 출현했고, 다시 민간 사를 문인들이 모방하여 품격있고 세련된 수준으로 향상시켰다. 사는 계속 발전하여 송나라에 이르면 시대를 대표하는 문학으로 위상이 높아졌다.

그런데 안록산 난을 통해 명문 귀족들의 세력이 현저하게 약화되면서 문화 전반에 걸쳐 변화가 있게 되는데 문학 역시 마찬가지였다. 정형시에 있어서는 백성들도 알아들을 수 있는 백거이(白居易)의 평이한 시가 각광을 받았다. 악부시에 있어서도 곡에 맞추어서 써야 하는 전통 악부시를 대신해서, 일반 시처럼 곡 없이 쓰는 신악부(新樂府)가 크게 발전되었다. 산문에 있어서는 어려운 변려문을 거부하고 내용에 충실할 것을 강조하는 고문운동이 확산되었다. 소설에 있어서는 당 전기에 중국 최초의 정식 소설, 즉 처음으로 작가의 창작을 통해 써진 전기소설(傳記小說)이 나타났으며, 당 후기에 들어서서 대량으로 지어졌다.

이런 시·문·소설보다 당 문학에서 가장 주목되는 점은 설창문학(說唱文學)이 시작되었다는 것이다. 이 사실은 1899년 돈황석굴에서 발견된 소위 변문(變文)을 통해 발견하게 되었다. 즉 변문이 중국 설창문학의 효시이다. 다채로운 종류를 갖고 있는 설창과 통속소설이 모두 이 변문에서 남상되었으며, 중국 희곡도 일정 부분 변문의 영향을 받았다. 위에 열거한 당 후기를 특징짓는 문학 현상은 모두 안록산 난 이후 나타났다. 좀 더 짓기 편하거나 쉬운 문인문학, 내지 일반 대중을 위한 통속문학이 바야흐로 출현했고, 이런 변화가 송대에 더욱 확산되었으며, 원·명·청대를 거치면서는 드디어 소설·설창·희곡 등 통속문학이 시문의 전통적인 문인문학보다 더 중요하게 되었다.

제1절 당대의 시와 사

보통 당나라를 시기별로 구분할 때 초당(初唐, 618-712), 성당(盛唐, 713-770), 중당(中唐, 771-835), 만당(晚唐, 836-907)으로 한다. 이 방법은 본디 시의 발전사로써 구별했던 것으로, 송나라 엄우(嚴羽, 1192-1197)의『창랑시화滄浪詩話』라고 하는 시 비평서에서 처음 시도했으며, 명나라 고병(高棅, 1350-1423)이 지은『당시품휘唐詩品彙』에서 정한 이후로 확정되었다. 문학 구분이 역사 구분이 된 세계사적으로 매우 드문 경우이다. 그러나 이러한 시기 구분은 편의상 개략적인 구분을 가하는 것일 뿐, 시인의 수명과 작품활동 시기가 제각각 다르기 때문에 특정 연도를 경계로 기계적인 구분을 가하는 것은 불가능하다. 어쨌든 네 시기 중에서 성당의 시가 수준에 있어서 최고조에 달했기 때문에 '성당 시'라는 표현이 생겼다.

고래로 수많은 당시(唐詩) 중에서 빼어난 것들을 선별한 다수의 선본(選本)들이 있었으나, 많은 것들이 일실되었으며 민간에 가장 널리 유포되었던 책이 바로 청나라 때 편찬된, 310수를 실은『당시삼백수唐詩三百首』이다. 그러나 당나라 시에는 이 310수와 우열을 나눌 수 없는 좋은 시들이 매우 많다. 개인의 취향이나 시대정신에 따라서 선별의 기준이 달라지는 것이니 선집의 한계를 분명히 알아야 한다. 시선집뿐만 그런 게 아니라 무슨『고문진보古文眞寶』니,『고문관지古文觀止』니 하는 여타 시나 산문을 정선해 놓았다는 책들 역시 마찬가지다. 오히려 선집본에 누락되어 있는 작품들이 더 좋은 경우가 많다.

또한 현대적인 문학·예술 관점에서 보면 고대인들이 등한시하거나 타부시했던 것들이 더욱 빛나는 경우가 적지 않다. 청나라 때는 어명에 의해 강희(康熙) 44년(1705), 한림원(翰林院)의 관원들이 당시를 모아서『전당시全唐詩』를 만드니, 이 책에 수록된 시인이 2,200여 명이고, 그들이 지은 작품은 48,900여 수나 된다. 당시의 성과가 이전 천년의 시사(詩史, 시의 역사)보다도 더 뛰어나다. 당나라 때 시가 이처럼 발전되었던 원인에는 시 발전사 측면 외에 다음과 같은 사회적 조건이 있었다.

첫째, 군주들이 시를 창도했다. 대표적으로 태종(太宗), 무측천(武則天), 현종(玄

宗), 헌종(憲宗), 목종(穆宗) 등 역대 제왕들이 시 창작을 중시했으며 사회적으로 시 문화를 만들었다.

둘째, 과거시험에서 가장 중요한 시험 종류가 바로 진사과(進士科)이며, 진사과는 시와 부로 관리를 뽑는 것이었다. 그러므로 학자에게 있어서 시작(詩作)은 선택이 아닌 필수였다.

셋째, 귀족문화의 발달이다. 귀족을 중심으로 한 경제와 문화가 고도로 발달했기 때문에 중국 시도 큰 발전을 이룩할 수 있었다.

당나라 때 만들어진 시체(詩體)를 근체시(近體詩)라고 하고, 한나라 때의 시체를 고체시(古體詩)라고 하는데 작품으로 들어가기 전에 시체의 원리를 종합적으로 설명하면 중국 시 이해에 도움이 될 것이다. 고체시는 성운(聲韻, 일반적으로 압운을 가리킨다)이 비교적 자유롭고 구수에 제한이 없어서 짓기가 쉽다. 이와 반대로 근체시는 엄격한 압운·평측·대구의 사용을 요구하고 구수가 일정하게 정해져 있다. 근체시는 어느 누구에 의해서 완성된 게 아니고 심약을 위시로 한 영명체의 작가들로부터 시작하여 초당에 들어 상관의, 초당사걸과 문장사우(文章四友)로 불리는 최융(崔融)·이교(李嶠)·소미도(蘇味道)·두심언(杜審言), 그리고 심전기(沈佺期)와 송지문(宋之問)에 이르기까지 상당히 긴 세월에 걸쳐 완성되었다.

근체시는 오언절구(五言絶句), 칠언절구(七言絶句), 오언율시(五言律詩), 칠언율시(七言律詩), 오언배율(五言排律), 칠언배율(七言排律) 등으로 구별된다. 율시(律詩)는 시 하나가 8구로 이루어진 것이고, 절구(絶句)는 그 절반인 4구이며, 배율(排律)은 율시보다 많은 10구 이상의 시형이다. 이중 배율은 장편인 데다가 까다로운 시형 때문에 문인들로부터 그다지 환영받지 못했다. 그러므로 당시를 대표하는 시체는 오언절구, 칠언절구, 오언율시, 칠언율시이다. 한대의 오언시와 칠언시를 당시(唐詩)의 오언·칠언시와 대비하여 흔히 오언고시(五言古詩), 칠언고시(七言古詩)로 칭한다. 당나라 이후 고체의 체재를 본떠서 지은 시도 고체라고 지칭한다. 근체시는 율시를 중심으로 하기 때문에 율체(律體)를 이해하는 것이 가장 중요하다. 율체시는,

1. 매 구, 그리고 구와 구 사이의 평측에 있어서 정해진 규칙이 있다.

2. 쌍구의 마지막 글자(즉 짝수 구의 끝 글자)를 평성(平聲)으로 압운한다.

3. 시 한 수는 8구를 기본 형식으로 한다. 그리고 8구 이상이 되면 배율(排律)이라고 부른다. 한편 당대 과거시험에서는 오언육운(五言六韻), 곧 12구를 사용해야 하기 때문에 이런 시형을 시율시(試律詩)라고 칭했다. 12구가 육운이라는 것은 짝수구마다 압운을 해야 하기 때문이다.

4. 수미(首尾) 두 연(聯, 매 2구를 연이라고 칭함)에서는 대구 사용 여부를 뜻대로 할 수 있으나, 중간의 각 연에는 반드시 대구를 사용해야 한다.[91)]

이상 네 가지 조건에 들지 않으면 고체시가 된다. 아주 쉽게 정의하면 근체시는 평측·압운·대구의 정해진 규칙을 준수해야 하기 때문에 짓기 어렵고, 고체시는 비교적 그런 까다로운 규칙에서 자유롭기 때문에 짓기가 상대적으로 쉽다. 아래에서는 초당·성당·중당·말당의 순서대로 당시를 논한다.

1. 초당

당나라는 수나라의 제도를 거의 그대로 수용했다. 그래서 문학 역시 당 초기는 남조 및 수에서 활동한 문인들을 그대로 등용하여, 그들이 주도적인 역할을 담당했다. 그래서 당시의 대표적 시인들이 모두 수 왕조의 신하들이었고, 그로 인해 초기의 시는 육조시대 제와 양에서 행해지던 궁체풍이 대세였다. 궁체에 대해서는 본서 위에서 설명한 바 있다. 그래서 시풍이 유약하고 유미주의였다. 상관의(上官儀, 608-665)란 사람이 유명했는데, 그의 시풍은 더욱 화려하고 완미하며 정교하고 화려하게 조탁된 것이었다. 당시 그를 모방하던 사람이 적지 않아, 이러한 시풍을 상관체(上官體)라 불렀다.

궁정체나 상관체의 유풍을 일소하는 데 앞장섰던 시인들은 왕발(王勃)·양형(楊

---

91) 이상 율시의 조건에 대해서 啓功, 『詩文聲律論考』, 中華書局, 2000, 6-13쪽 참고.

炯)·노조린(盧照隣)·낙빈왕(駱賓王)이다. 이들을 합쳐서 초당사걸(初唐四傑)이라 부른다. 먼저 왕발의 시 작품으로 매우 유명한 것에는 「송두소부지임촉주送杜少府之任蜀州와」「산중山中」이 있다. 이중 「산중」을 읽어 본다.

> 장강에서 오래 묶여서 서러워,
> 만 리 밖에서 돌아가고픈 생각.
> 하물며 높이 바람 부는 가을 저녁,
> 산마다 낙엽들이 흩날릴 때는.
>
> 長江悲已滯, 萬里念將歸. (장강비이체, 만리념장귀)
> 況屬高風晩, 山山黃叶飛. (황속고풍만, 산산황엽비)

이 시에서 먼 타향에 묶여 있는 나그네의 수심이 가을의 모습(바람과 낙엽)으로 말미암아 비창의 색채를 더욱 짙게 하고 있다. 1구와 2구가 나그네 마음이고, 3구와 4구가 가을 풍경이다. 나그네 마음이 주관적인 정(情)이고, 가을 풍경이 객관적인 경(景)이라 할 때 정과 경이 서로 상승작용을 일으키고 있다. 다음은 낙빈왕(619?-687?)의 「어역수송인於易水送人」을 감상한다.

> 여기서 연나라 단이 송별하니,
> 장사는 머리카락이 관을 밀어 올렸다.
> 옛날 사람들 이미 사라졌으나,
> 오늘 물은 여전히 차갑구나.
>
> 此地別燕丹, 壯士髮衝冠. (차지별연단, 장사발충관)
> 昔時人已沒, 今日水猶寒. (석시인이몰, 금일수유한)

이 시는 낙빈왕이 역수(易水)에서 친구를 전송하며 지은 시이다. 1구는 이곳이 바로 전국시대 연나라 태자인 단(丹)이 진시황제를 암살하기 위해 떠나는 협객 형가

(荊軻)와 이별했던 곳임을 밝히고 있다. 2구는 격앙된 형가를 형용한 것으로, 발충관(髮衝冠)은 머리카락이 치솟아 관(冠)을 밀어 올린다는 뜻으로 몹시 성이 났음을 비유한다. 발충관을 줄여서 충관이라고도 한다. 1구와 2구는 『전국책戰國策』 권31 「연책燕策」에 실려 있는 「역수가易水歌」에 바탕을 두고 있다. 「역수가」는 전국시대 연나라 태자 단의 부탁을 받고 진시황제를 암살하러 가는 형가가 역수에서 부른 고가(古歌)이며, 그 내용은 "바람 소슬하고 물은 차갑구나, 장사가 한번 떠나면 다시 돌아오지 않는다네.(風蕭蕭兮易水寒, 壯士一去兮不復.)"이다.

3구는 단과 형가는 모두 역사 속으로 사라졌음을 말한다. 여기까지는 전혀 현재를 말하지 않는다. 그저 과거를 술회했을 뿐이다. 4구에 와서야 지금을 말하되, 다만 물이 차갑다고 했을 뿐 다른 언급이 없다. 얼핏 보면 이 시는 역사를 주제로 하는 영사시(詠史詩)이다. 다만 '찰 한(寒)' 한 글자가 현재 시점을 감각적으로 드러낸다. 시 전체에서 전혀 작자와 친구가 직접 나오지 않고, 객관적인 상황을 서술하는 데 그친다. 다시는 보지 못할 것이라든가, 이별이 슬프다든가, 이후 외로울 것이라든가 하는 감정을 나타내지 않는다. 그러나 이별의 모든 정한이 '한' 한 글자에 압축되어 있으며, 마치 한랭한 물이 몸에 닿듯 깜짝 사람을 놀라게 한다. 글자 하나가 전체 시를 살아있게 한다.

훗날 두보는 왕발, 낙빈왕을 비롯한 초당사걸에 대한 다음과 같은 시를 지었다.

희위육절구(戲爲六絶句)

유신의 문장은 늙어서 이루었고,
구름 넘는 굳센 필력은 종횡무진이었네.
지금 사람 전해오는 그의 부 작품 비웃지만,
앞 현자가 후생 두려워하는 뜻을 모르지.

왕·양·노·락, 사걸의 당시 문체는,
경박하게 글 짓는다고 비웃음 그치지 않네.

그러나 그대들 몸은 이름과 함께 사라지리니,
사걸의 문체는 만고에 흐르는 강물이어라.

庾信文章老更成, 凌雲健筆意縱橫. (유신문장노갱성, 능운건필의종횡)
今人嗤點流傳賦, 不覺前賢畏後生. (금인치점류전부, 불각전현외후생)
王楊盧駱當時體, 輕薄爲文哂未休. (왕양로락당시체, 경박위문신미휴)
爾曹身與名俱滅, 不廢江河萬古流. (이조신여명구멸, 불폐강하만고류)

두보 당시 사람들은 남북조시대의 작가인 유신이 지은 부 작품을 수준이 낮다고 폄하하고, 또한 초당사걸의 시 작품을 일컬어 경박하다고 비웃었다. 이에 두보는 현재의 입장에서만 문학을 논해서는 안 되고, 시대 상황을 고려해야 객관적인 비평이 될 수 있음을 말하고 있다. 즉 작가가 산 시대의 조건을 참작해야 한다는 것이다. 유신은 본서 위에서 설명했듯이 본디 남조 사람이었으며, 젊었을 때 궁체시의 영향을 받아 화려한 글을 썼다. 그러나 뜻하지 않게 북조에 머물면서부터는 자신의 감정을 깊이 있게 표현한 진실한 작품을 썼다. 두보는 작가의 일부 작품만 보지 않고 전체 맥락 속에서 평하였다. 한편 "지금 사람 전해오는 그의 부 작품 비웃지만, 앞 현자가 후생 두려워함을 모르지."의 의미는 다음과 같다: 유신이 만약 지금 살아있다면, 그는 뒷사람들이 자신보다 뛰어날 것을 두려워하며 글짓기에 노력했을 것이다. 그런데 유신을 비판하는 그대들 글 역시 뒷사람들이 보고 비웃을지 누가 알겠는가.

또한 초당사걸이 아직 남북조시대의 유풍을 다 떨쳐버리지 못했으나 당시의 조건으로 보면 그들은 최선을 다한 것이며, 또한 그들이 있었기에 그 뒤를 이어서 성당시대 찬란한 문학이 가능했던 것이다. 다시 말하면 초당사걸은 당나라 시 발전의 문을 활짝 열었던 사람들이니, 시대적 소임을 다했다.

초당사걸을 이어서 진자앙이 당시의 생성에 큰 역할을 했다. 서기 696년에 거란의 난이 일어나자 토벌을 위해 북벌군에 참여했다가 상관의 미움을 사 하급관리로 내려앉았다. 당시 유주(幽州)의 계북루(薊北樓)라는 누대에서 지은 「등유주대가登

幽州臺歌」가 유명하다.

> 앞으로는 고인이 보이지 않고,
> 뒤로는 후인이 보이지 않네.
> 천지의 아득함을 생각하며,
> 홀로 창연히 눈물 흘리도다.
>
> 前不見古人, 後不見來者. (전불견고인, 후불견래자)
> 念天地之悠悠, 獨愴然而涕下. (념천지지유유, 독창연이체하)

이곳 유주대는 전국시대 연(燕)나라 왕이 현사들을 초치하여 예로써 대했던 역사적 장소이다. 그러나 이제 인재를 알아줄 명군이 없다. 그것을 진자앙은 "앞으로는 고인이 보이지 않고, 뒤로는 후인이 보이지 않네."라고 표현한 것이다. 즉 고인은 옛날에 현사를 알아주었던 임금, 후인은 지금 현사를 알아주는 임금이다. 그러니 시간적으로 외로울 뿐 아니라 공간적으로도 이곳은 황량하고 아득해 세상에 홀로 떨어져 있는 듯하여 슬프다. 대충 이런 식으로 이 시는 해석되어진다. 역사 고사를 알고 있어야 해석이 가능한 시인데, 회재불우함을 표현하고 있다. 강건하고 질박하게 표현하여 건안풍골의 기운이 있고, 이러한 시풍이 향후 더 발전하여 이백과 두보에 이르러서는 성당시가 출현하게 되었다. 그런 의미에서 초당 말기에 창작활동을 한 진자앙을 성당시의 개척자라고 말한다.

초당은 앞에서 언급한 바 있는 근체시가 성립된 시대였다. 이러한 격률이 엄격한 근체시의 조류와는 정반대로 이전 고시의 형태를 따르면서 동시에 백성들의 입말을 시어로 많이 사용한 왕범지(王梵志)가 있었다. 그는 수말 당초, 즉 7세기 전후 사람으로서 불교를 신앙했고, 선리(禪理, 선의 이치)가 풍부한 시를 많이 지었다. 일상의 구체적인 일에서 감흥을 받아 지은 시가 많다. 그러하되 통속적인 언어로 깊은 이치를 표현했다. 그의 시는 일실되었으나 다행히 1899년 감숙성의 돈황석굴에서 발견되어 336수가 전한다. 문인들의 글말인 문언이 아닌 백성들의 입말인 백화를 썼기 때문에 백화시에 속하며, 한산(寒山)과 습득(拾得)이라는, 백화시를 많이 지은 선승들에게 영향을 주어 중국 백화시에 큰 공헌을 했다. 당나라 때 백화 시인은 몇 사람이 안 되기 때문에 더욱 귀중하다. 이런 의미에서 왕범지 시 하나를 소개한다.

사왕선활서(死王羡活鼠)

죽은 왕이 산 쥐를 부러워하니
어찌 보통사람에 미치겠는가. (죽은 왕은 살아 있는 보통 사람만 훨씬 못하다)
벼슬 얻어도 무얼 기뻐하며,
자리 잃은들 무얼 근심하리.
재물로 찾을 수 없고
지능으로 구할 수 없네.
가령 (벼슬이) 와서 맡는다 해도
마음대로 가버리면 머물게 하지 못하네.
마음대로 오고 가니
운명을 어찌 근심하리오.

死王羡活鼠, 寧及尋常人. (사왕선활서, 녕급심상인)
得官何須喜, 失職何須憂. (득관하수희, 실질하수우)
不可將財覓, 不可智力求. (불가장재멱, 불가지력구)
倘來可柜藏, 任去不可留. (당래가거장, 임거불가류)
任來還任去, 運命何須愁. (임래환임거, 운명하수수)

이 시는 시형이 오언고시에 해당한다. 죽은 왕이 살아있는 쥐를 부러워한다는 이야기를 빌어 헛된 명예와 이익에 집착하지 말 것을 권계하고 있다. 그 이야기는 아마 전국시대 이사의 죽음을 말하는 듯하다. 『사기史記』「이사열전李斯列傳」에 의하면 이사가 젊어서 군의 낮은 벼슬을 하고 있을 때 어느 날 화장실에 들어가 쥐들을 보았는데, 쥐들이 불결한 것을 먹고 사람을 보면 놀랐다. 다음에 곡식 창고에 들어갔더니, 거기 사는 쥐들은 깨끗한 것을 먹고 큰 집에서 살며 사람을 보아도 놀라지 않았다. 이에 이사는 말했다. "사람이 어질고 못남을 쥐에 비유할 수 있으니, (어질고 못남은) 처하는 곳에 달려 있다.(人之賢不肖譬如鼠矣, 在所自處耳)"

이후 이사는 마음을 다 써서 혁혁한 공을 세운 결과 마침내 '창고 안의 쥐'(즉 진시황제의 중신)가 될 수 있었다. 그러나 나중에 모함에 걸려 함양(咸陽)의 시장에서 요참(腰斬, 허리를 자르는 형벌)을 당하게 되었다. 형 집행 전 아들에게 말했다. "내가 너와 함께 황견을 끌고 채 지역의 동문에서 교활한 토끼를 사냥하고 싶어도 어찌 가능하겠는가?(吾欲與若復牽黃犬俱出上蔡東門逐狡兎, 豈可得乎)" 이제 이사는 화장실의 쥐마저도 될 수 없었던 것이다. 왕범지의 시는 이러한 이사의 일을 잘 개괄하고 있으면서, 동시에 변증법적으로 전개되는 사람의 일에 애착이나 집착하지 말라고 하는 권계를 담고 있다. 표면상 쥐를 말하지만 이면에는 깊은 인생에 대한 통찰이 있는데, 그것은 다분히 불교적 이치를 바탕으로 하고 있다.

2. 성당

성당은 현종이 다스리던 시기로, 당제국의 국력이 가장 강하여 안정과 번영을 누렸으며, 이로 인해 귀족문화가 중국 역사상 가장 발달하였다. 그러나 성당은 안록산의 난으로 인해 끝을 맺고, 이후 당은 점차 쇠락의 길로 접어들었다. 시에 있어서도 성당 때 가장 극성기를 맞았다. 장구령(張九齡, 678-740), 하지장(賀知章, 659-744), 장열(張說, 667-730), 소정(蘇頲, 670-727) 등이 초당 말의 진자앙이 이룩한 시 성취를 계속 발전시키면서 자신의 감정과 개성을 시로 표현하였다.

마침내 왕유와 맹호연이라는 불세출의 두 시인이 나와 성당의 시를 환하게 밝혔다. 먼저 왕유(王維, 701-761)는 자가 마힐(摩詰)인데, 마힐은 불교의 유마힐(維摩詰, 줄여서 유마)에서 따온 것이다. 독실한 불교 신자로서 불교의 선적 세계를 시화(詩化)했다. 또한 그리는 회화와 낭송하는 시를 최초로 결합시켰고, 그림에 파묵(破墨)이라는 회화 기법을 처음으로 사용하여서 문인화의 시조로도 여겨지는 인물이다.

〈그림 3〉 망천도(輞川圖)

왕유는 만년에 장안의 근교에 있는 망천(輞川)이란 곳에 살면서 청원사(淸源寺)라는 절의 벽에 그곳 20곳의 풍광을 그림 한 폭에 집어넣어 그리고 「망천도輞川圖」(그림 3)라 이름했다(그러므로 20개 작품이 아니라 단폭화임). 후에 벽이 허물어져 전하지 않고, 오직 임모본만 남아 있다. 그림과 동시에 왕유는 친구 배적(裵迪, ?-?)과 함께 각각 20수씩, 총 40수의 망천 20곳의 풍광을 주제로 한 시를 지어서 『망천집輞川集』이라는 단행본을 만들었다. 중국에서 처음으로 시와 그림이 본격적으로 연관을 갖게 된 첫 사례이다.그러나 왕유의 「망천도」와 『망천집』은 그림에 직접 시를 써넣는 것은 아니었다. 그런 기법은 송나라 때 비로소 출현했다.

『망천집』에 얽힌 재밌는 에피소드가 있다. 송나라 문인이었던 진관(秦觀, 1049-1100)의 시문을 모아놓은 『회해집淮海集』에 「서망천도후書輞川圖後」라는 글이 있다. 이 글에 의하면 진관이 병들어 누어있을 때 친구 고부중(高符仲)이 찾아와 『망천집』을 보여주면서 "이것을 보면 병이 나을 걸세(閱此可以愈疾)"라고 했다. 진관이 그것을 보고 있자니 황홀하여 마치 왕유와 함께 망천 속으로 들어가 신선한 공기를 마시고 아름다운 새 소리를 듣는 듯했고, 며칠 만에 병이 나았다 한다. 『망천집』의 시 가운데 「녹채鹿柴」를 감상한다.

텅 빈 산에 사람 보이지 않고,
다만 말소리만 울리네.
저녁 햇빛이 깊은 산에 들어와,
다시 푸른 이끼 위를 비추네.

空山不見人, 但聞人語響.
返景入深林, 復照靑苔上.

'공(空)'이라는 글자는 왕유 시에 자주 나오는 것으로, 독실한 불교신자인 그가 대승불교 교리의 핵심인 '공 사상'의 영향을 받은 것으로 여겨진다. 원래 불교에서의 공은 인도어 순야(sunya)를 번역한 것으로, 그 뜻은 "모든 존재는 상호 관계로써 이루어지기 때문에 고정되어 있지 않고 항상 변한다. 그러므로 실체가 없다"이다. 이런 뜻을 가진 순야가 '아무것도 없음'을 가리키는 중국어 공으로 번역되면서 비어있음이 강조되게 되는데, 이는 원래의 뜻과는 약간 달라지게 된 것이다. 어쨌든 '공산(空山)'은 왕유가 시어로 처음 사용하였는데, 산을 왜 비었다고 표현했을까. 어떤 공간, 예를 들어 집이나 누대, 혹은 산속에 있을 때 아무 것도 없는 것은 아니나 어쩐지 텅 비어있는 듯하다. 그것은 쓸쓸한 것 같지만 동시에 충만함이 느껴지는 역설적인 공간이다. 그런 상태를 '텅 빈 충만'이라고 하겠다. 텅 빈 충만감은 동양적인 여백의 미라고 할 수 있겠다. 중국 시에서는 인적이 드문 깊은 산속을 공산이라고 표현하는데, 그 시작이 왕유에 있다. 그러므로 왕유는 본격적으로 공이라는 글자를 사용해 동양적 예술미를 창출한 사람이다. 중국에서는 노자 이래로 주로 허(虛)와 정(靜)을 사용해서 비어있음과 고요함을 나타냈다. 이와 다르게 왕유의 공은 비어있음, 고요함, 충만감을 모두 포함했던 것이다.

왕유의 「산거추명山居秋暝」이라는 시에 나오는 "텅 빈산에 막 비 온 후, 늦은 밤 가을 기운이 오네.(空山新雨後, 天氣晩來秋.)"라든가, 당 시인 위응물(韋應物, 737-792)의 시 「기전숙산중도사寄全椒山中道士」에 있는 "낙엽이 텅 빈 산에 가득 떨어지니 어디서 행적을 찾을까?(落葉滿空山, 何處尋行迹.)" 같은 시에서 그런 역설적인 아름다움을 느낄 수 있겠다. 왕유의 「산중山中」에서는 "산길에는 비 내리지 않았는데, 텅빈 비취빛이 행인의 옷을 적시네.(山路天無雨, 空翠濕人衣.)"라고 하여 산의 녹음에 비춰서 푸르스름하게 보이는 안개를 '공취(空翠, 텅 빈 비취 색)'라고 표현하고, 그것이 옷을 적신다고 했다. 색을 텅 빈 것으로 형용한 것이다. 왕유의 시 가운데 매우 선리(禪理, 선의 깨달음의 이치)를 잘 나타낸 것으로 평가받는 「종암별업終南別業」이란 시를 소개한다.

중년에 자못 불도를 좋아해,
만년에 종남산 기슭에 집을 두었네.
매번 흥이 일면 홀로 가니,
뛰어난 이 일을 다만 홀로 알 뿐.
물이 다한 곳에 이르러,
앉아서 구름 이는 것을 본다.
우연히 숲에 사는 노인을 만나,
담소하며 돌아갈 줄 모른다.

中歲頗好道, 晩家南山陲. (중세파호도, 만가남산수)
興來每獨往, 勝事空自知. (흥래매독왕, 승사공자지)
行到水窮處, 坐看雲起時. (행도수궁처, 좌간운기시)
偶然值林叟, 談笑無還期. (우연치림수, 담소무환기)

이 시는 세속을 떠나 홀로 즐기는 산중의 정취를 서술한다. 겉으로는 자연풍광을 노래한 것 같지만 실은 수도의 즐거움을 은유적으로 나타내고 있다. 특히 "물이 다한 곳에 이르러, 앉아서 구름 이는 것을 본다."는 시어는 불교의 선가(禪家)에서 궁극적인 깨달음의 경지를 나타내는 비유로 사용된다. 번뇌가 다 사라져서 현상을 관조하는 것을 가리킨다. 아무런 목적도 없이 소요하면서 자재한 단계이다.

이와 같이 왕유의 시에는 불교의 선적인 이치와 분위기가 깊이 투영되어 있는 것들이 있다. 이런 시 작법을 이선입시(以禪入詩, 선을 시에 넣다)라고 한다. 당대에는 불교의 명상법인 선(禪)이 중국에서 토착화되었던 시대였다. 그러면서 선적인 분위기나 이치가 담긴 시 작품이 출현하게 되었다. 그 처음 시작이 누구인지 단정할 수는 없다. 예를 들어 두보(杜甫)의 「추일기부영회봉기정감이빈객일백운秋日夔府詠懷奉寄鄭監李賓客一百韻」도 이선입시의 시로 유명하다. 그러나 이선입시의 개념이 확고하게 자리를 잡은 것은 왕유에 의해서였다. 그리고 송대에 이르면 소식에 의해 이선입시의 이론과 실천이 완성 단계에 이르게 된다.

다음은 왕유 시와 그림의 관계를 알아본다. 우선 위에서 언급한 바 있는 『망천집』에 실린 「죽리관竹里館」이다.

홀로 깊은 대밭에 앉아,
거문고 뜯다가 긴 휘파람 불다가.
깊은 숲에 있어서 사람들은 모르지만,
밝은 달이 찾아와 나를 비추네.

獨坐幽篁里, 彈琴復長嘯.
深林人不知, 明月來相照.

「녹채」에선 텅 빈 산중에 보이지 않는 사람 말소리 울려 퍼지고 나무 사이로는 지는 햇빛이 헤집고 들어와 푸른 이끼를 비춘다. 이 「죽리관」에선 깊은 대나무밭에서 때로 거문고 연주하고 때로 휘파람 불며 홀로 즐기면서 시간 가는 줄 모르고, 밤이 되자 이제는 밝은 달이 나를 찾아와 친구한다. 「녹채」와 「죽리관」 두 시는 청각적이고 시각적인 예술 효과가 뛰어나서 회화적이다. 공감각적인 이미지가 돋보인다. 이미지 속에는 고독하지만 만족하는 삶의 모습이 보인다. 그 삶은 텅 빈 충만함이고 여백의 미이다. 이러한 역설에 바탕을 둔 심미관은 중국·한국·일본을 비롯한 동아시아 민족에게 큰 영향을 끼쳤다. 그 대표적인 것이 바로 문인화이다. 중국의 시와 문인화는 공통분모가 있다. 두 예술 모두 간결과 압축의 기법을 사용하고 드러냄보다 숨김을 나타냄으로써 깊고 광활한 미학을 추구한다. 왕유는 이러한 공통되는 원리를 창작 활동에서 실천한 최초의 사람으로 평가받는다. 이런 점에서 왕유는 시와 예술, 더 나아가 중국인들의 심성과 인생관에도 큰 영향을 준 인물이라고 할 수 있다.

한편 『동파제발東坡題跋』은 송나라의 소식(蘇軾)이 역대 시·산문·회화·음악 등에 대해 논한 176개의 글을 모아 놓은 책인데, 그 가운데 「서마힐람관연우도書摩詰'藍關烟雨圖'」가 있어서 왕유 작품에 보이는 시와 그림의 관계에 대하여 다음과 같이 평하고 있다.

> 마힐(즉 왕유)의 시를 음미하면 시 가운데 그림이 있고, 마힐의 그림을 살피면 그림 가운데 시가 있다. 시에 이르기를
> 푸른 계곡에 하얀 바위 나왔고,
> 옥색 시냇물에 붉은 나뭇잎 드물다.
> 산길에 비 내리지 않았는데,
> 텅 빈 비취색이 옷을 적시네.
> 이는 마힐의 시인데 혹자는 아니라고 한다. 호사자가 이 시로써 마힐의 작품을 보충하였다.
>
> 味摩詰之詩, 詩中有畵, 觀摩詰之畵, 畵中有詩. 詩曰
> 藍溪白石出, 玉川紅葉希
> 山路元無雨, 空翠濕人衣
> 此摩詰之詩. 或曰非也, 好事者以補摩詰之遺.[92)]

여기에 나온 시는 제목이 「산중山中」인데, 마치 자연 속 색들이 눈앞에 전개되는 듯하다. 소동파는 이 「산중」을 가지고 왕유의 예술 세계를 논하였던 것이다. 소동파의 이 글로부터 후에 시는 '소리 있는 그림(유성화有聲畵)', 그림은 '소리 없는 시(무성시無聲詩)'라고 하는 문예 비평에 있어서 새로운 개념이 만들어졌다.[93)] 시는 본디 낭송하기 위한 것인데 왕유의 그림에서는 마치 시 소리가 들리는 듯하고, 그

---

92) 『東坡題跋』(二), 北京, 中華書局, 1985, 94쪽. 그러나 일반적으로 전해오는 본 왕유 시는 1, 2구가 "형계(강이름)에 하얀 돌 드러나고, 날씨 추어지니 붉은 잎 드무네.(荊溪白石出, 天寒紅葉稀.)"로 되어 있어서 『동파제발』에 인용된 것과 약간 다르다.

93) 문인화에 보이는 시와 그림의 관계를 전문적으로 다룬 책으로는 김현권, 『시 속의 그림, 그림 속의 시, 문인화』, 파주, 보림, 2007이 있다. 그리고 양회석, 『소리 없는 시, 소리 있는 그림』-중국 산수화의 지향과 이론, 전남대학교출판부, 2005는 중국 산수화에 대한 고대 문인과 화가들의 이론들을 모아서 해석하고 그 의미를 해설하였는데, 그 이론들 중에는 그림과 시의 유기적 관련을 논한 것들이 다수 있다.

림은 본디 보기 위한 것인데 왕유의 시에는 마치 그림이 있는 듯 회화적이다. 이로부터 그림과 시가 결합되기 시작하여 시를 그림처럼 시각적으로 짓는 방법이 발달되었다. 송대에 이르면 마침내 그림 속에 시가 들어 있는 동양 특색의 예술이 완성된다.

다음에는 왕유와 함께 성당 시를 환히 밝혔던 맹호연에 대해 알아본다. 성당 때는 몇몇 시인들이 도연명과 사령운의 전통을 계승하여 자연의 아름다운 경관과 전원생활을 읊은 많은 시를 써서, 문학사에서는 그것을 자연시파(自然詩派)라고 부른다. 자연시파 시인에는 맹호연, 왕유, 저광희(儲光羲, 700-760), 조영(祖詠, 699-746), 배적(裴迪, 741 전후) 등이 있는데, 이중 맹호연이 자연시에 가장 뛰어나다.

그런데 맹호연이 지은 「세모귀남산歲暮歸南山」이란 시에 있는 "재주 없어 명군이 버리시니(不才名君棄)"란 시구가 당시 황제인 현종으로 하여금 마치 자신이 맹호연을 버렸다는 뜻으로 곡해하게 하고, 이것이 현종의 분노를 사게 한 나머지 궁중에서 쫓겨나 수도인 장안에서 고향으로 돌아왔다. 이후 벼슬에 뜻을 두지 않고 자연과 벗 삼으면서 좋은 시들을 지었다. 서기 740년에 등에 종기가 생겼다가 완치되었다. 그때 마침 왕창령(王昌齡)이란 시인이 그에게 들려서 함께 술을 마셨는데, 그때 생선을 먹고 종기가 재발하여 나이 52세로 병사하였다. 참으로 유명한 그의 「춘효春曉」란 시를 감상한다.

봄잠에 날 밝는 줄 몰랐더니,
곳곳에서 우는 새 소리 듣네.
밤부터 비바람 소리 났는데,
꽃은 얼마나 떨어졌을까.

春眠不覺曉, 處處聞啼鳥. (춘면불각효, 처처문체조)
夜來風雨聲, 花落知多少. (야래풍우성, 화락지다소)

제1구는 제목을 설명한 파제(破題)이다. 파제는 당나라 때 과거시험에서 사용되던 시작법(詩作法)으로, 제목에 쓰인 글자들이 제1구에 들어 있어야 한다. '춘효'는 '춘면불각효'에서 춘과 효를 따왔으며, 동시에 '봄에 날이 밝다'라는 뜻도 갖고 있다. 이렇게 시를 짓는 일은 상당한 언어 감각과 능력이 있어야 하니, 이 때문에 과거시험에서 수험생에게 파제를 사용하는 시를 요구했던 것이다.

봄잠의 나른함, 새소리에 잠이 깸, 그리고 잠이 깨면서 간밤 잠들 때 들었던 비바람 소리가 생각나면서 꽃을 생각하는 정서가 아련하게 사람에게 다가오는 시이다. 봄꽃에 대한 시인의 안타까움과 우려를 나타내고 있다. 시간의 도약, 명암의 교체, 소리와 색감의 변화, 감정의 파동 등 모두 무한한 매력과 정취가 흘러넘친다.

이상 왕유와 맹호연을 당나라를 대표하는 자연시파 시인이라고 한다. 육조시대 중 진과 송 때 각각 전원시의 도연명과 산수시의 사령운이 자연으로써 두각을 나타냈으나 제와 양 때부터 유미주의의 영명체 시, 궁체시, 염정시들이 발달하면서 자연시가 발전하지 못했다. 그러나 당 때 경제적으로나 문화적으로 풍요로운 귀족문화가 극도로 발전하면서 낭만적인 자연시가 다시 시인들의 주목을 받기 시작하였고, 그 대표적인 초당의 시인이 왕유와 맹호연이다. 도연명이 개척한 전원시, 사령운이 개척한 산수시를 모두 흡수하여 당 때 수준 높은 자연시를 창작했던 것이다.

사실 전원시니, 산수시니, 자연시니 하는 것들의 경계는 명확하게 구분될 수 있는 성질의 것이 아니다. 특히 산수와 자연은 거의 동일한 의미를 지니기 때문에 산수시니 자연시니 하는 것은 시대에 따른 명칭의 다름일 뿐이다. 또한 한 시인이 어떤 시파에 속한다고 할지라도 그가 반드시 한 종류의 시만 지은 게 아니고 다른 다양한 소재나 주제를 가지고 작시를 한다. 예를 들어 위의 왕유나 맹호연이 자연시파라고 하지만 자연시 외 다른 형태의 시들도 지었다. 그렇기 때문에 중국문학에서 모 시인을 논한다고 할 때 그가 속한 시파에 한정되어서는 안 된다. 무슨 시파니, 학파니 하는 것은 많은 경우 후대 학자들이 붙여준 것이다.

같은 의미에서 성당 때 큰 성취를 이룩한 소위 변새시파(邊塞詩派)가 있다. 변새는 변경을 말한다. 당의 국력이 강성해지고 영토가 확장됨에 따라 변경 지역의 풍경과 생활을 소재로 많은 시들이 지어졌으니, 왕한(王翰, 678-726), 왕지환(王之煥, 688-742), 이기(李頎, 690?-751?), 왕창령(698-757), 고적(高適, 704-765), 잠참(岑參, 718?

-769?) 등이 변새시를 발전시킨 유명한 시인들이다. 이런 변새시들에는 애국심을 고취하는 내용들이 많이 들어 있다. 시 가운데 이국적인 장면들이 있고, 이런 '낯선 것'들을 소재로 좋은 시들을 썼기 때문에 중국 시 발전에 이바지했다는 평을 듣는다. 이들이 변새시파라고 해서 변새시만 잘 지은 것은 아니고, 다른 시들도 잘 지었다. 특히 변새시에 뛰어나기 때문에 그렇게 부르는 것이다. 여기서 왕지환의 「양주사涼州詞」 2수 중 첫 수를 감상한다.

황하가 멀리 흰구름 사이로 오르고,
한 조각 외로운 성, 만 길 되는 산.
오랑캐 피리[94]는 왜 양류가로 원망해야 하나,
봄바람 아직 옥문관을 넘지 않았는데.

黃河遠上白雲間, 一片孤城萬仞山. (황하원상백운간, 일편고성만인산)
羌笛何須怨楊柳, 春風不度玉門關. (강적하수원양류, 춘풍부도옥문관)

양주사는 「양주」라는 당시 유행하던 곡에 맞춰 지은 악부 계통의 시이다. 양주는 현 깐쑤성(甘肅省) 우외이(武威)에 해당하는 지역으로, 이곳의 음악은 서역의 구자국(龜玆國, 지금 신장 쿠차 일대) 음악과 많이 융합하였다. 당 때는 이렇듯 변경을 통해 서역의 음악이 들어오고, 중국 음악과 결합되면서 새로운 음악이 만들어졌다. 외국 문화를 적극적으로 흡수·소화하여 새로운 것을 창조한 당 제국의 대국적인 매력과 스케일을 보여주는 한 예이다.

'한 조각 외로운 성, 만 길 되는 산.'은 높은 산에 있는 조그만 성을 묘사했는데, 실제 성이 조그맣다기보다는 그만큼 산이 큼을 강조한다. 한 조각(일편一片)과 만 길(만린萬仞)이 절묘한 대를 이루고 있다. 3구와 4구 "오랑캐 피리는 왜 양류가로 원망해야 하나, 봄바람 아직 옥문관을 넘지 않았는데."에서는 본서의 남북조 민가 편

94) 오랑캐 피리는 한글식 번역이고, 본 이름은 강적(羌笛)으로 옆으로 부는 횡취식橫吹式 관악기이다. 한나라 때 이미 깐쑤와 쓰촨 지역에 들어와서 당나라 때는 변경 지역에서 자주 볼 수 있었다.

에 소개한 적 있는 「절양류가」를 상기하자. 버드나무는 이별을 상징하는 나무이고, 「양류가」는 「절양류가」 계열의 노래로 이별을 노래한다. 「양주사」는 왜 아직 봄도 되지 않아 추운데 슬픈 곡인 「양류가」를 피리로 연주하느냐고 못마땅해한다. 왕지환의 또 다른 유명한 시 「등관작루登鸛雀樓」는 다음과 같다.

해는 서산에 의지해 다 지고,
황하는 바다로 흘러 들어가네.
천리를 보는 눈을 다 하고자,
다시 한 층을 올라가네.

白日依山盡, 黃河入海流. (백일의산진, 황하입해류)
欲窮千里目, 更上一層樓. (욕궁천리목, 경상일층루)

위로는 해가 산 쪽으로 사라지고, 아래로는 강이 흘러 바다로 간다. 시간의 흐름이 해와 강의 위치 변화로써 읽혀진다. 또한 해·강·바다를 통해 탁 트인 드넓고 광활한 풍광을 묘사하고 있다. 작가는 더 넓은 모습을 보기 위해 누대에서 한 층을 더 올라간다는 표현은 고래로 웅대한 포부를 드러내는데 인용되었던 천하의 명구이다.

왕창령은 규정이나 이별의 정을 묘사하는 데도 특출했다. 그의 「부용루송신점芙蓉樓送辛漸」은 2수로 되어 있는데 그중 제1수는 다음과 같다.

찬비가 강과 이어지며 밤의 오 땅에 들어오고,
새벽에 벗을 떠나보내며 초산이 외로워.
낙양 친구들이 내 소식 묻거들랑,
한 조각 얼음이 옥병에 있다고 말하게.

寒雨連江夜入吳, 平明送客楚山孤. (한우련강야입오, 평명송객초산고)
洛陽親友如相問, 一片冰心在玉壺. (낙양친우여상문, 일편빙심재옥호)

제1구에서 연(이을 연連) 자는 비를 통해 하늘과 강을 하나로 이어준다. 비가 계속 이어서 들어오는 것을 표현했는데, 만약 흔히 비가 내리는 것을 나타내는 하(下)나 락(落) 자를 쓰면 이처럼 잇는 형상미가 생기지 못할 터이다. 한우(寒雨)는 가을비이다. 연과 입(入)이 서로 상응하여 비가 하늘로부터 옛 오나라 땅인 강녕(江寧) 일대로 들어온다고 했다. 작가가 있는 오 지역의 밤에 비가 비가 계속되는 것을 이렇게 형용했다.

제2구는 간밤에 비 내렸던 강에서 배를 타고 북쪽의 낙양으로 가는 친구 신점을 배웅하는 모습이다. "초산이 외롭다"는 작가의 심정을 산에 감정이입한 것이다. 방향에 있어서 비는 들어오는데 친구는 나간다. 제3구부터는 친구가 도착할 낙양의 일을 상상한다.

제4구를 보자. 예로부터 옥과 얼음은 맑고 깨끗한 것을 비유할 때 쓰이는 단어인데, 이 시에서는 '옥병에 담긴 얼음'이라고 하여서 옥병과 얼음을 결합함으로써 고결한 시인 자신의 내면 형상을 더욱 선명하게 부각시킨다.

다음, 앞의 자연시파와 변새시파 외에 성당 시 중에서 빼놓을 수 없는 것이 칠언율시의 절창으로 꼽히는 최호(崔顥, ?-754)의 「황학루黃鶴樓」[95]이다.

옛사람이 이미 황학 타고 떠나서,
이곳에는 부질없이 황학루만 남았네.
황학은 한번 떠나 돌아오지 않고,
흰구름은 천년 동안 부질없이 한가롭구나.
맑은 강물엔 또렷이 한양의 나무들 비추고,
앵무주[96]에는 향기 나는 풀 무성하네.
해지는데 고향은 어디멘가,
안개 낀 강물은 나그네를 수심 깊게 하누나.

---

95) 황학루는 지금의 후베이성(湖北省) 우창현(武昌縣)에 있는 유명한 누대 이름이다. 전해지길, 옛날에 신선이 황학을 타고 지나다 이곳에서 쉬었다 한다.

96) 앵무주(鸚鵡洲): 중국 우한시(武漢市)의 우창성(武昌城) 밖에 있는 강·섬 이름,

昔人已乘黃鶴去, 此地空餘黃鶴樓. (석인이승황학거, 차지공여황학루)
黃鶴一去不復返, 白雲千載空悠悠. (황학일거불부반, 백운천재공유유)
晴川歷歷漢陽樹, 芳草萋萋鸚鵡洲. (청천력력한양수, 방초처처앵무주)
日暮鄕關何處是, 烟波江上使人愁. (일모향관하처시, 연파강상사인수)

이 시는 시인이 유적지를 보면서 고향을 생각하는 내용이다. 황학루에 올라가 보게 된 아름다운 경치로 말미암아 고향 생각이 난다. 이런 것을 '경으로 인하여 정이 생긴다(인경생정因景生情)'고 한다. '헛되다', '부질없다', '의미 없다'를 나타내는 공(空)이라는 글자가 2번 나오고, 마지막에 '근심 수'가 있다. 아름다움·헛됨·근심, 이 세 가지가 결합되어 묘한 시정을 일으킨다.

성당시의 최고봉은 너무나 잘 알려진 이백과 두보이다. 먼저 이백(701-762)은 악부시·고체시·자연시파·변새시파 등의 다양한 시형과 시파들의 장점을 모두 흡수하여 오언, 칠언의 장편 단편들을 다 잘 지었다. 신선술과 노자를 좋아하고, 검술에도 뛰어났다. 달과 술을 좋아하여 이 방면의 상징이 되었다. 낭만주의 시인의 최고로서 거침없는 상상력을 활용하여 사람들을 경탄케 하는 과장·의인·비유·상징 등을 창조했다. 흔히 그를 타고난 천재라고 부르지만, 항심(恒心)을 갖고 있어야 어려운 일을 이룰 수 있음을 의미하는 마저성침(摩杵成針)이란 성어를 볼 때 많은 노력도 있었음을 규지할 수 있다. 명나라 진인석(陳仁錫, 1581-1636)이 편찬한『잠확거류서潛確居類書』권 60을 보면 야사 같은 얘기가 실려 있다.

이백이 젊어서 학문을 하다가 이루지 못하고 그만두고 떠났다. 길에서 노파를 만났는데, 절구공이를 갈고 있었다. 그 이유를 묻자 대답하길 "바늘을 만들려고 한다."고 했다. 이백이 그 말에 느낀 바가 있어 마침내 공부를 끝마치게 되었다.

李白少讀書, 未成, 棄去. 道逢老嫗磨杵, 白問其故, 曰欲作針. 白感其言, 遂卒業.

먼저 이백의 「장진주將進酒」를 감상한다.

그대는 보지 못하는가,
황하의 물이 천상에서 내려와서,
달려 바다에 이르면 다시 돌아오지 못함을.

그대는 보지 못하는가,
부모님이 거울 보고 백발을 슬퍼함은,
아침에 푸른 실 같다가 저녁이면 눈이 됨이라.

인생은 뜻대로 될 때, 기쁨을 다 누려야지,
금 술잔이 빈 채로 달을 대하게 하지 말게.
하늘이 내게 준 재능은 반드시 쓸모가 있는 법,
천금을 다 써버리면 다시 돌아온다네.

君不見, (군불견)
黃河之水天上來, 奔流到海不復回. (황하지수천상래, 분류도해불부회)
君不見, (군불견)
高堂明鏡悲白髮, 朝如靑絲暮成雪. (고당명경비백발, 조여청사모성설)
人生得意須盡歡, 莫使金樽空對月. (인생득의수진환, 막사금준공대월)
天生我材必有用, 千金散盡還復來. (천생아재필유용, 천금산진환부래)

앞서 보았던 왕지환의 시 「양주사涼州詞」에서는 황하가 흰구름 사이로 올라간다고 했는데, 이백은 이처럼 황하의 물이 천상에서 내려온다고 했다. 황하는 같은 모습으로 흐르지만 이렇게 보는 사람의 생각과 감정에 의해 달라진다. 만약 이백의 시가 왕지환의 시처럼 '황하가 흰구름 사이로 올라간다'라고 하면 시미(詩味)가 살아나지 않는다. 또한 「장진주」는 천상에서 오는 황하도 흘러가 버리면 다시 돌아오지 않지만 내 술 마실 기회 있어서 마음껏 즐기고 돈을 다 써버려도 돈은 다시 돌아온다. 나에게는 시를 짓는 재주가 있으니까, 이 정도로 술은 위대하고 내 재주는 황하를 능가한다 함으로써 자연마저 압도하는 시인의 호탕한 기개를 나타낸다.

이처럼 이백 시의 가장 큰 특색은 기이한 상상력과 호방한 격조에 있다. 그는 가장 높은 곳, 가장 먼 곳, 그리고 가장 깊은 곳에 착안하여 웅대하고 아름다운 예술 경지를 묘사했다. 이백의 시 가운데 그 예를 찾으면 다음과 같다.

1) 「망여산폭포望廬山瀑布」에 나오는 여산(廬山)의 폭포에 대한 묘사: "날 듯이 곧바로 삼천 척을 아래로 흐르는 것이, 마치 은하수가 구천(즉 하늘)에서 떨어지는 것과 같네.(飛流直下三千尺, 疑是銀河落九天.)"
2) 「북풍행北風行」에 나오는 차가운 삭풍에 대한 묘사: "자리처럼 큰 연산의 눈꽃이, 분분히 내리다가 헌원대에 떨어지네.(燕山雪花大如席, 片片吹落軒轅臺.)"
3) 「추포가십칠수秋浦歌十七首」에 나오는 자신의 수심에 대한 묘사: "백발이 삼천 장인 것은, 시름으로 인해 이렇듯 길어졌을까.(白髮三千丈, 緣愁似個長.)"

폭포가 삼천 척, 사람이 앉는 자리처럼 큰 눈, 백발이 삼천 장…… 이런 것들은 터무니없을 정도로 큰 과장이라서 필자는 '신화적 상상력'이라고 부르고 싶다. 그러면서도 이백은 세밀하고 다정다감한 시어도 잘 만들어냈다. 시인이자 친구인 맹호연과 이별할 때의 마음을 적은 「황학루송맹호연지광릉黃鶴樓送孟浩然之廣陵」을 감상하자.

친구를 서쪽 황학루에서 이별하니,
아지랑이 끼고 꽃 피는 삼월에 양주로 내려가네.
외로운 돛단배 멀리 푸른 허공 사이로 다하고,
장강만 하늘 끝으로 흘러가네.

故人西辭黃鶴樓, 烟花三月下揚州. (공인서사황학루, 연화삼월하양주)
孤帆遠影碧空盡, 唯見長江天際流. (고범원영벽공진, 유견장강천제류)

맹호연은 이백보다 11살이 더 많지만 서로 의기투합하는 친구가 되었다. 이 시는 맹호연이 양주로 갈 때 지은 송별시이다. 양주는 광릉(廣陵)의 다른 이름이다. 황학루가 있는 호북성에서 동쪽 양주로 갈 때 장강을 따라 배가 하행하므로 양주로 내려간다고 했다. 3구가 특히 유명한 것으로, 수평선으로 사라지는 배의 모습을 참으로 잘 표현했다. 이런 것을 한자로 미(微, 작고 미묘하고 은미함)를 다했다고 한다. 한편 이백의 「옥계원玉階怨」은 누군가를 그리워하고 기다리는 여인의 모습과 마음을 묘파했다.

옥으로 만든 계단에 하얀 이슬이 생겨,
밤 깊자 비단 버선에 스며드네.
물러나 수정 주렴을 내리고,
영롱하게 가을 달을 바라보네.

玉階生白露, 夜久侵羅襪. (옥계생백로, 야구침라말)
却下水晶簾, 玲瓏望秋月. (각하수정렴, 영롱망추월)

여인은 아름다운 계단(옥계)에서 이슬이 맺기까지 오래도록 임을 기다리니 이슬에 버선이 젖었다. 그래도 임은 오지 않는다. 그래 방에 들어갔지만 잠들지 못하고 발 사이로 비추는 달을 하염없이 바라본다. 임을 그리는 여인의 애틋한 모습이 그림처럼 보이는 시이다. 「정야사靜夜思」 역시 중국인이면 누구나 외우는 천고의 명시이다.

침상 앞 밝은 달빛이,
땅 위의 서리인 듯.
머리 들어 밝은 달 바라보고,
머리 숙여 고향을 생각하네.
床前明月光, 疑是地上霜. (상전명월광, 의시지상설)
擧頭望明月, 低頭思故鄕. (거두망월명, 저두사고향)

전혀 화려한 수식 없이 평범하고 단순한 글자들로 고향 생각을 묘사함으로써 백번 읽어도 싫증이 나지 않는다. 특히 달빛을 서리로 묘사한 것은 역대 시인들이 달빛을 묘사한 최고의 시어 중 하나이다. 이 시를 낭송할 때는 실제 머리를 들고 숙이면서 하면 드라마틱하다. 이백 하면 달과 술이 떠오른다. 그러나 다음과 같이 거기에 음악이 더함으로써 아취의 품격이 더해진다.

산중여유인대작(山中與幽人對酌)

두 사람이 대작하는데 산꽃이 피어있네,
한잔 한잔 또 한잔.
내 취하여 잠자려 하고 그대는 떠나네,
내일 뜻이 있거들랑 거문고를 안고 오시게.

兩人對酌山花開, 一杯一杯復一杯. (양인대작산화개, 일배일배부일배)
我醉欲眠卿且去, 明朝有意抱琴來. (아취욕명경차거, 명조유의포금래)

시 제목에 나오는 유인(幽人, 깊은 곳에 사는 사람)은 고상한 은자이다. 이백이 함께 마음껏 술 마시다가 잠이 들려 한다. 그때 당부하길 내일 술마시러 오거들랑 거문고도 가지고 오라 한다. 이 시는 은자, 꽃, 술, 거문고가 어우러져 속된 것이 전혀 없는 은자의 생활을 묘파한다.

이백과 쌍벽을 이루는 두보(杜甫, 712-770)는 이백보다 10살 정도 더 많은데, 도가적 낭만주의 시인인 이백과 대조적으로 유가적 현실주의 시인이다. 젊었을 때부터 죽을 때까지 가난이 늘 따라다녔으며, 가난을 면하고자 과거시험을 보기도 하고 벼슬아치에게 부탁하기도 하고 권세가에게 시를 지어 보내기도 해보았으나 효과가 없었다. 그렇게 장안에서 10년을 허송세월하다가 40이 넘어 지은 「봉증위승장이십이운奉贈韋左丞丈二十二韻」에는 "아침에 부잣집 문을 두드리고, 저녁엔 살찐 말이 일으키는 먼지를 따라가네. 남은 술과 찬 고기 먹으며, 가는 곳마다 슬픔과 고달픔에 잠기네.(朝扣富兒門, 暮隨肥馬塵. 殘杯與冷炙, 到處潛悲辛.)라고 했다. 겨우 참군(參軍)이란 낮은 벼슬을 얻는 데 성공했으나, 마침 안록산의 난이 일어나 벼슬도 못하고, 어린 자식은 굶어 죽었다. 이 시기 지은 「춘망春望」이란 시를 감상한다.

나라는 깨졌어도 산하는 존재하고,
성안은 봄이지만 초목만 깊네.
때를 느낌에[97] 꽃이 눈물을 뿌리고,
한스런 이별에 새도 마음을 놀래킨다.
봉화가 석 달이나 이어지니,
집 편지는 만금의 가치 나가네.
흰머리 긁으니 더욱 짧아져,
비녀 조차 이기지 못하구나.

國破山河在, 城春草木深. (국파산하재, 성춘초목심)
感時花濺淚, 恨別鳥驚心. (감시화천루, 한별조경심)
烽火連三月, 家書抵萬金. (봉화연삼월, 가서저만금)
白頭搔更短, 渾欲不勝簪. (백두소경단, 혼욕불승잠)

사회시이면서도 감정이 풍부하고 자연을 잘 노래했다. 평소 같으면 자연은 아름답지만 두보에게 자연의 아름다움은 슬픔, 근심, 심약함을 가져다 준다. 1구와 2구, 3구와 4구, 5구와 6구가 모두 뛰어난 대구로 되어 있으며, 자연과 심정의 모순이 역설적으로 서술되어 있어 독특한 예술미를 갖추고 있다.

두보의 삶은 이처럼 불행했으나, 대신 직접 목도한 백성들의 간난하고 비참한 모습을 시로 묘사함으로써 '사회시'의 대가가 될 수 있었다. 안록산의 난 기간 중 지은 작품 가운데 '삼리(三吏)'와 '삼별(三別)'이 있다.

---

97) 때를 느낌에(감시感時): 시절의 변화를 느끼는 것을 말한다.

먼저 삼리를 소개한다. 먼저 「신안리新安吏」는 부모들의 통한을 뒤로 하고 소년들이 군대로 보내지는 장면을 묘사하였고; 「동관리潼關吏」는 동관 수비의 실패를 교훈 삼아 철저한 수비를 준비하는 상황을 적고 있으며; 「석호리石壕吏」는 한 가족의 세 아들이 이미 군대에 끌려갔는데도 늙은 아비마저 잡혀가야 할 상황에 그의 아내가 그를 대신해 병역에 종사하는 내용이다. 이중 「석호리」는 드라마틱한 서술 때문에 특히 유명하다.

저녁에 석호촌에 투숙했는데,
관리가 밤에 사람을 잡으러 왔네.
노인은 담을 넘어 도망하고,
늙은 아내는 문 열고 보네.
관리의 고함은 어찌 이리 화가 났고,
아내의 울음은 어찌 이리 괴로운가.
아내가 나아가 하는 말을 들으니,
세 아들이 업성에서 수자리하는데,
한 아들이 보내온 편지에,
두 아들이 새 전투에서 죽었다 하오.
남은 사람은 어떻게 살아본다지만,
죽은 사람은 영원히 끝입니다.
집안에 이젠 사람이 없고,
다만 젖먹이 손자만 있소.
며느리가 아직 떠나지 않았지만,
출입할 치마가 온전치 않다오.
늙은 제가 힘은 비록 쇠했지만,
청컨대 나리 따라 밤도와 가리다.
급히 하양으로 정역을 나간다면,
그래도 새벽 취사는 할 수 있을 겁니다.

밤 깊자 말소리 끊기고,

흐느끼는 깊은 오열을 듣는 듯하네.

날 밝아 길 떠날 때,

홀로 노인과 이별하네.

暮投石壕村, 有吏夜捉人. (모투석호촌, 유리야착인)

老翁逾墻走, 老婦出門看. (노옹유장주, 노부출문간)

吏呼一何怒, 婦啼一何苦. (리호일하노, 부체일하고)

聽婦前致詞, 三男鄴城戍. (청부전치사, 삼남업성수)

一男附書至, 二男新戰死. (일남부서지, 이남신전사)

存者且偷生, 死者長已矣. (존자차투생, 사자장이의)

室中更无人, 惟有乳下孫. (실중경무인, 유유유하손)

有孫母未去, 出入無完裙. (유손모미거, 출입무완군)

老嫗力雖衰, 請從吏夜歸. (노구력수쇠, 청종리야귀)

急應河陽役, 猶得備晨炊. (급응하양역, 유득비신취)

夜久語聲絶, 如聞泣幽咽. (야구어성절, 여문읍유열)

天明登前途, 獨與老翁別. (천명등전도, 독여노옹별)

시 말미에서 짐작할 수 있는, 며느리가 치마가 없어 밖에 나오지 못하는 정황은 읽는 사람으로 하여금 가슴 아프게 한다. 다음 삼별에 있어서, 「신혼별新婚別」은 이제 막 결혼한 신부가 남편을 전장에 보내기 전에 그를 격려하며 용기를 북돋아 주는 내용이고; 「수로별垂老別」은 한 노인의 자손들이 모두 전장에서 사망하자 자신도 지팡이를 내던지고 자진하여 부인과 이별하여 군대에 들어간다는 애국심을 고취하는 내용이고; 「무가별無家別」은 한 병사가 군대에서 퇴역하여 집으로 돌아오니, 고향 땅은 이미 황폐해지고 현의 관리는 그를 다시 군대로 끌고 가려 하는데, 그는 이미 함께 이별의 정을 나눌 가족도 없다는 내용이다.

이렇듯 두보의 시는 당시 사회상을 잘 반영하기 때문에 그의 시를 일컬어 ‘시사

(詩史)'라고 한다. 백성의 상황을 잘 서술했기 때문에 위정자로 하여금 정치를 잘할 수 있게끔 하는 '풍유(諷諭)'의 효과가 컸으며, 이러한 풍유의 정신은 뒷사람들에게 전승되어 면면히 이어지게 되었다. 두보는 1,400여 수나 되는 시를 남겼는데, 사회시 외에도 순수하게 자연을 읊은 시도 많고, 그 외 나그네를 소재로 한 것들도 있다. 두보는 이백과 대조적으로 많은 노력과 시간을 들여 한 자 한 자 정성스럽게 시를 지었는데, 특히 짓기가 까다로운 율시에 뛰어났다. 최고 수준의 율시는 두보에게서 발견된다고 할 수 있다. 후대에 이백을 시선(詩仙)이라고 부르고, 두부를 시성(詩聖)이라고 부르게 되었다.

지금까지 소개한 성당의 제 시인들 외에도 유장경(劉長卿, 709-789) · 원결(元結, 719-772) · 고황(顧況, 727-815) · 융욱(戎昱, 776 전후) · 위응물(韋應物, 735-789?) 등도 훌륭한 시인들이다. 이들 중 흥미로운 에피소드를 담고 있는 고황의 시 하나를 보자.

엽상제시종원중류출(葉上題詩從苑中流出)

꽃 떨어지는 깊은 궁궐, 앵무새 슬프고,
상양궁의 궁녀는 단장의 비애 젖네.
임금 은혜로 동으로 흐르는 물 막지 않았으니,
잎 위에 시를 써서 누구에게 보낼까.

花落深宮鶯亦悲, 上陽宮女斷腸時. (화락심궁앵역비, 상양궁녀단장시)
君恩不閉東流水, 葉上題詩寄與誰. (군은불폐동류수, 엽상제시기역수)

이 시는 장안 궁궐에서 살고 있는 궁녀의 외로움을 나타내고 있다. 이 시를 지은 사연에 대해 전해지기를 당 천보(天寶) 연간 궁궐의 궁녀가 외로움을 견디다 못해 오동잎에 시를 적고 궁중 화원에 있는 물줄기에 띄워서 궁 밖으로 흘러가게 했다. 고황이 우연히 잎을 발견하니, 거기에는 "옛 은혜는 가을 부채처럼 버리고, 새 은혜는 이른 봄에게 주지. 애오라지 잎 하나에 시를 적어, 흘러서 임에게 도달하기 바라노라.(구총비추풍舊寵悲秋扇, 신은기조춘新恩寄早春. 료제일편엽聊題一片葉, 장기접류인將寄接流人. 『전당시全唐詩』 권797)"라고 하는 시가 씌어 있었다. 임금의 총애에서 멀어진 자신의 처지를 가을이 되면 필요 없어져 방치되는 부채에 비유한 것이다. 고황의 시는 이러한 궁녀의 시를 모티브로 창작된 것이라고 한다. 이 가화(佳話)가 참인지는 알 수 없되 어쨌든 사람들의 정서를 자극하여 궁녀의 처지를 동정하게 만든다.

고황처럼 유명하지는 않지만 장계(張繼, 715?-779?) 역시 뛰어난 시인이었다. 비록 유전(流傳)되어 전해지는 시가 50개밖에 되지 않고 나머지는 일실된 것이 시인의 명성을 희석시켰지만, 비(比)와 흥(興)을 사용해 깊이 있는 시를 지었다. 그의 대표작으로는 「풍교야박楓橋夜泊」이 있다.

달 떨어지고 새 울고 서리는 하늘에 가득,
강풍과 어화 있고, 근심을 마주하며 잠드네.
고소성 밖의 한산사,
한밤중 종소리가 객선에 이르네.

月落烏啼霜滿天, 江楓漁火對愁眠. (월락조제상만천, 강풍어화대수면)
姑蘇城外寒山寺, 夜半鐘聲到客船. (고소성외한산사, 야반종성도객선)

1구에서, 서리가 내려 땅에 가득한 모습을 역설적으로 하늘에 가득하다고 함으로써 천지가 마치 서리로 덮여 있는 듯한 인상을 준다. 2구에 있는 강풍(江楓)은 강 언덕에 물들어 있는 단풍, 어화(漁火)는 고기잡이하는 배에 켜는 등불이나 횃불이다. 3구의 고소는 지명으로 소주(蘇州)의 별칭이며, 4구에서는 그곳에 있는 한산사의 종소리가 나그네가 타고 있는 배까지 들린다고 했다. 이 시에 나오는 "근심을 마주 대하고 잠을 잔다(對愁眠)"는 근심을 가득 안고 자는 모습이다. 대(對) 자는 근심을 대상화한 한 것으로 객수(客愁)를 참 잘 표현하고 있다.

"강풍과 어화를 대하며 근심스럽게 잔다"라고도 해석이 가능한데, 아무래도 전자의 시의가 더 깊이 있다. 나그네가 타고 있는 배에서 보이는 세상 가득한 서리,

강 언덕의 단풍, 고깃배의 불빛, 그리고 나그네의 귀에 저 멀리서 까마득히 들려오는 종소리는 시각과 청각을 동원해서 가을밤의 외로움·쓸쓸함·깊은 근심을 매우 입체적으로 나타낸다. 이 시로 인해 소주의 한산사는 큰 명성을 얻게 되어 오늘날 많은 관광객이 찾는 명소가 되었다. 장소가 유명해서 시가 나온 것이 아니라 시가 있어서 장소가 유명하게 되었다. 이런 경우는 중국에서 매우 많다.

3 중당

중당 시대를 풍미한 시인들로는 이익(李益, 748-827)·맹교(孟郊, 751-814)·왕건(王建, 751?-835?)·이신(李紳, ?-846)·장적(張籍, 765?-830?)·한유(韓愈, 768-824)·백거이(白居易, 772-846)·유우석(劉禹錫, 772-842)·유종원(柳宗元, 773-819)·원진(元稹, 779-831)·가도(賈島, 779-843)·이하(李賀, 790-816) 등이 있다. 우선 장적의 시 한 수를 감상한다.

추사(秋思)

낙양성 안에서 가을바람 보고,
집에 편지 쓰려 하니 마음은 만근.
급해서 빠진 말 있는가 두려워,
행인이 떠나려 할 때 다시 봉투 뜯노라.

洛陽城裏見秋風, 欲作家書意萬重. (낙양성리견추풍, 욕작가서의만중)
復恐匆匆說不盡, 行人臨發又開封. (부공총총설부진, 행인임발우개봉)

나그네의 집에 보내는 편지를 소재로 한 시인데, 구체적 사안은 전혀 없다. 대신 마지막 구, 편지 가지고 가는 사람이 떠나려 할 때 다시 봉투를 열어 보아 내용을 확인하는 데에서 나그네의 초조한 마음이 읽힌다. 편지에는 아마 가족 안부라든가, 자신의 처지를 썼을 것이다. 애절함과 안타까움이 묻어 있다.

한편 당나라 한유는 산문의 고문운동으로 유명하지만, 또한 시인으로도 뛰어났다. 화려하지 않고 질박하면서도 특별한 운치가 있는 시들을 썼다. 보기로 2수로 된 「조춘정수부장십팔원외早春呈水部張十八員外」 중 제1수를 든다.

장안성 큰길에[98] 작은 빗방울 기름처럼 번들거리고,
멀리 뵈는 풀빛 가까이하면 없어지네.
이때가 일 년 중 가장 좋은 시절,
버들개지[99] 가득한 늦봄보다 훨씬 낫지.

天街小雨潤如酥, 草色遙看近卻無. (천가소우윤여소, 초색요간근각무)
最是一年春好處, 絶勝煙柳滿皇都. (최시일년춘호처, 절승연류만황도)

당나라 수도인 장안성의 초봄을 노래한 것이다. 초봄 작은 비 내릴 때 거리가 기름처럼 반들거린다. 비 맞은 후 풀이 아주 작게 돋아나는데 그 색은 있는 듯 없는 듯 몽롱하여 자세히 보려고 가까이 다가서면 사라진다. 이런 초봄의 모습이 화려하게 버들개지 만연한 늦봄보다 훨씬 좋다고 했다. 많은 시들이 늦봄을 제재로 삼는 데 비해서 이 시는 초봄을 이야기하니 신선하다. 우리에게 가장 잘 알려진 등화가친(燈火可親)이란 성어도 다음과 같은 한유 시에 나오는 것이다.

부독서성남(符讀書城南)

두 집안에서 각각 아이를 낳아
손잡고 다닐 때는 똑같이 예쁘지.
조금 자라 지들끼리 모여서 놀 때는

---

98) 장안성 큰길(天街): 천가는 수도의 큰길이며, 여기서는 장안성의 길을 가리킨다. 제4구의 황도 역시 장안성을 말한다.

99) 버들개지(烟柳): 버드나무의 꽃이 안개처럼 피어있는 버드나무 숲을 가리킨다. 넓게는 버드나무 숲이나 버드나무를 가리키기도 한다.

물고기처럼 함께 무리 짓지.
12, 13세에 재능이 조금씩 서로 달라지다가
20이 되어 더욱 차이가 커져서
맑은 물에 더러운 물이 비치는 것 같지.
삽십에 골격이 이루어지면
마침내 하나는 용이 되고 하나는 돼지가 된다.
(……)
때는 가을, 오랜 비 개이니
막 시원한 기운이 시골 언덕에 들어오네.
이제 등불을 친할 만하니
책장을 펼칠 만하구나.

兩家各生子, 提孩巧相如. (양가각생자, 제해교상여)
少長聚嬉戲, 不殊同隊魚. (소장취희희, 불수동대어)
年至十二三, 頭角稍相疏. (년지십이삼, 두각초상소)
二十漸乖張, 清溝映汙渠. (이십점괘장, 청구영오구)
三十骨骼成, 乃一龍一豬. (삼십골격성, 내일룡일저)
(……)
時秋積雨霽, 新凉入郊墟. (시추적우제, 신량입교허)
燈火稍可親, 簡編可卷舒. (등화초가친, 간편가권서)

이 시는 성남으로 공부하러 가는 아들 부에게 부치는 것으로, 학문과 독서의 중요성을 역설한다. 같은 사람이 용이 되기도 하고 돼지가 되기도 하는 것은 오로지 학문과 독서에 달려 있다. 퇴고라는 성어가 생겨난 사연 역시 한유와 관련 있다. 한유와 가도의 만남이 그것이다. 먼저 가도의 시를 읽어 보자.

제이응유거(題李凝幽居)

한거하며 이웃은 적고,
풀길 지나 황량한 동산에 들어가네.
연못 옆 나무에 새는 자고,
승려는 달 아래 문을 두드리네.
다리 지나니 들 모양 달라지고,
구름 움직이니 바위가 옮기는 듯.
잠시 이곳을 떠나지만 다시 오리니,
은거의 약속 어기지 않겠노라.

閑居少鄰並, 草徑入荒園. (한거소린병, 초경입황원)
鳥宿池邊樹, 僧敲月下門. (조숙지변수, 승고월하문)
過橋分野色, 移石動雲根. (과교분야색, 이석동운근)
暫去還來此, 幽期不負言. (잠거환래차, 유기불부언)

이 시는 이응(李凝)이라는 친구가 은거하는 곳에 찾아갔다가 다시 돌아오는 과정을 적고 있다. 여기서 승려는 가도 자신을 은유적으로 표현한 듯하다. 가도가 이응 집을 찾았지만 출타 중이어서 만나지 못하고 돌아가는 중, 들과 하늘을 보면서 은거의 약속을 상기한다.

가도가 이 시를 지으면서 한 글자 때문에 얼마나 고심했는지에 대해 유명한 일화가 전해지고 있다. 하루는 가도가 도읍 장안(長安)에서 길을 가고 있었는데, 손에 막대기를 쥐고 박자를 치면서 가다가 고관을 태운 가마와 부딪혔다. 이때 그는 "승고월하문(僧鼓月下門)"이란 시구의 두 번째 글자에 "퇴(推, 밀다)" 자를 써서 "문을 민다"고 하는 것이 좋을지 "고(鼓, 두드리다)"자를 써서 "문을 두드린다"고 하는 것이 좋을지 한창 고민하던 중이었다. 그는 손으로 문을 미는 시늉도 해보고 두드리는 시늉도 하며 어느 것이 좋을지 깊이 생각에 잠긴 터에 그만 이 고관의 행차를 방해하고 말았다. 그런데 공교롭게도 그 가마에 앉아 있던 고관은 바로 높은 벼슬을 하고 있는 한유였다. 그는 이 가난한 시인을 용서해 주었을 뿐만 아니라, 그에게 "고(敲)" 자를 쓰는 게 더 좋겠다고 권하여 시인의 고민을 해결해 주기도 했다. 이로부터 "퇴고(推敲)"라는 말은 작가가 글을 쓸 때 세심하게 살펴서 교정한다는 말과 같은 의미로 사용되었다.

가도의 일생은 궁핍했으며, 그 시는 황량하고 쓸쓸한 것이 많다. 맹교와 시명을 나란히 해서 뒷사람들이 "맹교의 시는 춥고 가도의 시는 삐쩍 말랐다(郊寒島瘦)"라고 일컬었다. 그 뜻은 두 시인 다 그 시에 처량하고 근심하고 슬퍼하는 분위기가 많다는 것이다. 여기서 맹교를 상징하는 시 하나를 감상하자.

유자음(遊子吟)

자애로운 어머니의 손에 든 실,
떠나는 자식의 몸에 입는 옷.
갈 때에 임박해서 바느질이 더욱 촘촘해짐은,
자식이 늦게 돌아올까 두려워서지.
누가 짧은 풀의 마음으로,
봄[100] 빛을 갚을 수 있다 하는가?

慈母手中線, 遊子身上衣. (자모수중선, 유자신상의)
臨行密密縫, 意恐遲遲歸. (임행밀밀봉, 의공지지귀)
誰言寸草心, 報得三春暉. (수언촌초심, 보득삼춘휘)

이 시는 전혀 수식하는 조탁이 없이 단지 생활필수품인 실과 옷만을 가지고 어머니의 위대한 사랑과 어머니에 대한 존경심을 잘 표현하고 있다. 풀처럼 짧은 자녀의 마음으로는 봄의 온 빛과 같은 모친의 은혜를 갚을 수 없다.

---

100) 봄(三春): 음력으로 정월·이월(孟春)·삼월(季春)을 합칭한 말이다.

한유와 함께 고문운동을 펼친 유종원(柳宗元) 역시 시가 창작에도 당대 제일의 대가였다. "온 산에 나는 새 끊기고, 모든 길에 사람들 발자취 없다. 외로운 배에 삿갓 쓴 노인이, 홀로 차가운 강에서 낚시한다.(천산조비절千山鳥飛絶, 만경인종멸萬徑人蹤滅. 고주사립옹孤舟蓑笠翁, 독조한강설獨釣寒江雪.)는 명구처럼 회자되는 유종원의 「강설江雪」이란 시이다. 비흥(比興)의 극치라고 할 수 있는 그의 시 하나를 소개한다.

여호초상인동간산기경화친고 (與浩初上人同看山寄京華親故)

바닷가 뾰족한 산은 칼날과도 같아,
가을 되니 곳곳마다 수심 짙은 애간장을 끊네.
만약 끊어져 천억 개의 몸이 된다면,
봉우리마다 흩어져 멀리 고향을 바라보리.

海畔尖山似劍鋩, 秋來處處割愁腸. (해반첨산사검망, 추래처처할수장)
若爲化得身千億, 散上峰頭望故鄕. (약위화득신천억, 산상봉두망고향)

이 시가 창작된 시기는 작가가 조정에서 왕숙문(王叔文, 753-806)을 중심으로 전개되었던 영정혁신이라는 개혁에 참여했다가 실패하여 중국 서남쪽의 오지인 유주(柳州)로 좌천되어 있을 때였다. 산봉우리를 칼에 비유하여 유배살이하는 괴로움과 고통, 그에 따른 고향에 대한 그리움을 참으로 절실하게 표현했다. 그로테스크한 아름다움이다.

중당 시인 유우석도 유종원과 함께 개혁에 뛰어들었다가 실패하여 유배와 좌천을 당했다. 그가 지은 자연시는 밝고 활기차고 깨끗한 풍격을 지닌다. 가을 상념을 노래한 「추사秋思」를 감상한다.

자고로 가을을 만나면 적료함을 슬퍼하지만,
나는 말하리, 가을날이 봄 때보다 낫다고.
푸른 허공에 학 한 마리, 구름 헤치고 위로 오르니,
나의 시정을 푸른 하늘까지 끌어 올리는구나.

自古逢秋悲寂寥, 我言秋日勝春朝. (자고봉추비적료, 아언추일승춘조)
晴空一鶴排雲上, 便引詩情到碧霄. (청공일학배운상, 편인시정도벽소)

비추(悲秋)라 하여 가을을 노래한 시는 일반적으로 슬픈 감정을 띤다. 그러나 그와 반대로 작가는 학의 비상을 보면서 시적인 흥이 하늘 위까지 오른다고 하면서 봄보다 가을이 더 좋다고 한다. 유종원과 유우석은 위에서 보는 바와 같이 자연시를 짓는 데 빼어났기 때문에 중국 자연시 발전에 큰 공헌을 했다.

한편 중당을 통틀어 가장 개성 있는 시인은 27세 나이로 요절한 이하(李賀)이다. 이하 시는 상상력이 대단히 풍부하여 자주 신화와 전설을 응용하여 고대의 일들에 의탁해 현재의 일들을 빗대어 나타냈다. 그의 시에는 귀신(鬼)·꿈(夢)·흐느끼다(泣)·피(血)·죽음(死) 등의 글자를 사용하여 험악하고 어두운 분위기를 자아내어 귀재(鬼才)가 많다고 칭해진다. 귀신이 많이 나오고 분위기가 신비스럽고 음산하다. 그래서 그를 시귀(詩鬼), 즉 시의 귀신이라 부른다. 그래서 "태백(이백)은 신선의 재주가 있고 장길(이하의 자)에게는 귀신의 재주가 있다(太白仙才, 長吉鬼才)"고 한다. 이런 측면에서 이하는 굴원과 이백의 뒤를 이은 중국문학사상 위대한 낭만주의 시인이다. 그러나 시어와 시의 구성에 있어서 주석이 없으면 이해할 수 없는 것이 많다. 이러한 난해함이 그의 시에 접근하는 것을 방해한다.

초당부터 성당까지에 걸쳐서 중국 시의 시형이 정착되고 창작 수법도 크게 발달하여 시의 수준이 매우 높아졌는데, 그런 발전선상에서 중당 때 가장 큰 역할을 한 사람이 바로 백거이(白居易)이다. 백거이 시를 한 줄로 개괄한다면 '표현에 있어서 백성들이 알아듣고, 내용에 있어서는 백성을 위한다'이다. 그는 스스로 자기 시들을 풍유(諷諭)·한적(閑寂)·감상(感傷)·잡률(雜律) 넷으로 분류했다. 풍유는 멀리 『시경』의 관풍 정신을, 가까이는 두보의 사회시를 계승하여 백성을 위해 쓴 시이다. 한적은 세속적인 것에서 벗어나 초탈하게 노니는 것으로서 전통적인 한적시에 속하고, 감상은 서정성이 짙은 시이며, 잡률은 즉흥적으로 지은 시이다. 이 중에서도 가장 중요한 것은 바로 풍유시이다.

170여 수에 달하는 백거이의 풍유시 가운데 걸출한 것으로는 「신악부新樂府」 50수와 「진중음秦中吟」 10수가 있다. 이 두 작품은 체제상 조시(組詩)에 해당하는 것으로, 조시란 내용이 서로 관련 있는 시들을 모아서 만든 작품을 일컫는다. 신악부 제32수가 유명한 「매탄옹賣炭翁」인데, 매탄옹은 숯을 파는 노인이란 뜻이다.

매탄옹(賣炭翁)

궁시를 괴로워하다

숯 파는 노인, 나무 베어 남산에서 불태워 숯 만드네.
얼굴은 먼지투성이에 연기에 그을려 불같은 색,
양 귀밑머리 하얀데 열 손가락은 검은색.
숯 판 돈 어디에 쓰나?
몸에 걸칠 옷하고 입에 넣는 음식이지.
가련하다, 몸의 옷은 홑 것뿐이지만,
숯값 싸질까 걱정되어 오히려 날씨 춥길 기원하네.
밤부터 성밖에 한 자나 되는 눈 내려서,
새벽에 숯 수레 몰고 빙판길에 미끌어지며 가네.
소 힘들고 사람 배고픈데 해는 이미 높아,
시장 남문 밖, 진흙 속에서 쉰다.
말 탄 두 사람 나는 듯 오는데, 누구인가?
누런 옷의 사자와 흰 저고리 입은 사나이.
손에는 문서 들고 입으로 칙명이라 말하고는,
수레 돌리고 소한테 소리치면서 북쪽 향해 끌고 가네.

한 수레 숯, 천여 근 나가는데,
궁전의 사자가 몰고 가는 걸 어쩔 수 없구나.
반 필의 홍사와 일 장의 비단을,
소머리에 걸어 주고 숯값이라 하네.

賣炭翁

苦宮市也

賣炭翁, 伐薪燒炭南山中. (매탄옹, 벌신효탄남산중)
滿面塵灰烟火色, 兩鬢蒼蒼十指黑. (만면진회연화색, 양빈창창십지흑)
賣炭得錢何所營, 身上衣裳口中食. (매탄득전하소영, 신상의상구중식)
可憐身上衣正單, 心憂炭賤願天寒. (가련신상의정단, 심우탄천원천한)
夜來城外一尺雪, 曉駕炭車輾冰轍. (야래성외일척설, 효가탄거전빙철)
牛困人飢日已高, 市南門外泥中歇. (우곤이기일이고, 시남문외니중헐)
翩翩兩騎來是誰, 黃衣使者白衫兒. (편편양기래시수, 황의사자백삼아)
手把文書口稱敕, 回車叱牛牽向北. (수파문서구칭칙, 회거질우견향북)
一車炭, 千餘斤, 宮使驅將惜不得. (일거탄, 천여근, 궁사구장석부득)
半匹紅綃一丈綾, 系向牛頭充炭直. (반필홍초일장릉, 계향우두충탄직)

「매탄옹」의 주제는 제목 아래, 주에 해당하는 '궁시를 괴로워하다'에 온전히 드러나 있다. 궁시(宮市)란 당나라 때 궁중에서 필요한 물건을 관리가 시장에 와서 사 가는 것을 칭하는데, 강제적으로 아주 헐값을 주는 경우가 많아 백성 수탈의 온상이었다. 백거이는 숯 파는 노인을 통해 전체 궁시 제도의 문제점을 지적하고 있다. 그저 숯 파는 사람의 일만 지적하는 것이 아니다. 이 시로써 알 수 있듯이 백거이의 풍유시는 두보 시보다 더 구체적이고 강렬한 어조로 관리의 횡포와 백성들의 질고를 서술하는데, 가능한 한 가장 쉬운 글자나 단어를 사용해서 많은 사람들이 듣고 이해할 수 있도록 했다. 그래서 이웃 글을 모르는 노파에게 시를 읽어주고 이해하면 시를 완성지었다. 그의 이름에 있는 '쉬울 이(易)' 자는 작품을 통해 실현되었다.

한편 백거이가 지은 「장한가長恨歌」와 「비파행琵琶行」은 서사시 발전에서 매우 중요하다. 본서에서 이미 말했듯이 중국 시는 서정시가 대부분이고 서사시는 매우 적다. 그런데 이 두 작품은 중국 시로서는 상당히 긴 편폭을 자랑하는 서사시이다. 「장한가」는 먼저 양귀비와 현종의 만남과 사랑을 서술한다. 그리고 안록산의 난이 일어나 현종이 피난할 때 장안에서 백여리 떨어진 마외역(馬嵬驛)에서 호종하던 금위군들이 양귀비 처단을 요구하매 양귀비를 죽이는 것이 묘사된다. 작품 뒤쪽에는 난이 평정된 후 다시 궁으로 돌아온 현종이 그녀를 잊지 못하고 도사를 시켜 명계에 가 양귀비를 만나고 오게 하는 데까지 이어진다.

본디 백거이의 창작 의도는 이 두 사람과 같은 사랑을 하지 말 것을 권하는 것이었다. 즉 권계가 목적이었다. 그러나 후대 사람들은 「장한가」를 읽고 그 낭만적이고 환상적인 묘사에 매료되어 오히려 그런 사랑을 동경하는 사람들이 많아졌다. 결과적으로 「장한가」는 일종의 중국 로맨스 문학이 되었다.

「비파행」은 백거이가 친구를 전송하러 강변에 나왔던 가을밤을 읊은 것이다. 갑자기 어느 배에선가 심금을 울리는 비파소리가 흘러나왔다. 그는 그 여인이 본디 장안에서 이름을 날리던 예인이었고, 지금은 늙어서 초췌해져 이처럼 떠돈다는 말을 듣는다. 비파 타는 여인과 좌천되어 그 지역에 있는 자신의 신세가 동병상련을 일으켜 여인에게 비파 연주를 부탁한다. 「비파행」의 진수는 바로 이 여인이 타는 비파 소리에 대한 묘사이다. 음악은 원래 보이지도 않고 만질 수도 없는 것이지만, 백거이는 글로써 마치 소리를 보고 만지는 것과 같이 생생하게 묘사함으로써 음악의 묘사에 있어서 신기원을 이룩했다. 미묘한 음악 소리를 악기가 아닌 붓으로 써냈다.

백거이는 또한 신악부(新樂府)를 크게 창도한 사람이다. 신악부란 전통적인 악부시의 형식과 내용을 크게 바꾼 것이다. 악부시는 악곡의 이름인 곡패가 있으며, 이 악곡에 맞추어 시를 짓는 형식이다. 이러다 보니 작시가 자유롭지 않았고 개인의 감정을 잘 표현하기도 어려웠다. 이에 당 초기부터 입악(入樂, 음악에 사용되다)의 여부와 관계없이 작가 스스로 제목을 짓고, 시 내용은 당시의 사회를 반영하려고 하는 새로운 형태의 악부시가 지어지기 시작함에, 이전의 전통 악부시를 고악부(古樂府)라 하고 새로운 악부시를 신악부라고 명명했다. 대시인인 이백과 두보가 신악부를 짓고 원결·고황이 계승하고 백거이·원진이 크게 제창함으로써 비로소 또 하나의 새로운 형태의 문학이 유행하기 시작했고, 중국문학에 새 활력이 되었다. 이 신악부 운동에서 결정적인 역할을 한 사람이 바로 백거이이다. 백거이는 신악부 작품에서 평민들도 이해할 수 있을 정도의 평이한 용어를 쓰고, 주제에 있어서는 백성들과 관련된 사회문제를 다루려고 애썼다.

백거이의 시는 대단히 빠른 속도로 전파되었기 때문에 궁궐과 사찰의 벽에 그의 시가 써 있지 않은 곳이 없었고, 왕이나 미천한 여인, 아이나 마부의 입에 그의 시가 올려지지 않은 적이 없었다. 이처럼 그의 시는 많은 사람들로부터 환영받았으니, 중국문학사 전체를 통틀어서 그만큼 대중적인 사람을 찾아보기란 쉽지 않다.

이러한 백거이 시의 유포와 대중성은 그의 시가 갖고 있는 평이성·사회성 외에 간과해서는 안 되는 것이 백거이와 기녀들의 관계인데, 기녀들은 중국문학에서 중요한 한 부분을 차지하고 있으니 차제에 기녀의 정체에 대해 알아본다. 먼저 '기녀(妓女)'의 어원에 대해서 살펴보면, 최초로 문헌에 보이는 것은 '창기(娼妓)'라는 명칭이다. 즉 두 글자를 붙여서 썼다. 먼저 '창(娼)'에 대해서 살펴보면 음악과 가무, 즉 요즈음의 '광대'·'배우(탤런트, 연예인)'를 일컬은 것이었다. 그리고 '창(娼)'은 고대에는 남녀를 구분해서 가리키지 않고, 다만 이러한 직업에 종사하는 사람들을 망라한 호칭이었다. 다음으로 '기(妓)'의 의미를 살펴보면 『설문해자(說文解字)』에 "기는 비천한 여성이다(妓, 婦人小物也)"라고 했다. 그러므로 창기의 원래 뜻은 '음악이나 가무에 종사하는 여성'인데 사회적 지위가 낮았음을 알 수 있다.

기녀는 당대에 이르러 사회제도의 하나로서 안착되고, 조직화되었다. 그 종류에는 집안의 가기(家妓), 궁중의 (宮妓), 관청의 관기(官妓), 군대의 영기(營妓) 등이 있었으며, 당대에는 특히 관기가 성행했다. 당·송·원·명 시대에는 관기가 전성을 누린 시대로 간주한다. 당대 중에서도 중만당 시대에 관기가 극성을 이루었으니, 관리들이 기녀와 함께하는 일은 사회 보편적 현상이었다. 백거이도 지방관으로서 부임지마다 기녀와 춤을 추며 놀았고, 그녀들과 시를 주고받았으며, 또 기녀를 주제로

한 시도 30수 정도를 지었다.[101)]

당나라 때는 소위 상문호압(尙文好狎, 글을 숭상하고 기녀들과 친압함을 좋아하다)이라고 해서 문인들이 기녀와 가깝게 지내는 것이 전혀 흉이 되지 않았다. 도덕적으로 문제가 없었으며, 반대로 고상한 풍류로 여겨졌다. 특히 매스컴이 없던 시대 문인의 작품이 전국화되기란 대단히 어려웠다. 가장 빠른 작품 보급의 길은 기녀들의 입을 타는 것이었다. 좋은 기녀, 즉 명기(名妓)란 오락·음악·예술·노래·춤·재담·생활 디자인 등 다양한 방면에 뛰어나야 했다. 일종의 멀티 엔터테이너였다. 개그맨이고 가수이자 시인이며, 작곡가 겸 편곡가이고 무용가이자 연주가였다. 때론 서예가나 화가이기도 했다.

기녀들은 좋아하는 문인들의 시를 낭송했기 때문에 어떤 시가 그녀들의 입에서 입으로 옮겨 다니면 시 전파에 가속도가 붙었다. 기녀들은 전국적 네트워크를 형성하고 있었기 때문에 그만큼 시 유행의 촉매가 되었던 것이다. 당나라 문인 중에서도 백거이의 기녀 사랑은 유별났으며, 그만큼 인기도 높았다. 이에 기녀들이 너도나도 백거이 작품을 읊은 것이 백거이 시가 급속도로 확산하는 데 큰 역할을 했다. 대표적인 예가 「장한가長恨歌」의 경우이다.

한편 기녀들은 문인의 시를 낭송에 그치지 않고, 중간중간에 친자(襯字, 글자를 더하다)를 하기도 하고 역으로 감자(減字, 글자 수를 줄이다)를 하기도 하면서 당시 유행 곡조에 맞추어 노래로 불렀다. 매 구의 글자 수가 같은 정형시는 노래로 부르기가 어렵다. 그래서 시어를 노래 부르기 편하도록 글자 수를 변화시켰다. 즉 제언시(齊言詩)를 장단구(長短句)로 바꿈으로써 노래화했다. 시를 노래로 부르면 대중성이 있게 된다. 이러한 기녀들의 행위는 사(詞)의 발전과 유포에 큰 기여를 했다. 또 기녀로서 문인들과 나눈 사랑의 이야기가 당 소설의 제재로 많이 쓰이게 되었으니 소설 발전에 있어서도 그녀들은 매우 중요하다.

한편 기녀 중에는 기존 시를 부르는 데 그치지 않고 직접 시를 짓는 경우도 있어서, 『전당시』에 수록된 약 49,403수의 시 가운데 기녀가 지은 시로 밝혀진 것은 약

101) 당대의 기녀에 대해서는 이태형·장수현, 「백거이 시에 나타난 기녀 형상과 당대 문화」, 『아시아문화연구』, 24기, 2011, 236-259쪽을 참고.

163수가 되었다. 그중에는 백거이와 교류했던 설도(薛濤, 768?-832)가 있다. 설도는 이야(李冶, 730?-784?)·어현기(魚玄機, 843?-868?)와 함께 당나라 3대 여류시인에 든다. 관리였던 아버지를 두었기 때문에 글을 배울 수 있었고 유복한 편이었으나 부친의 병사로 갑자기 집안이 몰락하여 생계를 위해 기녀가 되었다.

8세 때 부친 설운(薛鄖)이 정원 오동나무 아래서 쉬다가 홀연 느끼는 바가 있어서 읊기를 "정원에 한 그루 오래된 오동, 줄기가 솟아 구름 가운데 들어갔구나.(庭除一古桐, 聳干入雲中)"라고 하니, 설도는 머리도 들지 않고 아버지의 시를 이어받아서 "가지는 남북의 새를 받아들이고, 잎은 오고 가는 바람을 보낸다.(枝迎南北鳥, 葉送往來風)"라고 했다. 이것의 제목은 「정오음井梧吟」인데, 간단한 이 시가 왠만한 시인들이 지은 시보다 더 마음을 끄는 이유는 어린이의 마음으로 아무런 꾸밈없이 있는 그대로를 묘사했기 때문이다. 이런 것이 바로 진짜 시라고 여겨진다.

우리나라에도 조선 중기 때 황진이(黃眞伊)와 이매창(李梅窓)이라는 기녀 출신의 걸출한 시인이 나와 시조문학 발전에 큰 기여를 했다. 북쪽에 황진이, 남쪽에 이매창이라고 했다. 또한 그녀들이 나누었던 학자들과의 사랑 이야기는 사람들에게 널리 회자되어 마치 소설 같은 재미를 주었다. 황진이는 서경덕(徐敬德)과, 이매창은 유희경(劉希慶)과 교분이 두터웠고 사랑도 하였다. 그녀들은 직업으로나 성별로나 약자인 여성으로서 거대한 남자 중심의 도덕과 권력에 도전했다. 그래서 성리학적 이념으로 무장된 경직된 사회가 아주 조금이나마 유연화되어 숨통이 트일 수 있었다. 황진이·이매창의 문인들과의 정분은 재밌지만 한편으론 슬프다.

중국 고대사회에서 기녀란 본래 남성들이 성적 유희의 대상으로 만들어 놓은 제도였다. 기녀와 정을 통하는 일은 집 밖에서 일어나는 외도였지만 합법성을 띠었기 때문에 남성은 도덕성의 문제를 피할 수 있었다. 일정한 범위 내에서는 사회적 여론의 질타가 생기지 않았다. 그러나 한계를 넘어 정식 결혼을 하는 것은 용납되지 않았다. 만약 기녀와 문벌 자제 사이에 진정한 애정이 생기고, 그것이 백년가약으로 이어지게 되면 가족·사회와 충돌되는 비극이 발생하는 것이다. 이런 사랑과 사회적 신분의 모순에서 생겨나는 이야기들을 주제로 당대부터 소설이 꾸준하게 지어져서 이후 청나라 때까지 계속되었다.

4. 만당

만당은 당 제국의 정치가 혼미해져서 나라가 파국으로 치달던 시대였다. 이 때는 중국 역사상 가장 환관들의 독단과 전횡이 심했다. 환관이 주도했던 혼란기임에도 불구하고 만당 때 두목(杜牧, 803-852) · 이상은(李商隱, 812-858) · 피일휴(皮日休, 834?-883?) · 두순학(杜荀鶴, 846-907) · 섭이중(聶夷中, 837-884?) · 조업(曺鄴, 816-875?) · 나은(羅隱, 833-909) 등 훌륭한 시인들이 나옴으로써 나라는 사그러지지만 시단만은 환하게 밝혀 주었다. 이중 두목과 이상은이 더욱 빛나 두 사람을 합하여 소이두(小李杜)라고 불렀다. 대이두(大李杜)는 이백과 두보요, 소이두는 이상은과 두목이다.

먼저 두목은 산문과 시가 방면에 모두 뛰어나다. 산문 작품으로 「아방궁부阿房宮賦」가 유명하다. 이 작품은 진 왕조가 토목공사를 일삼고 도가 지나친 사치스러움으로 인해 백성들의 원성을 샀고, 결국 2대째에 가서 멸망해버린 역사를 서술하고 있는데, 특히 아방궁의 웅장하고 화려한 모습을 백성들의 피폐한 생활과 대비시킨 부분이 뛰어나다.

두목은 시 종류 중 영사시와 서경시에 걸작들을 남겼다. 시형에 있어서는 칠언율시와 절구를 잘 지었다. 여기서 「산행山行」이라는 칠언절구의 서경시 하나를 감상해 보자.

> 멀리 차가운 산 오르는데 돌길 경사지고,
> 흰구름 생기는 곳에 인가가 있구나.
> 수레 멈추고 앉아 저녁 단풍숲을 사랑하노니,
> 서리맞은 잎이 2월 꽃보다 더 붉구나.
>
> 遠上寒山石徑斜, 白雲生處有人家. (원상한산석경사, 백운생처유인가)
> 停車坐愛楓林晩, 霜葉紅於二月花. (정거좌애풍림만, 상엽홍어이월화)

이 시에서 "서리맞은 (붉은) 잎이 2월 꽃보다 더 붉구나"는 대단히 유명한 시어로 남았다. 두목의 「청명淸明」도 대단한 작품이다.

청명 때에 비가 부슬부슬,
길가는 행인은 혼이 끊어지려고 한다.
주막이 어디냐고 물으니,
목동은 멀리 살구꽃 마을을 가리킨다.

淸明時節雨紛紛, 路上行人欲斷魂. (청명시절우분분, 로상행인욕단혼)
借問酒家何處有, 牧童遙指杏花村. (차문주가하처유, 목동요지행화촌)

양력 4월 5일 전후로 있는 청명절에 급히 길가는 나그네를 주제로 했는데, 이런 시를 두고 가장 중국적이라고 할 것이다. 마치 도연명의 시를 읽듯이 아무런 수식이 없이 자연스럽게 나그네와 목동의 모습을 묘사하고 있다. 나그네의 물음에 말 대신 손가락으로 방향만 가리키니, 한 폭의 동양화처럼 읽는 사람으로 하여금 이미지가 저절로 떠오르게 한다. 단순하면서도 오래 여운이 남는다. 이 시가 유명해진 후 주점의 이름을 행화촌(杏花村)이라고 짓는 경우가 많았다.

서기 852년, 두목이 중병으로 세상을 뜨기 전에 평생 동안 쓴 1,000여 편의 시와 문장을 다시 훑어보았다. 그중 마음에 들지 않는 것들은 모두 불태워 200여 편만이 남게 되었다. 거기에 그의 생질 배연한(裴延翰)이 수중에 두목 작품 200여 편을 갖고 있어서 오늘날 모두 450여 편이 전해진다.

두목과 함께 소이두가 되는 이상은의 시는 총 600여 수가 전해져 오는데, 그것들을 분류하자면 정치·영사·서정·영물(詠物) 등으로 나눌 수 있다. 이런 주제들은 사실 일반 다른 시인들에게서도 흔하게 보이므로 특별한 것은 아니다. 그러나 무제시(無題詩)는 다르다. 무제시는 시에 제목이 없거나, 있더라도 그저 작품의 첫 두 글자로 제목을 삼는 것을 일컫는데, 그의 작품 가운데 상당한 비중을 차지한다. 이상은의 무제시는 그 내용의 정확한 뜻을 알아내기 어려운 것들이 많다. 수수께끼 같기 때문에 이런 면에서 중국 시의 창작 기교 발전에 적잖은 공헌을 했다고도 평가받는다. 시의 영역을 확대했다고 할 수 있기 때문이다. 대표적으로 「금슬錦瑟」이란 작품을 읽어 본다.

금슬은 이유 없이 쉰 줄,
한 줄 한 괘[102] 마다 화려했던 시절 생각나네.
장자는 새벽 꿈에 헤맸고,
망제는 춘심을 두견새에 기탁했지.
창해에 달 밝으면 진주가 눈물 흘리고,
남전에 해 따뜻하면 옥에서 아지랑이 생긴다지.
이러한 정을 어찌하여 추억되기 바라는가.
오직 그때가 이미 아득해졌기 때문.

錦瑟無端五十弦, 一弦一柱思華年. (금슬무단오십현, 일현일주사화년)
莊生曉夢迷蝴蝶, 望帝春心托杜鵑. (장생효몽미호접, 망제춘심탁두견)
滄海月明珠有淚, 藍田日暖玉生烟. (창해월명주유루, 남전일난옥생연)
此情可待成追憶, 只是當時已惘然. (차정가대성추억, 비시당시이망연)

금슬(錦瑟)은 축자적으로 '비단 거문고'란 뜻인데, 화려하게 장식된 거문고를 지칭한다. 3구는 장자가 새벽꿈에서 나비가 되자 자신이 나비인가, 사람인가 어리둥절했다는 뜻이다. 4구의 두견새는 촉나라 황제 두우(杜宇), 즉 망제(望帝)의 혼이라고 하는데 두우가 죽은 후 새가 되어 울고, 눈에서 피눈물이 떨어져 봄에 피는 두견화, 즉 진달래꽃이 되었다고 한다. 5구의 뜻은 남해에 사는 교인(鮫人, 일종의 인어)이 울면 눈에서 눈물 대신 진주가 나온다는 것이다. 6구의 남전옥은 남전산에서 나는 옥으로, 좋은 옥으로 유명하다.

이 시를 수많은 사람들이 해석해 보았지만 여전히 알 수 없다. 사랑하는 사람에 대한 애도시 같기도 하고, 나라를 걱정하는 우국시 같기도 하고, 젊은 날을 회상하는 회상시 같기도 하고, 금슬을 묘사하는 영물시 같기도 하다. 그 뜻을 알 수 없는 수수께끼 같은 시다. 다른 무제시 하나를 읽어 보자.

---

102) 괘(棵): 거문고, 가야금 따위 현악기의 현(絃)을 괴는 작은 받침.

무제(無題)

서로 만나기 어렵더니 이별은 더욱 어려워,
동풍이 힘없자 온갖 꽃 시드네.
봄 누에 죽어서야 실 토하기 그치고,
촛불은 재가 되어야 눈물이 마르네.
새벽 거울 보며 구름 같던 머리 바랜 걸 근심하는데,
(임은) 밤에 읊조리며 달빛이 차갑다고 느끼리라.
봉래산은 여기서 멀지 않으나,
청조야! 나 위해 알아 보려무나.

相見時難別亦難, 東風無力百花殘. (상견시난별역난, 동풍무력백화잔)
春蠶到死絲方盡, 蠟炬成灰淚始乾. (춘잠도사사방진, 납거성회루시건)
曉鏡但愁雲鬢改, 夜吟應覺月光寒. (효경단수운빈개, 야음응각월광한)
蓬山此去無多路, 靑鳥殷勤爲探看. (봉산차거무다로, 청조은근위탐간)

이별한 임을 그리워하는 여인의 모습과 심정을 노래한 것이다. "봄 누에 죽어서야 실 토하기 그치고, 촛불은 재가 되어야 눈물이 마르네."는 너무 좋아서 널리 알려진 결과 일반 백성들도 인용할 정도였다. 7구·8구는 도교적 신화 색채가 짙은 표현이다. 아마 임이 사는 곳을 갈 수 없는 봉래산으로 묘사한 듯하다. 청조는 축자적으로는 우리말로 파랑새라고 할 수 있겠는데, 도교에서 서왕모를 위해 서신을 전해주는 역할을 한다. 시 마지막을 신화적 분위기로 장식함으로써 신비화했다. 당나라 때는 도교를 신봉하는 사람들이 많았고, 또 국가적으로도 도교를 숭상했다. 이에 이상은도 15, 6세에 옥양산(玉陽山)이라는 곳에 가서 도교를 배웠기 때문에 시문에 도교적인 것들이 많이 나온다.

이상은의 '이상한 시'는 그의 문학관과 관련 있다. 보기로 「상최화주서上崔華州書」의 일문(一文)을 든다.

> 중승(관명) 각하, 제가 태어난 지 25년이 되었습니다. 5세에 경서를 읽었고, 7세에 붓으로 글을 썼으며, 어른들의 말을 듣기 시작할 때부터 도를 배울 때는 반드시 옛것(古)을 구하고 문장을 지을 때는 반드시 스승의 법(師法)을 따랐습니다. 그런데 항상 자유롭지도 않고 즐겁지도 않아서 물러나 혼자 생각했습니다. "무릇 도를 말할 때 어찌 주공과 공자만을 옛것으로서 따라야 하는가. 나와 주공·공자가 같은 몸인 것이다." 그래서 도를 행함에 지금과 옛날에 얽매이지 않고 직필휘지하여 문장을 지었기 때문에 경전과 역사책에서 훔쳐 오지 않았고 시대에 제한을 두지 않았습니다. 백 가지 경전과 만 가지 책이 있고, 서로 다른 종류와 유파가 있는데 어찌 마음대로 나누어서 그 아래 것은 내칠 수 있겠습니까.
>
> 中丞閣下, 愚生二十五年矣. 五年讀經書, 七年弄筆硯, 始聞長老言, 學道必求古, 爲文必有師法. 常悒悒不快, 退自思曰 :「夫所謂道, 豈古所謂周公,孔子者獨能邪? 蓋愚與周孔俱身之耳. 」以是有行道不係今古, 直揮筆爲文, 不能攘取經史, 諱忌時世. 百經萬書, 異品殊流, 又豈能意分出其下哉.

이 글에 나오는 '옛것(古)'과 스승의 법(師法)은 한유를 중심으로 하는 소위 고문학자들이 집요하게 요구하는 것이다. 여기서 한유가 좌천된 이익을 위로하고자 보낸 편지, 「답이익서答李翊書」를 보면 그 끝에 다음과 같은 말이 나온다. "옛것에 뜻을 두는 자는 드물다. 옛것에 뜻을 두면 반드시 지금 세상에서 버려진다. 그래서 나는 진실로 (옛것에 뜻을 둔 것에 대하여는) 기뻐하고, (지금 세상에서 버려진 것에 대하여는) 동시에 슬퍼한다.(有志乎古者希矣, 志乎古, 必遺乎今, 吾誠樂而悲之, 亟稱其人, 所以勸之, 非敢褒其可褒, 而貶其可貶也.)"

한유가 주장한 고문운동의 글쓰기에 있어서는 유가의 고대 주공·공자·맹자 같은 고대 유가 성현이 남긴 글과 사마천의 『사기』 같은 정통 역사산문, 이렇게 두 종류의 책을 본으로 삼고 거기에 자신의 생각과 정감을 더하여 양자를 융합하는 것이다. 그는 또 「사설師說」을 지어서 반드시 스승을 두고 공부할 것을 강조했다. 한유는 고문을 따르되 자신의 개성을 살려야 한다고 했다. 그러나 유교의 전통적인 가르침은 모든 사람들이 따라야 하는 어떤 표준에 방점이 있다. 창조적인 창작을 하지만 항상 표준에서 너무 멀어져서는 안 되기 때문에 성인이나 스승의 구심력을 벗어나기 힘들다. 이상은은 이러한 제한에서 벗어나 제자산문이나 역사산문에 없는 자기만의 표현을 해야 한다고 했다. 자신의 것을 숨김이나 가식 없이 그대로 서술하는 '직(直)'을 강조했다. 그의 수수께끼 같은 시들은 이와 같은 자유분방한 문학관이 체현된 것이라고 여겨진다. 다음은 이상은의 멋진 오언 절구 하나를 소개한다.

낙유언(樂游原)

저녁 무렵 마음이 뒤숭숭해,
수레 몰아 오래된 낙유원에 올랐지.
석양이 한없이 아름다움은,
황혼이 가깝기 때문.

向晚意不適, 驅車登古原. (향만의부적, 구거등고원)
夕陽無限好, 只是近黃昏. (석양무한호, 지시근황혼)

전통적으로 이 시는 우국시(憂國詩)로 해석되었다. 즉 시인이 몰락해가는 당 왕조를 빗댄 것이라고 했다. 그러면 해석이 "석양이 한없이 아름답지만, 다만 황혼에 가깝지."가 된다. 그러나 근자에는 4구의 '지시(只是)'를 '까닭·이유'로 해석하기도 한다. 왜냐하면 만당 때는 '지시'의 뜻이 시어에서 까닭·이유인 경우가 많음을 알아냈기 때문이다. 상게한 이상은의 시 「금슬」의 마지막 구에서도 '지시'를 '때문'이라고 풀이하니 훨씬 자연스럽고 시 전체의 의미가 잘 살아난다. 그렇다면 이 시는 우국시에서 자연을 읊은 자연시로 바뀌진다. 본서의 조조 편에서 이미 언급했듯이, 높은 곳에 올라가서 시를 읊는 '등고부시(登高賦詩)'는 중국 시작(詩作) 형태의 하나이다. 이상은 역시 기분을 풀기 위해 장안 남쪽의 낙유원이라는 높은 언덕에 올라서 석양을 바라보며 느끼는 흥쾌한 마음을 노래한 것이다.

두목·이상은 후 피일휴·두순학·섭이중·조업·나은 등은 현실주의적인 시들을 많이 지었다. 만당의 어지러운 사회와 민중들의 고난을 잘 묘사했다. 이중 조업의 좋은 시 하나를 소개한다.

전성남(戰城南)

군진도[103]를 천금으로 여기고,
스스로 활과 검 때문에 고생하네.
들판의 사람 다 죽이고도,
장군은 여전히 전쟁 좋아하네.
남의 생명으로 다른 은총 바꾸는데,
공적 이루면 누가 그걸 차지할까.
봉황루의 높은 사람이,
밤마다 오랫동안 춤추고 노래하지.

千金畵陣圖, 自爲弓劍苦. (천금화진도, 자위궁검고)
殺盡田野人, 將軍猶愛武. (살진전야인, 장군유애무)
性命換他恩, 功成誰作主. (성명환타은, 공성수작주)
鳳凰樓上人, 夜夜長歌舞. (봉황루상인, 야야장가무)

이 시에서는 "남의 생명으로 다른 은총 바꾼다"는 말이 가슴에 와 닿는다. 여기서 은총이란 임금의 은총을 의미할 것이다. 장수가 임금의 은총을 얻기 위해 부하들을 사지에 내몰지만, 전쟁에 이기면 결국 공을 차지할 사람은 임금뿐이라는 뜻이다.

---

103) 본문의 '화진도'를 진(陣)을 그린 그림으로 해석하고, 군진도(軍陣圖)로 번역해 보았다. 군진도는 전투 대형을 그린 그림이며, 진도(陣圖)라고도 한다.

이군옥(李群玉, ?-862)은 지금까지 소개한 시인들에 비해서 이름이 많이 알려져 있지 않다. 그러나 그도 매우 빼어난 시들을 남겼다. 특히「우야정장관雨夜呈長官」은 한시 미학의 진면목을 보여주는 명작이다. 이 작품은 16구로 구성된 오언고시(五言古詩)인데 그 앞 4구가 절창이다.

멀리 객이 와 긴 밤 앉아 있다,
빗소리 들리는 외로운 사찰의 가을.
동해 물을 헤아려 비교해 보시게,
알 것이네, 시름이 얼마나 깊은지를.

遠客坐長夜, 雨聲孤寺秋. (원객좌장야, 우성고사추)
請量東海水, 看取淺深愁. (청량동해수, 간취천심수)

시는 먼 곳에서 온, 가을밤 절에서 밤을 새우는 나그네의 모습과 심정을 단 20자로써 묘파한다. 그의 흉금은 서사적인 글로는 표현하기 어렵다. 자세히 설명하려면 오히려 설명이 안 되는 것을 시는 자연과 인간을 융합함으로써 공감하게 한다. 시어는 이처럼 말을 뛰어넘는 힘을 가지고 있다. 시가 주는 이러한 묘미를 언외지의(言外之意, 말 밖의 의미)라고 지칭한다. 그 뜻은 언어로는 독자에게 전달할 수 없는 감정·감성·생각·뜻 등을 전달한다는 의미다. 언외지의는 무궁한 여운을 남긴다. 중국 시의 묘미가 여기에 있다.

당말에는 여류시인인 어현기(魚玄機, 843?-868?)가 출현하여 남성 위주의 시단에 변화를 주었다. 그녀의 시 하나를 읽어 본다.

유숭진관남루, 도신급제제명처
(游崇眞觀南樓, 睹新及第題名處)

산은 구름 위로 솟고 봄 경치는 눈에 가득한데,
뛰어난 글자들이 뚜렷하게 날 가리키네.
스스로 한스러워 비단옷으로 시구를 감추고,
머리 들고 부질없이 방 가운데 이름을 부러워하네.

雲峰滿目放春晴, 歷歷銀鉤指下生. (운봉만목방춘청. 력력은구지하생)
自恨羅衣掩詩句, 擧頭空羨榜中名. (자한라의엄시구, 거두공선방중명)

제목에 있는 숭진관은 장안에 있는 도관(道觀) 이름으로, 당나라 때 과거급제한 사람들의 명단을 이름순으로 그 남문에 높게 붙여 놓았다. 여시인은 그들 못지않은 문재가 있지만 여자인지라 과거를 볼 수 없기에, 부러워하면서 동시에 자신이 쓴 시들을 감춘다는 내용이다. 시어 중 은구(銀鉤)는 '은 갈고리'라는 뜻도 있고, '잘 쓴 글씨'라는 뜻도 있는데, 이 시에서는 2중의 의미를 갖고 있다고 판단된다. 즉 쌍관어로 쓰였다. 그러면 "그 잘 쓴 글자들이 은 갈고리처럼 나를 가리킨다."라고 해석된다.

어현기는 관리였던 이억(李億)의 첩이 되었으며 둘의 사이가 매우 좋았으나, 이억의 부인이 그녀를 받아들이지 않아서 여도사가 되었다가, 후에 기녀가 되어 떠돌아 다녔다. 많은 문인들과 교류하였으며, 유명한 시인인 온정균(溫庭筠)과 두터운 정을 나누기도 했다. 평생 고독했으며 시녀를 때려죽인 일로 사형에 처해져 일생을 불운하게 마쳤다.

5. 사의 발생과 발전

당대에 노래와 시가 분리되었다가 8세기경 중당(中唐) 때부터 다시 합치는 시가 태동했다. 이런 시를 사(詞)라고 하는데, 시의 다른 일격(一格)이라 하여 시여(詩餘)라고

도 한다. 이백(李白)·유우석(劉禹錫)·백거이(白居易) 등이 사를 지은 대표 시인이다.

사가 처음에 어떻게 만들어지게 되었는가에 대한 의견이 분분한데, 그 대표적인 것이 본서 위에서 설명한 바 있는 기녀에 의한 창작설이다. 본디 사는 수대에 이미 존재하였음을 시사하는 기록들이 있으나, 정식 작품이 실재 남아 있기로는 1899년 돈황석굴에서 발견된 돈황사본이 처음이다. 이로써 사의 기원도 악부시처럼 민간에 있다는 사실이 증명되었다. 돈황사본에 대해서는 본서 뒤에서 상론하겠다. 돈황사본에는『운요집雲謠集』이라고 하는 중국 최초의 민간 사집(詞集)이 있는데 30수의 작품이 수록되었다. 그 외에도 다량의 사가 발견됨으로써 중국 사 연구의 신기원이 되었다[104]. 돈황 사 작품의 필사 시기는 8-10세기 걸쳐 있다. 돈황 사 중 비교적 조기 작품에 해당되는「보살만」을 읽어 본다.

보살만(菩薩蠻)

베개 앞에서 소원을 천 번이나 다 드러냈나니,
사랑을 끊으려고 한다면 청산이 문드러지고,
수면 위로 저울추가 뜨고,
황하 밑바닥까지 마르고,
한낮에 별들이 나타나고,
북두성이 남으로 돌지라도,
사랑은 끊으려 해도 끊어질 수 없나니,
설령 한밤중에 해를 본다 할지언정.

枕前發盡千般願, 要休且待靑山爛. (침전발진천반원, 요휴차대청산란)
水面上秤錘浮, 直待黃河徹底枯. (수면상칭수부, 직대황하철저고)
白日參辰現, 北斗回南面. (백일참신현, 북두회남면)
休卽未能休, 且待三更見日頭. (휴즉미능휴, 차대삼경견일두)

---

104) 王重民이 돈황의 사들을 모아서『敦煌曲子詞集』을 편찬했는데 164 수가 실려있다. 그 후 돈황 사들을 더 모은 책들이 출판되어서, 饒宗頤의『敦煌曲』에 318수, 任二北의『敦煌曲校錄』에 545수, 任半塘의『돈황가사총편敦煌歌辭總編』에 1,200 여수가 있다.

이 작품은 영국 대영박물관에 소장되어 있는 S.4332호에 필사되어 전해온다. 여섯 번이나 자연 경물과 비현실의 현상을 사용하여 주인공의 사랑에 대한 간절한 바람을 절실하게 묘사하고 있다.

성당(713-770) 시기에 민간 사가 광범위하게 유전되면서 이백 등 몇몇 작가들이 영향을 받아 사를 지었다. 중당(770-835) 전후로 사를 짓는 시인들이 점점 많아졌으며, 저명한 작가로는 장지화(張志和, 730-810?)·위응물(韋應物, 735-789?)·왕건(王建, 767?-830?)·유우석(劉禹錫)·백거이(白居易) 등이 있다. 특히 유우석과 백거이에 의해 본격적인 문인사가 중국문학사상 새로운 시가로 등장하기 시작한다. 먼저 백거이의 유명한 「억강남憶江南」 3수 가운데 제1수를 보기로 하자.

강남은 좋아,
풍경이 옛부터 알려졌지.
해뜨면 강 꽃은 불보다 붉고,
봄 오면 강물은 남빛처럼 푸르구나.
내 어이 강남을 기억하지 않겠는가.

江南好, 風景舊曾諳. (강남호, 풍경구증암)
日出江花紅勝火, 春來江水綠如藍. (일출강화홍승화, 춘래강수록여람)
能不憶江南. (능불억강남)

이 사는 언어가 순조롭고 구성이 탄탄하여, 이미 성숙한 단계에 있는 사임을 알 수 있다. 여기서 「억강남」을 가지고 사 창작의 원리를 설명해 보겠다. 사에는 반드시 사조(詞調)가 있다. 사를 짓는 것을 진사(塡詞)라고 하고, 진사할 때 의거하는 악보를 사조라고 하며(쉽게 말해서 사의 악보가 사조이다), 각 사조의 명칭을 사패(詞牌)라고 한다. 즉 사패는 사 작품의 악곡명이다. 본디 「억강남」은 당나라 때 궁중 '예술학교'에 해당하는 교방(敎坊)이란 곳에서 사용되던 악곡 이름이다. 이 악보에 의거하여 백거이를 위시로 하여 사람들이 각자 다른 사를 지어서 마침내 당말오대 시대에 사패로 정해졌다. 그러므로 백거이의 「억강남」은 많은 동일명의 사 작품 중 하나인 것이다.

한번 사패가 되면 많은 사람들이 사패의 곡조에 의거해 글을 지어서 노래로 부르거나, 아니면 악기로 연주하면서 노래를 부를 수 있다. 이렇게 노래와 악기 연주가 되는 것을 입악(入樂)이라 한다. 그런데 곡조는 그대로 썼지만 반드시 강남과 관계있는 내용을 담지는 않았다. 그러면 악곡명인 사패와 내용이 불일치를 이루게 되어 어색하게 된다. 이에 사를 짓는 사인(詞人)에 따라서 사패 아래에 또 다른 제목, 즉 내용에 맞는 제목을 명시하기도 했다. 이 원리는 악부시의 경우, 곡조 이름인 곡패(曲牌)가 있고, 또 제2의 제목이 있어서 내용과 일치하는 것과 마찬가지이다.

다음은 백거이(白居易) 작품의 특징인 풍유가 짙게 깃들어진 「두릉수(杜陵叟)」라는 사를 읽어 본다. 이 사는 두릉이란 지역에서 목도한 늙은 농부를 통해 관리의 타락과 정치의 부패를 풍유한 것이다. 작품의 전반부를 통해 농부의 신고(辛苦)와 관리의 폭정을 알아보자.

두릉의 노인 두릉에 살면서
해마다 척박한 밭 백 이랑에 씨를 뿌린다.
3월에 비 안 오고 마른 바람 불더니
보리싹 피어나지 못한 채 누렇게 말라버렸고,
9월에 서리 내리고 초가을부터 쌀쌀하더니
벼 이삭 패기도 전에 모두 퍼렇게 말라버렸다.
높은 관리는 (사정을) 잘 알고도 보고하지 않고
난폭하게 징수하여 좋은 평가 받으려 하지.
뽕밭은 저당 잡히고 땅 팔아 세금 내고 나면
내년 의식은 어떻게 해결할까.
내 몸의 옷을 벗기고, 내 입안의 곡식을 뺏어가는군.

杜陵叟 杜陵居, 歲種薄田一頃餘. (두릉수 두릉거, 세종박전일경여)
三月無雨旱風起, 麥苗不秀多黃死. (삼월무우한풍기, 맥묘불수다황사)
九月降霜秋早寒, 禾穗未熟皆青乾. (구월강상추조한, 화수미숙개청건)
長吏明知不申破, 急斂暴征求考課. (장리명지불신파, 급렴폭징구고과)
典桑賣地納官租, 明年衣食將何如. (전상매지납관조, 명년의식장하여)
剝我身上帛, 奪我口中粟. (박아신상백, 탈아구중속)

시의 앞쪽은 자연의 무심함을, 뒤쪽은 정치의 부패를 한탄하고 있다. 한편 시간이 흘러 당나라가 멸망함에 이르자, 중원 지역에는 5개 정권이 세워지고 중원 바깥에는 10개 정권이 세워져서 서로 싸웠다. 이때를 오대십국(五代十國)이라고 한다. 이 중 십국의 하나인 후촉(後蜀)의 조숭조(趙崇祚)가 940년 최초로 문인들이 지은 사들을 모아서『화간집花間集』을 만들었다. 여기에는 만당(晚唐) 최대의 사인(詞人)인 온정균(溫庭筠, 801-866)을 비롯해서 위장(韋莊, 836-910) · 구양형(歐陽炯, 896-971) 등 18명의 작품 500여 수를 수록했는데, 화간(꽃 사이)이란 서명에서 규지할 수 있듯이 이때의 사는 농염한 아름다움을 추구했다. 내용 대부분이 상층의 향락생활이나 규정의 이별과 그리움이고, 사풍은 염려(艶麗, 곱고 아름답다)했다. 예로 화간파 사인들을 대표하는 위 온정균의 사는 여인의 아름다운 자태와 풍류에 대한 묘사가 많아, 대체로 농염 · 섬세하고, 면밀 · 은근한 풍격을 이루었다.

한편 시작(詩作) 태도는 신중할 것을 요구했으나 사는 일종의 오락물로 받아들여졌기 때문에 짓는 데 그렇게 진지하고 점잖을 필요가 없었다. 시로써 토로하기 불편한 비밀스러운 감정이나 미묘한 심리를 사의 영역에서 맘껏 표현할 수 있었기 때문에 귀족과 문인들은 겉으로는 사를 업신여겼지만 속으로는 좋아했다.

태생적으로 이러한 통속성을 갖고 있는 사도 몇 사람의 뛰어난 사 작가들에 의해 그 문학적 품격이 높아지는 기회를 갖게 되었다. 오대 시대, 십국의 하나인 남당(南唐)의 황제 이후주(李後主, 본명 이욱(李煜), 937-978)는 정치에 무능한 임금으로서 망국을 보았지만 사작에는 뛰어났다. 작풍은 나라가 망하기 전의 화려한 유미적(唯美的) 경향인 것과, 망국 이후의 침울한 주정적(主情的) 경향인 것으로 대별되는

데, 감성 표현에 매우 뛰어나서 사의 서정성을 높이는 데 결정적인 역할을 하였다. 이후주로 인해 기녀나 악공이 부르는 통속적 사에서 사대부가 정식으로 부르는 사로 변화의 계기를 맞게 되었다. 곱고 아름다운 분위기의 사는 시와 같은 중후함을 담아내지 못한다고 여겨졌는데, 이후주로 인해 그러한 개념이 깨졌기 때문이다.

우미인·춘화추월하시료(虞美人·春花秋月何時了)

봄꽃 가을 달이 그 언제 끝나려나.
지난 일이 얼마나 많은 줄 아는가?
간밤 작은 누각엔 또 동풍 불었거늘,
휘영청 밝은 달 아래에선 차마 고국으로 고개 돌리지 못하네.
새긴 난간 옥섬돌은 그대로 있으련만,
다만 붉은 얼굴만이 바뀔 뿐
그대에게 시름 얼마나 깊은지 물었더니,
마치 출렁이며 동으로 흘러가는 저 봄 강물과 같다고 하네.

春花秋月何時了, 往事知多少. (춘화추월하시료, 왕사지다소)
小樓昨夜又東風, 故國不堪回首月明中. (소루작야우동풍고국불감회수월명중)
雕闌玉砌應猶在, 只是朱顔改. (조란옥체응유재, 지시주안개)
問君能有幾多愁, 恰似一江春水向東流. (문군능유기다수, 흡사일강춘수향동류)

나라 잃은 자신의 시름을 "출렁이며 동으로 흘러가는 저 봄 강물"에 비유한 것은 절창으로 평가받는다. 그러나 전해지기를 이 사를 알게 된 송 태조 조광윤은 화가 나 독약이 든 술을 그에게 하사하여 죽게 하였다 한다.

제2절 당대의 산문과 전기소설

1. 문언의 원리와 역사[105)]

1) 중국어의 분류와 정의

고문이니 산문이니 하는 것들을 이해하려면 먼저 중국 언어를 이루는 두 축인 문언과 백화를 알아야 한다.

고대 중국어에 있어서 글 쓸 때 사용하는 언어를 문언(文言)이라 하고 말할 때 사용하는 언어를 백화(白話)라 하는데 두 언어가 서로 크게 달랐다. 문언으로 글을 쓰면 문언문이고, 백화로 글을 쓰면 백화문이다. 문언문을 한국에서는 한문(漢文)이라 부르는데 한문은 중국에서는 사용하지 않는 표현이다.

현재 중국에서는 시대적으로 언어를 구분하기를, 문언문을 고대한어(古代漢語)라 하고 줄여서 고한어라고 한다. 현대 중국어를 현대한어(現代漢語)라 한다. 고대한어와 현대한어를 합쳐 한어(漢語)라고 부른다. 한어는 중국어에 해당하는 말이다. 물론 우리식으로 중국어(中國語)라고 해도 통한다. 엄밀한 의미에서는 문언과 고대한어, 백화와 현대한어는 서로 다른 의미이다. 고대한어는 고대에 사용한 중국어이기 때문에 백화까지 포함할 수 있고, 백화는 고대와 현대의 입말이기 때문에 현대한어보다 광의의 뜻이다. 그러나 고대의 백화는 현재 들을 수 없고, 문언은 현재 쓰지 않기 때문에 일상에서 고대한어하면 문언, 현대한어하면 현대 중국어로 이해하는 것이다. 즉 두루뭉술하게 사용된다. 기실 언어라는 것이 시대나 문체에 의해서 정확히 구분하기 어려운 면이 있다.

한편 일반적으로 어느 시대, 어느 나라나 문어와 구어의 구별이 있다. 예를 들어 우리나라 사람이 말을 할 때의 어체와 글을 쓸 때의 어체는 비록 같은 뜻이라도 다르게 나타낸다. 글을 쓸 때는 더 우아하고 간결하게 써야 한다. 그렇지 않고 말하

---

105) 이 부분은 졸저, 위 책, 495-506쪽, 547-549쪽을 참고하여 짧게 압축한 것이다. 더 상세한 설명을 보려면 이 책을 읽기 바란다.

듯이 쓰면 경박해지기 쉽다. 그래서 문어·구어의 구별이 있는 것이다. 구별은 있되 어휘나 문장 구성이 양자 간 차이가 적기 때문에 언문일치라고 한다. 현대 중국에서는 문어를 서면어(書面語)라 하고 구어를 구어(口語)라고 부른다.

어쨌든 고대 중국어의 특징은 글에 사용되는 문언과 말로 하는 백화가 너무 달라서 문언으로 말을 하면 듣고 이해할 수 없고, 반대로 백화로 글을 쓰면 수준 낮은 글로 취급받아 문인들로부터 도외시되었다. 그것은 어느 면에서 서양의 라틴어와 유럽 각국 언어, 그리고 인도 산스크리트와 힌두어의 관계와 같다. 한문·라틴어·산스크리트는 배우기가 매우 까다롭고 어려워 지금은 사용하지 않는 언어, 즉 사어(死語)가 되었다. 중국은 한문 대신 현대중국어, 인도는 산스크리트 대신 힌두어, 서양은 라틴어 대신 각국의 언어로 글도 쓰고 말도 한다. 그러나 이들 사어들은 고대 학문을 하는 데는 매우 중요하다.

2) 문언과 백화의 원리

중국에서 두 개의 언어가 멀어지게 된 최초의 원인은 무엇보다도 서사용구와 관계가 있다. 종이가 없던 때 무겁고 부피를 많이 차지하는 죽간이나 목간에 글을 쓰다 보니 간단하고 짧게 쓰는 경향이 나타나게 되었으며, 그러한 글쓰기가 오래되면서 자연 백화와는 다른 어휘(중국어로 詞匯라고 한다)와 다른 구법(句法, 구절을 만들거나 문장을 배열하는 방법)을 갖게 되고 그것이 백화보다 더 정제되고 우아하며 격조 있는 언어로 인식되게 되었다.

이렇게 문언이 품위 있는 언어로 정착되자 문인들은 더 이상 백화로 글을 쓰려고 하지 않았고 그렇게 시대가 오래 지나자 두 언어 사이가 매우 멀어지게 되었다. 그러나 한나라 전까지는 문언과 백화 사이에 큰 차이가 없었다. 예를 들어 유교라는 종교 집단이 생겨나기 이전, 서주시대(西周時代)에 민중들이 불렀던 가요들을 채집한 『시경』에는 구어체의 언어가 사용되었다. 마찬가지로 『서경』, 『춘추』, 『논어』 같은 가장 오래된 고전들은 당시 사람들이 말할 때 사용하던 언어, 즉 입말로 써졌다. 다시 말하면 기원전 5세기 전에 만들어진 책에는 입말과 글말의 구분이 거의 없었다.

그랬는데 전국시대(戰國時代)부터 조금씩 글과 말이 달라지기 시작했다. 그래서 공자 후 300년 정도에 적혀진『맹자』는『논어』에 비해서 더 문언화되었다. 그리고 서한(西漢)을 기점으로, 즉 기원전 2, 1세기부터 중국 언어는 점차 현실과 괴리된 문자 중심의 언어로 바뀌기 시작했다. 이 두 시대, 즉 전국시대와 한나라 때 지어져서 현재까지 전해지는 문헌들이 상당히 많다. 그 문헌들을 가지고 당시의 언어 양상을 살펴야 하는데, 문헌들 사이에 서로 시간적으로 선후가 있고 지역적으로 남북이 있고 내용은 학문에 따라 매우 다양하며 또한 작자의 학파·성격·조예 등은 천차만별이어서 언어의 양상을 일정하고 정확한 기준으로 판단할 수 없다. 그래서 그 특성을 개괄하려면 대동소이한 것을 취해야 한다. 다행히 대동소이함이 어휘와 구법(句法)상에 보이기 때문에 문언의 정의를 '전국시대와 한나라 때 형성된 서면어'라고 할 수 있는 것이다.

한나라 때 일단 문언의 글쓰기가 고착되자 중국인은 어느 지역에 살든, 어느 시대에 살든 간에 지역의 언어와는 관계없이 글을 쓸 때는 반드시 문언으로 써야 했다. 언어는 많은 사람의 약속이기 때문에 한번 굳어지면 잘 변하지 않는 타성(惰性)을 갖고 있다. 많은 말들이 생기지만 생겼다. 사라졌다를 반복한다. 그러다가 사라지지 않고 고착된 것은 언어로서 오래 살아남는다. 또한 시대가 변하고 새로운 사물이 출현하면 언어는 변하지 않을 수 없다. 변화에 있어서 입말인 백화가 글말인 문언보다 변화가 더 빠르고 변화의 양도 더 많다. 종이 위에 적는 문언은 백화보다 변화가 훨씬 느리고 변화의 양도 매우 적다. 말은 입에서 나와서 쉬 사라지는 반면 문자는 오랫동안 남아 있어서 잘 변하지 않기 때문이다. 입말의 변화가 글말의 변화보다 더 빠른데도 불구하고 글말이 고착되다 보니 당나라에 이르면 문언과 백화, 즉 글말과 입말이 마치 별개의 언어처럼 서로 다르게 되었다. 그래서 말을 하듯 글을 쓸 수 없었고, 글을 쓰듯 말을 할 수 없었다. 문언으로 말을 하면 무슨 뜻인지 잘 알 수 없게 되었다. 글과 말이 완전히 분리 되었던 것이다.

그렇다고 문언과 백화가 완전히 다르다고는 할 수 없다. 두 개는 원래 하나에서 출발해서 변화한 것이니, 현대중국어 내에는 언어의 유아기 때 모습이 잔존해 있어서 문언과 동일한 이런저런 어휘와 구법이 있다. 반대로 옛날에 문언으로 글을 쓰는 사람 역시 백화의 영향을 받지 않을 수 없었기 때문에 문언에도 때로 백화와 동일한 어휘와 구법이 있었다. 결론적으로 문언과 백화 사이에는 '다른 것 중에 같은 것이 있는 것'이다.

2. 고문운동

본서에서 이미 육조시대의 변려문에 대해서는 설명했고, 여기서는 당나라 왕발(王勃, 650-676)의 「등왕각서滕王閣序」 일부를 읽어 본다. 변려문의 작품성은 당나라에 이르러 최고 수준에 이르는데, 「등왕각서」는 그중에서도 두드러진다. 이 작품은 675년 왕발이 홍주(洪州)의 등왕각에서 지은 것이다. 홍주 도독 염백서(閻伯嶼)가 등왕각[106]을 중수한 후 그 기념으로 베푼 연회 자리에서 쓴 글이다.

〈그림 4〉 현재 등왕각의 모습

> 예장은 옛 군 이름이요, 홍도는 새 부 이름이다.
> 성분은 익과 진이요, 땅은 형과 려 지역에 닿았다.
>
> 豫章故郡, 洪都新府.
> 星分翼軫, 地接衡廬.

홍도는 홍주를 말하는 것으로 원래 이름은 예장이었다. 성분이란 각 지역에 해당하는 별자리를 일컫는다. 고대에 특정한 하늘의 별은 특정한 땅 지역과 기운이

106) 각(閣)은 아름다운 여러 층의 집을 가리킨다. 다층집의 사방으로 복도가 있고 위에는 난간이 있어서 사람들이 여기에서 휴식할 수도 있고 먼 곳의 경치를 감상할 수도 있다.

서로 통한다고 믿었다. '모 지역은 모 별의 분야에 있다'라고 했으니 지금 사용하는 '어떤 분야에 종사하다'고 할 때의 분야는 본디 천문과 관계된 단어였다. 홍주는 위로는 익과 진이라는 별자리와 서로 통하고 아래로는 형산·려산과 이어져 있음을 말하였다. 이렇게 홍주가 천지의 어디에 있는지를 밝힌 후 홍주에서 나는 보배로운 산물과 뛰어난 인재, 그리고 글을 쓰게 된 동기에 대해 서술한다. 그런 다음 등왕각에서 내려다보이는 모습을 아래와 같이 묘사한다.

비단문을 열고 조각한 지붕 용마루를 내려다본다.

> 산과 들은 넓어 시야에 가득하고, 내와 연못은 구불구불 눈을 놀라게 한다.
> 인가가 땅에서 처마를 맞대고 있는데, 종 울리며 정(큰 솥)을 늘어놓고 밥을 먹는다.[107]
> 큰 배와 군함이 나루를 어지럽게 하는데, 푸른 참새와 황룡이 새겨진 큰 배들이다.
> 구름 사라지고 비 개이니, 햇빛이 하늘 한쪽에서 밝다.
> 떨어지는 노을은 외로운 따오기와 함께 날고, 가을 물은 긴 하늘과 한 색이다.
> 고기잡이 배에서 늦은(때) 노래하는데, 팽려의 호숫가를 울린다.
> 줄지은 기러기 떼 추위에 놀라, 우는 소리가 형양의 포구에서 사라진다.
>
> 披繡闥, 俯雕甍.
> 山原曠其盈視, 川澤紆其駭矚.
> 閭閻撲地, 鐘鳴鼎食之家.
> 舸艦迷津, 青雀黃龍之舳.
> 雲銷雨霽, 彩徹區明.
> 落霞與孤鶩齊飛, 秋水共長天一色.
> 漁舟唱晚, 響窮彭蠡之濱.
> 雁陣驚寒, 聲斷衡陽之浦.

107) 종명정식(鐘鳴鼎食)은 귀족의 호화로운 생활을 의미하는 표현으로, 고대 부잣집에서 식사할 때 종을 울려 신호를 하고 귀가 둘이고 발이 셋인 정에다 밥을 해서 먹었다고 한다.

한 구 한 구가 모두 시어처럼 아름다운데, 그중에서도 "떨어지는 노을은 외로운 따오기와 함께 날고, 가을 물은 긴 하늘과 한 색이다.(落霞與孤鶩齊飛, 秋水共長天一色.)"는 천고의 명구로서 사람들에게 수없이 회자되는 표현이다. 「등왕각서」는 낮부터 늦은 밤까지에 걸쳐서 등왕각에서 바라다 보이는 사물들을 연속해서 적어 놓은 것인데, 읽으면서 시간에 따른 전개감을 거의 느낄 수 없다. 다만 서로 독립된 부분 부분이 한데 모아져 있는 느낌이다. 즉 묘사에 있어서 시간의 흐름을 무시하고 평면적으로 서술하고 있다. 다만 정황으로 보아 때를 짐작할 수 있을 뿐, 마치 눈앞에 나타나는 그림처럼 동시에 존재하는 것처럼 보인다. 마치 시를 읽는 듯하다. 이런 식의 구성 수법을 인식의 '순간의 총체성'이라고 부르는데, 시간의 연속적 흐름이 파괴되어 순간으로 정지 되는 것, 즉 공간 인식으로 전환된 것이다.

서사에서는 시간의 흐름에 따라서 서술을 하지만, 서정에서는 시간을 무시할 수 있다. 공간의 동시성은 내면세계의 주관적 인식에서 가능하기 때문에 사건의 전후 문맥이 필요한 서사문에는 잘 보이지 않고 서정시에 주로 활용되는데, 변려문은 산문이면서도 이처럼 시적표현을 자유롭게 하고 있다.

그렇지만 이와 같이 글을 짓자면 너무 많은 시간을 요할 것이다. 한 문장을 몇 칠 동안 써도 수사하는 데 시간이 부족할 터이다. 실제 육조나 당 때 길지도 않은 작품 하나를 창작하는 데 몇 달이 소요되는 경우들이 있었다. 이러한 변려문의 과도한 사용 때문에 문풍이 내용의 질보다는 형식미를 추구하는 폐단이 심했는데, 이러한 경향이 당나라 때가 되어서도 나아지지 않았다. 이러한 문학사조의 타파를 본격적으로 시작한 사람이 최초로 고문운동(古文運動)을 창도한 당나라 한유(韓愈, 768-824)이다. 여기서의 고문이란 선진(先秦)과 한나라의 질박하고 자유로우며, 대구가 아닌 단구(單句)를 위주로 하고, 격식의 구속을 받지 않으면서 사상을 표현하는 글쓰기를 말한다.

물론 한유 이전에도, 멀리는 남조 양(梁) 나라의 배자야(裴子野)와 북조 소작(蘇綽)이 변려문을 비판하고 문체의 개혁을 주장하였다. 수나라 문제는 개황 4년(584)에 모든 공사 문서는 모두 실질적인 기록을 하는 문체를 쓰도록 하라는 조칙을 반포하였다. 당나라 초기에도 남북조와 수나라 역사를 썼던 이백약(李百藥)·위징(魏

徵) 등의 역사가들이 육조와 수나라의 글을 쓰는 풍조를 비판하며 좀 더 실용적인 문장을 쓸 것을 주장하였다.

또 한편으로 변려체의 유행과 상관없이 고문체로 서술하는 전통은 간단없이 이어져 내려오고 있었다. 즉 얘기를 기록해야 하는 소설(즉 지괴류와 지인류)과 사실을 기록해야 하는 역사서와 사상을 정확하게 표현해야 하는 종교계(유교·불교·도교 등)[108]의 글들은 성격상 수사를 위주로 할 수가 없다. 이런 책들은 대개가 평범하고 알기 쉬운 문체를 구사했다.

이상과 같은 변려문에 대한 비판과 고문 글쓰기의 계승이 당대 이전에도 있었지만 하나의 사회운동으로서 커다란 반향을 일으킨 것은 한유로부터 시작되었기 때문에 본격적인 의미에서의 고문운동은 한유가 창도했다고 하는 것이다.[109]

한유는 변려문에 자주 보이는 허풍과 과장을 멀리하고, 경험의 목소리를 내었으며 현실을 반영하는 글을 썼다. 내용이 공허하기만 할뿐 아름답기만 한 글은 쓰지 않았다. 묘사에 있어서는 참신했으며, 비유와 해학으로써 문학적 형상화를 이루었다. 그러나 한유 글은 사변적이고 훈계적 내용이 많은 것은 결점이며, 특히 글이 괴삽(怪澁, 기이하고 껄끄럽다. 즉 글이 평이하지 않고 자연스럽지 않다)한 나머지 이해하기 어려운 문장들이 적지 않음은 큰 단점이라고 할 수 있다. 한유의 명문으로는 「사설師說」·「잡설雜說」·「원도原道」·「원인原人」·「송맹동야서送孟東野序」·「장중승전후서張中丞傳後敍」 등이 있다. 보기로 유명한 「잡설」을 보자. 이 작품은 모두 4편으로 구성되어 있는데 첫째 편은 용(龍), 둘째 편은 의(醫), 셋째 편은 외모, 넷째 편은 말(馬)을 제재로 하여 우의(寓意)를 통해 논지를 전개하고 있다. 이 글은 후대 '잡설'이란 제목으로 쓰는 글의 효시로 평가받고 있다.

1) 용 편은 임금이 신하를 만들지만 또한 임금은 신하에 의지하는 관계를 비유한다. 그 요지는 다음과 같다: 용이 숨을 내쉬어 구름을 만들지만, 용은 그 구름의

---

108) 특히 인도어를 중국어로 옮긴 불경 번역서에는 소설 형식의 고사가 많아 중국 소설 문장의 발전에 큰 영향을 끼쳤다.

109) 이상 한유 이전의 변려문 비판과 고문 글쓰기에 대해서는 김학주, 위 책, 266-268쪽 참고.

기운을 타고 올라 넓고 넓은 창공 사이를 다 돌아다니면서 해와 달 가까이까지 다 가가고 햇빛과 그림자를 가리기도 하고 천둥과 번개를 일으켜 신묘한 변화를 일으키기도 하며 땅에 비를 내려 언덕과 골짜기를 잠기게 할 수 있으니 구름 역시 신령스러운 것이다.

2) 의 편은 의사가 짚는 맥과 천하의 기강이 서로 같은 이치임을 설명한다.

> 훌륭한 의사는 환자가 여위었는지 살쪘는지는 보지 않고, 단지 맥을 짚어 병이 났는지 아닌지를 살필 뿐이며, 천하를 잘 헤아리는 사람은 천하가 평안한지 위험한지는 보지 않으며, 단지 천하의 기강이 잘 잡혀 있는지 어지러운지만 살필 뿐이다. 천하는 사람에 해당되며, 안위는 사람이 살찌고 여윈 것에 해당되며, 기강은 사람의 맥에 해당된다. 맥에 병이 있지 않다면 여위었어도 해될 것이 없고, 맥에 병이 있다면 살찐 사람이라도 죽는다. 이 말의 뜻에 통달한 사람은 그의 지혜로 천하를 다스릴 수 있을 것이다. (……)
>
> 善醫者, 不視人之瘠肥, 察其脈之病否而已矣；善計天下者, 不視天下之安危, 察其紀綱之理亂而已矣.天下者, 人也；安危者, 肥瘠也；紀綱者, 脈也.脈不病, 雖瘠不害；脈病而肥者, 死矣.通於此說者, 其知所以爲天下乎！(……)

3) 외모 편의 요지는 다음과 같은 것으로, 외모로 사람을 평가해서는 안 된다는 것을 말한다: 옛날의 성인(聖人) 중에는 머리가 소와 같은 사람도 있었고, 몸이 뱀의 몸뚱이 같은 사람도 있었으며, 입이 새의 부리 같은 사람도 있었다. 반면에 어떤 사람은 외양은 아름답지만 마음이 사나워 겉모습은 사람이지만 그 본성이 금수와 같다. 그러므로 겉모습으로 인간다운지 아닌지를 살피는 것은 그 사람의 마음과 행실이 인간다운지 아닌지를 논하여 놓치지 않는 것만 못하다.

4) 마지막 말 편이 가장 유명한 우언 고사이다. 춘추시대 말을 잘 알아보고 기른 것으로 유명한 백락(伯樂)을 빌어서 현명한 임금은 인재를 알아보아서 인재가 재능

을 발휘하도록 하지만, 암군(暗君)은 반대로 인재를 망치게 하여 오히려 평범한 사람보다도 더 못나게 만듦을 비유하고 있다.

> 세상에는 백락이 있은 후에야 천리마가 있다. 천리마는 항상 있는 것이지만 백락은 늘 있는 것은 아니다. 그래서 비록 명마가 있다고 할지라도, 다만 노예의 손에 의해서 모욕을 당하고, 마구간에서 보통 말들과 나란히 죽게 되어 천리마로 불리지 못하는 것이다. 천리마라고 하는 것은 한 끼에 간혹 한 섬의 곡식을 먹어 치우는 일도 있다. 말을 기르는 자는 그 말이 하루에 천리를 달릴 수 있는지도 모르고 먹인다. 이 말이 천 리를 달릴 수 있는 능력이 있다고 할지라도, 먹는 것을 배부르지 않게 하면 힘이 부족하여 재능의 훌륭함이 겉으로 드러나지 않게 되고, 또 보통 말과 같아지려 해도 될 수 없으니, 어찌 그 말이 천 리를 달릴 수 있기를 바라겠는가? 채찍질하면서도 그에 걸맞는 방법으로 하지 않고 먹이더라도 재능을 충분히 발휘할 수 없게 하며, 울어도 그 뜻을 알지 못하고 채찍을 들고 다가서서 말하기를, "천하에는 좋은 말이 없다"고 하니, 아! 참으로 좋은 말이 없는 것인가? 그렇지 않으면 참으로 말을 알아보지 못하는 것인가!

> 世有伯樂, 然後有千里馬. 千里馬常有, 而伯樂不常有. 故雖有名馬, 只辱於奴隸人之手, 駢死於槽櫪之間, 不以千里稱也.馬之千里者, 一食或盡粟一石. 食馬者不知其能千里而食也；是馬也, 雖有千里之能, 食不飽, 力不足, 才美不外見, 且欲與常馬等不可得, 安求其能千里也！策之不以其道, 食之不能盡其材, 鳴之而不能通其意, 執策而臨之曰 :「天下無馬.」嗚呼！其眞無馬耶？其眞不知馬也！

한편 한유의 고문운동은 문장 자체의 혁신을 한다는 목적적 함께 그 이면에는 고문으로써 유가의 정통 권위를 회복하고자 하는 의도가 있었다. 한나라 때 유교가 국교로서의 독점적 지위를 누리다가 육조시대 이래로 당까지 줄곧 도교와 불교의 성행 때문에 원래의 권위를 상실했기 때문에 한유는 고문운동을 통해 그것을 회복하고자 했던 것이다. 그래서 한유는 공자의 도통이 맹자 후에 끊어졌다고 하고, 고문으로써 도를 밝혀야 한다고 했다. 글은 재도(載道, 도를 실음)와 명도(明道, 도를 밝힌다)를 해야 바른 글이라고 했다.

기실 맹자는 한유 이전에 유학에서 최고 반열의 성현에 들지 않았다. 다만 한나라 때 양웅(揚雄)만이 맹자를 특별히 추숭했을 뿐이었다. 그랬던 것이 한유에 의해 맹자가 공자의 도통을 잇게 됨으로써 유학에 큰 변화가 있게 되었다. 이후 송나라 때 주희는 한유의 주장을 따르고,『맹자』라는 책을 사서에 포함시켰으며 문이재도(文以載道, 글로써 도를 싣는다)를 주창했던 것이다. 주희의 글에 보이는 도에 대한 집착은 한유에게서 많은 영향을 받았다. 도를 담는 그릇으로서의 문장은 자연히 문인들에게 품덕수양(品德修養)을 요구했다. 이러한 도 위주의 글은 인간의 자유로운 사고·상상·개성을 위축시켜 낭만적이고 진취적인 문학·예술의 발전을 저해하는 걸림돌이 되기도 했다.

결론적으로 한유의 고문운동에는 순수한 학문적·문학적 의도 외에도 사상적이고 정치적인 목적이 있었다. 더 직접적으로 표현한다면 한유는 고문을 통해 도교와 불교에게 빼앗겼던 유교의 헤게모니를 다시 찾고 싶었다. 한유의 주장은 당시 많은 문인과 정객의 호응을 얻어 큰 세력을 얻었고, 특히 유종원(柳宗元, 773-819)이라는 당시 대문호의 협조는 중국 전역에 고문운동을 진작시키는 데 큰 도움이 되었다. 유종원은

당시 왕숙문(王叔文)·유우석(劉禹錫) 등 개혁파와 함께 조정을 혁신하려다가 실패했다. 그리고 남쪽 지방인 영주(永州)와 유주(柳州)로 좌천 당해 그곳에 살면서 작품 활동을 했고, 한유는 반대로 정치의 중심지인 북쪽 장안에서 죽 기거했다. 그러자 두 사람의 대가를 남북에 두고 많은 문인들이 그 사이를 오가면서 고문운동이 빠르게 확산되었다. 유종원의 명문으로는「포사자설捕蛇者說」·「봉건론封建論」·「재인전梓人傳」·「종수곽탁타전種樹郭橐駝傳」·「검지려黔之驢」·「영주팔기永州八記」등이 있다.

문체의 혁신을 통해 유가의 정통으로 돌아가는 '복고'는 천년 뒤 조선에서 기형적인 모습으로 재현되었으니 바로 정조(正祖)의 문체반정(文體反正, 문체를 바르게 되

돌린다)이다. 정조는 당시 유행하기 시작한 박지원(朴趾源, 1737-1805)의 『열하일기熱河日記』에 보는 바와 같은 자유롭고 참신한 문장에 대해 그것이 소품문(小品文)에서 나온 잡문체라 규정하여 엄금했다. 소품문이란 서양의 에세이처럼 '특별한 형식을 갖추지 않고 일상생활에서 보고 느낀 것을 간단히 쓴 짤막한 글'을 말한다. 정조는 『열하일기』를 불사르게 했으나 요행이 한 본이 남아 있어 오늘에 전한다.[110]

이와 같은 관권의 개입은 결과적으로, 18세기에 이르러 자못 활발하게 움직였던 문예운동이 위축되고 모처럼 싹트려던 문학발전을 저해하여 반시대적 문학이 득세하게 되었다. 정조의 문체반정은 심각하게 문학과 언어의 발전을 저해했으니, 크게 비판받아 마땅하다. 중국의 고문운동에서 비롯된 조선의 문체반정은 인문학 발전의 큰 장애였다.

3. 당대의 전기소설

육조시대에 살았던 간보나 유의경처럼 민간에 흩어져 있는 잡다한 이야기들을 모아서 만든 작품들은 비록 소설이라고는 하나 현대적 의미의 창작물은 아니다. 작가의 창작 의식에 의해서 써진 최초의 중국 소설은 전기(傳奇)라고 하는 당나라 때 성행했던 새로운 형태의 단편소설이다. 흔히 전기소설이라 칭한다. 전기의 축자적 뜻은 '기이한 것을 전한다'이며, 기이한 것은 정령이나 신선 같은 초현실적 이야기, 내지는 현실에서 일어날 수 있더라도 일상적이지 않는 특별한 이야기를 포

110) 정조는 문체반정의 방침을 실행하기 위하여, 첫째 규장각(奎章閣)을 설치하고, 둘째 패관소설(稗官小說)과 잡서(雜書) 등의 수입을 금하고, 셋째 주자(朱子)의 시문(詩文)을 비롯하여 당송팔대가의 문(文)과 『오경발초五經拔抄』 및 두보(杜甫)의 『육유시陸游詩』 등을 신간(新刊)하였다. 이와 같은 관권의 개입은 모처럼 싹트려 하던 문학의 발전을 저해함으로써 조선 후기 문학의 후퇴를 가져오게 하였다. 정조가 그토록 싫어했던 소품문이란 중국 명말청초(명나라 말기와 청나라 초기) 소품문의 영향을 받아 17세기 허균과 장유, 김창협 등이 싹을 티우고, 18-19세기에 크게 유행했던 것이다. 대표 작가에는 박지원, 박제가, 이덕무, 이용휴, 이익, 이학규, 노긍, 이옥, 김려, 조희룡 등이다. 문체반정과 소품문에 대하여 한정주, 『글쓰기 동서대전』, 서울, 김영사, 2016, 17-46쪽을 참고했다.

함한다.[111)]

당 초기에 지어진 전기소설은 왕도(王度)의 『고경기古鏡記』, 무명씨의 『보강총백원전補江總白猿傳』, 장작(張鷟)의 『유선굴游仙窟』 등 몇 편이 되지 않는다. 아래 그 내용을 짧게 요약한다.

① 『고경기』

이 작품의 전반부는 왕도(王度)가 주인공으로, 후생(侯生)에게서 얻은 신비로운 거울 '고경'이 영험을 발휘하여 요괴를 물리친다. 즉 거울을 가지고 밖에 나가면 늙은 여우와 큰 뱀이 변신한 정괴가 비치고 또한 역병을 물리친다. 후반부는 그의 동생 왕적(王績)이 이 거울을 가지고 여행하면서 여러 재난을 물리친다.

이 소설은 전체적으로 육조 지괴소설의 유풍이 남아있으며 당 전기의 길을 연 작품이다. 그러므로 지괴에서 전기 단편소설로 전변되는 과정을 보여준다.

② 『보강총백원전』

양(梁)나라 때, 장군 구양흘(歐陽紇)이 남쪽 지방을 평정하고 장락(長樂)에 이르렀을 때 아내를 흰 원숭이에게 약탈당하였다. 구양흘은 부하를 데리고 흰 원숭이가 사는 동굴로 들어가 원숭이를 죽이고 처를 구출해 왔으나, 처는 원숭이의 자식을 잉태하고 있었다. 후에 아이를 낳으니 원숭이와 흡사하였는데, 이 아이가 글과 글씨에 뛰어나더니 마침내 서법가로 유명한 구양순(歐陽詢)이 되었다.

이 작품은 아직 육조 지괴소설의 형태를 간직하고 있지만, 편폭이 길고 묘사도 세밀하고 세련되어 있어 진보된 흔적이 뚜렷하다.

③ 『유선굴』

이 작품은 일인칭 서술로 되어 있으며, '내'가 신선굴에 들어가 그곳의 주인인 오수(五嫂)와 십낭(十娘)이란 두 여인과 함께 가무를 즐기고 희롱하다가 마침내는 정까지 통하는 이야기다.

---

111) 전기소설에 관하여 薛洪勣, 『傳奇小說史』, 杭州, 浙江古籍出版社, 1998을 참고.

중국문학 최초로 남녀의 성행위를 묘사한 작품으로 중국은 물론 일본과 한국 문학에도 많은 영향을 주었다. 서사에는 주로 사륙변려체를 사용하고, 대화 부분은 시로 되어 있다.

전기소설이 본격적으로 창작되기 시작한 것은 당 중기부터이다. 당나라 때 지어진 유명한 작품으로는 장방(蔣防)의 『곽소옥전霍小玉傳』, 진현우(陳玄祐)의 『이혼기離魂記』, 심기제(沈旣濟)의 『침중기枕中記』, 이공좌(李公佐)의 『남가태수전南柯太守傳』, 원진(元稹)의 『앵앵전鶯鶯傳, 일명 회진기(會眞記)』, 백행간(白行簡)의 『이와전李娃傳』, 이조위(李朝威)의 『유의전柳毅傳』, 원교(袁郊)의 감택요『甘澤謠』에 실린 『홍선전紅線傳』, 배형(裵鉶)의 『전기傳奇』에 실린 『섭은낭전聶隱娘傳』, 두광정(杜光庭)의 『규염객전虯髥客傳』 등이 있다. 아래 그 내용들을 소개한다.

1) 풍자류

비현실적인 소재와 상징적인 묘사를 통하여 부귀공명과 인생에 대한 환멸을 표출함으로써, 현실을 풍자한 것이다.

① 『침중기』

당 현종 개원 7년에 도사 여옹(呂翁)이 한단(邯鄲)을 지나는 길에 주막집에 들렀는데 거기에서 젊은이 노생(盧生)이 자신의 불우함에 대해 넋을 놓고 앉아 탄식하는 것을 보았다. 그가 배낭 속에서 양쪽으로 구멍이 뚫린 도자기 베개를 꺼내 주자 노생은 그것을 베고 잠이 들었다. 꿈속에서 베개 구멍 속으로 들어가 보니, 고래등 같은 집이 있었다. 노생은 그곳에서 아내를 맞고 높은 벼슬을 지냈으나 당시 재상들의 미움을 사서 좌천되었다가 누명을 벗고 조정으로 돌아온다. 그 후 노생은 아들 다섯과 열 명의 손자를 거느리고 행복하게 살다가 80세의 나이로 세상을 마쳤다. 그런데 노생이 기지개를 켜며 깨어 보니 꿈이었으며, 잠들기 전에 짓기 시작하던 기장밥이 아직도 뜸이 들지 않았을 정도의 짧은 동안의 꿈이었다. 노생을 바라보고 있던 여옹은 "인생은 다 그런 것이라네"라고 웃으며 말했다. 노생은 한바탕

꿈으로 온갖 영욕과 부귀와 죽음까지도 다 겪게 해서 부질없는 욕망을 막아준 여옹의 가르침에 머리 숙여 감사하고 한단을 떠났다.

이 작품은 후에 명나라 탕현조(湯顯祖)의 희곡『한단기邯鄲記』의 바탕이 되었다.

②『남가태수전』

순우분(淳于棼)의 집 남쪽에 큰 느티나무가 있었는데, 어느 날 술에 취해 베개를 베자 곧 잠이 들어 꿈의 세계로 들어갔다. 두 사람의 자주색 옷을 입은 사자가 그를 데리러 와서 그들을 좇아 느티나무 구멍으로 들어갔더니 '대괴안국(大槐安國)'이 나왔다. 그곳에서 왕의 사위인 부마(駙馬)가 되었고 또한 남가군의 태수가 되었으며 5남 2녀를 낳고 다복하게 살았다. 그러나 후에 단라국(檀蘿國)과 싸워 패배하고 공주 또한 죽었다. 마지막에 집으로 돌려보내졌다. 깨어나 느티나무 구멍을 살펴보니 그 안에 개미들이 모여 살고 있었다.

이 작품은 후에 명나라 탕현조의 전기『南柯記』의 바탕이 되었다.

2) 애정류

애정류의 전기는 크게 두 종류로 나뉜다. 하나는 인간과 선녀·귀신·요괴 사이의 상궤를 벗어난 기이한 애정 행각이다. 다른 하나는 현실 속에서 벌어지는 남녀의 사랑이다. 그러나 현실적인 사랑이더래도 대부분 실제 현실 속에서는 용납될 수 없는 사대부와 기녀 사이의 사랑인 경우가 많다.

①『이혼기』

왕주(王宙)와 천랑(倩娘)의 신비한 연애담이다. 서로 사랑하는 이들의 사이를 부모가 떼어놓자 천랑의 몸은 넋이 나간 채 누워 있는데, 그녀의 넋이 사람의 모습으로 변해 왕주의 뒤를 쫓아가 함께 잘 살게 된다는 이야기이다.

이 작품은 남녀 혼인자유를 주장하는 것으로서 봉건예교에 반항하는 정신이 담겨있다. 육신·혼이 나누어지기도 하고 하나로 합쳐지기도 하는 현상을 소재로 하는 작품 류의 모태가 되었다. 원대 정덕휘(鄭德輝)의 잡극『천녀이혼倩女離魂』은 바로『이혼기』에 근거하여 지은 것이고, 탕현조의 걸작인『모란정』(牡丹亭』) 역시 이 작품에서 어느 정도 영감을 받았다.

②『곽소옥전』

곽소옥전은 기생 곽소옥(霍小玉)과 서생 이익(李益)의 애정 비극이다. 두 사람은 장안에서 만나 서로 사랑에 빠지는데, 이익이 관리가 되어 외지로 파견되자, 부임에 앞서 두 사람은 백년해로를 약속한다. 그러나 이익은 고향으로 돌아간 후 마음이 변하여 귀족 가문의 여자를 아내로 맞이한다. 그리움에 사무쳐 병이 든 소옥을 안타까워한 한 황의(黃衣)의 호걸이 이익을 잡아 소옥의 집으로 데려오지만, 변심한 애인을 비통하게 질책하던 소옥은 기력을 다해 죽고 만다. 그리고 그녀의 원혼은 승천하지 못하고 귀신이 되어 이익 부부를 불행에 빠뜨린다.

이 작품은 명나라 탕현조의 전기(傳奇)『자차기紫釵記』의 바탕이 되었다. 여기서의 전기는 소설의 전기가 아니고 희곡의 일종인 전기이다.

③『이와전』

정생(鄭生)이 과거를 보러 장안에 왔다가 기생 이와를 만나 사랑에 빠져 여비를 탕진하고 이와에게도 버림을 받고 드디어는 상여꾼이 된다. 후에 부친을 만나 죽도록 얻어맞고 걸인이 되어 구걸을 하던 중, 우연히 이와를 만났는데, 이와는 자신으로 인해 한 남자의 일생이 파괴된 사실을 알고 후회한다. 정생은 그녀의 도움으로 다시 공부를 하여 과거에 급제하게 된다. 부임하러 가던 중 부친을 만나 용서를 받고 이와와 정식으로 결혼을 한다는 이야기이다.

원나라 석군보(石君寶)의 잡극(雜劇)『곡강지曲江池』와 명나라 설근연(薛近兗)의 전기『수유기繡襦記』는 모두『이와전』을 근거로 쓴 희곡이다.

④『앵앵전』

과거시험을 보러가는 장생(張生)이 보구사(普救寺)란 절에 묵었는데, 그 지역 군인들이 반란을 일으켜 마침 죽은 남편의 재를 지내기 위해 절에 묵고 있던 최씨 부인네 일가가 위험에 처하게 되었다. 장생이 군인들 중 친분이 있는 장교에게 부탁을 하여 최씨네를 구해주고 그 인연으로 최씨의 딸 최앵앵(崔鶯鶯)이와 서로 좋아하여 한 달 동안 절 안에서 정을 통하게 된다. 그러나 과거를 보기 위해 장생은 떠나야 했고 자연 최앵앵과도 작별하였다. 후에 장생은 과거에 합격하여 다른 양가댁 규수와 결혼하고, 앵앵도 다른 남자와 결혼하였다. 이후 두 사람은 각자 가정에 충실하면서 살게 되었다는 내용이다.

『앵앵전』은 연애소설 중 후세까지도 가장 유명한 전기 작품으로, 현대식으로 표현하면 '쿨'한 러브 스토리이다. 금나라 동해원(董解元)의 『서상기제궁조西廂記諸宮調』와 원나라 왕실보(王實甫)의 잡극 『서상기』는 『앵앵전』을 다시 고쳐 쓴 작품이다.

⑤ 『유의전』

유의(柳毅)라는 선비가 과거에 떨어져 낙향하던 중 길에서 동정군(洞庭君, 용왕의 이름)의 딸인 용녀(龍女)가 시댁인 경천군(涇川君)의 집에서 학대를 받고 쫓겨나 고생하는 걸 보았다. 의리파인 유의는 분노한 나머지 온갖 고생을 무릅쓰고 동정군에게 딸의 소식을 전했다. 그러자 동정군의 동생인 전당군(錢塘君)이 번개와 우박을 몰고 용의 모습으로 달려가 조카를 구해 동정 용궁으로 돌려보냈다. 동정군은 유의를 극진히 대접하고 용녀와 결혼시키려 하나 유의가 거절한다. 그러나 유의를 사모한 용녀는 스스로 재가하지 않겠다는 맹세를 하고 결국은 파란곡절 끝에 부부가 되는 데 성공했다.

이 작품은 원나라 상중현(尙仲賢)의 잡극 『유의전서柳毅傳書』와 이호고(李好古)의 『장생자해張生煮海』의 바탕이 되었다.

3) 의협류(義俠類)

오늘날의 무협소설과 비슷한 의협류의 전기는 사회가 혼란스러웠던 당 말엽에 성행하였는데, 실제로 안사의 난 이후 사회가 어지러워 군벌이 횡행하였기에 검객이나 협사들이 도처에서 활약하고 있었다. 호협류의 전기는 영웅의 도움으로 어두운 현실로부터 벗어나고자 했던 당시 서민들의 희망을 반영하고 있다.

① 『규염객전』

수나라 양제(煬帝) 때를 시대 배경으로 하고 있다. 이정(李靖)이 수나라의 대신 양소(楊素)를 알현하였는데, 그때 양소의 부중에 있던 기녀와 정을 통하여 함께 도망치다가 도중에 규염객을 만난다. 규염객은 이정이 비범한 인물임을 알고 장차 천자가 될 이세민(李世民)을 돕도록 하고, 자신은 부여국(扶餘國)으로 가서 왕이 된다는 이야기이다.

이 작품은 당말 지방 군벌들이 천하를 차지하기 위해 다투는 시대상을 반영하고 있으며, 당대 의협소설을 대표하는 가장 유명한 작품이다.

② 『홍선전』

당나라 지덕(至德) 연간에 있었던 이야기다. 홍선은 노주절도사(潞州節度使) 설숭(薛嵩)의 하녀로서 예능과 학문을 겸비하였다. 안록산의 난 뒤에 위박절도사(魏博節度使) 전승사(田承嗣)가 날씨가 좋은 노주(潞州) 지방까지 차지하려고 군비를 갖추었다. 설숭은 이에 대처할 방법을 모르고 근심 속에 잠겨 있을 때, 노비인 홍선이 용감히 나서서 계책을 써서 전승사의 야욕을 꺾어버렸다.

③ 『섭은낭전』

섭은낭은 본시 위박대장군(魏博大將軍) 섭봉(聶鋒)의 딸이었는데, 열 살 때 실종된 뒤 초인적인 무예를 닦아가지고 돌아온다. 돌아와서는 위박대장군을 도와 눈부신 무예 솜씨를 발휘한다. 그러나 암살 임무 중 한번은 암살 대상인 진허절도사(陳許節度使) 유창예(劉昌裔)에게 오히려 감복되어 그를 주인으로 섬기게 된다. 이에 위박절도사가 자객들을 보내 계속 진허절도사를 살해하려고 하고, 섭은낭은 끝까지 이를 막아낸다.

『홍선전』과 『섭은낭전』은 주인공이 모두 여걸로서 출중한 지략과 무예를 지니고 있다. 소설에서 묘사하는 그녀들의 지모와 기예가 거의 신기에 가까울 정도로 과장되었으며, 후세의 무협소설에 많은 영향을 주었다.

당 중기의 전기 작가들은 대부분 상당한 문명과 문재를 떨치던 사람들이었으며, 작품의 언어는 당 초기『유선굴』에 보이는 것과 같은 변려문체가 아닌 고문체(古文體)였다. 그런데 고문체에는 글에 서정을 나타내기가 쉽지 않았다. 이에 전기 작가들은 산문에 서정시들을 삽입함으로써 문제를 해결했다. 한편 전기소설의 고문체 사용은 한유와 유종원이 제창한 고문운동의 영향을 받았기 때문인데, 전기 작품의 유포는 거꾸로 고문의 확산에도 큰 역할을 하였다. 사람들이 재밌는 소설을 돌려보았기 때문에 자연히 고문이 널리 퍼지게 되었던 것이다.

상기한 제 전기 작품 중『앵앵전』에서 보기 하나를 들어본다. 이 작품에 나오는 시 중, 앵앵이 지어서 몸종인 홍낭(紅娘)을 시켜 장생에게 건넨「명월삼오야明月三五夜」가 유명하다. 이 시는 장생에게 보름날 밤이 되면 담을 넘어 자신의 거처로 찾아올 것을 암시하고 있다.

서상 아래 달을 기다리며,
바람 맞이하러 문을 반쯤 열었네.
담을 만지니 꽃 그림자 움직여,
아마도 임이 오신양.

待月西廂下, 迎風戶半開. (대월서상하, 영풍호반개)
拂墻花影動, 疑是玉人來. (불장화영동, 의시옥인래)

당 전기소설의 작가들은 산문 중간중간에 시를 삽입하여 서정성을 나타내었다. 작품의 저자들이 대부분 문재를 인정받는 문인이자 양반이기 때문에 산문과 시 모두 수준이 상당히 높다. 그러나 아직 운문은 산문의 보조역할에 머무르고 있었다. 운문·산문의 관계가 주종이 아닌 대등한 위치로 되는 것은 당 중기부터 창작되기 시작해서 당말오대에 활발하게 지어진 돈황변문을 기다려야 했다.

제3절 돈황변문

불교는 중국의 언어와 문학 발전에 큰 기여를 했다. 언어에 있어서는 불교 경전 번역을 통해 수많은 인도어가 한자어로 번역됨으로써 중국어의 어휘를 대단히 풍부하게 해주었다. 그 보기로 다음과 같은 단어들을 들 수 있는데, 이것들은 인도어 번역의 단어 중 아주 일부분에 해당한다: 가책(呵責), 건달(乾達), 겁(劫), 결과(結果), 관념(觀念), 공(空), 귀의(歸依), 근기(根機), 과거(過去), 현재(現在), 미래(未來), 단말마(斷末魔), 마귀(魔鬼), 명복(冥福), 무진장(無盡藏), 방편(方便), 불가사의(不可思議), 세계(世界), 실재(實際), 심금(心琴), 아비규환(阿鼻叫喚), 아수라(阿修羅), 원만(圓滿), 인과(因果), 장로(長老), 진언(眞言), 참회(懺悔), 탑(塔), 현관(玄關)

문학 영역에 있어서 불교의 영향이 가장 큰 것은 무엇보다도 1899년 감숙성의 돈황석굴에서 발견된 변문(變文)이다. 변문(變文)이라고 하는 것은 중국 고대문학의 한 종류로서, 내용상으로는 불교 고사를 재미있게 재창작하고, 형식상으로는 운문과 산문을 엇섞어서 서술한다. 그것은 불교 고사를 그림으로 표현하는 변상(變相)과 대응을 이룬다. 변상은 본디 불교 경전에 나오는 '신기하고 괴이한 모양(相)'을 가리켰으며, 조상(彫像)·자수(刺繡)·도화(圖畫)를 다 포함했다. 당나라에 이르러 도화, 즉 그림으로 불교 고사를 묘사하는 뜻으로 정착되었다. 변상과 변문을 아울러서 '변(變)'이라고 했다. 다시 말하면 변은 그림인 변상을 나타내기도 하고, 글인 변문을 나타내기도 했다.

그런데 변상은 불교의 중국 전래 후부터 잘 알려진 말이었다. 특히 당나라 때 불교 예술의 하나로 널리 유포되었다. 이에 비해서 변문은 당나라 때 출현하여 일대를 풍미하고 후세 설창문학(說唱文學, 산문과 운문을 혼합한 문학)과 백화소설(白話小說, 한문이 아닌 입말로 쓴 통속소설)의 효시가 되었으나 우연히 역사에서 완전히 잊혀졌다가 1899년 중국의 돈황(敦煌)이라고 하는 지역의 석굴에서 새로 발견되어 알려졌다(돈황의 중국어 발음은 둔황이나 우리나라에서는 학술용어로서 돈황을 많이 사용하기 때문에 이하 돈황으로 표기한다). 돈황석굴의 변상도(變相圖) 중 일부는 변문과 상호작용하기도 했다. 예를 들면 변문 내용을 그림에 반영하거나, 변문 공연 때 사람들에게 보여주는 작용을 했다.[112] 그러나 이는 일부 부분적인 경우이며 일반적인 것은 아니다.

어쨌든 돈황변문은 운문과 산문을 엇섞는 중국문학사에 있어서 이례적인 형태인데, 그 방식은 불교 경전에 보이는 불교의 운문인 게(偈)나 송(頌)에서 비롯된 것으로 여겨진다. 그러면 도대체 돈황, 변문, 설창 등이 무슨 개념인지를 알아본다.

1. 돈황사본과 변문[113]

중국의 삼대 석굴은 산시(山西)의 윈강(雲岡), 허난(河南)의 룽먼(龍門), 깐쑤(甘肅)의 둔황(즉 돈황)이다. 이중 돈황석굴은 중국 서북쪽 끝에 위치한, 감숙성의 돈황 지역에 있다. 중국은 고대에 소위 석굴 예술이란 것이 매우 발달하였다. 불교 승려들이 석굴을 파고 그 안에 거주하면서 조각을 새기고 그림을 그리는 등 창작 활동을 했기 때문인데, 그러한 예술 활동의 본격적인 시작이 바로 돈황석굴이다. 석굴 예술은 가장 서쪽에 위치한 돈황에서 시작하여 동쪽 산시의 윈강으로 전해지고, 산시에서 다시 남쪽 허난의 룽먼으로 전해져서 중국의 찬란한 석굴예술이 꽃피게 되었던 것이다. 돈황은 한나라 무제 때 개척된 실크로드 왕래에 있어서 반드시 거쳐야 하는 교통의 요충지였기 때문에 일찍부터 불교문화가 꽃피었고, 그것을 대표하는 문화재가 바로 돈황석굴이다.

중국과 상대적으로 우리나라는 석굴이 발달하지 못하였는데, 그 이유는 천연적으로 돌들이 화강암이어서 개착(開鑿)이 힘들기 때문이다. 윈강·룽먼·돈황 등 중국의 거대한 석굴들은 돌이 무르기 때문에 가능했다. 한국에서는 대신 화강암에 부조 형식으로 새긴 마애불 예술이 매우 발달하였다. 경주의 석굴암도 기실 석굴이라기보다는 돌 벽에 새긴 부조물에 가깝다.

---

112) 이에 대한 연구는 于向東,『敦煌變相與變文硏究』, 蘭州, 甘肅教育出版社, 2008이 있다.

113) 이 부분은 졸저, 위 책, 438-454쪽에서 인용하였다.

돈황석굴은 1899년에 발견된 갑골문자(甲骨文字)와 더불어 20세기 중국 학술사상 가장 가치 있는 문화 발견이라 불리는 것으로, 그 위치는 중국 서북지역의 끝에 있는 깐쑤성(감숙성)의 돈황시에서 남쪽으로 다시 20킬로 정도 떨어진 곳이다. 돈황석굴은 4세기에 처음 만들어졌는데 이것은 현재 없어져서 보이지 않는다. 서기 366년에 시작해서 13세기까지 개착되었는데 당나라 때 가장 많이 지어졌고, 명·청대에는 더 이상 석굴을 만들지 않았다. 원래 1,000개의 석굴이 있어서 천불동(千佛洞)이라고도 불렸는데 현재는 492개만 남아있다. 석굴에서 발견된 대표적인 유물들로는 불상과 회화, 그리고 필사본이 있다.

만약 돈황석굴에 있어서 단순히 불상과 회화만을 이야기한다면, 변경의 도시 돈황은 결코 현재처럼 세계적으로 유명해지지 않았을 것이다. 그런 류의 불상과 벽화는 돈황만의 것이 아니라, 쿠차, 투르판을 비롯한 동서 투르키스탄[114]의 각지에 유적들이 남아 있기 때문이다. 1899년 돈황석굴에 거주하고 있던 주지 왕도사(본명 왕원록王圓籙)에 의해 제16굴의 북벽 중앙에 완전히 막혀 있던, 현재 장경동(藏經洞, 경전을 담은 동굴이라는 뜻)이라 불리는 작은 방(제17굴)이 발견되었으며, 그 내부에는 엄청난 양의 고문서가 있어서 이로 인해 돈황석굴은 전 세계에 이름이 알려지게 되었다. 제16굴에서 5만 권이 넘는-권은 종이 두루마기 하나를 가리킨다-, 6세기부터 11세기까지 수많은 사람들이 손으로 써놓았던 필사본(筆寫本)이 발견되었던 것이다. 이에 학술계는 경천동지했으며 이로부터 소위 '돈황학'이란 새로운 학문 분야가 탄생하게 되었다. 그중에서도 중국문학에 있어서 전혀 새로운 장르가 발견되어 중국문학사 자체를 새로 쓰게 만들었으니, 그것이 바로 변문(變文)이다.

그런데 교육을 제대로 받지 못해 글을 읽을 줄 몰랐던 왕도사는 그것들의 가치를 제대로 알지 못했으므로 성 정부에 제대로 알리지 않고 석굴을 다시 봉해 버렸다. 그러나 이 소문이 밖으로 새어 나가 당시 중앙아시아 지역을 탐험하고 있었던 유럽인들에게 알려지게 되었다. 당시 투루판을 비롯한 중앙아시아는 고대의 유물이나 보

114) 투르키스탄은 '터키인의 땅'을 뜻하는 이란어이며, 동·서 투르키스탄으로 구분된다. 동투르키스탄은 중국의 신장웨이우얼(新疆維吾爾) 자치구를 구성하고, 서투르키스탄에는 카자흐스탄·키르기스스탄·타지키스탄·우즈베키스탄·투르크메니스탄·아프가니스탄 등이 포함된다.

물들을 찾으려고 하는 서구인들의 각축장이었는데[115] 제일 먼저 돈황을 찾아온 외국인은 영국의 스타인(Stein)[116]이었다. 한문을 몰랐던 스타인은 왕도사에게 약간의 돈을 주고 보존 상태가 좋은 5천여 권의 사본, 아울러 다수의 회화를 반출해갔다. 그것들은 지금 영국 런던에 있는 대영박물관에 보관되고, 일부는 전시되어 있다.

이듬해에는 프랑스인이자 동양학 교수인 뽈 뻴리오(P. Pélliot)가 왔는데, 한문에 능통한 그는 17굴 안에서 촛불을 켜고 초인적인 열정으로 보름 동안 모든 사본을 열람한 후, 내용상 가장 가치가 있는 것들을 중심으로 4천여 권을 프랑스로 빼돌렸다.[117] 이것들 중에는 세계 유일본인, 신라인 혜초가 돈황에서 직접 손으로 쓴 『왕오천국전往五天竺國傳』이 있다. 중국 당나라 승려인 현장이 쓴 『대당서역기大唐西域記』가 7세기 인도에 대해 알 수 있는 유일한 문서 텍스트라면, 『왕오천축국전』은 8세기 인도에 대해서 알 수 있는 세계에서 유일한 텍스트다. 인도인들은 기록을 중시하지 않기 때문에 고대 문서 자료들이 거의 남아 있지 않다. 그래서 고대 연구는 거의 외국인의 기록에 의한 다거나, 건축물이나 비석 등의 돌에 새겨져 남아있는 기록에 의존할 수밖에 없다. 『왕오천축국전』은 오천축, 즉 인도의 다섯 개 나라에 가서 보고 들을 바를 적은 글이기 때문에 '왕∨오천축국∨전'으로 띄어 읽어야 정확한 우리말 읽기가 된다.

뻴리오 이후 일본, 러시아 등지의 외국인들이 돈황에 와 남아 있는 것들을 가져갔다. 한편 뻴리오는 가져간 것 중 일부를 북경에서 전시했고, 이에 나진옥(羅振玉)이란 학자가 돈황사본의 존재를 처음으로 인지하고 중국 정부에 그 중요성을 알렸다. 마침내 사본들이 북경 정부로 옮겨졌으나 이미 중요한 것들은 외국인들이

115) 19세기 말, 서역 국가들과 중국 서북부 지역에서 10세기 이후 매몰된 불교 유물들이 발견되자 외국의 고고학자들이 대거 이곳으로 밀어닥쳤다. 이러한 보물들의 상당수가 현장에서 강탈당하여 세계 각지의 박물관을 장식하게 되었다. 이러한 약탈 과정에 대해서는 피터 홉커크(Peter Hopkirk), 『Foreign Devils on the silk』, 런던, British Museum, 1957에 상세히 설명되어 있다.

116) 스타인의 전체 성명은 아우렐 스타인이다. 돈황석굴의 보물을 영국으로 반출한 공로를 인정받아 영국 황실에서 작위를 수여받아 'Sir Marc Aurel Stein'으로 불린다.

117) 현재 스타인이 반출한 돈황사본은 대영박물관에 진열되어 있고, 뻴리오의 것은 파리 국립도서관에 보관되어 있다.

다 가져갔고, 나머지도 돈황에서 북경까지 운송 도중 관리들이 한 권을 두 권으로 찢어서 하나를 갖는 식으로 빼돌려서 목적지에 도착한 것들은 거의 노비문서나 호적 등으로 학술 가치가 높지 않았다.

이렇게 해서 돈황의 보물들은 세계 각지에 산재하게 되었는데, 한 가지 강조할 것은 사본의 수가 말하는 사람에 따라 일정치 않다는 것이다. 대략 5만 권이라고 하는데 텍스트의 일부만 남아 있는 경우가 많아서 어떤 것은 길이가 2-3cm밖에 안 되기도 하고, 어떤 것은 10m가 넘기도 하여 일정치 않다.

〈그림 5〉 돈황석굴에서 촛불 아래 사본을 읽고 있는 뻴리오 교수.
벽화에 그려진 나무와 두루마리로 된 수많은 필사본이 보인다.

돈황사본 중에서 확인할 수 있는 필사 연도가 가장 이른 것은 406년, 가장 늦은 것은 1002년이다. 중국의 문헌은 가장 오래된 것이 12세기를 넘지 못한다. 마왕퇴나 곽점의 묘에서 발견된 백서·죽간 등과 같이 유적지에서 발견된 것이 아니라면, 송대 이전 것은 전무(全無)하다. 전란이 많은 중국에서는 텍스트가 훼손되거나 없어지는 경우가 많았기 때문이다. 현재 보는 중국 고전은 모두 뒷사람들이 베껴서 쓴 것이다. 그러기 때문에 오탈자나 비문이 많다. 베껴 쓰는 횟수가 많을수록 잘못된 부분이 증가하기 쉽다. 그런데 돈황 자료는 송대 이전의 것이니 문헌 내용이 진실에 더 가까운 것은 당연하다. 실재 돈황에서 발견된 많은 문서들이 현행본 수정에 큰 도움을 주고 있다.

돈황사본의 내용은 90%가 불교 관련이고, 쓰여진 언어는 80%가 한문 문서이다. 한문 문서 가운데는 868년에 인쇄된 세계 최초 목판본 『금강경金剛經』이 있다. 한문 외의 언어 중에서 가장 많은 것은 티베트어 문서이고, 그 외 산스크리트, 소그드어, 호탄어, 쿠차어, 투르크어로 쓰여진 것이 있으며, 소수이긴 하지만 팔라비어(고대 이란어), 아라비아어, 서하어, 몽고어 등의 것도 있다. 한문 문서 중 불교의 것을 제외한 나머지는 대략 다음과 같이 분류된다:[118]

1) 유교의 『시경』, 『서경』, 『주역』, 『예기』, 『춘추좌씨전』, 『곡량전』, 『논어』, 『효경』 등의 잔간과 제자(諸子, 유교를 제외한 나머지 사상)에 속하는 『노자』, 『장자』, 『문자文子』, 『포박자抱朴子』, 『설원說苑』, 『군서치요群書治要』, 『신수본초新修本草』, 『장중경오장론張仲景五藏論』 등의 잔간.

2) 당대 금지되어 탄압 받았던 삼계교(三階教)의 경전, 마니교 경전[119], 조로아스터교의 경전[120], 경교(景教)의 경전[121] 등.

118) 이에 대해서는 나가사와 카즈토시(長澤和俊) 저, 민병훈 역, 『돈황의 역사와 문화』, 서울, 사계절, 2012, 72-73쪽을 참고.

119) 마니교: 3세기 페르시아에서 발생한 종교.

120) 조로아스터교: 기원전 7세기 고대 페르시아에서 발생한 종교. 조로아스터는 자라투스트라의 그리스식 발음이다.

121) 경교: 기독교 종파 가운데 로마에서 네스토리우스(5세기, Nestorius)에 의해 만들어진 네스토리

3) 당시 돈황과 그 주변 지역의 상황을 기록한 『돈황록敦煌錄』과 『서주지西州志』 같은 지방지, 혜초의 『왕오천축국전』 같은 여행기.
4) 문학에 있어서는 중국 최초의 문학 비평서인 『문심조룡文心雕龍』과 당나라 시인 이백의 시가 있어서 현행본 착오를 교정하는 데 큰 도움이 됨. 사라졌다가 새롭게 발견된 작품들로는 『진부음秦婦吟』·『왕범지시집王梵志詩集』·『운요집雲謠集』 등이 유명. 전혀 새로운 문학 장르가 발견되기도 했으니 이 경우가 바로 변문(變文)으로 80편 정도가 발견됨.
5) 호적, 계약문서, 족보, 노비문서 등은 사회 경제 연구에 귀중한 자료임.

변문 작품들은 총 80종이 있는데, 크게 불교를 소재로 한 작품과 불교 외의 것을 소재한 작품으로 양분된다. 그중 가장 중요한 작품들을 소개한다.

불교 소재

주제에 있어서 석가의 수도·고행·해탈이나 그 제자의 신통력이 주를 이룬다.

-『유마힐경강경문維摩詰經講經文』: 도가 높은 유마 거사가 병들자 부처님이 제자들에게 문안을 가라고 했으나 모두 유마의 높은 도가 무서워 사양한다. 마침내 문수 보살의 차례가 되어서는 더 이상 피하지 못하고 마지못해 유마의 처소로 간다.

-『태자성도변문太子成道變文』: 싯다르타 태자의 출생에서부터 출가, 그리고 부처님이 되기까지의 과정을 서술한다.

-『목련변문目連變文』: 사리불과 함께 석가의 이대제자(二大弟子)인 목련(目連)이 지옥에 떨어진 어머니를 구하러 지옥에 가는 이야기다. 세 개의 이본이 있고, 내용도 서로 상당히 다르다.

우스교가 당나라 때 전래된 이후 붙여진 명칭.

-『항마변문降魔變文』: 석가의 수제자 사리불(舍利佛)과 불교를 반대하는 육사외도(六師外道) 간에 전개되는 투법(鬪法, 신통력으로 결투하는 것)을 묘사한다.

비불교 고사

역사나 민간 전설을 다룬다.

-『오자서변문伍子胥變文』: 춘추 시대 오나라 대부였던 오원(伍員)에 관한 것이다. 변문에서는 역사책에 보이는 얘기를 바탕으로 거기에 더 많은 극적인 변화를 보태었다.

-『왕소군변문王昭君變文』: 한나라 원제(元帝, 기원전 48-33 재위)때 화친의 대가로 흉노족 왕에게 시집갔던 후궁 왕소군(王昭君) 이야기다.

-『맹강녀변문孟姜女變文』: 진시황제 때 남편이 장성 쌓는 일에 강제로 동원되었다가 죽자, 부인인 맹강녀가 장성 앞에서 십일 동안 통곡하니 성이 무너졌다는 전설이다.

-『순자변舜子變』: 아버지 고수(瞽瞍)와 계모, 그리고 동생 상(象)이 여러 차례 순임금을 죽이려 하나 천지가 그의 효에 감응하여 목숨을 구해준다는 줄거리다.

-『동영변문董永變文』: 아주 가난한 동영이 부친 장례를 치르기 위해 남의 하인이 되었다. 이에 감동한 선녀가 내려와 그와 부부와 되고, 둘 사이에서 동중(董仲)이란 아이가 태어났다. 동중은 7세가 되자 손빈(孫臏)의 도움으로 하늘에 올라가 모친을 만난다는 이야기다.

2. 중국 언어와 서사문학의 새로운 진입

1) 최초의 백화소설[122)]

고대 불교 사원에서 경전을 해설하는 행위를 강경(講經)이라 하는데, 본디 강경에는 전문 승려 집단을 상대로 불경을 강의하는 정식 강경과 일반 신도들을 상대로 한 속강(俗講)이 있다. 여기서 속강이란 저속한 강경이란 뜻이 아니고 일반 대중을 위한 강경이란 뜻이다. 그런데 당나라 때는 변문을 사용한 속강이 창안되어 불교의 대중화에 크게 이바지했다. 변문은 바로 속강의 대본이다.

속강은 아무래도 흥미 위주가 되다 보니까 불교 이야기를 불경에 실려 있는 그대로 하지 않고 기복과 곡절이 있게 만들어야 했는데, 그러기 위해서는 즉흥적인 발상에 의지하는 것만으로는 부족했기 때문에 저본의 필요성이 대두되었다. 그래서 속강할 내용을 미리 구상하여 쓴 텍스트가 바로 변문이다. 글을 모르는 대중을 대상으로 한 속강은 입말로 진행되었다. 그래서 속강의 대본인 변문은 현존 최고(最古)의 백화문이다. 변문은 당나라 때 처음 출현했으며, 돈황사본으로 전해지는 작품들은 주로 9세기 말과 10세기 초에 필사되었다. 필사 시대와 창작 시대는 다르기 때문에 변문의 시작과 성행은 당연히 그 이전으로 보아야 한다. 다시 말하면 중국에서 글과 말의 통합은 8세기 때 시작된 것으로 여겨지는 돈황변문에서 이뤄졌다.

그리하여 변문을 통해 당나라 때 민중들이 사용했던 입말이 생생하게 전해온다. 문인들이 주도했던 중국문학의 일반적인 관념은 구어체를 사용하는 속문학적 정서 표현을 금기시했기 때문에 입말이 전해질 수 없었다. 특히 운율을 중시하는 시작(詩作)에서 이러한 면은 더욱 두드러진다. 그 이유는 여러 가지 측면에서 찾아볼 수 있겠지만, 규격화된 언어문자 문화를 배경으로 하고 있는 유교 사회의 규율성과 귀족성에서 그 원인의 한 단면을 엿볼 수 있다.

생동감 있고 서민적이며 향토적인 구어의 적극적인 활용은 돈황 속문학에 와서야 자연스럽게 녹아들게 되었다. 돈황 속문학을 대표하는 변문에는 민중들이 사용

122) 이 부분은 졸저, 위 책, 528-529쪽을 참고하였다.

했던 토속 방언과 비어(卑語)가 그대로 나와 있어서 서민들의 삶을 여과 없이 들려준다. 토속 방언의 몇 개 예를 들어보면, 중국어의 아(我, 나)에 해당하는 노(奴)·아노(阿奴), 교역이나 매매에 해당하는 교관(交關), 생소(生疎)의 의미인 생분(生分), 기예가 있는 사람을 가리키는 박사(博士), 중국어 붕우(朋友, 친구)에 해당하는 조정(朝庭)·조정(朝廷), 대단히 피곤함을 나타내는 형용사인 파거성(破車聲, 수레가 깨지는 소리), 보시(普施)의 의미인 가상(家嘗) 등이 있다. 파거성 같은 것은 문인들이 만든 말에서는 도저히 찾아볼 수 없는, 있는 그대로를 표현한 참으로 사실적이고 생생한 백성의 소리라고 할 수 있다.

비어의 경우, 현대 중국어에서 2인칭 대명사인 니(你)는 변문에도 흔하게 보인다. 그러나 그중에는 허사를 동반한 무례하거나 예의 없는 때로는 멸시하는 의미까지 담긴 시니(是你), 아니(阿你), 아니개(阿你箇) 등의 어휘도 자주 등장한다. 또 노모(老母)가 어머니, 시어머니, 또는 일반 노인 여자들에 대한 격의 없고 체면 차리지 않는 호칭으로 사용되고 있다. 또 각안(角眼, 화가 나다), 비특두(肥特肚, 뚱뚱보), 비통통(肥統統, 뚱뚱보), 출가아(出家兒, 중) 등의 비어들이 사용되기도 했다. 우리나라에서 흔히 쓰는 통통하다는 말과 비통통이 서로 비슷하여 흥미롭다.

또 비어는 아니지만, 며느리가 시어머니를 정답고 애교 있게 부를 때 쓰는 아파(阿婆), 아가(阿家) 역시 구김살 없는 민간 언어이다. 전에 문학작품을 통한 방언의 연구는 대부분 금나라, 원나라 이후의 희곡 작품을 대상으로 진행되어 왔으나, 변문의 발견으로 인해 400년 정도 앞당길 수 있게 되었다.[123)]

당나라 변문, 금·원의 희곡, 송·명·청의 화본소설과 장회소설 등이 백화로 쓴 텍스트들이다. 이들 텍스트에 보이는 백화가 부단히 변화하여 오늘날의 현대 중국어가 되었다. 그러나 현대 중국어의 유래는 이들 고전 백화문만으로는 설명될 수 없다. 현대 중국어는 중국 전통의 백화문과 근대 이후 서양에서 전래된 외국어의 융합에 의해 형성되었기 때문이다. 서양의 어휘와 문체가 번역을 통해 중국의 백화문과 결합되어서 만들어진 것이 바로 현대 중국어이다. 즉 현대 중국어는 서양의

123) 이상 돈황의 언어들은 蔣禮鴻 편,《敦煌文獻語言詞典》, 杭州大學出版社, 1994를 참고.

단어와 서사의 영향을 받았다. 글쓰기 역시 마찬가지이다.

또한 1,200년 당나라 서민들의 언어를 들려주는 변문 덕택에 지금까지 동아시아에서 최초로 입말로 글을 쓴 민족을 일본으로 여기었던 것도 수정되었다. 일본은 한자의 초서체를 개량해서 히라가나와 가타가나를 만들고, 이 발음표기법을 가지고 소리를 나타내거나 한자어 사이사이에 집어넣음으로써 일상어를 적을 수 있었다. 그런데 변문의 발견은 입말의 문자화가 중국이 더 빨랐든지 아니면 최소한 일본과 거의 동시대에 이루어졌다는 사실을 알게 해준다. 변문은 이처럼 중요한 언어학적 정보들을 제공하고 있다.

2) 변문의 서사 창조

한편 원래의 강경, 즉 승려 대상의 강경은 긴 설(說, 산문)과 짧은 창(唱, 운문)으로 이루어지나 속강에서는 창 부분에 더욱 힘을 썼다. 노래하거나 시처럼 낭송하고 읊조리는 것을 모두 한자로 창이라고 한다. 그런데 변문의 창은 시처럼 낭송하기도 하고 또는 노래로 부르기도 했으며 때로는 음악을 연주하였다. 이렇게 되자 서사에 있어서 운문이 산문처럼 중요하게 되었다. 중국에서 최초로 텍스트 서사에 있어서 운문과 산문이 동일한 기능을 수행하게 되었던 것이다. 즉 운문과 산문을 엇섞어서 스토리 전개를 진행했다. 산문은 설, 운문은 창에 해당하기 때문에 이렇게 운문과 산문을 함께 사용하는 문학을 후대에 설창(說唱)이라 명명했다. 변문을 설창문학의 효시라 한다. 한국에도 대표적인 설창이 있는데, 17세기부터 등장한 판소리가 그것이다.

중국문학은 서구 고전문학에서 찾아보기 힘든 설창문학이 매우 발달했다. 송대부터 청대까지 있었던 보권(寶卷)·도진(陶眞)·애사(涯詞)·고자사(鼓子詞)·제궁조(諸宮調)·고사(鼓詞)·탄사(彈詞)·자제서(子弟書)·상성(相聲) 등이 모두 설창문학의 종류들이다. 이중 고사·탄사·상성 등은 오늘날의 중국에서도 행해지는 대중적인 문예이다. 이것들은 모두 사람들 앞에서 연행되는 공연예술이자 서사문학이었다.

변문 발견 이전에 이것들은 거의 소설이나 희곡의 측면에서 연구되어 왔다. 즉 소설이나 희곡의 한 갈래처럼 여겨졌었다. 그러나 돈황사본의 발견으로 인해 이들 장르의 조형(祖型)이 바로 변문이라는 사실이 밝혀짐으로써 설창문학은 비로소 시·소설·희곡처럼 독립된 분야가 되었다. 설창이 다른 문학 장르에서 가지치기처럼 생긴 게 아니라 당나라 때 변문에서 처음 시작되었으며, 그것이 현대까지 계속 변화·발전되면서 이어져 왔기 때문이다.

서사문학에 있어서 변문을 통해 발견한 또 하나의 중요한 사실은 중국 통속소설의 본격적인 시작도 바로 변문의 일종인 화본(話本)이라는 것이다. 지금부터 화본을 설명한다. 변문의 범위를 어디까지 보는가에 따라 협의의 변문과 광의의 변문으로 나눠진다. 제명에 변문이란 단어가 있는 것만을 변문 작품으로 인정하는 것은 협의에 해당한다. 그러나 일반적으로는 변문은 광의적으로 사용된다. 그래서 변문의 종류를 소개하자면, 순수한 변문이 있고 그 외 강경문(講經文)·인연(因緣)·연기(緣起)·압좌문(押座文)·해좌문(解座文)·화본(話本) 등이 있다.

여기서 순수한 변문이란 원 이야기의 문구에 구애됨이 없이 운문과 산문을 엇섞어서 자유롭게 서술한 것을 가리킨다. 인연과 연기는 그 체재가 변문과 다를 바가 없고, 압좌문은 변문 공연을 하기 전에 좌석을 안돈시킬 요량으로 지은 것이며, 해좌문은 변문 공연이 끝나고 헤어질 때 하는 말을 적은 것이다. 강경문은 하나의 불교 경전을 문장 별로 재미있게 해석한 것이다. 마지막 화본은 이야기체 서사 양식이며, 송나라 때 크게 발전된 화본소설의 모태가 되었는 바, 변문이 변해서 화본이 되었다. 즉 변문의 운문부분이 약화되어, 다시 말하면 운문을 줄이고 산문을 늘려서 서사한 것이 바로 화본이다. 화본을 문학 장르에 따라 구별하면 소설에 속하므로 흔히 화본소설이라고 부른다.

본디 화본은 일종의 공연문학으로서 오늘날의 독본용 소설과는 사뭇 다르다. 명나라에 와서야 비로소 눈으로 보는 독서용 화본이 본격적으로 지어져서 청나라 때까지 지속되었다. 이런 것을 화본을 모방했다 하여 의화본(擬話本)이라 한다. 화본이 단편소설이라면 장회(章回)는 장편소설인데, 장회소설 역시 독서용이며 명과 청 때에 성행했다. 그러므로 단편이든 장편이든 중국소설은 모두 명나라부터 독서용 작품, 다른 말로 표현하면 독자를 위한 작품이 본격적으로 지어졌다.

화본을 연출하는 사람을 설화인(說話人)이라고 한다. 설화인은 간단히 말해서 이야기꾼이다. 참고로 우리나라 조선시대 후기에 소설을 읽어주는 일을 직업으로 삼는 사람들이 본격적으로 생기게 되었으며, 그들을 전기수(傳奇叟)라고 칭했는바, 일종의 설화인이다. 중국의 설화인은 사람들이 재미있어 하는 이야기를 가져와 서사 중간중간에 시(詩)·사(詞)·곡(曲)·행(行) 등을 집어넣어서 낭송을 하기도 하고 노래로 부르기도 했다. 중국소설에 보이는 이러한 운문과 산문의 결합은 돈황변문의 체재 영향을 받은 것이다. 양자가 다른 점은 변문은 운문과 산문을 엇섞는 거고, 화본소설은 산문의 서사 가운데 운문을 삽입하는 거다. 아래 명대 편에서 상세히 설명하겠지만, 단편소설인 화본과 장편소설인 장회를 포함한 중국 통속소설의 뿌리는 상기한 설창문학의 경우와 마찬가지로 변문에 있다. 변문에서 여러 갈래로 가지치기해서 뻗어 나간 것이 다양한 종류의 설창문학과 소설문학이다. 그러므로 변문은 중국 서사문학에 있어서 새로운 단계로 진입 가능하게 한 분수령이랄 수 있다.

그리하여 변문의 발견은 중국학 연구자들로 하여금 중국문학사를 다시 쓰게 하였으며, 해가 지날수록 중국문학사에서 차지하는 그 중요도는 커가고 있다. 또한 변문으로 인해 중국문학에 있어서 불교가 차지하는 위상도 이전보다 훨씬 제고되었다. 불교가 변문이란 문학 장르를 창조함으로써 중국문학의 새로운 발전을 견인했기 때문이다. 이러한 문학 원리를 중국사상에 비유하자면, 중국 불교의 화엄사상과 선 사상이 있음으로써 비로소 이전과는 다른 새로운 유교인 성리학과 양명학이 가능하게 되었으며, 그래서 답보 상태의 중국사상이 다시 발전할 수 있는 단서와 동력을 확보했던 것과 같다.[124)]

3) 구술 서사와 그림 서사의 결합

변문은 작품 속 이야기 내용을 그림으로 그려서 사람들에게 보여줌으로써 시각적 효과까지 곁들였다. 즉 고사의 중요한 정절마다 회화로 표현하여 사람들 앞에

124) 이에 대해서는 장춘석, 위 책, 290-307쪽을 볼 것.

서 연속적으로 현시(顯示)했다. 그런 의미에서 변문은 중국 서사 방식 변화에 있어서 징검다리 역할을 했다. 지구 어느 지역을 막론하고 서사의 시작은 바로 입으로 하는 구술 서사이다. 구술 서사 단계 다음에 그림으로 이야기 내용을 그려서 보여주는 그림 구술 서사 단계가 왔다. 즉 어떤 구전되는 이야기가 대중들에게 익숙해지고 그 내용이 고정화되면 그 이야기에는 이해에 도움이 되는 그림이나 조소(彫塑)들이 덧붙여진다. 서양의 성당에 있는 성화, 동양의 불교 사찰에 있는 탱화가 그것이다. 글을 잘 모르는 사람들도 종교 예술을 보면서 성인의 생애나 가르침을 알 수 있게 되며 성스럽고 경건한 마음이 들게 된다.

그런 후 이 도상이 비교적 고정된 서사 장면의 묘사로 발전하면 정반대 현상이 일어난다. 즉 그림이 문자로 써진 텍스트의 토대가 되는데, 이때는 토막 난 그림이 아니라 연속되는 서사 그림이다. 그리하여 글과 그림이 상호 작용을 하면서 서사된다. 둘은 협력 관계이다. 돈황변문이 바로 이 단계이다.

그리고 문자 텍스트가 오랜 기간 발전한 다음에는 문자 텍스트 부분이 나중에 삽입되는 그림들과의 관계에서 상대적으로 주도적 위치를 차지한다. 이 단계가 송나라 때부터 발전하기 시작한 화본이다. 화본에 이르러 현대적 의미의 삽화가 탄생되었다. 글 가운데 이야기의 인상적인 내용을 그려서 삽입했다. 삽화는 글의 분위기를 돕는 보조 역할을 수행한다.[125] 이와 같이 '구술→회화(繪畫)→글과 회화의 상호 작용→글 주도, 삽화의 보조' 순서로 발전하는 서사 양상은 다양한 문화권에서 발견되는 인류 보편적인 것이다.

그런데 프랑스의 생텍쥐페리는『어린 왕자』에서 삽화를 아주 잘 활용하였기 때문에 그림이 글 못지않는 문학예술적 기능을 했다. 현대 문학에서 가장 삽화를 잘 활용한 작가이다. 그러나 생텍쥐페리는 매우 특수한 경우이고, 거의 대부분 문학에서 삽화는 작품에 있어서 조력자이다. 주연이 아니고 조연이다.

125) 이상 그림과 서사와의 관계는 메이어(Victor Mair) 저, 정광훈·전홍철·정병윤 공역,『당대변문唐代變文—중국 백화소설과 희곡의 발생에 끼친 불교의 공헌에 관한 연구』(원제: T'ang Transformation Texts—A Study of the Buddhist Contribution to the Rise of Vernacular Fiction and Drama in China), 서울, 소명출판, 2012, 333-355쪽을 참고.

지금까지 설명한 대로 시·산문·음악 그림 등이 융합된 변문 공연은 글을 모르는 대중들의 큰 호응을 얻어 도처의 사원에서 행해지게 되고 사원마다 사람들로 꽉 차게 되었다. 나중에는 불교 사원을 벗어나 시중의 일반 거리에까지 진출하고, 더욱 오락화하여 한때 수도 장안의 여기저기에서 속강이 성행하였다. 또한 승려가 아니면서 속강을 직업으로 하는 전문 예인까지 등장했다. 그러면서 주제도 불교와는 관계없는 중국의 전통 역사나 설화 이야기에까지 미치게 되어 다양화되었다.

그렇지만 이렇게 오락화 되고 대중화된 속강은 획일화된 사고와 정서를 선호하는 위정자들의 성향을 거스르는 문화 현상이었다. 마침내 송나라 진종(眞宗, 재위 997-1022)이 어명으로 변문에 의한 속강을 엄금하였다(학자들은 옛 기록에 의지하여 '변문이 타락하여 풍속을 어지럽혔기 때문에 금지당했다'라고 무비판적으로 기술하는 경우가 많은데, 필자는 동의하기 어렵다. 당시 기득권자들의 시야에는 그렇게 보였겠지만 기층 서민들의 입장이나 현대적 관점에서는 계승 발전해야 할 신선한 문화 현상이었다.)

이후 변문 공연은 역사 속에서 자취를 감추었다. 그에 대한 기록들도 거의 남겨지지 않았다. 사대부들의 속성상 민중들의 문예를, 그것도 왕명에 의해 금지된 것을 남기지 않음은 자연스러운 현상이다. 아니 기록되어 있는 것들도 가능한 한 삭제했을 것이다. 그래서 백성들 사이에서 창작되거나 향유되었던 문학이 지금까지 남아 있는 것은 아주 일부분이다. 없어진 민중의 작품이 훨씬 많다. 돈황변문도 석굴에 감추어져 있지 않았다면 지금 그 존재조차 몰랐을 것이다. 문인과 귀족 문학은 텍스트로 문자화되어 전해지기 때문에 그 수가 많다. 그러므로 오늘날 책으로 접하는 중국문학사는 매우 불완전한 것이다. 민중의 정서와 생각은 휘발성이 강해 시간이 지나면 허공 사이로 사라졌다. 석굴 같은 단단한 물질이 보호해 주지 않으면 말이다.

4) 변문의 서정성[126)]

여기서 변문 가운데 가장 중요한 두 작품의 문장 일부를 소개하고자 한다. 먼저

126) 이 부분은 졸저, 위 책, 460-464쪽에서 인용한 것이다.

『유마힐경강경문維摩詰經講經文』이다. 이 작품은 불교 경전인 『유마힐경維摩詰經』[127]을 모본으로 한 것이며, 돈황사본에 있어서 총 7개의 이본이 있다.[128] 『유마힐경강경문』을 보면, 광엄(光嚴)이란 이름의 어린 동자가 집을 떠나서 부처의 처소로 가는 도중 유마를 만나는 곳이 있는데, 광엄이 본 유마의 형상과 유마를 만난 기쁨을 다음과 같이 서술한다.

> 광엄이 가다가 갑자기 유마를 보았는데 도 있는 모습은 늠름하고, 거동은 위엄 있었다. 오른손에 먼지를 터는 진미를 잡고, 왼손에 사물을 변화시키는 죽장을 짚고 있었다.[129] 만 개나 되는 학 깃의 머리카락은 어깨에 드리우고, 길이가 몇 촌이나 되는 백설 같은 눈썹은 눈을 덮고 있었다. 바람에 날리는 도의 의복은 천상의 노을 구름, 빛나는 관은 사람의 눈길을 빼앗는 흰 달이었다. 멀리서 보니 흡사 청풍이 부는 듯 군계일학이고, 가까이서 보니 광채가 사람을 쏘아 동굴에서 나온 용이었다.
>
> (……)
>
> 저는 지금 한없이 기쁘니,
> 어둔 밤, 밝은 등처럼 갑자기 당신을 만났습니다.
> 밝은 반달이 세상을 비추듯 하고,
> 자비의 구름 한 조각이 성안으로 들어가는군요.
> 멀리서 풍모의 아름다움을 느끼고,

---

127) 본 이름은 『유마힐소설경維摩詰所說經』이다. 우리나라에서는 『유마경維摩經』이라고 많이 부르는데 본서에서는 『유마힐경강경문維摩詰經講經文』과 상응되는 『유마힐경維摩詰經』으로 명명하기로 한다.

128) 『유마힐경강경문』의 사본 서지 사항과 내용의 서정성에 대한 연구는 졸고 장춘석, 「돈황 維摩詰經講經文의 抒情性 연구」, 『중국인문과학』, 43, 2009, 277-294쪽을 참고.

129) 사슴의 우두머리를 주(麈)라고 하며, 미는 꼬리라는 뜻이다. 즉 유마가 주의 꼬리로 만든 먼지털이를 손에 들고 있다는 것은 유마가 우두머리 사슴처럼 사람들을 가르치는 것을 상징한다. "사물을 변화시키는 죽장"이라고 할 때, 승려가 길을 갈 때 독충을 물리치거나 풀을 헤집는 데 사용하는 지팡이는 불교에서 신성이 부여된 물건으로 여겼기 때문에 죽장을 가지고 만물을 교화하는 유마를 상징한 것이다.

가까이서 예 올리며 비로소 당신의 두터운 법을 알게 되었습니다.
부처님조차 (그대에게) 감탄하고 존경하니,
광엄이 어찌 경건함을 나타내지 않겠습니까.

道貌凜然, 儀形磊落. 右手掌拂塵之麈尾, 左手擎化物之寒筇, 萬莖之鶴髮垂肩, 數寸之雪眉覆目. 襜襜道服, 貼天上之雲霞; 歷歷星官, 奪人間之皓月. 遙望而淸風宛在, 鶴處鷄群 近觀而光彩射人, 龍來洞口.

(……)

我今歡喜百千重, 暗夜明燈忽爾逢.
明月半輪居世上, 慈雲一片入城中.
遙觀已覺人風美, 近禮方知法味濃.
我佛尙猶常嘆仰, 光嚴爭不志虔恭.

산문부분에는 유마의 머리, 다리, 머리카락, 눈썹, 의복, 관, 그리고 그것들이 만들어내는 유마의 전체적인 형상이 완전히 은유적으로 서술되어 있다. 유마라는 인물의 외모에 대한 광엄 자신의 느낌과 감정을 펼쳐낸다. 운문부분에는 뜻밖에 유마를 만난 나이 어린 광엄의 천진난만함이 꾸밈없이 드러나 있다. 여기서 등·달·구름은 유마의 형상을 나타내는 상징이다. 특히 "자비의 구름 한 조각이 성안으로 들어간다"는 유마가 성안으로 들어가는 모습을 표현한 것으로 그야말로 정경융합(情景融合, 감정과 대상, 주체와 객체가 하나 되는 것)의 극치이다.

돈황변문 작품 중에는 목련변문이 있다. 목련변문은 불교 경전인『우란분경盂蘭盆經』에 보이는 목련의 지옥구모(地獄救母, 지옥에서 어머니를 구하다)를 모티브로 하였다. 총 3종이 발견되었는데 특히 장편의『대목건련명간구모변문大目乾連冥間救母變文』이 문학적으로 가장 뛰어나다. 이 작품은 서사체 글인『우란분경』을 매우 서정적으로 변화시켰다. 그중 목련이 출가해서 좌선하는 장면을 읽어 보자.

목련은 수염과 머리를 깎고,
곧 깊은 산에 들어갔네.

깊은 곳은 고요하고 인적 없는데,
곧 공(空)을 관(觀)하면서 좌선하네.
좌선하면서 공을 관해 선과 악을 파악하고,
마음을 항복시켜서 마음을 어떤 대상에 머물러도 집착이 없네.
거울을 대하듯 맑아 마음의 동요가 없으려면,
왼발로 오른발을 눌러야 한다네.
몸을 단정히 하고 반석처럼 앉아,
혀를 잇몸에 대네.
백골처럼 몸은 텅 비고,
호흡은 순조롭네.
당시 뭇 사슴들은 숲에서 우는 것을 멈추고,
(목련은) 맑은 물가에 가 바다를 바라보네.
밝은 달, 마당 앞에서 부처님 진리를 듣고,
청산의 소나무 아래 앉아서 오롯이 선에 드네.
하늘 끝 바다 기운은 고요한데,
세속과는 먼 청산에서 수루를 바라보네.
가을바람 소슬하여 숲을 지나고,
황엽은 떨어져 물위에 떠있구나.

目連剃除鬚髮了, 將身便卽入深山.
幽深地淨無人處, 便卽觀空而坐禪.
坐禪觀空知善惡, 降心住心無所著.
對鏡澄澄不動搖, 坐脚還須押右脚.
端身坐盤石, 以舌著上齶.
白骨盡皆空, 氣息無交錯.
當時群鹿止吟林, 逼近淸潭望海頭.
明月庭前聽法眼, 靑山松下坐唯禪.

天邊海氣無改換, 隴外青山望戍樓.

秋風瑟瑟林中度, 黃葉飄零水上浮.

위 시어 중에 '공을 관한다'는 것은 모든 존재가 조건에 의해서 생겨나고 조건이 다하면 사라지는 연기(緣起)의 세계를 본다는 뜻이다. 연기를 보게 되면 어떤 대상에도 마음이 머무름이 없다. 즉 집착이 사라져서 괴로움이 없게 된다. 그 다음 왼발로 오른발을 누른 상태에서 몸을 단정히 하고 반석처럼 앉아 혀를 잇몸에 대는 것은 선을 하는 전형적인 자세이다. "백골처럼 몸이 텅 비고, 호흡은 순조롭네."하는 것은 선의 효과로서 나타나는 신체 현상이다. 시의 끝부분에 있는 자연 경관 묘사는 마치 하나의 산수시 같다. 시 전체적으로 선 수행과 자연을 융합하여 선적 분위기의 산수시를 창조하였다. 이런 서정 면모는 인도의 목련 이야기에서는 전혀 찾아볼 수 없다.

이처럼 운문과 산문이 엇섞이는 변문에는 서정시를 좋아하는 중국인의 성격상 자연스럽게 서정시의 전통이 녹아 들어갔다. 그래서 설리적(說理的)이기 때문에 감성적 요소가 적은 불교 이야기를 서정성이 풍부한 이야기로 탈바꿈시켰다. 어려운 고문체(즉 한문) 글쓰기에서 벗어나 중국 최초로 민중의 입말인 백화로 서사하면서도 (작품에 따라 수준 차이는 있지만) 사람의 가슴에 호소하는 서정성을 구가하여 생각하는 불교, 수행의 불교를 넘어 정서적으로 느끼는 불교를 창조했다. 그래서 정적(情的) 서사가 가능했다. 또한 불교 이야기에 그치지 않고 다양한 다른 분야의 이야기에 이러한 글쓰기가 영향을 미쳤으니, 대표적인 것이 중국 통속소설이다. 사건에 대한 객관적 서술을 하는 소설 작품 속에 서정시가 들어가서 시적인 감흥을 일으키는 이러한 중국 특색의 서사 방식은 변문에서 비롯되었던 것이다.

제5장

송대 문학
(960년-1279년)

시대 배경

오대의 마지막 왕조인 후주의 세종(世宗)은 오대 임금 중에서 가장 명군이었으나 일찍 죽었다. 아들 공제(恭帝)가 7세로 즉위하자, 그 어머니가 섭정을 했다. 이에 절도사 조광윤(趙匡胤)이 과부가 다스리는 후주를 쉽게 빼앗었다. 송나라 태조 조광윤은 문인정치를 강화하고 군인이 정치에 간여하는 일을 엄금했으며, 과거의 응시 자격을 서민으로까지 확대하였다. 이에 중인 정도의 신분에 머물러 있었던 사람들이 공부 실력을 통해 대거 엘리트 계층으로 진입했다. 서민 자제 출신의 관리들은 자신들의 주장을 자신 있게 펼쳤다. 자신의 개성을 살려 정책을 만들고 실행하려고 했다. 이러한 분위기 가운데 학문과 사상에 있어서 불교·도교·유교 간의 자유로운 교류와 융합이 일어날 수 있었다. 성리학도 그러한 성향의 결과였다.

그렇지만 송대 사회를 이끈 주류는 유학자들이었다. 유교적 경세제민 정신에 투철한 사대부들이 사명감을 가지고 세상을 다스리는 데 최선을 다했다. 중국 역사상 송은 어느 왕조보다 유교 본래적인 의미의 인의·윤리·덕 등이 정치·사회적으로 잘 구현된 시대였다. 그것은 이상적인 통치에 근접했던 황제들, 유교적 가치관에 충실한 사대부 지배층의 합작품이었다. 한대 유교에 내재되어 있던 법가적 잔혹함이나 명·청 두 왕조가 만들어낸 성리학적 억압도 없었다. 그래서 인간적이었다. 통제·협박·형벌이 아닌 신뢰와 책임에 의해서 사회가 유지되고 발전되었다. 물론 송 때도 사회 모순이 많았고, 역사에서 늘 그렇듯이 최하층민의 삶은 비참했지만, 그럼에도 불구하고 전체적으로는 다른 시대와 비교하면 훨씬 휴머니즘의 세상이었다. 그리고 많은 사대부들은 도교·불교에 대해서도 개방적이어서 다른 사상을 적극적으로 배우고 수용했다. 방금 말한 불교·도교·유교 간의 자유로운 교류와 융합이 일어났다는 것은 이런 의미이다. 이는 송대 지배층들이 상당히 실용적이고 합리적이었다는 것을 증명한다.[130)]

130) 디터 쿤(Dieter Kuhn) 저, 육정임 역,『하버드 중국사 송—유교 원칙의 시대(The Age of Confucian Rule』, 서울, 너머북스, 2015는 유교를 코드로 해서 송 제국을 해석한다.

이러한 사회적 분위기에 힘입어 송나라 11, 12세기에 중국역사상 가장 많은 인재가 배출되었다. 구양수·소식·왕안석·사마광·주희 등이 모두 이때 인물들이다. 그렇지만 송 왕조 건립 1세기 정도가 지나 안정기에 접어들면서 내부적으로는 사회적 모순이 커지기 시작했다. 이것을 왕안석(王安石, 1021-1086)은 신법(新法)이라는 대개혁을 통해 바꾸려고 했다. 신법은 중국 변법(變法, 나라의 법을 크게 고치는 일)의 하나이다. 그러나 기득권의 이익과 충돌하는 신법 실행은 대부분 개혁운동이 그러하듯이 성공하지 못하고 끝났다.

이런 국내 정치와 더불어 송 때는 유난히 외우가 많았다. 송 개국 후 100년 동안은 평화가 지속되었으나 11세기부터 이민족의 침입이 드세었다. 먼저 동쪽에서 요(遼)가 흥성하여 중국을 위협했다. 이에 '전연의 맹약(澶淵之盟)'[131]이란 굴욕적인 협정을 맺었다. 이 맹약에 의해 송은 요(遼)에 매년 비단 20만 필, 은(銀) 10만 냥이라는 엄청난 재화를 바쳐야 했다. 1040년에 이르면 서쪽으로 서하(西夏)와 여러 차례 전쟁을 해야 했고, 서하와 화친을 맺어 전쟁이 끝나자 이번에는 북쪽에서 몽고족과 여진족이 끊임없이 국경선을 넘어왔다. 마침내 여진족이 세운 금(金)에게 밀려 정권이 남쪽으로 내려와 남송시대(1127-1279)가 시작되었다. 그 이전을 북송이라 부른다.

남송은 금과 화약을 맺고 금에게 막대한 조공을 받치면서 120여 년을 유지할 수 있었다. 남송 1·2대 황제인 고종(高宗)과 효종(孝宗)을 거치면서 국정이 안정되고 경제가 번영하게 되었다. 그러나 효종 퇴위 이후 점차 송 왕조의 쇠퇴가 시작되었다. 특히 5대 황제인 이종(理宗)은 위협적인 세력으로 남진하고 있는 몽고족에 대하여 1232년에 연몽멸금(聯蒙滅金, 몽고과 연합하여 금을 멸한다) 정책을 취하여 중원 지방을 수복하려고 하였다. 당시 몽고 칭기즈칸의 셋째 아들인 오고타이칸은 금을 멸망시킨 다음에 황하 이남의 지역을 남송에게 주기로 하고, 남송과 함께 금을 협공하여 결국 1234년에 금을 멸망시켰다. 그러나 이는 중국에 호랑이를 들인 격과 같았으니 몽고는 이후 40여 년에 걸친 끈질긴 전투 끝에 결국 송도 멸망시킨 후 원

131) 전연(澶淵)이란 지명으로 전주(澶州)의 아명(雅名)이다. 곧 전주에서 맺은 맹약이란 뜻이다.

나라를 세웠다.

송대에는 개국 초기부터 목판에 글자를 새겨서 책을 만드는, 즉 인쇄 제본된 서책이 대량으로 유통되어 평범한 집안의 자제들도 책을 구입해 사설 글방이나 나라에서 세운 학교에서 교육을 받을 수 있었다. 더욱이 1040년대 필승(畢昇, ?-1051?)에 의해 활자 인쇄가 가능해지면서 새로운 지식의 세계가 열렸다. 두루마리 필사본 대신 급속히 성장한 출판사들에 의해서 인쇄 제본된 서책이 보급됨에 따라 책값이 이전 왕조 때보다 훨씬 싸졌고, 이제는 소수의 귀족이 아닌 일반 학자들도 자기 집에 많은 책을 소장하는 일이 가능해졌다. 송대에 이룩됐던 전대미문의 학문과 문학의 발전은 인쇄 문화를 모르고는 이해할 수 없다.[132)]

송대 문학은 당의 시·산문·사를 이어 받아서 더욱 발전시켰다. 순 작품성으로만 본다면 송의 시·산문·사는 당의 수준을 뛰어넘는다. 작가들이 당의 문학을 배운 후, 거기에 표현의 세계를 더욱 넓히고 문학 수법은 더욱 발전시켰기 때문이다. 그러나 송 문학의 특징은 중국 역사상 처음으로 설창과 희곡이라는 대중적인 문학이 등장했다는 데 있는데, 이는 송대의 상업과 관련이 있다.

송 때는 차·도자기·철·비단 등 수공업의 번성에 힘입어 도시가 발달했다. 수도 개봉(開封)에는 24시간 문을 연 가게들도 있었다. 당나라 때까지 도시는 기본적으로 정치도시였고, 거기서 서민생활은 엄격한 통제하에 있었다. 일몰부터 새벽까지 성문과 방문(坊門)[133)]이 모두 폐쇄되었으며 상행위는 성내에 지정된 시(市)라는 구획에서만 인정되었다. 야간영업은 물론 불가였다(당나라 후기에는 이러한 규정들이 잘 지켜지지 않아 비교적 자유로운 상업 활동이 가능했다).

그러나 송대에는 방과 시 제도가 없어지고 상점이 성내 각 곳에 진출하여 밤낮으로 영업할 수 있었기에 상업이 매우 발달할 수 있었으며, 상업은 자연 경제는 물론 오락·기예·문학의 진보를 견인했다. 성 한쪽에 와사(瓦肆, 혹은 瓦舍)라는 장소를 두고, 그 안에 많은 구란(句欄)들을 설치했다. 그리고 구란에서 갖가지 공연, 가

132) 송대 인쇄술의 보급에 대해서 디터 쿤(Dieter Kuhn), 위 책, 85-91쪽 참고.

133) 성내는 직각으로 교차하는 대가(大街, 큰 길)에 의해 나눠지고 대가를 따라 주위가 담으로 둘러싸여진 방으로 구분되었다.

무, 잡기를 펼칠 수 있게 했다. 즉 와사는 송원대에 도시 속 오락 장소가 집중된 지역을 말하는데 와사 안에는 갖가지 유락 활동을 하는 구란 뿐 아니라 음식, 약재, 의복 등을 파는 점포도 들어가 있었다. 이로부터 남송 때 남희(南戲)라는 중국 최초의 대규모 희곡(戲曲)이 잉태 되었으며, 남희는 원나라 때 잡극(雜劇), 명나라 때 전기(傳奇), 청나라 때 각종 지방희(地方戲)와 경극(京劇) 등으로 계속 변화·발전해서 오늘날까지 그 생명력을 유지했다.

송 때의 저잣거리와 시장, 그리고 와사에는 또한 이야기를 들려주는 것으로 생계를 삼는 소위 설화인(說話人)들이 많이 등장했다. 이야기꾼들이 만든 단편소설을 화본(話本)이라 하며, 화본이 명청대에 장회소설(章回小說)로 발전했다. 이처럼 대중적인 통속문학이 일반화되면서 중국문학은 정통문학 중심의 이전과는 다른 새 길을 향해 나아가게 되었다. 송대에는 통속문학만 그런 것이 아니라 시문이라는 정통문학도 산문의 개념이 완전히 정립됨으로써 이후 중국을 포함한 동아시아에서 산문과 시가 안정감 있게 발전할 수 있었다. 그 중심에 소위 당송팔대가가 있다.

제1절 송대 산문

1. 당송팔대가와 고문의 완성

앞서 한나라 때 문언이 정착되었다고 했다. 그런데 위진남북조가 되면 그런 전통성 있는 문언 대신 변려문이라고 하는 장식성의 산문이 주류를 이루게 되었다. 이런 풍조가 당나라 때까지 이어져 오자, 한유가 원래의 글쓰기, 즉 한나라 이전의 산문으로 돌아가자고 했던 것이다. 그렇다고 선조들과 똑같은, 모방의 글쓰기가 아니고 내용에 충실하면서 독창적인 글이어야 한다고 했다. 독창적인 글은 개성이 있는, 쉽게 표현해서 '자기의 글'이라는 뜻이다. 그렇지만 한유와 유종원의 문장도 아직 미흡한 점이 있었다. 더군다나 송대에 들어섰을 때 다시 변려체가 흥기했다. 이때 구양수가 재차 고문을 제창하면서 송대 학자들에 의해 마침내 고문이 완성의 단계에 이르게 되었다. 이하 좀더 상세하게 송대 고문의 변화 과정을 살펴 본다.

한유와 유종원으로 인해 왕성하게 전개되었던 당나라 때의 고문운동은 오대와 송대에 들어서는 약화되고 다시 변려체의 산문이 유행하게 되었다. 한유의 글은 무시당해 공부하는 사람들이 거의 없게 되었다. 특히 수도의 과거시험 응시생들은 변려체 사륙문의 어렵고 괴벽한 언어사용을 추구했다. 또한 스스로 문구를 창조하기보다는 전인들의 것을 끌어와서 글을 쓰는 데 힘을 썼고, 이러한 방식으로 과거시험의 답안지도 작성하였다. 그들이 과거시험에서 합격을 거의 독점하였기 때문에 사람들은 그들의 사륙문을 태학체(太學體)라 불렀다. 그들이 대부분 태학에서 공부했던 태학생 출신이었기 때문에 그렇게 불렀던 것이며, 태학체는 문단 전체에 결정적인 영향을 미쳤다. 이때 구양수가 출현해 이러한 문풍을 일시에 잠재웠다.

구양수(1007-1072)는 젊었을 때 한유의 글에 천착하여 고문에 일가견을 갖게 되었다. 동시에 한유 글이 갖고 있는 어렵고 난해한 단점을 보완했다. 마침내 구양수는 평이하면서도 우아한, 그러면서 내용에 충실한 글쓰기를 창안해 냈다. 그래서 구양수가 공자·맹자·한유를 계승하여 문통(文統)을 이었다고 평가받는 것이다. 한편 구양수는 조정에 있으면서 천하의 인재를 등용하는 것을 자신의 직분으로 삼았다. 그리하여 무명의 선비가 쓴 훌륭한 문장을 발견하면 불원천리하고 그를 찾아가 만나서 이야기해 보고 인재라는 확신이 들면 관직에 오르도록 도와주었다. 비록 송 때 관리가 되려면 과거시험에 합격해야만 하는 것이 기본이었지만 어느 시대에도 추천의 길은 남아 있는 법이다. 현대 역시 마찬가지다. 이렇게 숨어있는 많은 인재들이 구양수를 통해 세상에서 빛을 볼 수 있게 되었다.

그의 인재 육성은 가우(嘉祐) 2년(1057년) 과거시험 총감독에 해당하는 지공거(知貢擧)가 됨으로써 완성의 단계에 이르렀다.(지공거라는 관직은 당나라 때 창설되어 청나라까지 죽 이어졌다. 상설 직무가 아닌, 시험이 있을 때만 조정에서 대신 가운데 한 사람을 특파하여 시험을 관장하고 감독하게 하였다.) 구양수는 오랫동안 과거시험장에 쌓여있던 폐단을 개혁하고 문풍을 쇄신하기 위해 시험장의 기율을 엄격히 적용하고 실용적 산문을 장려하며 평가기준을 명확히 규정하였다. 즉 기존의 변려문 대신 고문으로 선발의 기준으로 삼고, 소박하고 간명하게 답안을 쓴 이들을 뽑아 글쓰기 풍조를 개혁하였다. 험괴하고 난해하며 내용은 없고 표현만 화려한 문장, 즉 태학체를 강력하게 내쳤다.

이에 기득권을 형성한 문단과 학계에서 거센 저항이 일어났으니, 태학생과 태학생 출신들이 구양수의 집으로 몰려와 거센 항의를 할 정도였다. 하지만 구양수의 의지를 꺾지 못했고, 그 후로 과거장의 풍습은 확실하게 바뀌어 사람들이 앞다투어 한대와 당대의 고문을 공부하기 시작했다. 이에 200년 동안 냉대를 받았던 한유 문장이 다시 빛을 보게 되었다.

구양수는 문단의 맹주로 활약하며 명사들과 교류하고 대가들을 문하에 배출하면서 정치와 학문의 새길을 열었다. 11, 12세기에 중국 역사상 가장 많은 인재들이 배출되었는바, 그 중심에는 구양수가 있었다. 구양수가 일군 우수한 문인 중에서 특히 소순, 소식, 소철, 왕안석, 증공 등이 특히 뛰어났다. 후에 사람들은 당대의 한유와 유종원, 송대의 구양수, 소순, 소식, 소철, 왕안석, 증공 등을 하나로 묶어서 '당송팔대가'라고 명명했다. 이러한 연유로 당송팔대가를 '한문'의 틀을 완성한 사람들이라고 하는 것이다. 즉 중국의 문언문을 완성한 사람들이다. 이후 사람들은 글을 쓸 때는 의례 당송팔대가에 의해 순화되고 정화된 문언체로써 서술했다. 당연히 우리나라의 조선 역시 당송팔대가의 한문을 사용했다.

여기서 유념할 것은 비록 육조부터 당 때까지 변려문이 대세를 이루었다고 해서 전통적 고문의 글쓰기가 중단된 적은 한 번도 없다. 유교·도교·불교 같은 종교 서적, 지괴나 전기 같은 소설, 사실을 적는 역사서 등에 있어서 글쓰기는 여전히 고문 위주였다. 이런 종류의 책들은 편폭이 길어서 만약 변려체로 쓴다면 글자나 구마다 미적 요소를 따져야 하기 때문에 서술하기가 너무 어렵다. 또한 책 내용이 굳이 수식을 많이 할 필요가 없다. 멋지게 수식하다 보면 오히려 논지나 서사가 흐려져서 역효과를 볼 수 있다. 한편 그런 책 종류를 떠나 일반 산문에 있어서도 변려문이라는 대세를 따르지 않고 여전히 전통적인 문언을 고집하는 사람들이 여전히 있었다.

또 한 가지 유의할 점은 당송팔대가는 문언문, 즉 우리가 현대의 문학 개념으로 지칭하는 산문 방면에서만 뛰어난 것이 아니다. 정확히 말하면 그들은 '학문'에서 뛰어났다. 개인에 따라 분야별 수준에 있어서 차이는 있지만 산문·시·사·사부 등 문학은 물론이거니와 예술·역사·사상 등 연구에 있어서도 큰 공헌을 했다. 대표적으로 구양수 경우, 중국 최초로 금석학 책을 냈으며, 역사서인 『당서唐書』를 새로 편찬한 『신당서新唐書』를 지었다. 소식은 『주역』을 해석하였는데, 유가 정통적 해석인 정자(程子) 『주역』과는 상당히 다르게 유교·도교·불교적인 융합적 사고를 가지고 자유롭고 폭넓게 해석했다. 세밀한 『장자』 분석을 통해서 『장자』 외편이 본래 있었던 것이 아니고 후대에 누군가에 의해 만들어져 더해진 것임을 처음 주장한 사람도 소식이었다. 소식은 고문운동가들이 배척했던 사륙변려문에 있어서 마저 뛰어난 작품들을 남겼으며, 예술에 있어서도 후대의 문인화 이론은 대개가 소식으로부터 남상되었다고 할 정도로 절대적 위상이다.

더 한 가지 강조하고 싶은 것은 중국 고전 산문은 현재 우리가 말하는 서양 기준의 산문, 즉 문학 일종으로서의 산문보다 글 내용의 범주가 훨씬 넓다는 것이다. 특히 학문적 내용이 많다. 산문=학문이라고 해도 크게 틀리지 않다. 시중에 흔히 보이는 중국 고전 산문 책들은 문학 중심이고, 그래서 학문으로서의 산문 작품은 아쉽게도 매우 적게 실려 있다. 그러므로 『구양수전집』, 『소식전집』, 『왕안석전집』,

『증공전집』 같은 전집 책에 실려 있는 정통 고전 산문을 많이 읽어야 한다. 이런 책들에서 인생과 자연, 문학·철학·역사·음악·예술 등의 인문학, 유교·불교·도교 등의 종교, 금석학·의학·풍수·지리 등의 상식을 포함한 다방면에 걸쳐서 옛사람들의 지식을 배울 수 있다. 그러한 지식 가운데는 현대의 위대한 서양학자들에 견줘도 결코 손색이 없는 탁월한 수준의 것들이 참으로 많다. 그러므로 진정 동양 학문의 넓이와 깊이를 더하려면 산문을 자주 읽는 것이 좋다.

한편 소식의 학문은 다음 차례에서 소개할 소문사학사(蘇門四學士)에게 전해지며, 소문사학사는 각각 자신들의 학문을 제자들에게 전했다. 이러한 전승 관계가 송대의 문학·예술·학문·문화가 크게 발전될 수 있었던 요인 중의 하나이다. 그렇다고 그 전승이 마치 학생이 선생에게서 수업을 받듯이 행해진 게 아니고, 자연스러운 만남을 통해 지도를 받거나 토론하면서 영향을 받은 것이니, 일종의 교류적 성격을 띠었다고 보아야 옳다. 그래서 스승이 제자에게 자신과 같은 것을 요구하지 않았고, 제자들은 자신의 개성을 잘 살렸기 때문에 송대는 마치 여러 가지 꽃들이 함께 어울려 있는 듯한 다채로움의 조화가 가능한 시대이기도 했다.

2. 구양수·소식과 송대의 문장가

송대 산문에 있어서 많은 대가 중 가장 중요한 인물을 꼽으라면 구양수·소식일 것이다. 이런 의미에서 이 두 사람의 산문을 감상해 보자. 먼저 구양수 편이다.

비비당기(非非堂記)

저울이 물건을 잼에 있어서 (저울이) 움직이면 경중이 틀리지만 고요하면 조금도 틀리지 않는다. 물이 물건을 비춤에 있어서는 (물이) 움직이면 제대로 보이지 않고 고요하면 호리(毫釐)의 차이도 분별할 수 있다. 사람의 귀는 듣는 것을 주관하고 눈은 보는 것을 주관하는데, (사람이) 움직이면 총명함이 어지러워지고, 가만있으면 듣고 보는 것이 사물을 반드시 잘 살필 수 있다. 그러나 세상을 살면서 외물에 흔들리지 않으면 움직여도 그 마음이 고요할 수 있다. 마음이 고요하면 앎이 밝아져서 시시비비가 맞지 않음이 없다. 무릇 옳은 것을 옳다 하면 아첨함에 가깝고, 그른 것을 그르다 하면 비방함에 가깝다. 불행히 지나친다면 차라리 비방하되 아첨하지 않겠다. 옳음은 군자의 도리로서 이에 무엇을 더할 것인가. 오로지 살피건대 그른 것을 그르다고 하는 바름만 못하다. 내가 낙양에 거한 다음 해에 관아를 고치고 벽 끝에 글을 썼다. 그 서쪽을 당으로 만들었는데 북향으로 문을 낸 후 대나무를 심었으며, 그 남쪽으로 문을 내어서 일월의 빛을 받아들였다. 그리고 걸상 하나를 설치하고 서가에 수백 권의 책을 넣었다. 조석으로 거기 거하니 고요했다. 눈을 감고 마음을 맑게 하여 현재를 살피고 옛날을 비추어 보았다. 생각이 이르지 않음이 없어서 그 당을 비비(非非)로써 이름 지었다.

權衡之平物, 動則輕重差. 其於靜也, 錙銖不失. 水之鑑物, 動則不能有睹. 其於靜也, 毫發可辨. 在乎人, 耳司聽, 目司視, 動則亂於聰明, 其於靜也, 聞見必審. 處身者不爲外物眩晃, 而動則其心靜. 心靜則智識明. 是是非非, 無所施而不中. 夫是是近乎諂, 非非近乎訕. 不幸而過, 寧訕無諂. 是者, 君子之常, 是之何加. 一以觀之, 未若非非之爲正也. 予居洛之明年, 旣新廳事, 有文記於壁末. 營其西偏作堂, 戶北向, 植叢竹, 辟戶於其南, 納日月之光. 設一幾一榻, 架書數百卷, 朝夕居其中. 以其靜也, 閉目澄心, 覽今照古, 思慮無所不至焉. 故其堂以非非爲名云.

"옳은 것을 옳다 하면 아첨함에 가깝고, 그른 것을 그르다 하면 비방함에 가깝다. 불행하게도 지나친다면 차라리 비방할지라도 아첨하지는 않겠다.(是是近乎諂, 非非近乎訕. 不幸而過, 寧訕無諂.)"는 무슨 뜻인가. 예를 들어 아래 사람이 윗사람이 하는 것이 맞다고 동의하는 말을 하다 보면 아첨이 되기 쉽고, 반대로 틀리다고 지적하다 보면 비방이 되기 쉽다. 그러므로 맞다고 하면서도 아첨으로 흐르지 않고, 틀리다고 하면서도 비방이 되지 않는 중정을 지킬 수 있어야 하는데, 그것이 쉽지 않다. 그래서 만약 어느 한쪽으로 치우친다면 나 구양수는 차라리 비방한다는 소리를 들을지라도 아첨한다는 소리는 듣지 않겠다는 뜻이다. 직간에 대한 구양수 자신의 확고한 신념을 나타낸다. 당의 이름인 비비당은 이런 취지에서 붙인 것이다.

「비비당기」는 일상의 경험을 바탕으로 적었으나 깊은 도의 세계가 있다. 도를 통해서 삶의 철학을 말하고 있다. 그러하되 글이 단조롭거나 딱딱하지 않고 생동감이 있다. 동시에 자연이 주는 고요함과 멋스러움이 있다. 이런 것이 구양수가 추구하는 진정한 글쓰기였다. 구양수는 이처럼 문(文)과 도(道)를 동일하게 중요한 것으로 여겼다. 한유 이래 고문운동은 도를 지나치게 숭상해 문을 소홀히 하는 경향이 있었다. 그러나 문학예술미가 부족하면서 도에 치중하는 글쓰기는 문학 본연의 정신과 어울리지 않는다. 구양수는 문에 치우치면 순수문학, 도에 치우치면 실용문학 내지는 도덕을 위한 문학이 되기 때문에 두 가지가 잘 겸비된 것이 좋은 문장이라고 여기었다.

또한 구양수는 예술형식과 사상내용이 동일하게 중요하다고 여겨 둘의 조화를 강조했다. 형식과 내용이 함께 해야 한다고 했다. 문과 도, 형식과 내용을 완비함이 바로 구양수가 추구하는 문체였으니, 그의 작문 정신은 「대인상왕추밀구선집서서代人上王樞密求先集序書」(『구양수전집歐陽脩全集』에 실려 있음)라는 글에 잘 나타나있다.

> 전하여 이르기를 말이 아름답지 않으면 멀리 가지 못한다고 한다. 말로써 일을 설명하고, 글로써 말을 예쁘게 한다. 일에 믿음이 있고 말에 아름다움이 있으면 후세까지 전해질 수 있다. 『시』·『서』·『역』·『춘추』가 모두 일을 잘 설명하고 더욱 아름다워서 그 전함이 더욱 먼 것이다.
>
> 傳曰言之無文, 行而不遠. 君子之所學也, 言以載事而文以飾言. 事信言文, 乃能表見於後世. 詩書易春秋, 皆善載事而尤文者, 故其傳尤遠.
>
> 말이 아름답지 않으면 그것이 널리 유포되고 오랫동안 전해질 수 없다. 거짓없는 진실한 일을 아름다운 문장으로 나타내어야 성인들이 지었던 고전처럼

> 영원히 빛을 발할 수 있다. 이는 서구에서도 마찬가지였다. 고대 그리스와 로마의 귀족들은 수사법을 열심히 배웠다. 수사법이란 말을 조리 있고 논리적이고 품위 있고 우아하게 하는 방법이다. 수사학에서는 상대를 설득하는 언어의 기교를 가르쳤다. 한편 말을 종이에 쓰면 그것이 글이 되니 본디 말과 글은 하나와 마찬가지다. 고대 중국의 문헌에 보이는 언(言)도 말과 글을 뭉뚱그려서 표현하는 경우가 많다. 말이 아름다워야 다른 사람들을 설득하고 공감시킬 수 있으며, 널리 그리고 오랫동안 퍼질 수 있음은 동서양이 같은 이치이다.

구양수의 훌륭한 산문 글은 매우 많아 어느 것이 가장 좋다고 꼭 짚어서 말하기 어려우나, 일반적으로 「붕당론朋黨論」·「취옹정기醉翁亭記」·「유미당기有美堂記」·「풍락정기豐樂亭記」·「현산정기峴山亭記」·「추성부秋聲賦」·「명선부鳴蟬賦」 같은 글들이 널리 알려져 있다.

다음은 소식(1037-1101) 산문을 알아본다. 소식과 그의 아버지 소순(蘇洵, 1009-1066)·동생 소철(蘇轍, 1039-1112)을 합해서 삼소(三蘇)라고 하며, 이들은 나란히 당송팔대가에 든다. 위진시대의 조조·조비·조식을 삼조(三曹)라 한 것과 대비된다. 소순의 문풍은 기세가 드높고 엄숙한 특색을 지니고 있다. 대표 작품으로 「권서權書」·「형론衡論」 등이 있다. 소철은 산문 종류 중 특히 정치 문제를 다루는 정론문(正論文)과 역사를 논하는 사론(史論)에 뛰어났다. 정론문의 대표작에는 「신론新論」과 「상황제서上皇帝書」가 있고, 사론의 대표작에는 「역대론歷代論」·「육국론六國論」·「삼국론三國論」이 있다.

소식의 산문 명작은 매우 많아서 구양수의 경우와 마찬가지로 몇 개를 고르기가 불가능한데, 「적벽부赤壁賦」·「일유日喩」·「희우정기喜雨亭記」·「석종산기石鐘山記」·「능허대기凌虛臺記」·「방학정기放鶴亭記」·「문여가화과운당곡언죽기文與可畫篔簹谷偃竹記」·「형상충후지지론刑償忠厚之至論」·「동파지림東坡志林」·「힐서부黠鼠賦」 등을 명작의 일부로 들 수 있다.

그는 서경·서사·서정·의론 등에 모두 빼어나서 산문의 종류에 따라 알맞게 썼으며, 어떤 작품들에서는 이들 묘사 수법들을 융합해서 썼다. 소식을 상징할 정도로 유명한 작품인 「적벽부赤壁賦」[134]는 친구와 함께 적벽에서 달빛 아래 배를 타고 야유(夜遊)하는 것을 서술한 것인데 서경·서사·서정·의론 등이 모두 갖춰져 있다. "또한 천지 사이에 물건은 각자 주인이 있어서 내 것이 아니면 터럭 하나라도 취해서는 안 되오. 오직 강 위의 청풍과 산간의 명월은 귀가 만나면 소리가 되고, 눈이 만나면 모양을 이루오. 취해도 금함이 없으며 사용해도 다함이 없으니, 이것이 조물주가 만든 무진장(無盡藏)이며, 나와 그대가 함께 즐기는 바이오.(且夫天地之間, 物各有主, 苟非吾之所有, 雖一毫而莫取. 惟江上之淸風, 與山間之明月, 耳得之而爲聲, 目遇之而成色, 取之無禁, 用之不竭, 是造物者之無盡藏也, 而吾與子之所共樂.)"가 대표적이다. 아름다운 서경과 깊은 철학적 사유를 동시에 담고 있다. 특히 소리와 모습의 존재론적 의미에 대해서 생각하게 만든다.

흔히 소식 산문의 특징은 호방함과 변화무쌍함이라고 하는데, 비유하면 마치 큰 강이 흐르면서 방향을 틀듯이 기세와 힘이 있고 변화가 크다. 그러나 어떤 작품들은 이와 대조적으로 매우 시적이고 다정다감하다.

기승천사야유(記承天寺夜遊)

원풍 6년(1083) 10월 12일 밤, 옷을 벗고 잠을 자려는데 월색(月色)이 문으로 스며들어 기쁘게 일어나 걸었다. 함께 즐길 사람이 없어서 마침내 승천사에 이르러 장회민을 찾았다. 그 역시 아직 잠을 자지 않아서 서로 더불어 정원 가운데를 거닐었다. 정원 바닥에는 텅 빈 밝음이 마치 물처럼 쌓이고, 물 가운데 수초가 서로 엉겨있는 것은 대나무와 측백나무의 그림자였다. 어느 밤에 달이 없고, 어느 곳에 대나무·측백나무가 없겠는가마는 다만 우리 두 사람처럼 한가할 줄 아는 사람이 드물 뿐이다.

元豐六年十月十二日夜, 解衣欲睡, 月色入戶, 欣然起行. 念無與樂者, 遂至承天寺尋張懷民. 懷民亦未寢, 相與步於中庭. 庭下如積水空明, 水中藻荇交

134) 「전적벽부」와 「후적벽부」가 있는데, 흔히 적벽부하면 「전적벽부」를 일컫는다.

> 橫, 蓋竹柏影也. 何夜無月? 何處無竹柏? 但少閑人如吾兩人者耳.

승천사라는 사찰 정원에 달빛이 가득 비치는 것을 두고 물이 쌓였다 하고, 정원에 생긴 나무의 그림자를 두고 수초라고 했다. 그 가운데를 걷고 있으니, 그렇다면 두 사람은 물속을 걷고 있음이다. 마치 헤엄치듯 달빛으로 만든 물속을 천천히 나아가는 모습이다. 그런데 세상 사람들은 이와 같은 즐거움이 없다. 그 이유는 달과 나무 때문이 아니라 바로 한가함을 모르기 때문이다. 이런 의미로 읽히는 이 작품은 대단히 시적인 산문이다. 산문이지만 마치 시어로 써진 듯 아름답고 시정(詩情)이 풍부하다. 노벨상 수상자인 한국의 한강(韓江) 작가의 문장 특징 중 하나로 흔히 '시적 산문'을 드는데, 소식의 위 글은 그런 표현에 잘 어울린다.

소식은 유가 학자들이 빠지기 쉬운 통일적 문장론을 반대했다. 유학자들은 성현의 글쓰기라는 표준을 만들어 놓고 모든 사람들이 따라야 한다는 천편일률적인 문풍(文風)을 주장한다. 소식은 그런 문학계는 마치 "누런 띠풀이나 하얀 갈대만 있는 곳을 바라본다(彌望皆黃茅白葦)"(출처 「답장문잠서答張文潛書」)와 같은 것이라고 했다. 이 말의 뜻은 한 가지만 있어서 단조로운 모습은 재미없다. 아름다운 경관은 다양한 종류의 꽃들이 함께 피어있듯이 훌륭한 문단은 작가들이 나름의 개성과 성격을 살려서 다채로운 글쓰기를 하는 곳이라는 것이다. 소식은 온갖 종류의 산문과 시가에 모두 뛰어난 역량을 발휘했는데, 글의 주제에 맞게 문장을 자유롭게 변화시켰다. 대상이 다르면 대상에 따라서 문장의 기세, 풍격, 문체 등이 달라졌다. 그의 글은 샘물과 같아서 "흐르다가 형세에 따라 모양새를 만들었다(隨物賦形)"(출처 「자평문自評文」)

그런 측면에서 소식 산문의 마지막 보기로 현대인에게 깊은 울림을 주는, 어쩌면 '생태학 문학'에 속할 수 있는 「조설鳥說」을 읽는다.

> 내가 젊었을 때 기거하던 서실 앞쪽에 대나무·측백나무와 다양한 꽃들이 있어서 우거지게 자라 정원에 가득하니, 뭇 새들이 그 위에 집을 지었다. 무양군이 살생을 싫어해서 아이들과 노복들도 새들을 잡지 못했다. 수년이 흐르자

모두 아래 가지에 집을 지으니 몸을 구부리면 그 새끼들을 볼 수 있었다. 또 동화봉이란 새가 4·5백마리 있어 그 위를 날아다녔다. 이 새의 날개는 진기하여 보기 어려운 것인데, 길들일 수 있고 별로 사람을 두려워하지 않았다. 마을 사람들이 새들을 보고 이상하게 여겼다. 이는 다른 것이 아니라 해치지 않는 정성이 이류의 짐승에게 믿음을 주었기 때문이다. 시골 노인이 말했다. "새가 사람에게서 너무 멀어지면 그 새끼들이 뱀·쥐·여우·올빼미·솔개의 근심이 있게 되지만, 사람이 죽이지 않으면 스스로 사람에게 가까이 와서 이러한 근심을 면하고자 한다." 이로 보건데 전에 새들이 사람에게 가까이 하지 않으려고 한 것은 사람이 뱀·쥐 등보다 더 심하기 때문이다. (공자가 말한) "가혹한 정치가 호랑이보다 더 사납다."를 믿을 만하다!

吾昔少年時, 所居書室前, 有竹柏雜花, 叢生滿庭, 衆鳥巢其上. 武陽君惡殺生, 兒童婢僕, 皆不得捕取鳥雀.數年間, 皆巢於低枝, 其鷇可俯而窺也. 又有桐花鳳四五百, 翔集其間, 此鳥羽毛, 至爲珍异難見, 而能馴擾, 殊不畏人, 閭里間見之, 以爲異事. 此無他, 不忮之誠, 信于異類也. 有野老言, 鳥雀巢去人太遠, 則其子有蛇鼠狐狸鴟鳶之憂, 人旣不殺, 則自近人者, 欲免此患也.由是觀之, 異時鳥雀巢不敢近人者, 以人甚爲於蛇鼠之類也. 苛政猛於虎, 信哉!

사람이 해치지 않으면 새들이 새끼들을 야생동물로부터 보호하기 위해 사람 사는 쪽으로 온다. 새들이 사람에게서 멀어진 것은 사람이 짐승들보다 더 사납기 때문이다. 과학기술 문명이 고도로 발달한 현 시대의 사람들은 이 글의 저자 소식이 살았던 고대의 인간들보다 훨씬 더 사납다. 그래서 새들이 안전을 위해 사람 가까이 오기는커녕, 사람을 피해 숲속에서 사는 것마저 어렵게 되었다. 개발을 위해 깊은 삼림을 파괴하니 새들이 더 이상 갈 곳이 없어졌기 때문이다. 그래서 정착지를 잃은 박쥐가 사람 근처에 와서 생긴 병이 바로 코로나라는 신종 인플루엔자이다. 코로나는 박쥐의 생존에 대한 공포·두려움이 자연을 파괴한 인간에게 돌려준 앙갚음이다. 새가 사람과 함께 살 수 있는 환경은 고사하고, 사람들이 아예 산속의 새 서식지까지 파괴하니, 새들이 이제 더 이상 갈 곳마저 잃게 생겼다.

아예 드론이란 걸 만들어 새들의 길마저 차지하고(향후 드론 택시·드론 오토바이 같은 것이 양산될 것이다), 지구온난화와 오염을 유발하는 현대 과학문명을 성토하면서 동시에 우주여행 산업을 만드는 자기기만 행위를 한다. 미래 수많은 로켓이 지구 대기층에 구멍을 내면서 우주와 지구 사이를 왕복할 것이니, 그로 인한 대기오염은 상상을 초월할 것이다.

지금까지 설명한 구양수·소순·소철·소식 외에 송대의 당송팔대가로는 증공과 왕안석이 있다. 먼저 증공(曾鞏, 1019-1083)은 구양수의 수제자이며, 그의 문풍은 전통적으로 고아(古雅, 옛스런 우아함)·평정(平正, 공평하고 올바름)·충화(沖和, 부드럽고 온화함), 세 가지로 칭해진다. 특히 기문(記文)에 뛰어나서 대표작으로 「묵지기墨池記」와 「학사기學舍記」가 있다.

왕안석(王安石, 1021-1086)은 신법을 추진한 대정치가이자, 동시에 시문에 뛰어난 대문장가였다. 그의 산문은 신법을 강력하게 추진하는 하나의 수단으로 많이 사용되었기 때문에 정치와 관련이 깊다. 그는 문학의 사회적 작용을 강조했고, 문학과 정치의 도는 일치해야 한다고 했다. 왕안석은 단문을 잘 지었는데 아주 간결하면서도 예리하다. 단문의 대표작으로 「독맹상군전讀孟嘗君傳」이 있다.

이상 당송팔대가에는 들지 않지만 좋은 글들을 쓴 문장가들이 많다. 대표적으로 범중엄과 소문사학사이다. 먼저 범중엄(范仲淹, 989-1052)의 「악양루기岳陽樓記」는 천하의 명문장으로 이름이 높은데, 특히 "아! 내가 일찍이 옛 인(仁)한 사람의 마음을 알아보니, 어떤 이들은 다른 두 가지를 동시에 실천했다. 어떤 것인가. 사물로써 기뻐하지 않고, 자기로써 슬퍼하지 않음이다. 조정의 높은 건물에서 거할 때는 백성을 근심하고, 먼 강호에 처할 때는 임금을 걱정한다. 이는 나아가도 근심하고 물러나도 근심함이니, 그런 즉 언제 즐거워할 겨를이 있겠는가. 이런 태도를 반드시 "천하 사람들이 근심하기 전에 근심하고, 천하 사람들이 다 즐거워한 후에 근심한다"고 이른다. (嗟夫！予嘗求古仁人之心, 或異二者之爲, 何哉？不以物喜, 不以己悲.居廟堂之高, 則憂其民；處江湖之遠, 則憂其君.是進亦憂, 退亦憂；然則何時而樂耶？其必曰；「先天下之憂而憂, 後天下之樂而樂」)"라는 대목은 참으로 유명하다. 그 뜻은 자기 일이 잘

된다고 기뻐하지 않고 자기 일이 잘되지 않는다고 슬퍼하지 않는다. 오직 백성과 나라를 위하는 마음만 있기 때문에 어느 처지에 있든 근심과 걱정이 떠나지 않으며, 그래서 모든 사람들이 즐거워한 후에야 비로소 나도 기뻐할 수 있다는 것이다. 100자도 되지 않는 글로 우국애민의 마음을 묘파했다.

다음 소문사학사는 소식 문하에서 배출된 걸출한 네 사람의 학자를 일컫는다. 그들은 황정견(黃庭堅, 1045-1105), 진관(秦觀, 1049-1100), 조보지(晁補之, 1053-1110), 장뢰(張耒, 1054-1114)로, 소식을 영수로 삼고 함께 교류하면서 좋은 산문 작품들을 남겼다. 그들은 소식과 마찬가지로 문장뿐만 아니라 시, 서예, 문인화에 있어서도 커다란 공헌을 했다. 이들은 문인이자 시인이며 서예가이고 화가이고 학자들이었다. 먼저 황정견은 소문의 큰 제자였지만 소식과 함께 '소황(蘇黃)'으로 불릴 만큼 높은 명성을 얻었다. 시에 있어서는 강서시파의 원조가 되었으며, 서예에서 소동파·미불(米芾)·채양(蔡襄)과 이름을 나란히 하여 '북송 사대가'로 불렸다.

진관은 소식의 호방한 문장과 사와는 달리 문장은 정밀하며, 사(詞)는 섬세하고 완미(婉美)하다. 이는 스승인 소식과 비교하면 정반대의 경향이어서 각자의 개성을 중시하는 송대의 시대정신이 엿보인다. 시도 잘 지었는데, 진관의 시와 사는 섬세하고 아름답고 슬픈 감정을 묘사함에 있어서 뛰어나다.

조보지는 집안이 소장한 책만 해도 24,000여 권에 달해 태생적으로 공부하기에 좋은 조건을 갖추고 있었다. 시와 산문을 잘 지었는데, 산문에서는 특히 변론이 빼어나다는 평을 받았다. 경술(經術, 즉 경학)에 조예가 깊었으며, 서화에도 뛰어났다(경학은 본디 제자백가의 모든 학문을 가리켰으나 한대 이후 그 범위가 유가의 경전만으로 좁아졌다). 특히 먹으로 매화를 잘 그렸다.

마지막 장뢰는, 문장을 지음에 있어서 조탁과 수식을 반대하고, 곡회(曲晦, 뜻을 숨겨서 알기 어려움)함을 반대했다. 평이한 문장으로 작가의 뜻을 정확하게 나타내야 한다고 했다. 그리고 이치(理)는 명확하게 표현해야 한다고 했다. 특히 "문장은 뜻으로써 수레를 삼고, 뜻으로써 문장의 말을 삼는다. 이치가 뛰어나면 뜻이 (수사의 화려함을) 이기며, 기운이 성대하면 문장은 말이 치닫는 것처럼 막힘없이 지어진다(文以意爲車, 意以文爲馬. 理强意乃勝, 氣盛文如駕)"(출처 「여우인논문인이시투지與友人論

文因以詩投之」)라고 하여 문(文)·의(意)·리(理)·기(氣)의 함수 관계를 나타낸 것이 유명하다. 한편 그의 시는 황정견 다음으로 우수성이 인정되었으며, 사는 진관의 작품과 견줄 만했다.

지금까지 주로 문학으로서의 산문 작품 위주로 대가들을 소해했다. 그런데 위에서 언급했듯이 중국에서는 역사서 역시 문학의 범위에 들어간다. 송대의 역사서 산문으로는 사마광(司馬光, 1019-1086)의 『자치통감資治通鑑』이 큰 의의를 갖는다. 사마천 『사기』 이후, 역대 왕조들은 역사서에 있어서 기전체(紀傳體)의 단대사(斷代史)를 선호했기 때문에 편년체는 상대적으로 적었다. 대표적인 편년체 역사서를 꼽아보면 선진시대의 것으로는 본서에서 이미 소개한 『춘추』와 『춘추좌전』 외에 『죽서기년竹書紀年』[135]이 있다. 동한 때는 순열(荀悅, 148-209)이 서한 역사를 기록한 『한기漢紀』, 명말(明末)과 청 때는 담천(談遷, 1594-1658)이 명나라 역사를 기록한 『국각國榷』이 있는데, 두 책 모두 단대사이다.

그런데 사마광은 고대 주나라 위열왕(威烈王)이 한씨(韓氏), 위씨(魏氏), 조씨(趙氏)를 제후로 공인한 시점인 기원전 403년부터 오대(五代) 시대의 후주(後周) 세종(世宗)이 다스린 960년까지 총 1,362년간 역사를 1년씩 묶어 편년체 방식으로 기록했다. 40대에 집필을 시작하여 60대에 완성했는데, 사실을 확인하려고 발로 뛰어다니며 실제로 현장 답사를 했다. 1362년간의 사료들을 샅샅이 뒤졌으며, 먼 거리도 불사하고 사료가 있는 곳이라면 직접 가서 구했다. 이러한 신고를 거쳐서 저술된 『자치통감』은 편년체 통사 가운데 가장 큰 권위를 갖고 있어서 사마천 『사기』와 더불어 중국사학의 불후의 거작에 속한다. 문체 면에 있어서도 소위 정통 고문으로 서술되었기 때문에 고문의 확산에 큰 영향을 미쳤다.

135) 서기 279년 위나라 양왕(襄王, 재위 기원전 334-319)의 무덤에서 발견되었다. 「오제본기」부터 시작해 하(夏)·은(殷)· 주(周)를 거쳐 위(魏)의 양왕 때까지 역사가 대나무에 기록되었다.

3. 성리학자의 글쓰기와 고문의 음악성

한편 구양수·소식 두 사람이 일궈낸 내용·형식과 사상·문장의 조화는 남송에 이르면 성리학에 의해 더 이상 진보하지 못한다. 성리학을 지칭하는 다른 이름으로는 새로운 유학이라 하여 신유학이라 하기도 하고, 도를 배운다 하여 도학(道學)이라고도 하며, 이치를 배운다고 하여 리학(理學)이라고도 한다. 이런 학문에 종사하는 사람을 도학가(道學家)나 리학가(理學家)로 부른다. 그 시작은 일반적으로 북송의 인물인 주돈이(周敦頤, 1017-1073)로 보며, 그 완성은 남송의 주희(朱熹, 1130-1200)에 의해 이루어졌다. 성리학은 사람의 본성인 성(性)과 천지의 이치·원리인 리(理)를 핵심으로 한다.

성리학자들은 당나라 한유가 강조한 '글이란 도를 밝히는 것(明道)'을 계승하여 문이재도(文以載道, 글은 도를 실어야 한다)를 주장했다. 그리하여 글은 도를 설명하는 수단으로 여기었고, 글 자체에는 별 의미가 없다고 여겼다. 곧 도(道)는 근본적이고 절대적인 것인데 비하여, 문(文)이란 말단적이고 부수적인 것에 불과하다는 것이다. 문장의 형식이야 어떻든 간에 거기에 올바른 도리만이 잘 표현되어 있으면 그만이라고 생각했다. 문인들에게 작문에 심혈을 기울이기보다 품덕수양(品德修養)을 할 것을 요구했다.

이러한 태도로 말미암아 남송 때의 고문은 수사(修辭)가 발전하지 못했다. 우아하면서도 아름다운, 즉 문학·예술성을 갖춘 글이 적게 지어졌다. 그렇다고 명문장이 없는 것은 아니었으니, 예를 들어 주돈이의 「애련설愛蓮說」 같은 것은 매우 유명해서 꽃 중에서 연꽃의 지위를 사군자(매란국죽)에 버금가는 훌륭한 식물로 향상시키는 주재자 역할을 했다. 「애련설」의 "진흙에서 나왔으되 더러움에 물들지 않고, 맑은 잔물결에 씻기되 요염하지 않다. 중심은 비었으되 겉은 곧고, 넝쿨 져 엉키거나 잔가지 치지 않는다. 그래서 멀리 바라볼 수는 있지만 함부로 가지고 놀 수 없다.(出淤泥而不染, 濯淸漣而不妖. 中通外直, 不蔓不枝. 香遠益淸, 亭亭淨植, 可遠觀而不可褻玩焉.)"는 대단히 수준 높은 표현이다. 군자와 꽃의 형상을 완전히 일치시킨다.

아름다우면서 동시에 도를 묘파하고 있다. 마치 당대 구양수의 「비비당기」처럼 간략한 문체에 도와 수사, 내용과 형식이 구비되어 있다.

어떻든 성리학자들은 당송팔대가들이 만들어 놓은 고문이 도를 설명하기에 편했기에, 다시 말하면 고문이 실용적이었기 때문에 모든 글을 고문으로 썼고, 이에 따라 고문이 확고하게 자리잡을 수 있었다.

그러면 고문은 운문과는 완전히 결별하게 되었는가 하면 그렇지 않다. 고문은 구법(句法, 시문의 구절을 만들거나 배열하는 방법)에 있어서 정해진 격식에 얽매이지 않고, 성조 또한 평측을 상관하지 않아야 하는 것 같지만 실제로는 다 그렇지 않다. 다만 대구, 글자 수, 글자의 배열 등이 시나 변려문과 같이 엄격하지 않을 뿐, 고문으로 지은 많은 작품들은 여전히 문장의 음악성을 고려했다.

본디 최초의 산문은 운문과 구별되지 않은 문장들이 많았다. 무엇이든 고대에는 하나였던 것이 후대로 내려갈수록 복잡하게 나눠지는 것이니, 운문과 산문도 마찬가지였다. 『서경』이나 『논어』 중에는 운·산 구분이 잘 되지 않는 부분이 많고, 『노자』에도 평측이나 운이 사용되었다. 당송대 문인들이 고문의 전형 중 하나로 삼은 『사기』의 「굴원열전屈原列傳」이라든가 한나라 가의(賈誼)의 글에 있어서도 평측이 고려되었다. 변려문과 산문 사이에 있어서도 글이 변려체인지, 아니면 일반 산문체인지 구분이 잘되지 않는 작품들이 많다.

당송팔대가의 산문인 한유의 「유자후묘지명柳子厚墓誌銘」, 송대 왕안석의 「독맹상군전讀孟嘗君傳」은 평측으로 억양을 조정하였다. 이처럼 송대의 고문이라 할지라도 그것을 독송하자면 내용에 맞게 어세의 경중, 강약, 그리고 빠름과 느림이 나타나는 곳들이 많다. 그러니까 고문을 지을 경우도, 비록 변려문과 같이 정해진 형식에 맞추어야 한다는 강박 관념은 없지만 가능하면 평측이나 운을 사용하고, 또는 앞뒤 구의 글자 수가 밸런스가 맞게 조정하면 좋다는 의식이 남아 있었다. 심지어 성리학자인 주희의 사서집주(四書集註)를 읽어봐도 글자 수의 밸런스를 맞추고 있는 곳이 많다는 사실을 알 수 있다. 그렇게 하면 특히 낭송의 효과가 뛰어나서 아름다운 소리가 만들어진다. 마치 불교에서 『반야심경』, 『금강경』, 『천수경』 등 경전을 음악적으로 독송하는 이치와 같다.

낭송은 글을 배우는 데도 도움이 되니, 어려서부터 선비가 큰소리로 책 읽는 것을 자주 들으면 자신도 모르게 글을 끊어서 읽는 법을 터득하게 되는 것이다. 우리나라에서도 조선시대 선비들이 책을 큰 소리로 낭송하는 것을 들으면 그러한 음악적인 변화가 느껴져서 듣기 좋다(본서 1장의『시경』편에서 설명했던, 운율에 맞춰 낭송하는 방법인 풍용을 환기하자). 사실 어떤 형식의 글이라도, 음악성을 띠면 좋은 것은 동서고금의 보편적인 이치이다.[136] 현대의 수필이나 소설에서도 음악성이 느껴지는 문장에서 더 큰 감동을 받는다. 음악성이 문장의 예술 효과를 증강시켜 주기 때문이다.

대표적인 경우가 바로 프랑스의 귀스타브 플로베르(Gustave Flaubert, 1821-1880)가 쓴『마담 보바리』일 것이다. "생각이 아름다우면 아름다울수록 문장이 갖는 소리는 맑게 울린다"고 하면서 플로베르는 적확한 단어나 문장은 동시에 음악적인 단어요 문장이라고 주장했다. 예를 들어 어떤 대목에서 관계대명사 'que'를 써야 옳은가 아니면 'qui'를 써야 옳은가를 따져보고 소리의 조화가 깨어지는 부분은 없는가를 검토하여 '약사pharmacien'라고 쓸 것인가 아니면 같은 뜻이지만 음의 길이와 어감이 다른 '약제사apothicaire'라고 쓰는 것이 더 효과적인가를 궁리하면서, 여러 시간을 고치고 또 고치고, 문장을 갈고 닦았다. 그리고 써놓은 글을 큰 소리로 읽으면서 리듬의 효과를 점검했다.[137]

이상적인 문학은 형식과 내용의 일치를 통해 이루어진다고 할 때, '소리의 조화'는 형식미의 하나이다. 아름다운 음은 작품의 완성도를 더 높인다. 육조시대의 변려문처럼 과도하여 작품의 내용까지 해치는 정도가 되어서는 안 되겠지만, 그렇지 않다면 글을 쓸 때 음악성까지 고려하는 것은 작문의 미덕이다. 여기서의 음악성이란 음악 자체가 아니라 소리의 조화를 가리키는 광의로 사용되었다. 첨언하자면, 글과 말은 원래 하나이다. 그러므로 글과 마찬가지로 말도 음악적으로 하면 좋다. 말도 소리끼리 조화를 이루면 아름다움이 된다. 대화할 때 억양, 강약, 장단

136) 고문의 음악성에 대해서 啓功,『詩文聲律論考』, 中華書局, 2000, 91-97쪽 참고.

137) 귀스타브 플로베르Gustave Flaubert 저, 김화영 역,『마담 보바리』, 서울, 민음사, 2000의 <해설> 편 515쪽을 인용했다.

이 하모니를 이루고 음색이 고우면 듣기 좋다. 청자의 마음을 밝게 한다. 그런 예쁜 말을 하다 보면 마음씨도 예뻐지고, 또 그런 언어들이 모아져서 예쁜 사회가 만들어진다. 단어의 섬세한 뉘앙스는 물론, 심지어 뜻도 제대로 파악하지 못하면서 아무렇게나 영어를 한국어와 섞어서 쓰는 그런 곳에서는 아름다운 언어 생활이 불가능하다. 결론적으로 말과 글은 공통적으로 정확하고 우아하고 세련되게 하려고 노력해야 한다. 언어가 바로 존재이기 때문이다. 구양수, 소식과 같은 문장의 대가들은 그러한 원리를 알고 실행했던 사람들이다.

제2절 송대의 시

1. 구양수의 송시 개척

송대 때는 당대보다도 더욱 시인의 수가 많아졌다. 청나라 여악(厲鶚, 1692-1752)이 송시를 모아 놓은『宋詩紀事』에는 3812명의 작품이 있다. 그리고 각 시인마다 매우 다작(多作)이었다. 송대 초기에는 서곤체(西崑體)라고 하는 시풍이 유행했는데, 이것은 만당의 감상적이고 유미주의적인 시풍을 그대로 계승한 것이다. '서곤'이란 본디 중국 서방의 곤륜산(崑崙山)과 군옥산(郡玉山)을 합쳐 부른 것인데, 이 두 산은 명산으로 유명하며, 명산에 고대 제왕의 장서를 보관했다 한다.

북송 초기에 양억(楊億, 974-1020)·유균(劉筠, 971-1031)·전유연(錢惟演, 977-1034) 등은 당나라 말기 시인 온정균(溫庭筠)과 이상은(李商隱)의 시풍을 본받아 화려한 수사와 대구(對句)·전고(典故)를 중시하였다. 양억과 전유연 등 17명이 비각(秘閣)[138]에서 화답한 시 250여 수를 엮어 만든 책을『서곤수창집西崑酬唱集』이라고 하는데, 북송 초기의 서곤체를 대표하는 시집이다. 그 이후로『서곤수창집』에 실려 있는 작품 및 그것과 유사한 풍격의 시를 일컬어 서곤체라 불렀다.

서곤체 시인들은 대부분 박학다식한 것을 중시하고 글의 화려한 아름다움을 드러내는 데 중점을 두었다. 때문에 서곤체는 시의 사상과 내용이 빈약하다는 평가를 받는다. 이렇게 송초 몇십 년은 새로운 것을 창조하기보다는 당나라 시풍을 따르는 데 더 열중하였다. 당과는 다른 시풍의 시작은 구양수로부터 시작하였다. 그는 서곤체의 화려한 시풍을 일소시키고, 송시의 기초를 공고히 하였다. 당시와 구별되는 송시의 특징은

1) 생활에 밀착한다.

2) 철학적이고 논리적이며 섬세하고 서술적이다.

---

138) 송대 관명으로, 이곳에 궁중의 도서를 보관하였다.

3) 내용의 표현을 중시한다.

4) 이론의 전개도 피하지 않는다.

5) 어떤 일의 서술도 피하지 않는다.

등인데 이런 것들은 산문의 기법, 더 정확히 말하면 위에서 설명한 '고문'의 방법으로 시를 씀이다. 즉 산문과 시를 융합했다고 할 수 있다. 흔히 송나라 시의 특징으로 철학적 뜻이 풍부한 것을 꼽는다. 이런 시를 철리, 즉 철학적 이치를 담았다고 해서 '철리시(哲理詩)'라고 지칭한다. 송시의 철리는 바로 산문의 성격을 빌려온 것이다. 송시의 특징을 만약 한 글자로 압축할 수 있다면, 그것은 바로 리(理)이다. 그렇다고 송시가 당나라 시에서 닦여진 서정·서경·서사의 수법이나 여러 가지 시의 격식과 수사의 방법 등 어느 하나도 버린 것은 아니다. 당시의 특징을 한 글자로 나타내면 바로 흥(興)인데, 송시는 이런 흥 위에 다시 리를 더한 것이다. 그러므로 송시는 이전까지의 중국 시 내용과 형식을 확장했다고 할 수 있다.

구양수는 이러한 송시 세계의 문을 활짝 연 사람이다. 그의 「화왕개포명비곡이수和王介甫明妃曲二首」의 제2수를 본다.

한나라 궁중엔 가인(즉 왕소군)이 있었지만,
천자는 처음에 그녀를 알지 못했지.
어느날 아침 (왕소군이) 한나라 사신을 따라,
멀리 선우의 나라로 시집가게 되었네.
둘도 없는 천하절색인데,
한번 그녀를 잃으니 다시는 얻지 못해.
비록 화공을 죽인다 한들,
실제 어떤 이익이 있겠는가.
이목의 미침이 이 정도 뿐이니,
만리 밖 오랑캐를 어찌 제재할 수 있었으리오.

漢宮有佳人, 天子初未識. (한궁유가인, 천자초미식)

一朝隨漢使, 遠嫁單于國. (일조수한사, 원가단우국)

絶色天下無, 一失難再得. (절색천하무, 일실난재득)

雖能殺畫工, 於事竟何益. (수능살화공, 어사경하익)

耳目所及尙如此, 萬里安能制夷狄. (이목소급상여차, 만리안능제이적)

이 시는 유명한 왕소군 고사를 들어서 당시 천자와 신하들의 무능함을 질책하고 있는데, 일을 죽 서술하면서 이치를 말하고 있다. 확연히 정(情)에 기탁하는 당나라 시와는 풍격이 다름을 파악할 수 있다.

그런데 이와 같은 시가 방면에 있어 혁신은 구양수 혼자 단독으로 한 것이 아니다. 가까운 친구 사인인 매요신(梅堯臣, 1002-1060)·소순흠(蘇舜欽, 1008-1048)과 함께 했다. 구양수는 그들의 선봉장 역할을 했다. 이 두 사람 중 매요신은 공허하거나 기이하거나 회삽(晦澁, 언어나 문장이 어려워 뜻이 분명하지 않다)하거나 하는 시작을 반대하면서 그런 시작 방법과는 정반대의 평담 (平淡)을 주장했고, 그 영향이 매우 컸다. 매요신이 주장한 평담은 깊은 감정과 풍부한 사상을 소박한 언어로 표현하여 시의 맛을 풍요롭게 함이다. 즉 적확한 글자로 직접적으로 서술하고 수식을 더하지 않음으로써 진실함과 심오함을 표현하는 것이다. 그럼으로써 시어가 더욱 사람에게 쉽게 다가갈 수 있다. 매요신이 지은 송시의 독특한 풍격에 있어 모범작이 되는 시 하나를 읽어 본다.

노산산행(魯山山行)

마침 들 정취와 함께 하니 상쾌하고,
수많은 산은 높아졌다 낮아졌다 하네.
기이한 봉우리 곳에 따라 바뀌고,
깊은 길 홀로 가다 잃어버렸지.
서리 내리니 곰은 나무 위로 오르고,
텅빈 숲에 사슴만 시냇물 마시네.
인가가 어디인가,
구름 밖에서 들려오는 외마디 닭 울음소리.

適與野情愜, 千山高復低. (적여야청협, 천산고부저)
好峰隨處改, 幽徑獨行迷. (호봉수처개, 산경독행미)
霜落熊升樹, 林空鹿飮溪. (상락웅승수, 림공녹음계)
人家在何許, 雲外一聲鷄. (인가재하허, 운외일성계)

서리 내리면 자연의 온갖 경치가 변하니, 산에서는 낙엽이 다 떨어져 시야가 툭 터진다. 그래서 곰이 나무 위를 오르거나, 사슴이 물 마시는 모습이 목격된다. 그런데 아름다운 경치에 취해 다니다가 길을 잃어버린 시인은 인가를 찾는다. 그때 멀리서 들려오는 닭울음 소리. 그것을 표현하길 '구름 밖에서 들려온다'라고 했다. 구름 밖(운외)은 '매우 멀다'를 시각적으로 표현한 것이다. 산중 어디 먼 곳 어딘가에 인가가 있음을 나타낸다. 이렇게 읽혀지는 이 시는 평이하되, 깊고 아득한 시정(詩情)이 담겼다.

매요신의 「동계東溪」는 물을 감상한 것인데, 산을 표현한 위의 「노산산행」 못지않게 좋은 시이다.

동계에 이르러 물을 보며 즐기는데,
앉아 수중 바위를 마주하다 천천히 배를 출발하네.

언덕서 자는 들오리 한가하고,
고목은 꽃을 입어 미운 가지 없네.
짧은 부들은 가위로 재단한 듯 가지런하고,
평평히 깔린 모래는 채로 거른 듯 깨끗하구나.
마음은 있고 싶지만 그럴 수 없어,
해질녘 돌아오니 말이 피곤하군.

行到東溪看水時, 坐臨孤嶼發船遲. (행도동계간수시, 좌림고서발선지)
野鳧眠岸有閒意, 老樹著花無丑枝. (야부면안유한의, 노수착화무추지)
短短蒲耳齊似剪, 平平沙石淨於篩. (단단포이제사전, 평평사석정어사)
情雖不厭住不得, 薄暮歸來車馬疲. (정수불염주부득, 박모귀래거마피)

이 시는 동계라는 강물을 완상하는 과정을 서술한다. 작가는 물가에서 감상하다가 물 가운데 나와 있는 바위에 마음이 동해 배를 출발시킨다. 배에서 보는 들오리·고목·부들·모래에 대한 표현이 대단히 좋다. 특히 4구의 늙은 나무(老木)가 꽃을 입어서 미운 곳이 없다 함도 참으로 멋이 있거니와, 6구에서 모래가 잔물결에 씻기어 고르고 깨끗한 모양을 채로 거른 것에 비유한 것은 '표현의 묘를 다했다' 외에는 달리 평가할 말이 없다.

2. 소식과 북송의 시인

구양수·매요신·소순흠을 이어 왕안석(王安石)·소식(蘇軾)·황정견(黃庭堅)·진사도(陳師道, 1053-1101) 등 대시인들이 출현해서 크게 송시를 발전시켰는데, 그중에서도 가장 뛰어나며 동시에 후대에 가장 큰 영향을 미친 사람은 소식(蘇軾, 1036-1101, 일명 소동파)과 황정견(黃庭堅, 1045-1105, 호는 산곡山谷)이다. 합쳐서 소·황이라 병칭한다. 특히 소식은 송대 제일의 시인이다. 시뿐 아니라 이미 배웠듯이 산문은 물론 사에 있어서도 최고의 경지에 올랐다. 그래서 송나라를 가장 대표하는 최고의 문인이자, 시인은 단연 소식이다. 시문에 있어서 중국 최고의 천재 작가를 소식이라 특정하는 것은 이 때문이다.

제서림벽(題西林壁)

가로로 보면 고개,
세로로 보면 봉우리.
원근고저에 따라 모습이 제각각일세.
여산의 참모습을 알지 못하는 까닭은,
단지 이 몸이 산 속에 있기 때문이지.

橫看成嶺側成峰, 遠近高低無一同. (횡간성령측성봉, 원근고저무일동)
不識廬山眞面目, 只緣身在此山中. (불식노산진면목, 지연신재차산중)

이 시는 소식이 열흘간 여산을 유람하고 마지막으로 서림사에 들러 그간의 감회를 시로 적은 것이다. 같은 사물일지라도 보는 각도, 장소에 따라서 달라진다. 그러므로 사물의 전체 모습을 파악하려면 그 안에서 나와 멀리서 객관적으로 바라보아야 한다는 철학적 인식을 담고 있다. 즉 여산의 경치로부터 사물을 인식하는 원리를 이끌어내었다. 이로부터 '여산진면목(廬山眞面目, 여산의 참모습)'이란 성어가 만들어져 지금까지도 널리 사용되고 있다. 이 시는 송대 철리시의 대표적인 것이다.

음호상초청후우(飮湖上初晴後雨)

물빛이 반짝이고 날 개이니 마침 좋고,
산색은 텅빈 어둠, 비 내려 더욱 기이롭다.
서호를 서시에게 비교한다면,
옅은 화장이나 짙은 화장이나 다 어울려.

水光瀲灎晴方好, 山色空濛雨亦奇. (수광렴렴청방호, 산색공몽우역기)
欲把西湖比西子, 淡粧濃抹總相宜. (욕파서호비서자, 담장농말총상의)

중국 항주에 있는 서호는 본디 호수가 아니라 뻘에 가까운 곳이었다. 그런 것을 소식이 항주지사에 부임했을 때, 20만 명을 민공을 조직해 서호의 연못의 진흙을 퍼내고, 진흙과 풀뿌리를 이용해 길이 2.8 킬로미터의 남북향 제방을 쌓고, 6좌교(六座橋)를 세워 호수 위를 통과하도록 했으며, 제방 가에는 앵두나무와 버드나무 등 꽃과 풀을 심었는데, 이것이 그 유명한 소제(蘇堤)이다. 동원한 민공들에게는 적정 수준의 임금을 지불했다.

그렇게 만들어진 서호는 날씨 변화에 관계 없이 언제나 아름답다. 그것을 웃어도 아름답고 찡그려도 아름다웠다는, 춘추시대 말기의 미녀 서시(西施)에 비교했다. 맑은 때는 서시가 웃는 것, 흐릴 때는 서시가 찡그리는 것이다. 대대로 서호를 노래한 묵객들의 많은 시가 있지만, 소식의 시가 그중 최고의 절창으로 꼽힌다. 이 시는 2수로 되어 있는데, 위에 인용한 것은 제2수이다. 서호가 서자호(西子湖), 즉 '서시 호수'라는 별칭을 갖게 된 것도 바로 이 시가 인구에 회자된 것에서 비롯되었다. 다음은 소식이 관직 생활 초기에 아우인 자유(子由, 즉 소철(蘇轍))에게 보낸 창화시(唱和詩) 한 편을 감상한다. 창화시란 다른 사람의 시에 화답하는 시이며, 일명 화답시(和答詩)라고도 한다. 여기서는 소동파가 동생 소철이 보낸 시에 응대한 시이다.

화자유민지회구(和子由澠池懷舊)

사람이 여기저기 다님은 무엇 같은가,
기러기가 눈을 밟은 것 같지.
진흙에 우연히 발자국 남기고,
날아가면서 어찌 다시 방향을 구분할까.
노승이 죽고 새 탑이 섰지,

무너진 벽의 옛 글을 볼 길 없네.
전에 고생했던 일 기억한가,
길은 멀고 사람은 힘들고 저는 노새는 울었었지.

人生到處知何似, 應似飛鴻踏雪泥. (인생도처지하사, 응사비홍답설니)
泥上偶然留指爪, 鴻飛那復計東西. (니상우연류지조, 홍비나부계동서)
老僧已死成新塔, 壞壁無由見舊題. (노승이사성신탑, 괴벽무유견구제)
往日崎嶇還記否, 路長人困蹇驢嘶. (왕일기구환기부, 로장인곤건려사)

사람이 생계를 위해 여기저기 돌아다니며 일을 한다. 한곳에 머물렀다 떠나면 그곳에 자신의 흔적을 남겨 놓지만 얼마지 않아서 잊혀진다. 그것은 마치 기러기가 먹이 찾아다니다가 눈 내린 진흙 위에 남겨 놓은 발자국 같다. 허무하다. 기러기는 다시 다른 곳으로 날아가는데 어디로 갈지 정해놓은 곳은 없다. 단지 우연히 어떤 방향으로 갈 뿐. 인생도 마찬가지 아닌가. 이 시는 이와 같은 깊은 도리를 설파하고 있어서 철리시의 색채가 짙다. 또한 문학적으로도 뛰어나서 무한한 여운을 남긴다. 당시적인 흥과 송시적인 리가 구비되었다. 그 시어로부터 '설니홍조(雪泥鴻爪, 눈 진흙 위의 기러기 발자국)'라는 표현이 만들어져 유명한 성어가 생겼다.

소식은 철학적인 시뿐만 아니라 자연시나 서정시, 혹은 전원시 등에도 모두 빼어났다. 특히 물의 변화를 절묘하게 표현한 것으로 유명하다. 「유월이십칠일망호루취서六月二十七日望湖樓醉書」와 「범영泛潁」이 그 대표적인 경우이다.

한편 소식의 영향 아래서 배출된 소문사학사 가운데 황정견은 시와 예술(정확히는 문인화)에 있어서 특별히 학문을 중요시해서 '가슴 속에 만권의 책이 있어야 한다(흉중유만권서胸中有萬卷書)'고 천명했다. 이 말은 그가 소식의 사 작품인 「복산자·황주정혜원우거작卜算子·黃州定慧院寓居作」을 평하는 말 중에 나오는 것으로, 황정견의 글을 모아 놓은 『예장황선생문집豫章黃先生文集』에 실려 있다. 먼저 소식의 작품을 감상한 후 이에 대한 황정견의 평가를 읽어 보자.

복산자·황주정혜원우거작(卜算子·黃州定慧院寓居作)

잔 달이 성긴 오동나무에 걸렸고,
물시계 물 다해 막 고요해질 때.
때로 숨어 사는 은사의 왕래를 보노라니,
(그는) 표연한 외로운 기러기 모습이네.

(기러기는) 놀라서 머리 돌리며,
돌봐줄 사람 없음 한스러워 하네.
찬 가지 다 골라보았으나 깃들일만 하지 않아,
적막한 사주의 차가움이여.

缺月挂疏桐, 漏斷人初靜. (결월괘소동, 루단인초정)
時見幽人獨往來, 縹緲孤鴻影. (시견유인독왕래, 표묘고홍영)

驚起却回頭, 有恨無人省. (경기각회두, 유한무인성)
揀盡寒枝不肯棲, 寂寞沙洲冷. (간진한지불긍서, 적막사주냉)

이 사에서 은자는 편벽된 지역에서 가족도 없이 지내는 소식 자신을 가리키며, 그 은자를 깃들일 가지도 없는 기러기에 비유한다. 사람과 기러기가 합일된 '정경융합'의 경지인데, 황정견은 이 사를 평하길

> 말의 뜻이 고상하고 오묘하여 마치 익힌 음식 먹지 않는 도인의 말과 같으니, 가슴속에 만권의 책이 있어서 붓 아래 한 점의 속된 기운이 없지 아니하면 어찌 이 경지에 이르겠는가!
>
> 語意高妙, 似非喫烟火食人語, 非胸中有萬卷書, 筆下無一點塵俗氣, 孰能至此![139]

139) 이상 소동파의 「복산자·황주정혜원우거작」과 이것에 대한 평은 황정견의 『발동파악부跋東坡

라고 했다. 황정견은 만권의 책을 읽으면 속기(俗氣)를 다 떨쳐 낼 수 있고, 그래야만 진정한 문인이며 진정한 문인이어야 진정한 그림을 그릴 수 있다고 했다. 그는 문학이나 그림을 이야기하면서 시인이나 화가보다 '문인(文人)'을 더 강조했다. 타고난 기운이나 재질은 내 힘으로는 어쩔 수가 없다 할지라도 수많은 독서를 통해 마음이 순수해질 수 있다는 공부의 정화 효과를 부각시켰다. 훌륭한 시나 그림은 평소 함양한 공부를 바탕으로 이루어진다고 했다. 학문이 넘쳐서 저절로 시가 되고 그림이 된다는 것이다. 중국 회화론에 있어서는 황정견의 '만권서' 이론이 명나라 때 동기창에 의해 더욱 강조된 결과 학문이 예술의 필수조건이 되었다.[140)]

현재 사용되는 문인화란 말은 명나라의 화가이자 화론가인 동기창(董其昌, 1555-1636)의 '문인지화(文人之畵)'란 말에서 연유되었다. 그전에 문인들의 회화라는 용어를 최초로 만든 사람은 소식으로서, 직업화가들의 회화에 반대되는 뜻으로서 '사인화(士人畵)'란 말을 사용했다. 즉 송 때는 사인화가 문인화였다. 소식을 이어서 황정견은 문인화 창작에 있어서 학문을 강조했고, 명대 동기창은 회화를 남북으로 나누어 문인·학자들이 수묵으로 그리는 문인화는 남종화(南宗畵), 직업화가들이 채색으로 그리는 원체화(院體畵, 화원 풍의 그림)는 북종화(北宗畵)라는 개념을 만들었다.

황정견의 학문 정신은 시작에도 적용되어 시법(詩法, 시 짓는 규율)을 강구했다. 그는 시법의 모범으로 두보를 삼고, 두보의 엄정한 시율과 표현의 묘를 배우려 힘썼다. 그래서 시법을 엄격히 지켜 한 마디 한 글자도 가벼히 쓰지 않았다. 이러한 진중한 태도는 스승인 소식의 자유분방한 시작 태도와는 매우 다른 것이었다.

황정견의 시 짓는 방법을 따르는 사람들이 점점 많아져서 하나의 시파가 형성되었다. 그들 중 강서 지역 사람들이 많았기 때문에 그들을 강서시파라고 불렀으며, 강서시파는 송대 시파 중 가장 큰 세력을 형성하였다. 그래서 그 영수인 황정견을 소식과 묶어서 소황이라 칭했던 것이다. 강서시파 중 가장 뛰어난 시인으로는 진

樂府』에 보인다. 『발동파악부』는 『예장황선생문집』, 『四部叢刊』 集部 49, 서울, 법인문화사, 1989, 293쪽에 수록되어 있다.

140) 황정견의 시와 그림의 이론에 대해서는 졸저, 584-585쪽 참고.

사도(陳師道, 1053-1101)와 진여의(陳與義, 1090-1138)가 있다.

위에서 보았던 소식의 서정시나 철리시보다도 더욱 소식다움은 이선입시(以禪入詩)에 있다. 불교 경전에는 게송이라고 하는 불교 시가 많이 나오는데, 주로 이치를 설명하는 설리적인 것이다. 그래서 문학성은 적다. 그런데 중국의 일부 문학가들은 불교의 선적 심미 세계를 중국의 전통시 형식을 빌려서 표현함으로써 새로운 문학 유형을 창조했다. 이런 시 짓는 방법이 이선입시임은 앞서 당나라 왕유 편에서 밝힌 바 있다. 이 방면의 가장 큰 대가로 흔히 당나라의 왕유와 송나라의 소동파, 두 작가를 드는데 소식은 이론적으로도 잘 설명했다. 이런 측면에서 소식은 이선입시를 완성했다고 말할 수 있다. 소식이 말년에 지은 「송참료사送參寥師」라는 제목의 송별시를 분석하자.

상근기 사람은 불법(佛法)[141]을 배워서,
온갖 생각이 차가운 재와 같다.
검으로 획 자른 듯,
곡식을 죄다 태워 새싹이 나지 않는 듯.
어찌 우리 무리들을 좇아서,
문장의 빛남을 다투겠는가.
새로운 시는 옥과 눈 같아서,
말이 나오면 곧 맑은 깨우침을 준다.
한유가 초서를 논하매,
(張旭은) 만사를 아직 막지 못했다고 했지.
근심 걱정은 마음이 평정하지 못하게 하고,
하나에 집중하면 붓이 치달린다.
자못 이상하다 불교도는,
몸 보기를 언덕과 우물처럼 한다.

141) 본문의 고공(苦空)은 불교의 가르침을 지칭한다. 불교에서 말하는 '일체가 고통이고, 모든 현상은 공이다'를 가리킨다.

무너져서 담박함에 기탁하니,
누가 호방함과 용맹함을 견줄 수 있겠는가.
자세히 생각하면 틀렸으니,
진정한 기교는 환상이나 그림자가 아니라네.
시어가 오묘하게 되려면,
공과 고요함을 싫어해선 안 되지.
고요하기에 뭇 움직임이 멈추고,
공이기에 온갖 것들을 받아들인다.
세상과 사람을 경험하면서,
몸을 보기를 고개에 누운 구름처럼 한다네.
짠맛 신맛이 모든 음식 속에 섞여야 좋으니,
그 가운데 한 맛이 있음은 영원한 이치.
시와 불법(佛法)은 서로를 방해하지 않는다는,
이 말을 마땅히 청해야 하네.

上人學苦空, 百念已灰冷. (상인학고공, 백념이회냉)
劍頭惟一吷, 焦谷無新穎. (검두유일혈, 초곡무신영)
胡爲逐吾輩, 文字爭蔚炳. (호위축오배, 문자쟁울병)
新詩如玉雪, 出語便淸警. (신시여옥설, 출어편청경)
退之論草書, 萬事未嘗屛. (퇴지론초서, 만사미상병)
憂愁不平氣, 一寓筆所騁. (우수불평기, 일우필소빙)
頗怪浮屠人, 視身如丘井. (파괴부도인, 시신여구정)
頹然寄淡泊, 誰與發豪猛. (퇴연기담박, 수여발호맹)
細思乃不然, 眞巧非幻影. (세사내불연, 진교비환영)
欲令詩語妙, 無厭空且靜. (욕령시어묘, 무염공차정)
靜故了群動, 空故納萬境. (정고료군동, 공고납만경)
閱世走人間, 觀身臥雲嶺. (열세주인간, 관신와운령)

鹹酸雜衆好, 中有至味永. (함산잡중호, 중유지미영)

詩法不相妨, 此語當更請. (시법불상방, 차어당경청)

1091년 소동파 나이 54세 때 시승(詩僧)인 참료(參寥)가 방문했다. 함께 이야기하면서 소동파는 참료가 아직 확철대오(確徹大悟, 철두철미하게 깨닫다)하지 못했음을 간파했다. 참고로 소식은 황주 유배 시절 안국사(安國寺)라는 절에서 참선에 용맹정진하여 첫 깨달음을 얻는데, 그때 정황이 「황주안국사기黃州安國寺記」에 잘 나타나 있다.[142] 위 시에서 "한유가 초서를 논하매, 만사를 아직 막지 못했다고 했지" 부분은 당나라 한유(768-824)가 장욱(張旭, 685?-759?)의 초서(草書)를 비판한 것으로 추정된다. 즉 장욱은 세속의 온갖 일이 마음을 교란시키는 수준을 벗어나지 못했다는 것이다. 그런데 소동파가 보니 참료가 시를 짓는 모양은 마치 장욱이 초서를 쓰는 것과 같았다. 그러면 어찌해야 만사가 시 짓는 데 방해가 전혀 되지 않을까.

위 시에 씌어 있는 '몸이 언덕이나 우물과 같다'고 하는 것은 세속적인 희노애락의 감정이 사라진 상태를 비유한다. 몸과 마음을 연결하는 정이 나무가 불타버리듯이, 곡식의 싹을 잘라버리듯이 하여 더 이상 느껴지지 않아야 하는데, 그것은 바로 공(空)과 고요함(靜)의 단계이다. 그것은 생각하는 것이 아니다. 창작 연대가 불확실한 「출도래진소승선상유제소시팔수부지하인작유감여심자료위화지出都來陳所乘船上有題小詩八首不知何人作有感余心者聊爲和之」라는 소동파 시 역시 그 제8수에서 우물로써 번뇌가 다 소멸되었음을 비유한다.

---

142) 성 남쪽에 있는 안국사라는 절을 알게 되었다. 안국사에는 무성한 숲·긴 대나무·언덕·연못이 있었다. 하루나 이틀 간격으로 그곳에 가 향을 피우고 고요히 좌선을 했다. 깊이 나를 성찰하니 사물과 나의 구분을 잊고, 몸과 마음이 텅 비게 되어 죄가 어디서부터 오는지를 찾으려고 했으나 찾을 수가 없었다. 한 생각이 청정하니 온갖 오염된 것이 저절로 사라졌다. 겉과 안이 확 트여 더러운 것이 붙을 곳이 없었다. 혼자 남몰래 기뻐했는데 지금까지 이곳에 아침에 가서 저녁에 돌아오는 일을 5년 동안 했었다. (得城南精舍曰安國寺, 有茂林修竹, 陂池亭榭. 間一二日輒往, 焚香默坐, 深自省察, 則物我相忘, 身心皆空, 求罪垢所從生而不可得. 一念淸淨, 染汙自落, 表裏翛然,無所附麗. 私竊樂之, 旦往而暮還者, 五年於此矣.)

내 시를 비록 졸하다고 말하지만,

근자에 번뇌가 다 소멸되니,

마음은 평정하고 성운은 조화롭다.

옛 우물에는 물결이 생길 일이 없는 것과 같다.

我詩雖云拙, 心平聲韻和. (아시수운졸, 심평성운화)

年來煩惱盡, 古井無由波. (연래번뇌진, 고정무유파)

참선으로써 마음을 어지럽히는 번뇌를 제거하면 진정 좋은 시가 써진다는 이상과 같은 소동파의 견해는 이선입시 문학관의 상징과도 같다. 문학과 불교가 완벽하게 융합되었다. 선으로써 시를 쓴다함은 어떤 의미인가. 모두 말하길 시는 감정을 표현한 것이라고 한다. 그런데 감정은 변한다. 내가 훌륭한 작품을 써서 사람들을 감동시킨다고 가정할 때, 그것은 매우 바람직하며 칭찬 내지 칭송받을 일이다. 내 마음이 정화되고 카타르시스의 작용이 있으며, 그런 과정을 거쳐서 나라는 존재가 품위 있고 세련되어진다. 하지만 감정은 시간이 흐르면 변해서 사라지고, 그래서 허무하다. 어떤 때는 평정심을 흔든다.

감정을 표현하는 것보다 더 높은 차원의 문학이나 예술은 없는가. 여기서 선을 제시할 수 있다. 선을 통해서 깨달음에 이르면 마음이 대낮처럼 밝아져서 모든 것(감정과 생각을 포함)을 '통찰(通察)'하게 된다. 통찰은 감정을 초월한다. 일체를 비춰보되 마음이 변하거나 흔들리지 않는다. 그것은 변하는 세계가 아니기에 허무하지 않다. 그러므로 깨달음의 상태에서 시를 쓰고 그림을 그리면 다른 차원의 글과 그림이 탄생한다. 그런 작품은 인간의 감정 차원이 아니고 도와 진리의 차원이다. 읽으면 저절로 마음이 평정되고 밝아진다.

위에서 언급했던 참료를 떠나보내면서 지은 사(詞) 작품, 「팔성감주·기참료자八聲甘州·寄參寥子」의 서두에 나오는 "유정의 바람이 만 리에 조수를 몰고 왔으나, 무정으로 조수를 돌려보내네. (有情風, 萬里卷潮來, 無情送潮歸.)"가 그런 맥락에서 읽힌다. 참료는 친구를 사랑하는 인간적 애정으로 먼 곳에서 밀물처럼 왔으나, 나 소동파는 그런 세속적인 정을 초월한 경지에서 썰물처럼 보낸다는 것이다. 거대한 자연 현상과 우정, 그리고 깨달음을 단 13자에 응축했다.

소식이 있는 경지는 무아의 세계이다. 즉 내가 없을 때 비로소 세상 사람들과 함께 있어도, 또한 모든 세속의 일 속에 있어도 그것들이 내 마음에 전혀 영향을 주지 않는다. 그 상태에서 창작된 작품이 진정 훌륭하다. 1099년 동파 나이 63세, 즉 죽기 2년 전에 지은, 3수로 구성된 「유혜산(병서)遊惠山(並敘)」의 첫 수를 예로 든다.

꿈에서 5년 지내고,
깨어나니 양 귀밑머리 쇠했구나.
진토 걷는 발걸음 되돌려,
깨끗한 물결로 한 걸음 내딛는다.
소나무·계수나무 그림자 내려다보고,
기러기·학 나는 모습 올려 본다.
뱃속(즉 內心)을 환히 밝히니,
얼음과 옥처럼 빛난다.
텅 비고 밝은 가운데 만물이 있고,
청정한 가운데 저절로 향기가 난다.
세상을 따라서 살아가지만,
영원히 세상을 잊었노라.

夢裏五年過, 覺來雙鬢蒼. (몽리오년과, 각래쌍빈창)
還將塵土足, 一步漪瀾堂. (환장진토족, 일보의란당)
俯窺松桂影, 仰見鴻鶴翔. (부규송계영, 앙견홍학상)
炯然肝肺間, 已作冰玉光. (형연간폐간, 이작빙옥광)
虛明中有色, 淸淨自生香. (허명중유색, 청정자생향)
還從世俗去, 永與世俗忘. (환종세속거, 영여세속망)

이 시는 깨달음의 상태에서 경험하는 일들을 잘 나타내고 있다. 마음이 환하게 밝고 청정한 경지는 텅빈 허공과 같고, 그때 일어나는 세속의 온갖 것들은 먼지와 같다. 먼지는 허공을 어쩌지 못한다. 그래서 세속에서 사람들과 함께 살아가지만 세속을 잊었다고 한 것이다.

3. 남송사대가와 남송의 시인

서기 1,127년 여진족이 세운 금(金)나라 대군이 송 도읍지인 변경(汴京)을 공격하고 격파하여 휘종(徽宗)과 흠종(欽宗) 두 황제를 잡아가기에 이르렀다. 창졸간에 왕위를 계승한 고종(高宗) 조구(趙構)는 강남으로 도피하여 이때부터 남송시대가 시작되었다. 그 이전을 북송이라 부른다. 이로부터 금에 대항하여 중원을 회복하자는 비장한 분위기가 당시 사회를 압도했고 문학도 그 내용과 풍격이 크게 변하였으니, 시인 중에는 육유(陸游, 1125-1210), 사인 중에는 신기질(辛棄疾)이 금에 항거하는 대표 문학인이 되었다. 육유가 중년 때 쓴 「서분書憤」은 다음과 같다.

젊어서는 어찌 세상사 어려움을 알았겠는가,
중원을 북으로 바라보며 기운은 산과 같았지.
군선 타고 눈 내리는 밤 과주를 건넜고,
철마는 추풍 헤치며 대산관을 넘나들었지.
변방의 장성을 부질없이 지키고자 했지만,
이제 거울에 쇠한 귀밑머리 희끗희끗하네.
출사표는 참으로 유명하지만,
천년 후 누가 (제갈량에) 버금갈 만하겠는가.

早歲那知世事艱, 中原北望氣如山. (조세나지세사간, 중원북망기여산)
樓船夜雪瓜洲渡, 鐵馬秋風大散關. (누선야설과주도, 철마추풍대산관)
塞上長城空自許, 鏡中衰鬢已先斑. (색상장성공자허, 경중쇠빈이선반)
出師一表眞名世, 千載誰堪伯仲間. (출사일표진명세, 천재수감백중간)

육유는 본디 문인 학자로서 조정에서 벼슬을 했던 이이다. 그러나 국난을 당하여 군대에 투신해 이처럼 전선에서 싸우기도 했다. 국난을 극복하고자 하는 애국심이 널리 알려져 흔히 그를 애국시인의 한 사람으로 여긴다. 그는 늙어서 20여 년의 시간을 고향에서 살면서 한적 생활을 반영하는 아름다운 서정시를 많이 지었다.

조매(早梅)

동쪽 언덕에 매화 막 움직여,
향기 풍겨와 내 마음 깊이 스미네.
분명 울타리 밖에 있는 줄은 알겠으나,
나가 보니 찾기 어렵네.

東塢梅初動, 香來托意深. (동오매초동, 향래탁의심)
明知在籬外, 行到却難尋. (명지재리외, 행도각난심)

조매는 아직 겨울이 다 끝나지 않은 추위 속에서 핀 매화이다. 육유의 이 시는 매화에 대한 그리움과 반가움을 간접적으로 잘 표현하고 있다. 시 마지막에 '찾기가 어렵다' 하여 그런 마음을 여운으로 치환시킨다. 중국에는 조매를 주제로 쓴 시들이 꽤 많은데, 그중 당나라 시인 장위(張謂, 8세기)가 지은 「조매」와 위의 육유의 것을 비교하며 감상해 보자.

한 그루 찬 매화가 가지는 백옥 같고,
멀리 마을 길 시내 다리 곁에 피었네.
물 가까이 있어서 먼저 핀지 모르고,
겨울 눈이 아직 녹지 않은 줄 알았네.

一樹寒梅白玉條, 迥臨村路傍溪橋. (일수한매백옥조, 형림촌로방계교)
不知近水花先發, 疑是經冬雪未銷. (부지근수화선발, 의시경동설매소)

이 시는 매화를 눈으로 착각한 착시 현상을 통해 매화의 산뜻한 모습을 부각시켰다. 여기서 남송시대의 시인을 살펴보자. 흔히 육유를 비롯해서 범성대(范成大, 1126-1193)·양만리(楊萬里, 1127-1206)·우무(尤袤, 1124-1193) 등을 남송사대가(南宋四大家)라 칭하는데, 이들은 강서시파를 벗어나 비교적 개성적인 시를 썼다. 그중 양만리의 「주과안인舟過安仁」을 음미한다.

작은 고깃배 하나, 두 어린아이가 타,
대나무 장대 거두고 멈춘 배에 앉았군.
비 없는데 이상하게 둘 다 우산을 펼쳤네,
머리 가리는 게 아니라 바람에 배 가게 하려고.

一葉漁船兩小童, 收篙停棹坐船中. (일엽어선양소동, 수고정도좌선중)
怪生無雨都張傘, 不是遮頭是使風. (괴생무우도장산, 불시차두시사풍)

시인이 안인 지역을 지나다가 목도한 광경. 어린아이 둘이 대나무 장대를 노 삼아 배를 젓다가 멈추고 비도 없는데 우산을 편다. 이상하다 싶어 눈여겨 보게 되고, 아! 우산을 돛처럼 하려고 했구나, 라고 깨닫는다. 천진난만한 아동의 모습이 눈앞에 저절로 그려지는 시이다.

남송 말엽의 시단은 영가사령(永嘉四靈)이 대표한다. 이들은 섭적(葉適, 1150-1223)의 문하에서 나온 서조(徐照)·서기(徐璣)·옹권(翁卷)·조사수(趙趙師秀)의 네 사람을 일컫는다. 이들은 강서시파의 시풍에 반대하면서 다시 당시로의 복귀를 표방했다. 즉 학문적인 엄격한 태도로 시 짓는 것을 반대하고 감정을 자연스럽게 표현할 것을 주장했다. 그러나 영가 지역을 중심으로 하는 이들 시파의 시들은 주로 유미주의적인 폐단에서 벗어나지 못하였다.

이에 강호시파(江湖時派, 혹은 강호파)가 등장하여 강서시파의 책을 바탕으로 시를 짓는 것과 영가사령의 책을 버리고 시를 짓는 것에 모두 찬성하지 않고 양자 절충을 시도했다. 대표 시인으로 강기(姜夔)·대복고(戴復古)·유극장(劉克莊) 등이 있다.

송나라가 몽고족이 세운 원에 의해 멸망한 후 일련의 시인들이 유민이 되어 숨어 살면서 비통한 마음을 시로 노래했으니, 문천상(文天祥, 1236-1283)·사고(謝翱, 1249-1295)·임경희(林景熙, 1249-1295) 등이 그들이다. 이중 문천상이 지은 「정기가正氣歌」는 대단히 유명하다.

한편 북방에 왕조를 세운 금(金)나라의 시인으로서는 원호문(元好問, 1190-1257)이 유명하다.

제3절 송대의 사

1. 완약파와 호방파

당나라 때 민간에서 시작되고, 문인 문학으로 발전된 사는 송나라에 이르러 마침내 크게 유행하여 제왕이나 귀족·문인부터 승려, 기녀에 이르기까지 모든 계층이 지어서 궁중부터 민간까지 유행했다. 그리하여 당시송사(唐詩宋詞, 당은 시이고 송은 사)라는 표현이 만들어지게 되었다. 여기에 원나라 곡, 즉 원곡을 더하여 당시, 송사, 원곡이라고 표현한다. 그런데 송사가 송대 문학의 대표 장르가 된 까닭은 그것이 작가의 수나 작품의 수가 많았기 때문이 아니라, 송대 문학에서 차지하는 비중이 컸기 때문이다.

구체적으로 나타내면 당규장(唐圭璋, 1901-1990)이 편찬한『전송사全宋詞』[143]에는 1,330 명의 작가가 지은 2만 수가 수록되었다. 그러나 대부분 문인들이 사가 시보다 못하다 여겨 문집 속에 넣지 않았을 것임을 감안하면 실제 작가 수는 이보다 훨씬 많았을 것이다. 그렇다 하더라도 전송시(全宋詩)[144]에 수록된 작가는 11만 명에 작품은 20만 수에 달한다—물론 작가나 작품 수가 바로 문학의 질을 나타내지는 않는다. 많은 사 작품이 산실되었다 해도 작가의 수나 작품의 수량에서는 송시가 송사를 압도한다고 할 수 있다.

그렇다면 송사가 송시보다 대표성을 띠게 된 이유는 송사가 송대 문학의 변화 속에서 상층의 문인문학과 하층의 민간문학을 연결하는 가교 역할을 담당하였고, 민간문학의 다양한 공연예술들이 발전할 수 있는 기본 토대를 제공하였기 때문이다. 다시 말하면 문학발전사에 있어서 송나라 때는 사가 시보다 더 중요한 가치를 지니고 있다.

북송 초의 사는 안수(晏殊, 991-1055)·안기도(晏幾道, 1038-1110) 부자와 구양수가 대

143) 5책, 북경, 中華書局 발행, 1986.

144) 北京大學古文獻硏究所編, 1991, 72권.

표하는데, 모두 당나라 때 형성된 화간파의 사풍으로 지었다. 그리하여 작품이 여성적이고 부드러우며 섬세했다. 이들 중 구양수의 사가 단연 당시의 사 문학을 대표하는 것으로 맑고 수려하며, 완곡하고 함축적이며, 신묘한 정서를 곡진히 드러내어 정취와 운치가 무궁하다.

사의 형식에 큰 변화가 생긴 것은 장선(張先, 990-1078)과 유영(柳永, 1045 전후)에 이르러서다. 이들에 의해 만사(漫詞)가 크게 유행되었기 때문이다. 그리하여 송나라 사는 크게 소령(小令)과 만사(漫詞)로 나뉘게 되는데 우선 사에 사용되는 명칭은 시와 다르다.

시의 구에 해당하는 것을 박(拍)이라고 부르고, 연(聯)에 해당하는 것을 균(均)이라고 부른다. 균을 이루는 박의 수는 일정치 않으나 왕왕 2박이 1균을 이룬다(마치 시에서 2구로 련을 만드는 것과 같다). 그러나 3박, 4박이 1균을 이루기도 한다.

2균 이상이 1결(関)을 구성한다(결은 시의 首와 같으니, 마치 4구가 1수가 되는 것과 유사하다). 그리고 보통 2결까지가 소령이 되고, 2결보다 많으면 만사가 된다. 시에 빗댄다면 1수나 2수로 된 작품이 소령이고, 2수가 넘으면 만사가 되는 것이다. 그런데 시는 종류에 따라 구 수가 엄격히 정해져 있으나 사는 그러지 않기 때문에 같은 소령일지라도 어떤 것은 편폭이 더 길다. 그러기 때문에 예로부터 소령과 만사를 글자 수로 구분할 수 없다고 하는 것이다. 그리고 소령이 되든 만사가 되든 반드시 운을 사용한다(시의 짝수 구 마지막 글자에 운을 두는 것과 같다). 소령을 영사(令詞), 영곡(令曲), 혹은 영(令)이라고도 칭한다.[145)]

한편 유영은 송 전체를 통해서 소위 완약사라는 사파(詞派)를 상징하는 사 작가로 통한다. 평생을 기녀들과 어울리며 사작에 전념한 그의 사는 정교하고 세밀하고 부드럽고 섬세하였으며, 대상과 내가 하나 되는 정경융합이 뛰어났다. 작품에 쓰인 언어는 통속적이며, 사용된 음율은 조화되고 완약(婉弱)했기 때문에 사람들이 매우 좋아하여 당시 광범위하게 유포되었다. 그가 죽었을 때 기녀들이 돈을 추렴해 장례를 치러주었다. 그의 대표작 중 하나를 읽는다.

---

145) 陳緒萬 등 편, 唐宋元小令, 西安, 世界圖書出版西安公司, 2007에 중국의 대표적인 소령들이 해설과 함께 수록되어 있으며 그 서문에 소령의 역사와 체재, 그리고 특징 등이 설명되어 있다.

우림령·한선처절(雨霖鈴·寒蟬凄切)

가을 매미 구슬피 우는데,
어두워지는 장정(長亭)[146]에서,
몰아치던 비는 잠시 멎었다.
성문 밖에 마련된 이별주 울적하게 쓸쓸히 마신다.
차마 발길이 떨어지지 않는데,
배는 가자고 재촉하는구나.
두 손 마주잡고 젖어드는 눈동자 바라보다가
목매여 끝내 한마디 못하네.
이제 떠나서 가면,
천리 안개와 파도길,
저녁노을 자욱한 저편 초 땅 하늘만 아득하겠지.

예로부터 다정한 사람 이별을 서러워하였으니,
어찌 견딜까?
차갑고 쓸쓸한 이 가을의 이별을!
오늘 밤 마신 술 깨고 나면 어디일까?
버드나무 둑, 새벽바람 속에 조각 달이겠지.
이제 떠나가면 여러 해 넘기겠지.
아름다운 시절 좋은 경치 모두 부질없겠지.
천 가지 정이 일어난대도,
누구랑 다시 이야기 하리?

寒蟬凄切, 對長亭晩, 驟雨初歇. (한선처절, 대장정만, 취우초헐)
都門帳飮無緖, 留戀處, 蘭舟催發. (도문장음무서, 류연처, 난주최발)

---

146) 고대 성 밖의 길옆에 세운 정자로서, 떠나는 이를 전별하거나 나그네가 휴식을 취하는 용도로 사용되었다.

執手相看淚眼, 竟無語凝噎. (집수상간루안, 경무어응일)
念去去, 千里烟波, 暮靄沈沈楚天闊. (념거거, 천리연파, 모애침침초천괄)

多情自古傷離別, 更那堪? 冷落淸秋節! (다정자고상이별, 경나감, 냉락청추절)
今宵酒醒何處, 楊柳岸, 曉風殘月. (금소주성하처, 양유안, 효풍잔월)
此去經年, 應是良辰好景虛設. (차거경년, 응시양신호경허설)
便縱有千種風情, 更與何人說? (편종유천종풍정, 경여하인설)

이런 풍을 가진 유영의 사는 당나라 화간파를 계승한 것으로, 사람들은 이것이 사의 본래 성격이라고 여겼다. 그런데 소동파가 사풍에 혁명을 일으켰다. 소동파에 이르러 이전의 여성적인 부드럽고 섬세한 완약사(婉約詞)에서 남성적이며 기개 있는 호방사(豪放詞)로 바뀌는 일대 전환을 맞이했던 것이다. 소식은 원래 시를 잘 지었기 때문에 시작(詩作) 기법을 사에 적용한 결과 사에 시적 요소가 많이 가미되게 되었다. 즉 사란 원래는 가볍고 부드러운 느낌이었는데 시처럼 장중한 느낌을 갖게 되었다. 소동파가 사에 있어서 혁명을 일으켜 담대하고 기개 있는 사를 지었다. 이후 유영을 따르는 사람들을 완약파(婉弱派), 소동파를 따르는 사람들을 호방파(豪放派)로 부르게 되었다. 소식 사 중 가장 중요한 작품 하나를 소개한다.

염노교·적벽회고(念奴嬌·赤壁懷古)

큰 강이 동쪽으로 가서, 물결 흐르자, 천고의 풍류와 인물도 다하였다.
옛 보루(堡壘)의 서편, 사람들은 말하누나, 삼국시대 주유가 (싸웠던) 적벽이라고.
어지러이 바위는 창공 위로 솟았고 놀란 파도는 강기슭을 찢을 듯, 천 무더기 눈을 말아올린다.
강산은 그림 같은데, 한때 호걸이 얼마나 많았던가!
아득히 공근(즉 주유) 당시를 생각해 보니, 소교가 처음 시집 왔고, (주유의) 웅혼한 자태는 영기(英氣)를 펼쳤다.

(제갈량이) 깃털 부채에 윤건 쓰고, 웃고 떠드는 사이,
돛대와 노는 재로 날리고 연기로 사라졌지.
마음속으로 옛 나라에서 노니나니, 다정한 이는 응당 나를 비웃으며, 벌써 흰 머리 났다 하겠지.
인생은 꿈과 같은 것,
한 잔 술을 강물에 비친 달에게 바치노라.

大江東去, 浪淘盡, 千古風流人物. 대강동거, 랑도진, 천고풍류인물.
故壘西邊, 人道是, 三國周郎赤壁. (고루서변, 인도시, 삼국주랑적벽)
亂石穿空, 驚濤拍岸, 捲起千堆雪. (난석천공, 경도작안, 권기천퇴설)
江山如畫, 一時多少豪傑. (강산여화, 일시다소호걸)
遙想公瑾當年, 小嬌初嫁了, 雄姿英發. (요상공근당년, 소교초가료, 웅자영발)
羽扇綸巾, 談笑間, 檣櫓灰飛烟滅. (우선윤건, 담소간, 장노회비연멸)
故國神遊, 多情應笑我, 早生華髮. (고국신유, 다정응소아, 조생화발)
人間如夢, 一樽還酹江月. (인간여몽, 일준환뢰강월)

이 작품은 삼국시대 적벽대전이 있던 곳에서 삼국의 영웅들을 회상하고 있는데, 장대하고 힘차며 기백 있다.

2. 사의 새로운 도약

사는 호방파가 점차 대세를 이루게 되었으며, 호방파 작가들은 점차 음악성을 무시하는 경향으로 흘러갔다. 그리하여 차츰 사를 시처럼 짓게 되니, 사 고유의 특징이 엷어지고 사가 시화(詩化)되었다. 그런데 소식의 문하생 진관(秦觀, 1049-1100)은 소식의 사풍과 크게 달라서 유영의 완약사를 이었다. 진관 후에는 주방언(周邦彦, 1056-1121)이라는 사의 대가가 나와 완약사의 집대성자가 되었다. 그는 앞의 온정균·이욱·안수·구양수·유영 등 제 사인들의 장점들을 흡수해서 다양한 정감을

표현할 수 있었다. 거기에 부 짓는 방법으로 사를 지어 새로운 사의 풍격을 창조했으니, 사물과 일을 죽 나열하면서 상세하게 묘사했다. 그러하되 언어와 음률을 깊이 연구했기 때문에 말은 아정하고 정채로웠으며, 음률은 아름다웠다. 이렇다 보니 내용은 완약하면서도 표현은 아정한 작품이 되었으니, 완약사가 빠지기 쉬운 유약함에서 벗어날 수 있었다. 이러한 주방언의 사작 방법은 사를 예술상 매우 높은 수준으로 끌어올렸으며, 동시에 사가 어느 한 방향으로만 발전됨으로써 생길 수 있는 폐단을 차단했다. 그의 대표작 중 하나로 「서룡음·대석춘경瑞龍吟大石春景」을 들 수 있다.

주방언을 이어서 이청조(李淸照, 1081-1141?)라는 여류시인이 나타나 사의 정통성을 확립했다. 그녀는 사의 전통적 특징, 즉 완약사의 전통(섬세하고 아름답게 표현함)을 고수하면서도, 유약에 빠지지 않는 좋은 작품들을 창작했다. 그녀는 중국 최초의 사 이론인 『사론詞論』을 지었는데, 이 글에서 시와 시는 다르다고 하면서 사의 고유성을 강조하길, “사는 별도로 일가를 이룬다.(詞別是一家)”라고 했다. 그러면서 소식의 ‘시로 사를 짓는 태도(以詩爲詞)’와 왕안석·증공이 ‘문으로 사를 짓는 태도(以文爲詞)’를 모두 비판했다. 이로써 ‘사는 시여(詩餘)’라는 편견에서 완전히 벗어날 수 있게 되었다.

이청조의 사 작품 중 「점강순·축파추천點絳脣·蹴罷秋千」·「취화음·박무농운수영주醉花陰·薄霧濃雲愁永晝」가 뛰어나지만, 더 훌륭한 것은 「성성만·심심멱멱聲聲慢·尋尋覓覓」이다.

찾고 찾지만, 차디차고 맑디맑으니, 아리고 쓰라린 근심이여.
더웠다 추웠다 하는 계절에는, 몸 건사하기가 가장 어렵지요.
두세 잔 담백한 술로, 어찌 저 저녁의 세찬 바람을 대적하리오.
기러기 지나가니, 정말 마음 아파요, 그래도 옛날엔 서로 알아주었는데.

땅 가득 노란 국화 쌓여도, 시들어 초췌하니, 이제 누가 따려 할까요?
홀로 창문을 지키며, 어떻게 어두울 때까지 있을까요?

오동나무에 가랑비까지 나려, 황혼이 되어도, 빗방울 똑똑.
이러한 때, 어찌 수(愁) 자 하나로 끝낼 수 있으리오!

尋尋覓覓, 冷冷清清, 凄凄慘慘戚戚. (심심멱멱, 냉냉청청, 처처참참척척)
乍暖還寒時候, 最難將息. (사난환한시후, 최난장식)
三杯兩盞淡酒, 怎敵他晚來風急. (삼배양잔담부, 즘적타만래풍급)
雁過也, 正傷心, 却是舊時相識. (안과야, 정상심, 각시구시상식)

滿地黃花堆積, 憔悴損, 如今有誰堪摘. (만지황화퇴적, 초최손, 여금유수감적)
守著窗儿, 獨自怎生得黑. (수착창아, 독자즘생득흑)
梧桐更兼細雨, 到黃昏點點滴滴. (오동경겸세우, 도황혼점적적)
這次第, 怎一個愁字了得. (자차제, 즘일개수자료득)

첫머리에 연달아 쓴 14개의 첩자(疊字)는 이제까지 그 누구도 사용한 적이 없던 표현 방법이다. 첩자를 계속 씀으로써 처량하고 쓸쓸함이 음악적으로, 그러면서 마치 손에 닿을 것 같은 감촉처럼 느껴진다.

이청조는 사는 아름다울 뿐 아니라 더 나아가 품격과 운치를 구비하고 청신하고 탈속적인 격조를 지녀야 한다고 했다. 이로써 여성스러우면서도 품위 있는 사가 만들어지게 되었다. 그리하여 이청조에 의해 사람들은 신선한 사풍을 맞이하게 되었다. 이청조가 제창한 사체는 후에 그녀의 호를 따 이안체(易安體)로 명명되어 남송의 신기질에 이어졌다.

이청조가 마련한 사의 우수성을 바탕으로 신기질(辛棄疾, 1140-1207)은 호방사의 장점인 시적 요소와 완약사가 전승한 사의 고유성을 융합하여 예술적으로 매우 높은 수준으로 끌어올렸다. 여기에 산문적인 방법은 물론, 주방언이 일군 부의 표현 수법까지도 모두 도입하여 사를 짓는 데 활용하였다. 그리고 이를 통해 서정은 물론, 사물의 모습을 객관적으로 표현하는 묘사, 어떤 주제에 대하여 논하는 의론(議論), 사건을 기록한 기사(記事) 등도 사로써 가능하게 하였으니 신기질은 중국문화의 특징인 융합성을 사 분야에서 가장 잘 구현한 작가였다고 할 수 있다. 이후의 사는 지금까지 설명한 사 작가들이 마련한 토대의 기반 위에서 시대의 변화와 작가의 성향에 따라 다양하게 창작되었다. 신기질의 「보살만」이라는 사를 읽어보자.

보살만·서강서조구벽(菩薩蠻·書江西造口壁)

울고대 아래 맑은 강물,
그 안에 행인들의 눈물 얼마나 많겠는가!
서북쪽으로 장안 바라보니,
슬프다 무수한 산 있음이여!

청산이 다 막지 못해,
결국 동으로 흘러간다.
저무는 강이 바로 날 근심케 하고,
산 깊어 자고새 울음소리 들린다.

鬱孤臺下淸江水, 中間多少行人淚. (울고대하청강수, 중간다소행인루)
西北望長安, 可憐無數山. (서북망장안, 가련무수산)

靑山遮不住, 畢竟東流去. (청산차부주, 필경동류거)
江晩正愁余, 山深聞鷓鴣. (강만정수여, 산심문자고)

울고대는 지금 장시성의 간저우시(贛州市) 서북쪽에 있는 지아란산(賀蘭山) 정상에 있는 누대이다. 신기질은 금나라에 항거하고 나라를 구하기 위해 의병을 조직하고 전장터를 누볐던 사람이다. 이 작품은 신기질이 울고대에 올라, 40년 전 금나라 군대가 장시를 침입해 수많은 인명을 살상한 일을 회고하면서 지은 것이다. 작가는 이렇게 상상했다. 그 일이 분해서 지나는 행인들이 흘린 눈물이 강물이 되었고, 강물이 동으로 흐르는데 산들이 겹겹이 쌓여있어도 강물을 막지 못한다. 이 사에서 강물·눈물·산, 세 가지 이미지를 절묘하게 연관시켜서 나라를 위한 근심을 나타내고 있는데, 호방하면서도 슬픈 격조를 동시에 띄고 있다.

신기질 이후 남송의 사는 대체적으로 음률과 형식을 중시하는 격률사파(格律詞派)가 득세하게 되었다. 격률사파의 기원은 당말과 오대 때의 화간파에 있으며, 그 창시인은 사를 지을 때 음률을 중시했던 주방언으로 친다. 남송의 격률사파는 강기(姜夔, 1155-1221?)가 태두이다. 강기는 음악에 정통하여 스스로 작곡을 하고, 거기에 맞추어 사를 지어 노래할 수 있었다. 중국 10대 음악가 중 하나로 꼽힐 정도로 작곡을 잘했으며, 사도 의취(意趣)가 있고 함축미가 뛰어나며 암유와 연상의 수법을 잘 활용하였다.

강기 후 사달조(史達祖, 1155?1220?)·오문영(吳文英, 1200-1260)·장첩(蔣捷, 1235?-1300)·장염(張炎, 1248-1320)등이 계속 이어서 격률사파를 형성하였다. 그런데 이들은 후기로 갈수록 격률에 치중하다 보니 사어(詞語)의 아정함과 음률의 아름다움만을 추구했다. 그리하여 작가 스스로의 개성이나 창의가 잘 살아나지 못하는 폐단이 생기었다. 또한 엄격한 규율과 제한을 따라 짓는 사로 바뀌지게 되었다. 결과적으로 생동력은 없어지고 일정한 격식과 규율을 따라 거기에 아름답고 멋진 글귀를 골라 맞추어 놓는 작업으로 변하여 소수가 즐기는 문학 형태로 전락하고 말았다.

후대에 격률사를 짓는 사인들은 주방언이나 강기를 스승으로 추숭하면서도 스승의 진면모를 따르지 않았다. 이 두 위대한 작가는 격률을 따지고 연마하면서도 내용과 의취를 중요시 했으며, 자신의 개성을 살렸다. 그렇지만 뒷사람들은 그러한 정신은 보지 않고, 겉으로 나타나는 형식을 모방하다 보니 진정한 창작을 하지 못하게 되었다. 이러한 창조와 모방의 관계, 그리고 그로 인한 작품성의 후퇴는 시문·사곡·희곡 등 제 장르를 불문하고 중국문학 전반에 걸쳐 보편적으로 나타나는 현상이다.

송대 후, 원대와 명대에는 주목할 만한 사 작가나 작품이 나오지 않아서 깊은 침체기에 빠졌다가 청대에 이르러서야 다시 부흥기를 맞이하였다. 그러나 청대 역시 작품만 많았지 훌륭한 사인이나 사 작품은 적었다. 복고풍 문화가 야기한 한계였다. 민간의 가곡은 이와 대조적으로 송대 후에도 계속 변화·발전해 갔다. 즉 여진과 몽고 등 이민족의 악곡을 흡수하여 새로운 가곡 형식으로 정착되었는데, 이것이 바로 원대의 산곡이다.

제4절 송대의 공연문학

1. 송대의 화본소설

중국의 입말인 백화(白話)로 쓴 단편소설을 화본소설(話本小說)이라 칭하는데, 송나라 때 성행했다. 화본(話本)은 저잣거리나 시장에서 사람들 앞에서 이야기를 들려줄 때 사용하는 저본, 즉 텍스트이며, 편폭이 길지 않다. 화본을 활용하는 소설이 바로 화본소설이다. 화본은 일종의 공연문학으로서 오늘날의 독본용 소설과는 사뭇 다르다. 명나라와 청나라 때 독본용이 많이 나와 독자들에게 제공되었는데, 이런 것을 화본을 모방했다 하여 의화본(擬話本)이라 한다.

화본을 연출하는 사람을 설화인(說話人)이라고 하는데, 설화인은 사람들이 재미있어 하는 이야기를 가져와 서사 중간중간에 시(詩)·사(詞)·곡(曲)·행(行) 등을 집어넣어서 낭송을 하기도 하고 노래로 부르기도 했다. 중국소설에 보이는 이러한 운문과 산문의 결합은 돈황변문의 체재 영향을 받은 것이다. 양자가 다른 점은 변문은 운문과 산문을 엇섞는 거고, 화본소설은 산문의 서사 가운데 운문을 삽입하는 거다.

여기서 한 가지 강조하고 싶은 것은 화본소설이 비록 송나라 때 성행했으나, 그 시작은 당나라 때 이미 있었다는 사실이다. 일반적으로 변문이 변해 화본이 된 것으로 여기는데 상기한 돈황에서 발견된 화본소설에는 『여산원공화廬山遠公話』, 『한금호화본韓擒虎話本』, 『당태종입명기唐太宗入冥記』, 『섭정능화葉淨能話』, 『추호변문秋胡變文』 등이 있다. 이것들은 모두 산문 위주의 서술을 하고 있기에 후대 화본소설과는 기본적으로 성격을 같이 한다고 할 수 있다. 그러나 『노산원공화』와·『추호변문』을 제외하면 모두 순산문체로 되어 있기에 이런 면에서는 반드시 산문 가운데 운문이 삽입되면서 이야기가 전개되는 후대 화본소설과 다르다고 할 수 있다. 어쨌든 돈황 화본소설은 아직 형식이며 체재가 정비되어 있지 못하였지만 후대 화본소설의 선구자 역할을 했기 때문에 화본소설의 맹아기 상태에 해당한다.

화본의 경우처럼 송나라 문학은 당나라 문학을 더욱 높은 수준으로 발전시킨 것들이 많다. 그러므로 동일 양식의 문학이라도 일반적으로 송나라 것이 더 문학성이 높다. 예를 들어 송나라 시인들의 시가 당나라 시인들의 시보다 더 잘 된 이유는 당나라 시라는 경험 위에 창작되어졌기 때문이다. 송시가 당시보다 위대하다거나 뛰어나다고 바로 말할 수 없는 노릇이다. 그러므로 문학의 가치는 작품 자체의 작품성뿐 아니라 시대적인 선후 관계도 고려해야 한다. 후대의 어떤 작품이 전대의 작품보다 잘 지어진 것이라 하여 반드시 문학 가치가 그만큼 더 높다고 할 수만은 없는 이유는 시대를 고려해야 하기 때문이다. 설령 작품 수준은 낮다 하더라도 시대를 앞서서 창조하는 일은 언제나 가장 높게 평가받아야 한다.

송·원 때의 화본소설을 모은 책으로는 『청평산당화본清平山堂話本』(일명 육십가소설六十家小說)이 있다. 이 책은 명대 홍편(洪楩, 15세기 후반-15세기 전반)이 편찬한 것으로 송원대와 명대 초기의 화본들을 모아 놓았다. 본래 60편이었으나 현재는 29편만 전해진다. 명대에 출판된 『유세명언喩世明言』, 『경세통언警世通言』, 『성세항언醒世恒言』, 『초각박안경기初刻拍案驚奇』, 『이각박안경기二刻拍案驚奇』 등에도 송·원의 화본이 실려 있기는 하나 원본 그대로 전해지는 것은 거의 없다고 보면 된다. 또한 이 책들에 수록된 작품들이 정확히 어느 시대에 창작된 것인지 정확히 알 수 없는 것들도 많다.

『청평산당화본』에서 시작하여 청대 화본에 이르기까지 수많은 화본소설이 창작되었는데, 그 기본 결구는 입화(入話)·정화(正話)·편미(篇尾), 세 부분으로 이루어져 있다. 입화는 작품 서두에 한두 편의 시가를 두어 정화를 이끌어내는 장치이다. 이런 시가를 개장시(開場詩)라고 부른다. 개장시 외에 작품에 따라 두회(頭回)를 두기도 하고 두지 않기도 하는데, 두회는 정화와 연관이 되는 짤막한 이야기이다(두회는 산문으로 서술됨).

정화는 본 고사로서 일반적으로 이해하기 쉬운 백화문으로 적혀져 있고, 문장 중간중간 시, 사, 변려문(騈儷文), 이구언어(二句諺語) 등 운문체 삽입문이 들어간다. 여기서 언어란 사람들의 귀에 익은 속담이나 속어를 지칭한다. 그러므로 이구언어는 두 구로 이루어진 속담 내지 속어를 말하는 것이다.

마지막 편미는 일반적으로 시가를 사용하여 전체 내용을 정리하면서 동시에 작품의 대의(大義) 같은 것을 말하는 형식이다. 이런 시가를 산장시(散場詩)라고 한다. 즉 산장시가 편미의 역할을 한다. 그러므로 화본소설은 개장시라는 시가로 시작하여 산장시라는 시가로 종결된다.

다시 송대 화본으로 돌아간다. 송대 화본은 크게 일반적인 재미있거나 기괴한 얘기를 다룬 것과 역사적인 내용을 다룬 것으로 나눠진다. 첫째 것을 소설(小說), 둘째 것을 강사(講史)라 부른다. 이외 불경을 비롯한 여러 가지 경전과 수도(修道)에 관계되는 얘기를 다룬 설경(說經)이란 것이 있다. 또 합생(合生)이란 것이 있는데, 합생은 정확한 자료가 없고 추측건대 당시 알려진 짤막한 고사를 연출했던 것으로 여겨진다. 소설, 강사, 설경, 합생을 송대 설화 구연의 네 가지 분파라고 한다. 이 가운데 소설은 발전되어 명대에 이르러 단편소설로 확립되고, 강사가 발전되어 명대에 이르러 장편소설로 발전하였다고 보는 것이 일반적인 견해이다.

소설에는 당시 새롭게 등장한 중소상인들의 사고방식이나 세계관 그리고 기존의 애정관에 반기를 들고 자유로운 애정관계를 추구하는 젊은이들의 입장, 당시 시민계층을 괴롭히던 승려의 횡포 등이 작품의 주제로 등장하는 반면에 강사에는 그러한 것들이 등장하지 않는다. 즉 소설이 민중의 입장을 어느 정도 반영하고 있는데 반하여, 강사에는 황제나 뛰어난 장수 등을 중심으로 서술되며 개인적인 고민이나 갈등이 거의 다루어지지 않는 역사적 서술이다. 이상 송대 화본의 네 가지 분파는 원대에서도 그대로 유지된다. 그런 의미에서 이것들을 송·원 화본의 특징이라고도 부를 수 있다.

2. 송대의 설창

당대 변문의 운산문 결합 형식을 본떠서 하나의 이야기를 설과 창, 즉 말과 노래(혹은 산문과 운문)로 표현하는 설창문학이 송대 발전되었다. 설창하는 방법에 따라 여러 가지 종류로 나눠진다. 보권(寶卷)·고자사(鼓子詞)·도진(陶眞)·애사(涯詞)·제궁조(諸宮調) · 복잠(覆賺, 창잠唱賺, 겸사賺詞라고도 함) · 설화(說話) 등이 있는데, 이중 고자사와 제궁조가 가장 중요하다.

① 고자사: 고자사는 가창하면서 고자(북)를 주요 반주 악기로 사용하며,

삼현

고금

삼현(三絃)을 곁들인다. 삼현은 삼현금(三絃琴)이라고도 하며 3개의 줄을 손가락으로 튕겨서 소리를 내는, 거문고 비슷한 것이다. 참고로 중국에서 가장 유명한 거문고 류는 고금(古琴)이란 것으로, 7개의 줄을 사용하는 칠현금이다. 고자사는 음악과 문학 갈래에 있어서 사조(詞調, 사의 곡조)의 노래를 반복하는 소형 악곡(樂曲, 음악) 혹은 설창 기예에 속한다. 이렇게 악곡이라고도 하고 설창이라고도 하여, 갈래의 구분이 모호한 것은 학자에 따라서 고자사를 악곡으로 파악하기도 하고, 이와 달리 설창으로 파악하기도 하기 때문이다.

악곡이라고 정의할 경우 송대의 고자사는 현재 파악한 대로 하면 총 22종 180수가 되는 것이요, 설창이라고 정의할 경우에는 단지 조령치(趙令畤, 1064-1134)의『원미지최앵앵상조접련화사元微之崔鶯鶯商調蝶戀花詞』[147] 하나밖에 되지 않는다.

147) 조령치가 지은, 문언일사소설집(文言逸事小說集)인『후청록侯鯖錄』에 실려 있다. 일사란 사람들이 잘 모르는 일로서 역사책에 실려 있지 않은 것을 가리킨다. 그런 것들이 전해 내려오는 도중

이 작품은 당대 『앵앵전』의 이야기를 노래하고 있으며, 노래와 노래 사이에 산문을 채용하여 변문과 유사한 형식이다. 「접련화蝶戀花」 사조가 12차례 반복된다. 다시 말하면 「접련화」라는 멜로디에 가사를 입혀 가지고 산문과 번갈아 가면서 노래하는 형식이다.

『원미지최앵앵상조접련화사』를 제외한 나머지 작품들은 산문이 없이, 오직 사를 중첩하여 한 가지 일을 노래한다. 이것들을 악곡 고자사라고 부를 수 있을 것이다. 악곡 고자사는 1년 12달의 경물을 노래한다든지, 사계절의 모습을 노래하는 방식이 가장 많으며, 구양수(歐陽修)가 열두 달의 달라지는 풍광과 경물·풍토와 인정을 서술한 「어가오십이수漁家傲十二首」와 서호의 아름다운 풍경을 읊은 「채상자采桑子」 10수가 시기적으로 가장 이르다. 종합해 보면 현존하는 자료를 근거로 보았을 때 초기 악곡 형태의 고자사가 후에 설창 형태로 변화했던 것으로 보인다. 또한 이 두 종류 고자사는 모두 송사(宋詞)의 연장이나 확장으로 이해할 수 있는데, 이는 송사의 서사화라는 문학적 추세와 깊은 관련이 있다.[148)]

그런데 구양수의 악곡 고자사는 설창 고자사와 관련이 깊다. 본디 고자사는 민간의 음악이며, 12수나 10수로 길이가 제한되어 있었다. 그는 이것을 처음으로 문인의 문학권으로 끌어 들여와 「어가오십이수」와 「채상자」를 창작했던 것이다. 이후 50년 정도가 지나 조령치가 「어가오십이수」 형식을 『서상기』에 적용하여 『원미지최앵앵상조접련화사』를 완성했다. 다시 반세기가 지나서 금나라의 동해원이 『원미지최앵앵상조접련화사』를 계승하여 『서상기제궁조西廂記諸宮調』를 지었으며, 『서상기제궁조』는 삼인칭 시점 중심의 서사에서 대언체(代言體)로 발전하는 과정에서 매우 중요한 역할을 했다. 설창과 희곡의 요소가 모두 섞인 중간 형태를 띠고 있기 때문이다. 예를 들어 제궁조에서는 1인이 노래와 말을 엇섞어 장생·최앵앵·홍낭을 모두 표현하는데, 만약 세 사람이 무대에 출현해서 각각의 역할을 맡는다면 그것이 바로 희곡이 된다. 즉 서사 설창으로부터 대언체 희곡이 탄생하게 되

가공과 수식을 거치면서 문학적 색채를 띠게 된다.

148) 이상 고자사에 대해서는 박홍준, 「고자사의 분류와 그 문학사적 의미-송사의 연장과 확장을 중심으로」, 『중국문학』, 110집, 2022, 23-37쪽을 참고했다.

는 것이다(서양의 연극이나 중국의 희곡처럼 작중 인물의 발화(發話)를 중심으로 서술하는 방식을 대언체라고 부른다. 다른 말로 하면 극본 문체(즉 대본이나 각본)의 형식과 체재를 가리킨다).[149] 이러한 장르들의 연결을 볼 때 구양수의 사가 중국 희곡, 더 구체적으로 말하면 원곡(元曲)에 큰 영향을 주었음을 발견할 수 있다.

② 제궁조: 제궁조의 제(諸)는 많다는 뜻이고, 궁은 궁조(宮調)를, 조는 궁조를 제외한 다른 조들을 일괄하여 가리킨다. 그러므로 제궁조는 궁조 및 다른 조들의 곡들을 바꿔가면서 연출하는 양식이다. 이전의 보권, 고자사, 창잠 같은 설창 문예는 음악상 단조로웠다. 그러나 음악상 처음으로 단조로움을 깨뜨리고 복잡하고 풍부한 표현을 가능케 한 것은 제궁조였다. 그 결과로, 운문을 가지고도 충분히 장편의 서사가 가능해졌으며, 다음 왕조 시대의 본격적 희곡문학인 원 잡극의 개화를 위해 길을 열어 주었다.

북송 말에 창시된 제궁조는 남송 때 크게 유행하였기 때문에 많은 작품이 있었을 것이나 지금까지 전해지는 것은 3개 뿐이다. 그중 현존하는 가장 완전한 제궁조는 금나라 동해원(董解元)의 『서상기제궁조西廂記諸宮調』이다. 이 밖에도 금 때의 『유지원제궁조劉知遠諸宮調』(작자 미상)와 원대 왕백성(王伯成)의 『천보유사제궁조天寶遺事諸宮調』가 전해지는데, 이상 세 작품 외에는 전해지는 것이 없다. 제궁조의 체제가 방대하고 곡조가 풍부하여 원 잡극 형성에 지대한 영향을 끼쳤다. 특히 동해원(董解元)의 『서상기제궁조西廂記諸宮調』는 현존하는 자료 중 원 잡극 형성에 가장 큰 영향을 가져다 준 것으로 여겨진다.

3. 송대의 희곡

무대에서 하나의 긴 이야기를 창(唱, 노래)·과(科, 동작)·백(白, 대사) 삼요소를 사용해 표현하는 공연예술을 희곡(戲曲)이라 한다. 희곡이란 명칭은 1912년 왕국유(王國

---

149) 제궁조에 대해서는 김우석, 「제궁조의 구성원리」, 『중국문학』, 24기, 1995, 177-207쪽 참고.

維, 1877-1927)의 『중국희곡고中國戲曲考』[150]로부터 사용되기 시작하여 일반화되었다. 그런데 1980년대 초에 임반당(任半塘)이란 학자가 왕국유에 의해 정해진 희곡의 개념을 크게 비판하고 나섰다. 그에 의하면 희곡은 희극(戲劇)의 일부분이다. 즉 희극은 대범위이고, 희곡은 소범위이다. 왕국유에 의해 설정된 희곡이란 이름 때문에 희극 연구가 곡의 문장에만 경도되어 문학 위주의 연구가 되고 말았다. 설백(說白)·무대배치·구조 등에 대해서는 중시하지 않았다.

이와 같이 임반당은 왕국유가 사장(辭章, 시사의 문장과 문장의 수사·기교)에만 착안했기 때문에 문체의 이름을 취할 때 결국에는 희곡을 쓰고 희극을 버렸다고 지적했다. 이러한 관점을 견지하고 쓴 책이 『당희농唐戲弄』[151]이란 책이다. 이 책은 당과 오대에 이르는 343년간의 시기에 존재했던 희극의 특성과 발전과정을 연구한 것인데, 당대의 희극을 '희농'이라고 스스로 정의했다. 어쨌든 명칭에 대한 임반당의 주장은 설득력이 있어서 지금은 중국에서 희곡 대신 희극이란 명칭이 더 일반화되었다. 그러나 우리나라에서는 한글로 희극이라 쓰면 코메디 극과 혼동이 되어서인지 아직까지도 희곡이란 이름을 고집하고 있다.

희곡하면 서양의 연극을 떠올리겠지만, 춤과 노래를 사용하고, 특히 노래가 공연의 가장 중요한 부분이라는 점에서 연극과 크게 다르다. 또한 서양 연극은 기원전 5, 6세기에 이미 상당한 수준으로 발전되었던 반면에 중국의 정식 희곡은 북송 말 때 비로소 탄생되었기 때문에 시대적 후발이라는 점에서도 다르다.

1) 가무희

송 이전에도 먼 원시시대부터 사람들은 춤과 노래로써 어떤 사건이나 일을 표현했고, 그런 것이 시대에 따라 다양한 형태로 만들어졌다. 춤·노래로써 표현했기 때문에 가무희(歌舞戲)라는 용어를 사용하여 그것들을 포괄했다.[152] 가무희는 이야기

150) 이 책은 1915년에는 『송원희곡사宋元戲曲史』란 이름으로 출간되어 유포되었다. 필자는 『송원희곡사』, 上海, 華東師範大學出版社, 1995년 것을 참고했다.

151) 上海古籍出版社, 上下, 2006.

152) 가무희에 대한 총체적인 연구는 김학주, 『중국 고대의 가무희』, 서울, 명문당, 2001을 참고.

를 구체적으로 표현하는 서사문학의 단계에 이르지 못하였다. 가무희의 종류를 소개하면 다음과 같다.

① 무(巫)와 나(儺)

최초의 가무희는 무(巫, 무당)로부터 시작되었다. 무는 반드시 신(神)을 제사함에 있어서 가무(歌舞)를 했으니, 신을 기쁘게 하기 위해서 춤을 추고 노래를 했던 것이다. 중국 희곡의 연원을 무에서 찾아야 한다는 주장은 왕국유의 『중국희곡고』에서 발단되었다.

> 『설문해자說文解字』에 "영(靈), 무야(巫也)"라고 하였다. 영(靈)은 무당무(巫)가 의미부이고 령(霝)이 소리부로, 입을 모아 비가 내리기를 기원하는 기우제사가 무당에 의해 치러지는 모습이다. 무당은 옷을 화려하게 차려 입고 빙빙 돌며 춤을 춤(婆娑)으로써 신을 즐겁게 하였다. 이와 같은 과정은 나중에 희곡의 싹이 되었고 지금도 남아 있다. 신을 즐겁게 함으로써 악귀를 물리치기 위해 하는 연행을 나(儺)라고 하기도 하고, 구나(驅儺) 혹은 나례(儺禮)라고 부르기도 한다. 구나 의식은 주나라 때 이미 있었으며, 그것은 주로 제사 의식이나 마술, 액막이 의식 등으로 이루어져 있었다.

우리나라도 고려와 조선 때 궁중에서 중국에서 유래한 나례(儺禮)가 행해졌으니, 방상씨(方相氏, 악귀를 쫓던 사람)가 축귀(逐鬼)하는 모습을 연출했던 것이다.

『초사』에 실려 있는 「구가九歌」는 원래 민간에서 신에게 제사 지내며 불렀던 노래를 굴원이 개작한 것인데, 이러한 초 나라의 남방 민가와 그밖의 유사한 민가들은 무속 문학을 대표한다고 할 수 있다. 또 이것들은 중국 연극의 선구로 거론되기도 한다. 그러나 구나와 민가가 중국 연극의 형성에 어느 정도 영향을 미쳤을 수도 있지만, 거기서는 성숙된 연극에서 보이는 연극의 본질적인 특징들이 많이 결여되었다.

중국에서는 송나라 이후 본격적으로 희곡이 발전되면서 이전의 구나 의식에 희곡 연출 방식을 가미하여 진정한 의미에서의 나희(儺戲)라고 하는 연희 양식이 만들어져서 전승되었다. 그래서 나희는 원래의 구나보다 훨씬 풍부한 연극적 요소들로 구성되었으며, 오늘날에도 중국 각지에서 가면극의 나희가 행해지고 있다. 그러니까 구나 의식과 나희는 구분되어야 하는 것이다. 즉 구나는 악령을 쫓기 위한 의식이었지만, 나희는 희곡이 발달한 후에 이러한 의식이 가미된 연행물이다.

나희의 대표 극목(劇目)으로는 『착황귀捉黃鬼』·『유문용간고劉文龍趕考』·『맹강녀孟姜女』·『장문현張文顯』·『진주방량陳州放糧』·『설인귀정동薛仁貴征東』『방씨녀龐氏女』·『용왕녀龍王女』·『도원동신桃源洞神』·『양산토지梁山土地』 등이 있다. 『목련전目連傳』·『삼국지연의三國志演義』·『서유기西遊記』에서 제재를 골라 만든 극도 있다.

한편 어느 민족이건 간에 연극의 시작이 무속에서 비롯되었다는 것은 상식이기 때문에, 다시 말하면 희극적 연행이 본질상 모두 무속적이었기 때문에 희곡의 원류를 무속에서 찾은 왕국유의 주장은 그다지 새로울 것이 없다.

② 산악과 백희

한나라 때는 백희(百戲)라는 말을 사용해 공연예술을 포괄적으로 가리켰다. 백희에는 잡기(雜技)·각저(角抵)·환술(幻術)·유희(游戲) 등이 포함되었다. 이중 각저는 원래 씨름 비슷한 것으로 서로 힘을 겨루는 운동이었던 것이 공연 양식으로 발전된 것이다. 그래서 각저희(角抵戲)라고도 부르는데 노래·음악·춤·무술·환술·잡기 등이 융합되었고, 이러한 민간에서 민간에서 유행하던 각저희가 궁중에 들어와 더욱 희곡화하였다. 한 시기에는 궁정 예술이 크게 발전하였는데, 그 원인의 하나는 민간의 예술을 받아들였기 때문이다. 각저희의 경우도 마찬가지다.

남북조시대에 이르러서 백희는 산악(散樂)이라도 칭해지고, 산악과 백희를 산악백희(散樂百戲)라고 합칭하였다. 산악백희의 공연에서는 배우에 의해 각종 잡기, 노래, 춤이 어우러져 표현되었다.

수·당 때에는 산악백희가 매우 유행하였으며, 신을 즐겁게 하는 데 많이 사용되었던 춤은 차차 사람을 즐겁게 하는 춤으로 바뀌어 갔다. 이러한 오락용이나 여가

용의 가무는, 제사 때의 순수한 무도와는 달리 춤에 노래와 고사(故事)를 겸하였다. 특히 당나라 때 가무희가 매우 발전하게 되었는데, 거기에는 교방(敎坊)의 역할이 컸다. 당 고조가 궁중에 교방을 설치해 음악을 관장토록 한 것을 후에 현종이 음악 외에 배우·잡기·산악·속악 등을 가르치게 했으며 환관을 교방을 지휘하는 교방사(敎坊司)에 임명했다. 이 교방을 통하여 민간의 속악이 궁중의 아악과 만나서 융합됨으로써 중국 음악의 변화를 가져왔다. 교방은 명나라 때까지 이어지다가 청나라 때 폐했다. 교방은 일종의 '국립종합예술학교' 같은 곳이었다.

지금까지 이름이 전해지는 가무 작품 중 유명한 네 가지를 예로 든다. 먼저 『대면代面』·『발두撥頭』·『답요랑踏搖娘』이다.

㉠ 『대면』(代面=大面): 『악부잡록樂府雜錄』 「고가부조鼓架部條」에 "대면은 북제에서 비롯되었다. 신무의 아우는 대담하고 용기가 있어, 싸움을 매우 잘하였다. 그 얼굴이 위엄이 없으므로 적진에 들어갈 때에는 항상 가면을 하였는데, 그 뒤로는 백전백승하였다. 가무희를 하는 사람은 붉은 옷을 입고 금으로 된 허리띠를 두르고 손으로 채찍을 잡았다.(代面, 始自北齊, 神武弟, 有膽勇, 善戰鬪, 以其顔貌無威, 每入陳卽著面具, 後乃百戰百勝. 戱者衣紫腰金執鞭也.)"라고 기록하고 있다.

㉡ 『발두』(撥頭=鉢頭): 『구당서舊唐書』 「음악지音樂志」에 "『발두』는 서역에서 나왔다. 호인(胡人)이 맹수에게 잡아먹히자, 그 아들이 짐승을 찾아 죽였는데, 이 춤은 그것을 형상화한 것이다.(撥頭者, 出西域, 胡人爲猛獸所噬, 其子求獸殺之, 爲此舞以象之也.)"라고 하였고, 『악부잡록樂府雜錄』에는 "『발두』는 옛 어떤 사람의 아버지가 호랑이에게 잡아먹히자, 산에 올라가 아버지의 시체를 찾았다. 산은 여덟 굽이었기에 악곡에는 8첩이 있다. 놀이하는 자는 머리를 늘어뜨리고 소복을 하고 우는 얼굴을 하였는데, 상을 당한 모습인 것이다.(鉢頭, 昔有人父, 爲虎所傷, 遂上山尋其父屍, 山有八折, 故曲八疊, 戱者被髮素衣, 面作啼, 蓋遭喪之狀也.)"라고 하였다.

㉢ 『답요낭』: 당나라 때 편찬된 『악부잡록樂府雜錄』의 「고가부조鼓架部」 조에 "즉 『답요낭』· 『양두혼탈』·『구두사자』가 있고, 『백마익전』을 연행(演行) 했으

며, 심동(尋橦)·도환(跳丸)·토화(吐火)·탐도(呑刀)·선개(旋槪)·근투(觔鬥) 등이 모두 이 「고가부」에 속한다.(卽有『踏搖娘』·『羊頭渾脫』·『九頭獅子』,『弄白馬益錢』, 以至尋橦·跳丸·吐火·呑刀·旋槪·觔鬥, 悉屬此部.)"라고 했다. 이중『답요낭』에 대한 구체적인 설명은 송나라 때 편찬된 태평어람『태평어람太平御覽』 권573에 다음과 같이 나와 있다.

> 답요낭은 수나라 말에 태어났는데, 남편은 하내 사람으로 용모가 추하고 술을 좋아하며 항상 스스로를 낭중이라고 불렀다. 술취해 아내를 구타했다. 아내는 아름답고 노래를 잘해서 원망과 괴로움을 노래로 지어서 불렀다. 하삭(황하 이북 지역) 사람들이 그 곡을 악기에 실어서 연주하여 그 부부의 모습을 묘사했다. 아내는 서러움을 호소하면서 항상 몸을 흔들었기 때문에『답요낭』이라고 (작품이) 칭해졌다. 근래에 배우들이 자못 그 체제를 바꾸었기 때문에 지금은 옛 체제가 아니다.
>
> 踏搖娘者, 生於隋末, 夫河內人, 醜貌而好酒, 常自號郎中, 醉歸必毆其妻.妻色美, 善歌, 乃自歌爲怨苦之詞.河朔演其曲而被之管弦, 因寫其夫妻之容.妻悲訴, 每搖其身, 故號踏搖娘』. 近代優人頗改其制度, 非舊制也.

㉣ 참군희(參軍戲): 이것은 곡 그 자체의 명칭이 아니라 극의 한 형태이다. 즉 한 작품이 아니라 일종의 2인극 양식을 일컫는다. 오늘날로 말하면 두 사람이 주고받는 만담극에 속한다(〈참군희 공연 모습〉 그림 6). 이 극은 본디 한나라 때 범관(犯官, 죄를 지은 관리)을 조롱하던 전통에서 비롯된 것이다. 참군(參軍)과 창골(蒼鶻)이라는 역할의 두 인물이 노래를 곁들이며 만담을 주고받는다. 참군 역을 맡은 배우의 복장은 하나는 초록색 옷에 홀(笏)을 가리이며, 창골 역을 맡은 배우는 초라한 옷에 머리를 딴 하인이다. 참군이 성격이 어리석은 역할이

〈그림 6〉 참군희 공연 모습

라고 하면, 창골은 기지 있는 역할이었다. 서로 희롱과 풍자를 하는데, 골(鶻, 송골매)은 새를 공격할 수 있기 때문에 연출할 때에도 창골은 참군을 공격할 수 있고, 따라서 관중들로부터 흥미와 웃음을 자아내게 하였다. 참군희는 사람들을 웃게 하는 성분이 강하기 때문에 골계희(滑稽戱)에 속하기도 한다.

지금까지 일별한 수·당 시대의 산악백희는 중국 희곡의 원시 형태이고, 이런 것들이 희곡 탄생의 자양분이 되었다.

2) 남희

송대에는 잡극이라고 하는 공연예술이 탄생했다. 잡극이란 말은 당 때 사용되기 시작했는데, 한대의 백희와 거의 같은 의미로 쓰였다. '잡'은 잡다하다는 뜻이니 백희의 '백'과 비슷하다. 송대에는 잡극이 가무·잡기·고사가 어우러져 공연되는 새로운 형식의 극을 가리키게 되었다. 북송 때의 잡극은 염단(艶段)과 정잡극(正雜劇)으로 이루어졌던 것을, 남송 때는 잡분(雜扮)을 더해서 세 부분이 되었다. 첫 번째, 염단은 사람들이 잘 알고 있는 이야기를 하는 것으로 서론에 해당한다. 두 번째, 정잡극은 주요 부분으로서 주제 고사를 설창이나 춤으로 나타낸다. 세 번째 잡분은 자유롭게 가무, 음악, 골계, 잡기 등을 표현함으로써 공연의 끝맺음을 한다. 그러나 송나라 잡극은 아직 정식 희곡이 아닌 간단한 모양으로, 정식 희곡의 체재를 구비한 원나라 잡극과는 구별된다.

정식 희곡은 희문(戱文)부터 시작되었다. 희문은 북송 말년부터 명나라 초기에 걸쳐(즉 12-14세기) 중국 동남 연해 지역에서 유행했다. 후에 원나라의 북곡잡극(北曲雜劇, 북곡, 즉 북쪽 지역의 음악을 사용하는 잡극이란 뜻)과 구별하기 위해서 남곡희문(南曲戱文, 남곡, 즉 남쪽 지역의 음악을 사용하는 희문이란 뜻)이라 칭하고 또 남희라고 약칭했다. 희문은 일반적으로 중국 희곡사상 희곡으로서의 가장 최초의 성숙된 형식인 것으로 인식되고 있다. 비록 원나라 때의 잡극처럼 성행하지는 않았다고 하더라도 남방 민간에는 광범위하게 유행하였다. 전해 오는 각본이 온전한 것이 없어 안타깝기 그지없으나, 『왕환王煥』, 『왕괴부계영王魁負桂英』, 『진순검매령실처陳巡檢

梅嶺失妻』, 『조정녀채이랑趙貞女蔡二郎』, 『악창분경樂昌分鏡』 등 몇 편의 잔문이 전해오고 있다. 그래서 희문의 온전한 형태는 알 수 없다.

중국학자들 대다수는 지금까지 설명한 제 가무희 종류가 발전하여 남희가 되었다고 주장하며 희곡의 연원을 중국 내에서 찾았다. 그러나 일부 학자들은 그 인도 유래설을 꾸준히 제기했는데, 최근 미국의 빅터 메이어(Victor Mair) 교수는 그러한 인도 유래설을 종합하고, 거기에 스스로가 체험하고 연구한 결과물을 종합해서 중국 희곡의 연원을 새롭게 설명했다.[153] 메이어 교수의 학설을 요약하면 다음과 같다(이 요약 내용 중 일부는 본서의 〈제4장 당대 문학, 제3절 돈황변문〉과 겹친다).

이야기의 정절이 복잡하고 배우들의 각색을 잘 갖춘 대형 희곡을 대희(大戲)라고 부르는데, 송 때 갑자기 대희가 탄생하여 정식 희곡이 시작된 것은 중국 전통만 가지고는 전혀 설명이 되지 않는다. 당 때까지의 가무희는 정식 희곡의 직접적인 연원이 될 수 없다. 온갖 종류의 가무희는 그야말로 노래와 춤으로써 간단하게 이야기의 정절을 표현하는 것일 뿐 정식 서사의 틀을 전혀 갖추지 못했다. 희곡의 진정한 연원을 알려면 구술 서사의 진화 과정을 파악해야 한다. 모든 종류의 서사는 반드시 구술로부터 출발하였기 때문이다. 중국 또한 구술로부터 시작하였으되, 변화와 발전에 있어서는 인도의 영향을 크게 받았다.

인도 영향은 대개가 불교를 매개로 해서 이루어졌다. 그 양상은 시대의 흐름에 따라 두 가지 방향으로 진행되었다. 구술 서사 진화의 한 가지는 연극 종류의 진화로서, 구술 서사 다음 단계에 그림자극과 인형극 단계가 왔다. 이야기를 구술하는 것과 동시에 도구를 사용해서 시각적 효과를 높였던 것이다. 중국의 그림자극을 피영희(皮影戲)라 하고, 인형극을 괴뢰희(傀儡戲)라 하는데, 이것들의 연원은 모두 인도에 있다. 반면에 중국에서는 당나라 때까지 어떠한 형태의 진정한 의미에서의 그림자극이나 인형극도 존재하지 않았다. 고대 중국에도 장례식에 사용된 인형인 용(俑)이 있었다. 그러나 실이 연결되어 조종이 가능한 인형은 한나라 때 중국으로

153) 『당대변문唐代變文—중국 백화소설과 희곡의 발생에 끼친 불교의 공헌에 관한 연구』(원제: T'ang Transformation Texts—A Study of the Buddhist Contribution to the Rise of Vernacular Fiction and Drama in China), 위 책.

유입되었으며, 이것은 움직일 수 없는 장례용 인형들보다 기술적으로 발달한 기구였다.

꼭두각시를 사용하는 피영희와 괴뢰희, 이 두 공연 형태가 변해서 정식 희곡이 되었다. 희곡에서는 꼭두각시가 아니라 사람이 직접 연출하게 되었다. 즉 사람이 꼭두각시의 모양을 모방하였다. 그렇기 때문에 중국 희곡은 배우들의 몸동작이 꼭두각시의 움직이는 모습과 흡사한 것들이 많다.

인형극은 유랑하던 집시들이 자신들의 고향인 인도 서북부와 중북부에서 가지고 나온 것으로 보인다. 서력기원 전후 무렵부터 수많은 인도의 음악가, 설화인, 마술사 및 그 외 예인들이 중동·유럽·중앙아시아 등지로 퍼져 나갔는데, 그들 중에는 동아시아로 오는 사람들도 있었다. 변문 공연에서 보이는 그림 서사 연행이나 인형을 사용하는 괴뢰희와 마찬가지로 피영희 역시 인도에서 발원하여 중앙아시아를 통해서 중국으로 들어왔다.

구술 서사 진화의 다른 한 가지는 그림과 텍스트의 관계이다. 설명하자면 구술 서사 단계 다음에 그림으로 이야기 내용을 그려서 보여주는 그림 구술 서사 단계가 왔다. 즉 어떤 구전되는 이야기가 대중들에게 익숙해지고 그 내용이 고정화되면, 그 이야기에는 이해에 도움이 되는 그림이나 조소(彫塑)들이 덧붙여진다. 그런 후 이 도상이 비교적 고정된 서사 장면의 묘사로 발전하면 정반대 현상이 일어난다. 즉 그림이 문자로 쓰여진 텍스트의 토대가 되는데, 이때는 토막 난 그림이 아니라 연속되는 서사 그림 형태를 띠게 된다. 돈황변문이 바로 이 단계이다. 그리고 문자 텍스트가 오랜 기간 발전한 다음에는 문자 텍스트 부분이 나중에 삽입되는 그림들과의 관계에서 상대적으로 주도적 위치 차지한다. 이 단계가 송나라 때부터 발전하기 시작한 화본이다.

중국에서도 몇몇 역사 서사가 그림에 기원을 둔 것이 있기는 하나, 이것은 역사에서 제재를 취한 것이지 소설처럼 허구, 즉 픽션(fiction)이 될 수는 없다. 또한『산해경』에도 삽화(揷畫)가 들어 있기도 하지만, 이것들은 텍스트의 한 부분을 묘사하기 위해 그린 개별 장면이지 연속적이거나 서사적 성격을 띠고 있지 않다. 반면에 불교의 서사 전통에서는 연속적이면서도 서사적 성격을 띤 그림들이 광범위하게 사용되었으며, 거기에는 허구적 내용들이 다수를 차지했다. 이러한 불교적 서사 전통이 중국문학화한 것이 바로 변문이다. 그러므로 변문은 그림 구술 서사 단계에 속하며, 변문의 서사는 장면이 연속되는 서사 그림 두루마리에 의해 결정되었다. 서사 텍스트와 서사 그림의 관계에 있어서 변문의 전통에서는 그림이 더 중요하였다.[154)]

지금까지 설명한 구술 서사의 두 가지 형태의 진화를 시간상 하나로 연결해 보자. 먼저 그림 구연 서사 장르인 변문이 있다. 변문은 처음으로 통속 서사를 사람들 앞에서 연출한 것이었다. 그다음은 꼭두각시를 이용해서 통속 서사를 무대에서 연출하는 괴뢰희와 피영희가 탄생되었으며, 이것이 송나라 때 희곡으로 진화하였다. 괴뢰희와 피영희는 이야기 원형에서 연극으로 분리되어 나오는 초기 단계에 위치해 있다.

메이어 교수는 인도·중국·동남아시아·중앙아시아 등 많은 나라들에 보이는 연극과 서사물들을 관람하고 분석하여 변문과 희곡의 인도 유래설을 매우 설득력 있게 펼치고 있다. 그의 책 뒷부분에서는 중국 속문학과 희곡의 '근친관계'를 다음과 같이 설명한다.

중국 속문학은 삽화(揷話, 어떤 이야기나 사건의 줄거리에 끼인 짤막한 토막 이야기로서 그림을 가리키는 삽화가 아님)가 있는 설창예술의 영향을 강하게 받았기 때문에 삽화적(揷話的)이라는 특징이 중국 속문학 속에 기본적으로 내재되어 있다. 삽화적이라는 것은 중국 통속소설이 서양소설처럼 일직선적으로 진행되는 구조가 아니라, 이야기 부분 부분이 흡사 독립되어 있는 듯한 인상을 주는 경우가 많다는 뜻이다. 작가의 삽입어는 종종 무대 연출이나 다름없는 경우도 있다. 중국 백화소설과 희곡, 두 장르 모두에는 이러한 삽화식 플롯구조(episodic plot structure)가 짙게 내재되어 있다. 그 이유는 둘은 '변문'이라고 하는 공통된 역사적 기원을 갖고 있기 때문이다. 즉 변문으로 인해 중국은 서양과 판이한 문학 형식을 갖게 되었던 것이다.

그리하여 중국의 소설과 희곡은 서로 상보적 관계에 놓이게 되었다. 둘은 상호

154) 빅터 메이어, 위 책, 333-355쪽을 참고.

의존적이다. 그래서 서사적 희곡, 희곡적 서사라는 표현이 가능하다. 중국소설은 연극적 요소를 갖고 있고, 중국희곡은 소설적 요소를 갖고 있다. 즉 스토리텔링과 연극적 공연을 융합하고 있다. 진화론적 시각에서 보면 희곡과 소설의 일부 특징들은 그들의 공통된 조상, 즉 변문이라는 이야기 서사 예술에서 유래했으며, 이런 측면에서 변문을 서사 형식과 희곡 형식의 중간 매개물로 본다. 소설·희곡은 처음 발생한 이후로 진화의 모든 단계에서 끊임없이 서로를 풍부하게 했으며, 서로 간에 끊임없이 영향을 주고받았다. 가장 중요한 예로 희곡 연행에서 설(說)과 창(唱)이 갈마드는 것은 설창문학에서 배워 간 것이며, 변문은 설창의 효시이다. 송나라 설창문학의 하나인 제궁조가 원대 잡극 형성에 큰 영향을 끼쳤다는 것은 잘 알려진 사실이다.

결론적으로 변문의 운산 조합 서사는 시간이라는 길을 내려오면서, 각 시대에 등장했던 다양한 형태의 공연·문학의 요소와 결합함으로써 1천년에 걸친 중국 속문학의 발전에 결정적 영향을 주었다. 이상 필자가 요약한 것이 메이어 교수 연구의 핵심인데, 중국의 통속소설과 희곡의 발생과 특징에 관한 제 학자들의 종합적 설명 가운데 그의 것이 가장 설득력이 있게 보여서 소개했다.

제6장

금대(1115년-1234년)와 원대(1271년-1368년)의 문학

제1절 금대(1115-1234)의 희곡과 시

1. 금대의 희곡

남송은 북으로 여진족이 세운 금나라와 공존했다. 금과 남송이 몽고에 의해 멸망한 후에는 몽고족이 세운 원이 중국을 다스렸다. 그런데 중원을 정복한 문화 수준이 낮은 여진족과 몽고족은 어려운 고문체 한문으로 써진 시나 문장은 이해하기 어려웠다. 대신에 그들은 가까이 하기 쉬운 연예(설창, 희곡, 음악 등)들을 받아들여 자기 것으로 발전시켰다. 여기에는 이민족에게 협력한 한족 지식인들의 공로도 적지 않았다. 이민족들은 중국어를 읽을 줄은 몰라도 몸으로 보여주는 공연예술은 감상이 가능했다. 그래서 설창이나 희곡 창작이 활발할 수 있었다. 이민족들의 노래와 춤이 중원 서민들의 것과 잘 어울리어 융합함으로써 새로운 버전의 가무가 형성되고, 또 그들이 쉽게 접근할 수 있는 중국의 공연성 문학들은 장려되고 고무되어 중국문학이 이전과는 다른 방향으로 발전되어 나가게 되었다. 즉 전통적인 시문에서 소설과 희곡 중심으로 진행되게 되었다. 그래서 금과 원이 멸망한 후에도 명과 청이 연이어서 소설과 희곡이라는 서사성 작품이 주류를 이루었던 것이다.

금을 대표하는 희곡은 바로 원본(院本)이다. 원본은 북방의 송 잡극을 계승한 무대예술로서, 그 내용·형식·각색 등이 송 잡극을 이어받았다. 700개 정도의 원본 작품의 제목이 전해지나, 그 내용은 모두 사라져 원본의 구체적 모습은 알기 어렵다.

그리하여 금을 대표하는 문학작품은 동해원(董解元)의 『서상기제궁조西廂記諸宮調』가 차지하게 되었다. 동해원의 생평은 알려지지 않고 다만 11세 말에서 12세기 초에 활동했다는 정도만 알 수 있을 뿐이다. 『서상기제궁조』는 당나라 전기소설 『앵앵전』을 모티브로 해서 쓴 것이다. 위에서 언급했던, 송나라 조령치의 『원미지최앵앵상조접련화사元微之崔鶯鶯商調蝶戀花詞』는 『앵앵전』을 가지고 고자사라는 설창 작품으로 만들었으되, 『앵앵전』 내용에는 거의 손대지 않았다. 그런 것을 동해원은 『앵앵전』의 정절을 크게 바꾸어 놓았다.

장생과 앵앵이 헤어짐에 있어서 별 미련 없는 원 스토리와 반대로 서로가 결혼에 적극적으로 나선다. 사랑을 위해서는 목숨도 기꺼이 바칠 수 있는 순애보적인 인물로 화한다. 홍낭도『앵앵전』에선 하녀로서 주인의 편지나 전해주는 정도의 수동적 역할이지만 제궁조에선 적극적으로 두 사람의 사랑이 이루어질 수 있도록 개입한다. 이와 대조적으로 앵앵의 모친인 최씨 부인은『앵앵전』에서와 다르게 앵앵과 장생의 결혼을 반대하는 사랑의 방해꾼이 된다. 즉 최씨 부인은 봉건 예교의 전형적 인물이고, 앵앵·장생·홍낭은 자유결혼을 막는 최씨 부인의 봉건성을 타파한다. 이와 같은 설정은 후에 원나라 왕실보(王實甫)의 희곡『서상기西廂記』에 그대로 전해짐으로써, 즉 왕실보가『서상기제궁조西廂記諸宮調』를 저본으로 삼음으로써 중국 희곡 발전에도 큰 기여를 했다.

2. 금대의 시

금을 대표하는 시인에는 원호문(元好問, 1190-1257)이 있다. 금나라에서 상서성(尙書省) 좌사원외랑(左司員外郞) 등을 지냈으며, 금이 망하자 벼슬을 하지 않았다. 그는 시문에 모두 뛰어난, 당시 문단의 영수였다. 원호문과 같은, 이민족 지배자들을 따르던 한족 지식인들에 의해서 금·원 때 시와 사, 원본과 잡극 등 제 문학들의 전통이 이어지면서 창작이 유지될 수 있었다. 그의 좋은 시 하나를 읽어 본다.

산거잡시(山居雜詩)

파리한 대나무에 비스듬히 등나무 걸렸으며,
꽃 깊고 풀들은 어지럽구나.
숲은 높아 바람 부니 멋지고,
이끼는 매끄러워 물소리 들리지 않네.

瘦竹藤斜掛, 幽花草亂生. (수죽등사괘, 유화초난생)

林高風有態, 苔滑水無聲. (림고풍유태, 태활수무성)

「산거잡시」는 6수로 이루어졌는데 위 인용문은 그 제1수에 해당한다. 이 수는 대나무·등나무·꽃·풀·숲·물 등 자연 경물의 특징적인 모습을 잘 포착하고 있다. 특히 마지막 구, 산 중에 말없이 흐르는 물을 이끼가 매끄럽기 때문이라고 표현한 것은 대단히 훌륭하다. 당연히 이끼 때문에 물소리가 나지 않는 것은 아니다. 표현을 그렇게 함으로써 아름다운 시적 형상미를 창조하였다.

제2절 원대(1271-1368)의 산곡과 잡극

시대 배경

칭기즈칸의 손자 쿠빌라이가 세운 원나라는 이민족이 중국 전체를 다스린 최초의 왕조였다. 그런데 원나라의 통치는 인구 비율로 따지면 몽고인 1명이 중국인 99명을 다스리는 꼴이었으므로 몽고의 법과 문화로는 중국을 통치하기가 불가능했다. 이에 세조(世祖, 즉 쿠빌라이)는 중국의 문화를 적극적으로 수용했고, 그럼으로써 문화적으로는 몽고가 오히려 중국화되었다. 그렇다고 한족을 우대하지는 않았다. 제1계층은 몽고인, 2계층은 서역인(즉 색목인), 3계층은 화북의 한인, 4계층은 끝까지 몽고 침략에 저항한 남송인으로 구별하여 철저하게 한족을 탄압하였다.

세조가 죽자 손자 테무르가 즉위했는데 그가 바로 성종(成宗)이다. 성종의 재위기간 동안 귀족들과 관리들의 발호와 악행이 더욱 심해졌다. 다행히 4대 황제인 인종(仁宗)이 중국 한족의 전통문화를 수용해서 통치술에 활용했다. 즉 그동안 폐지되었던 과거시험 제도를 부활시키고, 한족 출신 지식인들을 대거 등용했다. 그래서 유학으로써 나라를 다스리는 일이 복원되었으니, 그는 원대 황제 중 비교적 명군에 속하는 유일한 사람이다. 그러나 인종 사후 그가 복원시킨 제도와 관리 등용 방식은 후임 황제 계승자들이 제대로 실행하지 않았으며, 원 왕조는 이후 쇠퇴하게 되었다. 인종 때 연호가 연우(延祐, 1314-1320)였기 때문에 이 시기를 연우 연간이라 한다.

이민족 통치 하의 원대 지식인들은 여느 식민지하에서 그러하듯이 두 종류로 나뉜다. 하나는 지배자들을 따르면서 현실에 순응하는 부류, 하나는 현실을 거부하고 절조를 지키는 부류이다. 전통적인 시문과 사는 주로 전자의 문인들에 의해 여전히 지어졌다. 시에 있어서 원 초기에는 시인들이 망국의 울분을 토해내는 작품들을 내놓았으나, 연우 때부터의 시에는 작풍이 상당히 변하여 울분이나 그리움이 사라지고 기교와 감성을 추구하게 되었는데, 주로 성당(盛唐)의 시풍을 추구하였다. 이런 문학사조를 종당득고(宗唐得古)라고 부른다. 당을 종주로 삼고 위진시대의 고시에 귀의하려고 하는 것이다.

반면에 송나라 시풍은 멀리했으니, 송의 멸망이 야기한 한족의 비극 앞에 송에 대한 거부감이 심했기 때문이었다. 쉽게 말해서 송이 잘못하여 나라가 망했다는 것이다. 그래서 원나라 시는 송처럼 이문위시(以文爲詩, 산문으로 시를 짓다)한다든가 이리입시(以理入詩, 이치를 시에 넣다)하지 않고 당시(唐詩)처럼 감흥과 형상(이미지)의 표현, 즉 서정성에 치중했다. 원나라 대표 시인으로는 살도자(薩都剌), 양유정(楊維楨)을 들 수 있다. 그러나 이러한 모방 아래서는 자연 눈을 놀라게 할 정도의 창조적 작품이 적을 수밖에 없으니, 원 시는 당과 송은 물론 이후의 명 시에도 뒤진다. 원부터 명과 청대를 거치면서 종당이니, 종송(宗宋)이니 하는 말들이 시대의 문학 풍조를 가리키는 준거로 사용되게 되었다. 이 두 표현이 지시하는 바는 원부터의 시는 모방성이 강해서 새로운 문학 세계를 향해 선도하는 역할을 하지 못했음이다.

한편 원대의 제도권 안에 들지 않았던 대다수의 문인들은 탄압받고 벼슬하지 못하면서, 관심을 정통문학인 시문에서 통속문학으로 돌렸다. 원대를 특징짓는 새로운 문학인 산곡과 잡극은 이들 작가들에 의해 크게 발전되었다. 송대로부터 물려받은 화본 역시 마찬가지 이유로 성행하였다. 그들은 스스로 권위를 버리고 민중 속으로 들어가 창조성 있는 대중적인 통속 작품을 창작했다. 다행히 원대는 상업을 중시했기 때문에 도시가 발전되었고, 이 도시는 서사 문학이 발전될 수 있는 배경이 되었으며, 그래서 작가들이 활동할 수 있는 충분한 공간이 확보되었다. (칭기즈칸은 실크로드 전지역을 지배함으로써 생기는 막대한 이익을 가지고 세계 제국으로 뻗은 몽고를 만들었다. 원대는 그 유산을 그대로 이어받아 실크로드 전 지역을 장악하여 내륙 무역을 활발히 진행했고, 동시에 바다를 이용한 해양무역이 융성하여 땅과 물 모두를 이용한 국제무역이 대단히 발전했던 시대였다. 이런 국제무역을 기반으로 왕성한 도시문화가 형성되었던 것이다.)

그래서 원대에는 서사성 문학(화본·설창·희곡)이 처음으로 문단의 주도적 지위를 차지했다. 서정성 문학에 있어서는 비록 산곡 같은 것이 새로운 면모를 보여 주었으나, 산곡은 장르와 체재에 있어서 이전의 사와 크게 다를 바가 없어서 그 문학상의 의의는 이차적인 위치로 물러난다. 그래서 작가와 하층민 관계가 매우 밀접해졌으며, 문학작품은 더욱 많은 관중·독자를 확보함으로써 사회적으로 광범위한 영향을 끼쳤다. 결론적으로 원대는 시사 위주의 서정성 문학에서 화본·설창·희곡 위주의 서사성 문학으로 전환되는 분기점이다. 명청대에는 원 때 돌출된 서사성 문학이 더욱 확대되고 발전되어 바야흐로 시대정신이 된다.[155)]

그런데 화본의 경우 많은 작품들이 산실되었고, 또 전해지더라도 거의 대부분 명나라 사람이 간행한 책들에 수록되어 있어서 진정 송대, 혹은 원대에 속하는 것들을 가려내기가 매우 어렵다. 화본의 종류 중 하나인 평화(平話, 역사를 주제로 한 강사(講史) 화본) 작품에 원대의 『전상평화오종全相平和五種』, 즉 『무왕벌주평화武王伐周平和』『칠국춘추평화후집七國春秋平和後集』『진병육국평화秦幷六國平和』『전한서평화후집前漢書平和續集』 및 『삼국지평화三國志平和』가 있다. 그러나 이것들은 문장이 조잡한 편이어서 작품 수준이 높지 않다. 그러므로 아래에서 산곡과 잡극을 위주로 해서 원대 문학을 설명한다.

1. 원대의 산곡

곡(曲)이란 글자는 음악을 가리키기도 하고, 입으로 부르는 노래인 가(歌)와 대비하여 악기와 함께 부르는 노래를 의미하기도 한다. 어느 경우에는 사(詞)와 같은 뜻으로도 쓰이는데 가사에 초점을 두면 사요, 멜로디(음률, 가락)에 초점을 두면 곡이라 한다. 예를 들어 돈황사를 돈황곡이라고도 하는 데서 알 수 있듯이 혼용해서 쓰기도 한다. 그런데 운문의 한 갈래로서 특별히 곡이라고 하면 원나라 곡을 말한다. 원곡(元曲)을 산곡(散曲)이라고 지칭한다. 쉽게 말해서 산곡은 원나라 때 유행했던 민간가요이다. (한대의 악부, 송대의 사, 원대의 곡, 명대의 민가 등은 모두 민간가요이다. 다만 발생한 시대에 따라서 명칭이 달라질 뿐 민요라는 성격은 동일하다. 그런데 악부와 사 체재는

155) 원대 문학의 서사성에 대해서 袁行霈, 위 책, 권3, 236-238쪽을 참고.

왕조가 바뀌어도 계속 이어져 청나라 말까지 존속되었던 것과 대조적으로 산곡은 본래의 특징을 잃은 결과 송대의 사와 별 차이가 없게 되어 원대 후에는 쇠락하게 되었다.)

금나라 때 노래가 여진족 음악의 영향을 받았다면, 원나라 때 노래는 몽고족 음악의 영향을 받았다. 몽고족의 원나라가 중국을 정복하고 지배하면서 그들의 음악에 의하여 변질된, 중국 민간에서 유행한 노래가 산곡이다. 중국의 음악과 몽고의 음악이 융합된 것이 그 특징이다. 노래와 음악의 구분이 가끔씩 헷갈리기도 하는데 노래는 입으로 부를 수도 있고, 혹은 악기로도 연주할 수 있으니 많은 경우 서로 혼용해서 사용해도 틀리지 않다. 산곡은 이민족의 음악이어서 악조(멜로디)며 악기가 모두 한족의 것과 같지 않았다.

산곡은 당·송의 사보다 창작이 더 자유롭고 유연했다. 글자 수의 운용이나 압운의 규칙이 까다롭지 않았고, 구어를 대량 운용하였으며 묘사는 상세하고 진솔하고 노골적이었다. 그래서 산곡의 특징을 한 글자로 직(直, 직설적)이라 한다. 유목생활을 하는 북방 이민족의 음악은 한족보다 더 단순하기 때문에 작곡이 더 쉬운 것은 당연하다. 또한 완전(婉轉)했다. 완전이란 표현은 중국문학 비평에 자주 쓰이는데, '예쁘고 곡절(변화)이 있고 듣기 좋다'는 뜻이다. 이러한 성취는 몽고족의 지배하에서 철저히 소외된 한족의 지식인들이 산곡 창작에 대거 참여했기 때문이다. 즉 민중의 감정과 일에 있어서 진솔함과 진정성, 그리고 지식인의 세련됨이 결합되었던 것이다. 그리하여 산곡은 문학적으로 크게 발전하게 되었다. 산곡은 본색파(本色派)와 청려파(淸麗派) 나눠지게 되었는데 본색파는 직한 산곡 원래 특징을 살리는 쪽이고 청려파는 시와 사에 가깝게 짓는 쪽이었다. 어쨌든 산곡이라는 원나라 때 출현한 새로운 문학 체재는 원 이후, 명과 청 때까지 이어진다.

그런데 원곡이라 하면 산곡과 잡극(元雜劇)이라는 전혀 다른 두 가지 문학 양식이 포함되어 있다. 산곡은 노래이고, 잡극은 원나라 때 생겨난 희곡을 가리킨다. 그러니까 잡극은 무대에서 진행하는 공연문학이다. 산곡과 잡극은 서로 문학 장르가 다르지만 둘 다 이민족 음악의 영향으로 만들어져서 노래하거나 연주하는 '곡'의 성격이 같기 때문에 일괄해서 원곡이라고 할 수 있는 것이다. 그래서 유명한 산곡 작가가 대부분 곧 잡극의 작가였다. 다음은 산곡과 잡극의 관계를 구체적으로 알아본다.

산곡은 청곡(淸曲)이라고도 부르며 이전의 악부시나 사처럼 민간에 유행하던 노래에서 나온 것이다. 이 짧은 곡을 소령(小令)이라 한다. 이 소령을 둘 또는 세 개 연이어 한 곡의 노래로 만들면 대과곡(帶過曲)이 된다. 대과곡은 비슷한 서로 잘 어울리는 곡조를 합쳐 음조가 잘 연결됨으로써 완전한 한 곡을 이루어야 한다. 여기에서 더욱 진일보하여 같은 궁조(宮調)에 속하는 여러 개의 소령들을 모아 한 조의 큰 곡을 이룩한 것을 투수(套數)라 한다. (본서의 제1장에서 설명했듯이 중국에서 궁조는 궁조와 궁조가 아닌 다른 조를 합쳐서 말한 것이다. 그러므로 우리말 기준으로 한다면 '같은 궁조' 대신 '같은 조'라고 하는 것이 더 자연스럽다.)

투수는 길이가 길기 때문에 노래이면서도 복잡한 이야기를 서술할 수 있다. 한 투수의 끝머리는 반드시 미성(尾聲)이 붙어 곡의 종결을 알려준다. 미성이란 제궁조나 잡극·전기 등 여러 유형의 희곡에서 한 투수의 마지막 곡을 일컫는다.

2. 원대의 잡극

잡극은 산곡의 노래를 부르면서 이야기를 전개해 나간다. 즉 산곡이 서정적인 짧은 노래가 중심을 이루는데 비하여 잡극은 여러 곡의 산곡이 모여 이루어진, 바로 앞에서 언급한 '투수'로 일정한 고사를 연출한다. 잡극은 한 작품이 4절(折)로 이루어지며 1절은 악곡에 있어서는 한 개의 투수이다. 절이란 현대 연극의 막에 해당하는 것으로, 이야기의 발전단계를 말한다. 즉 4절은 일반적으로 개단(開端)·발전(發展)·고조(高潮)·결미(結尾)의 4단락으로 나누어진다. 첫머리나 혹은 절과 절 사이에 독립된 작은 단락의 설자(楔子)를 끼워 넣기도 한다. 일반적으로 설자는 본격적인 공연에 들어가기 전에 극정(劇情, 극 내용)을 설명하는 것인데, 앞뒤 얘기를 연결하는 역할을 하기도 한다.

배우의 명칭에 있어서는, 남자 주인공을 정말(正末)이라 하고, 여자 주인공을 정단(正旦)이라 부른다. 희곡의 삼 요소, 즉 창·과·백 중에서 창 부분이 가장 중요하기 때문에 노래는 정말과 정단만 부를 수 있다. 다시 말하면 정말과 정단이 하나의 희곡 작품을 처음부터 끝까지 노래를 부른다. 다른 역할을 맡은 조연급들은 노래하지 않고 말과 동작만 한다.

한편 원대에는 공연예술이 대단히 성행했다. 송대와 마찬가지로 오락 장소가 한 곳에 모여 있는 와사가 곳곳에 들어섰고, 와사 안에는 잡극·곡예·잡기·설창·영희(影戲, 그림자극) 등 온갖 공연을 시연하는 구란이 있었다. 지금까지 문헌에 기록되어 있는 잡극 작품만 530여 종, 남희가 210여 종이 있다. 그러나 대부분 산실되어 버렸으며, 작가의 이름이나 생평을 제대로 알 수 없는 경우가 많다. 하지만 이전의 어떤 시대에서도 볼 수 없었던 민중의 생생한 삶과 세계를 우리에게 전해주고 있다. 잡극 작가 중 가장 유명한 두 사람과 작품들을 소개한다.

1) 관한경과 두아원

관한경은 평생을 희곡 창작에 바쳐서, 현재 66종의 작품이 알려져 있다 그중 17종이 완전한 작품이고, 3종이 일부만 남아 있으며, 나머지 46종은 전혀 전해지지 않는다. 그 중『두아원竇娥冤』·『구풍진救風塵』·『망강정望江亭』·『노재랑魯齋郎』·『단도회單刀會』 등이 유명한데, 그중에서도『두아원』이 관한경을 상징하는 작품이다.『두아원』의 내용은 다음과 같다:

초주(楚州, 강소성 회안 일대)에 가난한 여인이 있었는데 이름이 두아였다. 그녀는 세 살 때 어머니를 여의고, 일곱 살 때 아버지 두천장의 빚을 갚기 위해 남의 집 민며느리로 팔려갔다. 그런데 시댁에 온 지 2년이 채 못 되어 남편이 병으로 죽고, 시어머니와 단 둘이 살게 되었다. 그러던 어느 날, 두아의 시어머니가 빚을 받으러 나가자 새로의(賽盧醫)라는 자가 돈이 탐이 나서 목 졸라 죽이려 했는데 장려아(張驢兒) 부자가 그녀를 구해주었다.

그런데 이 장려아는 건달잡배였다. 그는 두아와 시어머니가 과부들인 것을 알고 시어머니는 자신의 아버지와 혼인하게 하고 젊고 예쁜 두아는 자신의 처로 삼으려 했다. 그러나 두아가 단호히 거절하자 이에 앙심을 품은 장려아는 시어머니에게 독약을 먹이고 그녀를 강제로 차지하려고 했다. 그런데 장려아의 아버지가 독약인 줄 모르고 그만 독약을 먹고 죽어버렸고, 일이 그렇게 되자 장려아는 두아가 아버지를 독살했다고 관청에 허위 고발을 했다.

초주 지주(知州)는 돈만 받으면 못하는 일이 없는 탐관오리였다. 장려아에게 돈을 받아먹은 그는 두아에게 가혹한 고문을 하며 죄를 자백하라고 협박했다. 그러나 두아는 몇 번이나 정신을 잃을 정도로 모진 고문을 받으면서도 끝까지 이를 거부했다. 두아가 시어머니에게 극진하다는 말을 들은 초주 지주는 시어머니를 잡아다가 고문을 가했다. 연로한 시어머니가 고문에 시달리는 것을 차마 볼 수 없었던 두아는 억울하지만 하는 수 없이 허위 자백을 했다.

형장으로 가는 길에 두아는 억울함을 하소연할 데가 없어 "관청의 대문은 자고로 남쪽으로 열려 있건만 억울한 안건은 왜 언제나 있느냐." 하고 부르짖었다. 그리고 형이 집행되기 전에 하늘을 보며 이렇게 말했다. "하늘이 이 원통한 죽음을 안다면 내 피가 저 높이 걸려 있는 흰 비단 위로 튈 것이며 유월에 눈이 내리고 3년 동안 큰 가뭄이 들 것이다." 과연 그녀의 말은 모두 다 들어맞았고, 이후 조정의 대신이 된 아버지는 이 사건을 재조사하여 두아의 원한을 풀어주었다. 그리고 장려아와 초주 지주는 형장에 끌려 나가 목이 베어졌다.

관한경 작품의 예술적 가치는 『두아원』에서 알 수 있듯이 첫째, 작품 중의 여러 인물들의 형상은 전형적으로 개성을 매우 선명하게 묘사하고, 현실적인 생활을 리얼하게 반영하고 있다. 둘째, 작품은 대부분이 희극성이 강하다. 극정(劇情)의 우여곡절, 변화가 다양하여 뜻밖의 사건이 전개되지만, 극 내용에 동떨어진 것이 아니고 더욱 유기적인 관계여서 관객으로 하여금 감동을 불러일으키게 한다. 셋째, 구어(口語)를 아주 자유롭게 구사하였다. 희곡에서는 창을 위주로 하기 때문에 설백(說白, 말)을 빈백(賓白, 손님의 말이란 뜻)이라 하는데 이 빈백을 그 시대의 구어체로 쓰고 있음은 말할 것도 없고, 창을 하는 곡의 문장까지도 등장인물에 어울리는 노래를 부르도록 하다 보니 구어의 활용에 뛰어났다.

2) 왕실보와 서상기

왕실보(1250?-1337?)의 생애에 대해서는 알려진 것이 거의 없다. 그의 잡극은 모두 14본이었는데, 현존하는 것은 『사승상가무려춘당四丞相歌舞麗春堂』, 『최앵앵대월서상기崔鶯鶯待月西廂記』, 『여몽정풍설파요기呂蒙正風雪破窯記』 등 3종이며, 그밖에 『한채운사죽부용정韓彩雲絲竹芙蓉亭』, 『소소경월야판다선蘇小卿月夜販茶船』 등의 잔권이 전해진다.

그의 대표작인 『최앵앵대월서상기』는 줄여서 흔히 『서상기』라 부르며, 모두 5본(本) 21절(折)로 된 방대한 극본이다. 그 개략적인 내용은 위에서 『서상기』와 『서상기제궁조』와의 관계를 통해 이미 설명한 바 있듯이, 노부인을 한 축으로 삼는 봉건예교를 지키려는 세력과 앵앵·장생·홍낭을 한 축으로 삼는 사랑·혼인의 자유를 추구하는 저항인 세력으로 확실히 구분하여 그 대립과 충돌을 첨예하게 그려내고 있다.

언어 예술에 있어서는, 전아하고 화려하며 아름답다. 서사와 함께 서정에도 빼어난데, 서정의 구가는 무엇보다도 아름다운 시적 언어가 가득하기 때문이다. 보기로 세 가지를 들어보는데, 먼저 제1본의 설자(楔子)에 나오는 최앵앵의 노래이다. 최앵앵이 자신의 고독과 걱정을 표현한다.

> 【요편】[156] 봄이 다해가는 때 포군의 동쪽, 겹겹이 닫힌 쓸쓸한 사찰. 꽃 떨어져 흐르는 물 붉고, 알 수 없는 갖가지 근심에 말없이 동풍을 원망하네.
>
> 【幺篇】可正是人值殘春蒲郡東, 門掩重關蕭寺中 ; 花落水流紅, 閑愁萬種, 無語怨東風.

다음은 제1본의 3절에 나오는, 조명이 월조이고 곡패(즉 곡명)가 「두암순」인 노래가사이다. 절안에서 장생과 우연히 만나기를 바라는 최앵앵의 마음을 표현한다.

---

156) 요편(幺篇): 하나의 곡을 연속적으로 사용하여 노래할 때 두 번째 곡부터는 곡패를 표기하지 않고 요편, 혹은 요(幺)라고만 함.

> 【월조】【두암순】[157] 옥처럼 아름답고 깨끗한 하늘에 은하수 비껴 흐르고, 달빛은 허공을 가로지르는데 꽃 그림자 정원에 가득하네. 비단 소매 차갑고, 청춘의 마음은 놀랐지. 귀 기울이노라, 임이 오는 발자국 소리 듣기 위해: 소리없이 남모르게, 가만가만 은밀하게.
>
> 【越調】【鬥鵪鶉】玉宇無塵, 銀河瀉影月色橫空, 花陰滿庭；羅袂生寒, 芳心自警. 側著耳朵兒聽, 躡著脚步兒行：悄悄冥冥, 潛潛等等.

다음은 제4본의 3절에 나오는, 조명은 정궁(正宮), 곡패는 「단정호·벽운천端正好·碧雲天」인 노래이다. 최앵앵이 과거시험을 보기 위해 절을 떠나매, 그를 장정(長亭)에서 보내면서 부르는 이 노래 가사는 매우 유명하여 널리 알려졌다.

> 구름 낀 푸른 하늘, 누런·꽃 덮힌 땅, 서풍은 엄습하는데 북쪽 기러기 남으로 가고 있네. 새벽에 누가 서리 맞은 나뭇잎 술에 취해 붉게 했나. 임과 헤어지는 눈물 때문인가.
>
> 【正宮】【端正好】碧雲天, 黃花地, 西風緊, 北雁南飛. 曉來誰染霜林醉？總是離人淚.

푸른 하늘, (시들어서) 누런 꽃, 서쪽 바람, 북쪽 기러기, 서리 맞은 나무 등은 늦가을의 정취를 잘 자아낸다. 특히 단풍을 '술 취함'에 비유한 것이 탁월한 문학적 표현이다. 물들 염(染) 자와 취할 취(醉) 자가 매우 잘 어울린다 하겠다. 이 구를 직역하면 "새벽에 누가 물들여서 서리 맞은 나뭇잎 술에 취했나."이다.

이와 같이 『서상기』는 언어가 아름답고 시적 정서가 두드러져 수백 년 동안 줄곧 시극(詩劇)이라는 평가를 받아 왔다. 많은 사람들이 『서상기』를 공연으로 보는 것에 만족하지 않고 극본을 낭송하거나 노래했다. 그래서 서상기는 '최고의 잡극(雜

---

157) 두암순(鬥鵪鶉): 곡패 이름으로 월조(越調)에 속함.

劇第一)'이라고 평가된다. 후에 관한경 작품 영향을 받은 희곡 작가들을 관한경파라고 하고, 왕실보의 영향을 받은 희곡 작가들을 왕실보파라고 했다.

관한경과 왕실보 외에 백박(白樸)과 마치원(馬致遠)이 있어서 새로운 유파를 형성했다. 이 네 사람을 합쳐서 元曲四大家(원곡사대가)라고 하여 원 잡극을 상징하는 인물로 친다. 백박의 대표작으로는 『오동우梧桐雨』가, 마치원의 대표작으로는 『한궁추漢宮秋』가 있다. 원곡사대가는 동시에 산곡 작가이기도 했다. 산곡으로 잡극을 만들었기 때문이다. 그런데 이들은 시대상 원나라 전기에 해당한다. 후기에는 잡극 고유한 맛을 잃어버리고 마치 문인문학처럼 전아하고 미려한 풍격을 지니게 되었고, 이는 잡극 쇠락의 원인이 되었다.

그 원인은 몽고 지배자들의 세력이 남쪽으로 크게 확장되면서 잡극의 중심이 남쪽으로 옮겨갔고, 그러면서 이러한 색채는 차츰 퇴색하기 시작했다. 본시 남방의 민간에는 남곡을 사용하는 희문이 유행하고 있었지만, 잡극의 도래 이후 완전히 그 기세에 눌리게 되어, 후기에는 왕실보파의 잡극이 주류를 이루어 바르고 아름다운 문장 위주의 작품을 쓰는 작가들이 많이 나왔다. 그래서 잡극이 점차 연극으로서의 기능을 잃어가면서 민중과 멀어지고, 또 점차 쇠태해 갔다. 따라서 후기의 작품 수준은 전기보다 훨씬 뒤지게 되었던 것이다.

후기를 대표하는 작가는 정광조와 진간부이다. 먼저 정광조(鄭光祖, 294 전후)의 대표작은 『천녀이혼倩女離魂』인데, 이것은 본서에서 소개했던 당나라 진현우(陳玄祐)의 전기소설 『이혼기離魂記』를 소재로 하고 있다. 진간부(秦簡夫, 1320 전후)의 대표작은 『동당로권파가자제東堂老勸破家子弟』(동당로라고 약칭한다)이며, 그 내용은 원나라 때의 시민 계층의 생활을 반영하고 있다.

제7장

명대 문학
(1368년-1644년)

시대 배경

제1절 명대의 시문과 노래

제2절 명대의 소설

제3절 명대의 희곡

시대 배경

원 건립 후 100년 정도 지나자 민족 차별을 심하게 받은 남쪽의 한족을 중심으로 농민반란이 일어났는데, 그 대표적인 것이 바로 홍건군(紅巾軍)이다. 주원장(朱元璋)은 홍건군의 수장 곽자흥(郭子興) 대열에 투신, 친위병이 되어서 원을 상대로 한 전쟁에서 큰 공을 세웠고 곽자흥의 의붓 딸 마씨(馬氏)와도 결혼했다. 이런 인연으로 곽자흥 사후에는 부대를 통솔함으로써 큰 세력을 갖게 되었으며, 후에는 천하를 통일해 명 왕조를 건립하니 이가 바로 홍무제이다.

그는 이전의 원나라가 과도한 상업주의 정책으로 인해 거품 경제, 인플레이션을 초래했고 이것이 원 제국 패망의 원인 중 하나였다는 것을 알았다. 이에 전통적인 '농업주의 국가'로 회귀하였다. 해금(海禁, 해상무역금지)이라는 쇄국정책을 펼쳐 나라의 문을 닫아걸었고, 민간인들이 외국과 상거래하는 행위도 금지시켰다. 농업·산업·해외무역 등 모든 분야를 관리하면서 통제경제를 펼쳤으니 송·원 때와 상반되었다. 긴 세계 역사 측면에서 볼 때 이는 역행하는 모습이었다.

사상에 있어서도 홍무제는 통제를 강화했다. 먼저 자기 자신에게 불리하다 싶은 글을 쓴 자는 모조리 사형에 처했다. 문서에 적힌 문자나 내용이 황제나 체제에 대한 비판을 담고 있다고 하여 해당 문서를 쓴 자를 벌하는 것을 '문자옥((文字獄)'이라 하는데, 명·청대에는 홍무제를 시발점으로 문자옥이 끊임없이 반복되었다. 그래서 명·청대 때에는 시대를 변화시키는 창의적인 학문이나 사상이 발전되기 힘들었다. 문자옥이 많았던 원인은 여러 가지겠지만 무엇보다도 황제의 성격이 잔인함과 관련이 크다.

사상 통제의 그 다음으로는 주자학을 들 수 있다. 당송 때는 유교·불교·도교가 병립하면서 상호 토론하고 논쟁하면서 경쟁했기에 철학과 사상, 그리고 학문의 황금기였다. 이와 달리 홍무제는 유교 중에서도 송나라 주자가 완성한 성리학(性理學)을 국가 이념으로 삼고, 모든 백성들을 다스리고 가르치는 유교 교육 시스템을 창설했다. 명나라와 청나라는 기본적으로 홍무제 창설의 유교 체재를 지켰다.

성리학은 지배계급에게 가장 유리한 논리를 갖추고 있다. 명대와 청대는 철저하게 신분질서를 강조하고 자유를 억압했기 때문에 학문과 사상, 그리고 문학이 당송대에 비해서 현저하게 떨어졌다.

또한 홍무제는 보기 드문 잔인한 황제였다. 함께 싸웠던 개국공신들을 모두 살해했고, 호유용(胡惟庸)과 남옥(藍玉)이 반란을 획책하자 구족(九族)을 죽여 총 4만여 명이 목숨을 잃었다. 3대 황제 영락제(永樂帝)는 조카 건문제(建文帝)에게서 왕위를 찬탈했기 때문에 우리나라 조선의 세조와 비슷하다. 그 역시 매우 잔인무도하여 반란자는 십족(十族)을 멸했다. 이렇듯 명은 잔혹한 성격의 황제가 많았기 때문에 능력 있는 인재들이 조정에 잘 모여들지 않았다.

영락제는 환관인 정화(鄭和)를 보내 동남아, 인도는 물론 아프리카까지 항해하게 했다. 당시 중국의 항해술은 세계 최고 수준이었다. 비슷한 시기, 유럽의 콜럼버스나 바스 코 다가마가 타고 항해했던 것보다 20배나 더 큰 배를 만들 수 있는 선박 제조기술을 보유하고 있었다. 4대 홍희제(洪熙帝)는 재위 기간이 1424-1425년으로 2년도 되지 않는 임금인데, 막대한 돈과 인력을 들여 바다로 나가는 것을 낭비라고 여겨서 배는 물론 배 제조법까지를 모두 소각시키고 해양 진출을 금지했기 때문에 정화 때 보유했던 해양기술은 대부분 사라져 버렸다.

유럽이 신대륙 발견으로 바다를 향해 나아갈 정확한 그 시점에 중국은 정반대의 정책을 취함으로써 이때부터 서양과 동양의 세력 판도가 바뀌졌다. 유럽인들이 인쇄·화약·나침반 등과 같은 중국이 앞선 기술들을 이용하는 방법들을 익히기 시작한 바로 그때 중국은 과학 기술의 지도적 위치에서 후퇴하였다. 그 결과 서양은 외국에 많은 식민지를 개척하였고, 중국은 반대로 서양의 식민지 중 하나로 전락하게 되었다.

명나라 10대 황제 홍치제(弘治帝, 재위 기간 1487-1505)는 명나라 명군으로 꼽히며, 그의 치세 전후가 명대에서 가장 번영한 시대였다. 즉 15세기 중반부터 농업에 있어서 잉여생산이 되었고 이에 따라 자연스럽게 농산물의 지역 이동이 나타나기 시작했으며, 또한 사회는 안정되었다. 거기에 1415년 남경에서 북경으로 수도가 옮겨가면서 그동안 폐쇄 상태에 가까웠던 대운하가 다시 개통되었다. 명 초기 주원장이 수도를 남경으로 정하면서 대운하의 필요성이 사라졌기 때문에 사용하기 않았던 것을 수리해서 개통했던 것이다. 그러면서 전국이 하나의 네트워크를 형성하게 되었다. 상업 발달의 토대가 완벽하게 만들어졌던 것이다. 그래서 곡식이 식량이라는 존재를 넘어서 상업적 이윤의 대상이 되고, 곡식과 더불어 공상업의 온갖 물건들이 장소를 옮겨 다녔다.

책과 서예, 그리고 미술도 좋은 돈벌이 수단이 된 결과 도서 간행과 서예·미술의 발전도 크게 진작되었다. 그에 따라 개인의 많은 도서 소장이 가능했고 서예·회화 작품의 매매가 성행했다. 정치적으로는 16세기 중반에 상인들이 식량과 전쟁물자를 북쪽 변방을 수비하던 군대에게 운송해주는 대가로 그들에게 소금 독점판매권과 다른 상업 이익을 주는 정책을 시행한 것이 상인 운신의 폭을 넓혀 주었다. 지금까지 열거한 제 경제 관련 사항들은 명 후기 괄목할 만한 경제 성장과 도시 발달을 촉진시켰으며, 이러한 현상은 명을 이은 청 왕조로 계속 이어져 내려갔다. 청의 경제는 명과 연속되기 때문에 두 왕조를 묶어서 설명해야 한다.[158] 상업의 발달은 도시의 발달을 크게 촉진하여 전국에 100개의 대도시 내지 중간 규모의 도시가 생겼다. 이 시기에는 상공업 도시가 남경(南京), 북경(北京), 소주(蘇州), 송강(松江), 진강(鎭江), 회안(淮安), 상주(常州), 양주(揚州), 항주(杭州), 복주(福州), 무창(武昌), 형주(荊州), 남창(南昌), 광주(廣州), 개봉(開封), 제남(濟南), 계림(桂林), 태원(太原) 등 전국 각지에 밀포되었다. 그래서 명 후기를 자본주의의 맹아기로 지칭하기도 한다. 경제가 발달된 인구 밀집 지역은 여유로운 여가 활동이 필요했고, 소설과 희곡은 이런 요구에 부합하는 문학이어서 크게 발달했다. 그리고 그 유산을 청대로 물려주었다.[159]

서양에서도 장편소설의 태동과 발전은 매우 늦었으니, 근대 이후 즉 16세기 이후 생겨났으며 서사시의 영향을 많이 받았다. 서사시가 변해서 장편소설이 되었다

---

158) 명나라 경제와 상업에 대해서 티모시 브룩(Timothy Brook) 저, 조영헌 역,『하버드 중국사 원·명—곤경에 빠진 중국(The Troubled Empire: China in the Yuan and Ming Dynasties)』, 서울, 너머북스, 2014, 211-247쪽을 볼 것.

159) 葛永海,『古代小說與城市文化硏究』, 復旦大學出版社, 2004, 9쪽.

고 해도 과언이 아니다. 서구 소설은 서사시가 산문의 소설체로 바뀌면서 시적 요소는 완전히 사라졌으며, 서정과는 완전히 분리된 글쓰기가 되었다. 산업화·자본화·도시화가 진행되면서 사회가 분업화되고 다양해졌으며, 그에 따라 나와 외물을 철저히 분리하는 객관적 서술이 곧 이야기를 서술하는 전형적인 방법으로 자리매김하게 되었던 것이다. 그러고 보면 소설이란 장르는 도시와 산업과 밀접한 관련이 있음을 파악할 수 있다. 복잡한 것을 표현하는 것은 소설보다 더 좋은 수단이 없기 때문이다.

한편 홍치제 뒤를 이은 황제들은 전반적으로 무능한 편이어서 차츰 정치가 부패하고 민생이 어려워졌다. 14대 만력제(萬曆帝, 재위 기간 1572-1620) 때 '명의 왕안석'이라고 일컬어지는 장거정(張居正)이 1572-1582, 10년 동안 변법을 시행하여 사회 전반에 걸친 대개혁을 추진한 결과 상당한 효과를 보았으니 바야흐로 '만력중흥(萬曆中興)'이 도래했다. 그러나 그의 병사 후 관료와 부자들에 의해 변법은 부정되고 사회는 다시 이전으로 돌아갔다. 게다가 황제는 장거정 사후 태도가 일변해 게으르기 짝이 없는 다른 사람이 되어 정무에 매우 태만했고, 그 결과 국세가 형편없이 기울게 되었다.

특히 16대 천계제(天啓帝) 당시에는 위충현(魏忠賢)이라는 환관의 전횡으로 인해 정치 부패가 극에 달했다. 거기에 가뭄까지 겹쳐 각지에서 농민반란이 일어나기 시작했으며, 그중 17대 숭정제(崇禎帝) 때(1631년) 농민기의를 일으킨 이자성(李自成, 1606-1645)이 가장 강력한 세력을 형성했다. 그는 1644년 숭정제가 다스리는 명 왕조를 전복시켰다.

한족이 세운 명나라는 몽고족의 지배하에서 억압당했던 한민족의 문화를 회복하는 데 힘을 기울였다. 이에 따라 자연히 전통적인 시문이 다시 그 중요성을 되찾았다. 그러나 복고에 힘쓰다 보니 자연히 창조적인 문학이 되지 못했다. 또한 과거시험에서 문학의 중요도가 낮아지고, 대신 유가 경전 중심으로 전환되었다. 특히 과거시험에서 답안지를 8개의 순서에 맞추어서 적어내야 하는 팔고문(八股文)은 문학 발전에 큰 장애물이 되었다. 명나라 지식인들은 과거에 급제하기 위하여 이처럼 극도로 형식화 한 문장을 공부하였으므로 시문이 모두 형식적인 경향으로 흐를 수밖에 없었다. 이런 시대 상황에서 학자들에게 창의적이고 개성적인 작품을 기대함은 연목구어였다. 당나라와 송나라의 이백·두보, 당송팔대가 같은 대가는 하나도 출현하지 않았다. 특히 사(詞)의 창작은 수준 면에서 매우 보잘 것이 없었다. 따라서 본서에서 사 란은 따로 두지 않는다. 이와 대조적으로 국가의 제도적인 영향권 밖에 있었던 소설과 희곡은 비약적인 발전을 맞았다. 중국 역사상 처음으로 통속문학이 아문학을 압도했다.

제1절 명대의 시문과 노래

1. 명대의 시문

영락(永樂) 연간부터 성화(成化) 연간 사이(1403-1487) 소위 '대각체(臺閣體)'의 시문이 출현하였다. 대각이란 본디 상서대(尙書臺)를 말하며, 상서대는 황제를 보좌해 정무를 처리하는 관서였는데, 후에 중앙정부 기관을 가리키는 범칭으로 사용되었다. 대각체는 문아(文雅)하고 바르고 안정되고 조급하지 않은 글쓰기이며, 내용은 태평성대를 미화하고 통치자의 공덕을 송양하는 것이었다. 대각체의 글은 시와 문장을 막론하고 모두 독창적·개성적 창조가 결여되었고 공허하며 천편일률적이었다. 이런 글쓰기를 했던 양사기(楊士奇)·양영(楊榮)·양부(楊溥), 세 사람이 모두 높은 벼슬을 했기 때문에 대각체란 명칭이 생겼다. 대각체를 관각체(館閣體)라고도 한다. 대각체의 시와 문장이 거의 100년간 주류를 이루었다. 또한 과거시험에 사용되는 팔고문의 영향을 많이 받아 문단에 형식주의 그림자가 짙게 드리웠다.

이에 대한 반동으로, 조정의 대신을 하고 있었던 이동양(李東陽)이 주도하여 시는 '한나라와 당나라를 따라야 한다'며 복고를 주장했다. 그를 추종하는 사람들이 많이 생겨서 소위 다릉시파(茶陵詩派)란 유파가 형성되었다. 이동양의 시풍은 40년 관직 생활의 영향 탓인지 전반적으로 옹용(雍容, 온화하고 예모 있음)하고 전아하며 평정(平正)하여, 결국은 그도 대각체의 테두리를 완전히 벗어나지는 못했다. 이에 본격적으로 이몽양이 본격적으로 대각체를 반대했다.『명사明史』권286을 보자.

> 이몽양은 재주와 생각이 크고 강했다. 탁연히 복고를 자신의 사명으로 삼았다. 홍치 연간에 재상 이동양이 문단의 우두머리여서 천하 사람들이 그를 으뜸으로 여겼으나 이몽양만은 그가 위약하다며 비난했다. 그는 "문장은 반드시 진한의 것을 따라야 하고, 시는 반드시 성당의 것을 따라야 한다. 그렇지 않으면 도가 아니다."라고 했다.

> 夢陽才思雄鷙, 卓然以復古自命. 弘治時, 宰相李東陽主文柄, 天下翕然宗之, 夢陽獨譏其萎弱. 倡言文必秦漢, 詩必盛唐, 非是者弗道.

"문장은 반드시 진·한의 것을 따라야 하고, 시는 반드시 성당의 것을 따라야 한다."는 이몽양을 중심으로 1488년에서 1521년 사이에 활동했던 사람들을 전칠자(前七子)라고 부른다. 그들은 이몽양(李夢陽)·하경명(何景明)·왕구사(王九思)·왕정상(王廷相)·강해(康海)·변공(邊功)·서정경(徐禎卿) 등이다.

전칠자를 이어 후칠자(後七子)가 또 나와 문장 복고의 기치를 내세웠으니, 1520년대 후반부터 1569년대 전반기까지 활동한 것으로 알려져 있는 이반룡(李攀龍)·왕세정(王世貞)·종신(宗臣)·사진(謝榛)·서중행(徐中行)·양유예(梁有譽)·오국륜(吳國倫) 등이 그들이다.

그런데 왕세정의 경우에는 무조건적인 복고가 아니라 작가의 영감이 활발하게 살아 움직여서 작품에 신령스러운 변화를 보여주는 복고이어야 한다고 주장했다. 단순한 모방에 그치면 안 되고, 전인의 것을 배우되 그것을 영활하게 운용해야지 앞 사람의 구속을 받아서는 안 되는 것이다. 그렇게 함으로써 작품에 개인의 성정이 드러나는 것을 왕세정은 중시했다.

이들 전후칠자들에 의해 대각체가 와해되기는 했으나, 결국은 옛 사람들의 문학을 모방하는 경향으로 흘렀다. 이로 인해 명대의 문학은 형식주의적인 방향으로 흘러 모방과 표절을 일삼고, 창작성이나 개성 같은 것은 찾아보기 힘든 지경이 되었다.

이에 만력(萬曆, 1573-1619) 연간으로 들어오면서 그러한 복고주의를 반대하고 개성과 감정을 강조하는 작가들이 나오기 시작했다. 이런 현상은 왕수인의 양명학과 관련 깊다. 왕수인(王守仁, 1472-1528)은 호가 양명(陽明)어서 왕양명으로도 호칭된다. 젊어서 주자학(朱子學)의 격물치지(格物致知) 방법으로 공부를 했는데, 주자학이 요령부득임을 깨달았다. 한번은 대나무를 취하여 아무리 연구해도 대나무 이치를 알 수 없었다. 마침내 격물치지의 순서를 밟아서 하는 공부는 물리(物理)와 내 마음이 항상 둘임, 즉 사물과 내가 항상 분리됨을 발견하고 심학(心學)으로 돌아섰다. 공부의 완성은 37세 때 당시의 권력자에게 반항했기 때문에 남서쪽 변방의 산중인 귀주성(貴州省) 용장(龍場)이란 곳으로 유배되었을 때 이루어졌다. 왕수인은 자기를 둘러싸고 있던 관계나 학계로부터 완전히 막혀버린 극한 상황에서 석곽(石槨)에 앉아 목숨을 건 좌선을 했다. 그리고 정신 몰입의 최고 단계에서 마침내 이치를 깨칠 수 있었다.

왕수인 문하에서 왕간(王艮, 1483-1541)이 나오고, 왕간은 스승의 심학을 바탕으로 인성을 구속하는 것에 반대하고 사상해방 조류를 주도했다. 왕간을 따르는 사람들이 태주학파(泰州學派)를 형성하고, 태주학파는 명나라 후기에 이를테면 중국 최초의 사상계몽학파가 되었다. 태주학파를 '양명좌파(陽明左派)'라 한다—이것은 현재의 표현이지 당시 이런 표현이 있지 않았다. 그 가운데 자유로운 글쓰기를 했던 사람들이 있었으니, 대표적인 사람들이 서위(徐渭, 1521-1593) 이지(李贄, 1527-1602), 탕현조(湯顯祖, 1550-1617), 원종도(袁宗道, 1560-1600) 등이었다.[160]

왜 양명학과 자유로운 글쓰기가 관련되는가를 알아보자. 양명학에서는 '마음이 이치이다'라고 하는 심즉리(心卽理)를 세운다. 여기서 이치(理)는 우주의 이치이다. 리는 인간의 이치인 성(性)을 포함한다. 그러므로 신분과 남녀노소의 차이에 관계없이, 모든 사람이 갖고 있는 각자의 마음에 모든 이치가 갖춰져 있다. 즉 우주와 내 마음이 둘이 아니다. 그래서 사람은 천지만물과 하나이며, 위로는 하늘과 같고 아래로는 초목·금수·산천·귀신과 차별이 없다. 따라서 형이상학과 형이하학의 구별이 없고, 동(動)과 정(靜)의 구별도 없으며, 리와 기의 구별도 의미가 없다. 이런 세계관에서는 전체보다 개체를 더 중요시한다. 마음은 각자가 갖고 있는 것이기 때문이다. 타고난 모습 그대로 다듬어지지 않은 자연스러움이 바로 진실이고 진리이다. 이런 세계관을 갖고 있으면 보편적인 윤리 도덕 못지않게 개인의 정을 중요하게 여기며 욕망을 긍정한다.

한편 성리학의 많은 학자들 중에서 주희(朱熹)가 성리학을 집대성하고 완성시켰기 때문에 성리학을 주자학이라고도 한다. 주자학은 리를 절대가치로 여겼다. 사

---

160) 태주학파에 대해서는 楊國榮 저, 김형찬 외 역, 『양명학』, 서울, 예문서원, 1994, 146-155쪽 참고.

람의 마음도 리에 포함된다. 리와 반대인 기는 물질의 세계이다. 좀더 구체적으로 말하면 만물 생성의 근원이 되는 힘, 즉 물질을 이루는 가장 최초의 요소가 기(氣)이다. 사람에게 있어서는 정(情)이나 욕망을 기에 편입시켰다. 이렇게 세계를 이분법적으로 보고 형이상학과 형이하학, 동(動)과 정(靜), 리(理)와 기(氣)의 구별을 뚜렷이 했다. 그러면서 보편적인 리를 핵심으로 했기 때문에 자연히 개인의 개성과 자유는 무시되었다. 효(孝)나 충(忠) 같은 도덕은 이치처럼 변하지 않는 항구불변이며, 그렇기 때문에 인간의 도덕 실천이 바로 우주의 이치를 따르는 것이라고 간주한다. 그리고 이치를 가르친 성현의 학문을 배우는 것이 가장 중요하다. 반면에 개인의 고유성은 부차적이거나 아니면 버려야 할 것으로 간주된다. 리가 아닌 기에 해당하는 인간의 정과 욕망은 부정한 것으로 여기며, 금욕이 미화된다. 주자학으로 무장한 송대 후기부터 명대 초기까지의 중국은 도그마적인 유학이 지배하면서 상류계층이 강조하는 윤리 도덕과 도덕 질서가 지나치게 사회를 압도하였다. 그에 대한 반동으로 나온 양명학은 한때 큰 세력을 이루어 사람들의 다양한 사유를 가능하게 하여 숨 막힐 듯한 폐쇄성에서 벗어나 역동성을 주었다.

그러한 역동성이 사상면에서 이지(李贄, 1527-1602. 호가 탁오(卓吾)이어서 이탁오로도 부름)와 같은 반 유교적인 시대의 반항아가 나오게 하였다.[161] 여기서 반유교적이라는 것은 유교라는 종교 집단을 가리키는 것이지, 공자 자체를 지칭하는 표현이 아니다. 이지에 의하면 후대인들의 공자에 대한 해석이 오히려 공자를 망쳤다. 그런 해석들은 마치 산을 둘러싸고 있는 아지랑이나 안개와 같다. 아지랑이와 안개는 산을 신비스럽게 보이게 하지만 산의 본형을 볼 수 없게 한다. 그와 같이 공자의 진면목을 가리는 잘못된 말들을 걷어내야 공자의 참뜻이 보인다는 것이다.

이지는 유학이 현실과 동떨어진 공허한 학문으로 전락한 현실을 위기의식으로 진단하고 이를 해결하기 위해 분투했다. 그는 당시 유학이 타락한 주요 이유를 공자의 삶에서 멀어지는 데서 찾았다. 그는 유학자의 올바른 모습을 현실문제에 적극적으로 참여하는 통유(通儒)라고 보았으며 공자와 양왕명을 통유의 전형으로 보

---

161) 이지의 생애와 사상에 대해서는 李健國 저, 홍승직 역,『이탁오평전(원제: 中國第一思想犯:李贄傳)』, 서울, 돌베개, 2005를 참고.

았다. 그의 대표 저서인『분서焚書』권3에는「동심설童心說」이 실려 있다.

> 무릇 동심이라고 하는 것은 진심(眞心)이다. 만약 동심으로써 할 수 없는 것은 진심으로써 할 수 없다. 무릇 동심이라고 하는 것은 거짓을 끊은 순진함으로 최초 한 생각의 본심이다. 만약 동심을 잃으면 진심을 잃게 되고, 진심을 잃으면 진인(眞人)을 잃게 된다. 사람이 진실하지 않으면 다시는 처음처럼 될 수 없다. 동자(童子)라고 하는 것은 사람의 처음이다. 동심이라고 하는 것은 마음의 처음이다. 어찌 마음의 처음을 잃을 수가 있겠는가!
>
> 夫童心者, 眞心也. 若以童心爲不可, 是以眞心爲不可也. 夫童心者, 絶假純眞, 最初一念之本心也. 若失卻童心, 便失卻眞心, 失卻眞心, 便失卻眞人. 人而非眞, 全不復有初矣. 童子者, 人之初也 ; 童心者, 心之初也. 夫心之初曷可失也.

이지는 타고 날 때 갖고 있는 순수한 마음인 동심으로 글을 써야 진실로 좋은 글이 될 수 있음을 강조했다. 여기서 필자는 신문에 실린 한국의 초등학생들이 쓴 산문과 시를 소개하고 싶다. 먼저 4학년 학생이 예술 시간에 그림을 보고 쓴 글이다.[162)]

> 이 그림이 인상깊었던 까닭은 우리 엄마가 생각났기 때문이다. 우리 엄마는 내가 훌륭한 사람이 되었으면 좋겠다고 생각하시는데, 나중에 엄마가 생각하는 대로 훌륭한 사람이 되었으면 좋겠지만, 나는 그냥 좋은 사람이 되고 싶다.

문장이 문법적으로는 틀렸다. 그렇지만 더 감동적이다. 진실한 마음에서 우러나온 글은 문법의 한계를 넘는다. 산문은 반드시 문법에 맞게 써야 한다는 게 지론이

162) https://www.hankyung.com/article/2023102393l8i.『한국경제』신문에「"나를 죽음까지 데려갈 배가 오네"... 5학년 아이의 詩에 울음을 터뜨렸다」라는 제목으로 실린 임지영 작가의 글을 인용했다.

었던 필자로 하여금 생각을 고치게 했던 글이다. 다음은 5학년 학생이 '엄마의 죽음'에 관해 쓴 시이다.

나를 죽음까지 데려갈 배가 오네
그래도 나는 저 배에 타는 게 두렵지 않아
왜냐하면 인간은 언젠가 죽게 될테니까
내가 7살이 되던 해 이 말을 했던 사람이 있지
그 사람은 1년 전에 이 배를 타고 나간
우리 엄마

때 묻지 않은 순수한 마음이 있기 때문에 특별한 문학적인 연습이 없이도 이렇게 사람을 울리는 작품을 쓸 수 있다. 그러한 원리를 이지는 『동심설』에서 강조하면서 어른들에게 잃어버린 어린아이의 마음을 회복하라고 역설했다. 동심은 본성이기 때문에 다만 잊고 있는 것이지 결코 사라지지 않는다고 했다.

한편 양명학 사상은 문학에 있어서는 개인의 성정(性情, 성질·성격·심정)을 강조하는 성령파(性靈派)의 태두인 원종도가 나오게 하였다. 여기서 성령의 본의는 심령(心靈)이란 뜻이나, 문학에서는 사람의 감정·개성·성격 등을 가리킨다. 희곡에서는 명나라 후기 봉건적 압제에 의해 굴곡된 인간의 고뇌를 담은 작품을 발표한 탕현조(湯顯祖, 1550-1617)가 나왔다. 탕현조의 『자차기(紫釵記)』, 『모란정牡丹亭』, 『남가기(南柯記)』, 『한단기(邯鄲記)』 등은 모두 꿈과 몽환(夢幻)의 세계를 빌어 봉건적 압제하에서 굴곡(屈曲)되게 된 인간의 '정(情)'을 어떻게 해방· 구제할 것인가 하는 시대적 문제를 추구한 것이다.

원종도는 그의 동생 굉도(宏道)·중도(中道)와 더불어 문명을 날렸기 때문에 세상에서는 그들을 '삼원(三袁)'이라고 불렀다. 삼원은 '오직 어린이의 마음으로 글을 써야 참다운 글이다',라고 하는 이지의 '동심설'에 깊은 영향을 받았다. 원굉도가 동생 중도의 시를 논한 「서소수시敘小修詩』에는 다음과 같은 구절이 있다. "(중도는) 대개 홀로 성령을 표현하며 격식에 구애받지 않았다. 자기의 가슴으로부터 흘러나

온 것이 아니면 글을 지으려고 하지 않았다.(大都獨抒性靈, 不拘格套, 非從自己胸臆流出, 不肯下筆)" 원굉도는 또한 「여구장유서與丘長孺書」란 편지글에서 "성령으로부터 나오는 것이 참다운 시가 된다.(出自性靈者爲眞詩)"라고 하였다. 이런 말들의 뜻은 아무리 옛사람의 글이 훌륭하다 할지라도 그것을 모방한다면 좋은 작품일 수 없고, 오직 스스로의 성령에 의해서, 자신이 직접 느끼고 생각하는 것을 글로 써야 한다는 것이다. 즉 문학은 곧 모방이 아니라 창조임을 천명하고 있다.

이런 문학 이론에 의거해 쓰는 글을 '공안체(公安體)'라고 하며, 공안체를 따르는 사람들을 공안파라고 한다. 공안파는 성령을 중시하므로 해박한 지식·사상 등을 소홀히 여겼고, 오히려 천진·자연을 강조하였다. 그러다 보니 공안파의 시가는 경솔하고 심오·고고하지 못한 폐단이 있게 되었다. 그리하여 공안파의 작시 이론에는 반대하지 않지만, 옛 사람, 옛 정신도 아울러서 배워야 한다는 경릉파(竟陵派)가 등장하였다. 경릉파의 시인으로는 종성(鍾惺, 1586-1637), 담원춘(譚元春, 1586-1637) 등이 있으며, 이들은 모방을 벗어나 개성적이고 창의적인 작품을 창작하였다.

어쨌든 양명학의 영향을 받은 이들 자유주의자들은 한때 큰 세력을 이루어 많은 사람들에게 영향을 미쳤으나, 그 세력의 확장에 한계가 있었다. 그리하여 중국 사회는 끝내 주자학의 견고한 벽을 넘지 못하였다. 한국은 중국보다 더 심하여 진실로 조선이 망할 때까지 주자학 세계에서 거의 한 발짝도 벗어나지 못하였는데, 이러한 사상 치중의 과도함은 양명학의 부재에서 말미암음이 크다. 조선의 양명학은 발전하지도 못하였을 뿐 아니라 이황(李滉)을 비롯한 다수 성리학자들의 혹독한 비판을 받아 존재감이 완전히 사라지고 말았다.

한편 명나라의 산문은 17, 18세기 때 소품문(小品文) 형식으로 발달했다. 소품은 서양의 에세이와 비슷한 것인데, 길이가 에세이보다 짧아서 1000자 이내이다. 본래 글의 길이나 분량은 물론 문체나 표현 방법에 관해 정해진 형식이 없는 무정형과 비형식의 글이다 그 소재나 주제에 있어서도 역시 아무런 범위나 제한 없이 개인적인 감성과 의도를 마음껏 발산하고 발출하는 자유분방하고 활달한 글쓰기다.

소품이란 명칭은 불교 경전에서 비롯되었는데, 대개 불경은 상세본을 일컬어 대품(大品)이라 하고 간략본을 소품이라 한다. 소품의 연원을 거슬러 올라가면 한나라 이래 문인들이 일시적인 감흥으로 우연히 집필한 작품들을 모두 소품문이라 명칭할 수 있다. 소품문이란 장르를 염두에 두고 쓴 것은 아니고 신변잡기 같은 것을 손 가는 대로 썼고, 후대의 관점에서 보니 소품문에 해당하는 것이다. 그러므로 소품 류의 글은 어느 시대에나 있었다고 할 수 있다. 예를 들어 송나라 소동파는 어떤 일로 인해 감흥이 일어났을 때 그것을 짧은 산문으로 서사한 작품들이 많은데, 이런 것들은 다 소품 류에 해당한다.

소품문은 명대에 크게 유행했다. 이 역시 양명학의 영향을 크게 받은 것이다. 소품문의 대가에는 명말청초에 살았던 장대(張岱, 1597-1689?)라는 사람이 있다. 그가 다섯 명의 기이한 사람의 전기를 써서 제목을 「오이인전五異人傳」이라 붙였다. 거기에 서문을 단 「오이인전서五異人傳序」를 읽어보자.

> 장대 나는 일찍이 말했다. "사람이 괴벽이 없으면 사귀어서는 안 되니, 그런 사람은 깊은 정이 없기 때문이다. 사람이 괴벽이 없으면 사귀어서는 안 되니 그런 사람은 진실한 기운이 없기 때문이다." 우리 집안의 서양은 돈에 괴벽이 있고, 염장은 술에 괴벽이 있고, 자양은 기분에 괴벽이 있고, 연객은 토목에 괴벽이 있고, 백응은 책에 괴벽이 있었다. 그 한결같은 깊은 정은 작은 것은 허물이 되고 큰 것은 괴벽이 되었다. 이 다섯 사람은 모두 전기에 글로 써지는 것에 관심이 없었으나 그들은 괴벽을 갖고 있기를 이와 같았으니 전해지지 않을 수 없어서 내가 「오이인전」을 짓는다.
>
> 張岱曰 : 岱嘗有言, "人無癖不可與交, 以其無深情也 ; 人無疵不可與交, 以其無眞氣也." 餘家瑞陽之癖於錢, 髯張之癖於酒, 紫淵之癖於氣, 燕客之癖於土木, 伯凝之癖於書史, 其一往深情, 小則成疵, 大則成癖. 五人者皆無意於傳, 而五人之負癖若此, 蓋亦有不得不傳之者矣, 作「五異人傳」.

위 번역에서 편의상 벽(癖)을 괴벽이라고 번역했지만 기실 벽 한 글자로 번역해야 더 정확하고 함축적이다. 벽은 무엇을 지나치게 즐기거나 고집하는 버릇을 가리키는 것으로, 일반적으로 사람들은 누가 무슨 무슨 벽이 있다고 하면 좋지 않게 여긴다. 동양에서는 중용을 중요시하는데 벽은 중용과 대립된다. 그러나 장대는 깊은 정이 있는 이만이 벽이 있다고 했으니, 이런 논리는 중용을 이상으로 삼는 전통, 특히 유가적 가치관에 맞서는 것이다. 장대의 벽 이론은 위에서 보았던 성령설을 극단적인 데까지 밀고 나갔다고 할 수 있다. 즉 각자가 갖고 있는 개성이나 타고난 천성을 그대로 인정했으니, 모든 사람들이 도달해야 하는 보편적 기준을 강요하는 성리학적 가르침을 통렬하게 거부함이다.

장대의 관점으로 서양의 인물들을 보면 위대한 문학가·음악가·예술가·과학자 중에는 거의 광기에 가까울 정도로 한 가지에 미친 사람이 많다. 그들은 그래서 때로 사회에서 아웃사이더로 취급되기도 하지만 한 가지 방면에서 성공을 거두어 인류사회 발전에 공헌을 했다. 장대의 벽은 성공이나 성취와 관계없이 타고난 그대로의 자기 삶을 살아가는 삶이다. 타고나기를 술을 너무 좋아하거나, 돈을 너무 좋아하거나, 기분에 따라 하고 싶은 대로 하거나 하는 사람은 나름대로 남들이 본받을 만한 훌륭한 점이 있으니, 왜냐하면 그들에게는 깊은 정이 있기 때문이다. 깊은 정이 없으면 괴벽도 없음과 동시에 인간적인 매력도 없다고 장대는 판단했다. 그러니 부정적으로 인식되지는 성격이나 버릇을 나쁘게만 볼 필요는 없다. 그것들 역시 책을 지나치게 좋아함과 동일한 가치를 내재하고 있다. 장대의 설은 약간 역설적으로 들리지만 인간에 대한 깊은 성찰에서 비롯되었다. 온유돈유함이 미덕인 유가적 가치와 다르다.

2. 명대의 노래

1) 명대의 산곡

원대에 민간 가요를 모방하여 문인들이 노래를 지음으로써 산곡이 정식 문인문학의 자리에 오르게 되었다는 것을 이미 배웠다. 하나의 문학 양식으로 고정되자, 원대 산곡은 명대에서도 계속 지어지게 되었다. 원에서 명으로 바뀌는 과도기의 주요한 작가로는 왕원형(汪元亨)·당복(唐復)·탕식(湯式)·유태(劉兌)·고명(高明) 등으로, 사실상 이들이 원대 산곡의 대미를 장식하고 있다고 하면, 뒤이어 주권(朱權)·주유돈(朱有燉) 등은 명대 산곡의 실마리를 풀었다고 할 것이다. 그러나 황실 사람인 주권과 주유돈이 주도한 산곡은 왕실의 귀족으로 억지로 농부나 어부의 어투를 흉내냈기 때문에, 작품이 부자연스럽다.

명대 중엽에는 강해(康海)·양신어(梁辰魚)·진탁(陳鐸, 1488?-1521?)·풍유민(馮惟敏, 1511-1578) 등이, 명대 후기에는 풍몽룡(馮夢龍, 1574-1646)·심경(沈璟, 1553-1610)·시소신(施紹莘, 1581-1640?) 등이 산곡을 잘 지었다. 그러나 명대 중기부터 남곡에 속하는 곤곡(崑曲)이 유행하면서부터 산곡 작가들이 남곡의 영향을 받아 화려하고 아름다운 작품을 쓰기 시작했다. 그리하여 산곡이 고상한 표현과 형식미를 중시함으로써 생기 없는 귀족적인 체제가 되었으며, 차츰 쇠퇴의 길을 걸었다. 즉 원대 산곡의 본래적인 호쾌하고 질박한 풍격은 보기 힘들게 되었고, 산곡 고유의 생명력이 약해졌다. 결론적으로 명대의 산곡은 큰 작가가 드물었으며, 따라서 원대의 산곡과 대조적으로 별로 발전하지 못했다. 특히 사(詞)의 경우는 송대 작가들을 흉내만 낸 정도에서 그쳤기 때문에 본서에서도 명대의 사 편은 따로 꾸리지 않았다. 대신 민가에 있어서는 좋은 작품들이 적지 않다.

2) 명대의 민가

풍몽룡은 "세상에 가짜 시인은 있어도 가짜 산가는 없다.(但有假詩文, 無假山歌.)"(출처 「서산가敍山歌」)라고 하여 민가의 가치를 높이 샀다. 여기서 산가(山歌)는 곧 민가를 가리킨다. 풍몽룡처럼 민가의 작품성을 알고 있는 문인들이 민가를 수집하여 책으로 간행했기 때문에 명대 민가들이 전해질 수 있었다. 그런 문인들의 행위는 저 멀리 주나라에서 채시를 시행하고, 한나라에서 악부를 두었던 전통에 닿아있다. 민가는 만명에 이르러 남녀노소를 가리지 않고 널리 유행했을 뿐만 아니라, 일부 문인들을 통해 수집되고 도서로 출판되기도 했다. 풍몽룡이 직접 민가 800수 정도를 모아 『괘지아(掛枝兒)』와 『산가(山歌)』를 출판한 것이 대표적인 예이다. 명대의 남녀 사랑을 노래하는 정가(情歌)는 대부분 이 두 책에 수록되어 있다. 그중 『괘지아』에 있는 「분체噴嚏」라는 작품를 읽어 본다.

> 화장대 마주하고 별안간 재채기 한 번,
> 임이 내가 그리워한다고,
> 신호를 보내온 듯,
> 설마 임이 겨우 한 번만 생각하진 않았겠지.
> 당신과 헤어진 후,
> 날마다 구슬 같은 눈물 흘려요.
> 내가 이처럼 그대를 생각하니,
> 그대 재채기는 언제나 비 오듯 하겠지요.
>
> 對妝臺忽然間打個噴嚏, (대장대홀연간타개분체)
> 想是有情意思量我, (상시유정의사양아)
> 寄個信兒, (기개신아)
> 難道他思量我剛剛一次. (난도타사량아강강일차)
> 自從別了你, (자종별료니)
> 日日淚珠垂. (일일루주수)
> 似我這等思量也, (사아자등사량야)
> 想你的噴嚏常似雨. (상니적분체상사우)

중국 민속 중에는 재채기와 관련된 믿음이 있다. 어린아이가 재채기 하면 오래 산다고 여기고, 어른이 재채기하면 가장 친한 사람이 자기를 그리워한다고 여긴다. 우리나라에서는 누가 내 얘길 하면 재채기가 나온다고 믿는다. 위의 민가는 이런 민속이 투영되어 있다. 다음은 밀회를 노래한, 『산가(山歌)』에 수록된 「월상月上」이란 작품을 보자.

임과 달이 뜨면 만나자고 약속했는데,
어째서 산 위에 달이 떴는데도 그이는 보이지 않는가?
아! 모르겠네! 우리 집 쪽 산은 낮아서 달뜨는 게 빠른가?
아! 모르겠네! 그이 집 쪽 산은 높아서 달뜨는 게 느린가?

約郎約到月上時, (약랑약도월상시)
那了月上子山頭弗見渠? (나료월상자산두불견거)
咦!弗知!奴處山低月上得早? (이!부지!노처산저월상득조)
咦!弗知!郎處山高月上得遲? (이!부지!랑처산고월상득지)

이 민가에서 여자는 남자가 오지 않자 산이 높고 낮음을 가지고 스스로를 위로하고 있다. 다음은『괘지아』의「화개花開」라는 작품을 감상한다.

임과 약속하길,
꽃피는 시기에 만나기로 정했었는데,
그의 정은 진실되고,
그의 의리는 무거우니,
절대로 믿음을 저버리는 사람이진 않을 거라,
손에 물병 들고, 물주면서,
날마다 꽃의 뿌리를 촉촉하게 했지요.
기대함에 꽃이 피었건만,
임은 아직도 찾아오질 않네요.
똑같은 봄빛임에도,
그가 있는 곳의 꽃만 유독 더디게 피는 것일까요?

約情哥, (약정가)
約定在花開時分, (약정가, 약정재화개시분)
他情眞, (타정진)

他義重, (타의중)

決不做失信人, (결불주실신인)

手攜著水罐兒, (수휴저수관아)

日日把花根來滋潤. (일일파화근래자윤)

盼得花開了, (반득화개료)

情哥還不動身. (정가환부동신)

一般樣的春光也, (일반양적춘광야)

難道他那裏的花開偏遲得緊? (난도타나리적화개편지득긴)

꽃에 물을 준다고 봄이 일찍 오지 않는다. 나의 꽃이 더 일찍 피었다고 멀리 있는 임이 알고 올 리도 만무하다. 그러나 임을 일찍 만나고 싶은 간절한 마음이 그렇게 하도록 만든다. 과학적으로는 바보 같은 행위이지만 문학에서는 사람을 감동시킨다. 이런 것이 감성의 세계이다. 민중의 여성은 꾸미지 않는 순수함이 있기 때문에 이런 '비정상'을 표현해서 일상의 언어를 깰 수 있는 것이다. 그래서 진짜 시가 된다.

명대 민가는 이와 같은 사랑이나 그리움, 밀회를[163] 노래한 정가가 대부분이다. 이런 작품들에 더욱 주목이 되는 이유는 명대에 들어서 송대 성리학이 교조적으로 자리매김함으로써 금욕(禁慾)에 대한 압박이 전대에 비할 바 없이 심해졌기 때문이다. 여성의 정조가 목숨보다 더 중요한 것으로 간주되었기 때문에 혼인 시에는 신부가 처녀인지 아닌지가 최고 중대사가 되었으며, 조정의 열녀 장려 정책으로 인해 열녀의 숫자도 그 전대에 비해 훨씬 증가했다. 그럼에도 불구하고 수많은 정가들이 지어졌으니, 아무리 시대가 엄혹하더라도 남녀의 사랑은 원천적으로 봉쇄할 수 없음을 확인할 수 있다.

163) 명대 민가에 보이는 밀회에 대하여는 서연주, 「고대 중국 남녀 밀회의 재구성-만명 민가집『掛枝兒』,『山歌』를 중심으로-」,『중국학논총』, 84집, 2024, 183-204쪽을 참고.

제2절 명대의 소설

1. 사대기서와 명대의 장회소설

장회라 함은 하나의 소설 작품이 다수의 회(回)가 모여서 이루어지기 때문이다. 회는 오늘날의 개념으로는 장이나 절에 해당한다. 송·원대의 화본소설은 설화인들의 대본이어서 사람들 앞에서 하는 공연용이었지 읽기 위한 독서용이 아니었다. 명대 장회소설에 들어서야 본격적으로 눈으로 읽는 장편, 단편의 소설이 발전하였다. 그중 장편을 장회라 한다. 장회소설은 하나의 작품이 80회 본, 100회 본, 120회 본 등 많은 회를 담고 있다. 중국에는 많은 장회소설이 있는데, 가장 잘 알려져 있는 것이 사대기서(四大奇書)인 『삼국지연의三國志演義』, 『수호전水滸傳』, 『서유기西遊記』, 『금병매金瓶梅』이다. 장회소설은 연의를 시작으로 해서 다양한 형태의 소설 체재가 만들어지게 되었기 때문에 연의를 잘 알아야 서양과는 다른 중국소설의 특징을 잘 알 수 있다. 연의를 설명한다.

본서의 송대 화본소설 편에서 송대 설화사가(說話四家), 즉 소설·강사·설경·합생에 대해서 설명했는데 이 중 강사가 변하여 원대에 평화(平話), 혹은 평화(評話)가 되었다. 송대의 문헌에는 평화라는 단어가 아직 보이지 않는다. 평화는 강사를 구연하던 설화인들이 기왕의 역사서를 그대로 읽어주는 의미에서의 구연을 한 것이 아니라, 정사에다가 야사와 전설을 첨가하고 어느 정도 자신의 상상력을 동원하여 이야기를 윤색해 구연하였다.

평화(平話)라고 이름 붙인 것은 창(唱), 즉 노래를 하지 않고 이야기투로 구연하며 악기의 반주가 없이 구연한다는 의미하기 때문인 것으로 짐작된다. 또 평화(評話)라고 하여 한자를 달리 쓰는 것은 아미도 평론을 가한다거나 의론을 한다는 의미에서 불렀을 것이다. 이 평화가 다시 연의로 발전하였고, 연의로부터 다양한 형태의 장회소설이 만들어졌다. 그러므로 역사서로부터 계보를 매기자면, 『사기』나 『한서』 같은 역사서→강사→평화→연의→장회(연의를 포함)라는 순서이다. 이와 같이 평화는 후대 소설의 발전에 직접적인 영향을 주었다. 어쨌든 『삼국지』 이야기가 역사에서 장편소설 영역으로 넘어가는 데에 있어서 화본소설이 중간 매개자 역할을 했다. 이하 사대기서를 설명하는데 지면상 각 작품의 모든 사항을 다 설명하기는 불가능하기 때문에, 대신 소설사에 있어서 각 작품이 갖고 있는 가장 중요한 의의와 핵심을 중심으로 서술한다. 즉 『삼국지연의』로써 서양소설에는 없는 운문이 중국소설에서는 여하히 산문 속에 들어가서 서사하는가를 밝힌다. 『수호전』에서는 평점(評點) 방식을, 『서유기』에서는 환상문학을, 『금병매』에서는 상인문화를 중점적으로 소개한다. 이런 것들은 한 작품에만 있는 특징이 아니기 때문에 알고 나면 중국문학을 전체적으로 꿰뚫어 이해하는 데 큰 도움이 된다.

1) 『삼국지연의』[164)]

『삼국지연의三國演義』는 『삼국지三國志』를 소설로 만든 연의에 속한다. 연의란 소설 체재 중의 하나로서 역사를 주제로 한 소설, 그러니까 역사소설을 가리킨다(연의의 본디 뜻은 '부연설명하다'이다). 『삼국지연의』는 중국의 많은 연의소설 중 하나에 해당한다. 연의는 위에서 설명한 바 있는 화본의 일종인 강사로부터 발전되어 나왔다. 강사는 정사에서 제재를 취해서 혹은 허구를 지어서 덧붙이거나, 혹은 야사·전설을 더하거나 했다. 그 내용은 주로 왕조의 흥망 과정과 정치·군사 투쟁에 치중되었다. 연의소설은 민중들의 사랑을 받아서 신속하게 발전되었으며, 명청대에 민간에 광범위하게 유포되었고 1,000여 편의 작품이 지어졌다. 그중 중요한 작품들을 소개하면 다음과 같다.

1. 『삼국지연의三國演義』 2. 『수당연의隋唐演義』 3. 『동주열국지東周列國志』 4. 『양가전楊家將』 5. 『전한연의前漢演義』 6. 『후한연의後漢演義』 7. 『양진연의兩晉演義』 8. 『남북사연의南北史演義』 9. 『잔당오대사연의殘唐五代史演義』 10. 『수당양조지전隋唐兩朝志傳』 11. 『원사연의元史演義』 12. 『명사연의明史演義』 13. 『청

164) 『삼국지연의』 편은 졸저, 위 책, 475-480을 참고.

사연의淸史演義』 14.『민국연의民國演義』

『삼국지』는 「위서魏書」·「오서吳書」·「촉서蜀書」로 구성되었는데, 저자 진수(陳壽, 233-297)가 위나라를 정통으로 삼았기 때문에 「위서」만 기(紀)가 있고, 오서와 촉서는 전(傳)만 있다. 후에 배송지(裴松之, 372-451)가 『삼국지』에 주를 달면서 야사와 정사를 총망라하여 집필했다. 이 주석은 방대한 자료 조사를 거쳤으며, 재치 있게 구성하여 정사에 흥미를 더해주었다.

명초에 나관중이 『삼국지통속연의三國志通俗演義』를 출간했으며, 그 후 여러 본이 생기게 되었는데, 그 과정에서 『삼국지연의』니·『삼국연의』니 하는 명칭이 생겨났다. 그중 청나라 모종강(毛宗崗, 1654-1722)이 편찬한 120회 본이 오늘날 우리가 흔히 읽는 『삼국지연의』이다. 또 하나 알고 있어야 하는 것은 바로 이 소설은 문언문과 백화문이 섞여 있다는 점이다. 문언문 반, 백화문 반으로 되어 있다고 할 수 있는데, 그래서 『삼국지연의』를 제대로 감상하려면 한문을 잘 읽을 수 있는 능력이 있어야 한다. 백화문, 즉 순수한 입말 위주의 서사는 『수호전』의 탄생을 기다려야 했다.

여기서 소설 『삼국지』, 즉 『삼국지연의』를 가지고 화본소설과 장회소설의 관계를 조명해 보자. 『삼국지』를 가지고 송나라 어느 이야기꾼, 즉 설화인이 그 한 부분을 화본소설로 꾸민다고 가정해 보자. 그 설화인은 그것을 글로 써서 텍스트로 만들었고, 기타 많은 설화인들이 마찬가지로 『삼국지』의 여기저기를 나름대로 화본으로 재창작했다. 이렇게 되어 세간에는 많은 『삼국지』 화본이 존재하게 되었으며, 원대에 와서는 잡극으로 삼국의 고사를 많이 상영하였다.

또한 원대에는 『삼국지평화三國志平話』 3권이 나와서, 그 분량은 『삼국지연의』의 1/10 정도에 불과하지만 『삼국지연의』의 집필에 매우 큰 영향을 미쳤다(평화도 화본의 일종임을 상기하자). 명나라 때 나관중(羅貫中)이란 사람이 이상의 제 『삼국지』 관련 자료들을 모으고 참고하여 다시 짜임새 있게 구성한 결과 오늘날 보는 바와 같은 『삼국지연의』라는 소설이 탄생되었다. 그러므로 나관중은 『삼국지연의』의 저자라기보다는 정확히 말하면 편자에 더 가깝다. 한편 소설로의 창작 과정에서 『삼국지연의』에는 정사 『삼국지』보다 훨씬 더 풍부한 내용에 많은 픽션까지 첨가되었다. 흔히 『삼국지연의』의 내용은 70%가 역사 사실, 30%가 허구라고 한다.

『수호전』과 『서유기』 역시 이와 유사한 과정을 거쳐 장편화되었다. 『금병매』는 무명의 저자가 처음부터 끝까지 직접 소설을 구상하여 창작했기 때문에 『삼국지연의』·『수호전』·『서유기』와 다르다고 하겠다. 여기서 중국의 명청대 장편소설은 사대기서 외에도 다수 존재한다는 사실을 강조한다. 수많은 작품 중 가장 뛰어난 네 작품을 따로 사대기서라고 하는 것이다. 한편 사대기서를 비롯한 중국 고전소설은 설창예술의 영향을 받아서 산문 곳곳에 많은 시들이 있다. 그럼 시가 여하히 산문 속에 들어가는지 구체적으로 알기 위해 작품 하나를 선별하여 읽어보자.

『삼국지연의』의 37회는 바로 유명한 삼고초려(三顧草廬) 이야기이며 매우 수준 높은 시들이 적혀 있다. 삼고초려는 역사책에는 전혀 나오지 않으며, 제갈량의 「출사표出師表」가 출처이다. 「출사표」는 "저는 본래 벼슬하지 않고 남양에서 농사지으며 난세에 구차하게 생명을 보존하면서 제후에게 소문이 들리는 것을 구하지 않았습니다. 그런데 선제(유비)께서는 제가 비루하다고 여기지 않으시고 외람되이 자신을 굽히시어 제가 사는 초려를 세 번 돌아보시고 저에게 당시의 일을 물어보셨습니다. 이로 말미암아 감격하여 선제께 충성을 다할 것을 허락했습니다.(臣本布衣, 躬耕於南陽, 苟全性命於亂世, 不求聞達於諸侯. 先帝不以臣卑鄙, 猥自枉屈, 三顧臣於草廬之中, 諮臣以當世之事, 由是感激, 遂許先帝以驅馳.)"라고 하여 세 줄 정도인데, 『삼국지연의』에서는 수백 배로 이야기가 확장되어 큰 작품을 이룬다. 이야기 얼개는 대략 다음과 같다.

뛰어난 능력이 있는 재상을 물색하고 있는 유비(劉備)에게 사마휘(司馬徽)가 제갈공명(諸葛孔明)을 천거하니, 유비가 관우(關羽)와 장비(張飛)를 데리고 제갈공명이 거주하는 와룡강(臥龍崗)이란 곳으로 가는 장면이다.

> 다음날 현덕은 관우와 장비, 그리고 종자를 데리고 융중에 와서 멀리 산 밭두둑에 있는 몇 사람을 바라보니 밭 갈면서 노래 부르기를:
>
> 푸른 하늘은 덮개 같고, 육지는 바둑판 같다.

세상 사람들 흑백으로 나뉘어, 오가면서 영욕을 다툰다.
영예로운 자는 편안하지만, 욕된 자는 쓸모가 없다.
남양에 은거하는 사람 있는데,
고상하게 자면서 잠이 아직 부족하다네.

次日, 玄德同關張幷從人等來隆中. 遙望山畔數人, 荷鋤耕於田間, 而作歌曰:
蒼天如圓蓋, 陸地似碁局. (창천여원개, 육지사기국)
世人黑白分, 往來爭榮辱. (세인흑백분, 왕래쟁영욕)
榮者自安安, 辱者定碌碌. (영자자안안, 욕자정록록)
南陽有隱居, 高眠臥不足. (남양유은거, 고면와부족)

이 노래는 당시 지역적으로 군웅이 할거하여 서로 전쟁하는 세상의 모습을 바둑에 빗댄 것이다. 마지막 구에 나오는 남양의 은거하는 사람은 제갈공명을 가리키고, 그가 잠이 부족하다 함은 때가 되지 않았음을 암시한다. 유비를 기다리고 있다고 해석할 수도 있다. 유비 일행이 제갈공명 집에 도착했으나 출타 중이어서 1차 탐방은 실패한다. 수일이 지나 다시 방문했는데 이번에는 어떤 소년이 화로가에 앉아서 노래를 부르고 있었다.

중문에 이르자 문에 큰 글자로 "담박함으로써 뜻을 밝게 하라", "편안함과 고요함으로써 멀리까지 이르라"가 쓰여져 있었다. 현덕이 그것을 보는 사이 갑자기 읊조리는 소리가 들려 문 옆에 서서 살피니 초당 위에 한 소년이 화로 곁에서 무릎을 안고 노래하고 있었다:
봉황은 천길 높이 날면서, 오동나무가 아니면 머무르지 않네.
선비는 한 곳에 있으면서 진정한 주인이 아니면 의지치 않네.
몸소 밭에서 일하는 것을 즐기면서, 내 오두막을 사랑하리.
애오라지 거문고 타고 책 보면서 천시를 기다리네.

至中門, 只見門上大書一聯云, 淡泊以明志, 寧靜而致遠. 玄德正看間, 忽聞

吟詠之聲, 乃立於門側窺之, 見草堂之上, 一少年擁爐抱膝, 歌曰:
鳳翶翔於千仞兮, 非梧不棲. (봉고상어천인혜, 비오불서)
士伏處於一方兮, 非主不依. (사복처어일방혜, 비주불의)
樂躬耕於隴畝兮, 吾愛吾廬. (락궁경어롱무혜, 오애오려)
聊寄傲於琴書兮, 以待天時. (료기오어금서혜, 이대천시)

산문부분에 나오는 "담박함으로써 뜻을 밝게 하라(淡泊以明志)"와 "편안함과 고요함으로써 멀리까지 이르라(寧靜而致遠)"는 제갈공명의 좌우명이다. 후에 중국의 유명한 경구(警句)가 되었다. 시에 나오는 "봉황은 천 길 높이 날면서, 오동나무가 아니면 머무르지 않네.(鳳翶翔於千仞兮, 非梧不棲.)"의 최초 출처는 『시경』 대아(大雅)편에 나오는 「권아卷阿」라고 하는 시이다. 거기에 "봉황이 우는데 저 높은 산에 있네. 오동이 자라는데 그 동쪽[165]에 있네. 가지와 잎은 울창하고, 우는 소리 멀리 들리네.(鳳凰鳴矣, 于彼高岡.梧桐生矣, 于彼朝陽.)"라고 되어 있다. 『삼국지연의』는 『시경』의 시구를 빌려와 제갈공명이 와룡강에 있는 모습을 산에 있는 오동에 비유하고, 그의 명성을 봉황의 울음에 비유했던 것이다.

그런데 초당에서 이 멋진 시를 읊고 있는 소년은 제갈공명의 동생 제갈균(諸葛均)이었다. 제갈균은 유비 일행에게 형이 여전히 출타 중이라고 말한다. 그래서 유비·관우·장비는 하는 수 없이 되돌아가는데 때는 추운 겨울, 노을 진 저녁에 눈이 휘몰아치고 있었다. 그 장면을『삼국지연의』는 다음과 같이 묘사한다.

현덕이 (제갈공명에게) 편지를 다 써서 제갈균에게 주고 절을 한 후 문을 나섰다. 균이 배웅할 제 현덕이 재삼 정성스럽게 부탁하고 이별했다. 막 말을 타고 떠나려 하는데 홀연히 동자가 울타리 밖으로 손짓하며 소리쳤다. "선생님이 오십니다!" 현덕이 보니 작은 다리의 서쪽에 한 사람이 모자로 머리를 가리고, 가죽으로 몸을 덮고서 나귀를 타고 있었다. 그 뒤에는 푸른 옷의 동자가

165) 조양(朝陽): 아침에 해를 받는 곳이 동쪽이기 때문에 조양은 동쪽을 의미한다.

술 한 호리병 든 채 눈을 밟으며 오고 있었다. 그 사람은 작은 다리를 지나면서 입으로 시 한 수를 읊었다. 시에 이르기를:

어느 저녁 북풍이 찬데, 만 리에 붉은 구름 두텁다.
긴 하늘에 눈발이 어지럽게 날리더니 강산의 모습을 모두 바꿔버렸다.
얼굴 들어 하늘을 바라보니, 마치 옥룡이 싸우는 듯.
비늘과 껍질이 어지럽게 날려서, 금세 우주에 가득하구나.
나귀 타고 작은 다리 건너면서, 홀로 매화가 시듦을 탄식하노라.

玄德寫罷, 遞與諸葛均收了, 拜辭出門. 均送出, 玄德再三慇懃致意而別. 方上馬欲行, 忽見童子招手籬外, 叫曰, 老先生來也. 玄德視之, 見小橋之西, 一人煖帽遮頭, 狐裘蔽體, 騎着一驢, 後隨一青衣小童, 携一葫蘆酒, 踏雪而來. 轉過小橋, 口吟詩一首. 詩曰.

一夜北風寒, 萬里彤雲厚. (일야북풍한, 만리동운후)
長空雪亂飄, 改盡江山舊. (장공설난표, 개진강산구)
仰面觀太虛, 疑是玉龍鬪. (앙면관태허, 의시옥룡투)
紛紛鱗甲飛, 頃刻遍宇宙. (분분린갑비, 경각편우주)
騎驢過小嬌, 獨嘆梅花瘦. (기려과소교, 독탄매화수)

노을 진 저녁에 바람으로 인해 꿈틀대듯 움직이는 구름을 용이 서로 싸우는 것에 비유하고, 구름에서 떨어지는 눈을 용끼리 부딪치면서 떨어지는 비늘에 비유하면서 당시 영웅들끼리 싸우는 것을 은유하고 있다. 마지막 구에 시드는 매화를 넣음으로써 그 뜻이 정확히 무엇인지는 알 수 없으되, 무한한 여운을 남긴다. 아마 은자로 살아가는 제갈공명을 비유하는 듯하다. 그러나 확실하지 않다. 이렇게 애매모호한 표현, 그리고 서술 도중 갑자기 자연을 등장시키는 필법은 서구 고전소설에서는 사용될 수 없는 것이다. 서구소설에서는 이럴 경우 이야기 전개를 갑자기 끊는 것으로 여겨서 타부시 되었지만, 동양에서는 건조한 서사 도중에 감성을 촉촉이 젖게 하는 이런 서정성을 삽입함으로써 정(情)과 리(理), 즉 감성과 이성이 조화를 이룰 수 있다고 여겼다.

유비는 위 시를 읊은 사람이 제갈공명인 줄 알고 반겼으나 그는 바로 제갈공명의 장인 황승언(黃承彦)이었다. 그래서 세 번째 방문 때야 비로소 유비와 제갈공명의 만남이 이루어진다. 그러나 이번에는 제갈공명이 낮잠을 즐기고 있었다. 이에 유비는 깨우지 않고 그가 기상할 때를 기다린다. (이렇듯이 인물들을 한 번 만에 만나게 하지 않고 계속 미룸으로써 독자들의 기다림과 흥미를 고조시키는 것은 중국 고전소설에 자주 나오는 '점진적 수법'이다). 제갈공명은 해가 기울기 시작해서야 비로소 기지개를 켜면서 일어난다. 이때도 시 한 수를 읊조린다.

> 당을 바라볼 때 선생이 몸을 뒤집어 일어나려고 하다가 갑자기 안쪽 벽을 향해서 다시 잤다. 동자가 부르려고 하자 현덕이 말했다. "결코 놀라서 움직이게 하지 마시게." 다시 한 시진을 서 있자니 공명이 그제야 일어나면서 시를 읊었다:
> 큰 꿈을 누가 먼저 깨우는가, 평생을 나는 안다네.
> 초당에서 봄잠 족하고, 창밖에 해는 뉘엿뉘엿.
>
> 望堂上時, 見先生翻身將起, 忽又朝裏壁睡着. 童子欲報. 玄德曰, 且勿驚動. 又立了一個時辰, 孔明纔醒, 口吟詩曰.
> 大夢誰先覺, 平生我自知. (대몽수선각, 평생아자지)
> 草堂春睡足, 窓外日遲遲. (초당춘수족, 창외일지지)

'나 제갈량은 이제까지 잠을 자듯이 은거해 있었는데 당신 유비가 나를 찾아왔다. 비로소 진정한 주인을 만나게 되었으니 당신과 함께 대업을 도모해 보겠다', 라고 하는 의미가 이 시 속에는 들어 있다. 시가 일종의 복선 역할을 하고 있다. 지금까지 '삼고초려'에 나오는 시를 네 개 인용했는데 실제로는 몇 개의 시들이 더 있다. 모두 인용하면 책의 무게만 늘릴 것 같아 나머지는 생략했다. 이런 서정시들이 『삼국지연의』를 포함한 사대기서, 그리고 여타 수많은 중국 장편소설에는 곳곳에 들어가 있다.

2)『수호전』

『수호전水滸傳』의 전은 전기(傳記)의 뜻으로, 양산박에 모인 영웅들의 전기를 모은 것이다. 수호는 '물가' 뜻으로, 양산박을 가리킨다. 양산박(梁山泊)은 산둥성 지닝 시(濟寧市)의 량산 현(梁山縣)에 존재하는 습지이고, 그 안에 양산이라는 산이 있다. 본디 이곳은 평지였으나 북송 때 황하 범람으로 호수가 생겨서 만들어졌다. 최장 길이가 800리나 되었다. 그러나 훗날 물길이 남쪽으로 옮겨가 물이 마르면서 사라졌기 때문에 300년 전부터 사실로 존재하지 않고 마치 소설 속 가상의 존재처럼 인식되었다. 그랬는데 일본의『수호전』애독자이자 대학교수인 일본의 미야자키 이치사다가 치밀하고 꾸준한 문헌 조사와 실제 답사를 통해서 양산박의 원위치를 알아내는 데 성공함으로써 오늘날 이곳은 중국의 유명 관광지가 되었다.[166)]

『수호전』이야기는 사실에 기반을 둔 것으로, 송나라 때 삶의 기반을 잃고 가족과 체제로부터 이탈된 낙오자들이 이 호수와 주변 저습지에 몰려들었고, 이중 북송 말기 휘종 선화(宣和) 연간(1119-1125)에 하급관리 출신인 송강(松江)이 와서 36명의 두령들을 데리고 난을 일으켰다. 이들은 양산을 본거지로 하여 조정에 대항하고, 대대적으로 난을 일으켜 악질 토호를 제거하고 백성을 구제했는데, 그 세력이 멀리 하북·하남·강소·안휘 등으로 퍼져 나갔다.

『송사宋史』에는 송강을 비롯한 36인이 산동에서 난을 일으켜 관군을 괴롭히다가 정벌되었다고 간략히 기재되어 있지만[167)], 이 사건이 발생했던 지역을 중심으로 양산박의 영웅 호걸들의 이야기는 입에서 입으로 전해지기 시작했다. 시간이 흐름에 따라, 이야기꾼인 설화인들이 이야기 대본인 화본(話本을) 창작하고, 극작가들은 잡극(雜劇)을 만들어 무대에서 공연하면서 스토리가 점차 완전해지고 풍부하게 되어 대중의 사랑을 폭넓게 받기 시작했다. 그런 이야기 전승 과정에서, 등장하는 두령 수가 점차 불어나 108인이 되었다. 그리고 역사 속 농민반란이 흥미진진한 허

166) 미야자키 이치사다(富崎市定) 저, 차혜원 역,『중국사의 대가, 수호전을 역사로 읽다』, 서울, 푸른역사, 2006을 참고.

167)『송사宋史』휘종본기(徽宗本紀)의「장숙야전張叔夜傳」.

구화된 영웅담으로 발전했다. 마침내 원대 말에 이르러 누군가 전해지는 이야기들을 모아서 『수호전』이라는 장편소설로 만들었다. 흔히 『수호전』의 저자로 시내암(施耐菴)이 알려져 있지만 그 사실 여부를 확인할 길 없다.

108 두령의 출현 배경으로 『수호전』은 신화적 수법을 사용한다. 즉 송나라 인종(仁宗) 때 전국적으로 역병이 들었다. 조정의 홍태위(洪太尉)가 임금의 명을 받들어 강서성(江西省) 용호산(龍虎山)의 장천사(張天師)에게 역병을 물리치는 기도를 부탁하러 갔다. 그랬다가 절에 있는 복마지전(伏魔之殿)이라고 써진 건물을 우연히 발견했다. 이곳은 원래 당나라 통현대사(洞玄大師)가 108명의 마왕들을 잡아서 땅속에 가두고 석판으로 막고, 석판 위에 석비를 세워 두었던 곳으로 절대 석판을 들어내서는 안 되었다. 그러나 홍태위의 명으로 복마전을 열고 석비와 석판을 모두 들어내자 검은 흑 기운이 온 세상으로 퍼지고 그것들이 훗날 108 두령이 된다는 것이다. 마치 중국 버전 '판도라의 상자'와 같다.

『수호전』은 70회 본, 100회 본, 120회 본, 이렇게 세 계통의 판본이 있다. 초반에는 사진(史進)→노지심(魯智深)→임충(林沖)→양지(楊志)→송강(宋江)→무송(武松) 등의 순서로 협객 이야기를 이끌어나가고, 중반에는 양산박의 우두머리 격이 되는 송강이 주인공이 되어 108명의 호걸들이 양산박에 집결하고, 후반에는 그들이 조정으로부터 죄를 용서받고 방납(方臘, ?-1121)의 난을 평정하는 내용이다. 70회 본은 청대 초기의 문학가이자 문학비평가인 김성탄(金聖嘆, 1608-1661)이 이전의 『수호전』을 다시 편찬하고 정리한 『관화당 제오재자서 수호전貫華堂第五才子書水滸傳』으로, 이야기에서 108 두령의 집결에서 끝내고 나머지 후반 이야기는 일부러 모두 삭제했다. 이 김성탄 본이 이후 가장 널리 알려지게 되었다. 문학성에 있어서, 등장인물이 너무 많기 때문에 산만하고 지리해진 뒷 부분이 없는 김성탄 본이 가장 우수하다.

『수호전』 뒷부분을 차지하는 방납의 난은 기실 오해에서 비롯된 것이다. 즉 방납은 절강성(浙江省)의 지주였으며, 지방관의 착취가 견디기 어려워 거병하자 곧 사방의 농민들이 호응하여 세력이 순식간에 커졌다. 환관으로서 장군에 임명된 동관(童貫)이 방납의 농민반란을 진압했는데, 동관의 부장에 또 한 사람의 송강이 실재했던 것으로 인하여 오전(誤傳)이 되었고, 이 때문에 소설『수호전』에서도 송강이 조정에 귀순하여 방납 토벌군에 참가하고 큰 공을 세웠던 것처럼 써지게 되었던 것이다.[168)]

작품에 등장하는 인물들의 직업을 보면 군인, 서리(胥吏), 농민, 암거래상 등이 많은데, 특히 군인 출신인 왕진(王進), 노지심(魯智深), 임충(林冲), 양지(楊志), 무송(武松) 등의 활약이 눈부시다. 여기에는 무관을 천시한 송나라 사회가 투영되어 있다. 문관정치 위주의 송나라에서 상대적으로 매우 멸시받았던 군인들이 어찌하다 보니 도적이 되었던 것이다.『수호전』은 108명의 호걸들이 저항의 길을 가는 모든 과정을 묘사하고 있다. 이 호걸들은 각자 출신 성분과 경력은 다르지만, 대부분 관청의 기만과 박해를 못 견뎌 양산으로 떠밀려 온 사람들이다. 그리고 농민들을 규합하여 관리들에게 대항한다.

『수호전』은 농민반란을 주제로 쓴 가장 대표적인 작품이다. 중국역사에서 최초의 민중봉기는 진승(陳勝)에 의해서 일어났다. 기원전 209년 진나라의 폭정에 항거하여 일어난 진승의 거병은 비록 실패했지만 그것은 동아시아 최초의 대규모 농민반란으로서 진 왕조 멸망의 도화선이 되었다. 그런 의미에서 진승은 진정한 의미에서의 '농민반란'이라는 개념을 최초로 창출했다고 볼 수 있다. 진승 이후 생겨난 모든 민란은 진승을 모델로 했다. 중국에는 수많은 농민반란이 있었으며, 그에 얽힌 이야기도 참으로 많은데『수호전』은 그러한 이야기 류의 금자탑이다. 즉『수호전』은 '농민반란 문학'의 표상이다.

『수호전』을 언어와 비평문학 측면에서 살피면, 먼저 언어에 있어서 사대기서 가운데 처음으로 백화체 위주로 썼다. 백화체라는 중국의 고대 입말을 사용해서 명쾌하고 정확하며 생동감 있는 서사를 했다. 또한 전국에서 모여든 다양한 직업을 가진 사람들의 말과 행동, 그리고 그들의 성격을 세밀하게 묘사했다. 전통 문언문으로는 어려운 일이다. 그리하여『수호전』의 가장 큰 문학 성취는 개성이 뚜렷한 다양한 인물을 형상화하였다는 데 있다. 108인의 이야기를 서술함에 모두 각기 저

---

168) 미야자키 이치사다(宮崎市定) 저, 조병한 역,『중국사』, 서울, 역민사, 1983, 270쪽.

마다의 성정·기질·형상·목소리를 지니고 있다. 108명의 성격을 108가지로 그려내고 있다. 예를 들어 송강, 노지심, 무송, 이규(李逵), 양지(楊志), 임충(林冲), 오용(吳用), 석수(石秀), 화영(花榮), 손이랑(孫二郎), 완소칠(阮小七) 등은 각자 자신만의 목소리·표정·특징적인 성격을 지니고 있다.[169)]

『수호전』은 또한 본격적인 소설 비평의 선구자 역할을 했다. 중국 고전소설 비평은 평점(評點)을 통해 행해졌다. 평점은 산만하고 통일되어 있지 않은데, 그 가장 보편적인 전통적 방법은 시나 문장 텍스트 페이지의 빈 공간을 활용하는 것이었다. 즉 페이지의 위 쪽 여백에 평어(評語, 평하는 말)를 적는다. 이 평어가 바로 평점인 것인데, 인쇄할 때는 평점을 통상적으로 윗 여백에서 이것이 지시하는 행(行) 바로 뒤로 옮기게 된다. 이것을 협비(夾批)라 하며 본문보다 작은 글씨로 두 줄로 쓴다. 협비가 가장 일반적인 평점 방법이다.

협비가 들어 있는 텍스트, 다르게 표현하면 협비가 들어가 있는 시나 고문의 평점 비평본을 유통시키고 출판하는 행위는 적어도 당대(619-907)까지로 거슬러 올라간다. 그리고 평점은 소설이 발달하기 시작한 명대부터 크게 유행하기 시작했다. 전통적으로 시집이나 산문집에서 사용하던 평점이 소설 분야에도 사용되면서 크게 각광을 받았던 것이다. 소설 분야에서 평점 비평이 최고조로 발달했기 때문이다. 사람들은 이제 좋은 평점이 없는 소설 작품은 잘 사려고 하지 않았다. 예를 들어『삼국지연의』 모종강 본에서 평점은 120회에 이르는 이 소설 전체 분량의 3분의 2에 이르는 길이를 가진 것으로 추정된다. 이 평점에는 15개의 서(序)와 도표, 매 회의 앞이나 뒤(때로는 둘 다)에 붙어 있는 회평(回評, 각 회에 대한 평어), 텍스트의 위에 달려 있는 미비(眉批), 행간에 있는 협비, 그리고 강조를 위한 다양한 문장 부호가 포함된다.[170)]

상기한 바 있는 명나라 말기의 사상가 이지(李贄)는 그의 「동심설」에서 잡극『서

169)『水滸人物志』(湖北人民廣播電臺 편, 1976)는 조개(晁盖)를 포함한 109명의 출신, 활동, 태도 등을 각 인물 별로 설명하고 있어서『수호전』의 인물 이해에 큰 도움을 준다. 참고로 조개는 용호산의 복마전에서 나온 천인(天人)이 아니기 때문에 소위 '108 두령'에 속하지 않는다.

170) 데이비드 롤스톤(David Rolston) 저, 조관희 역,『중국 고대소설과 소설 평점(Traditional Chinese Fiction and Fiction Communtary)』, 서울, 소명출판, 2009, 27쪽.

상기』와 소설 『수호전』을 "고금의 가장 좋은 글(古今至文)"이라고 하면서 유교의 사서오경과 같은 수준이라고 추켜세웠다. 그의 「잡설雜說」에서는 "『배월정』과 『서상기』는 화공(化工, 하늘의 솜씨)이 지은 글(拜月西廂, 化工也)"이라고 하고, 그의 「충의수호전서忠義水滸傳序」에서는 『수호전』은 "성현이 발분(發憤)하여 지은 작품(聖賢發憤之所作)"이라고 했다. 통치계급인 유학자들은 소설을 이단이니 말절(末節, 맨 끝부분)이니 하면서 폄하했으나, 이지는 정반대로 소설에 고도로 높은 평가를 주었으니 이런 파격은 중국문학사상 처음이었다.

이지의 이러한 창도에 힘입어 이후 많은 문학계의 대가들이 『수호전』에 대한 평점을 썼는데, 그 시작은 김성탄이었다. 그가 간행한 『관화당 제오재자서 수호전貫華堂第五才子書水滸傳』이라는 간본(刊本)의 『수호전』에는 「독제오재자서법讀第五才子書法」이라는 '독법(讀法)'이 『수호전』과 함께 실려 있다 (독법은 평점의 한 종류이다).[171] 이 독법에 다음과 같은 글이 나온다.

> 『수호전』은 쉽게 쓴 글이 아니다 송강의 이름이 17회가 되어서야 처음 나오는 것만 보아도 작자가 이미 흉중에서 백여 차례나 따지고 또 따졌다는 것을 알 수 있다. 만약 쉽게 썼다면 반드시 제1회에서 송강을 묘사했을 것이다. 그랬다면 문장이 일직선으로만 전개되어 잡아챘다가 놓아주는 것이 없었을 것이다. 내가 일찍이 『수호전』이 『사기』보다 뛰어나다고 했는데 사람들은 모두 믿으려고 하지 않았다. 내가 마음대로 말을 한 것이 아니고, 기실 『사기』는 글로써 사건을 전달한 것이고, 『수호전』은 글로 인해서 사건이 생긴 것이다. 글로써 사건을 전달할 때는 먼저 이러이러한 일이 먼저 있어야 한다. 그리고 나서 사건을 글로 풀어내는 것이니, 비록 높은 재주를 가진 사마천이었어도 필경은 애를 먹었을 것이다. 글로 인해서 사건이 생기는 것은 그렇지 않으니 단지 붓 가

171) 독법의 주요 내용은 소설 주제를 드러내 밝히고, 등장인물을 분석하고, 소설의 서사 법칙을 설명하고, 언어와 심리묘사를 파악하고, 줄거리를 분석하는 등 다양하다. 간단히 말해서 소설을 읽는 방법이 바로 독법이다. 독법 연구는 조관희 역주, 『중국 고대소설 독법』, 서울, 보고사, 2012를 참고.

는 대로 따라가되, 넘치는 것은 잘라내고 모자라는 것을 보태는 것은 모두 나에게 달려 있다.

『水滸傳』不是輕易下筆, 只看宋江出名, 直在第十七回, 便知他胸中已算過百十來遍. 若使輕易下筆, 必要第一回就寫宋江, 文字便一直帳, 無擒放. 某嘗道『水滸』勝似『史記』, 人都不肯信, 殊不知某卻不是亂說. 其實『史記』是以文運事,『水滸』是因文生事. 以文運事, 是先有事生成如此如此, 卻要算計出一篇文字來, 雖是史公高才, 也畢竟是喫苦事. 因文生事卽不然, 只是順着筆性去, 削高補低都繇我.

위의 인용문 서두에서 주인공을 소설 처음이 아닌 나중에 배치했다고 하는 것은 작품 구성에 관한 것이다. 또한 이미 있었던 사건을 글로 서술하는 『사기』와 창작을 통해 사건을 만들어내는 소설을 비교한 것은 일종의 문학 창작론에 해당한다. 이 두 가지 문학 요소에 있어서 『수호전』이 매우 뛰어나다는 것을 김성탄은 강조하고 있다.

『사기』보다 『수호전』이 더 훌륭한 책이라고 주장하는 김성탄 이후 쏟아져 나온 많은, 『수호전』에 우호적인 평가들은 세간의 관심을 불러일으켰으며, 그에 수반하여 이 작품은 하층사회는 물론 상층사회까지 광범하게 유포되었다. 또한 『수호전』을 넘어 통속소설 전반에 걸쳐 창작과 연구를 추동하였다. 그리하여 『서상기』·『삼국지연의』·『금병매』·『홍루몽』 등을 비롯한 중국의 수많은 희곡과 장편소설에 대한 다채로운 평점들이 나와서 작가의 소설 창작 기법 제고와 독자의 소설 작품 이해와 감상에 크게 기여하였다.

중국 장편소설의 흥기를 시간적으로 정리하면 다음과 같다: 전통적으로 시문에 사용되던 평점이 있었다→이지가 「동심설」과 「잡설」에서 『서상기』와 『수호전』을 추켜세웠다→김성탄의 평점본 『수호전』에서 『수호전』이 『사기』보다 뛰어나다고 평하면서 『수호전』의 우수한 점을 분석했다→이후 평점본 소설들이 유통되면서 소설의 황금기가 도래했다.

3)『서유기』

『서유기西遊記』의 기는 여행기의 의미를 담고 있다. 그러므로『서유기』는 삼장법사(三藏法師)·손오공(孫悟空)·저팔계(猪八戒)·사오정(沙悟靜) 등이 불교 경전을 가져오기 위해 인도로 가면서 겪는 여행담이라고 할 수 있다. 이 작품의 원류가 되는『대당서역기大唐西域記』는 7세기 현장이 18-19년의 인도 여행을 하고 돌아와 쓴 것이다. 그는 이 기나긴 세월 동안 5만여 리 길을 걸으면서 인도의 많은 지역을 답사하고 마침내 서기 645년에 657부나 되는 불경을 갖고 장안으로 되돌아왔다.『대당서역기大唐西域記』 안에는 사실적인 내용 외에도 다양한 영험담과 모험, 그리고 신변(神變)이 기록되어 있다. 그 후 현장의 제자 혜립(彗立)과 언종(彦琮)이 함께 10권짜리『대당자은사삼장법사전大唐慈恩寺三藏法師傳』을 썼으며, 이것이 민간에 전해져 여러 가지 신비로운 전설들이 가미되기 시작했다.

이러한 신비한 색채가 부각되면서 이야기가 차츰 신화화되었다. 그래서 송나라 때 설화인 중에는 삼장법사의 취경(取經, 경을 취하다) 이야기를 전문적으로 하는 사람이 나타나게 되었다. 현존하는『대당삼장취경시화大唐三藏取經詩話』가 바로 그중 하나다. 그러므로 이 작품은 화본소설에 속한다. 그 외에도 많은『서유기』 관련 화본이 존재했을 터이나 전해지지 않는다. 어쨌든 송나라 때 이런 화본을 시장이나 저잣거리에서 연행했던 설화인들에 의해 이야기가 매우 풍성해졌으며, 마침내 원나라 때에 이르면『서유기평화西遊記平話』라는 것이 만들어졌고, 이 평화 작품은 현재의『서유기』와 기본 구성이 비슷하다. 그렇지만 현재 전해지지 않고 다만 우리나라 조선 성종(成宗) 때 최세진(崔世珍)이 엮은 중국어 학습서『박통사언해朴通事諺解』에『서유기평화』가 부분적으로 언급되어 있어서 그에 대한 정보를 약간 얻을 수 있을 뿐이다.『서유기』는 원의 오창령(吳昌齡)과 명 초기의 양경언(楊景言) 등에 의해 잡극으로도 무대에 올려졌고, 마침내 16세기 오승은(吳承恩)이 이러한 민간에 유포된 다양한 취경 이야기들을 취합하여『서유기』를 만들었다 전해진다. 그러나 작자가 오승은이라는 것이 실제인지는 확인할 수 없다.『서유기』 내용은 다음과 같다.

화과산(花果山)의 바위 하나가 억겁의 세월 동안 천지의 기운을 받은 결과 마침내 원숭이가 되었고, 이 원숭이는 미후왕(獼猴王, 원숭이 왕)이 되었으며, 조사(祖師)를 찾아가 72변(일흔 두 가지 변신술)의 신통력을 배웠다. 하루는 동료들 앞에서 소나무로 변하는 신통을 자랑하다가 조사의 미움을 받아 쫓겨난 후 용왕을 찾아가 여의봉을 뺏앗아 오고, 저승에 가 염라대왕을 협박해서 자신의 이름을 명부(冥簿, 저승의 장부)에서 지우게 하고는, 다시 천궁에 가서 소란을 피우다가 여래(如來)에게 붙잡혀 오행산(五行山) 아래 갇히었다. 500년이 지난 후 불경을 가지러 인도로 가는 삼장법사에 의해 해방되고 법사를 따라 인도로 가면서 도중에 수많은 모험을 한다.

대충 이런 내용의 『서유기』는 다른 명작들처럼 여러 가지 판본이 있는데 가장 흔한 것은 100회 본이다. 『서유기』의 구성은 100회 본을 기준으로 살펴보면 제1회부터 8회까지는 손오공의 탄생과 천궁에서의 난동; 제9회부터 12회까지는 현장의 등장과 당 태종의 지옥 탐방; 제13회부터 100회까지는 여행 도중에 요괴들과 싸우는 81난으로, 크게 세 부분으로 나눌 수 있다. 제1회부터 8회까지가 가장 흥미진진하고, 제13회부터 전개되는 인도행 역정이 작품의 대부분을 차지하고 있는 것으로, 81개의 고난을 격파해나가는 과정이다.

『서유기』는 무엇보다도 환(幻), 즉 환상을 소재로 해 초자연적인 상상력이 한없이 펼쳐진다는 데에 문학적 의의가 있다. 과거의 신괴류 이야기는 종교적·미신적 요소가 강하게 작용하고 있어서, 권선징악이라든가 인과응보를 강조하고 있는 것이 많다. 그러나 『서유기』에서는 이러한 요소는 표면상으로 나타나지 않고 작자의 기상천외한 환상력, 순진무구한 낭만, 그리고 왕성한 상상력이 돋보인다.

명말 사람인 원우령(袁于令, ?-1674)은 수나라를 배경으로 한 『수사유문隋事遺文』이란 장편 통속소설을 쓴 작가인데, 「서유기제사西游記題詞」에서 환상의 가치와 중요성을 다음과 같이 선포한다.

> 문학이 환상을 이야기하지 않으면 문학이 아니다. 환상이 극에 이르지 않으면 환상이 아니다. 이로써 천하에 가장 환상적인 일이 곧 가장 진실한 일이며,

가장 환상적인 이치가 바로 가장 진실한 이치임을 알 수 있다. 그러므로 사실을 말하는 것이 환상을 말하는 것보다 못하고, 부처를 말하는 것이 마귀를 말하는 것보다 못하다. 마귀는 다른 것이 아니라 바로 나 자신이다. 내가 변해서 부처가 된다. 아직 부처가 아니면 마귀이며, 마귀와 부처는 힘이 비슷하고 자리가 서로 핍근한다. (이처럼 마귀와 부처의 차이는) 터럭 끝처럼 작지만 관건에 있어서는 작지 않다. (부처가 되기 위한 수행을 한다면) 극한의 좌절을 겪어도 마음은 놀라지 않으니, 이 때문에 『서유기』를 지은 것이다.

文不幻, 不文, 幻不極, 不幻. 是知天下極幻之事, 乃極眞之事, 極幻之理, 乃極眞之理. 故言眞不如言幻, 言佛不如言魔, 魔非他, 卽我也. 我化爲佛, 未佛皆魔 魔與佛力齊而位逼, 絲髮之微, 關頭匪細. 摧挫之極, 心性不驚, 此西游之所以作也.

이 글은 허구와 사실, 마귀와 부처의 관계를 역설적으로 설파한다. 환상의 허구가 실제보다 더 진실하다는 것은 중국문학사에 있어서 커다란 충격이자 축복이다. 줄곧 유가적 현실과 실제에서 문학 가치를 찾으려고 했던 고리타분한 전통적 가치를 전도하는 역설의 미학이다. 마귀와 부처의 관계에서도 원우령은 역설을 통해 진실에 접근한다. 번뇌가 사라지지 않는 한 사람은 모두 마귀의 본성을 갖고 있다. 그러나 수행을 통해 우리는 누구나 부처가 될 수 있다. 깨달으면 부처다. 그러므로 마귀와 부처의 차이는 번뇌를 극복하고 말고의 아주 작은 차이에 있다. 마음의 마귀, 즉 번뇌가 없다면 부처가 될 수도 없다. 그래서 번뇌가 보리라고도 하고, 중생이 곧 부처라고도 하는 것이다. 물론 현실에서는 부처가 마귀보다 당연히 더 중요하다. 그러나 문학의 세계에서는 마귀가 더 중요하다. 흥미진진한 이야기는 온갖 고난·투쟁·모험이 있는 마귀의 세계에서 가능하기 때문이다. 그렇다면 『서유기』의 주인공인 손오공의 인도 순례는 마음의 마귀를 극복해가는 과정이자, 번뇌에서 피안으로 가는 역정이다.

이상 원우령의 「서유기제사」를 해석해 보았다. 원우령의 이론은 후대 문학 창작에 매우 커다란 영향을 미쳤다. 그의 허구와 현실의 관계에 대한 탐구 및 허구 정절의 중시는 이후 문학 창작에 있어서 새로운 사유 방법을 제공해 주었다. 그리하여 작가의 환상 이론에 대한 깊이 있는 이해와 실천은 문학작품에 신선한 생동감과 진실성, 그리고 강한 예술적 감동을 가져다주었다.

후에 『서유기』의 영향으로 많은 공상 소설이 지어지게 되었고, 그것들을 신마소설(神魔小說)이라고 명칭한다. 즉 『서유기』는 신마소설의 태두가 되었다. 신마소설이란 명칭은 루쉰(魯迅)이 『중국소설사략中國小說史略』에서 처음으로 신(神)과 마(魔)의 투법(鬪法, 법술을 겨루며 싸우는 것)을 서술한 일련의 작품들을 가리킨 데서 비롯되었다.[172] 루쉰이 신마소설로 지적한 작품들은 『서유기』를 위시로 해서 『삼수평요전三遂平妖傳』, 『동유기東游記』, 『남유기南游記』, 『북유기北游記』, 『봉신연의封神演義』, 『삼보태감하서양통속연의三寶太監西洋記通俗演義』 등이다. 루쉰 이후 다른 작품들이 추가되어 신마소설 군에 들게 되었으니, 『비검기飛劍記』, 『철수기鐵樹記』, 『주조기咒棗記』, 『한상자전집韓湘子全集』, 『여선외사女仙外史』, 『야록선종綠野仙踪』 등이다. 이것들 중에서 주나라 무왕(武王)이 은나라 마지막 왕 주(紂)와 싸우는 것을 모티브로 한 허중림(許仲琳, 1560?-1630?)이 지었다고 전해지는 『봉신연의』가 가장 유명하다.

신마작품들에는 유교·불교·도교의 요소들이 혼재되어 있으나, 일반적으로는 도교소설의 범주에 넣는다. 도교의 신선사상이 가장 중요한 모티브가 되었기 때문이다. 그러나 불교적 요소도 많으므로 소홀히 해서는 안 된다.

4) 『금병매』

『수호전』 23-27회에는 서문경(西門慶)과 반금련(潘金蓮)의 정사(情事)가 나온다. 즉 호랑이를 맨손으로 잡은 무용담으로 유명한 무송에게는 호떡장사를 하는 나약한 형 무대(武大)가 있었는데, 무대의 아내인 반금련이 내연남인 서문경과 짜고 무

172) 魯迅, 『中國小說史略』, 浙江文藝出版社, 2000, 117쪽.(본디 『中國小說史略』은 1924년 완성되어 1925년 北京의 北新書局에서 출판되었다.)

대를 모살하였으며, 이를 알게 된 무송이 서문경과 반금련을 살해함으로써 원수를 갚는다는 이야기다. 『금병매金甁梅』는 이것을 소재로 이야기를 보태어 100회 본으로 만든 소설이다. 책 이름은 주인공 서문경의 첩 반금련·이병아(李甁兒), 그리고 반금련의 시녀 춘매(春梅)에서 한 글자씩 땄다.

『금병매』에서 서문경은 한 사람이지만 그가 만나는 인물들을 통해 명대 사회 전반을 알 수 있다. 그를 둘러싸고 있는 관리, 시정의 잡배, 매파, 기녀 등에 대한 생생한 묘사, 즉 사실적인 필법을 통해 사회현상을 잘 반영하고 있다. 특히 권력과 돈을 가진 자들의 부패상이 구체적으로 적나라하게 묘사되었다. 이제까지의 중국의 소설들은 영웅호걸이나 신기하고 환상적인 내용을 다루었기 때문에 실제 생활과는 거리가 멀었다.

이와 대조적으로 『금병매』는 현실적인 사회생활을 제재로 하기 때문에 중국 소설사에서 획기적 사건이라고 하겠다. 즉 보통사람 일상의 삶을 소재로 삼은 첫 번째 장편소설이다. 상인을 주인공으로 삼아 상인의 생활을 표현한 첫 번째 장편소설이다. 이처럼 전기에서 탈피해 현실을 사실적으로 반영했기 때문에 본격적 세정소설(世情小說)의 시작을 알리는 작품이다. 또한 후대에 만들어진 풍자소설·견책소설로 발전하게 되는 교두보 역할을 했다. 이 작품이 이처럼 기념비적인 업적을 이룬 것은 무엇보다도 중국문학사에서 처음으로 상인을 주인공으로 삼은 첫 번째 장편소설이기 때문이다.

『금병매』 이전에는 상인을 주인공으로 삼아 상인의 생활은 주로 표현한 장편소설이 아직 없었다. 『수호전』에 나오는 서문경은 주인공이 아니라 작품을 이루는 부속품과 같은 존재일 뿐이었다. 게다가 『수호전』의 서문경 형상은 그가 상인으로 표현되었다기보다는 악당으로서의 모습에 편중되어 표현되었다. 즉 그가 상인이라고 소개는 되었으되, 구체적인 상업 활동이 언급되지 않는다. 그랬던 것이 상인 세력이 명대 중후기에 급격히 성장하고, 상업 경제가 전례 없이 번영하면서 상인에 대한 사람들의 흥미가 증가하고 상인을 표현하는 문학을 갈구하게 되자 무명의 한 작가가 서문경의 이야기를 『수호전』에서 독립시켜 『금병매』라는 장편소설로 확대하여 대작을 만들었던 것이다. 그리하여 상인 생활을 묘사한 전무후무한 한 편의 작품이 탄생했다.

본서 한나라 편에서 소제 때 써진 「염철론」을 소개하면서 염철제도로 인해 결국 상인은 몰락하고 중농주의가 일층 강조되었는데 농업의 중시는 중국문학에도 영향을 주어서 한 부와 같은 어용성 문학 외에는, 도시를 배경으로 하는 작품들이 적고 시골이나 자연을 주제로 한 것들이 대세를 이루게 되었다고 했다. 이러한 중농주의로 인해 중국사회는 시대가 어떻게 변하더라도 상인과 상업에 대한 부정적 선입감을 완전히 지우기가 어려웠다.

여기서 중국문학에서 상인을 묘사한 작품을 일별하자면, 먼저 선진문학에서는 겨우 몇 편의 단편적인 고사와 우언들이 있을 뿐이다. 이는 당시에 상인의 존재 가치에 대해 사람들이 거의 무시했기 때문이다. 이후 한대의 악부시가와 사마천『사기』에 기록된 몇 편의 산문이 있다. 악부시가·지괴소설·문인시가·산문 등으로 이루어진 위진남북조 문학 속에서는 수십 편의 작품에 상인이 보인다. 당오대의 시가·문언소설·산문에서는 백여 편의 작품에 상인이 등장하며, 송원대 이후 문학에서는 헤아릴 수 없이 많은 작품들이 상인을 묘사했다.

이렇게 시대가 흐를수록 상인을 소재로 한 작품 수량이 증가함과 동시에 상인 형상에 대한 묘사도 끊임없이 나아졌다. 당오대 이전의 문학에서는 설령 상인에 대한 표현 범위가 계속해서 확대되었다고 해도 문학 양식 자체의 한계로 인해 어떤 구체적인 상인 형상이 출현했다고 말하기 어렵다. 즉 문인 작가 중심의 안에서는 상인의 구체적인 형상을 표현하기가 어려웠다.

송원대 문학 및 그 이후에 이르러서야 백화소설과 희곡 등 통속문학 양식이 등장하고 산문과 문언소설의 표현력이 증진됨에 따라 비로소 다른 유형의 인물 형상들과 자웅을 겨룰 수 있게 되었다. 마침내『금병매』의 서문경에 이르면 중국문학 속 상인 형상의 절정에 도달해서, 상인 형상이 영웅호걸·재자가인·유생문인 형상 등과 어깨를 나란히 할 수 있게 되었다.

이렇게 된 배경에는 무엇보다도 명나라 중후반부터 시작되어 청대 내내 지속되었던, 상인이 주축이 된 경제발전과 그로 인한 시민사회의 성숙이 있었다. 그래서 문학에서 여색과 재산을 좋아하는 상인의 세계가 대담하게 묘사되고, 욕정에 빠진 상인과 상인 아내의 성애 생활에 대한 과감한 표현이 가능했다. 즉 인간의 욕망을 긍정하는 진보적 조류가 형성되었다.[173)]

그럼에도 불구하고 문학작품에 끝내 상인에 대한 편견으로부터 완전히 벗어나 상인을 긍정적인 진정한 영웅으로 표현하지는 못했다. 명청대 아무리 상인의 지위가 그 이전보다 크게 나아졌다고 해도 여전히 사람들에게 상인이란 직업은 부정적인 것이었다. 사농공상의 관념에서 벗어나지 못했다. 즉 상업 경영이 가장 발달했던 시대에도, 그리고 '자본주의의 맹아'가 출현했던 시기에도 중국의 상인 계층은 봉건제도의 울타리를 뛰어넘어 사회의 변화를 주도하는 주요 인물로 성장할 수 없었다. 이것이 서양의 상인들과 반대되는 지점이다. 그래서 『금병매』에서도 서문경은 비록 주인공이기는 하지만 겉으로 드러나는 그의 형상은 여전히 부정적이었다. 탁월한 장사 수완과 사회성이 있지만 부패하고 색정을 좋아하고 인정 없는, 도덕적으로 나쁜 사람이다.

다음은 『금병매』의 구성과 작품성 관계를 알아본다. 장죽파(張竹坡, 1670-1698)의 「비평제일기서금병매독법批評第一奇書金瓶梅讀法」은 『금병매』의 구성과 독서 방법을 가르쳐 주는 글로 유명한데, 『금병매』와 사마천의 『사기』를 비교하고 있다.

> 『금병매』는 한 편의 『사기』이다. 『사기』는 한 사람으로 하나의 전을 쓰는 '독전(獨傳)'과 여러 사람으로 하나의 전을 쓰는 '합전(合傳)'이 있되, 모두 각각을 나누어 서술했다. 그런데 『금병매』는 100회가 모여서 하나의 전을 이루되, 천백이나 되는 많은 사람들이 모두 모여서 하나의 전이 된다. 그런데 작품 속에는 또한 끊어질 듯 말 듯 이어지면서 각각의 인물마다 각자의 전이 있다. 그러므로 『금병매』를 짓는 자는 반드시 『사기』를 지을 수 있음을 알 수 있다. 왜 그런가? 이미 이렇게 어려운 일을 해냈으니, 그처럼 쉬운 것은 뭐가 어렵겠는가?
>
> 『金瓶梅』是一部『史記』. 然而『史記』有獨傳, 有合傳, 却是分開做的. 『金瓶梅』

173) 이상 중국문학 속 상인의 형상에 대해서는 소의평(邵毅平) 저, 박경남·정광훈 등 역, 『중국문학 속 상인세계』, 서울, 소명출판사, 2017(원서: 中國文學中的商人世界, 復旦大學出版社, 2016)을 참고했다.

却是一百回共成一傳, 而千百人總合一傳, 內却又斷斷續續, 各人自有一傳, 固知作『金瓶梅』者, 必能作『史記』也. 何則? 旣已爲其難, 又何難爲其易?

「비평제일기서금병매독법」은 상당히 긴 『금병매』에 대한 이론이자 비평이다. 작품에 나오는 등장인물 순서, 사건 배치, 에피소드 안배 방식, 복선 등을 대단히 세밀하게 분석하는데, 그런 것들을 다 압축하고 있는 언설이 위의 인용문이 아닐까 싶다. 장죽파의 의도는 이전의 중국 고전소설은 각 회의 독립적인 구성 때문에 전체적인 유기성이 다소 떨어지는 단점이 있는 반면에 『금병매』는 전 작품의 구성과 내용을 유기적으로 연결시켜서 장편소설로서 완벽성을 보여주고 있음을 말하고 싶은 것이다. 그렇다고 그가 『금병매』와 『사기』 간의 우열을 가리는 것은 아니다. "나 역시 『사기』가 『금병매』보다 절묘하지 않다는 게 아니라 오히려 『금병매』가 『사기』의 절묘함을 모두 갖고 있다고 말한 것일 뿐이다(予亦幷非謂史記反不妙于『金瓶』. 然而『金瓶却全得『史記』之妙也)"라는 문장에서 파악할 수 있듯이, 『사기』는 『사기』 나름대로 특징이 있고, 『금병매』는 『금병매』 나름대로 특징이 있음을 간과하지 않는다. 장죽파는 '이 책'을 비평하면서 '다른 책'을 폄하하여 이 책의 장점을 논하는 것은 공평한 태도가 아니라는 점을 분명히 하고 있으니, 이런 비평 태도는 오늘날에도 귀감이 될만하다고 여겨진다. 어떻든 『금병매』의 뛰어난 문학성은 현대의 서구소설처럼 작품 전체 맥락을 염두에 두고 썼다는 데 있다. 『삼국지연의』 『수호전』 『서유기』에 내재되어 있는 화본소설의 단편성을 완전히 벗어나 진정한 의미에서의 장편이 되었다. 그래서 『금병매』는 한 부분을 빼면 전체가 허물어지는 형태이다.

『금병매』 이후 많은 음서들이 나왔다. 명 중기에 이미 당나라 무측천(武則天)의 음란행위를 다룬 『여의군전如意君傳』이 있어서 음서로서 유명했고 『금병매』에도 많은 영향을 주었다. 그러나 음서소설의 대명사가 된 것은 『금병매』이다. 흔히 『금병매』를 섹스 소설로 오해하는 경우가 많은데, 실제 작품에서 성 묘사는 작품의 2% 정도밖에 되지 않는다. 나머지는 명대 당시 사람들이 살아가는 모습이다. 그리고 이 작품은 오히려 성의 남용이 가져다주는 해악을 강조하고 있다. 주인공들의 최후를 소개하면 다음과 같다.

『수호전』에서 서문경은 무송에게 맞아 죽지만 『금병매』에서는 지나친 음행으로 인해 33세로 병사하며, 이후 그의 집안은 급속히 몰락하게 된다.

1) 첫째 부인 오월낭(吳月娘): 서문경의 정부인이며, 인과응보의 진리를 깨닫고, 유복자인 효가를 불문(佛門)에 귀의시킨다. 대안(玳安)을 의자(義子)로 맞아 가문을 유지시키고 70세에 천수를 다한다.

2) 둘째 부인 이교아(李嬌兒): 본디 기생 출신이며, 유곽으로 다시 돌아간다.

3) 셋째 부인 맹옥루(孟玉樓): 현지사(縣知事, 관명)의 아들 눈에 들어 그에게 시집간다.

4) 넷째 부인 손설아(孫雪娥): 몸종 출신이며, 재물을 훔쳐서 달아났다가 붙잡혔다. 그 후 관가에서 창기로 팔았으며, 최후에는 스스로 목을 매 자결한다.

5) 다섯째 부인 반금련: 무송에게 처참한 죽임을 당한다. 금련의 몸종 춘매는 다른 집에 팔려간다. 반금련은 서문경이 죽자 서문경의 외동딸의 남편인 진경제(陳經濟)와 놀아나다가 진경제의 본처 오월랑(吳月娘)에게 들켜 쫓겨나게 된다. 그때 마침 다시 돌아온 무송이 아내로 삼겠다고 유혹하자 좋아하면서 무송의 집으로 갔다가 여전히 복수할 기회를 노리고 있었던 무송에 의해 처참하게 살해당하고 만다.

6) 여섯째 부인 이병아(李甁兒): 친구인 이웃집 화자허(花子虛)의 부인이며, 반금련이 고양이를 훈련시켜 아들 관가(官哥)를 할퀴게 하니, 관가는 경질을 일으키고 이것이 원인이 되어 죽게 된다. 이병아는 아들을 잃은 슬픔과 반금련에 대한 분노로 병이 들어 죽는다.

이렇게 작품 후반부에서는 전반부를 이루는 탐욕과 색정으로 뜨거웠던 분위기가 차갑게 변한다. 그래서 『금병매』를 온도에 비유하길 전반부는 열(熱), 후반부는 냉(冷)하다고 한다.

2. 삼언이박과 명대의 화본소설

명대에는 화본을 읽는 풍조가 일반화되면서 전래하는 화본에 윤색과 개작을 더하기도 하고, 더 나아가 아예 창작까지 하기도 했다. 이런 것을 '화본을 본떴다' 하여 의화본이라 하는데, 명대 의화본집을 대표하는 책에는 풍몽룡이 편찬한 『유세명언喩世明言』·『경세통언警世通言』·『성세항언醒世恒言』과 능몽초(凌濛初, 1580?-1644)가 편찬한 『초각박안경기初刻拍案驚奇』·『이각박안경기二刻拍案驚奇』 등이 있다. 『유세명언』, 『경세통언』, 『성세항언』을 '삼언(三言)'이라 하고 『초각박안경기』, 『이각박안경기』를 '이박(二拍)'이라 하며, 합쳐서 '삼언이박(三言二拍)'이라 총칭한다.

삼언은 매 본마다 40편의 화본이 수록되어 있어 총 120편이다. 이박에도 두 책에 각각 40편씩 실려 있어 80편이 전한다. 이 화본들은 소재가 다양하고 당시 사회 각계각층의 생활을 반영하고 있어 정확하게 내용을 분류하기는 어려우나, 대충 애정류, 의협류, 사회류, 공안(사건)류, 신괴류 등으로 나눠볼 수 있다.

그 예술적인 특색으로서는 운문과 산문의 형식적인 구성, 인물의 개성적인 묘사 등을 들 수 있으나, 특히 우리의 주목을 끄는 것은 전통적인 구어를 잘 구사하고 있는 것이다. 민간의 성어(成語), 은어, 이어(俚語) 등을 자유롭게 활용하여 작품의 생동감을 더해주고 있다.

삼언이박은 대부분 작품이 조대(朝代, 주인공이 살고 있는 왕조시대)와 주인공의 신세(身世, 출신성분)를 밝힘으로부터 시작하는데, 이는 역사책 글쓰기, 즉 사전(史傳)의 영향을 받은 것이다.

삼언이박 후에 포옹노인(抱甕老人)이란 사람이 삼언이박에서 40편을 엄선하여 『금고기관今古奇觀』이란 화본집을 간행했는데, 크게 유행하여 삼언과 이박은 오히려 읽는 사람이 적게 되었다.

이상 의화본이 문학사에서 차지하는 의의는 무엇보다도 화본을 하나의 큰 텍스트 안에 집합시킴으로써 화본을 독본용으로 만들었기 때문에, 이것이 후에 장편소설로 발전하게 되는 중요한 매개체가 되었다는 것이다. 또한 구전문학에서 서면문학으로 정착시킨 점도 매우 의미가 깊다.

상기(上記)했듯이 화본소설에는 많은 시들이 나오는데, 그중 유명한 것 하나를 감상하는 기회를 갖자. 풍몽룡의 『경세통언』 권32는 『두십낭노침백보상杜十娘怒沈百寶箱』이라는 이야기다. 그 개략적인 내용은 다음과 같다: 절강(浙江)의 소흥(紹興) 태생이자 태학생 신분인 이갑(李甲)은 평소 풍류를 자못 즐기는 19세 젊은이인데, 어느날 명기(名妓) 두십낭을 만났고, 서로 백년가약을 다짐했다. 이에 두십낭은 기녀 생활을 청산하고 두 사람은 이갑의 고향으로 가 이갑 부친을 만나 성친(成親)할 계획을 세웠다. 고향행 배를 타고 강을 가다가 우연히 손부(孫富)라는 사람을 만났는데, 손부는 두 사람의 사연을 알고는 이갑에게 두 사람 신분 차이에 의한 결혼의 불가능함을 설명한 후 두십낭을 자신에게 맡기고 대신 천 냥을 줄 것을 제안했다. 그 말에 마음이 흔들린 이갑은 두십낭에게 손부의 말을 전하자 두십낭도 이갑의 본색을 알아차리고 그렇게 하자고 승낙했다. 두십낭은 손부를 만난 자리에서 자신이 비밀로 간직하고 있었던 수만냥 가치가 나가는 보물이 든 상자들을 차례로 강에 던지면서 이갑이 사랑을 배신한 소행과 손부의 사악함을 통렬하게 꾸짖은 후 자신도 물에 투신자살한다. 주위에는 많은 사람들이 이 광경을 보고 있었다.

이런 내용을 담은 『두십낭노침백보상杜十娘怒沈百寶箱』에는 총 13개의 시가 나오는데, 그 마지막 시는 다음과 같다.

풍류를 이해 못하면서 함부로 말하지 말라,
정(情) 자 하나도 알기 어렵다네.
정 자 하나 제대로 깨달으면,
풍류를 불러도 부끄럽지 않으리.

不會風流莫妄談, 單單情字費人參. (불회풍류막망담, 단단정자비인참)
若將情字能參透, 喚作風流也不慚. (약장정자능참투, 환작풍류야불참)

여기서 정은 남녀 간의 정, 즉 사랑을 가리킨다. 사람들은 쉽게 풍류를 안다고 이야기한다. 그러나 진정한 사랑을 할 줄 모르면 진정한 풍류도 없는 것이다. 그러니 풍류를 함부로 입에 담지 마라. 사랑은 자신의 모든 것, 심지어 목숨마저도 버릴 수 있어야 하는 것이다. 정(情) 자 한 자도 이해 못하면서 어찌 풍류를 칭하는가. 이 시는 작품의 대의를 설명한 것이며, 세상 모든 사람들에게 사랑과 풍류의 의미를 설명하고 있다. 작품의 정신이 오롯이 시 하나에 담겨 있다. 서사만으로는 표현하기 어려운 뜻을 서정으로 나타내었다.

필자는『두십낭』을 읽으면서 미국 소설 피츠제럴드(F. Scott Fitzgerald, 1896-1940) 저,『위대한 개츠비(The Great Gatsby)』가 떠올랐다. 사람들은 개츠비가 왜 위대한지 영화나 소설을 보고 나서도 잘 알지 못한다. 그가 위대한 것은 사랑에 있어서 위대한 것이다. 젊은 날 개츠비는 뒤틀린 운명 때문에 사랑하는 데이지와 헤어진다. 하지만 영원히 그녀를 사랑하기로 마음먹고 부자가 된 후에도 결혼하지 않는다. 반면에 데이지는 결혼해서 아이를 둔 엄마가 된다. 개츠비는 가정을 이룬 그녀의 집 불빛이 밤에 까마득히 멀리 보이는 만(灣) 맞은 편에 집을 마련하고, 매주 토요일 수백 명을 초대한 성대한 파티를 개최해 멋진 남녀들과 함께 풍류를 즐긴다. 그리하여 지역 사교계의 으뜸이 된다. 그러나 이 모든 것은 데이지를 만나기 위해 설정한 상황극이었다.

마침내 데이지를 만나 사랑을 불태운다. 그러나 그녀의 운전 실수로 자동차 정비소 사장 윌슨의 아내인 머틀을 사망에 이르게 한다(머틀은 데이지의 남편 톰의 정부이다). 이에 개츠비는 자신이 운전했던 것으로 하여 책임을 지고 끝까지 그녀를 보호하다가 윌슨의 권총을 맞고 죽는다. 이렇게 아내의 원수를 갚은 윌슨 역시 그 권총으로 자살한다. 그러나 데이지는 어떤 책임이나 손해 없이 다시 예전의 가정생활로 평화롭게 돌아간다.

개츠비는 특별히 훌륭한 점이 없다. 다만 사랑에 있어서 완벽했다. 한번 사랑한 사람을 끝까지 위하고 지켜냈다. 그런 남자를 진정한 풍류를 안다고 할 것이다.『두십낭』에 나오는 이갑과 반대 형상이다. 두십낭도 자신의 방식대로 사랑에 있어서 완벽했다. 그녀의 사랑에 대한 신념은 확고하여 어떤 고난과 역경에도 굴하지 않는 태도이다. 그러한 순정이 배신당하자 스스로 목숨을 버린다. 중국 고전소설과 미국 현대소설이라는 큰 차이가 있고 스토리도 많이 다르지만 풍류와 사랑, 지조와 죽음의 역학 관계에서는 두 작품이 서로 비교할 만한 점이 있다고 여겨져서 이 자리에 소개했다.

제3절 명대의 희곡

1. 명초의 오대전기와 잡극

원대 잡극은 본래 북방에서 생겨났으나, 나중에 정치 세력의 확대에 따라 남방의 모든 극단을 휩쓸게 되었다. 그러나 잡극의 음조·대사·기질 등은 북방인이 공연하기에 알맞게 되어 있었기 때문에 남방인의 손에 들어가면서 점차 고유의 맛을 잃어버리기 시작했다. 원말에 이르러 원 왕조의 통치가 점차 위축되면서, 전국 극단을 주도하던 잡극 세력도 점차 약화되었다. 송대에 생겨났던 남희는 잡극에 의해 그동안 세력이 많이 약화되었다가, 잡극의 쇠퇴에 힘입어 도약했다. 즉 원 잡극의 장점을 흡수하고, 남방의 특색을 갖추어 잡극을 대신하여 유행하기 시작했다. 그리하여 홍무(洪武, 1368-1398) 연간을 기점으로 '전기(傳奇)'라는 새로운 희곡이 만들어져 유행하기 시작했다.

희곡에서 가장 중요한 것은 곡인데, 전기는 남방의 곡인 남곡(南曲, 남방의 곡)을 사용하되, 이전의 잡극이나 남희보다 더 발전된 체제를 갖고 있다. 예를 들어 잡극은 한 작품이 4절로 되어 있으나, 전기는 절(折) 대신 척(齣)이라고 하는데, 척 수에 제한이 없어 4, 50척으로 이루어진 장편의 극본이 일반적이다. 단 전기의 척은 잡극의 절보다 짧다. 또한 잡극은 한 절에서 한 사람만이 독창하지만, 전기는 등장하는 모든 사람이 노래를 하고 독창·대창(對唱)[174]·합창 등을 할 수 있다. 그 외, 잡극은 대화가 순수 구어체로 된 것이 많고 문언체로 된 것은 비교적 적은 반면, 전기에는 문언문은 물론 변려체로 된 문장까지도 간혹 사용한다. 이와 같이 전기는 잡극에 비하여 형식이 한층 자유스럽고 진보되었다.

원말 명초에 나온 가장 유명한 다섯 개 희곡 작품을 오대전기라 하는데,『비파기琵琶記』,『형차기荊釵記』,『백토기白兎記』,『배월정拜月亭』,『살구기殺狗記』이다. 이중 고명(高明)이 지은『비파기』가 가장 우수하며, 전기의 시조로 추앙받는다. 그

174) 대창: 두 사람이나 두 조(組)가 서로 응답하면서 부르는 노래 형식.

내용은 채백개(蔡伯喈)는 아버지의 강권으로 늙은 부모와 처를 고향에 둔 채 과거를 보러 상경한다. 그러나 장원 급제한 뒤 우승상(牛丞相)이 강제로 그를 데릴사위로 삼아 고향에 돌아가지 못하였다. 그의 아내 조오랑(趙五娘)은 온갖 고난을 겪으며, 늙은 시부모를 정성스럽게 모셨다. 그녀는 구휼미를 얻어다가 시부모를 공양하고, 자신은 쌀겨를 먹고 살았다. 그들은 채백개가 돌아오기만을 기다렸으나 시부모는 죽고, 조오랑은 비파를 타고 노래하며 동냥을 하거나 걸식하면서 남편 채백개를 찾아 수도로 갔다. 한편 채백개는 늘 부모와 아내 생각에 몹시 괴로워하며 지낸다. 우여곡절 끝에 조오랑은 채백개와 만나고, 결국 우승상 딸의 동의를 얻어 두 부부는 다시 결합하여 함께 고향으로 돌아간다는 것이다.

이런 이야기를 담은 『비파기』는 『조정녀채이랑趙貞女蔡二郎』이라는 민간 고사를 희곡으로 개작한 것인데, 민간 고사에서는 남편 채백개를 찾아 상경한 조오랑이 남편이 고의로 놓은 말에 의해 밟혀 죽고, 남편도 최후에는 벼락 맞아 죽는 비극이다. 송원 때 광범위하게 민간에 유포되었던 이 이야기를 고명은 전형적인 대단원 형식의 작품으로 탈바꿈시켰다.

『비파기』에서 조오랑이 쌀겨를 먹으면서 부르는 노래가 의미 깊다.

> 쌀겨와 쌀은 본래 서로 의지하는 것인데, 누가 키로 까불어 이렇게 두 곳으로 날아가게 했나. 하나는 천하고 하나는 귀하니, 마치 나와 남편같이 끝내 서로 만나지 못하네. 남편이시여, 당신은 바로 쌀이고, 쌀은 다른 곳에 있어 찾을 수 없구려. 나는 쌀겨와 같으니 어찌 쌀겨로 굶주림을 면할 수 있겠습니까.
>
> 糠和米本是兩倚依, 誰人簸揚作兩處飛. 一賤與一貴, 好似奴家共夫婿, 終無見期. 丈夫, 你便是米啊, 米在他方沒尋處. 奴便是糠啊, 怎的把糠救得人飢餒.

『비파기』가 나오자 왕공귀족에서 가난한 백성에 이르기까지 좋아하지 않는 이가 없을 정도였고, 『비파기』 이후로 문인, 학사 및 부호 자제들이 희곡을 쓰는 풍조가 널리 퍼져, 남희가 재기하는 계기가 되었다. 또한 『비파기』 내용은 유교의 윤리

도덕을 선양하는 것이어서, 후세 전기 작품에 사상면에서 많은 영향을 주었다.

다음, 오대전기의 하나인『형차기』는 작가가 불분명하다. 왕시붕(王十朋)과 전옥련(錢玉蓮)의 사랑 이야기로, 내용은 다음과 같다: 왕시붕은 집이 가난하여 전옥련을 아내로 맞이할 때 홀어머니의 형차(가시나무 비녀)를 예물로 하여 혼례를 치렀다. 후에 그는 상경하여 장원 급제를 하였는데, 승상인 방후설(方侯卨)이 그를 사위로 삼고자 하였으나 따르지 않았다. 그런데 악인 손여권(孫汝權)이 옥련을 차지하려고 하자 옥련은 반항하다가 강물에 투신한다. 다행히 그곳을 지나던 전안무(錢按撫)에 의해 구출되며, 그 후에 온갖 고난을 겪다가 부부가 해로한다.

작자 미상의『백토기』는 원·명 사이의 민간 작품이다. 이 작품의 유래는 대단히 오래되어 금·송으로 거슬러 올라간다. 금 때에『유지원제궁조劉知遠諸宮調』, 송·원의『오대사평화五代史平話』속에도『백토기』의 주인공인 유지원(劉知遠)에 관한 이야기가 실려 있다. 이 작품의 내용은 다음과 같다: 유지원은 가난을 견디지 못하고 집을 떠나 종군한다. 한편, 처 이삼랑(李三娘)은 집에서 갖은 고생을 다하며 아들을 낳아 사람에게 부탁하여 남편 유지원에게 보내 양육하도록 하였다. 10여 년 뒤 아들은 사냥을 나갔다가 흰토끼를 쫓던 중에 어머니를 만나게 되고, 그 후 높은 벼슬에 오른 남편과 함께 살게 된다.

『배월정』은 일명『유규기幽閨記』라고 하며, 작자는 원나라 시혜(施惠)로 알려져 있다. 관한경의 잡극『규원가인배월정閨鴛佳人拜月亭』을 개편한 것이며, 내용은 다음과 같다: 장세륭(藏世隆)과 왕서란(王瑞蘭)은 난리 중에 서로 만나 결혼하여 부부가 되었으나, 서란이 아버지에게 끌려간 뒤 소식이 끊겼다. 한편, 서란의 어머니는 수양딸을 맞아들였는데, 바로 장세륭의 누이로 이름은 서련(瑞蓮)이라고 하였다. 그 후 장세륭은 장원 급제를 해서 서란과 다시 만나 함께 살게 되었고, 또 서련은 무과에 급제한 흥복(興福)의 아내가 되었다.『배월정』은 전쟁과 도적이 횡횡하는 시대를 배경으로 백성들이 겪는 고통을 잘 반영하였다.

『살구기』는 명초의 서진(徐畛)이 지었다고 알려져 있으나 확실하지 않고, 본 제명은『양덕현부살구권부楊德賢婦殺狗勸夫』이다. 소덕상(蕭德祥)의 원 잡극『양씨녀살구권부楊氏女殺狗勸夫』를 개편한 것이며, 내용은 다음과 같다: 손화(孫

華)는 시정의 무뢰한인 유용경(柳龍卿), 호자전(胡子傳)과 어울려 방탕한 생활을 하면서 아우인 손영(孫榮)을 내쫓았다. 손화의 처 양씨(楊氏)는 남편의 잘못을 깨우쳐 주기 위해 개 한 마리를 잡아 머리와 꼬리를 잘라내고 사람으로 위장하여 대문 앞에 갖다 놓았다. 밤늦게 귀가하다가 이것을 발견한 손화는 크게 놀라 위의 친구 두 사람을 불러 매장하게 하였으나, 오히려 이들은 관아에 고발했다. 이에 손영은 형을 구하고자 하여 자신이 살인을 저질렀다고 하였다. 그러나 양씨는 관아에 나아가 자초지종을 이야기해 사실이 확인되고, 이로써 형제간에 우의가 돈독해졌다.

원말 명초에 이상과 같은 오대전기가 출현하여 일대를 풍미하였다. 그러나 이후 약 50여 년은 전기는 침체하고 대신 잡극이 유행하였다. 대체로 명초에는 사상통제가 심하였고, 희곡에 있어서도 교화와 관계없는 작품은 금령을 내렸기 때문에 희곡이 자유로운 발전을 할 수 없었다. 더욱이 명 성조(成祖, 재위 1402-1424)가 수도를 북경으로 옮겼는데, 북경은 잡극의 본거지였고, 황실에서도 잡극을 애호했기 때문에 잡극은 일시 흥성한 것과 대조적으로 전기는 침체되었다.

여기서 명 잡극에 대해 잠깐 알아본다. 위에서 잡극은 원대에 전성기를 이루었고 원말 명초에 쇠퇴했다고 했다. 그러나 그 창작이 완전히 단절되지 않고 명말까지 이어지면서 나름 시대에 맞게 변화하면서 생명을 이어나간다. 특히 명 황실 사람인 주유돈(朱有燉, 1379-1439)과 주권(朱權, 1378-1448)이 많은 잡극을 창작함으로써 일시 성행하였으나 백성의 살아있는 육성이 담기지 않은 작품들은 영향이나 유포에 한계가 있었다. 명대 중엽인 정덕(正德)·가정(嘉靖) 연간에 왕구사(王九思, 1468-15851)와 강해(康海, 1475-1540)가 나와 작품 수준을 좀 더 향상시켰다. 동시에 잡극의 전통 형식을 깨고 새로운 형태의 극을 만들기 시작했다. 왕구사는 『중산랑원본中山狼院本』이라는 1절로 이루어진 잡극을 창작했다.

명대 후기에는 본격적으로 체재면에서 자유로운 잡극이 만들어졌으니, 심경(沈璟)과 서위(徐渭)는 2절, 3절, 7절, 6절 등 작품에 따라 변화있게 절 수를 사용하였다. 명대의 저명한 문학가·서화가이며 자유롭고 개성적인 문예활동을 실천했던 서위는『광고사狂鼓史』·『옥선사玉禪師』·『자목란雌木蘭』·『여장원女壯元』이란 잡극 4종을 묶고『사성원四聲猿』이라고 제목을 붙였는데, 이중『광고사』는 겨우 2천여 자의 1절로 된 단막극이고,『옥선사』와『자목란』은 각각 2절의 작품이며,『여장원』은 5척으로 이루어져 있다.『옥선사』는 남곡과 북곡을 융합시켜 지은 것이고,『여장원』은 잡극이면서도 남곡을 사용한 것이다.

다시 명대 희곡을 대표하는 전기에 관한 설명을 이어간다. 명대 중기에 해당하는 가정(嘉靖1522-1566) 연간을 전후하여 완전히 잡극과 전기의 판도가 달라진다. 즉 전기가 잡극을 압도하게 되었다. 희곡은 본디 지방색이 강한 공연예술로서, 각 지방마다 곡조와 창법이 같지 않은데, 가정 연간에 강소성(江蘇省) 곤산(崑山) 출신의 음악가 위량보(魏良輔)가 곤강(崑腔, 곤산의 곡조)에 여러 지방의 강조(腔調, 곡조, 가락)의 장점을 취하여 새로운 곤곡(崑曲)을 선보였다. 이 곡조는 대단히 감미로워서 다른 지방의 곡조를 압도하고 유행하였다. 이에 희곡 작가들이 곤곡에 맞추어 극본을 썼고, 이런 작품들이 민중의 큰 환영을 받아 전기가 크게 성행하게 되었던 것이다. 그 대표작이 바로 양신어(梁辰魚)가 지은『완사기浣紗記』이다.『완사기』는 최초로 곤곡을 사용하여 창작된 극본으로, 곤곡이 다른 강조를 압도하고 널리 유행하게 되는 계기를 만들었다. 그리고 그 정점에 이른 것이 바로 앞으로 소개할 탕현조의『모란정』이다.

2. 탕현조와 명대 전기의 번영

만력(萬曆, 1573-1620) 연간은 명대 전기의 황금시기였다. 희곡의 창(唱)을 이루는 곡사(曲辭, 곡의 가사)와 곡조, 두 가지 요소 중 어느 것을 더 중시하느냐에 따라 전기의 유파가 나눠지게 되었는데, 탕현조를 위시한 곡사를 중시하는 일파를 임천파(臨川派) 혹은 문사파(文辭派)라 하고, 심경(沈璟)을 위시한 곡조를 중시하는 일파를 오강파(吳江派) 혹은 격률파(格律派)라 한다.

이 두 유파 중 탕현조가 가장 큰 명성을 얻었다. 탕현조는 곡률, 즉 곡조나 가락에 구애받지 않고 글을 멋지게 씀으로써 희곡의 새로운 지평을 열었다. 탕현조의 4대 작품은 『자차기紫釵記』·『모란정환혼기牡丹亭還魂記』·『남가기南柯記』·『한단기邯鄲記』인데, 모두 꿈과 몽환을 소재로 남녀의 사랑이나 인생의 허무함을 말한다. 네 작품을 임천사몽(臨川四夢)이라 칭하는 이유이다. 『자차기』는 당(唐) 장방(蔣防)의 『곽소옥전霍小玉傳』을, 『한단기』는 심기제(沈既濟)의 『침중기枕中記』를, 『남가기南柯記』는 당나라 이공좌(李公佐)의 『남가태수전南柯太守傳』을 개편한 것이다. 그리고 『모란정환혼기牡丹亭還魂記』(약칭, 『모란정牡丹亭』)는 명대의 화본소설인 『두여낭모색환혼杜麗娘慕色還魂』에서 주요 줄거리를 가져와 많은 각색을 거쳐 만든 것이다. 네 작품이 모두 곤곡에 속하며, 이중에서도 『모란정』을 중국의 수많은 곤곡 작품의 대표작이라고 친다.

임천사몽 중 특히 『모란정』은 중국희곡사상 불후의 명작으로 꼽힌다.[175] 그 개략적 내용은 태수인 두보(杜寶)는 여낭(麗娘)이라는 딸을 두었는데, 하루는 두여낭이 가는 봄을 아쉬워하며 잠깐 모란정에서 낮잠을 잤다. 꿈속에서 한 젊은 서생을 만나 사랑을 나누었다. 그런데 꿈에서 깨어난 두여낭은 꿈에서 맺은 사랑을 잊지 못해 마침내 상사병을 앓게 되고 이내 죽고 말았다. 그리하여 매화나무 밑에 묻혔다. 한편, 남자 주인공인 유몽매(柳夢梅)는 과거를 보러 가는 도중에 공교롭게도 태수집에 머물게 되고, 그날 밤 두여낭의 혼백이 찾아와 지난날의 꿈속에서와 같은 사랑을 한다. 이들의 사랑에 화신(花神)도 감동하였던지, 화신의 도움으로 저승의 허락을 얻어 무덤에서 두여낭은 다시 살아나고, 유몽매와 결혼하여 부부가 되었다는 것이다.

『모란정』은 곡조도 아름답거니와, 사랑을 낭만적인 필치로 진실되고 미려하게 묘사한 가사 때문에 많은 사람들이 감동을 받았다. 보기로 10척(齣) 「경몽驚夢」 편의 중간 부분을 감상하자.

175) 『모란정』의 대표적 한국어 번역본으로는 탕현조(湯顯祖) 저, 이정재·이창숙 역, 『모란정』, 서울, 소명출판사, 2014가 있다.

【조라포皂羅袍】

두여낭:

울긋불긋 아리따운 꽃 피어 있건만,

이렇게 곁에는 모두 끊어진 우물방틀과 무너진 담장 뿐이라니.

좋은 날씨와 아름다운 경치를 어찌할까.

감상하는 마음, 즐기는 일을 뉘 집 정원에서 펼칠까?

이런 경치를 아버지와 어머니는 아직 한번도 말씀해 주지 않았지.

(두여낭과 춘향의 합창)

아침에 날고 저녁에 거두어들이는

구름과 노을의 비취빛 누각,

실 같은 이슬비와 부드러운 바람,

물안개에 화려한 배.

비단 병풍 안 여인은 이런 좋은 시절을 헛되이 보내네.

춘향: 온갖 꽃들이 모두 피었는데 모란은 아직 이르네요.

【호저저好姐姐】

두여낭:

청산은 두견새의 피울음으로 두루 붉어지고

도미화 너머 연무는 취한 듯 하늘하늘하네.

춘향아!

모란이 좋기는 하지만,

저 봄이 돌아가는데 어째 먼저 피지 않았을까.

춘향: 서로 짝지어 노는 저 꾀꼬리와 제비는

(두여낭과 춘향의 합창)

물끄러미 바라보니 지지배배 제비의 지저귐,

꾀꼴꾀꼴 꾀꼬리의 옥 구르는 듯한 소리.

두여낭: 가자꾸나.

춘향: 이 정원은 아무리 보아도 충분하지 않네요.

두여낭: 그래 봐야 무엇하니! (걷는다)

【격미隔尾】

두여낭:

보고 또 봐도 부족한 건 미련 때문이지.

열두 정자 두루 감상하고 나도 허전하네.

흥이 다했으니 집에 돌아가 한가하게 지냄만 못하리.

(도착한다)

춘향:

「나는 서쪽 누각 문을 열고, 동쪽 누각에 침대를 펴고요.

병에 영산홍을 꽂고 화로에는 침향을 넣는다네.」

아씨! 잠시 쉬세요. 저는 노부인을 뵈러 가겠어요. (퇴장한다)

두여낭: (탄식하며)

「살그머니 봄날을 즐기고 돌아와

조금 봄에 어울리는 얼굴을 꾸며 보았네.」

봄아! 너와 둘이 있으려고 했는데 네가 가면 나는 어쩌란 말이냐. 아! 이렇게 좋은 날이 나를 피곤하게 만드는구나. 춘향아 어디에 있느냐? (좌우를 살핀다) (다시 고개 숙이고 나직이 읊조린다) 하늘이여! 봄 경치가 사람을 번뇌케 한다는 말을 믿을 만하구나. 항상 시사와 악부시를 보면 옛 여자들이 봄으로 인하여 춘정을 일으키고, 가을을 만나 한이 이루어진다 하더니, 정말 틀리지 않는다. 내 나이 이미 이팔 16세, 아직 계수나무를 꺾을 만한 학문 높은 남편을 만나지 못했다네. 홀연 춘정을 사모하니 어떻게 훌륭한 분[176]을 만날 수 있을까? 옛날

176) 본문의 섬궁(蟾宮)은 원래 달을 가리키는 것이며, 섬궁절계(蟾宮折桂)는 과거시험에 합격한 것

한부인은 우랑을 만나고 장생은 최씨(『앵앵전』의 최앵앵)를 만났기에 『제홍기題紅記』·『최휘전崔徽傳』[177], 두 책이 있게 되었지. 이 재자가인들은 먼저 밀약한 후 몰래 만나서 훗날 부부가 될 수 있었지. (길게 탄식한다) 내 벼슬하는 집안에 태어나 명문가에서 자랐지. 나이 이미 머리 올릴 때가 되었는데도 일찍 짝을 만나지 못해서 참말로 청춘을 헛되이 보내는구나. 시간은 창틀 앞을 지나가는 망아지처럼 빨리 지나는데. (눈물 흘린다) 아깝다, 꽃 같은 내 얼굴, 어찌 잎새 같은 운명일 줄 알았겠는가!

【皂羅袍】原來姹紫嫣紅開遍. 似這般都付與斷井頹垣. 良辰美景奈何天. 賞心樂事誰家院！恁般景致. 我老爺和奶奶再不提起. (合)朝飛暮捲. 雲霞翠軒；雨絲風片. 煙波畫船——錦屛人忒看的這韶光賤！ (貼)是花都放了. 那牡丹還早.

【好姐姐】(旦)遍青山啼紅了杜鵑. 荼蘼外煙絲醉軟. 春香呵. 牡丹雖好. 他春歸怎占的先！(貼)成對兒鶯燕呵. (合)閒凝眄. 生生燕語明如翦. 嚦嚦鶯歌溜的圓. (旦)去罷. (貼)這園子委是觀之不足也. (旦)提他怎的！(行介)

【隔尾】觀之不足由他繾. 便賞遍了十二亭臺是枉然. 到不如興盡回家閒過遣. ·(作到介)(貼)「開我西閣門. 展我東閣牀. 瓶插映山紫. 爐添沉水香.」小姐. 你歇息片時. 俺瞧老夫人去也. (下)(旦歎介)「默地遊春轉. 小試宜春面.」春呵. 得和你兩留連. 春去 如何遣？咳. 恁般天氣. 好困人也. 春香那裏？(作左右瞧介)(又低首沉吟介) 天呵. 春色惱人. 信有之乎！ 常觀詩詞樂府. 古之女子. 因春感情. 遇秋成恨. 誠不謬矣. 吾今年已二八. 未逢折桂之夫；忽慕春情. 怎得蟾宮之客？ 昔日韓夫人得遇于郎. 張生偶逢崔氏. 曾有『題紅記』·『崔徽傳』二書. 此佳人才子. 前以密約偸期. 後皆成秦晉. (長歎介)吾生於宦族. 長在名門. 年已及笄. 不得早成佳配. 誠爲虛度靑春. 光陰如過隙耳. (淚介)可惜妾身顏色如花. 豈料命如一葉乎！

을 가리킨다. 더 인신하여 크게 성공하거나 큰 성취를 이루어 영예가 높아진 사람을 지시한다.

177) 최휘(崔徽)는 당나라 때 가기(歌妓)이다. 최휘전(崔徽傳)은 鶯鶯傳을 잘못 쓴 것이다.

중국 희곡은 창(唱, 노래)·과(科, 동작)·백(白, 대사), 세 부분으로 이루어졌다. 창이 주인(主)이 되고 백이 손님(賓)이 된다고 해서 백을 빈백(賓白)이라고도 한다. 한편 희곡 배우가 분장한 극중 인물을 각색(角色)이라고 한다. 희곡은 노래와 춤을 중심으로 연출하며, 중간에 대화나 독백 같은 대사가 들어간다. 그래서 가창이 주요 예술형식이고, 대사는 보조 역할을 한다. 대사, 즉 백을 통해서 노래와 춤으로는 표현하기 어려운 극정(劇情, 희곡 줄거리의 전개)을 알 수 있거나, 각색의 심정이나 내심 세계를 이해할 수 있다.

위의 인용문의 번역에 있어서 필자가 이탤릭체로 표시한 것은 노래 부분(창)이고, 「 」안에 든 것은 노래하지 않는 운문이며, 나머지는 대사 부분(백)이다. 그리고 괄호 안은 동작(과)을 표시한다. 이런 여러 요소 중에 가장 핵심이 노래이다. 얼마나 노래로써 관객의 심금을 울리느냐가 희곡 상연의 성공 여부를 가른다.『모란정』이 중국 희곡의 꽃이 된 것은 무엇보다도 듣기 좋은 멜로디와 아름다운 가사 덕분이다. 물론 대사 부분 역시 훌륭하다.

『모란정』의 주제를 살피면, 위의 인용문에서 규지할 수 있듯이 애정의 고귀함을 강조하고 있다. 남녀의 정은 개인적인 감정·감성의 세계이다. 정은 자유로운 연애와 혼인을 추구한다. 이러한 정은 생사를 초월할 수 있다.『모란정』의 서문에 해당하는 「모란정제사牡丹亭題詞」에 의하면 "정은 생기는 줄 모르나 한 번 주면 깊어지니, 정이 있으면 산 자도 죽을 수 있고 죽은 자도 살아날 수 있다. 살아서 죽어보지 못하고, 죽어서 다시 살아날 수 없는 것은 정이 지극하지 않기 때문이다. (情不知所起, 一往而深. 生者可以死, 死可以生. 生而不可與死, 死而不可復生者, 皆非情之至也.)

이러한 정의 효능의 과장과 극대화를 통해서『모란정』은 봉건적인 전통에 구속되고 속박된 삶을 살지 말고 남녀의 솔직한 정을 표현하면서 살라고 주문한다.『모란정』 전체를 한 글자로 축약하면 바로 '정(情)'이다. 정은 성리학의 모토인 리(理)와는 반대의 가치관이다. 리는 욕망을 부정하고 보편적인 천리(天理)에 따르라고 강요한다. 이 천리는 우주의 이치임과 동시에 누구나 좇아야 하는, 기득권에 유리한 윤리 도덕이다. 그러나『모란정』은 사람이 살면서 정이 가장 중요하다고 역설한다.

이러한 반전통적인 주제로 인하여 숨막힐 듯한 도덕의 울타리에 갇혀 있던 많은 사람들의 환영을 받았다. 정을 찬양하고 보여주고 싶은 것은 명청대의 소설과 희곡에 보이는 가장 중요한 창작 동기이다. 수많은 작품들이 정을 소재로 시대에 저항했다. 그중에서『모란정』이 가장 빼어나다.

제8장

청대 문학
(1644년-1911년)

시대 배경

16세기 말과 17세기 초, 여진족의 누르하치가 지금의 만주 지역 일대를 통일했고, 그 아들 홍타이치가 청이라는 왕조를 수립했다. 그리고 홍타이치의 아들 순치제(順治帝)가 1644년 산해관을 넘어 당시 명 왕조를 전복시키고 북경을 차지하고 있던 이자성(李自成)을 격파함으로써 비로소 중국 전체를 차지했다. 그리고 천자로 등극하니, 원에 이어 두 번째로 이민족이 전 중국을 다스리게 되었다. 이것이 정식 청 왕조의 시작이다.

청 왕조는 명 왕조의 항복한 신하와 장수들을 등용, 그들을 이용해서 명나라 제도를 흡수했다. 그리고 명나라가 그랬듯이 성리학을 통치 이념으로 했다. 그러한 바탕 위에서 나라를 꾸려나갔다. 먼저 청의 3대 황제 순치제는 무력으로만 중국을 지배하지 않고 초기부터 과거제도를 시행하고 과세를 경감하는 등 온건한 정책을 통하여 민심을 수습하고자 힘썼다. 당시 만주족의 인구는 백만 명 가량이었고, 중국인 한족은 1억이었다. 절대 소수였던 만주족이 거대한 중국을 250년간 다스릴 수 있었던 것은 중국문화를 인정하고 한족 백성들을 자신들의 백성처럼 소중하게 여겼기 때문이다. 한족을 지배나 약탈의 대상으로 여기지 않고 동반자로 여겼다. 이는 한족을 배격하고 약탈의 대상으로만 여겼던 원나라의 몽고인과는 아주 다른 통치 방식이었다. 관리를 임명할 때는 한족과 만주족 1:1 동수로 하였다.

이러한 현명한 통치술에다가 4대 강희제(康熙帝), 5대 옹정제(雍正帝), 6대 건륭제(乾隆帝), 3대에 걸쳐 훌륭한 임금들이 연이으면서 130년간 청 왕조는 대단한 발전을 이룩했다. 강희제는 61년, 옹정은 13년, 건륭은 60년을 재위하면서 청 왕조의 기틀을 다졌다. 이들은 세제를 개편하고 문화사업을 하였으며 외국을 정벌해서 영토를 크게 넓혔다. 영토 확장에 있어서는 강희와 건륭 때 대만·중앙아시아·몽고·티벳을 모두 복속시켜 중국이라는 단일 정치 체제에 집어넣었다. 현재 다민족 영토인 중국의 경계가 구획된 것은 강희·건륭 때로서, 오늘날 보는 바와 같은 다민족 국가로서의 중국이라는 나라의 정체성이 확립된 것이 이때였다.

문화사업으로는 무엇보다도 방대한 서적의 편찬을 들 수 있다. 강희제 때 『고금도서집성古今圖書集成』이라는 중국 최대의 백과사전을 편찬했다. 『강희자전康熙字典』·『연감류함淵鑑類函』·『패문운부佩文韻府』·『전당시全唐詩』 등도 편찬되었다. 백과사전을 중국에서는 유서(類書)라 하는데, 중국에는 송나라 때 지어진 『태평광기太平廣記』를 비롯한 유서 편찬이 많았다. 이것들은 공부하는 학자가 자료 찾는 시간을 절약하는 데 많은 도움을 준다. 중국과 대조적으로 조선에서는 유서를 낮은 수준의 책으로 여겨서 국가 차원의 대규모 편찬이 거의 이루어지지 않았다. 이런 조선과 정반대로, 중국에서는 건륭 때 아예 전국의 책들을 다 모아서 그중 필요한 것들을 선별해 총 3,457종의 총서(叢書)로 출판했으니, 그것이 바로 『사고전서四庫全書』이다.

청 때는 학문을 진작한다는 도서 편찬의 정신과 역행하는 문자옥이 많았다. 그 안건의 번다함과 징벌의 잔혹성이 역사상 어느 왕조보다도 심했다. 조금이라도 만주족에 불리한 글을 인용하거나 쓴 자는 가차없이 처벌했다. 보기로 장정용(莊廷鑨) 이란 사람이 주국정(朱國禎)이 편찬한 『명사明史』를 구입해서 보완하고, 그 아버지 장윤성(莊允誠)이 그것을 『명사집략明史輯略』이란 이름의 인쇄본으로 만들었는데, 그 책 속에 청조를 헐뜯는 것이 있었다. 이 사실이 알려져서 1663년 관련자 70여 명이 사형을 당했다. 이런 억압적이고 전제적인 상황에서는 창조적이고 창의적인 학문이 나오기 힘들다.

흔히 청대에는 고증학이 발전되었다고 한다. 이 역시 정부에서 자유로운 사유를 억제하고자 이전 글을 검증하는 정도의 학문인 고증학을 장려했기 때문이다. 지식에 있어서 사유 대신 옛 책에서 확인하는 것을 요구했다. 『고금도서집성』과 『사고전서』 또한 학자들의 학문적 욕구를 직접 저술이 아닌, 있는 것을 정리하는 편찬 쪽으로 유도하고자 하는 의도의 소산이었다. 이런 시대의 영향을 받아 문학에서도 시문이 창의성과 개성이라는 문학 본연의 임무를 배척하고, 반대로 성리학적인 가치에 충실한 격조(格調)니 아결(雅潔)이니 의법(義法)이니 하는 이론들이 대세를 이루었다. 소설도 작가가 갖고 있는 지식의 해박함을 드러내고자 하는 소위 '재학소설(才學小說)'이 많았다. 그러나 그런 시류 가운데에서도 단편소설집인 『요재지이』,

장편소설인 『홍루몽』·『유림외사』 같은 걸작들이 나왔다. 희곡에서도 지방희가 발전되고, 그 결과물로 마침내 경극과 같은 우수한 공연예술이 창조되기도 했다. 그러므로 청대 문학은 명대와 마찬가지로 그 진수는 정통 시문이 아니라 통속문학에 있는 것이다.

다시 역사로 돌아간다. 건륭황제를 이은 도광황제(道光皇帝) 때 아편전쟁이 발발했고, 이로 인해 중국은 서양 열강들의 식민지 대상으로 전락하게 되었다. 아편전쟁 이후 프랑스·독일·러시아·일본 등이 본격적으로 중국 침략을 시작했고, 이는 중국 내부의 분열로 이어졌다. 게다가 서태후(西太后, 1835-1908)라는 후궁 출신의 여인이 동치제(同治帝)와 광서제(光緒帝), 두 임금의 섭정을 하면서 중국의 혼란은 더욱 심해졌다. 해군의 전함을 살 돈을 가져다가 별궁인 원명원(圓明園)을 짓는 데 씀으로써 청일전쟁의 중요한 패배 원인이 되기도 했다.

엎친 데 덮친 격으로 홍수전(洪秀全)이란 자가 태평천국(太平天國)이란 나라를 세우고, 1851년 황제 타도를 기치로 난을 일으켰다가 서태후와 서방 연합국의 합동작전에 의해 1860년 진압되었다. 이것이 태평천국의 난이다. 그 결과 청 왕조의 정통성은 돌이킬 수 없이 약화되어 권력 중심이 중앙에서 지방으로, 만주족에서 한족으로 넘어가게 되었다. 그리하여 1860년부터 한족 출신의 강유위(康有爲, 캉여우웨이)와 양개초(梁啓超, 량치차오)가 중심이 되어 '서양 것을 배우자'는 양무운동(洋務運動)을 일으켰다. 지금까지 서양 배척을 주장하던 데서 중국의 현실을 인정하고 서양의 학문과 기술을 적극적으로 수용하자는 태도로 바뀌었던 것이다.

양무운동의 결과 1898년 동치제가 중국 사회 전반에 걸친 개혁을 목적으로 한 유신변법(維新變法)을 전격적으로 실행하였으나 100일 만에 서태후에 의해 와해되었다. 변법은 실패했지만 량치차오는 정치·경제·문화·군사·사회·문학·언어·종교·사상 등 각 방면에 저서를 남겼고, 후의 정치 사상가 중 그의 영향을 받지 않은 이가 거의 없을 정도이다. 그중의 한 명이 바로 혁명가 쑨원(孫文)이었다.

쑨원은 1911년 중화민국을 선포함으로써 중국의 왕조시대에 종지부를 찍었다. 그러나 쑨원 사후 장제스의 국민당과 마오쩌둥의 공산당으로 분열되어 두 군벌 사이에 치열한 전투가 이어지다가 마침내 마오가 승리함으로써 100년 동안의 혼란과 분열을 끝내고 중국은 재통일되었다. 1949년 마오에 의해 개창된 중화인민공화국은 마오 사후 덩샤오핑, 장쩌민, 후진타오, 시진핑 등 역대 지도자들을 거쳐 오늘에 이른다. 1970년부터 덩샤오핑 발 개혁개방 정책을 지금까지 유지함으로써 중국은 현재 군사·경제 면에서 미국과 자웅을 겨루는 강대국이 되었다.

제1절 청대의 시문과 사곡

1. 청대의 시

청대는 시·사·산문이 모두 복고주의가 강했기 때문에, 비록 작품 수는 많으나 그 문학·예술성은 이전의 왕조에 비해서 많이 떨어진다. 잘된 작품이 적은 것이 아니라 창조성이 결여되었다. 청대의 시, 사, 산문은 당나라를 모방한 것과 송나라를 모방한 것으로 대별된다. 먼저 시에 있어서는 아예 유파가 형성되었으니, 당시를 숭상하는 종당파와 송시를 숭상하는 종송파가 성립되어 대립하였다.

종송파는 전겸익(錢謙益, 1582-1664)이 주도했고, 송락(宋犖), 사신행(査愼行), 조익(趙翼) 등이 그를 따랐다. 종당파는 오위업(吳偉業)이 주도했고, 왕사정(王士禎), 시윤장(施閏章), 송완(宋琬), 조집신(趙執信), 심덕잠(沈德潛), 옹방강(翁方綱) 등이 그를 따랐다.

이들 중 왕사정은 그의 신운설(神韻說)이라는 시 창작 이론으로 매우 유명하다. 그러나 신운의 의미에 대해서 전문적으로 논한 글은 없고, 대신 여기저기 시를 평한 글에 단편적으로 자신의 견해를 표현했을 뿐이어서 '신운은 바로 이런 것이다' 라고 말할 수 없다. 다만 유추해 보건데, 신은 정신의 신이요, 운은 성운의 운인 듯하다. 정신이라고 함은 형체로는 나타낼 수 없는 신묘한 세계를 시로 나타내는 것이다. 왕사정은 창작 과정에서 흥회신도(興會神到, 흥이 일어나면 신이 이른다)의 중요성을 강조했다. 흥이란 대상과 내가 하나됨이다. 흥은 단순하게는 나무·풀·새 같은 자연물을 모습이나 소리를 듣고 감흥이 일어나는 것이고, 흥의 완성은 대상과 내가 하나가 되는 정경융합의 단계이다. 흥이 생기면 정신의 묘한 작용이 발동되어 좋은 작품을 쓸 수 있다는 것이 신운설의 핵심이다.

또한 왕사정은 송대 엄우(嚴尤)의『창랑시화滄浪詩話』에 보이는 '이선유시(以禪喩詩, 선으로써 시를 비유하다)'의 영향을 받아 시는 입선(入禪)의 경지와 같다고 했다. 선가에서 말하는 색상구공(色相俱空, 대상의 모습과 대상의 모습이 내 마음에 형성된 이미지가 모두 공하다)에 이르러야 한다고 했다. 이 말의 뜻은, 마치 거울 속의 꽃이나 물 속의 달을 손으로 잡을 수 없듯이 언어로 포착할 수 없는 것을 포착해야 한다는 주장이다. 서사로는 설명할 수 없는 느낌이나 감성을 시로 나타낸다는 뜻이다.

신운의 운이라는 글자는 본디 '소리가 조화로워 귀를 즐겁게 한다'는 의미다. 이처럼 간단한 뜻이 인신되어 후에는 시에 사용되는 격률의 가장 기본 요소가 되었는데, 이때의 격률은 소리로 나타내는 것이다. 그런데 운에는 정취·운취·풍취·아름다움·고아함·맛 등을 나타내기도 한다. 이런 것들은 귀에 들리지 않는 소리, 추상적인 소리라고도 할 수 있다. 신운의 운은 이런 포괄적 의미를 가진 글자로 여긴다. 결론적으로 신운이란 시는 흥이 일어나 정경융합의 상태에서 일반적인 말로는 표현할 수 없는 것, 즉 신묘한 것을 표현해야 하며, 또한 동시에 시는 유형·무형의 아름다운 소리를 낼 수 있어야 한다는 이론이다.

청대 중엽에 해당하는 건륭·가정 연간에는 사회의 안정, 경제의 번영으로 문화 예술이 발전하였고, 시의 창작도 대단히 활발하였다. 이 시기에 비교적 뛰어난 시인으로는 심덕잠(沈德潛)·원매(袁枚)·장사전(蔣士銓)·조익(趙翼)·황경인(黃景仁)·정섭(鄭燮)·장문도(張問陶) 등을 꼽을 수 있는데, 이들 중 시 창작에 있어서 큰 영향을 준 두 인물이 바로 심덕잠과 원매이다.

먼저 심덕잠(1673-1769)은 소위 격조설(格調說)을 주장한 것으로 유명하다. 격조는 본디 한국에서도 사용하는 전통적인 한자 단어로서 품위와 수준이 있다는 뜻이다. 그런데 송나라 엄우로부터 격이나 조를 시가 이론에 적용하여 다양하게 발전시켰다. 마침내 심덕잠에 이르러 이것을 하나의 문학 이론으로 완성했다. 그의 격조설의 가장 기본 입장은 시교(詩敎)이다. 시는 사람들을 교화하는 것이 목적이다. 시로써 충효를 가르치고, 시의 언어는 온후돈후(溫厚敦厚)해야 한다. 시의 내용은 아정(雅正, 우아하고 바르다)하고 도덕적이어야 하며 도를 수호하는 것을 추구한다. 사람의 성정을 다루고, 인륜과 사물의 이치를 밝히고, 사람을 크게 감동시키며 나라를 다스리는 데 유용하다. 즉 개인의 품덕과 사회적 공능을 겸비한 것이 진정한 시이다. 이러한 시론은 심덕잠의 대표 저서인 『설시수어說詩晬語』에 보인다. 심덕잠의 격조설은 문단의 주류사상이 되어 신속하게 전파되었으며 그의 사후 후학들에 의해 계승 발전되었다. 항인(恒仁) 송대준(宋大樽) 진위훈(陳偉勛) 시보화(施補華), 4인이 유명한 격조파 후학들이다. 항인의 『월산시화月山詩話』, 송대준의 『명향시론茗香詩論』, 진위훈의 『작아시화酌雅詩話』, 시보화의 『현용설시峴傭說詩』가 각각 그들의 격조 시론을 담고 있는 책이다.[178]

그러나 격조설은 태생적으로 한계를 내함하고 있는 이론이다. 우선 문학발전에 있어서 진보보다는 복고를 이상으로 삼고 있다. 기실 격조는 저 먼 고대에 나왔던, 『예기』의 『악기』라든가 『시경』을 해설한 「모시서」라든가 하는 것들의 이론과 비교하면 그 핵심은 동일하다. 그러기 때문에 시대를 앞서가는 정신을 담아내지 못한다. 그러한 비전의 한계는 유가 이외의 사상은 적극적으로 수용하지 못한 편협성에 기인한다고 말할 수 있다. 불교의 선적인 분위기라든가 도교의 거대하고 거리낌 없는 낭만 세계라든가 『초사』에 보이는 환상적인 신화세계, 혹은 염정시에 보이는 솔직한 남녀의 정 등 유교 외에서 찾을 수 있는 가치있는 예술미를 모두 버리기 때문에 융합적이지 못하다. 사실 창조는, 특히 청대처럼 시기가 중국 왕조역사에서 가장 후기에 속한 경우에는 이전에 있었던 방대한 문학과 예술의 유산을 잘 융합함에서 미래 가치있는 것들을 만들 수 있는 기회를 확보하는데, 격조파는 끝까지 유교의 구심력에서 벗어나지 못함으로써 더 큰 공간으로 나아가지 못했던 것이다.

원매의 성령설(性靈說)은 청대의 복고풍 시단에서 괄목할 만한 의미를 갖고 있는 것으로, 격조설과 대조를 이룬다. 많은 시인·문인들이 송이나 당의 풍을 모방하고 있을 때 원매는 그런 흘러간 것에 얽매이지 않았으며, 유가의 획일적이고 경직된 가르침에서 벗어나 반전통적인 문학을 추구했기 때문이다.

원매(1716-1797)는 의고(擬古)나 문구의 수식을 반대하고, 시가의 도학적인 제약을 배격하면서, 시는 작가의 참된 감정과 개성의 표현이어야 한다고 했다. 그의 설은 직접 명말 원종도를 태두로 하는 공안파의 낭만주의 문학을 계승한 것으로, 성령의 자유로움에 거리끼는 모든 것을 주저 없이 반대하고 배척했다. 그가 말하는 성령이란 '개인마다 다른 감정과 개성'을 가리킨다. 그 때문에 당시 정통문학으로 여

178) 이들 격조파 후학들의 학문에 대해서는 何花, 『淸代格調派後學詩學思想硏究』, 전북대 박사학위논문, 2024를 볼 것.

겨졌던 복고주의 문학계에서 이단으로 몰렸고, 자신의 시는 금서로 지정되었다. 원매의 작품 하나를 감상한다.

춘일잡시(春日雜詩)

수많은 붉은 가지에 비 내리고 안개는 천만 겹,
그림 같아 시인들은 득의한 계절.
산 위 봄 구름은 나처럼 게을러서,
해가 높이 솟도록 산봉우리 위에 머물러 있다.

千枝紅雨萬重烟, 畵出詩人得意天. (천지홍우만중연, 화출시인득의천)
山上春雲如我懶, 日高猶宿翠微巓. (산상춘운여아나, 일고유숙취미전)

이 시에는 산봉우리의 구름을 게으른 나와 등치시킨 표현이 훌륭하다.

태(苔)

햇빛 들어오지 못하는 곳에,
푸른 봄이 스스로 온 듯.
쌀알 같은 작은 이끼 꽃,
모란이 피는 것을 배운 듯.

白日不到處, 靑春恰自來. (백일부도처, 청춘흡자래)
苔花如米小, 也學牡丹開. (태화여미소, 야학목단개)

이끼를 '푸른 봄'이라고 했다. 청춘은 푸른 봄이면서 또한 젊음을 상징하기도 하니 이 시어에는 이중적인 의미가 있다 하겠다. 습기가 있는 외진 곳에서 자라는 작은 이끼를 화려한 모란 꽃과 비교한 것도 대단히 신선하다. 시 속에서 고목이나 바위는 정원이 되고, 이끼는 정원에 가득 핀 꽃들이 된다.

호상잡시(湖上雜詩)

2월 갈령산에 가득 핀 꽃,
상춘객들이 오가며 신선을 이야기하지.
늙은 나는 그들과 생각이 달라,
신선이 아니라 젊은이가 부럽지.

2월에 葛嶺花開二月天, 遊人來往說神仙. (갈령화개이월천, 유인래왕설신선)
老夫心與遊人異, 不羨神仙羨少年. (노부심여유인이, 불선신선선소년)

이 시에서 늙은 작가의 눈에는 추상적인 신선보다도 상춘하는 사람들 가운데 눈에 띄는 저 젊은 사람들의 활력이 더 부럽다. 꽃핀 산과 젊은이를 바라보는 노쇠한 사람의 마음이 솔직하게 표현되었다.

한편 서예가이자 문인, 금석학자인 옹방강(1733-1818)은 본 책의 위에서 설명한 바 있는 왕사정의 신운설만 너무 따르다 보면 천박하게 되는 폐단이 생긴다고 판단하고 기리설(肌理說)이란 독자적인 시론을 제시했다. 기리란 사람의 피부 결 곧 살결을 뜻하는데, 아름다운 피부 같은 시를 써야 한다고 했다. "시는 반드시 아름다운 피부를 추구하듯이 해야 하고, 문장은 반드시 그 실제를 구해야 한다.(詩必研諸肌理, 而文必求其實際)"고 하며, "학문은 반드시 고증을 표준으로 하고, 시는 반드시 기리를 표준으로 해야 한다.(爲學必依考證爲準, 爲詩必以肌理爲準)"고 하면서 동시에 좋은 시란 "성정에서 말미암아 학문과 합치한다(由性情而合之學問)"가 되어야 한다고 했다.

이를 종합하면 옹방강은 학문과 시의 차이를 말하면서도 좋은 시란 정통 경학에 바탕을 두어야 한다고 여겼다. 즉 그가 말하는 기리(肌理)는 유가의 경전에 기초한 학문의 습득으로 이루어진다. 시의 내용은 경전과 서적에 실린 정보를 담아야 한다. 기리설은 청대 후기에 존송시(尊宋詩)의 기풍 형성에 상당한 영향을 주었다.

하지만 원매(袁枚)가 "책을 베껴다가 시라고 생각한다(誤把抄書當作詩)"고 기리설을 비판했듯이 그 문학적 생명력에는 한계가 있었다.

청대 후기, 곧 만청(晚淸) 시대에는 시인들이 일반적으로 송시를 선호했다. 당시 서양 열강들의 침략이 거세어지는 와중에서 청나라 조정의 부패와 무능이 백일하에 드러난 상태였기 때문에, 이런 시대적 배경하에서 시인들의 관심이 자연히 사상성이 강한 송시 쪽으로 향하게 되었던 것이다. 공자진(龔自珍, 1792-1841)을 필두로 증국번(曾國藩, 1811-1872)·하소기(何紹基, 1799-1873)·정진(鄭珍, 1806-1864)·김화(金和, 1818-1885) 등이 만청의 대표 시인이다.

청대 말엽에는 서양문화의 영향을 받은 소위 신파의 시, 즉 新詩가 지어지는데, 이때를 대표하는 시인들은 황준헌(黃遵憲, 1848-1905)·담사동(譚嗣同, 1865-1898)·강유위(康有爲, 1858-1927)·양계초(梁啓超, 1873-1929) 등이다. 이들 중 특히 황준헌은 일본·미국·영국·싱가포르 등 여러 나라를 돌며 장기간의 외교관 생활을 했기 때문에 자연 서양 문물에 해박했다. 시에 외국에서 보고 들으며 배운 새로운 사물을 표현하길 좋아하여 '시 세계 혁신의 창도자(詩界革新導師)'라는 호칭을 얻었다. 그의 시 하나를 소개한다.

해항잡감(海行雜感)

별세계는 온 하늘에 펼쳐 있으니,
우주 어디든 가리지 않네.
만약 은하수에 뗏목 띄워 본 사람 있다면,
우리 지구가 둥근 걸 돌아보겠지.

星星世界遍諸天, 不計三千與大千. (성성세계편저천, 불계삼천여대천)
倘亦乘槎中有客, 回頭望我地球圓. (당역승차중유객, 회두망아지구원)

당시 사람들에게 많이 알려져 있지 않은 지구가 둥글다고 하는 과학적 지식을 신화적 상상력과 결부하여 지은 시이다.

2 청대의 사곡

송대 후기부터 사(詞)는 점차 쇠퇴해서 명대에는 침체되었다. 그러나 청대에는 다시 크게 흥성하였다. 많은 사인들이 나와서 매우 진실한 태도로 사작에 임했다. 사에 온 정성을 기울여 작품을 창작함으로써 마지막으로 사의 찬란한 꽃을 피웠다. 근현대 학자인 섭공작(葉恭綽, 1881-1968)이 편찬한『전청사초全淸詞抄』에 실려 있는 사인만도 3,196명으로, 어느 앞 시대의 사인들보다도 많았다. 그러나 그 많은 사인들의 작품 중에 뛰어난 작품은 그다지 많지 않다. 이는 복고주의가 지배하는 시대적 한계에서 기인한 것이다. 즉 당시에는 위대한 창조성이란 기대난망이었다.

대신 앞사람들이 남긴 사를 출간하여 수집하고 연구함에 있어서는 괄목상대할 만했다. 사의 새로운 경지의 개척보다도 지난 시대 작가들의 작품의 정리와 연구면에 있어 큰 업적을 남기었다.

청대의 시인들은 대부분이 사(詞)를 지을 줄 알았다. 뛰어났던 사인으로, 오위업, 왕사정, 납란성덕(納蘭性德, 1655-1685)을 들 수 있다. 이 중 납란성덕은 청대 사를 빛낸 훌륭한 사인인데, 불행히 31세 젊은 나이로 세상을 떴다. 그의 사에는 세상 물정에 때 묻지 않은 다정다감한 청년의 슬픔과 고뇌가 담겨 있어, 그 시대 많은 사람들의 동정과 공감을 불러일으켰다.

청대의 사는 크게 양선파(陽羨派), 절서파(浙西派), 상주파(常州派)라는 세 파를 중심으로 설명할 수 있다. 먼저 양선파는 진유숭(陳維崧)이 개창자로서 그는 1,600여 수의 사를 지어 역대 사인들 중 가장 많은 다작을 한 작가로 손꼽힌다. 그는 소식과 신기질의 작풍을 추숭하여 충실한 내용과 호방한 풍격을 구현했고 그를 따르는 사람들을 양선파라 이름했다. 진유숭이 강소성 의흥(宜興) 사람인데, 의흥의 옛 지명이 양선이었기 때문에 양선파란 이름이 생겼던 것이다.

청대의 사파는 절서사파와 상주사파가 가장 큰 세력을 형성했고 그 영향도 컸다. 먼저 절서사파는 청대 전기시대에서 가장 큰 파를 형성했는데 그 창시자인 주이존(朱彝尊, 1629-1709) 및 주요 작가들이 모두 절강 사람들이었다. 이양년(李良

年)·이부(李符)·심호일(沈皞日)·심안등(沈岸登)·공상린(龔翔麟)을 절서육가(浙西六家)라 칭한다. 이들은 남송 사를 추숭했는데, 강기(姜夔)와 장염(張炎)을 모범으로 삼았으며, 사풍은 , 순정(醇正)하고 고아(高雅)했다. 그러나 절서사파의 사는 내용이 점차 공허하고 협소한 대로 흐르고, 거기에 성률과 격조에 힘을 쓰게 되었다. 즉 남송의 사풍을 좇는 나머지 지나치게 수사만 중시하고 내용을 소홀히 하게 되었던 것이다.

상주 지역 출신의 장혜언(張惠言)이 이러한 퇴풍(頹風)을 일소하고자 사는 비흥(比興)에 기탁할 것을 강조했다. '자질구레하며 화려하지만 무용한 말들을 대량으로 사용하는(瑣屑餖飣)' 습관을 반대하고, '병 없이 신음하는(무병신음無病呻吟)' 창작을 반대했다. 일시에 호응하는 사람들이 많아져서 마침내 상주사파를 형성하기에 이르렀다. 그는 북송 사인 중에서도 특히 주방언의 심각하면서도 아름답고 광대하면서도 단순한 사풍을 내세웠다. 장혜언을 이어 주제(周濟, 1781-1839)가 나와 좋은 사를 발표함으로써 상주사파의 세력이 크게 떨쳐지고, 그 영향이 청말 사단에까지 이어졌다.

상주사파는 당시 외우내환의 시대와 사회의 급속히 변화하는 역사적 요구에 부합하여 그 영향이 청말에 이르기까지 쇠하지 않았다. 그리하여 절서사파의 가볍고 유약한 사풍으로부터 '깊고 아름답고 내용이 풍부하며 언어는 간요하고 정련된(深美閎約)' 사풍을 형성했다.

만청 때는 장춘림(蔣春霖, 1818-1868)이 나와 절서사파나 상주사파의 이론에 개의치 않으며 개인의 감정을 버리고, 어지러운 사회와 백성들의 질고를 사로 노래하는 데 힘썼다. 그의 사 작품에는 개성과 신운이 있어서 청대 위대한 사인 중 한 명으로 꼽힌다.

청말에는 담헌(譚獻)·왕붕운(王鵬運)·주효장(朱孝臧)·황주이(況周頤)라는 사대사인(四大詞人)이 있다. 비록 그들의 시는 내용이 협착(狹窄)하고 옛 작가들의 형식을 본뜨려고 하여 작품성이 뛰어나지는 않지만 사학의 정리와 연구에는 상당한 업적을 남기었다.[179)]

179) 이상 청대 사에 대한 것은 김학주, 위 책, 494-501쪽을 참고해서 요약했다.

청대 사를 이어서 이번에는 곡을 본다. 여기서 곡은 산곡과 민가를 말한다. 사·곡·민가는 명칭과 형식은 다르지만 민중의 음악과 노래라는 점에서는 동일하다. 청대의 산곡은 위에서 말했듯이 명대와 마찬가지로 그 문학적 성취가 미미했다. 이와 대조적으로 민가 쪽은 볼만한 작품들이 꽤 많다.[180]

일반적으로 민가, 즉 민간가요를 채록하여 책으로 만든 사람은 문인이며, 그러기 때문에 민가는 문인의 편찬과 편수를 거쳐서 후대에 전해진다. 청 최초의 민가집은 건륭 9년(1744)에 만들어진 『시상남북아조만화소곡時尙南北雅調萬花小曲』으로 100여 수가 들어 있다. 그것들은 소곡(小曲)·벽파옥(劈破玉)·고아천(鼓兒天)·오가(吳歌) 등의 종류로 나누어진다. 그중 소곡 36수가 있으며, 모두 애정에 관한 것이다. 그 가운데 한 수를 감상하자.

> 남쪽에서 온 한 줄기 기러기 떼
> 짝지은 것도 있고 홀로인 것도 있네.
> 짝지은 것은 천지에 즐겁게 소리 지르지만
> 혼자인 것은 뒤에 처져 날지를 못하네.
> 짝지은 것은 보지 않고 다만 외기러기만 보면서
> 너와 나는 똑같이 처량하구나 생각하노라.
>
> 從南來了一行雁, 也有成親也有孤單. (종남래료일행안, 야유성친야유고단)
> 成親的歡天地聲嘹亮, 孤單地落在後頭飛不上.
> (성친적환천지성료량, 고단지락재후두비불상)
> 不看成親只看孤單, 細思量你的淒涼和我是一般樣.
> (불간성친지간고단, 세사량니적러량화아시일반양)

이 작품은 기러기와 자기를 등치시켜서 외로움을 토로한다. 민가답게 보는 그대로를 썼지만 진솔하여 독자에게 울림을 준다.

---

180) 청대 민가에 대해서 劉大杰, 『中國文學發展史』, 臺北, 華正書局, 1986, 1389-1391쪽을 참고하고, 필자의 해석을 덧붙여서 기술했다.

건륭 말년에는 안자덕(顏自德)이 편찬하고 왕정소(王廷召)가 편정한 『예상속보霓裳續譜』라는 민가집이 편찬되고, 그보다 약간 뒤에는 화광생(華廣生)이 편집한 『백설유음白雪遺音』이 있게 되었다. 이 민가집은 남과 북의 곡조 700여 수를 싣고 있다. 그 중 「노수주露水珠」 한 수를 든다.

이슬방울 연잎에서 구르며
한 알 한 알 둥글게 굴러.
누이가 보고
기뻐 눈썹이 올라가네.
한스럽구나
한알 한알 함께 꿰서
연환을 만들 수 없음이.
꿰려 하면
뉘 알리오, 물방울도 변해서
이전과 달라지는 걸.
이쪽서 흩어지면
저쪽서 둥글게 뭉치며
마음 심난케 하네.
나를 괴롭게 하더니
또 바람에 날려서
강물 속으로 떨어져 버리네.
후회해도 늦어
당초 보배로 잘못 봤으니
내 맘을 아프게 하지.

露水珠兒在荷葉轉, 顆顆滾圓. (노수주아재하엽전, 과과곤원)
姐兒一見, 喜上眉尖. (저아일견, 희상미첨)

恨不能一顆一顆穿成串, 排成連環. (한불능일과일과천성관, 배성연환)
要成串, 誰知水珠也會變, 不似從前. (요성관, 수지수주야회변, 불사종전)
這邊散了, 那邊去團圓, 改變心田. (저변산료, 나변거단원, 개변심전)
悶殺奴, 偏偏又被風吹散, 落在河中間. (민살노, 편편우피풍취산, 락재하중간)
後悔遲, 當初錯把寶貝看, 叫人心寒. (후회지, 당초착파보패간, 규인심한)

연잎 위의 물방울은 많은 시나 문장의 묘사 대상이 되었다. 그러나 이 작품이 특별히 뛰어난 것은 그것의 변화를 잘 포착하고, 매우 생동감 있게 마치 살아있는 듯 잘 표현했기 때문이다. 더욱이 언표에 드러나지 않는 잠언적인 가르침이 있으며, 또한 이 가르침은 다양하게 해석될 수 있다. 필자라면, 이 시는 인생에 있어서 아름다운 것에 집착하는 것을 경계한다고 풀이하고 싶다. 사람은 아름답고 신비한 것에 기뻐하고 가지려고 하는데, 그러나 아름다운 것은 변하기도 너무 쉬워서 소유하려고 하면 결국 사람을 실망시키며 괴로움의 원인이 되기도 한다.

3. 청대의 산문

명나라 말기의 소품문이 전형적인 문인의 글로 성령만을 표출하여 경쾌하고 아리따운 반면, 청대 산문은 대부분 학자의 글에 속하며 형식을 중시하고 소박하되 스케일이 크다. 고염무(顧炎武, 1613-1682)·황종희(黃鍾禧, 1610-1695)·왕부지(王夫之, 1619-1692)는 청초의 삼대사(三大師)로 존경받는데, 그들은 강렬한 민족 사상을 가진 선구자로서 모두 '명경치용(明經致用, 유교 경전을 밝히고 실제에 필요하다)'의 문학관을 주장하여 세상을 올바로 다스리는 데 쓰일 곳이 없는 문장은 모두 배격하였다. 그들은 의고주의도 반대했고, 동시에 낭만주의와 같은 순수문학도 반대했다. 그들의 문학관은 문학이란 성인의 사상과 말씀을 밝힌 글이어야 했기 때문에 소설이나 희곡은 아예 인정조차 하지 않았다. 이러한 사상적 배경 아래서 통속문학은 제한을 받지 않을 수 없었다. 산문도 도를 밝히고, 도를 담아야 하는 복고의 길을 걸어야

만 하였다.

한편 위의 삼대사를 이어서 청초 3대 산문 작가로 부르는 후방역(侯方域), 위희(魏禧), 왕완(汪琬)의 창작 활동이 뛰어났다. 청대의 산문은 고문과 변려문(騈儷文)이 모두 왕성하게 지어졌는데, 그중에서도 동성파의 고문이 청대 산문을 대표한다고 할 수 있다.

1) 변려문

청대는 문학의 복고주의가 주류를 이루었기 때문에 변문을 쓰는 기풍이 크게 유행하였다. 종묘 제사로부터 혼상례에 이르기까지의 모든 실용문은 주로 4·6체의 변문을 사용했다.

청초의 대표적인 작가들로는 육기(陸機), 오기(吳綺), 진유숭(陳維崧) 등이 있다. 그들의 필치는 기세가 호방할 뿐만 아니라 매우 맑고 깨끗하였다. 그 뒤를 이어 포송령(蒲松齡), 오조새(吳兆騫) 등의 변문이 비교적 뛰어났다. 건륭·가정 연간 시기의 대표적인 변문 작가로는 원매(袁枚), 왕중(汪中), 홍량길(洪亮吉) 등을 들 수 있다.

원매의 「중수우충숙묘비重修于忠肅廟碑」, 왕중의 「애선문哀船文」, 「한상금대명漢上琴臺銘」, 「황학루기黃鶴樓記」, 홍량길의 「여손계술서與孫季逑書」, 「재여손계구서再與孫季逑書」 등은 모두 변문의 불후의 명작이다. 도광·함풍 연간 시기의 작가로는 공자진, 증국번을 비롯한 이자명(李慈銘), 왕개운(王闓運) 등이 있다. 청대의 변문 전집으로는 『팔가사육문초八家四六文抄』, 『국조병체정종國朝騈體正宗』이 있다.

2) 동성파(桐城派)

앞의 후방역, 위희, 왕완 등은 비록 계통적인 문학 이론을 세우지 못하였다고 하더라도 산문 창작이 활발하였고, 또 당시 문단에 큰 영향을 주었을 뿐만 아니라, 그들의 이러한 노력으로 다시 고문 부흥 운동의 길을 열어 놓았다. 청초에는 대체적으로 당·송 고문의 문풍이 주류를 이루었다고 할 수 있으나, 청의 중엽으로 접어들면서 사회적으로 더욱 안정되고, 차츰 화려한 변문의 문풍이 고문의 추세를 압도해 갔다.

그러나 당시의 사회 사조는 정·주 이학의 현실적인 사상과 고증학의 실증적 사고가 학술 사상의 주류를 형성하였고, 따라서 부박한 문풍은 자연히 경시되고 맑고 질박한 문풍이 유행하게 되었다. 즉 방포(方苞), 유대괴(劉大櫆), 요내(姚鼐)의 동성파(桐城派) 문인들이 등장하였는데, 청대의 산문은 사실 이들의 천하였다고 해도 과언이 아니다. 그들이 모두 안휘 동성(桐城) 사람들이었기 때문에 '동성파'라고 하였다.

방포(1668-1749)는 의법(義法)이라는 동성파 이론의 기초를 수립했다. 의는 내용으로, 구체적으로는 유가의 가르침을 종지로 삼아 현실 정치와 사회에 도움이 되는 내용이다. 법은 형식으로, 구체적으로는 문장의 기법·기교·배치·장법·수사 등이다. 그는 문장에는 어록(語錄)에 쓰이는 어투, 변려문의 화려한 말, 한부 중에 보이는 중첩되는 말 등을 써서는 안 되며, 문장은 전아, 고졸, 질박, 간략해야 한다고 했다. 이러한 의법설은 명청대를 지배하고 있었던 리학의 전통에 부합하였기 때문에 조야의 숭앙과 환영을 받아서 이후 동성파가 고문의 주류가 되는 데 결정적 역할을 했다. 쉽게 말해서 기득권의 취향에 잘 맞았기 때문에 경쟁에서 유리했다.

요내(1731-1815)는 유대괴에게서 고문을 배웠으며, 방포와 유대괴의 학문 바탕 위에 자신의 견해를 더하여 동성파 문론(文論)을 확립했다. 그를 가리켜 동성파 산문의 집대성자라고 한다. 그는 도여예합(道與藝合, 유가적인 도와 문학성이 합할 것), 천여인일(天與人一, 천부적인 재능과 후천적인 학문적 노력이 하나일 것)을 주장했다. 거기에 방포가 제시했던 의법 외에 고증을 첨가해서 의리(義理, 철학적 이치), 고거(考據, 자료의 분석), 辭章(문학적 수사와 기교) 세 요소를 모두 갖추고 그것들이 조화를 이루어야 한다고 했다. 또한 전통적인 음양 사상, 즉 '양은 강하고 음은 부드럽다(陽剛陰柔)'는 원리를 가지고 글이란 음양의 강하고 부드러운 두 기운이 만나서 조화로운 통일성을 지녀야지 음이나 양 한 가지 쪽으로 기울어서는 안 된다고 했다. 양의 강함과 음의 부드러움은 서로 협력해서 상대의 결함을 보완해 주는 것이지 하나는 있고 하나는 전혀 없는 편면적이고 극단적인 것이어서는 안 된다.

요내의 융합적인 문학관(비록 유가라는 사상의 한계가 있긴 하지만)은 후대 고문에 심대한 영향을 주었다. 또한 그가 쓴 『등태산기登泰山記』는 사람들에게 회자되는 유명한 작품이다. 요내에게서 제자들이 배출되고, 또한 동성파의 분지(分枝)인 양호파(陽湖派)가 나와서 청대 고문의 황금시대가 도래한다. 청 말에는 태평천국(太平天國)의 난을 평정한 업적으로 유명한 증국번(曾國藩, 1811-1872)이 출현했다 그는 문장이 대단히 뛰어났으며, 또한 문하에서 많은 제자들이 배출되어 문단을 풍성하게 했다. 그는 글, 권세, 인덕을 두루 갖춘 인물이었다.

청 말의 시문에 있어서 공자진(龔自珍, 1792-1841)의 역할도 컸다. 그는 존경받는 학자이자, 근대 문학혁명을 이끈 지도자 중 하나였다. 황준헌·양계초·담사동·왕국유 등 청말의 유명한 학자·문인 중에 그의 영향을 받지 않은 사람이 거의 없었다. 그는 풍전등화의 상태에 있는 조국을 구하고자 하는 근심과 열정을 시와 산문으로 나타냈는데, 시로는 『기해잡시己亥雜詩』 315수가 있다. 산문 또한 뛰어난데, 그의 산문은 문장의 변화가 다양하고 고아하면서도 강한 힘이 있으며 웅대하면서도 부드러운 풍격을 동시에 지닌다. 그가 쓴 「병매관기病梅館記」가 유명하다.

병매관기(病梅館記)

강녕의 용반, 소주의 등위, 항주의 서계에는 모두 매화가 난다. 어떤 사람이 말했다. "매화는 구부러져야 예쁘고 곧으면 자태가 없으며, 기울어져야 아름답고 바르면 볼만하지 않으며, 성겨야 아름답고 무성하면 풍치가 없다." "본래 그렇다."라고 이 문인과 화가는 마음으로 그 뜻을 알지만, 공개적으로는 밝히고 크게 제창하여 천하의 매화를 구속할 수 없다. 또한 천하의 백성들로 하여금 곧은 것을 끊고, 무성한 것을 깎아내고, 바른 것을 제거하게 함으로써 구부러지고 병든 매화를 파는 것을 직업으로 삼아 돈을 벌게 할 수가 없다. 매화가 기울어지고 성글게 되는 왜곡됨은 돈을 찾는 우매한 백성들의 지력으로 할 수 있는 일이 아니다. 그래서 문인과 화가들의 감춰진 괴벽함을 아는 사람이 매화를 파는 사람에게 알려주어 그 바른 것을 자르고 곁가지를 기르고 그 무성한 것을 깎아내고 그 어린 가지를 부러뜨리고 그 바른 것을 제거하고 그 생기를 막아서 비싼 돈을 요구하라고 가르쳐주니, 강절 지역의 매화가 모두 병이 들었다. 문인과 화가들이 야기한 화가 맹렬하게 이런 지경에 이르렀다.
내가 300개의 분재를 사보니 모두 병이 들어서 하나도 완전하지 않았다. 삼일을 울고서 그것들을 치료하겠다고 맹세했다. 자연스럽게 그것들을 놔둔 다음 그 화분을 깨고 땅에 묻어 주어 속박에서 해방시켜 주었다. 5년이 지나면 반드시 모두 회복되고 완전해질 것이다. 나는 본디 문인·학사가 아니어서 혹독한 꾸짖음을 감수하고 병든 매화를 치료하는 병매관을 열어서 그것들을 모았다.
오호라! 어떻게 내가 한가한 날을 많이 갖고, 또한 빈 땅을 많이 얻어서 강녕·항주·소주의 병든 매화를 모아가지고 나의 생애를 병든 매화를 치료하는데 다할 수 있을까.

江寧之龍蟠, 蘇州之鄧尉, 杭州之西溪, 皆産梅. 或曰, 梅以曲爲美, 直則无姿, 以欹爲美, 正則無景, 以疏爲美, 密則无態. 固也. 此文人畵士, 心知其意, 未可明詔大號以繩天下之梅也. 又不可以使天下之民斫直, 删密, 鋤正, 以夭梅病梅爲業以求錢也. 梅之欹之疏之曲, 又非蠢蠢求錢之民能以其智力爲也. 有以文人畵士孤癖之隱明告鬻梅者, 斫其正, 養其旁條, 删其密, 夭其稚枝, 鋤其直, 遏其生气, 以求重價, 而江浙之梅皆病. 文人畵士之禍之烈至此哉.
予購三百盆, 皆病者, 無一完者. 旣泣之三日, 乃誓療之. 縱之順之, 毁其盆, 悉埋于地, 解其椶縛. 以五年爲期, 必復之全之. 予本非文人畵士, 甘受詬厲, 辟病梅之館以貯之.
嗚呼! 安得使予多暇日, 又多閑田, 以廣貯江寧, 杭州, 蘇州之病梅, 窮予生之光陰以療梅也哉?

공자진은 매화라는 상징을 사용하여 당시 청 왕조의 통치자들이 어떻게 사람들의 사상을 구속하고 얽매며 인재들의 재능과 생명력을 꺾고 자르고 훼손하는

지를 묘사하였다. 매화의 생태를 비유로 하여 인간 본연의 자연스러움을 잃지 않게 하는 것이 바로 인재를 양성하는 것임을 깨우치게 한다. 작품 마지막에 자신은 병든 매화처럼 왜곡된 인재상을 치료하는 데 평생을 바치겠다는 각오를 밝히고 있다. 이 글은 청왕조라는 특정한 시대를 떠나 인류 보편적인 가르침을 준다. 상징의 힘이 있기 때문이다. 그래서 오늘날 왜곡될 대로 왜곡된, 꺾어지고 구부러지고 훼손된 병든 인재를 많이 배출하는 한국의 교육을 질정하는 소리도 된다.

제2절 청대의 희곡과 설창문학

1. 청대의 희곡

청은 중국 소수 민족이 건립한 왕조로, 모두 268년 동안 통치하였다. 만족(滿族)이 처음 입관하였을 때는 잔혹한 강압 정책을 실시함으로써 한족의 강경한 저항을 받았으나, 강희제(康熙帝)가 즉위하면서부터 완화 정책을 펴 적극적으로 문인 학사들을 끌어들여 무마하였다. 따라서, 차차 사회가 안정되어 가고 한인(漢人)들의 호감을 사기에 이르렀다. 그리고 귀순한 문인들 가운데 희극 작가들은 창작 활동을 계속하여 점차 희극 활동은 활기를 찾기 시작하였다.

청대의 희곡은 일반적으로 '아부(雅部)'와 '화부(花部)'로 크게 분류한다. '아부'는 곤곡(崑曲)으로 명대 전기와 같은 것인데, 청대에도 매우 유행하였다. 이것을 청대 전기라 한다. 이어(李漁, 1611-1685) · 洪昇(홍승, 1645-1704) · 공상임(孔尙任, 1648-1718) · 장사전(蔣士銓, 1725-1785)을 청대 4대 전기 작가라 한다. 곤곡을 사용하는 청대 전기는 날로 고아하고 문아해진 결과 어렵게 되었다. 그래서 일반 백성들은 알아듣기 힘들게 됨에, 각 지방의 언어와 음악을 사용하여 만든 새로운 형태의 희곡이 점차 발달하게 되었다. 즉 지방의 특성을 살린, 즉 지방들마다의 토속적인 음악을 기반으로 생긴 희곡이 각 지역에서 성행하였던 것이다. 이런 희곡을 화부희라고 한다. 이것은 전기가 침체되고 중국 연극계에 일종의 공백기가 형성되었던 18세기 중반에 대두되었다. 사대부들로부터 저속하다는 비난을 받았지만, 점차 서민 대중들의 호응을 얻으면서 결국 청대 중기에 이르러 전기에 필적할 만큼 큰 세력을 형성하게 되었다. 지방희는 원래 민간에서 생겨난 것이기 때문에, 구성이 상당히 자유롭고 엄격한 제약이나 규칙이 별로 수반되지 않았다. 그리고 곡사나 대사가 통속적이고 생기 넘치는 백화체로 짜여 있으며, 음악은 평이하고 명쾌한 곡조들로 구성되어 있어서 당시 서민들의 환영을 받았고, 점차 상류계층과 사대부 계층에서도 좋아하게 되었다.

한편 건륭황제는 희곡을 매우 좋아하여 지방을 순행할 때면 여러 지방의 극단인 희반(戲班)을 불러 공연케 했으며, 뛰어난 배우들을 궁중으로 데려와 궁중의 희곡 수준을 높였다. 그리하여 궁중의 희곡 공연 기관인 남부의 연예 인원, 다시 말하면 희곡 종사자가 도합 1000 수백 명이었다고 한다. 이들은 황제와 황후희 생일을 비롯한 궁중의 큰 행사와 명절 등에 희곡을 공연하는 임무를 맡았다.

화부는 '난탄(亂彈)'이라고 하며, 그 대표적인 종류에는 곤 지역에서 발생한 곤곡 이외에 한조(漢調), 휘조(徽調), 익양강(弋陽腔), 고양강(高陽腔), 피황(皮黃) 등이 있다. 물론 이것들은 모두 지역에서 발생하고 발전된 곡조였다. 이것들 중에서 피황을 주로 사용하는 경극(京劇)이 가장 유행했다. 경극의 형성은 다음과 같다.

건륭 55년(1790) 건륭황제의 80세 생일에 안휘(安徽) 지역의 극단인 삼경반(三慶班)이 뽑히어 궁중으로 들어와 축수(祝壽)를 하는 공연을 한 뒤 돌아가지 않고 그대로 북경에 남아 민간의 극장에서 공연을 하였는데, 북경 희곡계의 인기를 독차지하게 되었다. 그러자 안휘의 다른 여러 극단들도 줄지어 북경으로 들어와 공연을 했으며, 공연에는 그들의 지방 창조(唱調, 노래 음조)인 이황조(二黃調)를 주로 사용했다. 여기에 여러 지방의 희곡음악도 받아들였는데, 특히 호북(湖北)의 창조인 서피조(西皮調)를 받아들여 이황조와 융합시킴으로써 독특한 북경의 지방희인 경희를 완성시켰다. 이에 경극을 이황서피라고도 부른다.

경극은 본디 여자가 없어서, 남자가 여자 주인공인 단(旦)을 맡았다. 또한 중국 희곡은 종류를 불문하고 어느 것이거나 무대의 배경을 따로 만들지 않고 배우의 몸동작이나 말을 통해 관객이 배경을 짐작하게 한다. 예를 들어 바다에서 배를 타고 있는 모습은 배우가 노 젓는 흉내로써, 말 탄 모습은 채찍질하는 몸짓으로써, 산에 올라가는 모습은 발걸음으로써 나타낼 수 있다.

경극의 대표적인 특징은 얼굴에 화려한 분장을 하는 것이며, 인물의 성격에 따라 분장의 색깔이 다르다. 고대 그리스의 연극이 배우가 얼굴에 가면을 쓰는 가면극이라면 경극은 얼굴에 분장을 하는 것이다.

경극을 잘하려면 아래와 같은 사공(四功)과 오법(五法)을 잘 익혀야 하는데, 이 기법들은 역대 모든 희곡에서도 공통된 것이다. 다만 경극이 가장 종합적이며 현재 진행형인, 중국을 대표하는 공연예술이기 때문에 따로 강조되는 것이다.

사공: 창(唱, 노래), 념(念, 대사), 주(做, 동작), 타(打, 무술)
오법: 수(手, 손), 안(眼, 눈), 신(身, 몸), 법(法, 방법), 보(步, 발걸음)

오법은 별도로 설명할 필요가 있다.

수: 손 동작을 섬세하게 해야 하는데 배역에 따라 다르다.
안: 몸은 얼굴에, 얼굴은 눈에 있다고 하여 눈이 빛나고 힘이 있어야 한다. 밤에 향불을 피워서 빠르게 움직이게 하고, 눈으로 그 움직임을 따라다닌다거나, 집비둘기를 날려서 눈으로 따라간다든가 하는 눈 연습법이 있다.
신: 신체를 튼튼하게 하고, 특히 관절을 잘 가다듬어 유연하게 한다.
법: 정의하기가 애매한데 나머지 네 가지를 모두 포함하는 것이라고 이해해도 되겠다.
보: '걸음을 보고 소리를 듣는다'라고 하여 보법을 중요시 한다. 보법 역시 장면에 따라 몇 걸음이라든가 걷는 모양이라든가 하는 것이 정해져 있다.

근현대 중국 희곡 배우 중 가장 유명한 사람이 바로 메이란팡(梅蘭芳, 1894-1961)이다. 남성으로서 여성의 역할을 하는 단(旦)을 했는데, 이 분야에서 최고였다. 배우로서뿐만 아니라 1950년 중국경극원원장(中國京劇院院長), 1951년 중국희곡연구원원장(中國戲曲硏究院院長), 1953년 중국희극가협회부주석(中國戲劇家協會副主席) 등 희곡계의 주요 요직을 두루 맡으면서 경극의 현대화에 크게 기여했다. 그로 인하여 경극 무대에도 마침내 여성 배우가 정식으로 설 수 있게 되었으며, 서양 연극의 요소를 받아들여서 몸동작으로만 배경을 표현했던 것을, 무대에 직접 배경을 설치하는 것도 경우에 따라 가능하게 되었다.

2. 고사와 청대의 설창

청대의 설창으로는 흔히 고사(鼓詞)라고 불리는 것이 유행했다. 고사는 청대 북방의 설창문학을 대표하며, 작품 대다수는 공연의 측면에서는 북의 반주를, 문학의 측면에서는 5언 또는 10언 중심이고 노래로 불린 운문이 기본 요소이다. 운문을 기본으로 하되 경우에 따라 산문을 추가하여 이야기를 전개한다. 좀 더 자세히 설명하면, 운문과 산문이 교차하는 작품도 있고, 순 운문인 작품도 있는데, 어쨌든 일반적으로 운문 중심의 문학이다.

설창문학 전통에 있어서, 고사는 당대 변문에 뿌리를 두고 있고, 송·원·명대의 애사·도진·사화·보권 등을 거쳐 청대에 만들어진 것이다. 시기별로는 청 전기의 장편 고사, 청 중엽 이후 성행한 자제서(子弟書), 청 후기부터 성행한 대고서(大鼓書) 등으로 크게 구분되는데, 이처럼 고사·자제서·대고 등으로 불린 청대 설창을 고사라는 이름으로 포괄해 부를 수 있다. 좀더 구체적으로 명명하자면 고사(鼓詞) 계열에 포함되는 설창문학이라는 뜻으로 고사계설창(鼓詞系說唱), 내지는 고사계강창이라고 할 수 있다.

고사 공연에는 북이 사용되었다고 하지만, 기실 중국에서 북이 반주로 사용된 것은 선진시대부터 명대까지 끊이지 않았다. 특히 송대부터 주요 설창들은 거의 모두 북 반주가 있는 것으로 미루어 북이 설창의 반주에 매우 중요한 악기였음을 알 수 있는데, 중국의 설창과 매우 흡사한 한국의 판소리도 북을 반주로 사용함을 볼 때 설창과 북은 서로 뗄 수 없는 관계임을 알 수 있다.[181]

여기서 북에 대해서 좀 더 알아보자. 일찍이 『설문해자』에서는 “악이란 오성과 팔음의 총칭으로서 북(鼓)의 형상을 따른 것이며, 글자의 목부는 북을 거는 걸이(虡)이다(樂, 五聲八音總名, 象鼓鞞, 木, 虡也)”[182]라고 해석했다. 악(樂)과 고(鼓)의 글자 형상을 보면 선듯 두 글자의 친연성을 바로 수긍하기는 어렵다. 그래서 악 자의 기

---

181) 이에 대해 이정재, 『중국 구비연행의 전통과 변화』, 서울, 일조각, 2014, 38-42쪽 참고.

182) 『說文解字』, 江蘇古籍出版社, 2001, 124上쪽.

원에 대해 다양한 해석과 분석이 제시되었다.[183] 어쨌든 북이 고대 중국의 가장 원초적 악기였음은 분명하여 타악기의 시조이며, 타악기 이후 입으로 부는 취주악기(吹奏樂器, 즉 관악기), 취주악기 후 현악기 순으로 악기들이 발명되고 발전되었다는 데는 이견이 없다. 그렇다면 북이 가장 원시적이고 원초적이며, 현악기가 가장 발달된 악기이다. 취주악기는 그 중간이다. 현악기가 정치하고 섬세한 음률을 만들어냄에 있어서 뛰어나다는 데는 이견이 없다. 동시에 현대에도 사용되는 북은 가장 생명력이 강한 악기라는 것도 확실하다.[184] 북이 민중 문학인 설창에서 광범위하게 사용되는 현상은 이처럼 원초적이고 원시적이며 강렬한 생명력을 갖고 있다는 데서 기인한 것이다. 북과 설창은 매우 잘 어울리는 조합이다.[185]

고사가 북방의 설창을 대표한다면 양자강을 중심으로 한 남방에서는 명대에 원대부터 형성되기 시작한 탄사가 성행했다. 탄사에는 일반적으로 현악기가 사용된다고 여기지만, 이 역시 본디 대개 맹인들이 소고(小鼓)와 박판(拍板)으로 저잣거리에서 설창하고 여자들이 현악기를 탔던 것으로 보아 명대의 탄사에 북 반주가 있었음이 확실하다. 청대에는 탄사가 비파라는 현악기 중심으로 되다 보니 그 북 반주가 원래 있었음에도 잘 고려하지 않게 되었던 것이다.

좀 더 설명하자면, 청대가 되자 산동에서는 북이 반주 악기로 쓰인 설창을 고사라고 부르기 시작했다. 고사는 주로 화북 지방, 탄사는 주로 양자강 유역에서 유행한 것을 지칭했다. 탄사의 범위가 고사라는 용어의 등장과 함께 변화했던 것이다. 즉, 명대에는 탄사라는 말이 설창 전반을 가리키는 뜻으로 쓰였지만, 청대부터 북 반주 설창은 고사라고 하고 탄사는 비파 등의 현악기만 사용하여 반주하는 설창

183) 이에 대해서는 이성원 위 책 30-33쪽 참고.

184) 앞 주 119쪽.

185) 북은 음악의 차원 외에, 고대 부족사회부터 사회성원을 규합하고 통합하는 중요한 기제였다. 그런 차원에서 북의 역할이 가장 효과적으로 활용되었던 예는 전쟁처럼 대규모의 부족 성원이 일사불란하게 동원되고 운용되어야 할 때였다. 손자병법을 위시로 한 병가 계열의 전술론에서 북은 매우 중요하다. 특히 깃발과 융합되어, 진퇴의 결정과 작전의 하달, 병사들의 사기진작과 전승을 독려하는 데 사용되었다. 또한 전쟁이 끝나면 승전을 자축하고 노고를 위무함에 있어서도 북처럼 좋은 기제가 없었다. 북과 깃발의 전술적 효용에 관해 이성원 앞 주, 406-409쪽 참고.

을 뜻하는 것으로 축소되어 오늘에 이르렀다. 다시 말하면 청대에 산동에서 고사라는 새로운 명칭이 유행하면서 탄사의 의미 범위는 강남 일대의 설창을 가리키는 것으로 축소되었다. 이처럼 탄사와 고사의 의미 범주가 변화하면서 북방에서는 고사, 남방에서는 탄사라는 명칭이 정착되기에 이르렀다.

지금까지 설명한 고사계설창을 시기적으로 유형을 만들면 다음과 같다:

1) 청나라 초기부터 건륭 연간까지 산동에서 민간의 문인들이 창작에 참여한 종류를 전기 고사계설창이라고 부를 수 있으며, 10여 종의 작품과 목록이 전한다.

2) 건륭 이후 북경을 중심으로 성행한 자제서가 있다. 청 말까지 400여 종이 지어졌고 그 후 급속히 쇠퇴했다. 자제서에서 파생된 것으로 보이는 쾌서(快書)도 고사계설창의 한 부류로 간주된다(쾌서는 설창인이 한 손에 죽판이나 쇠판으로 만든 짝짝이 같은 것을 손에 들고 마주 쳐서 짝짝 소리를 내면서 이야기를 맛깔나게 한다.

3) 청대 후기부터 중화민국 시기에 걸쳐 필사본, 석판본, 납활자본 등 다양한 형태로 대량 유통된 작품들이다. 이들은 후기 고사계설창이라고 할 수 있다. 1천 여종을 헤아리는 이들은 청 말에 집중적으로 나타나기 시작했다.

쾌서 공연 모습

제3절 청대의 소설

청나라 때는 정통문학인 시문은 그다지 발전하지 못하였다. 시나 산문의 작가 수는 매우 많았지만 주로 당·송 문학을 모방하다 보니 창의적인 작품이 매우 적었기 때문이다. 대신 소설에 있어서는 괄목할 만한 작품들이 나왔다. 청대에는 소설이 문학 가운데 가장 발달했다.

그러면 어떻게 소설과 같은 전통 문인들이 기피하는 문학이 주류가 될 수 있었을까. 먼저 사회적 배경으로는 옹정과 건륭 황제 때 대도시에 사는 광범위한 계층이 누리는 번영의 정도가 커지면서 명 말에 출현했던 중간 지식층 계급의 문화가 부활되고 더욱 확대되었다는 것을 그 원인으로 들 수 있다.

이 중간 지식층에 속하는 상인들과 장인들의 취향은 상류 지배층이 가지고 있는 엄격한 전통적 문화관과 활기차고 다양한 대중문화 사이의 간극을 메웠다. 상인들은 고루한 관료들과 문인들보다 훨씬 진보적인 생각을 갖는다. 능동적으로 상황에 맞게 빨리 변화하지 않으면 도태되는 것이 사업의 세계인지라, 그들은 변화에 대한 거부감이 다른 계층보다 적다. 서양과 일본의 근대화, 내지 현대화에 있어서 상인들의 역할이 매우 컸다는 것은 주지의 사실이다. 또한 상인들이 귀족과 서민 문화의 융합에 있어서 가교가 되었다는 것 역시 마찬가지다.

더욱이 인쇄술의 발달로 인해 책이 돈벌이의 매우 좋은 수단이 되었기 때문에 많은 사람들이 책의 제작과 유통 사업에 뛰어들었다. 그래서 상업적 출판 시장이 형성되었으며, 도서가 지식의 전달자이면서 동시에 장사의 하나가 되었다. 작가 역시 돈을 많이 벌 수 있었다. 그 예로 원매(袁枚, 1716-1798)의 사례를 든다면, 그는 소설·비소설·산문·시 등을 쓰는 매우 인기 있고 경제적으로도 성공한 전문 작가였으며, 또한 사회경제적 정책에 대한 논평가이기도 했다. 그는 고전 문인의 전통을 이어받음과 동시에 전통적 가치에서 벗어나 자유분방한 사고방식을 가진 작가였다. 이러한 모습은 사람들에게 큰 영향을 주었다. 당시 많은 고위 관료들과 지식인들이 원매의 삶의 방식을 인정하고 받아들였던 것이다. 그리고 글을 읽고 쓰는 능력이 사회의 하위 계층으로 빠르게 확산되면서 이러한 경향은 문학과 공연예술 분야에서 가장 현저하게 나타났다.

1. 『요재지이』와 청대 단편소설

먼저 단편소설에 있어서는 포송령(蒲松齡)의 『요재지이聊齋志異』를 들 수 있다. 『요재지이』에는 단편소설 431편이 수록되어 있으며, 그 내용은 주로 귀신과 초자연적인 현상이다. 이는 퐁송령이 간보의 『수신기』의 영향을 받았기 때문이다. 그래서 『수신기』가 중국 최초의 지괴소설이라면 『요재지이』는 지괴소설의 완성판이라고 할 수 있을 정도로 작품성이 뛰어난데, 이것은 당나라 전기소설의 창작 정신을 계승했기 때문에 가능했다. 즉 내용은 지괴에 가까우나 수법과 기교는 모두 전기에서 따왔다. 백화가 아닌 문언으로 썼기 때문에 문언 단편소설의 대표작이다.

『요재지이』가 훌륭한 것은 귀신과 정령 같은 이야기를 하면서도, 그것을 빌어 사회의 부조리를 고발했기 때문이다. 다시 말하면 귀신을 이용하여 인간의 이야기를 표현했다. 이것을 한자를 사용해 표현하면 환(幻, 환상·상상·공상)과 실(實, 실재)이 동시에 존재한다고 한다. 그는 『요재지이』의 자서(自序)에서 저작 목적을 다음과 같이 말하고 있다.

> 여우의 겨드랑이 털로 갖옷을 만드는 것처럼 망령되게 『유명록』[186]의 뒤를 잇는다. 한편으론 술마시고 한편으론 글 쓰면서 겨우 외롭고 분함을 표현한 책을 완성할 뿐이다. 기탁함이 이러할진대, 이 또한 족히 슬프지 아니한가!
>
> 集腋爲裘, 妄續幽冥之錄. 浮白載筆, 僅成孤憤之書. 寄託如此, 亦足悲矣.

자신의 고독과 울분을 귀신을 빌어 이야기할 수밖에 없는 것은 청나라 초기의

186) 남북조 시기의 유명한 지괴소설.

잔혹한 법 때문이었다. 글에 조금이라도 청 왕조에 불리한 내용이 나타나면 옥에 갇히거나 사형을 당할 수 있기 때문에 귀신을 이용한 '기탁(寄託)'의 수법을 사용했다. 문학·예술에 있어서는 이러한 기탁이 오히려 작품성을 높게 했다. 또한 『요재지이』는 서술이 생동감 있고 묘사가 구체적이어서 읽는 재미가 있다.

보기로 「司文郎사문랑」이란 이야기의 줄거리는 한 눈먼 스님은 코로 냄새를 맡아 문장의 수준을 정확하게 지적할 수 있었다. 그런데 과거시험의 발표된 합격자 명단을 보니, 글에서 좋은 냄새가 나는 왕생(王生)의 이름은 없고, 역겨운 냄새가 나는 여항생(余抗生)이 좋은 성적으로 급제했다는 것이다. 이 작품은 청대 과거시험의 타락과 부패를 말하고 있다.

「석방평席方平」의 줄거리는 석방평의 아버지가 악질 권세가에게 죽임을 당했다. 이에 석방평이 지옥에 가 그를 고소했다. 그러나 지옥의 관리들은 말단부터 염라대왕까지 전부 권세가의 돈에 매수되어 있었다는 것이다. 이 이야기는 현실에서 목도하는 관리의 부패상을 말하고 있는데, 거기에는 재상이나 심지어 임금까지지도 포함되어 있다.

「촉직促織」이란 이야기는 귀뚜라미 싸움 구경을 좋아하는 귀족들이 좋은 귀뚜라미 하나를 바치면 세금을 면해준다고 하자 온 백성들이 귀뚜라미를 잡으러 다니는 풍속을 주제로 했다. 즉 성명(成名)이란 백성이 튼튼한 귀뚜라미를 한 마리 잡아서 고이 항아리에 넣어 두고 관리에게 바칠 요량이었는데, 아홉 살 난 아들이 호기심에 항아리 뚜껑을 열자 귀뚜라미가 도망가 버렸다. 이에 혼날 것이 너무 무서운 나머지 우물에 빠져 죽었다. 그 혼이 귀뚜라미가 되어 집에 나타났다. 아버지가 그 귀뚜라미를 데리고 궁중에 가 귀족들의 귀뚜라미와 싸워 모두 이긴다는 고사다.

『요재지이』 외의 청대 단편소설집으로는 기윤(紀昀)의 『열미초당필기閱微草堂筆記』, 장조(張潮)의 『우초신지虞初新志』, 원매(袁枚)의 『신제해新齊諧』(일명 『자불어子不語』)등이 있다. 이것들은 『요재지이』와 마찬가지로 모두 백화가 아닌 고문으로 써졌기 때문에 '문언 단편소설'에 속한다. 그러나 청대 소설의 중심은 작품성에 있어서 단편보다는 장편에 있다. 청대는 장편소설의 황금시대를 이루었던 것으로, 발표된 소설의 양이 명대에 비해서 훨씬 많고 내용이나 길이 역시 명대의 작품에 비해서 훨씬 다양하고 긴 대작이 많다.

2.『홍루몽』·『유림외사』와 청대 장편소설

1)『홍루몽』

중국 장편소설의 발전은 청대 조설근(曹雪芹, 1715?-1763)에 의해 창작된『홍루몽紅樓夢』에 이르러 극에 달한다. 중국 최고 수준의 장편소설로서 서양 어느 문학작품에 비해서도 손색이 없어서 동서양을 막론하고 비평가들로부터 찬사를 받는다. 시의 중간 중간에는 매우 수준 높은 시들이 나와서 독자의 감성을 젖게 하는데, 주로 당풍(唐風)의 서정시이다. 그 이유는 먼저 당시(唐詩)가 감성을 나타냄에 있어서는 가장 뛰어나기 때문이다. 아무래도 송시(宋詩)는 이지적이고 철학적인 경향이 있기 때문에 문학에 있어서는 당시의 분위기가 더 잘 어울릴 것이다. 또한 작가 조설근 자체가 매우 감성적인 사람인지라 자연스럽게 당시의 영향을 많이 받게 되었을 것이다.

조설근은 10년에 걸쳐 이 작품을 썼는데, 사랑하는 아들이 죽자 무덤을 찾아가 며칠을 통곡하다가 자신도 죽고 말았다. 그래서 작품의 완성을 보지 못했다. 현재 유통되는 120회 본『홍루몽』은 80회가 조설근 작이고, 나머지 40회는 고악(高鶚)이란 사람이 쓴 것이다. 80회 본, 즉 원본의 제목은『석두기石頭記』였으나 고악이 120회 본을 출판하면서 제목을『홍루몽』으로 바꾸었다. 홍루(紅樓)는 청대 귀족들의 저택 가운데 여성들이 거처하는 곳을 가리킨다. 참고로 청루(靑樓)는 기녀들이 사는 곳을 일컫는다.『홍루몽』의 내용은 매우 방대하고, 등장인물만도 성명이 나오는 것이 480여 인이며 나머지 사람까지 합하여 700명을 헤아린다. 그러나 가씨(賈氏) 집안의 외아들 가보옥(賈寶玉)과 가보옥의 사촌 여동생 임대옥(林黛玉)·설보차(薛寶釵)라는 두 여성 사이에서 벌어지는 삼각관계가 주선율을 이룬다. 아래에 작품 내용을 짧게 소개하면서 그 의의를 설명한다.

먼 옛날, 여와가 홍수를 막기 위해 36,501개 돌로 하늘의 구멍을 막았는데, 마지막 1개는 소용이 없어서 버려졌다. 이 쓸모없는 돌은 천궁의 경환선녀(警幻仙女)에게 가니 경환선녀가 그에게 적하궁(赤霞宮)에 머물도록 했다. 돌은 영하(靈河)라는 강가에 가 노닐면서 강주선초(絳珠仙草)라는 풀에게 날마다 감로를 끼얹어 주어 오래 살 수 있게 해주었다. 후에 돌은 인간으로 환생해 가씨(賈氏) 집안의 보옥으로 태어나고 강주선초는 임씨 집안의 대옥으로 태어나 이승에서의 인연을 맺어나간다.

『홍루몽』의 가씨 대저택을 가부(賈府)라고 부르는데, 영국부(榮國府)와 녕국부(寧國府, 발음법칙상 영이라고 해야 하지만 앞의 영국부와 구별하기 위해 녕국부로 표기한다) 두 개로 구성된다. 녕국부는 가연(賈演)이 지은 것이고, 영국부는 가원(賈源)이 지은 것이다. 가연이 형이고 가원이 동생인 형제 사이이며, 가원이 바로 주인공 보옥의 증조부이다. 이 두 사람은 청나라 개국공신이기 때문에 그 후손들이 대를 이어 권력과 부를 누린다.

게다가 가부는 보옥의 큰 누나인 원춘(元春)이 황실의 비(妃)이기 때문에 황실의 외척이어서 다른 귀족들보다 더욱 권위가 있다. 그러한 권위를 가지고 당시 대귀족에 속하는 사씨(史氏), 왕씨(王氏), 설씨(薛氏) 집안들과 혼인 관계로 맺어져서 가부를 중심으로 얽기설기 엮이는 매우 복잡한 인물 관계가 형성된다. 이들 귀족들의 정치와 경제 활동, 호화로운 생활, 부패 면모, 궁정 귀족 간의 결탁과 충돌, 각종 남녀의 연애 양상 및 가정 일상의 작고 내밀한 일들을 보여줌으로써 『홍루몽』은 청대 사회 전체의 자화상이 된다. 또한 그들 귀족사회의 황음하고 부패한 생활을 폭로하고 그 몰락 과정을 보여줌으로써 전체적으로 청대 사회의 몰락을 예고하고 있다. 그래서 서술에 있어서 일반 고전소설에 흔히 보이는 단선적이 아니라 그물처럼 서로 복잡하게 연결되어 있다. 그러나 가부를 중심으로 방사선처럼 이야기가 퍼져나가기 때문에 난삽하지 않고 조리가 있다. 가부에서도 대관원(大觀園)이 핵심이다.

가부에는 대관원이 나오는데, 이곳은 원춘이 비로 봉해진 후 부모를 찾아왔을 때 지어진 별장이다. 원춘이 떠난 후 보옥과 금릉십이차가 여기로 옮겨와서 함께 살게 됨으로써 작품에 있어서 가장 중심이 된다. 즉 가부를 이루는 많은 장소 중에서 대관원이 핵심 처소이다. 여기서 금릉십이차(金陵十二釵, 금릉은 지명으로 지금의 남경을 가리키며, 차는 여성의 비녀로서 여성 자체를 의미하기도 한다)는 『홍루몽』에서 매우 중요한 명칭인데 그 유래는 다음과 같다. 보옥이 어느날 꿈속에서, 경환선자가 주재하는 선계의 태허환경(太虛幻鏡)을 갔다가 경환선자를 따라가서 과거와 미래 천하 여자들의 성명이 보관된 부명사(簿名司)란 곳에 들렀다. 그곳에는 미래에 보옥과 만날 주요 여자 이름 36명이 금릉십이차란 이름 아래 정책(正冊)·부책(副冊)·우부책(又副冊), 세 종류 책에 분류되어 있었다. 정책에 선택된 여성은 귀족에 속하고, 우부책의 여성은 하녀에 속하며 부책의 여성은 그 중간, 즉 첩이나 그에 유사한 계층에 속했다.

보옥이 꿈속에서 이름을 보았던 이들은 현실에서 모두 보옥과 친밀한 관계를 맺으며, 아름답고 총명하지만 하나같이 박명하여 가정은 행복하지 않고 사랑은 이루지 못하며 하는 일은 뜻대로 되지 않는다. 『홍루몽』은 금릉십이차, 즉 36명의 여성을 통해 한편으로 여성의 아름다움을 찬송하고 한편으로 여성의 비극을 애도하는 작품이다. 물론 36명 가운데서도 임대옥과 설보차가 가장 핵심이다.

대옥은 보옥을 좋아하나 상인집안 출신의 설보차가 등장해서 둘 사랑의 훼방자가 된다. 보채는 명민하고 현실적이며 때로 교활하기까지 하다. 보옥도 대옥을 사랑하여 결혼하고 싶어하지만, 가부의 집안 사람들은 완강하게 둘의 맺음을 반대하고 대신 적극적으로 보차와 인연을 맺고자 한다. 결국 부모 뜻을 거역해서는 안 되는 봉건예교의 억압하에 보옥과 보차가 결혼하고, 대옥은 두 사람이 올리는 결혼식의 음악을 들으며 방에서 쓸쓸히 죽어간다. 그후 보옥은 부모가 원하는 과거시험을 보기 위해 하인 한 명을 대동하고 함께 서울로 갔다가 시험이 끝난 후 행방불명된다.

이런 비극으로 『홍루몽』이 끝나는데, 후에 고악이 그 뒤를 이어 보옥이 돌아와 기울어진 집안을 다시 일으켜 세운다는 전형적인 동양적 대단원으로 막을 내리는 이야기로 바꾼다.

『홍루몽』은 장편소설에 있어서 『금병매』로부터 본격적으로 시작한 인정소설의 완결판이다. 하나의 가정 이야기에 당시 전 사회양상이 축약되어 있다. 인정소설이되 그 안에는 지괴소설·전기소설·화본소설 등 제 장르의 요소가 총집결되었다. 그리고 주인공부터 하녀에 이르기까지 다양한 연령과 신분에 속하는 남녀들 한 사람 한 사람의 미묘한 성격·감정·심리를 세밀하게 잘 묘사하고 있다. 특히 지금의 중학생 정도의 나이에 해당하는 소녀·소년의 여리고 섬세한, 쉽게 속상하고 질투하며 작은 것에 상처 입는 모습과 마음을 잘 나타낸다. 사상에 있어서는 인간의 삶이란 전체가 한바탕 꿈이요 환상이다. 라고 하는 도교나 불교의 사상이 농후하다.

연령대를 가지고 작품을 논하자면, 가보옥이 출생·애정·결혼·가출 등의 삶의 여정을 지나면서 봉건적 집안사람들과 갈등을 겪고, 그 과정에서 정신적으로 성장해 나가는 일종의 '성장소설'이라고 할 수 있다(고악이 추가한 부분은 제외한다). 서양의 대표적인 성장소설로 헤르만 헤세의 『데미안』과 『좁은 문』, 그리고 샐린저의 『호밀밭의 파수꾼』 등을 꼽는다. 이 작품들은 인생의 시간 과정에 있어서 주인공의 청소년 시절을 주로 다룬다. 그 이유는 이때가 가장 기존의 질서와 충돌하면서 반항하고 저항하고, 그러면서 좌절하고 상처 입는다. 이런 시련을 통해 정신적으로 성장해 간다. 『홍루몽』의 주인공 역시 마찬가지이다.

그런데 필자는 『홍루몽』의 가장 위대한 점은 바로 선계라는 신화 세계와 가부라는 현실 세계, 서로 너무 다른 두 세계를 석두(石頭)를 통해 결합한 것이라고 본다. 석두는 우리말로 '돌'이다. 돌은 작은 조약돌부터 큰 바위까지 모두 해당된다. 크기와 종류를 가리지 않고 모든 돌을 가리켜서 중국에서는 석두라고 한다(우리말에서는 석두가 미련한 머리를 가리킬 때가 많다). 돌은 오랜 세월 천지의 기운을 받기 때문에 영험한 기운이 있다고 많이 여겨졌다. 그래서 큰 바위 같은 것을 숭배하는 소위 석두 신앙이란 것이 전해져 내려온다. 우리나라에서는 제주도에서 한라산의 큰 바위들에 제사 지내면서 소원을 비는 신앙을 대표적인 예로 든다.

중국소설에 있어서는 석두신앙이 이야기의 중요한 모티브로 작용한 경우가 바로 『서유기』이다. 그런데 『서유기』보다 훨씬 더, 그야말로 석두가 문학의 환상 소재가 되어 현대 서구소설의 '마술적 리얼리즘'[187]에 버금가는 뛰어난 예술미를 창조

187) 마술적 사실주의(魔術的 寫實主義, 영어: magical realism)는 하나의 문학 기법이다. 현실 세계에 적용하기에는 인과 법칙에 맞지 않는 문학적 서사를 의미한다. 현실적인 시각에 마술적인 요

한 작품이 바로『홍루몽』이다. 여와의 홍수 신화, 도가적 선계, 현실 세계가 돌을 통해 죽 이어진다. 보옥은 초자연 세계, 즉 여와가 하늘을 막는데 아무 쓸모가 없어서 버려진 돌의 화신이다. 보옥이 돌을 물고 태어났기 때문에 그 이름을 보옥이라고 했으며, 어느날 보옥이 입에 언제나 물고 있는 돌을 깸으로써 보옥의 비극적 이야기가 본격적으로 시작된다. 그는 유가적 현실 세계를 대변하는 아버지 가정(賈政)의 마음에 전혀 들지 않는 아웃사이더이다. 입신출세하기 위한 공부를 싫어하고 어눌하게 말하고 어리숙한 행동을 하며 남자보다는 여자와 어울리기를 매우 좋아한다. 결국 보옥은 현실에서도 버려진 돌이 된다. 그래서『홍루몽』의 본 제목이 바로『석두기』였던 것이다.

지금까지 설명한 것처럼『홍루몽』은 작품성이 매우 뛰어나기 때문에『홍루몽』을 연구하는 '홍학(紅學)'이라는 새로운 전문적 학문 영역이 생기게까지 되었고, 지금도 전세계에서 많은 학자들이『홍루몽』을 연구하고 있다.

지금까지 소개한 사대기서와『홍루몽』가운데『수호전』,『금병매』,『홍루몽』, 세 책은 금서목록에 자주 올랐다. 금서란 국가의 공권력에 의해 책의 간행과 유통이 금지되는 것을 일컫는다. 상앙(商鞅)의 번시서(燔詩書), 진시황제의 분서갱유를 위시로 중국 역대 왕조에서 특정한 책을 보지 못하게 하는 일들은 종종 벌어졌다. 그러나 본격적으로 금서가 시작된 것은 명대로 본다. 명대에도 소설에 있어서 금지된 책은『전등신화』와『수호전』정도가 다일 정도였다. 금서가 사회현상으로 본격화된 것은 청대 때이다. 청대의 금서 정책은 소설과 희곡 위주로 펼쳐졌다. 청대는 중국사상 가장 강력하고도 광범위한 금서정책이 오랫동안 실행되었던 때였다. 청 왕조에 해가 되는 내용이 있거나, 남녀상열지사·음란물에 해당하는 것, 그리고 유가 전통적인 미풍양속을 해치는 것들은 모두 엄금되었다. 그래서『서상기』·『전등신화』·『수호전』·『금병매』·『홍루몽』등 중국 고전소설의 명작들이 모두 엄격히 금지

소들을 더하는 장르이며, '환상'과의 경계가 뚜렷하지 않다. 마술적 사실주의는 믿을 수 없는 사건이 너무나 상세히 묘사되어서 현실인 것처럼 착각을 일으킨다. 라틴아메리카 문학과 깊은 관련이 있으며, 그중 가브리엘 가르시아 마르케스(G. G. Márquez, 1927-2014)는 마술적 사실주의의 선구자로 알려져 있다. 그의 대표 작품『백년의 고독』이 마술적 사실주의로 유명하다.

되었다. 명청대 금서소설은 112종 정도이며, 문언소설이 21종, 통속소설이 91종이다.[188] 희곡은 수백 종이 넘는다.[189] (금서의 수는 연구자에 따라서 다르다)

서양의 금서 역사를 살피면, 그 원형으로 이솝이 살해를 당하고, 프로타고라스는 무신론을 주장하다가 체포될 것이 두려워 도망가다가 익사했으며, 소크라테스는 사형을 당했다 등을 들 수 있다. 본격적인 금서 작가, 즉 책이 공권력에 의해서 금지되어 고초를 겪은 작가들은 매우 많은데 그중 대표적인 이들은 보카치오, 단테, 밀턴, 베이컨, 홉스, 루소, 스피노자, 마키아벨리, 볼테르, 몽테스키외, 디드로, 로베스 피에르, 마르크스 등이다.[190] 이들의 '보아서는 안 될 책'들이 결국은 세상을 바꾸고 진보하게 했고, 사람들을 무지에서 해방시켰으며 봉건 압제에서 벗어나도록 하는 데 중추 역할을 했다. 그러나 중국은 금서의 역할에 한계가 있었으니, 봉건의 높고 견고한 벽을 오르거나 부수지 못했다. 중국의 현대화란 것은 종내 외부의 힘, 즉 서양의 강제적인 침략에 의해 이루어질 수밖에 없었다.

2) 『유림외사』

『홍루몽』과 같은 시기에 널리 읽혀진 소설로는 오경재(吳敬梓, 1701-1754)가 지은 『유림외사儒林外史』가 있다. 이 작품은 명나라 때 사인(士人)[191] 100여 명의 이야기를 하고 있는데, 적극적으로 사림(士林, 유림)의 부패와 봉건제의 해악을 풍자한다. 풍자는 냉소적이고 날카로운 비유를 사용하여 인물과 사물의 특징을 표현하는 수법이다. 『요재지이』가 간접적인 풍자라면 『유림외사』는 직접적인 풍자로서 자극적이고 신랄하다. 당시는 누구나 팔고문(八股文)이라는 형식에 얽매인 문장을 공부하여 과거 준비를 하는 데만 급급하면서 이른바 성현의 길을 숭상한다고 내세우는 것이 사류(士流)의 공통된 폐단이었다. 그러나 오경재에게는 과거 준비에 급급하는 선비들이 천하게 보이고 수단을 가리지 않고 벼슬길에 연연하는 자들이 추악하게

188) 민관동, 「중국금서소설의 목록분석과 국내 수용」, 『중국소설논총』, 56집, 2018, 281쪽.

189) 금서에 대하여 담니여, 『元明淸時期 禁毁 小說·戱曲硏究』, 전남대 박사학위 논문, 2009를 참고.

190) 서양의 금서에 대해서는 한상범, 『금서, 세상을 바꾼 책』, 서울, 이끌리오, 2004를 볼 것.

191) 사인: 독서인(讀書人)이라고도 하며 고대 지식인을 가리킨다. 우리말의 선비에 해당.

만 보였다. 이러한 유림(儒林)들의 생태를 신랄하게 풍자한 것이 바로『유림외사』이다. 한편 흔히 풍자문학을 정의하길 "사회를 지배하고 있는 모순과 불합리 등을 비판하고 고발하는 사회적 문학"이라고 하는데, 그런 의미에서『유림외사』는 진정한 의미에서의 풍자소설이라 할 만하다. 이 작품은 18세기 중엽에 필사본 형태로 유포되다가 그가 죽은 지 20년 후에 처음으로 발간되었다. 19세기에 굉장한 인기를 끌어 이후 몇 차례나 재간되었다.

오경재는 안이학파(顔李學派)의 영향을 받았다. 이 학파는 안원(顔元, 1635-1704)과 이공(李塨, 1650-1733)에 의해서 창시된 것으로 성리학에 반대하여 실용성 있는 글·행동·근본·기능, 즉 실문(實文)·실행(實行)·실체(實體)·실용(實用)을 모토로 하는 유교의 실학을 주장했으며, 17세기 때 상당히 큰 영향을 행사했다. 그들은 도와 예를 겸비해야 한다고 했다. 도는 인을 중심으로 하는 도덕의 세계이고, 예는 육예(예禮, 악樂, 어御, 사射, 서書, 수數)를 중심으로 하는 실용적인 것이다. 또한 배우는 자는 문에만 치우쳐서는 안 되고 문무를 겸비해야 한다고 했다.

현실을 중시하는 이러한 사상을 갖고 있는 오경재가 쓴『유림외사』는 시간에 있어서 명나라에 가탁하고 있으나 실제 전개되는 내용은 18세기 자신이 살고 있던 청나라 사회의 실태이다. 판본으로는 50회 55회 56회 등 여러 가지가 있는데 본서에서는 55회 본을 선택했다.[192] 전체적인 체재는, 서론에 해당하는 설자(楔子, 희곡과 소설에 있어서 서론에 해당하는 인자(引子))가 제1회, 결론에 해당하는 유방(幽榜)이 마지막 회가 되어서 수미상응하고 있다. 그러므로 53회가 본 이야기이다.

설자 편에서는 원말 명초 때의 유명한 화가이자 혼탁한 세상을 피해 은둔지사가 된 훌륭한 선비인 왕면(王冕)을 주인공으로 내세운다. 왕면은 작가가 품고 있는 이상형의 선비이다. 왕면 이야기는 책을 이루는 나머지 모든 이야기와 직접적인 관계가 없다. 그러나 2회부터는 각 회에 나오는 마지막 인물이 다음 회를 시작하는 인물이 된다. 그러나 책 전체적으로는 일관된 주제나 주인공이 없다. 즉 통일성 있는 스토리텔링이 전혀 아니다. 그래서『유림외사』는 장편 같기도 하고 단편 모음

192) 55회 번역본으로는 김관웅·김정은 역, 서울, 올재 출판사, 2020이 있다.

같기도 하다. 이러한 구성이 어색하게 보일 수 있지만, 실은 그렇기 때문에 사회의 참으로 다양한 인간 군상을 다 보여줄 수 있다. 오히려 이것이 『유림외사』다운 작품성을 담보하고 있다. 일반 독자에게는 낯선 이러한 체재를 이해하는 것이 중요하다고 여겨져서 그 구성 방식을 분석하고자 한다. 『유림외사』는 첫 회와 마지막 회를 제외하고 나머지는 작품 성격에 의해 몇 부분으로 나눌 수 있다.

1) 먼저 2회-30회는 주로 과거제도하 문사들의 미혹됨·우매함과 권력·부귀에 빌붙는 모습을 서술하면서 동시에 그들이 몸담은 사회의 부패와 타락을 나타낸다. 그 내용은 다음과 같다.

주진(周進)은 산동성에 있는 설가집(薛家集)이라는 마을에서 사는데 어느날 매부를 위시로 한 장사치들을 따라 강서성의 성성(省城, 성 정부의 기관이 있는 도시를 이르는 말) 지역에 갔다. 공원(貢院, 과거 시험장을 이르는 말)을 둘러보는 도중 평생 과거시험에 계속 낙방만 한 자신의 처지가 너무 서러워 공원의 책상을 머리로 들이박고 통곡하며 피까지 토하였다. 이를 본 일행이 그 처지가 안타까워 돈을 모아서 시험자격을 얻게 해준다. 이번에는 운좋게 합격하여 연거푸 거인·진사로 급제했고, 벼슬한 후에는 마침내 흠차어사(欽差御史, 임금의 특별한 명을 받고 파견된 어사)로 승진하였으며, 그 뒤에 광동성의 학정(學政, 청나라 때 한 성省의 문화와 교육 담당하는 벼슬)이 되어 과거시험을 관장하게 된다. (명청 시기의 과거시험에는 세 단계가 있다. 즉 원시(院試)·향시(鄕試)·회시(會試)가 있는데 원시를 보려면 먼저 예비시험을 보아야 했다. 예비시험에 합격하면 동생(童生)이라는 칭호가 주어진다. 주진은 동생으로 시골 마을의 서당 훈장으로 있다가 늘그막에 급제하여 급속도로 출세하게 되었던 것이다. 원시 합격자에게는 생원(生員)이나 수재(秀才)라는 칭호를 사용했으며, 향시 합격자에게는 거인(擧人)이나 효렴(孝廉)이라는 칭호, 회시 합격자에게는 진사(進士)의 칭호가 주어졌다. 일단 회시에 합격하면 그다음 단계인 복시(復試)가 있고, 복시 다음에는 임금이 등수를 정하는 전시(殿試)가 있다. 전시 때는 등수의 차이만 있을 뿐 모두 합격이 되었다.)

한편 범진(範進)은 주진의 도움을 받아 향시에서 거인이 되었다. 그런데 거인이 되었다는 소식에 그는 너무 기쁜 나머지 미쳐버리게 된다. 장인한테 뺨을 한 대 맞고서야 제정신으로 돌아온 범진에게 그동안 그를 박대했던 모든 사람들이 아부하고 돈을 바친다. 한편 범진의 늙은 모친은 벼락출세한 아들 덕에 집에 들어온 노비와 귀한 기물들을 보고 너무 기쁜 나머지 졸도하여 사망에 이른다.

후에 범진은, 천하의 구두쇠이자 윗사람에게 아부 잘하고 아래 사람에게 잔인하고 수탈을 일삼는 엄공생(嚴貢生)을 만나게 되는데, 엄공생에 대한 다음과 같은 일화가 소개된다: 엄 씨 집의 갓 낳은 새끼 돼지 한 마리가 우연히 가난한 왕소이(王小二)의 집 울안으로 들어왔기에 돌려주려고 하자 엄공생은 "남의 집에 갔던 돼지를 되가져오면 대단히 불길하다"라고 하면서 억지로 왕소이에게 돼지를 팔고 은전 여덟 돈을 가져갔다. 그런데 다 큰 돼지가 또 우연히 엄씨 집안으로 들어오자 이번에는 원래 자기 것이었다고 돌려주지 않았다.

엄공생에게는 엄감생(嚴敢生)이라는 동생이 있어서 성품이 형과 비슷했다. 죽을 때 말을 못하고 손가락 두 개를 폈는데 아무도 그 뜻을 알지 못했다. 그의 처가 기름 등잔의 심지가 두 개인 것을 발견하고 한 개를 뽑아내니 그제서야 엄감생은 머리를 두어 번 끄덕이더니 손을 내려놓고 숨을 거두었다. 이와 같은 두 형제 이야기를 서술할 때 작가는 전혀 그들의 행위에 대하여 폄하하는 말을 하지 않는다. 다만 사실을 나열할 뿐, 도덕적 판단은 전적으로 독자에게 온전히 맡긴다.

각 회의 내용을 구분하자면 주진과 범진 간의 사연이 2회와 3회의 주된 소재, 범진과 엄공생 간의 사연이 4회의 주된 소제, 엄감생이 5회의 주된 소제이다. 그리고 다시 엄공생이 6회의 주된 소제가 된다. 7회의 내용은 엄공생은 죽은 동생인 엄감생의 처 조씨(趙氏)를 크게 박대한 일이 발단이 되어 송사에 휘말리게 되었다. 송사에서 패한 엄공생이 경사(京師)에서 벼슬하고 있는 주진을 찾아가 호소하러 올라갔는데 만나지 못했다. 주진이 만나준 사람은 엄공생이 아니라 전일에 과거 합격시켜 준 일에 대해 감사의 인사차 들린 범진이었다. 주진은 순매(荀玫)란 자의 합격을 범진에게 부탁하고, 이후 범진은 회시에 합격하여 관운이 크게 트였으며, 또한 주진이 전에 부탁한 바 있는 순매를 잊지 않고 도와주어 순매 역시 향시 합격에 성공한다. 이때 순매와 함께 합격한 왕혜(王惠)란 동향 사람이 찾아와 둘의 인연이 시작되고, 둘은 동시에 전시에서도 나란히 합격한다는 것이다.

8회에서는 왕혜가 강서성 성성으로 발령이 나서 그곳의 거(蘧) 태수와 인수인계를 하는데 장부와 공공 재물, 문서의 인계와 인수 과정에서 의견이 맞지 않았다. 이때 거 태수의 아들 거경옥(蘧景玉)을 알게 되고, 거경옥은 그에게 2,000냥을 줌으로써 일을 무마시킨다. 이후 왕혜는 황실의 여덟 번째 왕자인 영왕(寧王)이 일으킨 반란에 연루되었고, 영왕은 거병 2년 만에 왕수인(王守仁, 즉 왕양명)에게 대패해 도망을 하니 그 역시 쫓기는 신세가 되었다. 그랬다가 왕혜는 거태수의 손자 거공손(蘧公孫)을 만나 도움을 받고, 거공손은 집에서 종숙부인 누옥정(婁玉亭)과 누슬정(婁瑟亭)의 방문을 받아 서로 알게 됨으로써 9회에서 이 이 두 누씨들 이야기가 본격적으로 진행된다.

이런 식으로 이야기가 물고 물리면서 주인공들이 바뀌는 것이 『유림외사』 스토리 전개 방식이다.

2) 『유림외사』에는 부정적 형상의 유림만 나오지 않는다. 31회부터는 작가가 생각하는 이상적인 문사들, 즉 두소경(杜少卿)·장소광(莊紹光)·왕면(王冕) 등의 이야기들이 본격적으로 나오기 시작한다. 이들이 소설의 '정면(正面) 인물'이다. 대표적으로 31회부터 34회까지는 두소경이 중심인물로서, 그는 4대에 걸쳐 6명의 상서(尙書, 최고위직 벼슬의 하나)를 배출한 명문 관료 집안이자 대지주의 집안 출신이다. 그러나 벼슬을 목표로 팔고문을 공부해서 과거 보는 행위를 멸시하고 부귀공명을 무시한다. 대신 신분을 따지지 않고 곤란한 사람을 도와주기 좋아하고, 봉건 예교에 구속받지 않으며, 여성을 존중한다. 조정에서 두소경에게 벼슬을 주면서 경사로 올라오라고 명하자 병을 핑계로 출사하지 않고 풍경 좋은 남경에서 꽃구경하고 술 마시는 것을 즐긴다.

3) 이런 문아한 '옛 학자'들을 보여주는 것으로 작자는 소설을 마치지 않는다. 50회·51회·52회는 봉명기(鳳鳴岐)라는 정통 협객 스타일의 주인공 이야기이다. 봉명기는 힘이 장사여서 싸움에 뛰어나되, 정의를 위해 싸우는 의협심의 사나이다. 남

의 돈을 갈취해 간 사기꾼의 가게를 들부수는 협박으로 기어이 돈을 받아내서 본 주인에게 돌려주는데, 이런 이야기는 고전소설 중에서 영웅호협 류에 속하는 것이다. 이처럼 『유림외사』는 소설 끝 쪽에서 나약하고 셈 빠른 '깍쟁이 유생'과는 정반대의 인물 형상을 보여줌으로써 대조의 재미를 맛보게 한다.

55회에서는 기인 네 사람을 소설에 불러들인다. 첫 번째는 계하년(季遐年)이라는 독창적인 글씨를 쓰는 서법가. 그는 흥이 나야 글을 써주며, 제 기분에 맞지 않는다면 왕후장상들이 산더미만큼 은전을 가져와도 거들떠보지 않는다. 협박도 소용없다.

두 번째는 왕태(王太)라는 불쏘시개 통 장수. 미천한 출신으로 바둑의 명수이다. 자신을 무시하는 벼슬아치들과 바둑을 두어서 이기고, 그의 바둑 실력에 놀란 그들이 술대접하려고 하자 뿌리치며 앙천대소하고 떠난다.

세 번째 개관(蓋寬)이라는 찻집 주인. 원래는 시·독서 그림을 좋아하는 전당포 주인이었다가, 시인·화가들과 왕래하면서 그들을 대접하고 도와주는 데 돈을 많이 들이고, 게다가 점원들이 속이기까지 해서 결국 가게가 망했다. 이에 조그만 찻집을 운영하다가, 후에 훈장이 되어 근근히 살아간다.

네 번째 형원(荊元)이라는 재봉사. 일을 마치면 시 짓고 글씨 쓰고 거문고를 타면서 시간을 보낸다. 그저 매일 6푼이나 7푼 정도의 적은 돈을 벌어서 밥을 배불리 먹을 수 있음에 만족하고, 남의 부귀를 부러워하지 않고, 남의 기색을 살피지 않고, 악기 타고 서예 하기를 제 마음대로 한다. 그에게는 이렇게 사는 것이 자유자재로 사는 즐거운 일이다. 자기의 음악을 알아주는 오랜 친구 우씨(于氏) 앞에서 거문고를 타고 있자니, 나무숲이 설레고 새들도 나뭇가지에서 깃을 세우고 그 소리에 귀를 기울인다. 우씨는 그 묘음에 감격하여 저도 모르게 눈문을 좔좔 흘린다.

소설은 형원과 우씨의 모습을 끝으로 삼고 거기에 다음과 같은 사(詞)를 덧붙여서 작품 전체를 마친다.

> 사에 이른다
> 그 시절(즉 젊은 시절)을 회상하노니

내 진회[193] 지역을 좋아하여
우연히 고향을 떠났노라.
매근야를 향해 간 후로
몇 번이나 휘파람 불며 마음껏 노닐었던가.
행화촌 안에서
몇 번이나 한산하게 배회했던가.[194]
높은 오동나무에 머무는 봉황
작은 정자에서 울어 대는 작은 벌레
그때는 세인들과 함께 장단을 따졌었지.
지금은 그만두었노라.
의관을 매미 허울처럼 벗어 던지고
창랑의 물에 발을 씻으리라.
무료하면 석양에 술 취해
몇 명 새로 사귄 친구 불러서 한바탕 취하노라.
가족과의 백년 빠르게 지나가니
어찌 근심할 필요가 있겠는가.
국가의 천년 대사도
생각함이 쓸데없는 짓.
강좌[195]의 안개와 노을,
회남의 덕망 높은 늙은이들을
남은 잔간에 적어 넣고 나니
참으로 슬프다.
이제부터 약 다리는 화로와 경전을 벗 삼고
공왕(空王, 부처님의 별칭)을 예배해야지.

---

193) 진회: 남경 지역의 일부에 해당되는데, 여기서는 남경을 가리키는 범칭이다.

194) 매근야와 행화촌은 지명이다.

195) 강좌: 양자강의 오른 쪽을 말하며, 강동(江東)과 같은 말이다. 즉 강동 지역을 강좌라고 한다.

詞曰(사왈):

記得當時, 我愛秦淮, 偶離故鄕. (기득당시, 아애진회, 우리고향)

向梅根冶後, 幾番嘯傲: 杏花村裏, 幾度徜徉.

(향매근야후, 기번소오: 행화촌리, 기도상양)

鳳止高梧, 蟲吟小榭, 也共時人較短長. (봉지고오, 충음소사, 야공시인교단장)

今已矣. 把衣冠蟬蛻, 濯足滄浪. (금이의. 파의관선태, 탁족창랑)

無聊且酌霞觴, 喚幾個新知醉一場. (무료차작하상, 환기개신지취일장)

共百年易過, 底須愁悶. (공백년이과, 저수수민)

千秋事大, 也費商量. (천추사대, 야비상량)

江左煙霞, 淮南耆舊, 寫入殘編總斷腸. (강좌연하, 회남기구, 사입잔편총단장)

從今後, 伴藥爐經卷, 自禮空王. (종금후, 반약로경권, 자례공왕)

이 사는 작가 오경재의 삶을 요약함은 물론 작품 전체의 대의도 오롯이 담겨있다: 나 오경재는 33세 때 고향을 떠나 진회 지역이 있는 남경으로 이사했다. 그 당시에는 낭만적이고 도도하게 살면서 사람 보기를 봉황같은 사람, 참새같은 소인으로 이분화하여 평가했으며, 세인의 잘하고 못함을 따졌다. 그러나 내 일은 안 되고 살림은 날로 어려워졌다. 이제 시속과 사람에 대한 평가는 그만두고 굴원(屈原)이 「어부사漁父辭」에서 “창랑(滄浪) 물의 맑음이여, 내 머리를 감으리라. 창랑 물의 더러움이여 내 발을 씻으리라.(滄浪之水淸兮, 可以濯吾纓 ; 滄浪之水濁兮, 可以濯吾足.)”라고 말한 것을 좇아 더이상 벼슬에 미련 갖지 않고 시속에 순응하면서 살겠노라. 가족과 함께 백년을 살고자 하나 시간은 빠르게 흘러가 어느덧 늙었고, 국가의 천년사직 일은 고민해도 소용없더라. 강동의 경치와 회남의 인물들 일을 책 뒤쪽에 싣고 나니 정말 슬프다. 금후로는 부처님이 가르치신 “모든 존재는 조건에 의해서 항상 변하기 때문에 고정된 실체가 없으므로 어떤 것에도 집착해서는 안 된다”는 ‘공’ 사상을 배우면서 여생을 마치겠다.

대충 이와 같은 뜻을 사에 기탁해 오경재는 『유림외사』를 끝맺는다.

이런 생각은 청나라 당시 많은 지식인들의 고뇌를 대변하고 있다. 아니 시대에 관계없이 세상의 부조리를 거부하는 인텔리들의 태도를 압축하고 있다. 젊었을 때는 청운의 뜻을 품고 사람들의 잘잘못을 따지며 인생과 국가의 일을 논하면서 세상을 고쳐보려고 하지만, 나이 들어 그것들이 부질없고 허망한 것임을 깨달으면 마지막엔 종교적인 가르침에 귀의하여 안심입명하고자 하는 것이다. 체념을 통해 달관에 이른 이들의 자화상이다.

위 인용문은 운문 중 사(詞) 양식인데 『유림외사』 제1회도 역시 사로 시작한다. 이처럼 작품이 운문으로 시작해 운문으로 끝난다. 이와 같은 형식은 중국 고전 장편소설에 보편적으로 사용된 것이다. 운문은 시 혹은 사로 되었다(사도 사실 시의 일종이다). 이런 구조는 본디 당나라 때 성행했던 돈황 변문 작품으로부터 남상된 것이다. 변문에서는 공연 시작 때 읊는 압좌문(押座文)과 공연 끝날 때 읊는 해좌문(解座文)이 있었다. 그것을 이어받아 백화 단편소설(즉 화본소설)은 시작에서 개장시(開場詩), 끝에서 산장시(散場詩)를 싣고 있다. 통속 장편소설인 장회소설은 그러한 변문과 화본소설의 전통을 이어서 대개가 운문으로 시작해 운문으로 끝나는 구조를 갖추고 있다(그러나 일부 작품, 예를 들면 『삼국지연의』, 『홍루몽』, 『경화연』 등은 작품 초두에 운문이 나오지 않고 작품 마지막만 운문으로 장식한다).

『유림외사』는 사용된 언어에 있어서 깔끔한 백화체로 되어 있어, 후에 백화체 문장의 표준이 되었다. 한편 『요재지이』가 문언 단편소설로서 비판에 있어 사회 전 분야로 예봉을 돌렸다면, 『유림외사』는 백화 장편소설로서 비판에 있어 특히 사림으로 예봉을 향했다. 흔히 이 소설로부터 진정한 의미에서의 풍자소설이 나오게 되었다고 말한다. 오경재에게는 과거 준비에 급급하는 선비들이 천하게 보이고 수단을 가리지 않고 벼슬길에 연연하는 자들이 추악하게만 보였다. 이러한 유림(儒林)들의 생태를 풍자하여 쓴 것이 바로 『유림외사』이다. 풍자란 냉소적이고 날카로운 비유를 사용하여 인물과 사물의 특징을 표현하는 수법이다. 『요재지이』가 간접적인 풍자라면 『유림외사』는 직접적인 풍자로서 자극적이고 신랄하다. 이러한 풍자 수법은 만청(晩淸) 시기의 견책소설(譴責小說)에서 더욱 강렬한 모습으로 발전된다.

또한 『유림외사』는 전통소설에 자주 보이는, 설서인(說書人)이 서사 가운데 끼어들어 설명을 하는 '평론 방식'을 고쳐서 순전히 3인칭으로 객관적 서술을 함으로써 독자로 하여금 직접 사건을 들여다보는 듯한 느낌을 준다. 세밀한 서술로 인물과 사건을 묘사하는데, 이런 식의 서사는 서구의 '사실주의'에 가깝다. 사실주의란 현실을 있는 그대로 묘사·재현하려고 하는 창작 태도를 가리킨다. 즉 묘사 방법에 있어서『유림외사』는 관찰을 통해 객관적 상태를 그려내는 사실주의에 어느 정도 근접했다고 할 수 있다. 예를 들어서 어떤 인물을 이야기할 때 직접 칭찬하거나 폄하하지 않는다. 그 사람이 좋다든가 안 좋다던가, 선하다든가 악하다든가 하는 것을 직접 나타내지 않고 그 사람의 행동과 말을 기술할 뿐인 것이다.

물론 세부적으로 들어가면『유림외사』와 서구의 사실주의 작품들은 역사 배경이나 구체적인 표현 방법들이 상당히 다르기 때문에 서로 등치시켜서 비교할 수 있는 일은 아니다.[196] 서구의 문학사조는 고전주의·낭만주의·사실주의·모더니즘의 과정을 거치면서 형성되었기 때문에 이런 과정이 없는 중국의 서사 기법과 바로 비교할 수는 없는 것이다. 다만 다름 속에 같음이 있다는 정도이다. 특히 곽효자(郭孝子)의 갖은 모험담을 들려주는 38회에는 호랑이, 뿔 하나 달린 짐승, 비구(羆九, 고대 신화에 나오는 짐승) 등이 나오는데, 모두 신화 전설에나 나올 법한 것이어서 사실주의의 서사와는 정반대이다.

계속해서 청나라 장편소설들을 보자.『홍루몽』·『유림외사』 외에도 서주생(西周生, ?-?)의『성세인연전醒世姻緣傳』, 이여진(李汝珍, 1763-1830)의『경화연鏡花緣』, 문강(文康, ?-?)의『아녀영웅전兒女英雄傳』등이 청대의 훌륭한 장편소설이다.

먼저 서주생(西周生)이 지은『성세인연전』은 100회 본이며, 명말 혹은 청초에 출현한 장편소설이다. 깔끔하고 자연스러운 백화로 써졌으며, 작중인물들은 성격이나 감정에 있어서 개성이 뚜렷하다. 서주생은 생평이 알려져 있지 않고, 혹자는 그가『요재지이』의 작자 포송령(蒲松齡)이라고도 한다. 이 작품은 가정생활을 제재로 하면서 주인공 조원(晁源)과 그의 처첩(妻妾)간에 전생과 이생에서 얽히는 악연을 그 내용으로 하고 있다. 그래서 소설의 원명이 '악인연(惡因緣)'이었다. 22회까지는 등장인물 간의 전생의 인연이 그려져 있고, 23회 이후부터는 이생의 인연이 적

196) 서구 문학의 사실주의에 대해서는 조한경,『사실주의』, 서울, 지식을만드는지식, 2012를 참고.

혀 있으며, 불교의 인과응보 사상의 색채가 매우 짙은 작품이다. 이야기 줄거리는 다음과 같다: 전생에 조원이 한 마리의 여우를 쏴 죽이고 여우 껍질을 벗긴다. 그리고 자기 첩 진가(珍哥)에 빠져 조강지처인 계씨(計氏)를 학대하여 계씨가 자살하게 만든다. 금생에서는 조원이 적희진(狄希陳)으로 환생하고, 죽은 여우는 적희진의 처로, 계씨는 적희진의 첩이 된다. 두 여자는 극도로 남편을 미워하고 학대하면서 전생의 복수를 한다. 이런 때 호무예(胡無翳)라는 고승이 나타나 적희진에게 전생의 일을 가르쳐 주고, 『금강경』을 만 번 읽게 하여 전생의 원업에서 벗어나게 한다.

『경화연』은 100회 본이며 내용은 대략 다음과 같다: 당의 여황 무측천(武則天)이 겨울에 백화(百花)에게 꽃을 피우라고 칙령을 내렸는데 화신(花神)들이 명을 어길 수가 없어 꽃을 피웠다가 절기를 준수하지 못했다고 옥황상제에게 벌을 받아 인간 세계로 귀양을 오게 된다. 화신의 수장인 백화선자(百花仙子)는 영남(嶺南) 지역의 문사(文士) 당오의 집에 소산(小山)이란 딸로 태어났다. 당오는 과거를 통한 벼슬길이 어렵게 되자 해외를 다녀보고 싶은 생각이 들었다. 그리하여 처남이자 해외무역에 종사하는 상인 임지양(林之洋)에게 부탁하였다. 임지양·당오·조타수, 이렇게 세 사람은 상선(商船)을 타고 해외를 유람하는 동안, 사십여 개의 기기묘묘한 나라를 돌아 보게 되었고, 도중에 백화가 하계하여 환생한 여자들을 구출해 주었으며 소봉래(小蓬萊)라는 산에 이르러서는 입산하여 세상으로 돌아오지 않고 수도하여 신선이 된다. 소산은 아버지를 찾기 위해 해외에 갔다가 소봉래에 가서 읍홍정비(泣紅亭碑)에 새겨진 백화가 환생한 여자의 명단을 보게 되었고, 여로에서 만난 십여 명의 백화가 환생한 여자들을 데리고 귀국하여 무측천이 실시한 여시(女試)에 응시하여 장원으로 급제한다.

『경화연』은 작품의 상당 부분을 임지양의 해외무역에 할애했는데, 이 부분이 가장 특징적이다. 설명하면 주인공 중 하나인 임지양은 해외무역업에 종사하는 상인이고, 그가 당오를 데리고 바다로 나갔다. 외국 이름들은 군자국(君子國)·대인국(大人國)·숙사국(淑士國)·백민국(白民國)·흑치국(黑齒國)·불사국(不死國)·천흉국(穿胸國)·결장국(結腸國)·시훼국(豕喙國)·장인국(長人國)·백려국(伯慮國)·노민국(勞民國)·여아국(女兒國)·헌원국(軒轅國) 등이다. 그들은 이들 나라에서 교인(鮫人)·잠녀(蠶女)·당강(當康)·과연(果然)·린봉(麟鳳)·산예(狻猊) 등 기이한 생물들을 만나며, 아울러 많은 기이한 풍속들도 보게 된다. 이런 것들은 실재가 아니고 모두 작가가 신화나 전설에 나오는 것들을 참고해서 썼는데, 주로 『산해경山海經』의 「해외서경海外西經」·「해외남경海外南經」·「해외동경海外東經」·「북외북경海外北經」과 『회남자·지형훈淮南子·墜形訓』에 나오는 해외국들이다.

어떻든 이렇게 해외무역에 종사하는 상인의 모습은 이전의 장편소설에서는 등장한 적이 없었고, 그들이 주인공인 경우는 더더구나 없었다. 상인이 주인공이라는 점에서 『금병매』와 같으나, 『금병매』의 주인공인 서문경은 국내 무역에 종사하는 상인이고, 이 작품의 경우는 국외 무역에 종사한다. 또한 경험하고 체험하는 일들은 실제가 아니라 상상으로 쓴 환상이다.[197] 『경화연』의 특징과 가치는 이런 다름에 있다.

문강 저, 『아녀영웅전』은 본래 53회였으나 지금은 40회만 남아 있다. 얘기 줄거리는 다음과 같다: 협녀 하옥봉(何玉鳳)은 아름답고 지혜와 용맹이 뛰어났다. 아버지가 기헌당(紀獻唐)에게 살해당하여 어머니를 모시고 산중으로 피해 살면서 기회를 봐서 원수를 갚으려 하였다. 그러나 기헌당은 나라에 큰 공훈을 세워 권세가 대단하였다. 하옥봉은 원수 갚을 방법이 없어서 십삼매(十三妹)라고 이름을 바꾸고 호걸들과 사귀면서 시정 간을 왕래하며 복수의 기회를 엿보았다. 그러다가 우연히 효자 안기(安驥)와 알게 되어 친하게 되었으며, 안기를 해치려는 강도들을 뛰어난 무공을 사용하여 참수하고 또한 안기의 부친까지 구출해 주었다. 얼마 안 가서 기헌당은 조정에 의해 사형을 당해서 하옥봉은 뜻밖에 원수를 갚는 셈이 되었다. 마지막에는 안기와 결혼하여 해피엔딩이다.

『아녀영웅전』보다 30년쯤 뒤늦게 역시 협의류에 속하는 석옥곤(石玉昆)의 『삼협오의三俠五義』(120회 본)가 나와서 사람들에게 많이 읽혔다(청말의 학자 유월(兪樾)이 약간의 수정을 가하여 『칠협오의七俠五義』로 바꾸어 놓았다). 청나라 말기 사회적 정의가 사라진 사회에서 정의로운 협객담은 사람들의 마음을 통쾌하게 해주었다.

---

197) 『경화연』에 보이는 상인의 형상에 대해서 소의평, 위 책, 855-858쪽 참고.

이후『아녀영웅전』과『삼협오의』를 본딴 많은 소설들이 나와서 소위 '무협소설'의 전성시대를 이루었다. 그러나 이 두 작품을 제하고는, 무협소설에 공통적인 무력으로 악을 징계하고 선한 사람을 구해준다는 내용 외에는 별다른 문학적인 독창성이 보이지 않는다. 다만 이런 류의 작품들이 계속 이어져 와서 오늘날 현대에도 무협소설 장르가 인기가 있다는 점에서 흥미롭다.

3. 견책소설

19세기 말 만청(晩淸), 그중에서도 특히 청조(淸朝) 최후의 20년가량은 중국 소설사상 소설 문학이 양적인 면에서 가장 번창한 시기였다. 당시 각 신문에서 소설을 다투어 실었을 뿐만 아니라 전적으로 소설만을 다룬 잡지들도 많이 나왔다. 만청 양무운동의 주창자로서 사회개혁과 계몽에 앞장섰으며, 쑨원을 비롯한 제 혁명가들의 사상적 스승이었던 양개초가『신소설新小說』을 창간한 이래로 이보가(李寶嘉)의『수상소설繡像小說』· 오견인(吳趼人)의『일월소설日月小說』· 증박(曾樸)의『소설림小說林』등등과 같은 소설 전문 잡지들이 연이어 나왔다. 양개초 · 이보가 · 오견인 · 증박은 잡지 창간자이면서 동시에 견책소설(譴責小說)을 창작한 작가였다. 당시 지식인들이 서양 문화의 영향을 받아 소설의 사회적 중요성에 대해 깨달음으로써 바야흐로 소설의 시대가 도래하였던 것이다. 전국시대『장자』에 나타난 바와 같이 소도(小道)를 나타내는 정도로 인식되었던 소설이 이제부터 본격적으로 사람들의 정신을 바꾸는 가장 중요한 문학이 되었다.

만청 소설의 종류에는 여러 가지가 있지만 가장 중요한 위치를 차지하는 것은 바로 견책소설이다. 견책소설이라는 용어는 루쉰(魯迅)이 그의『중국소설사략中國小說史略』에서 처음 사용한 말이다.[198] 청말 4대 견책소설로, 이보가(李寶嘉, 1867-1906)의『관장현형기官場現形記』, 오견인(吳趼人, 1866-1910)의『이십년목도지현상二十年目睹之怪現狀』, 유악 劉鶚, 1857-1909)의『노잔유기老殘游記』, 증박(曾樸,

198) 魯迅, 위 책, 223쪽.

1872-1935)의『얼해화孽海花』가 있다. 이 네 작품은 당시 많은 사람들에게 읽혔으며, 중국사회에 큰 충격을 주었다. 이것들은 많은 회(回)로 이루어진 장회소설이기 때문에 장르상 중국 고전소설에 속한다.

보기로 오견인의『이십년목도지괴현상』을 든다. 이 작품은『신소설新小說』이란 잡지에 1903년에 시작하여 1910년에 마칠 때까지 108회에 걸쳐 연재되어 독자들의 열렬한 환영을 받았으며, 묘사하고 있는 것은 주인공 구사일생(九死一生)이 겪은 1884년 중불전쟁(中佛戰爭) 전후부터 1894년까지 각종 사회의 암흑 상황이다. 이때는 청 왕조 멸망의 전야에 해당한다. 작품은 주인공이 부친상에 달려간 것이 시작이고 사업을 하다가 실패한 것이 끝이다. 그 제2회에는 주인공 이름에 대한 해석이 나온다.

> 오로지 태어났기 때문에 살아온 나의 20년 동안을 회상해 보니 단지 세 종류의 사람들을 만났다. 첫 번째는 뱀·벌레·쥐·개미 등이고, 두 번째는 승냥이·이리·호랑이·표범 등이고 세 번째는 여러 가지의 도깨비들이다. 20년이라는 긴 세월을 이들 가운데를 지나오면서도 첫 번째 종류에게 갉아 먹히지 않고, 두 번째 종류에게 잡아먹히지 않고, 세 번째 종류에게 홀리지 않았다. 놀랍게도 이들을 모두 피해 올 수 있었으니, 어찌 구사일생이 아니겠는가? 그래서 나의 이 이름은 또한 나 자신에 대한 기념이기도 하다.
>
> 只因我出來應世的二十年中, 回頭想來, 所遇見的只有三種東西：第一種是蛇蟲鼠蟻；第二種是豺狼虎豹；第三種是魑魅魍魎. 二十年之久, 在此中過來, 未曾被第一種所蝕, 未曾被第二種所啖, 未曾被第三種所攫, 居然被我都避了過去, 還不算是九死一生麼？ 所以我這個名字, 也是我自家的紀念.

이 작품은 당시 중국사회에는 벌레, 짐승, 도깨비 같은 사람들만 살고 있다고 역설한다. 도둑놈이 관리가 되어 도둑질을 일삼고, 현지사(縣知事, 관명)가 남의 물건을 훔치고, 형사 사건을 담당하는 관리가 국고를 축내고, 교육을 담당하는 학정대인(學政大人)이 인신매매자가 되는 등, 관청이 바로 도둑의 소굴이다. 작품은 주로 관리들의 부패상을 구체적으로 폭로한다. 작품 안에는 이와 대조적으로 청렴결백하고 정직한 선비형 인간들과 관리들이 있다. 그러나 그들은 하나같이 불행한 결말을 맞게 된다.

한편 위의 사대 견책소설 외에도 많은 견책소설들이 대대적으로 출판되어 독서계를 주름잡았다. 견책소설의 핵심은 사회폐단을 폭로하고 사회의 좋지 않은 기풍을 바로잡는 데 있었다. 작품들은 예외없이 사회의 병폐와 탐관오리의 폐악을 파헤쳐 직접 매도한 것으로 무너져가는 조국을 걱정하는 지식인들의 분노의 표현이라 하겠다. 묘사되어 있는 내용은 관계(官界)·상업계·화교노동자·전쟁 등 사회의 모든 영역이며, 이 가운데에서 관계의 암흑상을 비판하고 있는 것이 가장 많다.

그러나 견책소설은 '꾸짖음'에 지나친 나머지 작가가 감정에 매몰되고 설교하는 듯한 부분이 너무 많으며 인물 형상 묘사가 떨어진다. 또한 간행물에 연재되기 위해 단편이 다수가 모여 장편을 이루고 있기 때문에 전체적인 구성에 있어 허술한 편이다. 이런 점 때문에 견책소설은 문학성이 떨어진다. 사회를 꾸짖는 견책과 더불어 높은 문학성까지 구비한 소설은 마침내 루쉰(魯迅, 1881-1936)에 이르러서 출현하고, 루신의 소설을 기점으로 또한 본격적인 현대문학이 시작된다. 즉 루쉰이 1918년 발표한 『광인일기狂人日記』를 기점으로 견책소설들이 보지(保持)하고 있는 중국 전통의 장회소설 양식을 완전히 벗어나, 진정한 현대소설이 등장하게 된다. 루쉰은 이 작품에서 미친 사람(광인)의 입을 빌어 중국 전통 사회를 사람이 사람을 잡아먹는 끽인(喫人)의 사회라고 정의했고, 이러한 극단의 자기 문화 비판은 중국사회에 큰 충격을 주어 중국인들이 본격적으로 중국사회의 근원적인 문제에 대하여 생각하도록 만들었다. 그럼으로써 신중국 탄생의 도화선이 되었다. 그러므로 견책소설은 작품성의 미비에도 불구하고 견책이라는 측면에서 보면 고대문학과 현대문학의 가교 역할을 수행했기 때문에 문학사적 의의가 있다.

참고문헌

원전류

『嘉祐集』, (蘇洵, 臺灣, 中華書局, 1981)

『鏡花緣』(李汝珍, 天津古籍出版社, 2004)

『古本平話小說集』(北京, 人民文學出版社 編纂, 上下, 2006)

『古詩源』(沈德潛, 北京, 中華書局, 2000)

『官場現形記』(李寶嘉, 張友鶴 校注, 北京, 人民文學出版社, 1979)

『警世通言』(馮夢龍, 西安, 新華書店, 1993)

『挂枝兒·山歌』(馮夢龍, 上海古籍出版社, 1987)

『歐陽修全集』(歐陽修, 楊家駱 主編, 臺北, 世界書局, 1974)

『國語』(左丘明, 山東, 齊魯書社, 2005)

『金元散曲簡編』(隋樹森 選編, 上海古籍出版社, 1984)

『今古奇觀』(抱甕老人, 劉國輝 編輯, 北京, 人民文學出版社, 1957)

『論語譯注』(楊伯竣 譯注, 北京, 中華書局, 1980)

『論衡集解』(王充, 劉盼遂 集解, 上海古籍出版社, 1957)

『唐宋元小令 感賞 辭典』(陳緒萬 等 編, 西安, 世界圖書出版公司, 2007)

『唐詩三百首』(孫洙 編選, 陝西旅遊出版社, 2002)

『唐五代筆記小說大觀』(丁如明 等 編, 上海古籍出版社, 上下, 2000)

『唐人傳奇小說集』(楊家駱 主編, 臺北, 世界書局, 1980)

『道德經』(陝西旅遊出版社, 2004)

『陶淵明全集』(陶樹 注, 龔斌 校點, 上海古籍出版社, 2015)

『東坡題跋』(蘇軾, 北京, 中華書局, 2권, 1985)

『董解元西廂記校注』(董解元, 凌競埏 校注, 北京, 人民文學出版社, 1962)

『文選』(蕭統, 臺灣, 正中書局, 1976)

『拍案驚奇』(凌濛初, 西安, 三秦出版社, 1997)

『封神演義』(許仲琳, 鹽城市, 鳳凰出版社, 2007)

『史記』(司馬遷, 北京, 中華書局, 10권, 1959)

『四溟詩話』(謝榛, 北京, 人民大學出版社, 2001)

『三國演義』(北京, 中華書局, 2005)
『三國志』(陳壽, 臺北 , 鼎文書局, 3권, 1978)
『尙書注疏』(孔穎達, 臺灣, 中華書局, 1981)
『西廂記』(王實甫, 香港, 中華書局, 1954)
『西遊記』(吳承恩, 北京, 中華書局, 2005)
『先秦漢魏六朝詩』(逯欽立 輯, 北京, 中華書局, 1983)
『說文解字』(許愼, 江蘇古籍出版社, 2001)
『說詩晬語』(沈德潛, 四部備要, 권607, 臺灣, 中華書局, 1981)
『醒世姻緣傳』(西周生, 臺北, 世界書局, 上下, 1979)
『醒世恒言』(馮夢龍, 西安, 新華書店, 1993)
『世說新語校箋』(劉義慶, 徐震堮 校箋, 北京, 中華書局, 1984)
『蘇東坡全集』(蘇軾, 楊家駱 主編, 臺北, 世界書局, 2권, 1974)
『宋元筆記小說大觀』(上海古籍出版社 本社 編, 6권, 2001).
『搜神記』(干寶, 四庫全書, 1042, 臺灣, 商務印書館)
『水滸傳』(施耐菴, 北京, 中華書局, 2005)
『詩經』(高亨 注, 上海古籍出版社, 1980)
『新譯莊子讀本』(黃錦鋐 譯註, 臺北, 三民書局, 1973)
『十三經注疏』(阮元 注疏, 北京, 中華書局, 1998)
『兒女英雄傳』(文康, 北京, 人民文學出版社, 1983)
『樂府詩集』(郭茂倩, 北京, 中華書局, 4권, 1979)
『樂府雜錄』(段安節, 南京, 鳳凰出版社, 2021)
『孽海花』(曾樸, 臺北, 世界書局, 1976)
『藝文類聚』(歐陽詢 等, 四庫全書, 887-888, 臺灣, 商務印書館, 1988)
『豫章黃先生文集』(黃庭堅, 四部叢刊, 49, 서울, 법인문화사, 1989)
『王安石全集』(王安石, 楊家駱 主編, 臺北, 河洛圖書出版社, 1975)
『儒林外事』(吳敬梓, 上海古籍出版社, 上下, 1984)
『喩世明言』(馮夢龍, 西安, 新華書店, 1993)
『柳河東集』(柳宗元, 臺北, 河洛圖書出版, 1974)
『元明淸三代禁毁小說戲曲史料』(王利器 輯錄, 上海古籍出版社, 1981)
『袁中郎全集』(袁宏道, 楊家駱 主編, 臺北, 世界書局, 1978)

『元豊類稿』(曾鞏, 楊家駱 主編, 臺北, 世界書局, 1963)
『二十年目睹之怪現狀』(吳見人, 北京, 春風文藝, 上下, 1994)
『因話錄』(趙璘, 四庫全書, 1035, 臺灣, 臺灣商務印書館, 1988)
『紫釵記』(湯顯祖, 北京, 人民文學出版社, 1982)
『才調集』(韋穀, 四庫全書, 1332, 臺灣, 臺灣商務印書館, 1988)
『戰國策』(劉向 編集, 山東, 齊魯書社, 2권, 2005)
『剪燈新話』, (瞿佑, 上海古籍出版社, 1994)
『全唐詩』(彭定求 等 編, 北京, 中華書局, 25권, 1979)
『全宋詞』(唐圭璋 編, 北京, 中華書局, 1990.
『全宋詩』(北京大學古文獻硏究所, 72권, 1993)
『諸子集成』(北京, 中華書局, 8권, 2006)
『周禮注疏』(李學勤 注疏, 北京大學出版社, 2권, 1999)
『昌黎先生集』(韓愈, 臺灣, 中華書局, 2권, 1981)
『清平山堂話本』(洪便, 臺北, 世界書局, 1982)
『楚辭校釋』(王泗原 校釋, 北京, 人民敎育出版社, 1990)
『春秋左傳』(左丘明, 楊伯峻 編著, 北京, 中華書局, 4권, 1990)
『七俠五義』(石玉昆, 天津古籍出版社, 2004)
『太平廣記』(李昉 編, 北京, 中華書局, 10권, 1996)
『太平御覽』(李昉 編, 四庫全書, 893-901, 臺灣, 商務印書館, 1988)
『韓非子』(四部備要 349, 臺灣, 中華書局, 1981)
『漢書』(班固, 顔師古 注, 서울, 경인문화사, 2책, 1983)
『紅樓夢』(曹雪芹, 北京, 人民文學出版社, 4권, 1979.
『淮南子注』(劉安, 高誘 注, 楊家駱 主編, 臺北, 世界書局, 1991)
『淮海集』(秦觀, 四部備要 491, 臺灣, 中華書局, 1981)
『戲考大全』(上海書店, 5책, 1990)

논저류

「중국 자료」

葛路,『中國古代繪畫理論發展史』, 上海人民美術出版社, 1982.
姜書閣,『漢賦通義』, 濟南, 齊魯書社, 1988.

啓功,『詩文聲律論考』, 北京, 中華書局, 2000.

高國潘,『中國民間文學』, 臺灣, 燕京出版事業公司, 1994.

丘璟蓀,『詩賦詞曲概論』, 北京市中國書店, 1985.

歐陽健,『中國神怪小說通史』, 江蘇教育出版社, 1997.

魯迅,『中國小說史略』, 杭州, 浙江文藝出版社, 2000. (원서: 北京, 北新書局, 1925)

傅樂成,『中國通史』, 臺北, 大中國圖書公司, 2권, 1980.

薛洪勣,『傳奇小說史』, 杭州, 浙江古籍出版社, 1998.

孫紹振,『文學性講演祿』, 廣西師範大學出版社, 2006.

孫楷第,「中國短篇白話小說的發展與藝術上的特點」,『俗講說話與白話小說』, 北京, 作家出版社, 1956.

孫綠怡,『左傳與中國古典小說』, 北京大學出版社, 1992.

孫昌武,『佛敎與中國文學』, 上海人民出版社, 1988.

『水滸人物志』, 湖北人民廣播電臺 편, 1976.

揚雄,「敦煌文學中的騈體文」,『敦煌研究』, 98집, 2006, 90-93쪽.

吳元泰·余象斗·楊志和,『四遊記』, 臺北, 世界書局, 1982.

王國維,『唐戲弄』, 上海古籍出版社, 上下, 2006.

王國維,『宋元戲曲史』, 上海, 華東師範大學出版社, 1995.

王文錦,『禮記譯解』, 北京, 中華書局, 2001.

王運熙·顧易生,『中國文學批評史新編』, 復旦大學出版社, 2권, 2001.

王重民,『敦煌變文集』, 北京, 人民出版社, 1957.

于向東,『敦煌變相與變文研究』, 蘭州, 甘肅敎育出版社, 2008.

袁珂,『中國神話傳說』, 北京, 中國民間文學出版社, 2권, 1984.

袁行霈 主編,『中國文學史』, 北京, 高等敎育出版社, 4권, 1999.

劉大杰,『中國文學發展史』, 臺北, 華正書局, 1987.

陸永峰,『敦煌變文研究』, 成都, 巴蜀書店, 2000.

李珺平,『中國古代抒情理論的文化闡釋』, 北京大學出版社, 2005.

李肖氷 等,『中國戲劇起源』, 上海, 知識出版社, 1990.

任半塘,『唐戲弄』, 上海古籍出版社, 上下, 2006.

任半塘,『敦煌歌辭總編』, 上海古籍出版社, 3권, 1987.

吳文科,『中國曲藝通論』, 山西敎育出版社, 2004.

王沃成, 「諸宮調的興起與衰落」, 『臺灣中國古代文學研究文獻』, 北京, 人民文學出版社, 1988, 382-401쪽.

王孝通, 『中國商業史』, 臺灣, 世界書局, 1932.

吳丈蜀, 『詞學概說』, 北京, 中華書局, 2001.

張大可, 『史記研究』, 北京商務印書館, 2011.

蔣禮鴻, 『敦煌文獻語言詞典』, 杭州大學出版社, 1994.

張正學, 『中國雜劇藝術通論』, 天津古籍出版社, 2007.

張涌泉, 黃征 校注, 『敦煌變文校注』, 北京, 中華書局, 1997.

張中行, 『文言和白話 · 文言津逮』, 北京, 社會科學出版社, 1995.

章輝, 『曲藝音樂研究』, 北京, 作家出版社, 1960.

鄭振鐸, 『中國俗文學史』, 商務印書館, 上下, 1938.

『中國戲曲志』, 中國戲曲志編輯委員會, 文化藝術出版社, 30권, 1999.

周貽白, 『中國戲曲史講座』, 北京, 中國戲劇出版社, 1958.

陳美林 等, 『章回小說史』, 浙江古籍出版社, 1998.

陳緒萬 等 編, 『唐宋元小令』, 西安, 世界圖書出版西安公司, 2007.

蔡仲德, 『中國音樂美學史資料註譯』, 北京, 人民音樂出版社, 上下, 1990.

馮友蘭, 『中國哲學史』, 香港, 開明出版社, 일자 없음.

夏傳才, 『中國古代文學理論名篇今譯』, 南開大學出版社, 上下, 1985.

許麗芳, 『古典短篇小說之韻文』, 臺北, 里仁書局, 2000.

胡國强, 『毛澤東詩詞疏證』, 西南師範大學出版社, 2009.

胡大雷, 『中古詩人抒情方式的演進』, 北京, 中華書局, 2003.

「한국 자료」

가노 나오키(狩野直喜) 저, 오이환 역, 『중국철학사』, 서울, 을유문화사, 1997.

강윤형 · 원효봉, 「孔稚珪 「北山移文」의 수사적 특징고찰」, 『중국인문과학』, 45, 2010, 169-193.

기태완 선역, 『明詩選』, 서울, 보고사, 2010.

기태완 선역, 『淸詩選』, 서울, 보고사, 2011.

김경호, 「유학적 감성 세계와 공감」, 『감성연구』, 심미안, 2010, 85-112쪽.

김동규, 「멜랑콜리—이미지 창작의 원동력」, 『철학탐구』, 25집, 119-148쪽.

김백균, 「(‘흥(興)’, 그 우연성과 진정성에 대한 고찰」, 『철학탐구』, 21집, 2007, 69-94쪽.
김시준, 『毛詩 硏究』, 서울대 박사학위논문, 1980.
김신중, 『시가문학의 역사성과 장소성』, 파주, 보고사, 2023.
김우석, 「제궁조의 구성원리」, 『중국문학』, 24기, 1995, 177-207쪽.
金諍 저, 김효민 역, 『중국 과거 문화사』, 서울, 동아시아, 2003.
김재숙, 「북송대 문인화론에 나타난 동양예술정신-문인계층의 미학적 은일주의를 중심으로」, 『철학연구』, 115집, 2018, 24-43쪽.
김진곤, 『宋元 平話 硏究』, 서울대 박사학위논문, 1996.
김태곤, 『『金甁梅』 明淸代 評論 硏究』, 한국외국어대 박사학위논문, 1993.
김학주, 『중국 고대의 가무희』, 서울, 명문당, 2001.
김학주, 『중국문학사』, 서울, 신아사, 2013.
김해명, 『중국문학산책』, 서울, 백산서당, 1996.
김해옥, 『한국 현대 서정 소설론』, 서울, 새미출판사, 1999.
김현권, 『시 속의 그림, 그림 속의 시, 문인화』, 파주, 보림, 2007.
나가사와 카즈토시(長澤和俊) 저, 민병훈 역, 『돈황의 역사와 문화』, 서울, 사계절, 2012.
담니여, 『元明淸時期 禁毁 小說·戲曲硏究』, 전남대 박사학위 논문, 2009.
데이비드 롤스톤(David Rolston) 저, 조관희 역, 『중국 고대소설과 소설 평점(Traditional Chinese Fiction and Fiction Communtary)』, 서울, 소명출판, 2009.
디터 쿤(Dieter Kuhn) 저, 육정임 역, 『하버드 중국사 송—유교 원칙의 시대(The Age of Confucian Rule』, 서울, 너머북스, 2015.
마르셀 그라네 저, 신하령·김태완 역, 『중국의 고대 축제와 가요』, 서울, 살림출판사, 2005.
마쯔마루 미찌오(松丸道雄) 등 저, 조성을 역, 『중국사개설』, 서울, 한울 아카데미, 1989.
마틴 호제(M. Hose) 저, 김남우 역, 『희랍문학사』, 서울, 작은 이야기, 2005.
명법, 『선종과 송대사대부의 예술정신』, 서울, 씨아이알, 2009.
미야자키 이치사다(宮崎市定) 저, 차혜원 역, 『중국사의 대가 수호전을 역사로 읽다』, 서울, 푸른역사, 2006.
미야자끼 이찌사다(宮崎市定) 저, 조병한 역, 『중국사』, 서울, 역민사, 1983.
민관동, 「중국금서소설의 목록분석과 국내 수용」·『중국소설논총』, 56집, 2018, 281-310쪽.

박순철, 「소식의 시화서 일률상통론 소고」, 『중국인문과학』, 37집, 2007, 327-350쪽.
박을미, 『서양음악사 100장면(1)』, 서울, 가람기획, 2001.
박현주, 『'文'字에 담긴 고대 중국의 문화와 문학』, 서울, 한국학술정보, 2008.
박혜정, 『멜랑콜리』, 연세대학교 대학출판문화원, 2015.
方正耀 저, 홍상훈 역, 『중국소설비평사략』, 서울, 을유문화사, 1994.
범선균, 『이소의 이해』, 서울, 신아사, 1997.
빅터 메이어(Victor Mair) 저, 정광훈·전홍철·정병윤 공역, 『당대변문唐代變文— 중국 백화소설과 희곡의 발생에 끼친 불교의 공헌에 관한 연구(T'ang Transformation Texts—A Study of the Buddhist Contribution to the Rise of Vernacular Fiction and Drama in China)』, 서울, 소명출판, 2012.
서연주, 「고대 중국 남녀 밀회의 재구성-만명 민가집 『掛枝兒』, 『山歌』를중심으로-」, 『중국학논총』, 84집, 2024, 183-204쪽.
소소생(笑笑生) 저, 강태권 역, 『(천하제일기서)금병매』, 서울, 솔, 10권, 2002.
邵毅平 저, 박경남·정광훈 등 역, 『중국문학 속 상인세계』, 서울, 소명출판사, 2017(원서: 中國文學中的商人世界, 復旦大學出版社, 2016).
수잔 부시(Susan Hilles Bush) 저, 김시추 역, 『중국의 문인화』-소식에서 동기창까지, 서울, 화연문화사, 2008.
아르놀트 하우저(Arnold Hauser) 저, 백낙청 역, 『문학과 예술의 사회사(Sozialgeschichtw der Kunst und Literatur)』, 서울, 창비, 3권, 2016(초판 1976).
앙리 마스페로(Henri Maspero) 저, 김선민 역, 『고대중국(La Chine antique)』, 서울, 까치, 1995.
楊國榮 저, 김형찬 외 역, 『양명학』, 서울, 예문서원, 1994.
양회석, 『소리 없는 시, 소리 있는 그림』-중국 산수화의 지향과 이론-, 전남대학교출판부, 2005.
吳敬梓 저, 『유림외사』, 김관웅·김정은 역, 서울, 올재 출판사, 2020.
오시마 쇼지(大島正二) 저, 장원철 역, 『한자에 도전한 중국』, 서울, 산처럼 출판사, 2002.
王水照 저, 조규백 역, 『소동파 평전 』, 파주, 돌베개, 2013.
袁行霈 저, 김해명 역, 『중국문학개론』, 연세대학교출판부, 2010.
유미정, 『구소수간(歐蘇手簡)』, 글통, 2021.

李健國 저, 홍승직 역,『이탁오평전(원제: 中國第一思想犯: 李贄傳)』, 서울, 돌베개, 2005.

이경환,『장자의 인간 자유에 관한 탐구— 장자철학연구』, 부천, 부크크 출판사, 2018.

이계명,『위진북조의 문벌사족연구』, 전남대학교출판부, 2016.

李錦全 저, 장세후 역,『陶潛評傳』, 서울, 연암서가, 2020.

이등연,「중국(中國) 고전비평(古典批評) 중(中)의 "정리론(情理論)" 소고(小考) (1)」,『석당논총』, 18권0호, 1992, 129-155쪽.

이정재,『鼓詞系講唱研究』, 서울대 박사학위논문, 1998.

이정재,『중국 구비연행의 전통과 변화』, 서울, 일조각, 2014.

이태형·장수현,「백거이 시에 나타난 기녀 형상과 당대 문화」,『아시아문화연구』, 24기, 2011, 236-259쪽.

장준석,『중국회화사론』, 서울, 학연문화사, 1998.

장춘석,「唐代小說에 보이는 환상공간에 대한 연구」,『중어중문학』, 47기, 2010, 130-151쪽.

장춘석,「돈황 變文의 불교적 상상력 연구」,『중국어문학논집』, 42, 2007, 356-375쪽.

장춘석,「돈황 維摩詰經講經文의 抒情性 연구」,『중국인문과학』, 43, 2009, 277-294쪽.

장춘석,「中國 古代 白話小說의 韻·散 전환 표기에 관한 고찰」,『중국어문학논집』, 54, 2009, 491-511쪽.

장춘석,『중국인문학 읽기의 즐거움(개정증보판)』, 서울, 신아사, 2024.

정재서 역주,『산해경』, 서울, 민음사, 2002.

조관희 역주,『중국 고대소설 독법』, 서울, 보고사, 2012.

조정은,「전국 시대 말엽에서 한나라 초기 오음(五音)과 십이율(十二律)의 음악 외적 용례에 관한 고찰 (1)」,『철학사상』, 권53, 2014, 27-53쪽.

조한경,『사실주의』, 서울, 지식을만드는지식, 2012.

조혜진,『鄭玄의 毛詩傳箋研究』, 전남대박사학위, 2024.

존 파웰(J. Powell) 저, 장호연 역,『과학으로 풀어보는 음악의 비밀(How Musik Works)』, 서울, 뮤진트리 출판사.

左丘明 저, 신동준 역,『춘추좌전』, 파주, 한길사, 3권, 2006.

周勳初 외 저, 중국학연구회 역,『중국문학비평사』, 서울, 이론과 실천, 1992.

정재서 역주,『산해경』, 서울, 민음사, 2002.

陳植鍔 저, 임준철 역, 『중국시가의 이미지(원제: 詩歌意象論)』, 서울, 한길사, 1994.
陳允吉 저, 일지 역, 『중국문학과 선』, 서울, 민족사, 1992.
陳平原 저, 김홍매·이은주 역, 『명청산문강의』, 서울, 소명출판, 2018.
차주환, 『중국시론』, 서울대학교출판부, 2003.
탕현조(湯顯祖) 저, 이정재·이창숙 역, 『모란정』, 서울, 소명출판사, 2014.
폴 프라이(Paul H. Fry) 저, 정영목 역, 『문학이론(Theory of Literature)』, 서울, 문학동네, 2019.
피에르 쌍소(Pierre Sanso) 저, 강주헌 역, 『느리게 사는 것의 의미』, 서울, 공명 출판사, 2014.
何文煥 편, 김규선 역, 『歷代詩話』, 서울, 소명출판, 2013.
何花, 『淸代格調派後學詩學思想硏究』, 전북대 박사학위논문, 2024.
한상범, 『금서, 세상을 바꾼 책』, 서울, 이끌리오, 2004.
한정주, 『글쓰기 동서대전』, 서울, 김영사, 2016.
허영환, 『중국화론』, 서울, 서문당, 1988.
許抗生 저, 김백희 역, 『위진현학사』, 2권, 서울, 세창출판사, 2013.
홍정수·오희숙, 『음악미학』, 서울, 음악세계, 1999.

「기타자료」

가나오카 쇼코(金岡照光), 『敦煌の文學』, 東京, 大正出版社, 1971.
도다 고우교우(戶田浩曉), 『文心彫龍』, 東京, 明治書院, 2권, 1974.
오비 교오이찌(小尾郊一), 『中國文學に現われた自然と自然觀』, 東京, 岩波書店, 1962.
요시카와고지로(吉川幸次郞), 『元雜劇硏究』, 東京, 岩波書店, 1948.
마르셀 그라네(Marcel Granet), 『Fêtes et Chansons anciennes de la Chine』, Paris, Albin Michel, 1982.
빅터 메이어(Victor Mair), 『T'ang Transformation Texts—A Study of the Buddhist Contribution to the Rise of Vernacular Fiction and Drama in China』, Harvard University Press, 1989.
앙리 마스페로(Enri Maspéro), 『La Chine antique』, Paris, E. De Boccard, 1927.
폴 드미에빌(Paul Demiéville), 「Les débuts de la littérature en chinois vulgaire」, 『Académie des inscriptions & Belles—Lettres』, Paris, 1952, 563~571쪽.

폴 드미에빌(Paul Demiéville), 『L'oeuvre de Wang le Zélateur(王梵志詩集), suivi des Instructions domestiques de l'aieul, poèmes populaires des T'ang(VIIe-Xe siecles)』, Paris, Institut des Hautes Etudes chinoises, 1982.

프랑스와 청(François Cheng), 『Vide et plein』, Paris, Seuil, 1991.

피터 홉커크(Peter Hopkirk), 『Foreign Devils on the silk』, London, British Museum, 1957.

임지영, 「"나를 죽음까지 데려갈 배가 오네"... 5학년 아이의 詩에 울음을 터뜨렸다」 https://www.hankyung.com/article/202310239318i. 『한국경제』 신문.